Prag
& Tschechische Republik

„Hat man sich erst einmal zum Reisen entschlossen, ist das Wichtigste auch schon geschafft.

Also, los geht's"

TONY WHEELER, GRÜNDER VON LONELY PLANET

W0192423

Neil Wilson
Mark Baker

Inhalt

Links: Der Veitsdom (S. 70)

Oben: Die Astronomische Uhr (S. 106)

Rechts: Bier gehört in Prag einfach zum Alltag

Holešovice, Bubeneč & Dejvice
S. 163

Prager Burg & Hradschin (Hradčany)
S. 60

Altstadt (Staré Město)
S. 98

Žižkov & Karlín
S. 154

Kleinseite (Malá Strana)
S. 82

Neustadt (Nové Město)
S. 126

Vinohrady & Vršovice
S. 144

Smíchov & Vyšehrad
S. 178

Willkommen in Prag

Was Pracht und Schönheit betrifft, kann Prag sich jederzeit mit anderen Metropolen Europas messen. Die Stadtgeschichte reicht ein Jahrtausend zurück. Und das Bier? Zählt zur europäischen Spitze.

Im Herzen Europas

Die Samtene Revolution von 1989 befreite die Tschechen vom Kommunismus und schenkte Europa das Juwel einer Stadt, das sich vor anderen europäischen Metropolen nicht verstecken muss. Seitdem strömen Besucher aus aller Welt nach Prag. Doch selbst die Besuchermassen können die Anziehungskraft der Karlsbrücke aus dem 14. Jh., der Burg auf dem Hügel und der reizenden Moldau nicht mindern. Der Fluss inspirierte zu einem der schönsten Werke der klassischen Musik des 19. Jhs.: zu Smetanas *Die Moldau*.

Ringsum Kunst

Prags Kunstsammlungen sind weniger berühmt als der Louvre, sehenswert ist die böhmische Kunst aber allemal. Da gibt es die herrliche gotischen Altäre im Agnes-kloster, üppige Jugendstilarbeiten von Alfons Mucha oder die einzigartige Sammlung von Surrealisten, Kubisten und Konstruktivisten im Veletržní Palác. Die witzigen Skulpturen von David Černý schmücken viele öffentliche Plätze der Stadt, deren Architektur aus vielen Epochen stammt: Zu bestaunen sind die aufwärts strebenden Bauten der Gotik, die Dekorverliebtheit des Barock, die Eleganz des Jugendstils und die strengen Linien kubistischer Fassaden.

Land der Bierbrauer

Das beste Bier der Welt ist noch besser geworden! Seit der Erfindung des Pilsner Urquells im Jahr 1842 brauen die Tschechen einige der köstlichsten Biere der Welt. Einige Namen genießen Weltruhm, darunter Urquell, Staropramen und Budvar; mittlerweile sind im ganzen Land aber auch Kleinbrauereien entstanden, die es mit den großen Marken aufnehmen können. Nie zuvor wurden in Prags Kneipen so viele unterschiedliche einheimische Biere gezapft; merken sollte man sich Kout na Šumavě, Svijanský Rytíř oder Velkopopovický Kozel.

Streifzüge durch die Stadt

Prags Labyrinth aus Kopfsteinpflastergassen und versteckten Innenhöfen ist ein Paradies für Flaneure, die eine Stadt am liebsten ohne festes Ziel durchstreifen. Nur wenige Blocks vom Altstädter Ring entfernt findet der Spaziergänger alte Kirchen, Parks, kleine Cafés und altmodische Bars, in denen man kaum je einem Touristen begegnet. Das ist ja gerade das Schöne an Prag: Man muss die Stadt entdecken; und auch Viertel wie Vinohrady und Bubeneč halten viele kleine Überraschungen bereit, Kirchenkuppeln im Licht der Abendsonne zum Beispiel oder Melodien von Dvořák auf einem verstimmten Klavier …

Warum ich Prag liebe

Von Neil Wilson

Ist eine Stadt nicht wundervoll, in der ein Kneipenwirt über den Urinalen auf der Herrentoilette Vinylkissen angebracht hat? Eine Stadt, in der man sein Bier bestellt, indem man einfach einen Bierdeckel auf den Tisch legt? Wo das Bier dann auch noch zu den besten der Welt zählt? An Prag fesselt mich aber auch das Skurrile: Ein Brunnen aus zwei nackten männlichen Figuren, die das Becken auf die natürlichste Weise mit Wasser füllen ... und mit dem Wasserstrahl literarische Zitate „schreiben". Oder ein Club für „industrielle Musik" in einem Atombunker aus den 1950er-Jahren ... oder eine kubistische Straßenlampe.

Mehr Informationen über unsere Autoren gibt's auf S. 384.

Die „Kirche der Jungfrau Maria vor dem Teyn", kurz: Teynkirche (S. 109)

Prags
Top 10

Karlsbrücke *(S. 84)*

1 Ob man die Brücke im morgendlichen Dunst allein besichtigt oder sich nachmittags durch die Massen schiebt: Das Überqueren der Karlsbrücke ist ein Erlebnis. Die 1357 erbaute Brücke hielt fast 500 Jahre dem Verkehr stand – dank der Eier, die angeblich in den Mörtel gemischt wurden –, bis sie nach dem Zweiten Weltkrieg zur Fußgängerzone wurde. Tagsüber schauen die Barockstatuen gelangweilt auf die Straßenmusikanten und Postkarten verkäufer; bei Sonnenuntergang haftet ihnen etwas Magisches an.

◉ *Malá Strana*

Prager Burg *(S. 62)*

2 Die Mauern der Prager Burg beherbergen über tausend Jahre Geschichte. Die Burganlage mit Kirchen, Türmen, Palästen und Sälen wirkt wie ein Dorf. Hier schlägt, kulturell wie historisch, das Herz der Tschechischen Republik: mit wertvollen Sammlungen wie dem vergoldeten Reliquienschrein in der Schatzkammer des Veitsdoms und den böhmischen Kronjuwelen, oder in Form von geschichtlichen Ereignissen, darunter die Ermordung des hl. Wenzels und der Zweite Prager Fenstersturz.

◉ *Prager Burg & Hradschin*

1

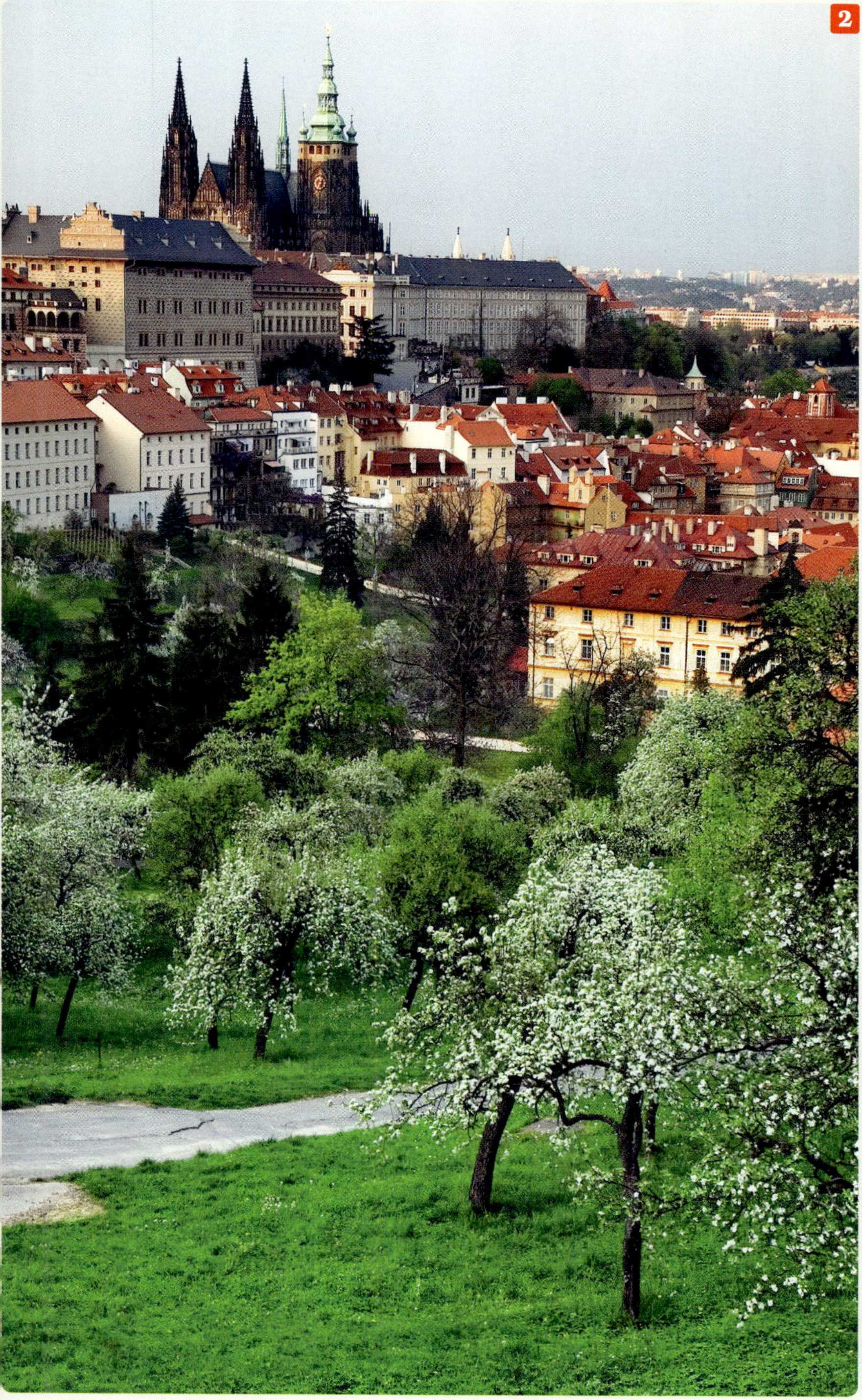
2

3

5

BOHU
VLASTI
UMENI KE

KU CHVÁLE
K OSLAVÉ
CTI·VĚNUJE

Prag, Königin der Musik *(S. 40)*

3 Der Stadt, die große bekannte Komponisten wie Smetana, Dvořák und Janáček beflügelte und in der Wolfgang Amadeus Mozart seine Werke aufführte, nimmt neben Wien einen bedeutenden Platz in der Musikgeschichte ein. Darüber hinaus zieren zwei hochkarätige Festivals klassischer Musik – Prager Frühling und Strings of Autumn – den Veranstaltungskalender, aber Prag bietet natürlich noch viel mehr als nur Klassik. Die Stadt gilt seit den 1940er-Jahren als Hochburg des Jazz in Europa. Die lebendige Musikszene schlägt einen weiten Bogen vom Hardrock bis hin zu Electronica.

DIE TSCHECHISCHE PHILHARMONIE KONZERTIERT IM RUDOLFINUM (S. 111).

⭐ *Unterhaltung*

Altstädter Ring *(S. 108)*

4 Trotz des Besucherandrangs, der überfüllten Straßencafés und der Kommerzialisierung ist es unmöglich, von dem Spektakel auf dem bedeutendsten Platz der Stadt nicht beeindruckt zu sein: Reiseleiter, den Schirm wie eine Standarte in die Luft gereckt, bahnen sich ihren Weg durch die Menge vor der Astronomischen Uhr; als Frösche und Hühner verkleidete Studenten teilen Flyer für ein Theaterstück aus; Paare mittleren Alters beäugen kritisch die Punks mit pinkfarbenen Haaren in Lederkluft; und ein gelangweilt dreinblickender Typ wirbt mit einem Plakat für ein Museum mit Folterinstrumenten. Hier entfaltet sich die ganze Bandbreite des menschlichen Lebens.

👁 *Staré Město*

Veitsdom *(S. 70)*

5 Der Veitsdom steht an jener Stelle, wo sich einst eine von König Wenzel errichtete romanische Rotunde aus dem 10. Jh. befunden hatte, und gilt als das Zentrum des Katholizismus in Tschechien. Seine Türme samt dem Glockenturm prägen die Skyline der Stadt. Die Arbeiten am himmelwärts strebenden gotischen Kirchenschiff begannen im Jahr 1344, wurden jedoch erst 1929 vollendet. Der prächtige Veitsdom wird von herrlichen Buntglasfenstern erleuchtet und beherbergt die Wenzelskapelle, ein wahres Kleinod, sowie einzigartige mittelalterliche Mosaiken am Goldenen Tor und das herrliche silberne Grabmal des hl. Johannes von Nepomuk.

👁 *Prager Burg & Hradschi*

Tschechisches Bier (S. 36)

6 „Wo Bier gebraut wird, lässt es sich gut leben", lautet ein bekanntes tschechisches Sprichwort. Und das bedeutet, dass das Leben in Prag sogar sehr gut ist, denn in dieser Stadt gibt es eine Fülle von großen und kleinen Brauereien. Das tschechische Bier ist seit der Erfindung des Pilsner Urquells im Jahr 1842 für seine Qualität und seinen Geschmack berühmt. In letzter Zeit erlebten Kleinbrauereien und traditionelle Biere eine wahre Renaissance, sodass Bierfreunde nun zig Sorten genießen können – vom klassischen *ležák* (Helles) über *kvasnicové* (Hefeweißbier) bis zu *kávové pivo* (Bier mit Kaffeearoma).
U ZLATÉHO TYGRA (S. 120)

🍷 *Ausgehen & Nachtleben*

Beeindruckende Architektur (S. 46)

7 Eine der Hauptattraktionen Prags beruht auf seiner äußeren Erscheinung. Die Prager Burg und das Stadtzentrum präsentieren an die 900 Jahre Architekturgeschichte wie aus dem Bilderbuch – schroffe Romanik, erhabene Gotik, elegante Renaissance und schwindelerregenden Barock sowie deren Wiederkehr im 19. Jh. All diese Formen zeigen sich unbeeinflusst von der modernen Welt und ergeben ein kompaktes Netz aus Gässchen, Sackgassen und Durchgängen. Und dann beeindrucken noch der geschmeidige, sinnliche Jugendstil des 20. Jhs. sowie Prags einzigartige kubistische und rondokubistische Bauwerke.
SMETANA-SAAL (S. 104)

👁 *Architektur*

Wenzelsplatz (S. 128)

8 Das Reiterstandbild des hl. Wenzel wacht über den größten Platz der Stadt, auf dem bei zahlreichen bedeutenden Ereignissen in der jüngeren Landesgeschichte das Volk zusammenströmte, etwa im Jahr 1968 bei der Invasion der Warschauer-Pakt-Truppen und 1989 während der Samtenen Revolution. Heute schlägt hier das kommerzielle Herz der Stadt; McDonald's und Marks & Spencer schmücken sich mit Jugendstilarchitektur, und die verspiegelten Art-déco-Arkaden führen zu schicken Cafés und versteckten Gärten.

👁 *Nové Město (Neustadt)*

7

8

Jüdisches Museum Prag *(S. 100)*

9 Das von den Straßen Kaprova, Dlouhá und Kozí eingerahmte Viertel in der Altstadt beherbergt die Relikte der einst so blühenden winzigen Josefstadt (Josefov), des jüdischen Ghettos von Prag. Zum Museum gehören ein halbes Dutzend alte Synagogen, ein Zeremonienhaus mit Leichenhalle und der melancholische Alte Jüdische Friedhof, der wirklich wunderschön ist. Die Exponate erzählen die oft tragische und bewegende Geschichte der jüdischen Gemeinde Prags, von Rabbi Löw, dem Erfinder des Golem im 16. Jh., bis zu den Schrecken der Naziverfolgung.

KLAUSENSYNAGOGE

👁 *Staré Město (Altstadt)*

Palais Veletržní *(S. 165)*

10 Das 1928 im Stil des Funktionalismus erbaute riesige Veletržní-Palais wurde ursprünglich für internationale Handelsmessen konzipiert, beheimatet aber seit 1996 als Teil der Nationalgalerie das Museum für Kunst des 20. und 21. Jhs. Das gigantische Gebäude, das an einen Ozeanriesen erinnert, gilt als eine der besten – und größten – Galerien Prags. Zu bewundern sind Werke von van Gogh, Picasso, Klimt und Mucha sowie diverse Impressionisten, aber auch Meisterwerke des tschechischen Expressionismus, Kubismus und Surrealismus.

👁 *Holešovice, Bubeneč & Dejvice*

Was gibt's Neues?

Craft-Biere

Der Vormarsch der multinationalen Großbrauereien hat eine Rückbesinnung auf die traditionellen Grundlagen ausgelöst, sprich: Kneipen mit einem „vierten Zapfhahn", Kleinbrauereien und Craft-Biere. Der „vierte Zapfhahn" – auf Tschechisch *čtvrtá pípa* – bezieht sich auf traditionelle Brauereigaststätten, die sonst drei Biere vom Fass anbieten. Aus dem vierten Zapfhahn kommen „Gastbiere" von kleinen, unabhängigen und innovativen Brauereien. Manche Brauereien haben sich diesem Trend angeschlossen, so auch das Prager Biermuseum mit insgesamt 31 Sorten *pivo* vom Fass. (S. 120)

Schatzkammer im Veitsdom

Die seit den 1960er-Jahren unter Verschluss gehaltenen, mit Edelsteinen besetzten Gold- und Silberschätze in der Schatzkammer sind wieder in der Prager Burg (S. 63) zu bewundern.

Bauernmärkte

Die Prager sind regelrechte Gourmets geworden. Nach zig neuen Delis und Designer-Restaurants gibt es nun auch noch Unmengen wöchentlich abgehaltener Bauernmärkte (www.farmarske-trziste.cz).

Sansho

Das 2011 eröffnete Sansho gilt als das angesagteste Restaurant in Prag. Seine Zauberformel: meisterhaft zubereitete einheimische Produkte. (S. 136)

Fusion Hotel

Der Trend zu Boutique-Unterkünften für den Mainstream- und Backpacker-Markt hat mit dem Fusion Hotel, einem Musterbeispiel für geradezu dekadentes Design, seinen Höhepunkt erreicht. (S. 205)

Villa Bílek

Die Villa Bílek, das Jugendstilatelier und Heim des renommierten tschechischen Bildhauers František Bílek, wurde zehn Jahre lang restauriert. Das Ergebnis ist die lange Wartezeit wert. (S. 77)

Artbanka: Museum für Junge Kunst

Prags Renommee in Sachen provokanter Kunst – angeführt von *enfant terrible* David Černý – wird durch das Artbanka noch untermauert. Die Sammlung fördert die Arbeiten junger tschechischer Künstler. (S. 112)

Palais Veletržní

Das Veletržní-Palais, in dem sich die bedeutendste Galerie für Kunst des 20. und 21. Jhs. befindet, wurde von Grund auf restauriert und beeindruckt nun mit einem schöneren Foyer sowie einem coolen neuen Café names Nové Syntéza. (S. 165)

KGB-Museum

In diesem Museum können die Besucher in die Zeiten des Kalten Krieges und des gefürchteten sowjetischen Geheimdienstes abtauchen – anhand von Überwachungsgeräten zur Spionage, Waffen und Uniformen; sie alle wurden von einem begeisterten, in Russland geborenen Sammler zusammengetragen. (S. 90)

Weitere Empfehlungen und Tipps siehe unter **www.lonelyplanet. com/czech-republic/prague**

Gut zu wissen

Währung
Tschechische Krone (*koruna česká*; Kč)

Sprache
Tschechisch

Visa
Deutsche, Österreicher und Schweizer benötigen kein Visum, sondern nur einen gültigen Reisepass oder Personalausweis.

Geld
Geldautomaten finden sich fast überall. Die meisten Hotels und Restaurants akzeptieren die gängigen europäischen Kreditkarten.

Handys
Verwendet wird das in Europa übliche GSM 900/1800-System. Tschechische SIM-Karten funktionieren in europäischen Handys.

Zeit
Es gilt die Mitteleuropäische Zeit wie in Deutschland, Österreich und der Schweiz.

Touristeninformation
Prague Welcome (☎221 714 444; www.praguewelcome.cz; Altes Rathaus, Staroměstské náměstí 5; ⊙9–19 Uhr; Ⓜ Staroměstská) Hier sind gute kostenlose Stadtpläne und Broschüren (inkl. Infos zu Unterkünften) erhältlich. Es werden auch Fahrkarten für die öffentlichen Verkehrsmittel verkauft.

Tagesbudget
Nachfolgend sind die Durchschnittskosten pro Tag angegeben:

Günstig – unter 80 €
➡ Bett im Schlafsaal 15 €

➡ Selbstversorgung und günstige Mittagsgerichte 15 €

➡ Eintritt zu bedeutenden Touristenattraktionen 10 €

Mittelteuer – 80–200 €
➡ Doppelzimmer 120–160 €

➡ Abendessen mit drei Gängen in zwanglosem Restaurant 30 €

➡ Konzertkarte 10–30 €

Teuer – über 200 €
➡ Doppelzimmer im Luxushotel 260 €

➡ Siebengängiges Degustationsmenü in einem Top-Restaurant 90 €

➡ Stadtbesichtigung mit eigenem Führer und Fahrer 200 €

Reiseplanung

Drei Monate vorher Wer plant, Prag in der Hochsaison zu besuchen, sollte jetzt sein Quartier buchen, sich über das Programm der Events Prager Frühling oder Strings of Autumn informieren und Karten bestellen.

Ein Monat vorher In Spitzenrestaurants einen Tisch reservieren und online Eintrittskarten für den Besuch der Burg Karlstein am Wochenende buchen.

Eine Woche vorher Für Freitag- und Samstagabende einen Tisch in denjenigen Restaurants reservieren, die man unbedingt besuchen will. Auf den Websites von Kunstgalerien, Jazzclubs und Musiklokalen nachschauen, was aktuell auf dem Programm steht.

Ein paar Tage vorher Führungen und Tagesausflüge buchen.

Nützliche Websites

➡ **Living Prague** (www.living prague.com) Umfassende Informationen zu Sehenswürdigkeiten, Geschichte, Museen und Shoppen.

➡ **Lonely Planet** (www.lonely planet.com/prague) Infos, Hotelbuchung, Reiseforum und vieles mehr.

REISEZEIT

Im Mai und Juni ist Hochsaison, das Wetter ist schön; viele Festivals finden statt. Im Juli und August ist es oft heiß. Im April und Oktober ist das Wetter noch gut und es gibt weniger Touristen.

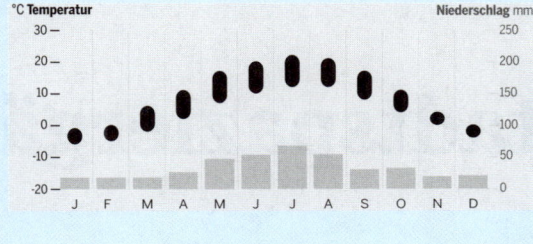

➡ **Prague Daily Monitor** (www.praguemonitor.com) Nachrichten in englischer Übersetzung.

➡ **Prague Events Calendar** (www.pragueeventscalendar.com) Veranstaltungskalender (auf Englisch) zu Musik, Kultur, Sport etc.

➡ **Prague Welcome** (www.praguewelcome.cz) Hervorragende offizielle Website der Touristeninformation (auf Deutsch) mit Infos von A–Z.

Ankunft

Prager Flughafen Busse zum U-Bahnhof Dejvice verkehren im Zehn-Minuten-Takt von vier bis 24 Uhr (32 Kč, plus 16 Kč pro großes Gepäckstück). Ein Taxi in die Innenstadt kostet 560 Kč.

Hauptbahnhof (Praha hlavní nádraží) Er liegt im Stadtzentrum mit guter Anbindung an U-Bahn und Tram.

Busbahnhof Florenc Internationale Busse kommen am Busbahnhof Florenc an, etwas östlich der Innenstadt; von hier verkehren U-Bahnen und Trams in die ganze Stadt. Einige Regionalbusse fahren in Florenc ab, manche auch vom Busbahnhof Holešovice im Norden (z. B. nach Mělník) oder von Smíchov im Südwesten.

Unterwegs vor Ort

Prag verfügt über einen Verkehrsverbund, der sich aus U-Bahn, Bus und Tram zusammensetzt. Fahrkarten sind für alle Verkehrsmittel gültig; Umsteigen ist erlaubt. Eine einfache Fahrkarte (32 Kč) ist 90 Minuten gültig; sie muss an den gelben Automaten in Bus oder Tram bzw. am Eingang zum U-Bahnhof gestempelt werden.

➡ **Zu Fuß** Die Prager Innenstadt von Prag ist kompakt, auch einzelne Viertel lassen sich gut zu Fuß erkunden.

➡ **Tram** Es gibt viele Linien, um kürzere Entfernungen zurückzulegen.

➡ **Metro** Sie fährt häufig und ist praktisch, um entlegenere Viertel zu erreichen.

➡ **Bus** Im Zentrum verkehren kaum Busse. Sie decken v. a. Gegenden ab, die von Tram und U-Bahn nicht bedient werden; verkehren zum Flughafen und in Teilen von Žižkov.

➡ **Fahrrad** Vor allem jüngere Leute steigen aufs Rad. Viele neue Radwege.

➡ **Taxi** Relativ teuer; Touristen sollten beim Fahrpreis aufpassen.

Schlafen

Die Tage, in denen Prag als günstiges Urlaubsziel galt, sind vorbei. Die Hauptstadt Tschechiens nimmt es locker mit anderen westeuropäischen Städten auf, was Auswahl, Qualität – und auch Preise der Hotels angeht. Während der Festivalsaisons im Frühling und Herbst, aber auch an Wochenenden, Ostern, Weihnachten und über Silvester empfiehlt sich eine frühzeitige Buchung. Viele zentral gelegene Hotels befinden sich in reizvollen historischen Gemäuern, außerdem gibt es eine neue Generation von schicken Designerhotels und Hostels. Backpackerunterkünfte warten auf junge Feierwütige.

Nützliche Websites

➡ **AVE Travel** (www.praguehotellocator.com) Hotels und Apartments.

➡ **Mary's Travel & Tourist Services** (www.marys.cz) Privatzimmer, Hostels, Pensionen, Apartments.

➡ **Hostel.cz** (www.hostel.cz) Hostels und Budgethotels, die online gebucht werden können.

Mehr Infos dazu auf S. 332

Mehr Infos dazu auf S. 335

Mehr Infos dazu auf S. 199

Stadtspaziergänge

1. Tag

Prager Burg & Hradschin (S. 60)

 Am besten bummelt man durch die Höfe der **Prager Burg**, bevor die Hauptsehenswürdigkeiten öffnen, und besichtigt dann vormittags den **Veitsdom**, den **Alten Königspalast** und das **Lobkowicz-Palais**; um 12 Uhr die **Wachablösung** einplanen.

Mittagessen Im Café im Lobkowicz-Palais (S. 79) wird leckeres Essen zu schöner Aussicht serviert.

Kleinseite (Malá Strana; S. 82)

 Von der Burg geht es über die **Nerudagasse** (**Nerudova**) zur Kleinseite hinunter; unterwegs will die herrliche barocke **Nikolauskirche** bewundert werden. Anschließend wartet der beschauliche **Waldstein-Garten**, den man am hinteren Ende verlässt, um durch die Gassen Richtung Süden nach **Kampa** zu flanieren. An einem sonnigen Tag vergnügt man sich im Park, trinkt etwas im **Mlýnská Kavárna** oder besucht das **Kampa-Museum**. Im letzten Tageslicht ist das Überqueren der **Karlsbrücke** besonders stimmungsvoll.

Abendessen Lichfield (S. 93) ist ein schickes Restaurant für einen besonderen Anlass.

Kleinseite (Malá Strana; S. 82)

In der Kleinseite finden sich Unmengen von Kneipen – das **U Malého Glena** ist eine klassische Prager Bar mit Jazzclub und allabendlicher Livemusik.

2. Tag

Altstadt (Staré Město; S. 98)

 Der Tag beginnt am **Altstädter Ring**. Nachdem man sich das Spektakel der **Astronomischen Uhr** angesehen hat, lohnt sich der Aufstieg auf den **Turm des Altstädter Rathauses**, um den tollen Blick über den Platz zu genießen. Über die Celetná geht es zum **Repräsentationshaus**. Bei einem Kaffee lässt sich das Jugendstildekor bewundern. Nun kauft man eine Konzertkarte und nimmt – wenn noch Zeit bleibt - an einer Führung teil.

Mittagessen Im Lokál (S. 118) schmeckt original tschechisches Mittagessen – und ein gutes Bier dazu.

Altstadt (Staré Město; S. 98)

 Der Nachmittag ist dem **Jüdischen Museum** Prag gewidmet. Wer nicht alle Gebäude besichtigen kann oder möchte, beschränkt sich auf die **Alt-Neu-Synagoge**, den **Alten Jüdischen Friedhof** und die **Spanische Synagoge**.

Abendessen Vino di Vino (S. 118) lockt mit italienischen Gerichten und gutem Wein.

Altstadt (Staré Město; S. 98)

Der Abend gehört der Musik: ein Konzert im **Smetana-Saal** des Repräsentationshauses oder in der **Spiegelkapelle** des Clementinums oder auch eine Oper im **Ständetheater**. Zum Abschluss mundet ein Cocktail in der Altstadt, z. B. in der **Hemingway Bar** oder **Čili Bar**.

3. Tag

Neustadt (Nové Město; S. 126)

 Nach einer ausführlichen Erkundung der Passagen und Arkaden am **Wenzelsplatz**, wie im Stadtspaziergang (S. 128) vorgeschlagen, bestaunt man dann die historischen und künstlerischen Schätze im **Nationalmuseum**, im **Museum der Stadt Prag** sowie im **Mucha-Museum**.

 Mittagessen Le Patio (S. 136) ist ein beliebtes Restaurant zum Mittagessen.

Smíchov & Vyšehrad (S. 178)

Am Nachmittag steht eine Fahrt mit der Metro nach Vyšehrad auf dem Programm, um die zweite Burg Prags zu besichtigen, die **Vyšehrader Zitadelle** mit herrlichem Blick über die Moldau. Nicht verpassen sollte man die Gräber der Komponisten Dvořák und Smetana sowie anderer berühmter Tschechen im **Vyšehrader Friedhof**. Am Ufer der Moldau entlang führt der Spaziergang zurück ins Zentrum.

Abendessen Im Sansho (S. 136) erwartet die Gäste ein eindrucksvolles Dinner (Tisch reservieren).

Neustadt (Nové Město; S. 126)

In der Neustadt gibt es renommierte Locations für klassische Musik – eine Vorstellung im **Nationaltheater** (Ballett), in der **Prager Staatsoper** oder im **Dvořák-Museum** (Dvořák-Konzerte) ist ein Erlebnis.

4. Tag

Holešovice, Bubeneč & Dejvice (S. 163)

 Nun will natürlich auch die Umgebung Prags erkundet werden: Man fährt mit dem Schiff (oder aber mit dem Leihrad) in den ländlichen Vorort Troja, um den Prager Zoo und das Schloss Troja zu besuchen. Durch den Stromovka-Park führt ein schöner Spaziergang zurück ins Zentrum (entgegengesetzte Tour von S. 169).

Mittagessen Der Stromovka-Park (S. 167) ist wunderbar für ein Picknick.

Holešovice, Bubeneč & Dejvice (S. 163)

Selbstverständlich kann man ohne weiteres den ganzen Nachmittag die moderne Kunst im **Palais Veletržní** bewundern, Frischluftfanatiker spazieren (oder fahren mit der Tram) aber gern zum trendigen **Letná-Biergarten** im gleichnamigen Park.

 Abendessen Das Sasazu (S. 168) liegt ganz im Trend des Szeneviertels.

Žižkov & Karlín (S. 154)

Mit der Metro geht es quer durch die Stadt bis zum Halt Jiřího z Poděbrad und dann auf den **Fernsehturm**, um Prag bei Nacht zu bestaunen (bis 22 Uhr). Dann warten die legendären Kneipen von Žižkov; zur Cocktailbar **Bukowski's** sind es lediglich zwei Blocks bergab.

Wie wär's mit ...

Kunst & Literatur

Palais Veletržní Das fantastische funktionalistische Gebäude beherbergt auf vier Etagen Kunstwerke des 20. und 21. Jhs. (S. 165)

Franz-Kafka-Museum Erkundet wird die klaustrophobische, paranoide Welt in Kafkas Romanen sowie deren Beziehungen zu Prag. (S. 90)

David Černý (S. 323) Die witzigen, provokanten Werke des berühmtesten zeitgenössischen Prager Künstlers tauchen in der ganzen Stadt auf.

U Kalicha In diese Kneipe pilgern die Fans von Jaroslav Hašeks Roman *Die Abenteuer des braven Soldaten Schwejk*; hier hat die Eröffnungsszene des Romans ihren Schauplatz. (S. 135)

Agneskloster Diese besuchenswerte Zweigstelle der Nationalgalerie zeigt wertvolle gotische Altargemälde und sakrale Skulpturen. (S. 111)

Bier

Prager Biermuseum Hierbei handelt es sich nicht um ein Museum, sondern um eine enorm beliebte Gaststätte mit 31 Bieren vom Fass. (S. 120)

Pivovarský Dům Eine der besten Kleinbrauereien der Stadt bietet zig Sorten klassisches Helles und Biere mit Fruchtaroma, die vor Ort gebraut werden. (S. 139)

U Zlatého Tygra Die klassische Prager Kneipe schlechthin, in die Václav Havel 1994 Bill Clinton

David Černýs Skulptur *Proudy* (S. 90) aus dem Jahr 2004

einlud, um ihm ein echtes tschechisches Lokal zu zeigen. (S. 121)

Pivní Galerie Auch wer nicht zu den Einkaufswütigen zählt, hat vielleicht Lust, Bier zu kaufen. In dieser Bierboutique gibt es für jeden das passende Bier – 150 Sorten aus aller Welt. (S. 177)

Pivovarský Klub Sechs Biere vom Fass und über 200 internationale Marken von Flaschenbier laden in dieser Kneipe dazu ein, sich rund um die Welt zu trinken. (S. 161)

Parks & Gärten

Waldsteingarten Hinter hohen Mauern verbirgt sich dieser herrliche italienisch anmutende Garten aus dem 17. Jh. – ein Hort der Ruhe und Beschaulichkeit. (S. 88)

Letnáanlagen Die riesige Freifläche wurde einst für Militärparaden genutzt und ist heute das Zuhause von Inlineskatern und Skateboardern – mit tollem Blick auf die Stadt. (S. 167)

Riegrovy Sady Der Park aus dem 19. Jh. bietet einen herrlichen Blick auf die Prager Burg und beherbergt einen der beliebtesten Biergärten der Stadt. (S. 146)

Vrtbovgarten Dieser Garten aus dem 18. Jh. mit Steinfiguren aus der römischen Mythologie ist relativ unbekannt. (S. 91)

Kampa Dier grüne Insel in der Kleinseite wird vom Teufelsbach begrenzt – einer der beliebtesten Flecken für Erholungssuchende. (S. 90)

Klassische Musik

Prager Frühling Das größte alljährlich stattfindende Kulturevent Tschechiens gilt als eines der bedeutendsten Festivals klassischer Musik in Europa. (S. 42)

Rudolfinum Den Komplex mit Konzertsälen zieren Statuen berühmter Komponisten – hier ist die Tschechische Philharmonie zu Hause. (S. 111)

Repräsentationshaus Prags schönstes Jugendstilgebäude beherbergt den Smetana-Saal, den größten Konzertsaal der Stadt. (S. 104)

Prager Staatsoper In diesem wunderschönen Rokokoambiente findet das alljährliche Sommerfestival statt, das sich Werken von Verdi widmet. (S. 141)

Originales Musiktheater Prag Das Ensemble bringt Werke von Antonín Dvořák im Barocksaal der Villa Amerika aus dem 18. Jh. zur Aufführung. (S. 141)

Geschichte

Prager Burg Tausend Jahre geballte böhmische Geschichte oben auf dem Berg. (S. 62)

Jüdisches Museum Prag Ein alter Friedhof und Exponate, die sich auf ein halbes Dutzend Synagogen verteilen, erzählen die Geschichte der jüdischen Gemeinde Prags. (S. 100)

Nationaldenkmal Ein brutalistisches Gebäude samt einer monumentalen Statue, das der turbulenten Geschichte der Tschechoslowakei im 20. Jh. gedenkt. (S. 156)

Nationale Gedenkstätte für die Helden in St. Kyrill & Method Ein bewegendes Denkmal, das an die Menschen erinnert, die bei einem der Schlüsselereignisse im Zweiten Weltkrieg ums Leben kamen. (S. 133)

Museum der Hauptstadt Prag Es spürt der Geschichte der

Weitere Highlights unter
➡ Essen (S. 31)
➡ Ausgehen & Nachtleben (S. 36)
➡ Unterhaltung (S. 40)
➡ Shoppen (S. 43)

Hauptstadt Tschechiens von prähistorischen Zeiten bis ins 20. Jh. nach. (S. 130)

Ungewöhnliches & Kurioses

Fernsehturm Der futuristische Fernsehturm mit drei Beinen wirkt schon aus der Ferne unkonventionell; Augen macht, wer oben die riesigen Plastiken von krabbelnden Kleinkindern sieht … (S. 159)

KGB-Museum Der enthusiastische russische Besitzer dieses kuriosen kleinen Museums berichtet den Besuchern anhand von Beobachtungskameras, zahlreichen Folterinstrumenten und grausamen Würgeschrauben aus der Vorgehensweise und Abart des KGB, des sowjetischen Geheimdienstes. (S. 90)

Bunkr Parukářka So etwas gibt es wirklich nur in Prag: ein immer gut besuchter Club in einem unterirdischen Atombunker aus den 1950er-Jahren. (S. 161)

Miniaturenmuseum Wem die konservierten Walpenisse nicht kurios genug sind, dem gefällt vielleicht ein Floh mit winzigen goldenen Hufen in der Strahov-Bibliothek. (S. 74)

Kubistischer Laternenmast Wie viele Städte können schon mit einem bescheidenen Laternenmast im Stil des Kubismus aufwarten? (S. 139)

Monat für Monat

Januar

Die Tage sind kurz – die Sonne geht Mitte Januar gegen 16.30 Uhr unter –, aber dafür sind die Preise nach Neujahr absolut günstig und somit ideal für romantische Tage in einem gemütlichen Hotel mit Kamin.

Heilige Drei Könige (Svátek Tří králů)

Heilige Drei Könige am 6. Januar beendet offiziell die Weihnachtszeit. Die Tschechen begehen den Feiertag mit Weihnachtsliedern, Glockengeläut und Geschenken für die Armen.

Todestag von Jan Palach

Auf dem Wenzelsplatz gedenkt man am 19. Janu-ar des Studenten an der Karlsuniversität Jan Palach (www.janpalach.cz), der sich hier 1969 aus Protest gegen die sowjetische Besatzung verbrannte.

Februar

Im Februar herrscht oft klirrende Kälte mit Temperaturen bis –10 °C, deshalb warm anziehen! Aber die Stadt sieht im Schnee sagenhaft schön aus.

Masopust

Die Kommunisten verbannten diese Tradition, doch heute gehören Straßenfeten, Feuerwerke, Konzerte und ausgelassene Feste zur tschechischen Version des Karnevals (www.carnevale.cz). Die Feierlichkeiten beginnen am Freitag vor Faschingsdienstag und enden mit einem Faschingsumzug.

März

In den Parks und Gärten der Stadt zeigt sich das erste Grün der Knospen und die Osterferien bringen Ostermärkte, handbemalte Ostereier und die erste Touristenschwemme des Jahres mit sich.

Matthias-Kirmes (Matějská pouť')

Vom Matthiasfest (24. Feb.) bis einschließlich Ostern füllt sich das Ausstellungsgelände Výstaviště mit Karussells, Schießbuden und Ständen, die traditionelle Lebkuchenherzen verkaufen (Di–Fr 14–22, Sa & So 10–22 Uhr).

Ostermontag (Pondělí velikonoční)

Fröhlicher Frühling! Die tschechischen Burschen stellen den Mädels nach, um ihnen mit Weidenruten, geschmückt mit bunten Bändern, auf die Beine zu schlagen. Die Mädchen revanchieren sich mit handbemalten Ostereiern. Dann wird gefeiert. Der Höhepunkt nach dem Frühjahrsputz.

One World (Jeden Svět)

Das einwöchige Filmfest (www.oneworld.cz) widmet sich Dokumentarfilmen zum Thema Menschenrechte. Die Streifen werden in einigen kleineren Kinos gezeigt, so auch im Kino Světozor (S. 141).

Febiofest

Dieses Film-, Video-, und Fernsehfestival (www.febiofest.cz) präsentiert neue Werke von internationalen Filmemachern. Diese laufen anschließend in ganz Tschechien.

April

Das Wetter ist weniger frisch und sonniger. Gegen Ende des Monats stehen auf Gehsteigen und Plätzen die Kaffeetische – die Hochsaison beginnt.

☆ Hexenverbrennung (Pálení čarodějnic)

Das heidnische Fest soll böse Geister vertreiben – in Výstaviště werden Hexenbesen verbrannt, und auf der Insel Kampa sowie in den Höfen in den Vorstädten feiert man die ganze Nacht mit Freudenfeuern das ersehnte Ende des Winters (30. April).

Mai

Im Mai ist Prag nicht nur am schönsten, sondern es geht auch besonders hoch her. Gärten und Bäume blühen, etliche Festivals finden statt. Die Unterkunft sollte lang im Voraus gebucht werden und ist auch recht teuer.

☆ Tag der Arbeit (Svátek práce)

Der 1. Mai war den Kommunisten einst heilig, heute bietet er eine gute Gelegenheit für ein Picknick. Um den Frühlingsbeginn zu feiern, legen Pärchen Blumen an der Statue des romantischen Dichters Karel Hynek Mácha nieder; von ihm stammt das Gedicht *Máj* (Mai), das von unerwiderter Liebe handelt.

☆ Prager Frühling (Pražské jaro)

Das internationale Musikfestival (www.festival.cz) dauert vom 12. Mai bis 3. Juni und gilt als das renommierteste Kulturereignis der Stadt. Konzerte mit klassischer Musik finden in Theatern, Kirchen und historischen Gebäuden statt.

☆ Prague Food Festival

Das Festival (www.prague foodfestival.com) dauert von Freitag bis Sonntag; es findet in den Gärten südlich der Prager Burg statt. Mit Essständen, Kochvorführungen, Bier- und Weinverkostungen und Kinderprogramm werden die Highlights der tschechischen und internationalen Küche gewürdigt.

☆ Tschechisches Bierfestival (Český pivní festival)

In der zweiten Maihälfte nimmt das größte Bierzelt des Landes einen Teil des Ausstellungsgeländes Výstaviště ein. Das Festival (www.ceskypivni festival.cz) frönt dem bedeutendsten Produkt des Landes: Es gibt 70 Biersorten, dazu Spanferkel und Livemusik.

☆ Khamoro

Das Festival der Romakultur (www.khamoro.cz) bietet Aufführungen von Volksmusik und Tanz, Kunst- und Fotoausstellungen sowie einen Umzug durch die Altstadt (meist Ende Mai).

Juni

Der Juni, eine Art Zwischensaison, verspricht schönes Wetter für Bier-gartenbesuche und Bootsfahrten auf der Moldau, aber ohne Festivalbesucher wie im Mai und ohne die Horden von Studenten, die im Juli und August die Stadt heimsuchen.

☆ Prager Fringe-Festival

Das neuntägige Festival (www.praguefringe.com) mit internationalen Theatertruppen, Tanz, Comedy und Musik orientiert sich am innovativen Edinburgher Fringe und findet Ende Mai/Anfang Juni statt. Es steht bei Besuchern hoch im Kurs, lockt mittlerweile aber immer mehr Einheimische an.

☆ Prager Schriftstellerfestival

Zu diesem Autorenfest (www.pwf.cz) mit Lesungen, Diskussionen und Buchpräsentationen kommen Schriftsteller aus aller Welt.

☆ Tanz Prag (Tanec Praha)

Das internationale Festival des modernen Tanzes (www.tanecpraha.cz) findet den ganzen Juni über in den Prager Theatern statt.

August

Das Wetter ist schwül und heiß, gelegentlich gibt es ein Gewitter. Viele Einheimische gehen in den Urlaub, während die Stadt vor Touristen aus allen Nähten platzt.

☆ Festival der Italienischen Oper

Dieses Festival (www.opera.cz) beginnt Ende August und dauert bis in den September hinein. Aufgeführt werden Werke von Verdi und anderen italienischen Komponisten in der Prager Staatsoper. Die Gelegenheit für hochkarätige Opern außerhalb der Opernsaison.

Oktober

Der Herbst ist eine wunderschöne Zeit für einen Pragbesuch. Die Touristen werden langsam weniger, es ist noch angenehm warm.

☆ Strings of Autumn (Struny podzimu)

Das Strings (www.struny podzimu.cz) bietet acht Wochen lang erlesene Musikveranstaltungen: klassischer Musik, Avantgarde-Jazz, polyphonen Gesang aus Sardinien und Schweizer Jodeln (Mitte Sept.–Mitte Nov.).

Dezember

Es ist dunkel und kalt, aber mit einem Glas svařák (Glühwein) machen die Weihnachtsmärkte und die Neujahrsfeierlichkeiten dann doch so richtig Spaß. Die Preise entsprechen denen der Hochsaison.

✯ Weihnachten – Neujahr (Vánoce – Nový Rok)

Vom 24. Dezember bis zum 1. Januar haben die Prager und viele Tschechen Urlaub. Am Altstädter Ring findet unter einem gigantischen Weihnachtsbaum ein Weihnachtsmarkt statt und an Silvester versammeln sich hier die Massen, um das imposante Feuerwerk mitzuerleben.

Oben: Masopust-Umzug
Unten: Abendstimmung – Weihnachtsmarkt am Altstädter Ring

Reisen mit Kindern

*Die Tschechen sind Familien-
menschen und somit gibt es in
der ganzen Stadt eine Fülle von
Angeboten für Kinder. Immer
mehr Restaurants in Prag haben
sich mittlerweile mit Spielecken
und Extra-Speisekarten für
Kinder (dětský jídelníček) auf die
Bedürfnisse ihrer kleinen Gäste
eingestellt.*

RICHARD NEBESKY / LONELY PLANET IMAGES ©

piegellabyrinth (S. 93)

Spaß im Freien

Petřín

Petřín (Laurenziberg; S. 92), ein klassisches Freizeit- und Erholungsgebiet mitten
in Prag, bietet eine Fülle von Vergnügun-
gen – von einem Aussichtsturm und einem
Planetarium bis hin zu einem Spiegellabyrinth und Spielplätzen.

Kinderinsel

Am südlichen Ende der Kleinseite liegt
die autofreie Kinderinsel (S. 92). Hier
gibt es einen Spielplatz mit Schaukeln,
einen kleinen Fußballplatz, ein Areal zum
Skateboarden sowie einer Café-Bar, in der
die Eltern einen Kaffee oder auch ein Bier
trinken können.

Skateboardfahren, Inlineskaten & Eislaufen

Das Areal rund um das Denkmal in den
riesigen Letnáanlagen (S. 177) östlich
der Burg steht bei den einheimischen
Skateboardfahrern hoch im Kurs; die
Wege, die sich durch den Park schlängeln,
bieten sich zum Inlineskaten an. Die entsprechende Ausrüstung verleiht Půjčovna
bruslí Miami (S. 177).

Wer im Winter hier ist, kann den Eis-
laufplatz (Dez.–Feb. 10–21.30 Uhr) am
Ovocný Trh (hinter dem Ständetheater) in
der Altstadt aufsuchen. Schlittschuhe kann
man sich leihen.

Parks & Spielplätze

Überall in der Stadt gibt es sichere, gut
konzipierte Spielplätze. Einige liegen
praktisch nicht weit vom Zentrum entfernt wie beispielsweise der Platz am
nördlichen Ende der Insel Kampa (S. 90)
auf der Kleinseite oder auch der Platz auf
der Slawischen Insel (S. 134). Unter www.
livingprague.com/kids.htm findet sich eine
gute Zusammenstellung.

Spaß auf der Moldau

Im Sommer – also im Allgemeinen von April bis Oktober – macht es Spaß, an einem
der Stege auf der Insel Slav ein Ruder- oder
Tretboot zu mieten und auf der Moldau he-
rumzuschippern. Wem das zu anstrengend
ist, kann auch an einem organisierten
Bootsausflug (s. S. 29) teilnehmen.

GUT ZU WISSEN

➡ Kinderermäßigung gibt es auf Eintrittskarten für etwa 12- bis 18-Jährige; Kinder unter sechs dürfen meist gratis eintreten.

➡ Die Website Kids in Prague (www.kidsinprague.com) bietet viele nützliche Informationen zu kinderfreundlichen Aktivitäten und Locations.

➡ Die meisten Hotels der Spitzenklasse haben Babysitter. Prague Family (☎737 749 019; www.praguefamily.cz) ist eine Agentur, die Babysitter vermittelt, die englisch und manchmal sogar deutsch sprechen.

Kinderfreundliche Restaurants

Hergetova Cihelna

Bei den Prager Eltern steht das Hergetova Cihelna (S. 95) seit langem wegen seines familienfreundlichen Sonntagsbrunches hoch im Kurs. Mittlerweile wirbt das Restaurant an der Moldau sogar damit, dass kleine Gäste jederzeit willkommen sind. Die obere Gaststube ist mit Kinderstühlen bestückt, es gibt einen Bereich zum Stillen, einen Wickeltisch und eine Spielecke mit vielen Spielsachen.

Kogo

Das gehobene, aber dennoch legere italienische Restaurant Kogo (S. 137) stellt seine Tische an schönen Sommertagen im Freien auf und heißt Familien herzlich willkommen. Es gibt Kinderstühle und auch eine eigene Speisekarte für die Kids.

Sakura

Das Sakura (S. 168) ist ein eher schlichtes japanisches Sushi-Restaurant mit einer Spielecke für Kinder.

Spaß an Regentagen

Marionetten & Theater

Kindertheater hat in Tschechien Tradition. In Prag gibt es mehrere Bühnen für Kinder. Das Spejbl & Hurvínek-Theater (S. 190) zeigt Marionettenaufführungen, das Minor-Theater (S. 140) richtige Theatervorstellungen.

Mořský Svět

Die Wasserbecken mit Haien und Touch-Pools zählen zu den Attraktionen von Mořský Svět (S. 162), dem einzigen Aquarium Prags.

Prager Planetarium

Im Prager Planetarium (S. 163) wird regelmäßig (auf Tschechisch, englische Kurzzusammenfassung verfügbar) der Himmel erkundet.

Kinderfreundliche Museen & Galerien

Kunstgalerie für Kinder

Der Name sagt eigentlich alles: Kunstgalerie für Kinder (Galerie umění pro děti; ☎732 513 559; www.galeriegud.cz; Náměstí Franze Kafky 3, Staré Město; Erw./Kind/Familie 120/80/250 Kč; ⏰Di–So 10–18 Uhr; Ⓜ Staroměstská). Die Kinder können Kunst hier nicht nur betrachten, sondern auch selbst machen, sie ergänzen und verändern. Dazu stehen Farben und Materialien zur Verfügung, und sogar Workshops für Fünf- bis Zwölfjährige stehen auf dem Programm (momentan nur auf Tschechisch, das Personal spricht jedoch Englisch).

Lego-Museum

Dieses Lego-Museum (Muzeum Lega; 775 44 66 77; www.muzeumlega.cz; Národní 31, Staré Město; Erw./Kind/Familie 200/40/450 Kč; ⏰10–20 Uhr;🚋 6, 9, 18, 21, 22) ist wahrscheinlich die größte Privatsammlung von Lego-Modellen in ganz Europa. Mit dazu gehört ein Spielbereich, in dem die Kinder selbst Sachen aus Legosteinen zusammenbauen können.

Technisches Nationalmuseum

Leider kann man all die schönen nostalgischen Züge, Flugzeuge, Autos und Busse in diesem Museum (S. 162) bloß anschauen, aber in den Abteilungen zum Thema Foto und Druck gibt es dann immerhin auch interaktive Exponate.

Leben wie die Einheimischen

In Prags Zentrum hat man häufig das Gefühl, das Viertel sei ausschließlich von Touristen bevölkert. Wo stecken all die Prager? Falls gerade Wochenende ist, sind sie vielleicht beim Pilzesammeln oder bei einem Fußball- oder Eishockeyspiel.

etná-Park (S. 163)

Essen wie die Einheimischen

Picknick im Park

Einen Überblick über die regionalen Produkte bietet der Bauernmarkt (S. 151) in Vinohrady. Hier kann man sich für ein Picknick eindecken und dann wie viele andere im Riegrovy sady (S. 144) unter freiem Himmel speisen (hier gibt es auch einen Biergarten). Wer lieber im Havlíčkovy sady essen möchte, kann bei Viniční Altán (S. 148) tschechische Weine probieren.

Pilze suchen

Tschechen sammeln Schätzungen zufolge alljährlich mehr als 20 Mio. kg Wildpilze. Von Mai bis Oktober ist das Sammeln von Pilzen und Beeren eine der beliebtesten Freizeitbeschäftigungen im Land. Dann strömen die Massen mit Weidenkörben bewaffnet in Prags Wälder Divoká Šárka (S. 171) und Michelský Les (südöstlich vom Zentrum). Tschechen lernen von klein auf, essbare von giftigen Pilzen zu unterscheiden – und wer die Kunst des Pilzeerkennens nicht beherrscht, sollte sich mit einem hiesigen Experten auf die Suche machen. Oder man kauft die Früchte des Waldes gleich auf einem Bauernmarkt oder bestellt sie in einem Restaurant mit dem Schild *hřiby* oder *lesní houby*.

Feiertage

Ostern

Zu Ostern begeht das ganze Land ein ausgelassenes Frühlingsritual. Tschechische Jungs schlagen mit geflochtenen Weidengerten (den „Osterruten", die viele Straßenstände anbieten) ihren zugeneigten Mädchen auf die Beine oder bespritzen sie mit Wasser. Die Mädels überreichen ihnen zum Dank handbemalte Ostereier. Danach feiert die ganze Familie – das hat man sich nach tagelangem Frühjahrsputz, viel Kocherei und Besuchen bei Verwandten und Bekannten auch verdient.

Tag der Arbeit

Der Tag der Arbeit (*Svátek práce*) am 1. Mai – einst sozialistischer Feiertag mit gigantischen Paraden – wird heute hauptsächlich zu Picknicks und Ausflügen aufs Land genutzt. Um den Frühling zu begrüßen, legen viele Paare an der Statue des Dichters Karel Hynek Mácha (Schöpfer des Gedichts *Máj*, das von unerwiderter Liebe handelt) auf dem Petřín (Laurenziberg) Blumen nieder.

Majáles

Prager Studenten feiern am ersten Mai-wochenende das Festival Majáles, das mindestens bis in das 19. Jh. zurückreicht. In kommunistischer Zeit wurde es verboten, aber 1997 hat man es wiederbelebt. Es beginnt mit einem mittäglichen Umzug – mit Musikbands, verkleideten Studenten und einem Wagen, von dem der Kral Majáles (der Mai-König) und Miss Majáles herunterwinken – vom Wenzelsplatz zum Stromovka-Park. Dort steigt eine Open-Air-Party mit Livemusik, Studententheater sowie Würstchen und Bier ohne Ende. Termine und Infos findet man auf www.majales.cz (nur auf Tschechisch).

Sportveranstaltungen

Eishockey

Es ist nicht ganz sicher, ob Fußball oder Eishockey mehr leidenschaftliche Anhänger unter den Prager Sportfans hat – aber vermutlich liegt Eishockey vorne. Die Spiele sind rasant und rabiat, und die Atmosphäre kann elektrisierend sein – es lohnt auf jeden Fall, zu einem Match zu gehen, um eine durch und durch echt tschechische Erfahrung zu machen.

Das tschechische Nationalteam ist seit über zehn Jahren nicht zu bremsen: 1999 bis 2001 gewann es dreimal in Folge sowie erneut 2005 und 2010 die Weltmeisterschaft. 1998 gewann es zudem olympisches Gold – diesen Erfolg feiert man noch immer, weil im Finale die mächtigen Russen geschlagen wurden – und 2006 Bronze.

Die zwei großen Eishockeyteams aus Prag sind HC Sparta Praha (www.hcsparta.cz) und HC Slavia Praha (www.hc-slavia.cz), die beide in der Nationalliga (der sogenannten Extraliga) spielen, in der 14 Mannschaften vertreten sind. Häufig werden vielversprechende Talente allerdings von der US-amerikanischen National

Hockey League mit gut dotierten Verträgen weggelockt. In der Tat spielen in der NHL viele Tschechen.

Spartas Heimstadion ist die riesige, etwas heruntergekommene Generali-Aréna (S. 173) auf dem Výstavištĕ-Ausstellungsgelände in Holešovice, und die Matches von Slavia Praha finden in der **O2 Arena** (☎ 266 212 111; www.sazkaarena.com; Oceláŕská 460, Prag; 🚇3) statt. Die Eishockeysaison dauert von September bis Anfang April. Tickets sind über www.sazkaticket.cz oder www.ticketportal.cz sowie vor den Spielen in den Kassenhäuschen der Stadien erhältlich.

Fußball

Die zwei großen Fußballclubs der Stadt Prags SK Slavia Praha (www.slavia.cz) und AC Sparta Praha (www.sparta.cz), mischen beide ganz vorn in der nationalen *fotbal*-Liga mit und haben leidenschaftliche Fans im ganzen Land. Zwei andere Prager Teams – FC Bohemians (www.bohemians1905.cz) und FK Viktoria Žižkov (www.fkvz.cz) – haben vor allem in der Region glühende Anhänger.

Die Fußballsaison dauert von August bis Dezember und wieder von Februar bis Juni. Spiele finden gewöhnlich mittwochs, samstags und sonntags am Nachmittag statt. Eintrittskarten (100–400 Kč) bekommt man an Spieltagen an den Kassenhäuschen der Stadien.

Die tschechische Nationalmannschaft ist international durchaus erfolgreich: 1976 wurde sie – noch als Tschechoslowakei – Europameister, 1996 erreichte sie das Finale und 2004 immerhin das Halbfinale. Im Vorfeld der EM 2008 stufte die FIFA das Team auf Rang 6 ein – eine Platzierung, die allzu optimistisch war, da die Tschechen sowohl 2008 bei besagter Europa- als auch bei der Weltmeisterschaft 2010 schon in der Vorrunde ausschieden. Für die Europameisterschaft 2012 konnten sie sich qualifizieren, sie schieden aber im Viertelfinale gegen Portugal aus.

Internationale Heimspiele werden in Slavia Prahas Eden-Stadion (auch Eden Aréna genannt; S. 151) im Osten Prags ausgetragen.

Die meisten Prager Kirchen (außer der St.-Nikolaus-Kirche in Malá Strana) sowie der schöne Wallenstein-Garten (S. 88) und der imposante Vyšehrad (S. 181) sind kostenlos zugänglich.

Prag gratis

Früher galt Prag als billiges Reiseziel – das ist heute nicht mehr so: Auch hier hängt inzwischen überall ein Preisschild dran. Immerhin sind Parks und Gärten, ein paar Museen und Galerien sowie die herrlichen Fassaden gratis zu bestaunen, ebenso die Straßenkünstler auf der Karlsbrücke.

Eintritt frei

Ohne Eintritt zu bezahlen, kann man durch die Höfe und Gärten der Prager Burg (S. 62) flanieren, bei der Wachablösung zuschauen und den westlichen Teil des Kirchenschiffs im Veitsdoms (S. 70) besichtigen, und die Karlsbrücke (S. 84) bietet mit Jazzbands, Straßenmusikanten, Karikaturisten, Porträtmalern und Postkartenverkäufern ein Sammelsurium an kostenlosem Entertainment.

Drüben auf dem Altstädter Ring ist das stündliche Schauspiel der Astronomischen Uhr (S. 106) ein kostenloses Pflichtprogramm, ebenso der barocke Glamour der St.-Nikolaus-Kirche (S. 109) in der Nähe. Für eine Führung durchs Altstädter Rathaus (S. 105) muss man zwar bezahlen, gratis kann man jedoch das herrliche Jugendstil-Café, die Lobby und die American Bar im Untergeschoss erobern.

Kunst auf öffentlichen Plätzen

In Prag gibt es eine ganze Reihe öffentlich zugänglicher Kunstwerke, die man allesamt ohne Entgelt bewundern kann. Zu den interessantesten gehören die provokanten, häufig witzigen modernen Werke von David Černý (s. Kasten S. 323) und die großartigen Jugendstil-Denkmäler für Jan Hus (S. 108; Altstädter Ring) und Josef Palácký (Paláckého náměstí).

Kostenlose Museen & Galerien

Folgende Museen, Kunstgalerien und Attraktionen verlangen keinen Eintritt:

➡ Museum des Prager Jesuskinds (S. 91)
➡ Museum Montanelli (S. 88)
➡ Palais Waldstein (S. 89)
➡ Mánes-Galerie (S. 134)
➡ Futura-Galerie (S. 183)
➡ MeetFactory (S. 183)
➡ Karlín Studios (S. 159)
➡ Armeemuseum (S. 159)

Am ersten Donnerstag im Monat haben im **Prager Stadtmuseum** (S. 130) Studenten freien Eintritt, alle anderen bezahlen dann nur 10 Kč (statt 120 Kč).

Kostenlose Führungen

Einige Unternehmen, darunter das renommierte **Prague Extravaganza** (www.extravaganzafreetour.com), bieten Stadtführungen für Fußgänger „gratis" (freilich gegen Trinkgeld) an. Die Touren mit ehrenamtlichen einheimischen Führern beginnen zweimal täglich vor dem Cartier-Laden an der Ecke Altstädter Ring und Pařížská.

Prag mit dem Fahrrad

Prag ist noch weit davon entfernt, so fahrradfreundlich zu sein wie deutsche Großstädte. Doch es gibt durchaus ein paar Hardcore-Radler, die sich für das Radfahren zur Arbeit, für den Ausbau von Radwegen und mehr Rücksichtnahme von Autofahrern einsetzen. Inzwischen trägt ihr Einsatz erste Früchte.

Empfehlenswerte Routen

Prag hat ein recht umfangreiches, wenn auch unzusammenhängendes Netz an Radwegen. Die gelb markierten Wege führen durchs Zentrum und von dort aus in alle Richtungen. Freizeitradler geben sich oft damit zufrieden, auf einer von den Fahrradverleihern empfohlenen Route herumzukurven, ernsthaftere Radsportler sollten aber in Erwägung ziehen, sich eine gute Karte zu kaufen, ein Rad zu mieten und einen oder zwei Tage lang entlegenere Routen in Angriff zu nehmen.

Die wahrscheinlich besten Radwege führen von der Stadt gen Norden, an der Moldau entlang in Richtung deutsche Grenze. Eines Tages wird die Strecke Prag–Dresden Stoff für Radlerlegenden liefern, doch noch klaffen in der Route signifikante Lücken. Bislang ist der Weg am Fluss entlang bis zur Stadt Kralupy nad Vltavou (20 km von Prag; zurück kann man den Zug nehmen) beinahe fertig aus-

gebaut. Von dort aus kann man auf Nebenwegen bis Mělník (S. 195) weiterstrampeln. Für die Überquerung der Moldau gibt es viele Brücken und Fähren, und unterwegs führen auch mehrere tolle Wege weiter ins Hinterland.

Im Prager Zentrum geht die Fahrt am Čechův most (der Moldaubrücke beim Hotel InterContinental) los: über die Brücke und den Hügel hoch nach Letná. Von dort folgt man den Schildern nach Stromovka und weiter zum Prager Zoo. Der Uferweg (Wegmarkierung A2) führt von dort aus weiter gen Norden.

Ins Gepäck gehören Wasser und Sonnenschutzmittel, und immer sollte man den Verkehr im Blick haben, denn viele tschechische Autofahrer sind unerklärlicherweise rabiate Fahrradhasser.

Karten

Die meisten großen Buchhandlungen führen Karten für Radfahrer (*cyclotouristicka mapa*). Eines der besten Kartenwerke ist die neueste Auflage von *Praha a Okoli* (Prag & Umgebung; Verlag Freytag & Berndt; 1:75 000) für ca. 149 Kč. Eine andere gute Option für den Nordwesten der Stadt ist *Z prahy na kole, Severozapad* (Mit dem Fahrrad rund um Prag, Nordwesten; 1:65 000) für ca. 75 Kč.

Websites

➡ **City Bike** (www.citybike-prague.com) Fahrradverleih inkl. Helm, Schloss und Karte.

➡ **Grant's Prague Bike Blog** (http://praguebikeblog.blogspot.com) Die Heldentaten eines in Prag lebenden amerikanischen Radfahrers mit tollen Routenvorschlägen, Karten und Fotos.

➡ **Greenways** (www.pragueviennagreenways.org) Beschreibung einer 402 km langen Radtour von Prag nach Wien.

➡ **Prager Rathaus** (http://doprava.praha-mesto.cz; „Praha cyklistická" anklicken, dann „English version") Infos über Radwege und Verkehrsregeln.

➡ **Praha Bike** (www.prahabike.cz) Verleiht gute, neue Fahrräder mit Schloss, Helm und Karte. Kostenlose Gepäckaufbewahrung.

Geführte Touren

Prag hat so viel an faszinierender Geschichte und Kultur zu bieten, dass man sich leicht überfordert fühlt. Auf Stadtführungen gewinnt man Einblick in bestimmte Aspekte, die einen besonders interessieren – und zugleich hat man etwas Bewegung. Das Büro von Prague Welcome (S. 338) im Altstädter Rathaus informiert über Führungen.

ORIEN HARVEY / LONELY PLANET IMAGES ©

Sightseeing-Tour per Boot auf der Moldau.

Spaziergänge

An der Ecke des Altstädter Rings vor dem Altstädter Rathaus stehen normalerweise Dutzende von Leuten, die ihre Dienste als Stadtführer anbieten. Die Qualität der Führungen ist unterschiedlich, im Folgenden sind einige der besseren Agenturen aufgelistet. Die meisten haben keine Geschäftsstelle – man schließt sich einfach am Startpunkt einer Führung an und bezahlt auch dort.

Amazing Walks of Prague (☏777 069 685; www.amazingwalks.com; Führungen auf Englisch; pro Pers. 300–500 Kč) Schwerpunkte des Stadtführers Roman Bílý sind der Zweite Weltkrieg, die kommunistische Ära und das Jüdische Viertel.

Prague Walks (☏222 322 309; www.prague walks.com; pro Pers. 220–990 Kč) Interessante Touren mit Themen wie „Prags Geschichte und Architektur", „Kneipen in Žižkov" und „das mysteriöse Prag".

World War II in Prague (☏605 918 596; www.ww2inprague.com; pro Pers. 600 Kč) Sehr zu empfehlen für Leute, die an Militärgeschichte interessiert sind: Man sieht die unterirdische Zentrale der Prager Widerstandsbewegung und kann heutige Plätze mit Archivfotos vergleichen.

Prague Special Tours (☏777 172 177; www. prague-special-tours.com; pro Pers. 600 Kč) Bei der Kommunismusführung gelangt man in einen echten unterirdischen Atombunker aus den 1950er-Jahren (in dem sich auch der Nachtclub Bunkr Parukářka (S. 158) befindet).

Speziell über Führungen in deutscher Sprache informieren:

www.prag-stadtfuehrung.com

http://prag-stadtfuehrungen.de/

http://prag-touren.de/

Bootstouren

Evropská Vodní Doprava (EVD; ☏224 810 030; www.evd.cz; Čechův most, Staré Město; ☐17) Die einstündige Bootstour legt von 10 bis 18 Uhr stündlich ab (Erw./Kind 220/110 Kč). Die zweistündige Fahrt nach Vyšehrad (420/350 Kč) geht um 15.30 Uhr los.

Prager Passagierschifffahrt (Pražská Paroplavební Společnost / PPS; ☏224 930 017;

www.paroplavba.cz; Rašínovo nábřeží 2, Nové Město; ☉April–Okt.; Ⓜ Karlovo Náměstí) Die fotomotivreiche einstündige Fahrt, vorbei an Nationaltheater, Střelecký-Insel und Vyšehrad, beginnt von April bis September täglich um 11, 14, 16, 17 und 18 Uhr (Erw./Kind 190/90 Kč). Auf dem Programm steht auch eine anderthalbstündige Bootsfahrt nach Troja (beim Zoo; einfache Fahrt 150/80 Kč; 1. Mai–11. Sept. tgl. 9, 12 & 15.30, 26. März–30. April & 12. Sept.–30. Okt. Sa & So 9, 12, 15.30 Uhr). Boote von Troja zurück nach Prag fahren um 11, 14 und 17 Uhr ab.

Prags Venedig (☏776 776 779; www. prazskebenatky.cz/de; Platnéřská 4, Staré Město; ☉ April–Juni tgl. 10.30–20, Juli & Aug. bis 22 Uhr, Sept. bis 20 Uhr, Okt.–März bis 18 Uhr; 🚊17) Unterhaltsame 45-minütige Törns in kleinen Booten unter den Bögen der Karlsbrücke und den Čertovka-Mühlbach in Kampa entlang.

Radtouren

City Bike (S. 329) Die 2½-stündigen Radtouren (Mai–Sept. 11, 14 & 17, April & Okt. 11 & 14 Uhr) führen durch die Altstadt, die Moldau entlang und zu den Letnáanlagen, inklusive Halt an einer Wirtschaft am Flussufer.

Praha Bike (S. 329) Bietet eine zweieinhalb-stündige Radtour durch die Innenstadt oder eine gemächliche Abendtour durch die Parks. Los geht es von Mitte März bis Oktober um 14.30 Uhr, von Mai bis September auch um 11.30 und 17.30 Uhr. Auch Ausflüge ins Umland werden arrangiert, darunter ist auch eine Tagestour zur Burg Karlstein (1290 Kč).

AVE Radtouren (☏251 551 011; www. rad-fahren.com; geführte Tour 1190 Kč, Tour auf eigene Faust 600 Kč; ☉April–Okt.) Tagesausflug von Prag zur Burg Karlstein, inklusive Abholung im Hotel, Leihrad, Mittagessen in Karlstein und Zug-fahrkarte zurück in die Stadt. Auch im Angebot: Fahrradausflüge nach Konopiště und einwöchige Touren durch die tschechische Provinz.

Segway-Touren

Mit dem Segway – einem elektrischen zweirädrigen „individuellen Transportsys-tem" – kommt man schneller voran als auf Schusters Rappen.

Prague Segway Tours (☏724 280 838; www. prague-segway-tours.com; Maltézské náměstí 7,

Malá Strana; pro Pers. 1490 Kč; 🚊12, 20, 22) Die dreistündigen Touren durch die Altstadt und Malá Strana beginnen täglich um 9 und 14 Uhr.

Prague on Segway (☏775 588 588; www. pragueonsegway.com; Vlašská 2, Malá Strana; pro Pers. 1990 Kč; 🚊12, 20, 22) Dreistündige individuell zugeschnittene Segway-Touren für eine bis zwei Personen.

Fahrten mit der Tram (Straßenbahn)

Nostalgiefahrt mit der Tram Nr. 91
(☏233 343 349; www.dpp.cz; Patočkova 4, Verkehrsmuseum; Erw./Kind 35/20 Kč; ☉Abfahrt März–Mitte Nov. Sa, So & Feiertage 12–17 Uhr stündlich) Historische Straßen-bahnen von 1908 bis 1924 befahren eine spezielle Route vom Verkehrsmuseum nach Výstaviště. Zwischenstopps sind Prager Burg, Malostranské náměstí, National-theater, Wenzelsplatz, náměstí Republiky und Štefánikův most. An jeder Haltestelle kann man zu- oder aussteigen; die Fahr-karte kauft man in der Tram (normale Tickets und Pässe für öffentliche Verkehrs-mittel gelten hier nicht).

Führungen zur jüdischen Geschichte

Precious Legacy Tours (☏222 321 954; www. legacytours.net; Kaprova 13, Staré Město; pro Pers. 880 Kč; ☉Führungen So–Fr 10.30 & 14 Uhr) Dreistündiger Spaziergang durch die Josef-stadt (im Preis enthalten ist der Eintritt in vier Synagogen, aber nicht in die Alt-Neu-Synagoge; das kostet 200 Kč extra). Es gibt täglich einen sechsstündigen Ausflug nach Terezín (1160 Kč pro Pers.; Abfahrt 10 Uhr); Informationen über Terezín (Theresienstadt) siehe S. 196.

Wittmann Tours (☏222 252 472; www. wittmann-tours.com; pro Pers. 880 Kč; ☉Führungen Josefstadt Mitte März–Dez. So–Fr 10.30 & 14 Uhr) Dreistündiger Spaziergang durch die Josefstadt sowie Tagesausflüge (7 Std.) nach Terezín (1250 Kč pro Pers.). Mai–Okt. tgl., April, Nov. & Dez. viermal die Woche.

Über deutschsprachige Führungen informiert u. a. folgende Website:

www.prag-touren.de/museum1.html

Rindergulasch mit Knödel

Essen

*Die traditionelle tschechische Küche ist der Alptraum eines jeden
Kardiologen: Der cholesterinreiche Speiseplan besteht aus Fleisch mit
hochkalorischen Knödeln und viel Bier. Die ultimative tschechische Nörgelei
beim Essen lautet* neslaný *oder* nemaslý *(„nicht salzig" oder „nicht fettig").
Wer seine Vorstellungen von gesunder Kost aber mal ein paar Tage vergisst,
wird die leckere traditionelle Küche sehr zu schätzen wissen.*

Frühstück, Mittag- & Abendessen

Ein tschechisches Frühstück (*snídaně*) ist
normalerweise leicht und besteht aus *chléb*
(Brot) oder *rohlík* (Brötchen) mit Butter,
Käse, Marmelade oder Joghurt und dazu
wird Tee oder Kaffee getrunken.

Am Frühstücksbuffet im Hotel gibt es
normalerweise auch Müsli, Eier, Schinken
und Wurst. Einige Tschechen frühstücken
zwischen 6 und 8 Uhr in einem Selbstbedie-
nungs-*bufety*, in dem man Suppen und Hot-
dogs sowie Kaffee und sogar Bier bekommt.

Ein paar Lokale für britische oder amerikanische Vorlieben findet man inzwischen
ebenfalls.

Man kann morgens auch in einer *pekárna*
oder *pekařství* (Bäckerei) oder in einem
französischen oder Wiener Café *loupáčky*
(Kipferl; Hörnchen) essen. Und die tschechischen Brote, besonders die aus Roggen, sind
hervorragend und vielfältig.

Oběd (Mittagessen) ist traditionell die
Hauptmahlzeit und läuft außer an Sonnta-
gen oft hektisch ab. Tschechen stehen meistens früh auf, sodass sie teilweise schon um

GUT ZU WISSEN

Preise

In diesem Buch werden die folgenden Preiskategorien verwendet:

€ unter 200 Kč

€€ 200–450 Kč

€€€ über 450 Kč

Öffnungszeiten

Das Mittagessen wird allgemein von 12 bis 15 Uhr serviert, Abendessen gibt es zwischen 18 und 21 Uhr. Die meisten Prager Restaurants sind aber ganztags geöffnet, ab 11 oder 12 Uhr und bis 22 oder 23 Uhr.

Reservierungen

In einem teureren Restaurant sollte man eigentlich immer einen Tisch reservieren, vor allem während der Hochsaison; fast immer geht jemand dort ans Telefon, der zumindest Englisch spricht.

Trinkgeld

In den meisten Restaurants in touristischen Vierteln steht auf der Rechnung gleich der Hinweis „Trinkgeld nicht im Preis enthalten". Üblicherweise gibt man etwa 10 % des Rechnungsbetrags. In Kneipen, Cafés und Mittelklasse-Restaurants rundet man den Rechnungsbetrag einfach auf die nächsten vollen 10 Kč auf (oder auf die nächsten 20 Kč, falls der Betrag über 200 Kč liegt).

Rauchen

Seit 2010 müssen Kneipen und Restaurants in Tschechien sich für eine der drei Kategorien entscheiden, die auch deutlich sichtbar im Eingangsbereich ausgewiesen sein muss: Rauchen gestattet; Rauchen verboten – oder eine Mischung aus beidem. Letzteres ist nur möglich, wenn räumlich klar getrennte Raucher- und Nichtraucherzonen vorhanden sind.

11.30 Uhr zu Mittag essen, aber Nachzügler bekommen in vielen Restaurants noch bis 15 Uhr ein Mittagsmahl.

Nachdem sie sich mittags den Magen gefüllt haben, nehmen viele Tschechen zum *večeře* (Abendessen) etwas Leichtes zu sich, beispielsweise ein klassisches Vesper mit Brot, Wurst, Käse und Gewürzgurken.

Tschechische Spezialitäten

Der erste Gang einer Mahlzeit besteht normalerweise aus einer herzhaften *polévka* (Suppe) – oft *bramboračka* (Kartoffelsuppe), *houbová polévka* (Pilzsuppe) oder *hovězí vývar* (Rinderbrühe). Besonders zu empfehlen sind *cibulačka* (Zwiebelsuppe), eine leckere, cremige Kombination aus karamellisierten Zwiebeln und Kräutern, und *česnečka* (Knoblauchsuppe), eine intensiv duftende und schmeckende Suppe, die süchtig macht.

Eine weitere beliebte Vorspeise ist *Pražská šunka* (Prager Schinken), für den die Hauptstadt berühmt ist. Er wird gepökelt und geräuchert. Am besten ist *šunka od kosti* (Knochenschinken).

Das tschechische Nationalgericht überhaupt ist *vepřová pečeně s knedlíky a kyselé zelí* (Schweinebraten mit Knödeln und Sauerkraut). Die Speise ist so allgegenwärtig, dass sie meist nur *vepřo-knedlo-zelo* genannt wird. Üblicherweise wird das Fleisch mit Salz und Kümmel eingerieben und dann bei niedriger Temperatur lange gegart. Ein guter Schweinebraten sollte sehr zart sein und schon bei einer leichten Berührung mit Messer und Gabel auseinanderfallen.

Tschechische Knödel müssen leicht und flockig sein. *Houskové knedlíky* (Semmelknödel) werden mit Mehl, Hefe, Eigelb, Milch und altbackenen Brötchen zubereitet. Anders als bei uns formt man keine kleinen Knödel, sondern gart einen großen Teigkloß in kochendem Wasser. Vor dem Servieren wird er in Scheiben geschnitten. Die besten *knedlíky* sind selbst gemacht, aber in den meisten Kneipen und Restaurants kommen sie aus der Fabrik. Manchmal kriegt man *bramborové knedlíky* (Kartoffelknödel). Wer findet, dass Semmelknödel pappsatt machen, hat diese Geschosse noch nicht probiert.

In den tschechischen Restaurants sind auch *svíčková na smetaně* (eingelegter Rinderbraten in Scheiben mit Sauerrahmsoße, Zitrone und Preiselbeeren), *guláš* (Gulasch) und *vepřový řízek* (Wiener Schnitzel mit Kartoffelsalat oder *hranolky*; Pommes frites) weit verbreitet.

Eine weitere beliebte Hauptspeise ist Geflügel, entweder gegrillt oder als *kuře na paprice* (Huhn in Paprika-Sahne-Soße). *Kachna* (Ente), *husa* (Gans) und *krůta* (Pute) werden meist gebraten mit Soße, Knödeln und Sauerkraut serviert. Ein paar

Restaurants sind auf Wild spezialisiert. Besonders verbreitet sind *jelení* (Hirsch), *bažant* (Fasan), *zajíc* (Hase) und *kanec* (Wildschwein) – gebraten oder gegrillt und mit Pilzsoße oder zerkleinert als *guláš* serviert.

Meeresfrüchte gibt es nur in ein paar teuren Restaurants, aber Süßwasserfisch aus Zuchten– meist *kapr* (Karpfen) oder *pstruh* (Forelle) – bekommt man häufig. *Štika* (Hecht) und *úhoř* (Aal) servieren nur Spezialitätenrestaurants. Preise für Fisch gelten auf manchen Speisekarten nicht für den ganzen Fisch, sondern für 100 g. Man sollte vor dem Bestellen fragen, wie viel eine Forelle wiegt!

Die klassische tschechische Nachspeise ist *ovocné knedlíky* (Knödel mit Fruchtfüllung), aber auch sie schmeckt bei Essen im Familienkreis meist besser als im Restaurant. Die großen, runden Knödel werden aus süßem Mehlteig gemacht und mit Beeren, Pflaumen oder Aprikosen gefüllt. Man serviert sie mit zerlassener Butter und etwas Zucker.

In traditionellen Restaurants und Kneipen gibt es zum Nachtisch *kompot* (Kompott), entweder allein oder *pohár* – in einer Schale mit *zmrzlina* (Eis) und Sahne. *Palačinky* oder *lívance* (Pfannkuchen) sind ebenfalls weit verbreitet. Außerdem gibt es *jablkový závin* (Apfelstrudel), *makový koláč* (Mohnkuchen) und *ovocné koláče* (Obst in Scheiben). Kuchen und Gebäck sollte man im *kavárna* (Café) oder in einer *cukrárna* (Bäckerei) konsumieren.

Speiseplan bei Festlichkeiten

Weihnachten ist das wichtigste Fest des tschechischen Familienkalenders. Essen und Trinken spielen eine bedeutende Rolle dabei. Am 24. Dezember (*Štědrý den*; „großzügiger Tag“) isst man tagsüber kein Fleisch und spart sich den Hunger für den Abend. Dann gibt es traditionell *smažený kapr* (knusprig gebratenen Karpfen) mit *bramborový salát* (Kartoffelsalat). Die Karpfen werden in seit dem Mittelalter existierenden *rybníky* (Fischteichen) auf dem Land gezüchtet, vor allem in Südböhmen. Im Dezember werden die Fische auf die städtischen Märkte gebracht und lebendig aus Wasserfässern und Bottichen verkauft. Bei vielen Leuten schwimmt der Weihnachtskarpfen in der Badewanne, bis es Zeit für die Bratpfanne ist.

Es gibt keine nationale Tradition für das Essen am 25. 12. (*vánoce*), aber Fleisch kehrt immer auf die Speisekarte zurück. Besonders beliebt ist *pečená kachna* (Entenbraten) mit Soße und Knödeln. Es gibt auch Weihnachtsplätzchen (*vánoční cukroví*), die nach traditionellen Familienrezepten gebacken werden, und *vánočka*, Böhmens Weihnachtszopf aus Hefeteig mit Zucker, Zitrone, Muskat, Rosinen und Mandeln. Meist wird er an Heiligabend zum Nachtisch serviert.

Auch Silvester (*Silvestr*) ist ein wichtiger Festtag. Heutzutage bereiten nur noch wenige Tschechen das traditionelle Festessen aus *vepřový ovar* (gekochtem Schweinekopf) mit Meerrettich und Apfel zu, aber Silvester ist immer noch ein aufwendig begangener Partytag. Zu Mitternacht gibt es Teller mit *chlebíčký* (belegten Broten),

KOMISCH, DAS HATTE ICH GAR NICHT BESTELLT!

In Prager Restaurants ist nichts umsonst – wer die vom Kellner als Beilage angebotenen Pommes frites bestellt, muss sie auch bezahlen. Brot, Mayonnaise, Senf, Gemüse: Fast alles hat seinen Preis. Viele Restaurants berechnen auch das Gedeck; jeder Gast muss dafür zahlen, egal was er isst und sogar, wenn er gar nichts isst. Das ist keine Abzocke, es ist eben so. Wenn auf der Speisekarte keine Preise stehen, unbedingt danach fragen. Und keine Angst vor der Sprachbarriere haben – jeder Gast sollte schon genau wissen, was er da bestellt. Wenn etwas ausgegangen ist und der Ober eine Alternative vorschlägt, fragt man nach dem Preis. Man sollte alles, was man nicht bestellt hat, wie Brot, Butter oder Beilagen, sofort zurückgehen lassen; wer es einfach beiseitestellt, wird es wahrscheinlich auf der Rechnung wiederfinden. Am wichtigsten ist aber: Man sollte sich von der eigenen Paranoia nicht den Appetit verderben lassen. Der meiste Wucher wird in den Touristenlokalen im Zentrum getrieben. Wer nicht am Altstädter Ring oder am Wenzelsplatz isst oder wer in ein neu eröffnetes Lokal junger Tschechen geht, wird voraussichtlich keine Probleme haben.

SPANISCHE VÖGEL & MÄHRISCHE SPATZEN

Viele tschechische Gerichte haben Namen, die einem nicht verraten wollen, was sich dahinter verbirgt. Bestimmte Wörter können jedoch als Anhaltspunkte dienen: *šavle* (Säbel; etwas am Spieß); *tajemství* (Geheimnis; Käse eingerollt in Fleisch); *překvapení* (Überraschung; Fleisch, Peperoni und Tomatenmark eingerollt in einen Kartoffelpuffer); *kapsa* (Tasche; eine Füllung für eine Fleischroulade) und *bašta* (Bollwerk; Fleisch in würziger Soße mit Kartoffelpuffer).

Zwei Gerichte, die seltsame Bezeichnungen tragen und die dennoch alle Tschechen kennen, sind *Španělský ptáčky* (Spanische Vögel; Wurst und Gewürzgurken in eine Scheibe Kalbfleisch gehüllt, dazu Reis und Soße) und *Moravský vrabec* (Mährischer Spatz; ein faustgroßes Stück Schweinebraten). Aber sogar Tschechen müssen hin und wieder fragen, worum es sich bei *Meč krále Jiřího* handelt (das Schwert König Georgs; Rind- und Schweinefleisch am Spieß gebraten), das Gleiche gilt für *Tajemství Petra Voka* (Peter Vokas Geheimnis; Karpfen mit Soße), *Šíp Malínských lovců* (der Pfeil des Jägers Malín; Rindfleisch, Wurst, Fisch und Gemüse am Spieß) und *Dech kopáče Ondřeje* (der Atem des Totengräbers Andreas; Schweinefilet gefüllt mit extrem riechendem Käse, dem Olmützer Quargel).

brambůrky (Kartoffelpuffern) und andere Kleinigkeiten. Mitternachts stößt man mit *šampaňské* oder anderen Sektarten an.

Etikette

Auch wenn in den meisten Touristenrestaurants seit langem internationale Benimmregeln gelten, sollte man bei einem Essen in einem tschechischen Privathaushalt oder in traditionellen Restaurants auch die traditionelle tschechische Etikette befolgen.

Für einen Tschechen beginnen nur Barbaren mit dem Essen, ohne vorher *dobrou chut'* (*Guten Appetit* – man antwortet darauf mit demselben Ausdruck) zu sagen.

Auch die Bedienung in einem Touristenrestaurant murmelt beim Servieren *dobrou chut'*. Das erste Getränk des Abends wird immer von einem Trinkspruch begleitet – normalerweise *na zdraví* (*na-sdrahwin;* wörtlich „Auf die Gesundheit!"). Dazu stößt man erst die Ränder, dann den Boden der Gläser aneinander und berührt vor dem Trinken noch einmal den Tisch mit dem Glas.

Es gilt als unhöflich, während des Essens zu sprechen und vor allem einen Gast zu stören, wenn er sein Essen genießt. Daher beschränkt sich die Konversation während des Essens auf ein Minimum. Gesprochen wird zwischen den Gängen und nach der Mahlzeit.

Essen in den Stadtvierteln

➡ **Prager Burg & Hradschin** (S. 79) Überraschend wenige Restaurants, von ein oder zwei gut versteckten Geheimtipps abgesehen.

➡ **Kleinseite** (**Malá Strana**; S. 93) Viele gehobene Restaurants, außerdem Touristenlokale mit schönem Blick auf die Moldau.

➡ **Altstadt** (Staré Město; S. 116) Viele Besucher strömen in die Restaurants am Altstädter Ring, wer aber ein paar Schritte weiter in die Gassen hineingeht, findet dort viele gute tschechische Speiselokale.

➡ **Neustadt** (Nové Město; S. 135) Reichlich Fastfood-Läden und Straßenverkäufer, aber auch viele qualitativ gute Restaurants.

➡ **Vinohrady & Vršovice** (S. 146) In diesen besseren Vierteln findet man einige der edelsten Restaurants von Prag.

➡ **Žižkov & Karlín** (S. 159) Vor allem Kneipen, die einfache Snacks servieren, und Pizzerien, daneben ein paar empfehlenswerte indische und pakistanische Restaurants.

➡ **Holešovice, Bubeneč & Dejvice** (S. 168) Aufstrebende Viertel; hier gibt es ein paar exzellente Lokale, sie sind aber insgesamt eher dünn gesät.

➡ **Smíchov & Vyšehrad** (S. 183) In Vyšehrad ist die Auswahl klein, doch in Smíchov findet man ganz ordentliche Restaurants zum Einkehren.

Top-Tipps

Sansho (S. 136) Heimische Produkte mit asiatischen Geschmacksrichtungen; Essen in informellem Rahmen.

Lichfield (S. 93) Anspruchsvolles, hochklassiges Hotelrestaurant.

Lokal (S. 118) Tschechische Klassiker zum Essen und natürlich großartiges Bier, alles in einem hellen, modernen Saal.

Maitrea (S. 118) Küche für Vegetarier und Veganer in Designer-Ambiente.

Mozaika (S. 146) Die Bewohner von Vinohrady sind ganz vernarrt in dieses französisch angehauchte Bistro.

Oliva (S. 139) Mediterranes Feeling in der Neustadt.

Sasazu (S. 176) Die beste asiatische Küche nördlich der Moldau; dazu gehört auch ein Nachtclub.

Da Emanuel (S. 171) Ruhiger, gemütlicher Italiener – ideal für ein romantisches Abendessen.

Die Preiswertesten

$
Café Lounge (S. 93)
Cukrkávalimonáda (S. 93)
Las Adelitas (S. 146)

Mistral Café (S. 118)
Kabul (S. 118)

$$
Café Savoy (S. 95)
Ambiente Pasta Fresca (S. 118)
Kofein (S. 146)
U Malé Velryby (S. 93)
Argument (S. 171)

$$$
Aromi (S. 146)
V zátiší (S. 118)
U Modré Kachničky (S. 95)
U Zlaté Hrušky (S. 79)
Hergetova Cihelna (S. 95)

Die beste Küche

Tschechisch
Kolkovna (S. 118)
Zelená Zahrada (S. 148)
Restaurace Chudoba (S. 149)
Perpetuum (S. 172)
Zlatý Klas (S. 184)

Indisch & Pakistanisch
The Pind (S. 148)
Indian Jewel (S. 118)
Masala (S. 148)
Mailsi (S.160)
Manni (S.160)

Italienisch
Vino di Vino (S. 118)
Ristorante Sapori (S. 146)
Ambiente Pasta Fresca (S. 119)
Kogo (S. 137)
Osteria da Clara (S. 146)

Südostasiatisch
Bangkok (S. 95)
Sakura (S.172)
Hanil (S.160)
Noi (S. 95)
Modrý Zub (S. 137)

Das beste Frühstück
Le Patio (S. 136)
Café Lounge (S. 93)
Café Pavlač (S. 160)
Globe Bookstore & Café (S.139)
Fraktal (S. 174)

Beste Auswahl für Vegetarier
Beas Vegetarian Dhaba (S. 119)
Café FX (S. 149)
Country Life (S. 119)
Lehká Hlava (S. 119)
Maitrea (S. 118)

Open-Air-Restaurant an der Moldau

Ausgehen & Nachtleben

Bars kommen in Prag wie in jeder Weltstadt mit atemberaubendem Tempo in Mode und geraten ebenso schnell wieder in Vergessenheit. Trendsetter treffen sich an den jeweils neuesten „In"-Lokalen, die aber schon bald wieder „out" sind, weil das breite Publikum sie entdeckt hat. Zu den besten Vierteln mit schönen Kneipen zählen Vinohrady, Žižkov, Holešovice, der Bereich südlich der Metrostation Národní třída in der Neustadt und die Straßen um den Altstädter Ring.

Getränke

Auch in diesen Zeiten der schier ausufernden Kaffeekultur bleibt *pivo* (Bier) Prags Lebenselixier. Viele Prager trinken jeden Tag mindestens ein Glas Bier – das sie liebevoll *tekutý chleb* (flüssiges Brot) oder *živá voda* (lebensspendendes Wasser) nennen –, und noch immer sind morgens Leute zu sehen, die auf dem Weg zur Arbeit irgendwo ein Bierchen trinken. Und wenn es Abend wird, übernimmt das Bier überall die absolute Macht. Nichts macht den Pragern mehr Spaß, als sich in einer Bar zu treffen, Geschichten auszutauschen und dabei zwei oder drei (oder mehr) *pivos* zu kippen.

BIER

Es gibt zwei Hauptsorten von Bier – *světlé* (hell) und *tmavy* oder *černé* (dunkel). Das *světlé* ist ein helles, obergäriges Bier im Stil eines Lagers mit erfrischendem Hopfengeschmack. Dunkles Bier ist süßer und vollmundiger mit einem reichhaltigen malzigen oder fruchtigen Geschmack.

Die Tschechen trinken ihr Bier am liebsten bei Kellertemperatur (etwa 6 °C bis 10 °C) mit einer großen Schaumkrone (*pěna* bedeutet „Schaum"). Das mag zwar ein bisschen warm erscheinen, verbessert aber den Geschmack. Das meiste Fassbier wird in *půl-litr*-Gläsern (0,5 l) verkauft. Wer lieber ein kleineres Bier hätte, der bestellt ein *malé pivo* (0,3 l). In manchen Bars werden auch 0,4 l-Gläser verkauft, und um es den Bayern nachzuahmen, gibt es auch 1 l-Maßkrüge, genannt *tuplák*.

Eine recht neue Erscheinung sind die Kneipen mit „vier Leitungen" (*čtvrtá pípa*). Traditionell schenkten Prager Bars nur drei Biere vom Fass aus, alle von jeweils einer großen Brauerei wie z. B. Pilsner Urquell. Einige einfallsreiche Kneipiers ließen nun eine vierte Leitung einbauen, um wechselnde Gastbiere unabhängiger regionaler Brauereien anbieten zu können. Inzwischen haben viele gar fünf, sechs oder noch mehr Zapfhähne.

Mehr Informationen über tschechisches Bier siehe S. 320.

PUB-ETIKETTE

Wer die Atmosphäre in einem traditionellen *hospoda* (Pub) einfangen möchte, ohne missbilligende Blicke und abfällige Bemerkungen von den Stammgästen auf sich zu ziehen, muss eine gewisse Etikette einhalten. Zuallererst gilt es, nicht einfach hineinzuplatzen und Stühle und Tische umzustellen. Wer sich an einen Tisch dazusetzen oder einen einzelnen Platz nehmen möchte, fragt erst mal: „*Je tu volno?*" (Ist hier noch frei?). In tschechischen Kneipen ist es nach dieser Frage aber ganz normal, mit Fremden an einem Tisch zu sitzen.

Man nimmt sich einen Bierdeckel aus der Ablage und legt ihn vor sich hin. Dann wartet man, bis der Kellner kommt. Wer nach dem Personal winkt, wird mit Sicherheit ignoriert. Man kann bestellen, ohne auch nur ein Wort zu sagen. Es wird automatisch angenommen, dass man hier ist, um ein Bier zu trinken. Wenn sich der Kellner nähert, hebt man einfach den Daumen für ein Bier, Daumen und Zeigefinger für zwei, etc. – vorausgesetzt natürlich, man will ein Halbliterglas der üblichen Biersorte der Kneipe. Sogar ein Nicken reicht auch schon. Der Kellner nimmt die

GUT ZU WISSEN

Öffnungszeiten

Die meisten Bars sind von 11 Uhr bis Mitternacht geöffnet, einige bis 1 Uhr oder noch länger, vor allem freitags und samstags.

Preise

Der Preis für einen halben Liter Fassbier variiert enorm – von ca. 25 bis 40 Kč in Kneipen mit einheimischem Publikum bis zu 90 Kč und mehr an Tischen im Freien am touristischen Altstädter Ring. Die meisten auf Touristen ausgerichteten Bars der Stadt verlangen zwischen 40 und 80 Kč.

Cocktails in der Prager Innenstadt kosten zwischen 150 und 300 Kč, je nach Qualität der Zutaten und der Noblesse des Lokals, während man in speziellen Weinstuben für eine Flasche guten tschechischen Weins zwischen 300 und 400 Kč bezahlt.

Trinkgeld

Normalerweise wird die Rechnung auf die nächsten 10 Kč aufgerundet (bei über 200 Kč auf die nächsten 20 Kč). Beim Herausgeben legt der Kellner bzw. Barkeeper zuerst die größeren Scheine auf den Tisch, dann nach und nach die Münzen. Sobald man „děkuji" (Danke) sagt, hört er auf – den Rest behält er als Trinkgeld.

Bestellung entgegen, indem er ein Stück Papier auf den Tisch legt. Was auch passiert, man darf dieses Stück Papier nicht verlieren oder gar etwas draufschreiben (sonst muss man eine Strafe zahlen, da es sich um eine Art Urkunde handelt). Sobald nur noch wenige Zentimeter Bier im Glas sind, macht sich der aufmerksame Kellner (oder die Kellnerin) schon mit einem neuen auf den Weg. Man sollte aber nie die Reste aus dem alten Glas ins neue gießen – das wird als zutiefst unzivilisiertes Verhalten angesehen. Nur Engländer tun so etwas …

Wer kein neues Bier mehr möchte, legt einfach den Bierdeckel auf sein Glas. Um zu zahlen, macht man den Kellner auf sich aufmerksam und sagt: „*zaplatím*" (Zahlen, bitte). Er zählt dann die Striche auf dem Stück Papier zusammen und man bezahlt.

TANKOVÉ PIVO

Ein recht junges Phänomen in Prager Bierlokalen ist das *tankové pivo* (Tankbier). Bier wird normalerweise durch den Kontakt mit Sauerstoff schal – Tankbier jedoch wird in sterilen Plastiksäcken geliefert, die wiederum in gekühlten Edelstahltanks gelagert werden (die häufig für alle sichtbar in der Kneipe stehen). Druckluft, die zwischen Tank und Kunststoffbehälter gepresst wird, befördert das Bier durch die Zapfanlage, ohne dass es mit Sauerstoff in Berührung kommt – dieses System erlaubt es den Kneipen, frisches, nicht pasteurisiertes Bier auszuschenken (das geschmacklich dem normalen, wärmebehandelten Fassbier deutlich überlegen ist).

WEIN

Seit dem 14. Jh., als Karl IV. Weinreben aus Burgund importierte, wird auf tschechischem Gebiet Wein angebaut.

Der Standard der tschechischen Weine ist nach dem Zusammenbruch des Kommunismus besser geworden, als sich kleine Hersteller auf die Qualität konzentriert haben. Die meisten tschechischen Rotweine – etwa die südmährische Spezialität Svatovavřinecké (St. Laurent) – sind eher durchschnittlich, aber tschechische Weißweine sind von guter Qualität. Die Sorten, nach denen man Ausschau halten sollte, sind Veltínské zelené (Grüner Veltliner), Rýnský ryzlink (Riesling) und Müller-Thurgau. Tanzberg und Sonberk sind zwei ausgezeichnete Weinhersteller.

Ungefähr drei Wochen im Jahr von Ende September bis Mitte Oktober verkaufen Läden und Straßenstände *burčák* (Neuer Wein, Federweißer bzw. Sturm). Der Neue Wein ist der frisch gepresste Traubensaft im Anfangsstadium der Gärung. Das gelbliche Getränk ist süß und erfrischend und erinnert eher an Traubensaft als an Wein. Aber Vorsicht: Das hinterhältige Getränk hat immerhin auch einen Alkoholgehalt von 5 bis 8 %.

Wenn sich der Winter langsam ankündigt und es draußen kälter wird, tauchen in den Straßen die *svařák*-Stände auf. *Svařák* ist die Abkürzung für *svařené vino* und bedeutet Glühwein, der auf Weihnachtsmärkten ausgeschenkt wird.

SPIRITUOSEN

Die wahrscheinlich bekannteste tschechische *lihoviny* (Spirituose) ist der Becherovka. Er wird in dem westböhmischen Kurort Karlovy Vary hergestellt, der bekannt ist für seine zwölf Schwefelquellen. Der Schnaps wird oft als Aperitif angeboten und für Cocktails verwendet.

Der feurige und kräftige *slivovice* (Zwetschgenschnaps) hat angeblich seinen Ursprung in Mähren, wo auch heute noch die besten tschechischen Sorten herkommen. Der beste kommerziell hergestellte *slivovice* ist der R. Jelínek aus Vizovice. Weitere regionale Spirituosen sind *meruňkovice* (Marillenschnaps) und *borovička* (Wacholderschnaps).

Der heftigste der hier produzierten Schnäpse ist der Absinth. Während er in vielen Ländern wegen seines hohen Thujongehalts verboten ist (Thujon ist in der Wermutpflanze enthalten und soll schnell abhängig machen), ist der Absinth in Tschechien zugelassen. Allerdings halten Absinthkenner den Hill's für nicht viel besser als hochprozentiges Mundwasser. Immerhin diente er vor Jahren als Basis für einen beliebten Cocktail, die H-Bombe (Absinth mit Semtex, einem tschechischen Energy-Drink).

Clubszene

Über Prags Clubszene gerät man nicht gerade in Verzücken. Mit wenigen Ausnahmen sind die Clubs der Stadt nur etwas für Teenager und mit MTV Europe aufgewachsene Touristen. Wer zu etwas anderem als 80er-Hits oder Happy House tanzen will, muss schon gut und lange suchen, um fündig zu werden. Prags größte Stärke sind seine alternativen Musikclubs, DJ-Bars, „experimentelle" Clubs wie Palác Akropolis (S. 162) und Roxy (S. 122) sowie schlicht und ergreifend bizarre Lokalitäten wie der Bunkr Parukářka (S. 162).

Dresscodes scheinen Prag glücklicherweise noch nicht erreicht zu haben und es ist sehr unwahrscheinlich, irgendwo abgewiesen zu werden, wenn man nicht grade splitternackt ist – und ein paar Etablissements fänden sogar das noch okay …

Aktuelle Listen mit Clubs finden sich auf www.prague.tv, www.techno.cz/party oder www.hip-hop.cz (die beiden letztgenannten Websites sind nur auf Tschechisch, aber es lässt sich durchaus erschließen, was läuft).

Top-Tipps

Pivovarský Klub (S. 161) Wahr gewordener Traum für echte Bierfans.

U Vystřeleného oka (S. 161) Inbegriff der typischen Žižkover Nachbarschaftskneipe.

Sasazu (S. 176) Prags exklusivster und populärster Danceclub.

Fraktal (S. 174) Klassische Kneipe für Amerikaner mit Heimweh, jenseits der Moldau gelegen.

Die besten Kaffeehäuser

Kavárna Obecní dům (S. 121)

Café Imperial (S. 139)

Café Savoy (S. 95)

Grand Cafe Orient (S. 121)

Kavárna Slavia (S. 133)

Kavárna Lucerna (S. 140)

Die besten Bierlokale

U Zlatého Tygra (S. 121)

U Slovanské Lípy (S. 161)

Pivnice U Černého Vola (S. 79)

Svijanský Rytíř (S. 174)

Hospůdka Obyčejný svět (S. 150)

Klášterní Pivnice (S. 175)

Die besten Cocktailbars

Hemingway Bar (S. 120)

Bukowski's (S. 160)

Čili Bar (S. 120)

Bar & Books Mánesova (S. 151)

Andaluský Pes (S. 174)

Die besten regionalen Biere

Prague Beer Museum (S. 120)

Klášterní pivnice (S. 120)

Jáma (S. 139)

Pivovarský Klub (S. 161)

U Slovanské Lípy (S. 161)

Die coolsten Cafés

Café Kaaba (S. 150)

Krásný ztráty (S. 121)

Literární Kavárna Řetězová (S. 121)

Blatouch (S. 150)

Galerie Kavárna Róza K (S. 150)

Ryba Na Ruby (S. 151)

Die besten Alternativclubs

Palác Akropolis (S. 162)

Roxy (S. 122)

Bunkr Parukářka (S. 162)

XT3 (S. 161)

Radost FX (S. 152)

Die besten Kleinbrauereien

Pivovarský Dům (S. 139)

Klášterní pivovar Strahov (S. 79)

U Medvídků (S. 120)

Novoměstský pivovar (S. 140)

U Fleků (S. 140)

Die besten Weinlokale

Bokovka (S. 139)

Monarch Vinný Sklep (S. 121)

Viniční Altán (S. 150)

Die besten Biergärten

Letná-Biergarten (S. 173)

Riegrovy Sady (S. 150)

Parukářka (S. 161)

Unterhaltung

Das Unterhaltungsangebot ist abwechslungsreich und geradezu verwirrend. Ballett oder Blues, Jazz oder Rock, Theater oder Film – bei allem hat man eine große Auswahl. Heute ist Prag gleichermaßen ein wichtiger Ort für die Jazz-, Rock- und Hip-Hop-Szene in Europa wie für die klassische Musik. Der wichtigste Publikumsmagnet ist aber immer noch das Festival „Prager Frühling", bei dem der Schwerpunkt auf klassischer Musik und Opern liegt.

Musik

KLASSISCHE MUSIK

Im Sommer steht fast jeden Tag ein halbes Dutzend Konzerte zur Auswahl und liefert die Hintergrundmusik zu den optischen Highlights Prags. Viele der Veranstaltungen sind Kammerkonzerte, die aufstrebende Musiker in den Kirchen der Stadt geben – wunderbar, aber ziemlich frisch (auch im Sommer unbedingt eine Extraschicht anziehen) und nicht immer mit der besten Akustik. Eine ganze Reihe der Konzerte – vor allem diejenigen, die per Flyer auf der Straße beworben werden – sind jedoch zweitklassig, obwohl Touristen erstklassige Preise dafür abgeknöpft werden. Wer in Sachen Qualität sichergehen will, sollte sich eines der Profiorchester der Stadt anhören.

Die Kassen öffnen zwischen 60 und 30 Minuten vor Beginn der Vorstellung. Das Programm für klassische Musik, Oper und Ballett gibt's unter www.heartofeurope.cz und www.czechopera.cz.

LIVEMUSIK

Prag hat eine dynamische Livemusik-Szene. In zahlreichen Clubs hört man Rock, Metal, Punk, Electro, Industrial, Hip-Hop und neuere Sounds; die meisten verlangen ca. 50–200 Kč Eintritt. Die meisten Clubs haben bis mindestens 2 oder 3 Uhr geöffnet, manche sogar bis 6 Uhr. Neben den unten aufgeführten Etablissements bieten auch stadtbekannte Clubs wie Palác Akropolis und Roxy Auftritte lokaler oder aber auch internationaler Rockbands. In der ganzen Stadt liegen Flyer mit Konzertankündigungen aus.

JAZZ

In Prag gibt es viele gute Jazzclubs; einige davon existieren schon seit Jahrzehnten. In den meisten wird ca. 100–300 Kč Eintritt verlangt.

Film

In Prag gibt es über 30 Kinos. In einigen laufen aktuelle internationale Filme, in anderen tschechische Filme. Das Kinoprogramm ist in der „Night & Day"-Sparte der *Prague Post* oder unter www.prague.tv zu finden.

Die meisten Filme laufen im Originalton mit tschechischem Untertitel (*české titulky*), aber Hollywood-Blockbuster werden auch oft auf Tschechisch synchronisiert (*dabing*). Im Kinoprogramm stehen dafür die Bezeichnungen „tit" oder „dab". Tschechischsprachige Filme mit englischen Untertiteln tragen die Bezeichnung *anglický titulky*.

Die Filme werden normalerweise zweimal pro Abend vorgeführt, um 19 und 21 Uhr. Multiplex-Kinos zeigen allerdings den ganzen Tag über Filme. Am Wochenende gibt es meist auch Matinee-Vorführungen.

Theater

Es ist klar, dass die meisten Theaterstücke in Tschechisch aufgeführt werden, für Nicht-Tschechen ist das eher selten interessant. Es gibt aber auch hin und wieder ein paar englischsprachige Aufführungen und viele visuelle Darbietungen, für die man die tschechische Sprache nicht unbedingt verstehen muss. Auch beim „Fringe Festival" Anfang Juni (www.praguefringe.com) werden viele englischsprachige Stücke gezeigt.

Prag ist berühmt für sein Schwarzlichttheater, das auch „Schwarzes Theater" genannt wird. Darunter versteht man eine Mischung aus Pantomime, Theater, Tanz und speziellen Effekten. Schauspieler agieren in fluoreszierenden Kostümen vor einem schwarzen Hintergrund, der lediglich von ultraviolettem Licht angestrahlt wird. Das Theaterangebot wächst – inzwischen gibt es mindestens ein halbes Dutzend solcher Veranstaltungsorte. Noch älter ist die Tradition des Marionettenspiels, auch hier stehen mehrere Bühnen zu Auswahl.

Unterhaltung in den Stadtvierteln

➡ **Prager Burg & Hradschin** (S. 79) Nach Einbruch der Dunkelheit passiert hier nicht viel – am besten geht man anderswohin!

➡ **Kleinseite** (Malá Strana; S. 96) Gute Auswahl an kleinen, gemütlichen Livemusik-Lokalen.

➡ **Altstadt** (Staré Město; S. 122) Hier gibt es viele Klassikbühnen und nostalgische Jazzclubs.

➡ **Neustadt** (Nové Město; S. 140) Die Staatsoper Prag und das Nationaltheater stehen Seite an Seite mit Sport- und Junggesellenbars.

➡ **Vinohrady & Vršovice** (S. 152) Das Herz von Prags Gay-Szene bietet auch viele trendige Clubs und Bars.

➡ **Žižkov & Karlin** (S. 162) Die Viertel für klassische, kompromisslose Rockclubs mit klebrigem Boden.

➡ **Holešovice, Bubeneč & Dejvice** (S. 176) Neue und experimentelle Clubs.

➡ **Smíchov & Vyšehrad** (S. 187) In Smíchov gibt es einige gute experimentelle Lokale, in Vyšehrad Klassikkonzerte unter freiem Himmel.

GUT ZU WISSEN

Veranstaltungsprogramme

Kritiken, detaillierte Programme und Adressen der Veranstaltungsorte stehen in der Rubrik „Night & Day" der wöchentlich erscheinenden Prague Post (www.praguepost.com). Zu den monatlich herausgegebenen Heften gehören Culture in Prague und Přehled (in Tschechisch), die in den Informationsbüros von Prague Welcome ausliegen.

➡ www.praguewelcome.cz/en/todo

➡ www.heartofeurope.cz

➡ pragueeventscalendar.com/en

Tickets

Die Großhändler mit den größten Agenturnetzwerken sind Bohemia Ticket International (BTI), FOK und Ticketpro; alle anderen kaufen ihre Tickets zumeist bei diesen dreien.

➡ **Bohemia Ticket International** (BTI; ✆224 227 832; www.ticketsbti.cz; Malé náměstí 13, Staré Město; ⊘Mo–Fr 9–17 Uhr) Eintrittskarten zu Veranstaltungen aller Art. Beim Repräsentationshaus gibt es eine weitere **Niederlassung** (✆224 215 031; Na příkopě 16, Neustadt (Nové Město); ⊘Mo–Fr 10–19, Sa bis 17, So bis 15 Uhr).

➡ **FOK Box Office** (✆222 002 336; www.fok.cz; U Obecního Domu 2, Altstadt (Staré Město); ⊘Mo–Fr 10–18 Uhr sowie 1 Std. vor Konzertbeginn) Das Büro des Prager Symphonieorchesters verkauft Karten für Klassikkonzerte.

➡ **Ticketcentrum** (✆296 333 333; Rytířská 31, Staré Město; ⊘Mo–Fr 9–12.30 & 13–17 Uhr) Verkauf von allen möglichen Tickets; Zweigstelle von Ticketpro.

➡ **Ticketpro** (www.ticketpro.cz; Vodičkova 36, Pasáž Lucerna, Nové Město; ⊘Mo–Fr 12–16 & 16.30–20.30 Uhr) Karten für alle Arten von Events. Filialen in PIS-Büros und andernorts.

➡ **Ticketstream** (www.ticketstream.cz) Internet-Buchungsagentur für Veranstaltungen in Prag und der ganzen Tschechischen Republik.

PRAGER FRÜHLING

Das 1946 erstmals veranstaltete internationale Musikfestival Prager Frühling (Pražské jaro) ist das bekannteste jährliche Kulturevent der Tschechischen Republik. Es beginnt am 12. Mai, dem Todestag des Komponisten Bedřich Smetana, mit einer Prozession von dessen Grab in Vyšehrad zum Repräsentationshaus (S. 104). Dort eröffnet dann sein patriotischer Liederzyklus Má vlast (Mein Vaterland) die Konzertreihe, die bis zum 3. Juni dauert. Publikumsmagneten sind die Veranstaltungsorte und die Musik gleichermaßen.

Tickets gibt's beim offiziellen **Prager-Frühling-Kartenvorverkauf** (Karte S. 364; ☑227 059 234; www.prague-spring.net; náměstí Jana Palacha, Altstadt (Staré Město); ☉Mo–Fr 10–18 Uhr; 🚇17, 18) im Rudolfinum und in jedem Ticketpro-Büro.

Wer sich einen Sitzplatz für ein Konzert des Prager Frühlings sichern möchte, muss spätestens Mitte März reservieren. Ein paar Sitzplätze gibt es aber meist noch bis Ende Mai.

Top-Tipps

Cross Club (S. 176) Der ultimative Prager „Industrial"-Nachtclub voller Maschinen und Geräte.

Palác Akropolis (S. 160) Eine echte Prager Institution, die seit langem alle Arten von Livemusik bietet.

Roxy (S. 122) Die Königin von Prags experimenteller Szene – eine Mischung aus Kunst, Musik und Live-Performances.

Smetana Hall (S. 123) Das Jugendstilambiente passt zu Smetanas brillanter Musik

JazzDock(S. 187) Abendliche Jazz-Gigs mit Blick auf die Moldau.

Bester Jazz & Blues

Reduta Jazz Club (S. 140)

AghaRTA Jazz Centrum (S. 121)

Blues Sklep (S. 121)

Jazz Club U Staré Paní (S. 121)

U malého Glena (S. 96)

Die beste Livemusik

Malostranská Beseda (S. 96)

Lucerna Music Bar (S. 141)

Rock Café (S. 141)

XT3 (S. 161)

Vagon (S. 111)

Das Beste aus Klassik & Oper

Nationaltheater (S. 133)

Prager Staatsoper (S. 141)

Ständetheater (S. 122)

Dvořák-Saal (S. 122)

Spiegelkapelle (S. 114)

Die besten Theater

Archa-Theater (S. 141)

Theater am Geländer (S. 122)

Švandovo Divadlo Na Smíchově (S. 187)

La Fabrika (S. 176)

Die besten Clubs

SaSaZu (S. 168)

Bunkr Parukářka (S. 161)

Sedm Vlků (S. 161)

Futurum (S. 186)

Radost FX (S. 152)

Das beste Kinderprogramm

Minor-Theater (S. 142)

Nationales Marionettentheater (S. 123)

Spejbl & Hurvínek-Theater (S. 176)

Die besten Clubs für Schwule & Lesben

Friends (S. 121)

ON Club (S. 152)

Café Celebrity (S. 151)

Termix (S. 152)

Shoppen

In den letzten rund zehn Jahren hat sich Prags Shopping-Szene bis zur Unkenntlichkeit verändert. Durch den Zuzug internationaler Markennamen und schillernder neuer Malls gleichen Prags Einkaufsmeilen inzwischen denen jeder anderen europäischen Großstadt. Importierte Waren werden häufig zu westeuropäischen Preisen gehandelt, jedoch sind einheimische Produkte für Tschechen nach wie vor erschwinglich – und für westeuropäische Besucher dementsprechend günstig.

Spezialitäten

GLAS & KRISTALL

Eines der besten Produkte in Prag ist böhmisches Kristall (*sklo*) – von einfachen Glaswaren bis zu prachtvollen Kunstwerken, das in ca. drei Dutzend nobler Läden verkauft wird. Die Preise der einzelnen Geschäfte weichen nicht sehr voneinander ab, am höchsten sind sie aber im Stadtzentrum.

KUNSTHANDWERK

In Prags touristischen Gegenden führen viele Läden – z. B. Manufaktura (S. 124) – hochwertige, in traditioneller Art handgefertigte Waren aus Holz, Keramik, Stroh, Stoff und anderen Materialien. Schöne Souvenirs sind etwa bemalte Ostereier, Holzobjekte, Tonwaren mit traditionellen Mustern, Leinen mit nostalgischen Stickereien und böhmische Spitze. Besonders beliebt sind Darstellungen vom kleinen Maulwurf Krtek, einem tschechischen Comic-Helden aus den 1950er-Jahren.

Traditionelle hölzerne Marionetten (und noch zartere und naturgetreuere aus Gips) sind ebenfalls in vielen Läden zu finden.

SCHMUCK

Bernstein (*jantar*) und Edelsteine aus tschechischen Minen sind recht preiswert und beliebte Souvenirs oder Mitbringsel. Bernstein ist hier günstiger zu bekommen als in Deutschland. Dieses versteinerte Baumharz ist meist honiggelb, kann aber auch weiße, orange, rote oder braune Färbung haben. Der tschechische Granat (*český granát*) – zuweilen „tschechischer Rubin" genannt – ist normalerweise rot, gibt es aber auch in vielen anderen Farben auf und ist manchmal sogar farblos.

MUSIK

Gut und günstig sind CDs und Noten der Werke berühmter tschechischer Komponisten (wie Smetana, Dvořák, Janáček und Martinů) sowie böhmische Volksmusik – darunter auch *dechovka* (Blasmusik). In Prag gibt es fast so viele Musik- wie Buchläden.

Einkaufsmeilen

WENZELSPLATZ (S. KARTE S. 370)

Der größte – und strapaziöseste – Shoppingbereich der Stadt liegt rund um den **Wenzelsplatz** (Václavské náměstí): Hier sind die Bürgersteige voller flanierender Touristen und Prager, die zu ihren Lieblingsläden pilgern. Es gibt hier eigentlich alles, von Haute Couture und Musikmegastores bis zu den üblichen Kaufhäusern und riesigen Buchläden. Viele der interessanteren Geschäfte verstecken sich in Arkaden und Passagen, etwa im Palais Lucerna (S. 131).

GUT ZU WISSEN

Öffnungszeiten

Die meisten Geschäfte in Prag öffnen zwischen 8 und 10 Uhr und schließen von Montag bis Freitag zwischen 17 und 19 Uhr. Samstags sind sie von 8.30 bis 12 oder 13 Uhr geöffnet. Große Läden, Kaufhäuser und auf Touristen eingestellte Geschäfte öffnen auch am Wochenende (meist von 9 bis 16 Uhr), kleinere Läden sind meist samstagnachmittags und sonntags geschlossen.

Konsumsteuern

Bei Nahrungsmitteln (inklusive Restaurantessen), Büchern und Zeitschriften wird ein ermäßigter Mehrwertsteuersatz von 10 % fällig, bei fast allen anderen Gütern und Dienstleistungen beträgt die Mehrwertsteuer (auf Tschechisch DPH) 20 %. Diese Steuer ist wie in Deutschland, Österreich und der Schweiz schon im Verkaufspreis enthalten und wird nicht erst an der Kasse bzw. bei der Abrechnung aufgeschlagen.

Schweizer Staatsbürger, die in Läden mit „Tax Free Shopping"-Aufkleber für über 2000 Kč einkaufen, können sich die Mehrwertsteuer von bis zu 14 % des Kaufpreises zurückerstatten lassen. Dazu bekommt man einen Tax-free-Einkaufsbeleg, den man bei der Ausreise aus Tschechien (innerhalb von drei Monaten nach Einkaufsdatum) am Zoll vorzeigt. Dann fordert man die Rückerstattung in einem Duty-free-Shop am Flughafen (nach der Passkontrolle) oder bei einer entsprechenden Stelle zu Hause (innerhalb von sechs Wochen nach dem Kauf) ein. Mehr Informationen findet man auf der Website www. globalrefund.com. EU-Bürger können im EU-Mitgliedsland Tschechien leider nicht mehr steuerfrei einkaufen.

Die zweitwichtigste Einkaufsmeile der Stadt streift den unteren Bereich des Wenzelsplatzes und umfasst Na Příkopě, 28.října und Národní Třída. Die meisten der großen Kaufhäuser und Einkaufszentren in Prag sind an Na Příkopě versammelt, der allergrößte Laden – das **Einkaufszentrum Palladium Praha** (Karte

S. 368; Náměstí Republiky) – befindet sich am nordöstlichen Ende der Straße, gegenüber dem Repräsentationshaus.

ALTSTADT (STARÉ MĚSTO; S. KARTE S. 364)

Die elegante Pařížská-Straße in Staré Město säumen internationale Modehäuser wie Dior, Boss, Armani und Louis Vuitton. In den verwinkelten, schmalen Gassen zwischen Altstädter Ring und Karlsbrücke hingegen findet man viele kitschige Souvenirläden mit Marionetten, russischen Puppen und „Czech This Out"-T-Shirts. Andere Gegenden in Staré Město – allen voran Dlouhá, Dušní und Karoliny Světlé – sind inzwischen bekannt für die hohe Konzentration von Designerboutiquen, Kunstgalerien und markenunabhängigen, spleenigen Läden.

VINOHRADY (S. KARTE S. 376)

Es überrascht wohl kaum, dass sich in Vinohrady, Prags nobelster Wohnadresse, die meisten Möbel- und Wohndekorläden etabliert haben. Wer sich für Design und Raumgestaltung interessiert, muss definitiv die Wundermeile entlang der Vinohradská zwischen den Metro-Stationen Muzeum und Jiřího z Poděbrad entlangflanieren, um das Neueste in Sachen Sofas, Küchen und Teppiche zu sehen.

Shoppen in den Stadtvierteln

➡ **Prager Burg & Hradschin** (S. 80) Hier gibt es nicht viele Möglichkeiten zum Shoppen.

➡ **Kleinseite** (Malá Strana; S. 97) Zumeist touristisch ausgerichtete Läden sowie ein paar Designerboutiquen und Buchhandlungen in den Seitengassen.

➡ **Altstadt (Staré Město;** S. 123) Das beste Viertel der Stadt, um tschechische Modelabels zu erstehen.

➡ **Neustadt** (Nové Město; S. 142) Dies ist die wichtigste Shopping-Gegend mit allen großen europäischen Modenamen.

➡ **Vinohrady & Vršovice** (S. 153) Gehobene Viertel mit schicken Kunsthandwerksläden und Designermöbeln.

➡ **Holešovice, Bubeneč & Dejvice** (S. 177) Ein paar interessante Fachgeschäfte sowie Prags bester Bauernmarkt.

➡ **Smíchov & Vyšehrad** (S. 187) Heimat von Nový Smíchov, einem der größten und meistbesuchten Einkaufszentren in Prag.

Top-Tipps

Art Deco Galerie (S. 123) Antike oder reproduzierte Objekte aus den 1920er- und 1930er-Jahren.

Modernista (S. 123) Schöne nachgebaute Möbel in klassischen Designs – von Art déco und Kubismus bis zu Funktionalismus und Bauhaus.

Globe Bookstore & Café (S. 139) Große Auswahl an neuen und Secondhand-Büchern in englischer Sprache sowie ein Café zum Schmökern.

Klara Nademlýnská (S. 124) Haute Couture von einer der bekanntesten und angesehensten tschechischen Designerinnen.

Obchod s uměním (S. 152) Originalgemälde, Drucke und Skulpturen aus der Zeit von 1900 bis 1940, als tschechische Künstler in Europas Avantgarde ganz vorne mitmischten.

Pivní Galerie (S. 177) Paradies für Biertrinker mit 150 Bieren aus der ganzen Tschechischen Republik

Die schönste Mode

Bohème (S. 124)
Leeda (S. 123)
Pavla & Olga (S. 97)
TEG (S. 124)

Die meisten Bücher

Big Ben (S. 124)
Palác Knih Neo Luxor (S. 142)
Kiwi (S. 142)

Das schönste Kunsthandwerk

Manufaktura (S. 124)
Hunt-Kastner Artworks (S. 177)
Galerie České Plastiky (S. 142)
Kubista (S. 124)
Qubus (S. 125)

Die besten Musikläden

Bazar (S. 143)
Bontonland (S. 143)
Maximum Underground (S. 125)
Talacko (S. 125)

Die besten Antiquitäten

Antikvita (S. 177)
Bric A Brac (S. 125)
Antike Musikinstrumente (S. 80)
Ikonengalerie (S. 80)
Vetešnictvi (S. 97)

Der beste Schmuck

Belda Jewellery (S. 142)
Granát Turnov (S. 125)
Frey Wille (S. 125)
Art Décoratif (S. 124)

Die besten Märkte

Dejvice-Bauernmarkt (S. 171)
Vinohrady-Bauernmarkt (S. 153)
Pražská Tržnice (S. 177)
Havelská-Markt (S. 125)

Die besten Glas- & Kristallwaren

Moser (S. 142)
Bořek Šípek (S. 124)
Dům Porcelánu (S.153)
Le Patio Lifestyle (S. 124)

Architektur

Historisches Prag

Prags historische Architektur bewahrt eine über 1000 Jahre alte Geschichte und zählt zu den wichtigsten Attraktionen der Stadt. Die engen Gassen der Altstadt und Kleinseite (Malá Strana) sind anschauliche Zeugnisse der europäischen Architektur im Verlauf der Jahrhunderte. Glücklicherweise ist der historische Stadtkern während des Zweiten Weltkrieges von größeren Schäden verschont geblieben und dokumentiert so die städtische Entwicklung eines ganzen Jahrtausends. Gotische Häuser mit barocken Fassaden, unter denen sich romanische Keller erstrecken, spiegeln heute noch die Stadtanlage aus dem 11. Jh.

Romanik

Die romanische Architektur war zwischen dem 10. und 12. Jh. in Europa verbreitet und stellte während des Aufstiegs der frühen böhmischen Könige den vorherrschenden Stil dar. Die ältesten Gebäude Prags stammen aus dieser Epoche, aber nur wenig der ursprünglichen Formen ist bis heute unverfälscht erhalten. Das eindrucksvollste romanische Gebäude in Prag ist die St.-Georgs-Basilika (Bild unten rechts) in der Prager Burg, doch als anschaulichste Zeugnisse der Romanik können wohl die Rotunden (Kirchen mit kreisförmigem Grundriss) gelten, die noch intakt sind. Zu den eindrucksvollsten Beispielen zählen die aus dem 12. Jh. stammende St.-Longinus-Rotunde in der Neustadt (Karte S. 370) und die St.-Martins-Rotunde in Vyšehrad (S. 181) vom Ende des 11. Jhs.

Gotik

Im 13. und 14. Jh. entwickelte sich die gotische Architektur. Diesen Stil charakterisieren hohe Spitzbögen, Kreuzrippengewölbe, äußere Strebebögen und hohe schmale Fenster mit komplexem Maßwerk und farbigem Glas.

Die gotische Architektur in Tschechien erlebte im 14. Jh. unter Karl V. ihre höchste Blüte, vor allem dank des Architekten Peter Parler (Petr Parléř). Er entwarf die Ostseite des Veitsdoms (Bild oben rechts) in der Prager Burg. Parler ist außerdem für den gotischen Stil der Karlsbrücke und des Altstädter Brückenturms (S. 117) verantwortlich. Ein anderer bedeutender Architekt war Benedikt Rejt, dessen wichtigstes Vermächtnis das wie Blütenblätter geformte Gewölbe des Vladislav-Saals (1487–1500) im früheren Königspalast (S. 65) in der Prager Burg ist. Auch das

....

Abbildungen
1. Veitsdom (S. 70) **2.** Basilika St. Georg (S. 67)

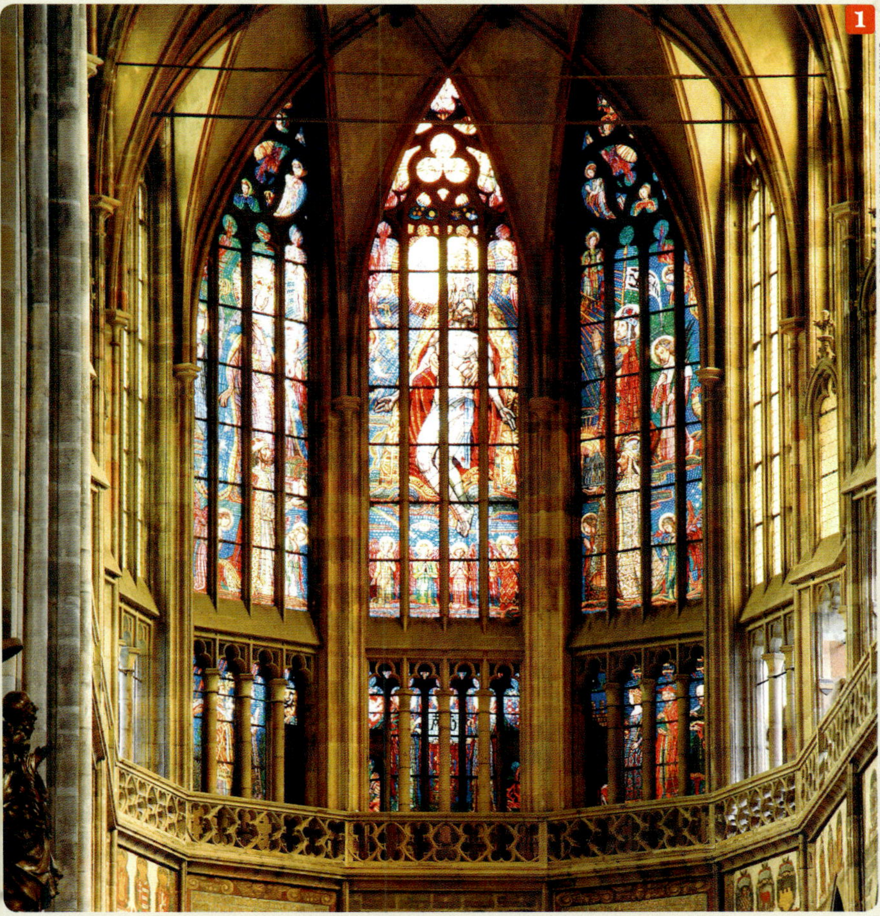

CHRISTER FREDRIKSSON / LONELY PLANET IMAGES ©

RICHARD NEBESKY / LONELY PLANET IMAGES ©

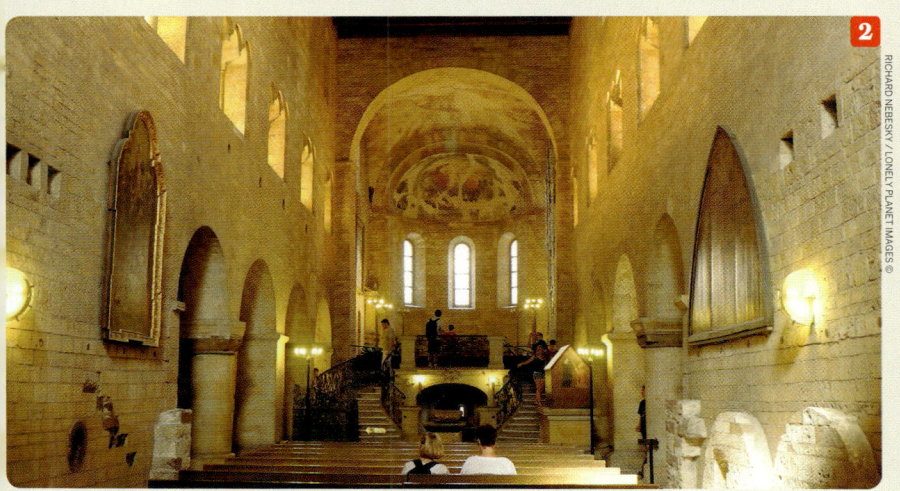

Altstädter Rathaus (S. 105) mit seiner Astronomischen Uhr stammt aus dieser Epoche. Interessanterweise waren die golden Dächer, die viele der gotischen Turmspitzen in der Stadt zieren, nicht Bestandteil der ursprünglichen Entwürfe, sondern wurden im 19. Jh. hinzugefügt, als die Stadt und weite Teile Europas von einer großen Begeisterung für die Neugotik erfasst wurden.

Renaissance

Als die Habsburger Anfang des 16. Jhs. den böhmischen Thron bestiegen, bestellten sie italienische Architekten nach Prag, um eine königliche Stadt gestalten zu lassen. Die Italiener besannen sich auf klassische Formen und begeisterten sich für Symmetrie und üppige Verzierungen.

Durch die Vermischung verschiedener Stile entstand die „Böhmische Renaissance", deren herausragendes Merkmal die Sgraffito-Technik ist. Der Name ist abgeleitet vom italienischen Wort für „abkratzen". Dekorative Muster entstehen, indem die äußere Schicht helleren Putzes wortwörtlich abgekratzt wird, um die dunklere Schicht darunter freizulegen.

Der Sommerpalast (1538–1560; S. 65) in den Gärten nördlich der Prager Burg wurde für Königin Anna, die Gattin Ferdinands I., des ersten Habsburger Königs in Prag, erbaut und verkörpert reinste italienischen Renaissance. Das Palais Schwarzenberg (1556–1567; S. 77) in Hradčany und das Haus zur Minute (1546–1610) in der Altstadt links von der Astronomischen Uhr (S. 106) sind gute Beispiele für die Sgraffito-Technik.

Barock

Nach dem Dreißigjährigen Krieg (1618–1648) begannen die Habsburger, Tschechien wiederaufzubauen und zu rekatholisieren. Der barocke Stil mit seinen Marmorsäulen, Deckenfresken und reichen Verzierungen war für die Kirche ein Mittel zur Bekehrung.

Das beeindruckendste Beispiel für den barocken Stil ist die Nikolauskirche

Abbildungen
1. Palais Schwarzenberg (S. 77)
2. Brunnen, Sommerpalast (S. 63)
3. Palais Kinský (S. 108) **4.** Haus zur Minute, Altstädter Ring, Staré Město

---

PRAGS FASZINIERENDSTE HISTORISCHE ARCHITEKTUR

➡ **Basilika St. Georg** (S. 67)
➡ **Veitsdom** (S. 70)
➡ **Karlsbrücke** (S. 84)
➡ **Nikolauskirche** (S. 88)
➡ **Repräsentationshaus** (S. 105)

JONATHAN SMITH / LONELY PLANET IMAGES ©

2

EYE UBIQUITOUS / ALAMY ©

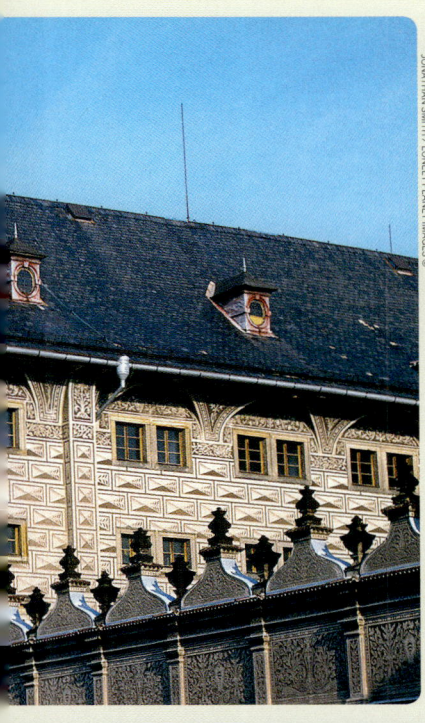

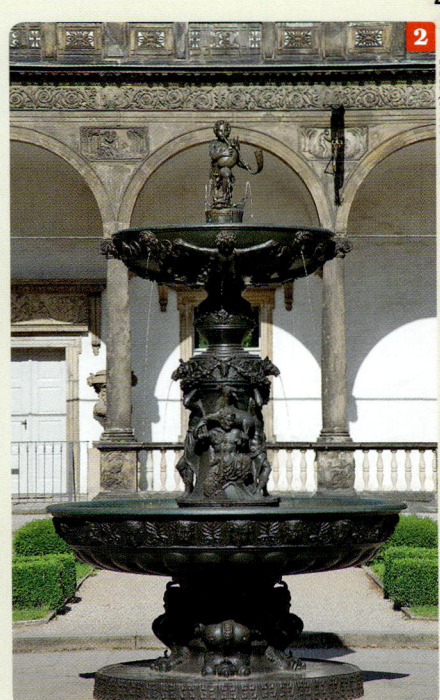

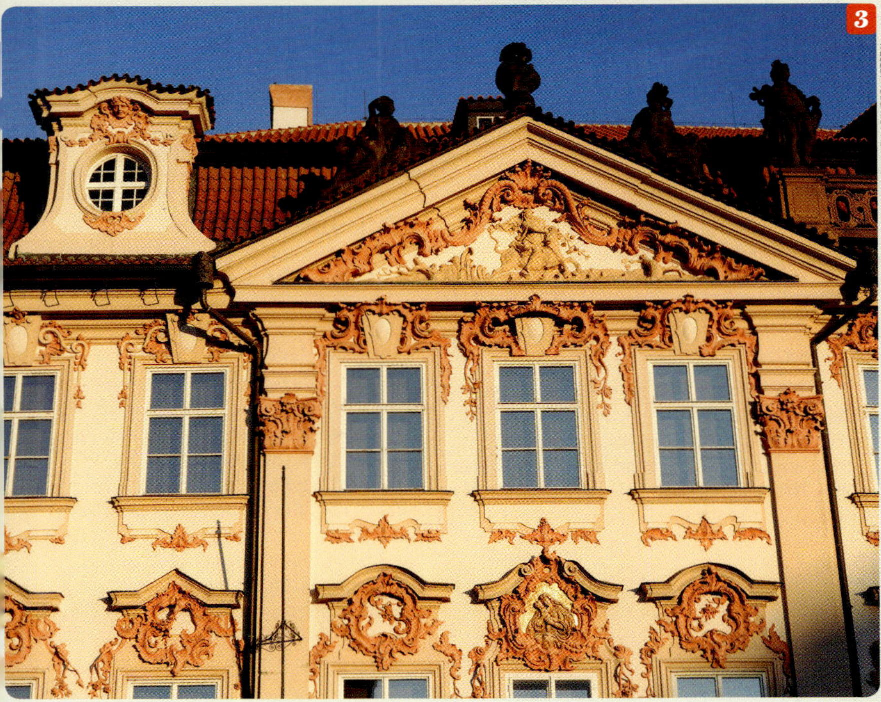

3

WESLEY ROBERTS / ALAMY ©

(1704–1755) auf der Kleinseite (Malá Strana), eine Arbeit des bayerischen Vater-Sohn-Gespanns Kristof und Kilian Ignatz Dientzenhofer. So wie ihr massives grünes Kuppeldach die Umgebung beherrscht, ist es ein exemplarisches Symbol für die Dominanz der Kirche im Prag des 18. Jhs. Der Spätbarock fand schließlich seinen Höhepunkt im Rokoko mit noch raffinierteren Verzierungen. Strahlendes Beispiel ist die üppige Rokoko-Fassade des Palais Kinsky (1755–1765; S. 108).

Klassizismus

Nach dem Überschwang des 17. und 18. Jhs. erscheint die Architektur des 19. Jhs. langweilig. Architekten erkannten, dass es unmöglich war, das Dekorative des Barock und des Rokoko zu übertreffen, und griffen das Bedürfnis nach vereinfachten Formen auf. Das antike Griechenland und Rom dienten ihnen als Inspiration.

Der Klassizismus und andere „historische" Stilrichtungen stehen in engem Zusammenhang mit der Nationalen Wiedergeburt der Tschechen im 19. Jh. Das Ständetheater (1783; S. 112) ist ein gutes Beispiel klassizistischer Architektur. Das Nationaltheater (1881; S. 133) und das Nationalmuseum (1891; S. 129) wurden im Stil der Neorenaissance erbaut.

Die üppig dekorierte Spanische Synagoge (1868; S. 103; Bild rechts) in der Josefstadt (Josefov) ist ein weiterer Vertreter des Klassizismus, doch hier wurde der maurische Stil imitiert, der an die jüdischen Wurzeln in Spanien erinnert.

Jugendstil

Als sich das 19. Jh. dem Ende zuneigte, wurden die tschechischen Architekten der klassizistischen Fassaden und des pompösen Stils des Wiener Kaiserreichs müde. Sie suchten nach etwas Neuem und fanden Inspiration im Jugendstil.

Das beste Beispiel für den Prager Jugendstil ist das Repräsentationshaus (1906–1912; Bild oben rechts). Jede Facette des Gebäudes wurde von zeitgenössischen

tschechischen Künstlern gestaltet, zu denen auch der berühmte Alfons Mucha zählte. Er entwarf den Primatorensaal.

Exklusive Hotels wurden ebenfalls im Jugendstil erbaut, so das Hotel Central (1899–1901) in der Hybernská in Nové Město und das Grand Hotel Evropa.

Kubismus

Innerhalb nur eines Jahrzehnts (1910–1920) stattete ein halbes Dutzend Architekten Prag mit einem einzigartigen Vermächtnis an Gebäuden aus, deren Stil vom Kubismus inspiriert war. Dieser Stil verweigerte sich der traditionellen Architektur, konzentrierte sich auf Dreieck und Pyramide, legte die Betonung eher auf die Diagonale als auf Horizontale und Vertikale.

Einige der schönsten kubistischen Häuser Prags finden sich rund um die Prager Hochburg Vyšehrad. Ein weiteres charakteristisches Beispiel ist das Haus der Schwarzen Mutter Gottes (1912) mit dem Museum des tschechischen Kubismus (S. 112). In Prag gibt es z.B. eine kubistische Laternen (1915; S. 138; Bild rechts).

....

Abbildungen

1. Spanische Synagoge (S. 103) **2.** Repräsentationshaus (S. 105) **3.** Grand Hotel Evropa (S. 128) **4.** Kubistische Laterne (S. 138)

WESLEY ROBERTS / ALAMY / LONELY PLANET IMAGES ©

2

RICHARD NEBESKY / LONELY PLANET IMAGES ©

4

RICHARD NEBESKY / LONELY PLANET IMAGES ©

3

JOHN ELK III / LONELY PLANET IMAGES ©

Modernes Prag

Das Mantra, dass die „Form der Funktion" zu folgen habe, fand unter den Architekten der 1920er- und 1930er-Jahre glühende Anhänger. Der **Funktionalismus**, vergleichbar mit dem deutschen Bauhaus, sprach Architekten wegen der bewussten Ablehnung überflüssiger Verzierungen an. Bedeutende Beispiele für Funktionalismus in Prag sind das Baťa-Schuhgeschäft (1929; S. 143; Bild unten rechts) auf dem Wenzelsplatz, Veletržní Palác (1928) in Holešovice und die Villa Müller von Adolf Loos (1930) im Vorort Střešovice.

Die **kommunistische** Architektur der 1950er- bis 1980er-Jahre wird heutzutage meist dafür belächelt, dass sie hässliche, nichtssagende Gebäude hervorbrachte. In den 1950er-Jahren waren Architekten gezwungen, Bauten wie beispielsweise das ehemalige Hotel International (heute Hotel Crowne Plaza; 1954) in Dejvice dem pompösen, stalinistischen sozialistischen Realismus entsprechend zu entwerfen. In den 1970er-Jahren entwickelte sich eine kommunistische Version des „Brutalismus", die sich zum Beispiel im Prager Warenhaus Kotva (S. 125) widerspiegelt. Der Fernsehturm (1987, Bild oben rechts) in Žižkov entstammt dem Ende der kommunistischen Ära. Seine Größe lässt alles in seinem Umfeld winzig erscheinen.

Das interessanteste Gebäude aus der Zeit nach der **Samtenen Revolution** ist das sogenannte Tanzende Haus (1992–1996; Bild ganz rechts) in der Neustadt, das von Vlado Milunič und Frank Gehry entworfen wurde. Die Ähnlichkeit des Gebäudes mit einem tanzenden Paar brachte ihm den Spitznamen „Fred & Ginger" ein, in Anlehnung an das legendäre Tanzduo Fred Astaire und Ginger Rogers. Die interessantesten Beispiele moderner Architektur finden sich in ehemaligen Industriegebieten wie Smíchov, Karlín und Holešovice. Eines der umgebauten Fabrikgebäude beherbergt seit dem Jahr 2008 das DOX Center für Zeitgenössische Kunst (S. 166).

Abbildung
1. Fernsehturm (S. 154) **2.** Tanzendes Haus (S. 134)
3. Baťa-Schuhgeschäft (S. 143)

PRAGS FASZINIERENDSTE MODERNE ARCHITEKTUR

➡ **Villa Müller** (☎ 224 312 012; www.mul lerovavila.cz; Nad Hradním Vodojemem 14, Střešovice; 🚊 1, 2, 18 bis Ořechovka)
➡ **Palais Veletržní** (S. 165)
➡ **Hotel Crowne Plaza** (S. 209)
➡ **Fernsehturm** (S. 154)
➡ **Tanzendes Haus** (S. 134)

Highlights in Tschechien

Viele der architektonischen Stilrichtungen, die das Bild Prags prägen, wirkten sich auch auf dem Land aus. Zu den architektonischen Höhepunkten zählen die gotische Burg Karlstein, das atemberaubende Renaissance-Schloss in Český Krumlov und die skurrile Gebeinkirche Kutná Hora.

Bäderarchitektur

1 Die Begeisterung für Kurorte, von der Europa im 19. und 20. Jh. ergriffen wurde, sorgte dafür, dass Tschechien heute zwei der schönsten Thermalbäder des Kontinents beherbergt, Karlovy Vary (Karlsbad, S. 240) und Mariánské Lázně (Marienbad, S. 248).

Die Knochenkirche (S. 192) in Kutná Hora (Kuttenberg)

2 Das Beinhaus, das sich im Kloster Sedlec in Kutná Hora befindet, verweigert sich generell jeder Beschreibung.

Burg Karlstein

3 Kaiser Karl IV. ließ diese gotische Burg Mitte des 14. Jhs. erbauen, um darin die Kronjuwelen aufzubewahren. Die Turmspitzen wurden im 19. Jh. hinzugefügt. Heutzutage ist die Burg ein beliebtes Ziel für Tagesausflügler aus Prag.

Das Renaissance-Schloss in Český Krumlov (S. 221)

4 Der im 16. Jh. umgebaute hohe Renaissanceturm schmückt eines der schönsten Schlösser des Landes.

Schloss Hluboka (S. 220)

5 Die Architektur des 19. Jhs. war von der Nachahmung anderer Stile geprägt. Dieser Prachtbau entstand nach Vorstellungen der Familie Schwarzenberg, die sich Windsor Castle zum Vorbild genommen hatte ...

....

Abbildungen

1. Kolonnaden, Mariánské Lázně (Marienbad)
2. Beinhaus in Kloster Sedlec, Kutná Hora (Kuttenberg)
3. Burg Karlstein **4.** Schloss Český Krumlov (Krumau)

RICHARD NEBESKY / LONELY PLANET IMAGES ©

2

JOHN ELK III / LONELY PLANET IMAGES ©

3

JOHN ELK III / LONELY PLANET IMAGES ©

Prag & die Tschechische Republik erkunden

Stadtviertel im Überblick

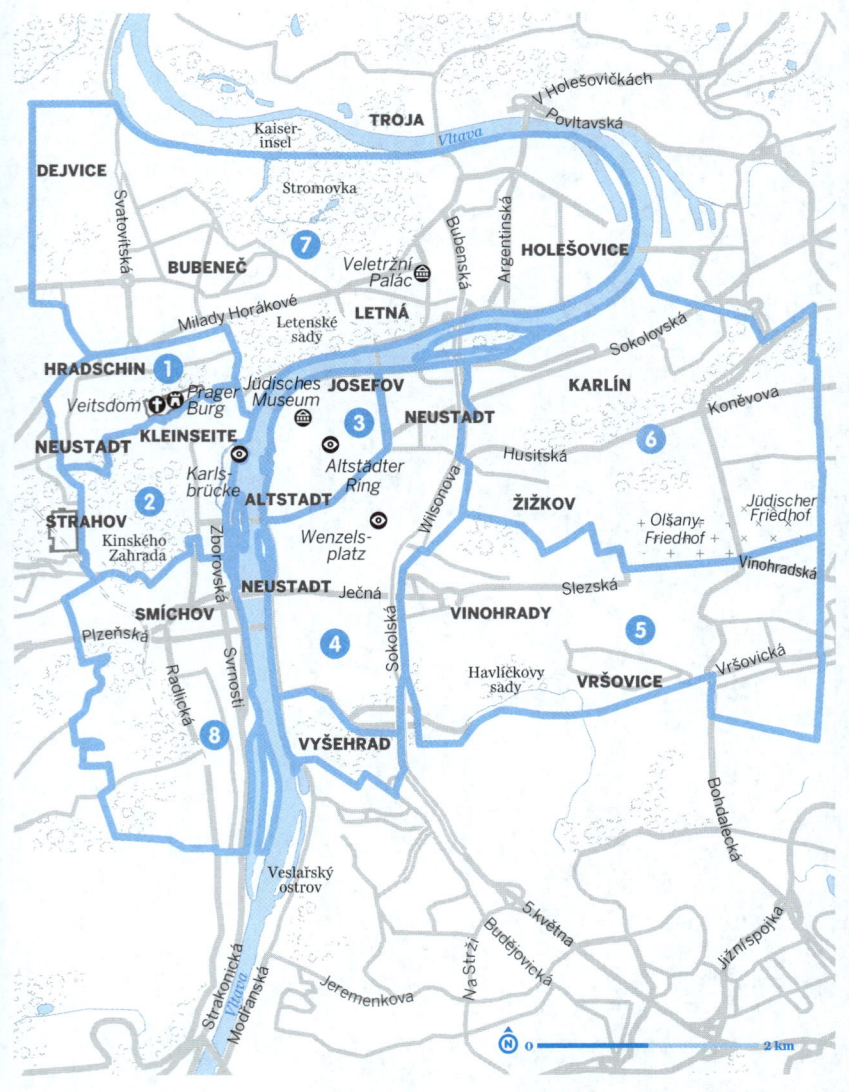

TROJA

Vltava

V Holešovičkách

Povltavská

Kaiser-insel

DEJVICE

Stromovka

Svatovítská

BUBENEČ

7

Veletržní Palác

LETNÁ

Bubenská

Argentinská

HOLEŠOVICE

Milady Horákové

Letenské sady

JOSEFOV

Sokolovská

HRADSCHIN

1

Prager Burg

Jüdisches Museum

KARLÍN

6

Konévova

Veitsdom

NEUSTADT

KLEINSEITE

3

NEUSTADT

NEUSTADT

2

Karls-brücke

Altstädter Ring

Husitská

Wilsonova

ŽIŽKOV

Jüdischer Friedhof

ŠTRAHOV

Kinského Zahrada

ALTSTADT

Wenzels-platz

Olšany-Friedhof

Vinohradská

Zborovská

NEUSTADT

Ječná

Slezská

SMÍCHOV

Plzeňská

4

Sokolská

VINOHRADY

5

Vršovická

Radlická

Svornosti

Havlíčkovy sady

VRŠOVICE

8

VYŠEHRAD

Bohdalecká

Veslařský ostrov

Strakonická

Modřanská

Vltava

Jeremenkova

Na Stráži

Budějovická

5.května

Jižní spojka

N 0 —————————— 2 km

① Prager Burg & Hradschin

(S. 60) Die touristische Top-Attraktion der Stadt, die Prager Burg, thront auf einem Hügel oberhalb der Moldau; das hübsche, ruhige Wohnviertel Hradčany erstreckt sich westlich bis zum Loreto-Heiligtum und zum Kloster Strahov. Der Hradschin gehört seit 1598 zu Prag; viele Adlige aus dem Reich der Habsburger errichteten damals hier in der Nähe der Burg ihre Stadtpaläste.

② Kleinseite (Malá Strana;

S. 82) Die Kleinseite ist ein hübsches Viertel am Fluss, bestückt mit Renaissance-Palästen und Parks. Hier findet man die barocke Nikolauskirche, den eleganten Waldsteingarten und Museen für Musik und moderne Kunst, aber auch zahlreiche exzellente Restaurants und Bars. Prags weltberühmtes Wahrzeichen, die Karlsbrücke, verbindet die Kleinseite mit der Altstadt.

③ Altstadt (Staré Město;

S. 98) Staré Město – die Altstadt – war einst das Zentrum des mittelalterlichen Prags. Mitten darin befindet sich einer der schönsten Plätze von Europa, der Altstädter Ring (Staroměstské náměstí). An diesem Platz sieht man einige der bekanntesten Sehenswürdigkeiten der Stadt, darunter der Turm des Altstädter Rathauses, die astronomische Uhr, das Repräsentationshaus und das Prager Jüdische Museum. Von hier aus ziehen sich Kopfsteinpflaster-Gassen durchs Viertel, die zum Erkunden einladen.

④ Neustadt (Nové Město;

S. 98) Die Prager Neustadt – neu natürlich nur aus der Perspektive des 14. Jhs. – umschließt die Altstadt; ihr Zentrum bildet ein geschichtsträchtiger Boulevard, der Wenzelsplatz. Dessen Bauten aus dem 19. und 20. Jh. mit ihren imposanten Fassaden beherbergen bedeutende Museen und Galerien; in der Nähe liegen diewichtigsten Einkaufsstraßen der Innenstadt.

⑤ Vinohrady & Vršovice

(S. 144) Vinohrady bedeutet „Weinberg", denn in früheren Jahrhunderten wurde hier tatsächlich Wein angebaut. Heute ist das Areal ein begehrtes Wohnviertel mit vielen guten Restaurants, modischen Bars und Cafés. Südlich davon liegt Vršovice; das Viertel ist insgesamt weniger attraktiv, erste Teile werden aber inzwischen modernisiert.

⑥ Žižkov & Karlín (S. 154)

Žižkov war lange ein typischer Arbeitervorort, und die Bewohner galten als aufsässig und politisch engagiert. Auch heute ist das Viertel überaus lebendig, und es gibt dort mehr Kneipen und Bars pro Einwohner als anderswo in Prag. Aus kommunistischer Zeit stammen zwei weithin sichtbare Landmarken: der Fernsehturm und das Nationaldenkmal. Karlín liegt nördlich von Žižkov, zwischen dem Žižkov-Hügel und der Moldau. Das Viertel erlebt gerade einen einschneidenden Umbau; im älteren Teil, entlang der Křižíkova, entdeckt man aber noch einige hübsche alte Jugendstilbauten.

⑦ Holešovice, Bubeneč & Dejvice

(S. 163) Holešovice, Bubeneč und Dejvice sind drei aneinander grenzende Bezirke; sie liegen nördlich der Altstadt an der Moldau. Alle drei sind überwiegend Wohnviertel, doch gibt es hier auch ein paar ordentliche Hotels und Restaurants und zwei schöne Parks, den Letnáanlagen (Letenské sady) und den Stromovka-Park.

⑧ Smíchov & Vyšehrad

(S. 174) Smíchov südlich der Altstadt ist ein ehemaliges Industriegebiet, das in jüngster Zeit dank neuer Bürobauten und Luxushotels einen ganz neuen Charakter erhalten hat. Naturgemäß gibt es hier weniger Sehenswertes, aber eine Menge Kneipen. Vyšehrad, südlich der Neustadt gelegen, ist ein grünes Wohnviertel. Hier steht eine alte Burg, angeblich die Gründungsstätte von Prag.

Prager Burg & Hradschin

Highlights

❶ Durch die historischen Paläste, Kirchen und prächtigen Gärten der **Prager Burg** (S. 62) bummeln.

❷ Das fantastische Panorama von der Spitze des **südlichen Hauptturms des Veitsdoms** (S. 70) genießen.

❸ Uraltes Wissen in der **Strahov-Bibliothek** (S. 73), der größten Klosterbibliothek des Landes, erspüren.

❹ Die barocke Schönheit des vielbesuchten **Loreto-Heiligtums** bewundern (S. 76).

❺ Durch die friedvollen mittelalterlichen Gassen von **Nový Svět** (S. 77) spazieren.

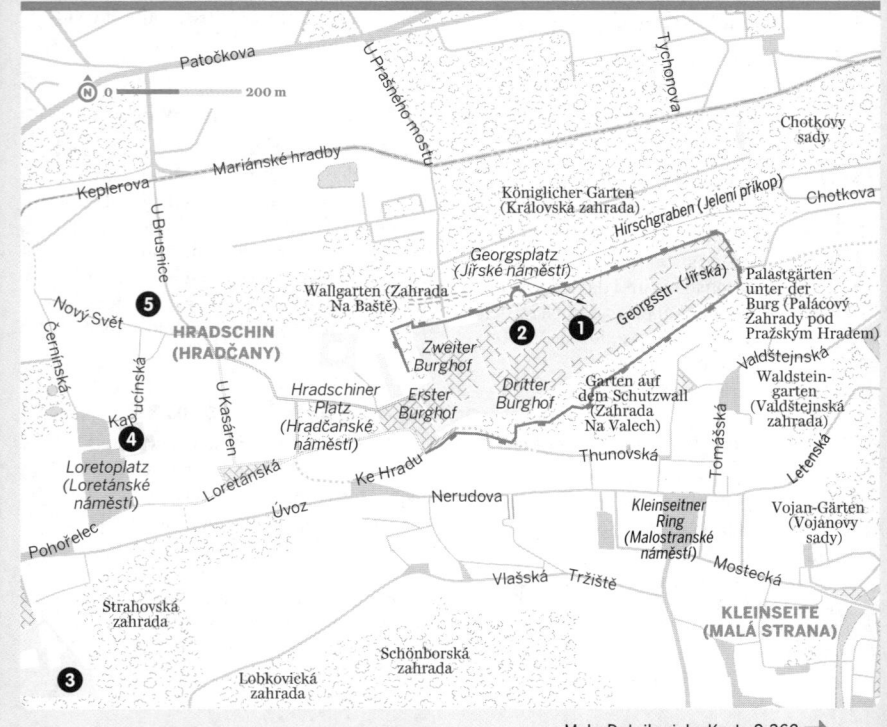

Mehr Details siehe Karte S.362 ➡

Prager Burg & Hradschin erkunden

Erstaunlicherweise kann diese Gegend gleichzeitig die belebteste und die verlassenste der Stadt sein. Während der Touristenandrang in der Prager Burg stets groß ist, findet man sich nur ein paar Ecken weiter alleine in den kopfsteingepflasterte Gassen von Nový Svět wieder.

Natürlich ist die Burg eine große Attraktion, aber Menschenmassen können die Stimmung schnell zerstören. Um dem Ansturm auszuweichen, ist es ratsam, die Burg früh am Morgen oder am späten Nachmittag – vor 10.30 Uhr oder nach 15.30 Uhr – und wochentags zu besichtigen. Da die Eintrittskarten an zwei aufeinanderfolgenden Tagen gültig sind, ist es besser, zwei Vormittage dort zu verbringen als einen ganzen Tag.

Die beschriebene Tour beginnt am westlich gelegenen Haupteingang der Burg und führt entlang der zahlreichen Innenhöfe und Attraktionen zum östlichen Ausgang. Mindestens zwei Stunden sollten für die Besichtigung der Sehenswürdigkeiten eingeplant werden. Wer alles sehen möchte, benötigt einen ganzen Tag.

Die Burganlage sowie die Gärten können auch ohne Eintrittskarte besichtigt werden – eine magische Erfahrung an einem Sommerabend, an dem die Anlage fast menschenleer ist. Für die wichtigsten historischen Gebäude ist allerdings eine Eintrittskarte nötigt.

Tipps der Einheimischen

➡ **Kneipen** Auch wenn diese Gegend zu den Hauptzielen der Pragtouristen gehört, gibt es einige Kneipen, die hauptsächlich von Einheimischen besucht werden, wie z. B. die Café-Bar U Zavěšeného Kafe (S. 79) oder der traditionelle Bierkeller Pivnice U Černého Vola (S. 79).

➡ **Stadtspaziergänge** Bewohner von Hradčany entgehen den Menschenmassen, indem sie durch den Burggraben nördlich der Burg flanieren. Hier geht man in Ruhe von der östlichen Seite der Pulverbrücke bis nach Pod Bruskou nahe der U-Bahn-Station Malostranská.

An- & Weiterreise

➡ **Tram** Mit der Linie 22 ab Národní třída im Südteil der Altstadt (Staré Město), ab Malostranská náměstí in Malá Strana oder ab der U-Bahn-Station Malostranská bis zur Station Pražský hrad. Wer durch Hradčany schlendern möchte, steigt in Pohořelec aus.

➡ **U-Bahn** Die nächste U-Bahn-Station ist Malostranská, aber von dort aus ist es ein steiler Anstieg über die alten Stufen zur östlichen Seite der Prager Burg. Die Station Hradčanská liegt etwa zehn Minuten nördlich und auf gleicher Höhe wie das Ziel, sodass der Weg zur Burg und nach Hradčany einfach und eben ist.

Top-Tipp

Die Prager Burg thront auf einem steilen Hügel – bei warmem Wetter ein anstrengender Anstieg. Weniger schweißtreibend ist der umgekehrte Weg von der Straßenbahnhaltestelle Pohořelec über das Kloster Strahov und Loreto-Heiligtum bergab zur Burg. Von dort führt der Weg durch Malá Strana hinunter bis zur Karlsbrücke.

 **Gut essen**

➡ Lobkowicz-Palais-Café (S. 79)

➡ Villa Richter (S. 79)

➡ Malý Buddha (S. 79)

Mehr Details siehe S. 79 ➡

 **Nett ausgehen**

➡ U Zavěšeného Kafe (S. 79)

➡ Klášterní pivovar Strahov (S. 80)

➡ Pivnice U Černého Vola (S. 79)

Mehr Details siehe S. 79 ➡

HIGHLIGHTS
PRAGER BURG

Die Prager Burg – Pražský hrad oder für Einheimische nur *hrad* – ist Prags bekannteste Sehenswürdigkeit. Sie erhebt sich über dem linken Ufer der Moldau und dominiert mit ihren zahlreichen einem Märchenschloss gleichenden Spitzen, Palästen und Türmen das Stadtbild. In ihren Mauern birgt sie verschiedene faszinierende historische Bauwerke, Museen und Galerien, die einige der größten Kunstwerke und kulturellen Schätze Tschechiens beherbergen.

Die Burg war schon immer Sitz der tschechischen Herrscher und die offizielle Residenz des Staatsoberhaupts. Die Geschichte des Bauwerks begann im 9. Jh., als Prinz Bořivoj hier eine befestigte Siedlung gründete. Diese wurde von verschiedenen Herrschern erweitert und ausgebaut. Insgesamt gab es vier größere Restrukturierungen – angefangen mit der des Prinzen Soběslav im 12. Jh. bis zum klassizistischen Umbau durch Kaiserin Maria Theresia (reg. 1740–1780). So entstand eine bunte Mischung architektonischer Stilrichtungen.

Erster Burghof

Der Erste Burghof liegt hinter dem **Haupttor** (Karte S. 362) zur Burg am Hradschiner Platz (Hradčanské náměstí), den riesige Barockstatuen flankieren. Im Vergleich zu den Kämpfenden Giganten (1767–1770) wirken die Schlosswachen daneben eher wie Zwerge. Nach dem Niedergang des Kommunismus 1989 kontaktierte der damalige Präsident Václav Havel seinen alten Freund

NICHT VERSÄUMEN

➡ Prager Burg
➡ Lobkowitz-Palais
➡ Schatzkammer des Veitsdoms
➡ Basilika St. Georg
➡ Goldenes Gässchen

PRAKTISCH & KONKRET

➡ Pražský hrad
➡ Karte S. 362
➡ 🖅224 372 423
➡ www.hrad.cz
➡ Hradčanské náměstí
➡ 🕐Gelände April–Okt. 5–24 Uhr, Nov.–März 6–23 Uhr; Gärten Mai & Sept. 10–18 Uhr, Juli/Aug. bis 21 Uhr; Bauten April–Okt. 9–18 Uhr, Nov.–März bis 16 Uhr
➡ 🚋22, 23 bis Pražský hrad

Theodor Pistek. Der Kostümdesigner hatte bereits die Darsteller im Film Amadeus (1984) ausstaffiert und ersetzte nun die Khaki-Uniformen der kommunistischen Ära durch die schicke hellblaue Kluft von heute. Er orientierte sich dabei an den Uniformen der Armee der ersten Tschechoslowakischen Republik (1918–1938).

Die beliebte Zeremonie der **Wachablösung** erfolgt stündlich, die längste und beeindruckendste Demonstration findet aber zur Mittagsstunde statt: Die Banner werden feierlich übergeben, während die Fanfare einer Blaskapelle aus den Fenstern des Plečníksaals (Plečníkova síň; Karte S. 362) erschallt.

Zweiter Burghof

Im Anschluss an das Matthiastor folgt der Zweite Burghof. In seiner Mitte erheben sich ein barocker Springbrunnen und ein Ziehbrunnen mit einem wunderschönen Renaissance-Ziergitter aus dem 17. Jh. In der **Heilig-Kreuz-Kapelle** (kaple sv. Kříže; 1763) auf der rechten Seite ist die Schatzkammer des Veitsdoms untergebracht.

Schatzkammer des Veitsdoms

Die aus dem 18. Jh. stammende Kapelle des Heiligen Kreuzes beherbergt die **Schatzkammer des Veitsdoms** (Svatovítský poklad; Karte S. 362; ☎224 372 442; www.kulturanahrade.cz; II. nádvoří, Pražský hrad; Erw./erm./Fam. 300/150/600 Kč; ⊙10–18 Uhr; 🚇22), eine spektakuläre Sammlung sakraler Schätze, die im 14. Jh. von Karl IV. angelegt wurde. In goldenen und silbernen Reliquiaren, geschmückt mit Diamanten, Smaragden und Rubinen, werden verehrte Reliquien, angefangen bei Splittern des Heiligen Kreuzes bis hin zur verkrümmten Hand des hl. Innozenz, aufbewahrt. Zu den ältesten Objekten gehört ein Armreliquiar des hl. Veits aus dem frühen 10. Jh. Beeindruckende Kostbarkeiten sind auch das goldene Kreuz der Krönung Karls IV. (1370) und eine diamantbesetzte, barocke Monstranz von 1708.

Königlicher Garten

Am nördlichen Ende der Prager Burg öffnet sich ein Tor zur **Pulverbrücke** (Prašný most; 1540), die über den Burggraben zum **Königlichen Garten** (Královská zahrada; ⊙ April–Okt. 10 Uhr bis zur Dämmerung; 🚇22, 23) führt. 1534 unter Ferdinand I. als Renaissancegarten angelegt, ist er von mehreren eleganten Renaissancebauten geschmückt.

Das schönste Gebäude des Gartens ist der 1569 erbaute **Ballspielsaal** (Míčovna; Karte S. 362), ein Meisterstück der in der Renaissance beliebten Sgraffito-Technik. Die Habsburger Herrscher spielten in diesem Saal einst eine einfache Form des Badmin-

DER HIRSCH-GRABEN

Westlich der Pulverbrücke führt ein Fußweg hinunter in den Hirschgraben (Jelení příkop). Dort angekommen, verläuft der Pfad durch einen Tunnel aus rotem Backstein unter der Brücke hindurch und dann ostwärts durch den Hirschgraben. Wer will, kann auf einer betriebsamen Straße bis zur U-Bahn-Station Malostranská weitergehen. Ein Tor im äußeren Wall (dem Graben zugewandt) bildet den Eingang zu einer Atombunkeranlage. Diese wurde in den 1950er-Jahren begonnen, jedoch nie fertiggestellt. Die Stollen durchziehen fast das gesamte Burgfundament.

1920 beauftragte der damalige Präsident Masaryk den slowenischen Architekten Jože Plečnik mit der Renovierung der Burg. Plečnik entwarf einige ihrer charakteristischsten Merkmale und gestaltete die Anlage touristenfreundlicher.

EIN WELTREKORD

Laut dem *Guinnessbuch der Rekorde* ist die Prager Burg die größte weltweit. Sie ist 570 m lang, im Durchschnitt 128 m breit, bei einer Fläche von 72 800 m^2.

PRAGER BURG

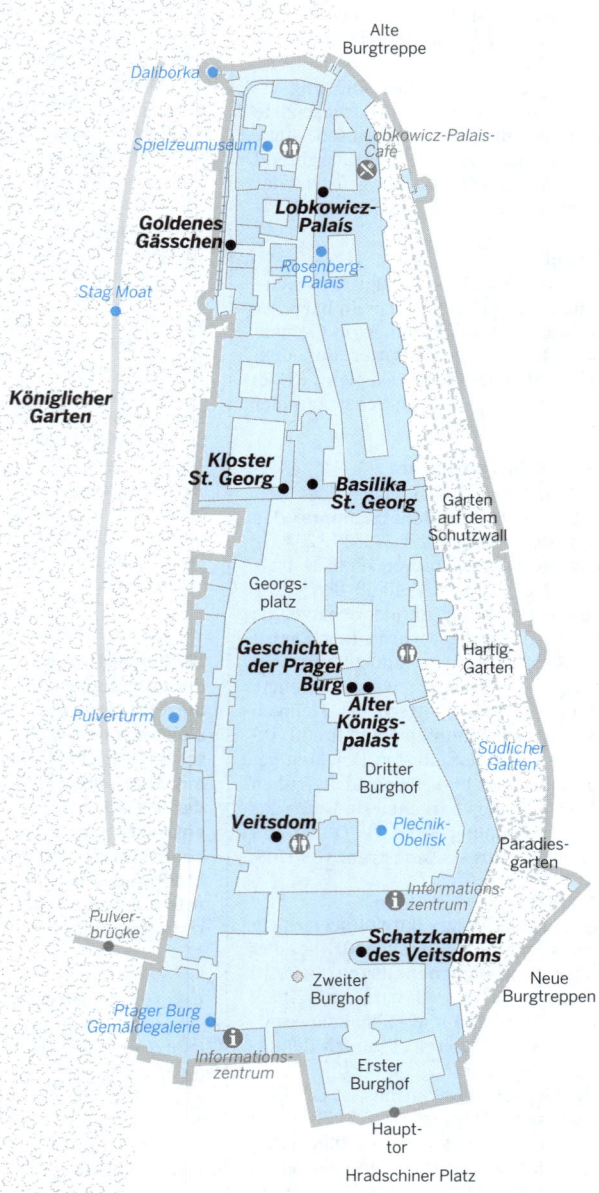

Alte
Burgtreppe

Daliborka

Spielzeugmuseum

Lobkowicz-Palais-
Café

**Lobkowicz-
Palais**

**Goldenes
Gässchen**

*Rosenberg-
Palais*

Stag Moat

**Königlicher
Garten**

**Kloster
St. Georg**

**Basilika
St. Georg**

Garten
auf dem
Schutzwall

Georgs-
platz

**Geschichte
der Prager
Burg**

Hartig-
Garten

**Alter
Königs-
palast**

Pulverturm

*Südlicher
Garten*

Dritter
Burghof

Veitsdom

*Plečnik-
Obelisk*

Paradies-
garten

*Informations-
zentrum*

*Pulver-
brücke*

**Schatzkammer
des Veitsdoms**

Zweiter
Burghof

Neue
Burgtreppen

*Prager Burg
Gemäldegalerie*

*Informations-
zentrum*

Erster
Burghof

Haupt-
tor

Hradschiner Platz

Wachablösung, Haupttor, Prager Burg

DIE KÖNIGLICH-BÖHMISCHE KRONE

Die königlich-böhmische Krone wurde 1346 für Karl IV. aus dem Gold der herzoglichen Krone angefertigt, die einst der hl. Wenzel von Böhmen getragen hatte. Sie ist mit 18 Saphiren, 15 Rubinen, 25 Smaragden und 20 Perlen verziert. Einige der Steine haben einen Durchmesser von 7 bis 10 cm und wiegen zwischen 60 und 80 Karat. Es heißt, dass das Kreuz der Krone eine der Dornen von Christus' Dornenkrone enthält – es trägt die Inschrift „Hic est spina de corona Domini" (Hier findet sich ein Dorn der Krone Gottes). Die Krone sowie der Rest der Kronjuwelen werden im Krönungssaal über der Wenzelskapelle im Veitsdom aufbewahrt.

ton. Östlich befindet sich der **Sommerpalast** (Letohrádek; Karte S. 362) oder Belvedere (1538–1560), das authentischste italienische Renaissancegebäude außerhalb Italiens, und westlich die 1695 erbaute ehemalige **Reitschule** (Jízdárna; Karte S. 362). Alle drei werden für Wechselausstellungen moderner Kunst genutzt.

Bildergalerie der Prager Burg

Dieselbe schwedische Armee, die die berühmten Bronzestatuen aus dem Wallenstein-Garten (S. 88) raubte, entwendete 1648 auch die Kunstschätze Rudolfs II. Die **Galerie** (Karte S. 362; Erw./Kind 150/80 Kč, April–Okt. Mo 16–18 Uhr Eintritt frei; April–Okt. 9–18 Uhr, Nov.–März bis 16 Uhr) in den reizvollen Renaissance-Stallungen der Burg präsentiert europäische Kunst des 16. bis 18. Jhs. Den Grundstock der Ausstellung bildet die 1650 von den Habsburgern begonnene Sammlung, die die gestohlenen Gemälde ersetzen sollte. Die Galerie zeigt u. a. Werke von Cranach, Holbein, Rubens, Tintoretto und Tizian.

Dritter Burghof

Geht man an der Ostseite des Zweiten Burghofs durch den Durchgang hindurch, findet man sich direkt vor der riesigen, eindrucksvollen Westfassade des Veitsdoms wieder. Südlich davon (rechts vom Eingang) liegt der Dritte Burghof. Kaum zu übersehen sind der 16 m hohe **Granitobelisk**, den Jože Plečnik 1928 zum Gedenken an die Opfer des Ersten Weltkriegs entwarf, und die Replik eines

Der hl. Georg ist wohl in erster Linie als Schutzheiliger Englands bekannt, aber auch in Böhmen spielte er eine wichtige Rolle. Georgs legendärer Kampf gegen den Drachen steht für den Sieg des Christentums über das Heidentum. Dieses Symbol wurde von frommen Monarchen wie Vratislav I., dem Gründer der Georgsbasilika, bereitwillig übernommen.

Bronzereiterstandbilds des hl. Georgs aus dem 14. Jh., die den Märtyrer als Drachentöter darstellt. Das Original wird in der Dauerausstellung zur Geschichte der Prager Burg gezeigt.

Der Innenhof wird von der südlichen Fassade des Veitsdoms und seinem Prunkstück, der Goldenen Pforte (s. S. 70), dominiert.

Alter Königspalast

Der **Alte Königspalast** (Starý královský Palác; Karte S. 362; Eintritt mit Ticket für die Tour durch die Prager Burg; ☉April–Okt. 9–18 Uhr, Nov.–März bis 16 Uhr) im Osten des Burghofs stammt aus dem Jahr 1135 und ist eines der ältesten Gebäude der Burg. Er wurde ursprünglich für die tschechischen Prinzessinnen konzipiert, vom 13. bis 16. Jh. residierten jedoch die Könige selbst darin.

Der **Vladislavsaal** (Vladislavský sál) ist berühmt für seine schöne spätgotische Gewölbedecke, die Benedikt Rejt in den Jahren zwischen 1493 und 1502 schuf. Obwohl über 500 Jahre alt, verbreiten die fließenden und ineinander übergehenden Rippen des Gewölbes beinahe schon einen Hauch von Jugendstil und bilden einen schönen Kontrast zur geradlinigen Form der Renaissancefenster. Der riesige Saal diente als Schauplatz für Festessen, Ratsversammlungen und Krönungszeremonien. Außerdem wurden darin „Indoor"-Ritterturniere abgehalten: daher auch die **Reitertreppe** (Jezdecké schody) an der Nordseite, die Ross und Reiter Einlass gewährte. Alle Präsidenten der Republik wurden in diesem Saal vereidigt.

Eine Tür in der südwestlichen Ecke des Saals führt zum Ludwigsflügel mit den ehemaligen Räumen der **Böhmischen Kanzlei** (České kanceláře). Am 23. Mai 1618 rebellierten im zweiten Raum protestantische Adlige gegen die böhmischen Stände und den Habsburger Kaiser und „beförderten" zwei der kaiserlichen Statthalter und deren Sekretär unsanft aus dem Fenster an die frische Prager Luft. Diese überlebten den Sturz zwar, da sie glücklicherweise im Misthaufen des Burggrabens landeten. Doch dieser Zweite Prager Fenstersturz löste letztlich den Dreißigjährigen Krieg aus.

Am östlichen Ende des Vladislavsaals führt eine Treppe hinauf zum Balkon, der die **Allerheiligenkapelle** (kaple Všech svatých; Karte S. 362) überblickt. Die Tür zur Rechten führt auf eine Terrasse mit großartigem Blick über die Stadt. Rechts von der Reitertreppe befindet sich eine ungewöhnliche Renaissancetür, die von gedrehten Säulen eingerahmt ist. Sie führt in den **Landtagssaal** (Sněmovna) – oder Sitzungssaal –, der ebenfalls mit einem wunderschönen Deckengewölbe ausgestattet ist. Dort werden Repliken der Böhmischen Kronjuwelen gezeigt.

Die Geschichte der Prager Burg

Dieses große, eindrucksvolle **Museum** (Erw./Kind 140/70 Kč, freier Eintritt mit Ticket Prager Burg; ☉April–Okt. 9–18 Uhr, Nov.–März 9–16 Uhr), das sich in den gotischen Gewölben unter dem Alten Königspalast befindet, ist mit seiner Fülle sehenswerter Exponate dem Palais Lobkowicz durchaus ebenbürtig. Das Museum gibt einen interessanten Überblick über 1000 Jahre Burggeschichte, von der ersten hölzernen Palisade bis heute. Modelle der Burganlage veranschaulichen die verschiedenen Entwicklungsstufen des Areals.

Ausgestellt ist u. a. das Grab eines Kriegers aus dem 9. Jh., das auf dem Burggelände entdeckt wurde, der Helm und das Kettenhemd des hl. Wenzel sowie eine Replik seiner goldenen Krone, die 1346 für Karl IV. angefertigt wurde. Wer sein Wissen über die Prager Burg vertiefen möchte, sollte zur ersten Orientierung dieses Museum besuchen.

Georgsplatz

Der Georgsplatz (Jiřské náměstí), der sich östlich des Veitsdoms befindet, bildet das Herz des Burgkomplexes.

Basilika St. Georg

Die auffallend ziegelrote, frühbarocke Fassade, die den Platz prägt, gehört zur **Basilika** (Bazilika Sv Jiří; Karte S. 362; Jiřské náměstí; Zutritt mit Ticket Prager Burg; ☻April–Okt. 9–18 Uhr, Nov.–März 9–16 Uhr), dem besterhaltenen romanischen Gotteshaus des Landes. Die Kirche wurde im 10. Jh. unter Vratislav I., dem Vater des hl. Wenzels, erbaut und spielte bei der Christianisierung Böhmens eine große Rolle. Ihr heutiges Aussehen verdankt sie den Restaurationsarbeiten, die in den Jahren zwischen 1887 und 1908 durchgeführt wurden.

Eine barocke Doppeltreppe, die zur Apsis führt, durchbricht die Strenge des romanischen Hauptschiffs. Dort sind heute noch Reste von Fresken aus dem 12. Jh. zu entdecken. Am Fuß der Treppe liegen die Gräber von Prinz Boleslav II. (gest. 997; links) und Prinz Vratislav I. (gest. 921). Der Bogen unter der Treppe erlaubt einen flüchtigen Blick auf die aus dem 12. Jh. stammende Krypta; Könige der Přemysliden-Dynastie liegen hier und im Hauptschiff begraben.

Kloster St. Georg

Das recht einfach anmutende Gebäude links der Basilika wurde 973 von Boleslav II. erbaut und gilt als erstes in Böhmen gegründete Kloster. 1782 geschlossen und zu einer Kaserne umfunktioniert, beherbergt es heute einen Teil der **Nationalgalerie** (Kláster Sv Jiří; www.ngprague.cz; Jiřské náměstí 33; Zutritt mit Ticket Prager Burg Lange Tour oder Erw./erm. 150/80 Kč; ☻Di–So 10–18 Uhr), in der u. a. eine Sammlung böhmischer Kunstwerke aus dem 19. Jh. zu sehen ist. Zu den Highlights gehören die Jugendstilskulpturen von Josef Myslbek, Stanislav Sucharda und Bohumil Kafka, die leidenschaftlichen Porträts von Josef Mánes sowie die stimmungsvollen Waldlandschaften von Július Mařák.

Pulverturm

Ein Durchgang nördlich des Veitsdoms führt zum **Pulverturm** (Prašná Věž; Karte S. 362; Zutritt mit Ticket Prager Burg Lange Tour; ☻April–Okt. 9–18 Uhr, Nov.–März 9–16 Uhr), der auch Mihulka genannt wird und im 15. Jh. als Teil des Verteidigungssystems der Burg erbaut wurde. Später diente er als Werkstatt des Kanonen- und Glockenmachers Tomáš Jaroš, der für den Guss der Glocken des Veitsdoms verantwortlich war. Heute wird in dem Gebäude eine Ausstellung über die Geschichte der Burgwache präsentiert.

Georgstraße & Umgebung

Die Georgstraße (Jiřská) führt von der Basilika St. Georg zum östlichen Burgtor.

GARTEN AUF DEM SCHUTZWALL

Am östlichen Tor der Burg führt der Weg entweder die alten Burgstufen hinunter zur U-Bahn-Station Malostranská oder nach scharf rechts durch den **Garten auf dem Schutzwall** (Zahrada na valech; ☻April & Okt. 10–18 Uhr, Mai & Sept. bis 19 Uhr, Juni & Juli bis 21 Uhr, Aug. bis 20 Uhr, Nov.–März geschl.) zurück zum Hradčany-Platz. Der Terrassengarten bietet ein wundervolles Panorama über die Dächer von Malá Strana und erlaubt einen flüchtigen Blick in die Grünanlage hinter der britischen Botschaft. Alternativ flaniert man durch die Palastgärten zu Füßen der Prager Burg nach Malá Strana.

Vor dem Daliborka-Turm steht die Bronzestatue *Gleichnis mit einem Totenkopf* von Jaroslav Róna, der auch das Franz-Kafka-Denkmal in der Josefstadt schuf. Das von Kafkas Charakteren inspirierte Kunstwerk zeigt einen am Boden kauernden Mann, der einen Totenschädel auf dem Rücken trägt. (in Prag sind auf den Straßen manchmal Obdachlose in dieser traditionellen Pose zu sehen).

Goldenes Gässchen

Die malerische Straße mit dem Namen **Goldenes Gässchen** (Zlatá ulička; Zutritt mit Ticket Prager Burg; ⊘April–Okt. 9–18 Uhr, Nov.–März 9–16 Uhr) führt an der nördlichen Burgmauer entlang. Ihre kleinen, farbenfrohen Häuschen wurden im 16. Jh. ursprünglich für die Scharfschützen der Burgwache errichtet und später von Goldschmieden bewohnt. Im 19. und 20. Jh. dienten sie Künstlern wie Franz Kafka als Unterkunft. Der Schriftsteller besuchte zwischen 1916/17 regelmäßig seine Schwester in Haus Nummer 22.

Die renovierten Häuschen präsentieren heute die Vielfalt ihrer ehemaligen Bestimmungen. Eines dient als Goldschmiede, ein anderes als Schenke, und ein drittes stellt das Heim der berühmten Prager Wahrsagerin Matylda Průšová dar, die im Zweiten Weltkrieg durch die Hand der Gestapo starb. Das Häuschen, das Kafkas Schwester bewohnte, fungiert heute als Buchladen. Die Nummer 12 am äußeren östlichen Ende ist am anschaulichsten: Sie zeigt das ehemalige gemütliche Heim eines Hobby-Filmhistorikers, der sein Haus nur kurz verlassen zu haben scheint. Archivmaterial der Burg wird hier an die Wohnzimmerwand projiziert.

Daliborka

Der **Turm** (Zlatá ulička; Zutritt mit Ticket Prager Burg; ⊘April–Okt. 9–18 Uhr, Nov.–März 9–16 Uhr) wurde nach Ritter Dalibor von Kozojedy benannt, der hier 1498 gefangen gehalten und später exekutiert wurde, weil er einen Bauernaufstand unterstützt hatte. Die Legende erzählt, dass er eine Violine spielte, die in der ganzen Burg zu hören war. Auf dieser Geschichte basiert die 1868 von Bedřich Smetana komponierte Oper Dalibor. Besucher können hier auch einen Blick in das flaschenförmig in den Boden eingelassene Verlies und auf eine kleine Sammlung von Folterinstrumenten werfen, die einen das Fürchten lehren.

Lobkowicz-Palais

Das im 16. Jh. erbaute **Palais** (Lobkovický Palác; www.lobkowicz.cz; Jiřská 3; Erw./erm./Fam. 275/200/690 Kč; ⊘10.30–18 Uhr) beherbergt ein privates Museum. Die „Fürstliche Sammlung" zeigt kostbare Gemälde, Möbel und musikalische Erinnerungsstücke. Eine Tour mit Audioguide, der vom Besitzer William Lobkowicz und seiner Familie besprochen wurde, ist sehr empfehlenswert. Diese sehr persönliche Annäherung lässt die Ausstellungsstü-

---

EINTRITTSKARTEN FÜR DIE PRAGER BURG

Angeboten werden zwei Arten von Eintrittskarten, die jeweils für zwei Tage gültig sind und den Besucher zur Besichtigung verschiedener Sehenswürdigkeiten berechtigen:

Lange Tour (Erw./Kind/Fam. 350/175/700 Kč) – beinhaltet Veitsdom, Alten Königspalast, Geschichte der Prager Burg, Basilika St. Georg, Kloster St. Georg, Pulverturm, Goldenes Gässchen und Daliborka, Fotoausstellung Prager Burg, Pulverturm und Rosenberg-Palais.

Kurze Tour (Erw./Kind/Fam. 250/125/500 Kč) – beinhaltet Veitsdom, Alten Königspalast, Basilika St. Georg, Goldenes Gässchen und Daliborka.

Eintrittskarten gibt es entweder in den beiden Informationszentren im **Zweiten** und **Dritten Burghof** (☏224 372 423, 224 372 419; www.hrad.cz; ⊘April–Okt. 9–18 Uhr, Nov.–März 9–16 Uhr) oder bei den Ticketschaltern an den Eingängen zum Goldenen Gässchen, zum Alten Königspalast oder zur Ausstellung „Geschichte der Burg".

cke lebendig werden und macht das Palais zu einer der interessantesten Sehenswürdigkeiten der Burg.

Das im 16. Jh. erbaute Palais diente der Adelsfamilie Lobkowicz etwa 400 Jahre lang als Wohnsitz. Im Zweiten Weltkrieg konfiszierten es zunächst die Nationalsozialisten und 1948 schließlich die Kommunisten. 2002 wurde das Palais an William Lobkowicz zurückgegeben. Der amerikanische Immobilienunternehmer ist der Enkelsohn von Maximilian, dem zehnten Prinzen von Lobkowic, der 1939 vor den Nationalsozialisten in die USA floh.

Zu den Höhepunkten des Museums gehören die Gemälde von Cranach, Breughel dem Älteren, Canaletto und Piranesi, die Partituren von Mozart, Beethoven und Haydn (der siebte Prinz war ein großer Musikliebhaber – Beethoven widmete ihm drei Symphonien) sowie eine beeindruckende Sammlung von Musikinstrumenten. Aber vor allem die persönlichen Exponate machen den Reiz dieses Museums aus. Dazu gehört auch ein Porträt aus dem 16. Jh., auf dem ein Vorfahre einen Ring trägt, der heute die Hand von Williams Mutter ziert, oder ein altes Fotoalbum mit einem Bild des Familienhundes, der Pfeife raucht.

Das Palais besitzt ein hervorragendes Café und veranstaltet täglich um 13 Uhr ein Konzert mit klassischer Musik.

Rosenberg-Palais

Das **Renaissance-Palais** (Rožmberský palác; Jiřská 1; Zutritt mit Ticket Prager Burg Lange Tour; ⊙April–Okt. 9–18 Uhr, Nov.–März 9–16 Uhr; 🚇22) diente einst als „adeliges Damenstift", also als Zufluchtsort für Aristokratinnen, die schlechte Zeiten durchlebten. Das Haus wurde 1755 von Kaiserin Maria Theresia gegründet. Die Kapelle des Palais ist drei Stockwerke hoch und mit Trompe-l'oeil-Gemälden und Fresken verziert. Sehenswert ist auch die nachgebaute Schlafkammer einer Dame – inklusive Kommode und raffinierter zeitgenössischer Mausefalle!

Spielzeugmuseum

Das zweigrößte **Spielzeugmuseum** (Muzeum Hraček; Jiřská 6; Erw./erm./Fam. 60/30/120 Kč; ⊙9.30–17.30 Uhr; 🚇22) der Welt beherbergt eine beeindruckende Sammlung, inklusive einiger Stücke, die aus dem antiken Griechenland stammen. Die Ausstellung kann aber besonders für Kinder ein wenig frustrierend sein, da die meisten Auslagen nicht berührt werden dürfen. Die präsentierten Spielzeuge reichen von Modelleisenbahnen und Teddybären bis hin zu viktorianischen Puppen, Actionfiguren und der ultimativen Barbie-Sammlung.

HIGHLIGHTS
VEITSDOM

Die Bauzeit des Veitsdoms reicht über eine Zeitspanne von fast 600 Jahren. Das Bauwerk gehört zu den beeindruckendsten und am reichsten geschmückten Kathedralen Mitteleuropas. Außerdem spielt der Dom eine bestimmende Rolle im religiösen und kulturellen Leben der Stadt Prag und ganz Tschechiens. Zu den Schätzen im Inneren des Gotteshauses gehören die aus dem 14. Jh. stammenden Böhmischen Kronjuwelen, wunderschöne Jugendstil-Buntglasfenster und die Gräber von böhmischen Heiligen und Herrschern, darunter die letzte Ruhestätte des hl. Wenzel, des hl. Johannes Nepomuk, Karls IV. und Rudolfs II.

Das Hauptschiff

Die Grundsteinlegung des Veitsdoms erfolgte 1344 durch Kaiser Karl IV. auf dem Gelände einer aus dem 10. Jh. stammenden romanischen Rotunde, die dem hl. Wenzel geweiht war. Der Architekt Matthias von Arras begann mit dem Bau des Chorraums im gotischen Stil nach dem Vorbild französischer Kathedralen, verstarb aber acht Jahre später. Sein deutscher Nachfolger, Peter Parler, der bereits am Bau des Kölner Doms mitgewirkt hatte, vollendete einen Großteil der Ostseite. Doch erst 1861 wurde ein entschlossener Versuch zur Fertigstellung des Doms unternommen. Alles, was zwischen dem Westeingang und der Vierung liegt, wurde erst zwischen dem späten 19. und dem frühen 20. Jh. errichtet. 1929 fand schließlich die Weihe statt.

Im Innern ist das **Hauptschiff** in Farben getaucht, die die bezaubernden **Buntglasfenster** erzeugen. Diese wurden von bedeutenden tschechischen Künstlern des frühen

NICHT VERSÄUMEN

➡ Buntglasfenster von Alfons Mucha

➡ Südliches Fenster

➡ Grab des hl. Johannes Nepomuk

➡ Wenzelskapelle

➡ Goldene Pforte

PRAKTISCH & KONKRET

➡ Katedrála Sv Víta

➡ Karte S. 362

➡ ☎257 531 622

➡ www.katedrala svatehovita.cz

➡ III. nádvoří, Pražský hrad

➡ Zutritt mit Ticket Prager Burg

➡ ⏲April–Okt. Mo–Sa 9–18, So mittags bis 17 Uhr, Nov.–März Mo–Sa 9–16, So mittags bis 16 Uhr

➡ ⓂMalostranská

20. Jhs. geschaffen. Beachtung verdient das Werk des Jugendstilkünstlers Alfons Mucha in der dritten Kapelle der Nordseite, links vom Eingang; es stellt den hl. Kyrill und den hl. Method, die beiden Apostel der Slawen, dar. Daneben steht die **Holzskulptur Kreuzigung** (1899) von František Bílek.

Die Vierung – hier treffen Haupt- und Querschiff aufeinander – wird von dem riesigen und farbenprächtigen **Südfenster** (1938) von Max Švabinský überragt. Darauf abgebildet ist das Jüngste Gericht, in der rechten, unteren Ecke lodern hell die Höllenfeuer. Im nördlichen Querschiff unter der barocken Orgel sind drei holzgeschnitzte Türen mit **Reliefs böhmischer Heiliger** verziert. Auf kleineren Abbildungen ist jeweils das Martyrium des Heiligen zu sehen, auf der linken Tür das des hl. Vitus (Veit), der in einem Kessel mit kochendem Öl gefoltert wird. Neben dieser Darstellung ist das Martyrium des hl. Wenzel dargestellt: Der Heilige kniet auf einem Bein und hält sich an einem löwenkopfförmigen Türknauf fest, während sein verräterischer Bruder Boleslav einen Speer in seinen Rücken rammt. Glaubt man der Legende, ist eben dieser Türknauf auf der anderen Seite der Kirche an der Wenzelskapelle zu bestaunen.

Der Chorumgang

Das östliche Ende des Doms wird von einem eleganten spätgotischen Gewölbe aus dem 14. Jh. überspannt. In dessen Zentrum liegt das prunkvolle **Königliche Mausoleum** (1571–1589) mit marmornen Bildnissen von Ferdinand I., seiner Frau Anna Jagellonská und deren Sohn Maximilián II.

Am äußersten Ende des Chorumgangs befindet sich das **Grab des hl. Veit**. Er war nicht nur Schutzpatron der Böhmen, sondern auch der Schauspieler, Unterhaltungskünstler und Tänzer. Eine weitere Attraktion ist das spektakuläre, barocke **Grab des hl. Johannes Nepomuk**, dessen Baldachin vier silberne Engel stützen (zwei Tonnen Silber wurden in diesem Grab verarbeitet).

Nicht weit davon entfernt birgt die **Magdalenenkapelle** die Grabplatten der Domarchitekten Matthias von Arras und Peter Parler. Darüber befindet sich die prunkvolle, spätgotische **Königliche Kapelle**. Das Kreuzrippengewölbe über ihrem kunstvollen Balkon ragt aus wie die Zweige eines Baumes. Die größte und schönste der zahlreichen Seitenkapellen ist Parlers **Wenzelskapelle.** Ihre Wände sind mit vergoldeten Paneelen verkleidet, in die glänzende Tafeln aus Halbedelsteinen eingearbeitet sind. Wandgemälde aus dem frühen 16. Jh. zeigen Szenen aus dem Leben des tschechischen Schutzpatrons und ältere Fresken solche aus dem Leben Christi.

DIE GOLDENE PFORTE

Der Südeingang des Veitsdoms wird auch Goldene Pforte (Zlatá brána) genannt. Das elegante, dreibogige gotische Portal geht auf den Baumeister Peter Parler zurück (vom Dritten Innenhof der Burg aus bietet sich der beste Blick auf das Schmuckstück). Darüber findet sich ein **Mosaik des Jüngsten Gerichts** (1370–1371): Links werden die Frommen von Engeln in den Himmel gehoben, rechts die Sünder von Dämonen in die Hölle gezerrt. In der Mitte thront Christus in seiner Glorie, die Heiligen Procopius, Sigismund, Veit, Wenzel, Ludmila und Adalbert unter sich. Darunter, zu beiden Seiten des Hauptbogens, kniet Karl IV. mit seiner Frau und betet.

Die Krypta des Doms (heute nicht mehr für die Öffentlichkeit zugänglich) enthält marmorne Sarkophage mit den sterblichen Überresten großer Herrscher wie Karl IV., Wenzel IV., Georg von Poděbrady und Rudolf II.

Der große Südturm

Der **Glockenturm** (III. nádvoří, Pražský hrad; Eintritt 100 Kč; ⊙April–Okt. 10–19 Uhr, Nov.–März 10–17 Uhr; 🚋22) des Doms konnte im 15. Jh. nicht ganz fertiggestellt werden. Daher umrahmt eine Renaissance-Galerie aus dem 16. Jh. seine hohen gotischen Mauern. Die zwiebelförmige Turmkappe stammt aus den 1770er-Jahren. Wer den herrlichen Ausblick genießen möchte, muss zunächst 297 Stufen überwinden. Der Eingang befindet sich im Dritten Innenhof der Burg, der Eintritt ist allerdings nicht im Ticket für die Burgtour enthalten. Auch eine eingehende Betrachtung der Uhrwerke von 1597 ist möglich. Die **Sigismund-Glocke**, die 1549 gegossen wurde, ist die größte Glocke Tschechiens.

HIGHLIGHTS
KLOSTER STRAHOV

Im Jahr 1140 gründete Vladislav II. auf Wunsch der Prämonstratenser das Kloster Strahov. Die heutigen Klostergebäude, die aus Klosterkirche, Wohn- und Wirtschaftsgebäuden bestehen, wurden aber erst im 17. und 18. Jh. fertiggestellt und waren bewohnt, bis die kommunistische Regierung einen Großteil der Mönche inhaftieren ließ und die Schließung des Klosters veranlasste. 1990 wurde das Kloster Strahov schließlich wiedereröffnet.

Hinter dem Haupttor befinden sich die **St.-Rochus-Kirche** (Kostel sv Rocha), die 1612 zum Dank für die Verschonung vor der Pest erbaut wurde und heute als Kunstgalerie dient, und die **Kirche Mariä Himmelfahrt** (Kostel Nanebevzetí Panny Marie; Karte S. 362). Das 1143 errichtete Gotteshaus wurde im 18. Jh. im barocken Stil ausgestattet. Es heißt, dass Mozart hier Orgel gespielt hat.

Strahov-Bibliothek

Die **Strahov-Bibliothek** (Strahovská knihovna; Karte S. 362; www.strahovskyklaster.cz; Strahovské nádvoří 1; Erw./erm. 80/50 Kč; ⊙9–12 & 13–17 Uhr; 🚌22, 25) (Bild) ist die größte Klosterbibliothek des Landes und besteht aus zwei wunderbaren Barocksälen aus dem 17. und 18. Jh. Besucher können zwar durch die Türen spähen, doch die Säle dürfen leider nicht betreten werden, da die feuchte Atemluft den Fresken schadet. Außerdem ist eine Ausstellung historischer Kuriositäten zu sehen.

Die atemberaubende Inneneinrichtung des zweistöckigen **Philosophischen Bibliothekssaals** (Filozofický sál; 1780–1797) ist perfekt an die gedrechselten und vergoldeten Bücherregale aus Walnussholz angepasst. Die Regale wurden aus einem anderen Kloster in Südmähren hierher gebracht und reichen vom Boden bis zur Decke. Die obere Galerie ist über Wendeltreppen erreichbar, die sich in den Ecken verstecken. Richtig hoch wirkt

NICHT VERSÄUMEN

➡ Strahov-Bibliothek
➡ Miniaturmuseum

PRAKTISCH & KONKRET

➡ Strahovský klášter
➡ Karte S. 362
➡ ☎224 511 137, 233 107 718
➡ www.strahovsky klaster.cz
➡ Strahovské nádvoří 1
➡ 🚌22, 25

Die Tür am östlichen Ende des Haupthofs des Klosters Strahov führt zu den terrassierten Obstgärten und den grünen Wiesen des Petřín. Hier eröffnen sich die vielleicht schönsten Panoramen Prags. Ein kleiner Spaziergang endet am Aussichtsturm des Petřín (Prager Eiffelturm; S. 92), der einen wunderbaren Blick über die Kleinseite (Malá Strana) und die Moldau bis hin zu den Turmspitzen der Altstadt, dem Fernsehturm und dem Nationaldenkmal auf dem Vítkov-Hügel bietet.

Im Gang zwischen den zwei Barocksälen der Strahov-Bibliothek liegen nebst einem Modellschiff und dem Zahn eines Narwals zwei lange, braune, lederne Objekte. Auf Nachfrage wird der prüde Aufseher behaupten, es handle sich um Elefantenstoßzähne. In Wirklichkeit sind es aber konservierte Walpenisse.

der Saal außerdem durch ein grandioses Deckenfresko *Das Streben der Menschen nach Weisheit*. In der Mitte befindet sich die Allegorie der Göttlichen Vorsehung, umgeben von goldenem Licht. An den Rändern des Freskos sind Figuren von Adam und Eva bis hin zu griechischen Philosophen dargestellt.

In der Eingangshalle vor dem Saal ist eine **Kuriositätensammlung** aus dem 18. Jh. ausgestellt, mit grotesk zusammengeschrumpften Überresten von Haien, Rochen, Schildkröten und anderen Meerestieren. Die gegerbten und ausgebreiteten Kadaver haben Seeleute mitgebracht, die sie als Meeresungeheuer an leichtgläubige Landratten verscherbelten. Neben der Tür zum Flur sind in einem Schaukasten historische Ausstellungsstücke zu sehen, z. B. ein Miniaturkaffeeservice. Es wurde 1813 für Marie-Louise von Österreich hergestellt und findet in vier Buchattrappen Platz.

Der Flur führt zum älteren und fast noch schöneren **Theologischen Bibliothekssaal** (Teologiský sál; 1679). Die niedrige, geschwungene Decke ist von barocken Stuckarbeiten übersät. Gemalte Zierrahmen sind dem Thema der Wahren Weisheit gewidmet, die natürlich durch Frömmigkeit zu erreichen ist. Einer der Denksprüche an der Decke lautet *initio sapientiae timor domini* – Gottesfurcht ist der Beginn der Weisheit.

Auf einem Ständer vor der Saaltür liegt ein Faksimile des kostbarsten Schatzes der Bibliothek: des **Strahover Evangelienbuches** aus dem 9. Jh. Der Kodex ist in einen edelsteinbesetzten Einband aus dem 12. Jh. gebunden. Die sogenannte **Xylothek** (1825) nimmt ein Regal in der Nähe in Beschlag: Jede der buchförmigen Schachteln steht für einen bestimmten Baum, der Einband ist jeweils aus dessen Holz und Rinde gefertigt. In den Schachteln werden Proben von Blättern, Wurzeln, Blüten und Früchten aufbewahrt.

Bildergalerie Strahov

Im zweiten Innenhof des Klosters Strahov findet sich die **Bildergalerie Strahov** (Strahovská Obrazárna; Karte S. 362; www.strahovskyklaster.cz; Strahovské II. nádvoří; Erw./Kind 60/30 Kč; ◷9–12 & 12.30–17 Uhr; 🚋22, 25), mit einer beachtlichen Sammlung gotischer, barocker, Rokoko- und romanischer Kunst im 1. Stock und einer Wechselausstellung im Erdgeschoss. Einige der mittelalterlichen Stücke sind ziemlich außergewöhnlich, wie z. B. das sehr modern anmutende Jihlava-Kruzifix aus dem 14. Jh. Möglich ist es auch, durch den Kreuzgang, das Refektorium und den Kapitelsaal des Klosters zu spazieren.

Miniaturenmuseum

Der aus Sibirien stammende Techniker Anatoly Konyenko stellte einst Operationsbestecke für die Mikrochirurgie her. Heute beschäftigt er sich lieber mit Projekten anderer Art wie der Anfertigung zweier goldener Hufeisen für einen Floh, an denen er siebeneinhalb Jahre arbeitete. Dieses **Museum** (Muzeum Miniatur; Karte S. 362; Strahovské II.nádvoří; Erw./Kind 70/50 Kč; ☺9–17 Uhr; 🚌22) zeigt seine Werke, darunter auch die Abschrift des Vaterunser auf einem einzigen menschlichen Haar, einen Geige spielenden Grashüpfer und die Umrisse einer Kamelkarawane in einem Nadelöhr – merkwürdig, aber auch unglaublich faszinierend.

ERFRISCHUNG GEFÄLLIG?

Die Mönche von Strahov sind nicht nur für ihr akademisches Wissen, sondern auch für ihr Bier bekannt. 1628 wurde hier eine Brauerei errichtet, 1907 wieder geschlossen, um dann 2000 erneut eröffnet zu werden. Heutzutage wird in der Klášterní pivovar Strahov durstigen Gästen eines der besten Biere Prags serviert.

HIGHLIGHTS
LORETO-HEILIGTUM

Das Loreto-Heiligtum (Loreta), das sich auf dem Loretoplatz westlich des Hradschiner Platzes befindet, ist eine 1626 von Benigna Kateřina Lobkowicz gegründeter Wallfahrtstätte, die der Santa Casa (Heiliges Haus; Heim der Jungfrau Maria) im Heiligen Land nachempfunden ist. Die Legende besagt, dass die echte Santa Casa von Engeln zur italienischen Stadt Loreto getragen wurde, als die Türken Nazareth einnahmen.

Santa Casa

Die Nachbildung der Santa Casa befindet sich in einem Innenhof, des Heiligtums, umgeben von einem Kreuzgang, Kirchen und Kapellen. Das Innere des heiligen Hauses ist mit Fresken aus dem 17. Jh. und Darstellungen aus dem Leben der Jungfrau Maria geschmückt. Den prunkvollen silbernen Altar krönt ein hölzernes Bildnis der Jungfrau von Loreto. Über dem Eingang des Innenhofs befindet sich ein Glockenspiel mit 27 Glocken, das stündlich „Gegrüßt seist du tausendmal, oh Maria" spielt.

Kirchen

Hinter dem Heiligen Haus ragt die **Geburt-Christi-Kirche** (kostel Narození Páně) in den Himmel. Sie wurde 1737 fertiggestellt. Im Inneren des Gotteshauses werden die Skelette der spanischen Heiligen Felicissima und Marcia aufbewahrt.

An einer Ecke des Hofes steht die verblüffende **Kapelle der Schmerzensreichen Mutter Gottes** (kaple Panny Marie Bolestné), in der eine bärtige Dame am Kreuz hängt: Es ist die hl. Starosta, die fromme Tochter eines portugiesischen Königs. Er hatte sie dem König von Sizilien versprochen – gegen ihren Willen. Starosta weinte und betete eine Nacht lang und erwachte schließlich mit einem Bart im Gesicht. Die Hochzeit fiel ins Wasser, und der

NICHT VERSÄUMEN

➡ Santa Casa
➡ Schatzkammer

PRAKTISCH & KONKRET

➡ Karte S. 362
➡ ☎220 516 740
➡ www.loreta.cz
➡ Loretánské náměstí 7
➡ Erw./erm./Fam. 130/100/270 Kč
➡ ⊙April–Okt. 9–12.15 & 13–17 Uhr, Nov.–März bis 16 Uhr
➡ 🚋22

Vater ließ seine Tochter stattdessen kreuzigen. Später wurde sie zur Schutzheiligen der Bedürftigen und Gottverlassenen.

Schatzkammer

Die Schatzkammer der Kirche (Erdgeschoss) beherbergt religiöse Preziosen, darunter die eindrucksvolle, 90 cm große Prager Sonne (Pražské slunce) aus solidem Silber und Gold, verziert mit 6222 Diamanten. Fotografieren ist hier nur gegen eine Gebühr von 100 Kč erlaubt.

⊙ SEHENSWERTES

PRAGER BURG
BURG
Siehe S. 62.

VEITSDOM
DOM
Siehe S. 70.

KLOSTER STRAHOV
KLOSTER
Siehe S. 73.

LORETO-HEILIGTUM
KIRCHE
Siehe S. 76.

VILLA BÍLEK
GALERIE
Karte S. 362 (Bílkova Vila; 📞224 322 021; www.citygalleryprague.cz; Mickiewiczova 1; Erw./Kind 120/60 Kč; 🕐Di–So 10–18 Uhr; 🚇18, 22) Die auffällige Jugendstilvilla wurde 1911 von dem tschechischen Bildhauer und Grafiker František Bílek entworfen und beherbergt heute ein Museum seiner unkonventionellen Arbeiten. Bíleks zumeist hölzerne, einzigartige Skulpturen sind von seinem Glauben inspiriert. Dramatische Kompositionen wie *Der Fall* zeigen Adam und Eva angsterfüllt vor Gottes Zorn, während *Verwunderung* die Ehrfurcht vor der Gegenwart Gottes verkörpert.

Bileks berühmtestes Werk ist das hölzerne Relief *Die Kreuzigung* im Veitsdom – eine mit Kohle gemalte Vorskizze des Künstlers ist unter seinen Zeichnungen im 1. Stock zu sehen. Die Villa, errichtet aus roten Ziegelsteinen, war nicht nur das Atelier, sondern auch das Heim des Künstlers. Die Räume sind mit handgefertigten Jugendstilmöbeln eingerichtet, die Bílek selbst entworfen und mit hohem Symbolgehalt ausgestattet hat. Um den Kontext besser zu erfassen, ist es empfehlenswert, an der Kasse nach einem englischsprachigen Prospekt zu fragen.

VIERTEL NOVÝ SVĚT
STADTVIERTEL
Karte S. 362 (🚇22, 23 bis Brusnice) Im 16. Jh. wurden am südlichen Hang der Loreta in einem abgeschlossenen Areal von kopfsteingepflasterten Gassen Häuser für die in der Burg beschäftigten Menschen errichtet. Mittlerweile sind diese winzigen Behausungen saniert und in Pastellfarben gestrichen. Das Viertel „neue Welt" avancierte so zu einer echten Alternative zum überfüllten Goldenen Gässchen. Der dänische Astronom Tycho Brahe lebte einst in der Nový Svět 1.

PALAIS ŠTERNBERG
GALERIE
Karte S.330 (Šternbersky palác; 📞233 090 570; www.ngprague.cz; Hradčanské náměstí 15; Erw./Kind 150/80 Kč; 🕐Di–So 10–18 Uhr; 🚇22) Das barocke Palais Sternberg birgt die Nationalgalerie mit ihrer europäischen Kunstsammlung, die Werke aus dem 14.–18. Jh. (u. a. von Goya und Rembrandt) präsentiert. Liebhaber mittelalterlicher Altarbilder dürften sich hier wie im siebten Himmel fühlen. Ebenfalls zu sehen sind Gemälde von Rubens und Breughel, ergänzt durch unzählige böhmische Miniaturen.

Stolz der Sammlung ist *Das Rosenkranzfest* von Albrecht Dürer, der ansonsten eher für seine Stiche bekannt ist. Das Gemälde entstand ursprünglich 1505 in Venedig für den Altar der Kirche San Bartolomeo; Rudolf II. ließ es später nach Prag verfrachten. Im Hintergrund des Bildes hat sich Dürer unter dem Baum zur Rechten selbst mit einer dem Betrachter zugewandten Figur verewigt. Wer auf ein wenig grotesken Realismus steht, für den lohnt sich ein Abstecher in den hinteren Bereich des Obergeschosses, wo die Besucher das niederländische Gemälde *Die weinende Braut* aus dem 16. Jh. erwartet.

PALAIS SCHWARZENBERG-
GALERIE
Karte S. 362 (Schwarzenbersky palác; 📞224 810 758; www.ngprague.cz; Hradčanské náměstí 2; Erw./Kind 150/80 Kč; 🕐Di–So 10–18 Uhr; 🚇22) Am Schwarzenberg-Palais ist eine wunderschöne schwarz-weiße Renaissance-Fassade in Sgraffito-Technik erhalten. Das Haus beherbergt die Nationalgalerie für barocke Kunst. Leider sind viele der Gemälde schlecht ausgeleuchtet oder leiden unter den Reflexionen der Fenster – ein Jammer, denn das Innere des Palastes wirkt dadurch weit weniger beeindruckend als seine Fassade, und die Ausstellung spricht so nur wirkliche Liebhaber an. Das

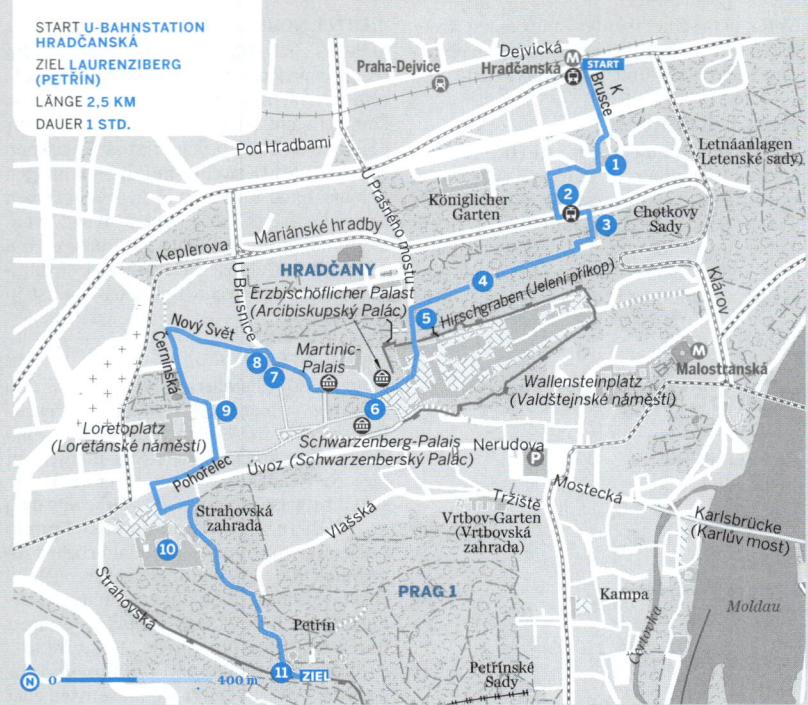

START **U-BAHNSTATION HRADČANSKÁ**
ZIEL **LAURENZIBERG (PETŘÍN)**
LÄNGE **2,5 KM**
DAUER **1 STD.**

Stadtspaziergang
Hradschin

Von der U-Bahn-Station aus führt die K Brusce bis zum Steinportal des ❶ **Písektors**. Das mit militärischen Emblemen geschmückte Barocktor wurde 1721 als Teil von Prags neuen Befestigungsanlagen erbaut.

Nun geht es rechts in die U Písecké Brány und dann links in die Tychonova. Hier stehen zwei **kubistische Häuser** von Josef Gočár. Nach Überquerung der Mariánské Hradby betritt man den Königlichen Garten (April bis Oktober geöffnet) neben dem ❸ **Sommerpalast** aus der Renaissance.

Nach links am eindrucksvollen **Ballhaus** vorbei geht der Spaziergang nun am oberen Rand des Burggrabens entlang zum westlichen Ende der Gärten und hinter dem Tor nach links über die ❺ **Pulverbrücke** in den Zweiten Innenhof der Prager Burg.

Dieser wird durch das erste Tor rechts verlassen, das zum ❻ **Hradschiner Platz** führt, einst das Herz des aristokratischen Viertels von Hradčany. Heute steht es unter dem strengen Blick der Statue von Tomáš Garrigue Masaryk, dem ersten Präsidenten

der Tschechoslowakei. Am hinteren Ende biegt der Weg in die Kanovnická ein, vorbei an der ❼ **Johannes-Nepomuk-Kirche** von 1729.

Nach links folgt die Nový Svět, eine malerische Ansammlung von Häusern, die früher von Handwerkern des Hofes bewohnt wurden. ❽ **Nový Svět Nr. 1** war das Heim des Astronomen Tycho Brahe und ab 1600 seines Nachfolgers Johannes Kepler. Die Černínská führt nach links zu dem kleinen Platz vor dem barocken ❾ **Loreto-Heiligtum**. Gegenüber befindet sich das Černín-Palais von 1692.

Die Route biegt nun nach links in die Pohořelec ein. Ein kleines Gässchen bei der Nr. 9 mündet in den Innenhof des ❿ **Klosters Strahov**. Wer mag, kann hier die Bibliothek besichtigen, bevor der Weg durch das Tor am östlichen Ende des Innenhofs in die Gärten über Malá Strana führt. Auf einem Pfad rechts gehend (Wegweiser 'Rozhledna & Bludiště') beendet man den kleinen Bummel am ⓫ **Prager Eiffelturm** (Aussichtsturm auf dem Petřín).

Erdgeschoss ist zwei Meistern der barocken Skulptur gewidmet, Matthias Braun und Maximilian Brokof. Ihre exaltierten Skulpturen scheinen sich mitten in einem Orkan zu befinden, so lebhaft bläht sich deren Kleidung. Zu den Highlights im 1. Stock zählen aus dem 16. Jh. stammenden, ausdrucksstarken Porträts von Petr Brandl und Jan Kupecký; im Obergeschoss werden Holzstiche von Albrecht Dürer gezeigt.

 ESSEN

Die meisten Restaurants in der Umgebung der Burg werden von Touristenmassen überrollt, doch sobald die Burg abends schließt, ist die Gegend sehr ruhig. Die folgenden Lokale sind den typischen Touristenrestaurants an Charme und Küche weit überlegen und deshalb einen Besuch wert.

LOBKOWICZ-PALAIS-CAFÉ CAFÉ $$
Karte S. 362 (☏233 312 925; Jiřská 3; Hauptgerichte 200–300 Kč; ⊙10–18 Uhr; ☎🖶; 🚋22) Dieses Café im Lobkowicz-Palais, ein Bauwerk aus dem 16. Jh., serviert das beste Essen weit und breit. Wer einen der Tische auf den rückseitigen Balkonen ergattert, kann bei einem hervorragenden Gulasch einen fantastischen Blick über Malá Strana genießen. Auch der Kaffee ist köstlich und der Service schnell und freundlich.

U ZLATÉ HRUŠKY TSCHECHISCH $$$
Karte S. 362 (☏220 941 244; www.restaurantuzlatehrusky.cz; Nový Svět 3; Hauptgerichte 450–700 Kč; ⊙11–1 Uhr; 🚋22, 25) Das gemütliche, holzgetäfelte Gourmetlokal „Zur goldenen Birne" serviert böhmischen Fisch, Geflügel und Wildgerichte (Kuttel-Frikassee ist eine Spezialität). Es wird von Einheimischen und zu Besuch weilenden Würdenträgern ebenso geschätzt wie von Touristen (das tschechische Außenministerium befindet sich gleich um die Ecke, und so speiste auch Margaret Thatcher einst hier). Im Sommer wird im grünen *zahradní restaurace* (Gartenrestaurant) serviert, gleich auf der anderen Straßenseite.

VILLA RICHTER TSCHECHISCH, FRANZÖSISCH $$
Karte S. 362 (☏257 219 079; www.villarichter.cz; Staré zamecké schody 6; Hauptgerichte 150–300 Kč, Drei-Gänge-Menü 945 Kč; ⊙10–23 Uhr; Ⓜ Malostranská) Das Restaurant in einer restaurierten Villa aus dem 18. Jh. liegt inmitten eines wiederbepflanzten mittelalterlichen Weinbergs und ist ein beliebtes Ziel der unzähligen Touristen, die die alten Burgstufen hoch- und runterklettern. Dank seiner einmaligen Lage – von den Tischen auf der Terrasse genießen die Gäste eines der schönsten Stadtpanoramen – und der Speisekarte mit landestypischen Klassikern ist es etwas ganz Besonderes. Für Liebhaber empfiehlt sich das Restaurant Piano Nobile in derselben Villa; es hat eine exquisite Speisekarte und serviert französisch inspirierte Menüs.

MALÝ BUDDHA ASIATISCH $
Karte S. 362 (☏220 513 894; www.malybuddha.cz; Úvoz 46; Hauptgerichte 140–250 Kč; ⊙Di–So 12–22.30 Uhr; 🍴; j22, 25) Kerzenlicht, Räucherstäbchen und ein buddhistischer Schrein sind die Markenzeichen des schnuckeligen Gewölberestaurants, das die Atmosphäre einer orientalischen Teestube einzufangen versucht. Die Speisekarte ist voller asiatischer Einflüsse mit authentischen chinesischen, vietnamesischen und Thai-Gerichten – viele davon vegetarisch –, unter den Getränken findet sich auch Exotisches wie Ginsengwein, chinesischer Rosenlikör und alle erdenklichen Teesorten. Kreditkarten werden nicht akzeptiert.

AUSGEHEN

In dieser ziemlich ruhigen Gegend beschränken sich die Ausgehmöglichkeiten auf entspannte Cafés und einige traditionelle Kneipen.

U ZAVĚŠENÝHO KAFE BAR
Karte S. 362 (☏605 294 595; Úvoz 6; ⊙11 Uhr bis Mitternacht; ☎; 🚋12, 20, 22) Diese tolle Kneipe liegt nur fünf Minuten von der Burg entfernt. Das Hinterzimmer ist mit eigenwilligen Kunstwerken und mechanischen Spielereien des einheimischen Künstlers Kuba Krejci sowie einer antiken Jukebox dekoriert. Schäumendes Pilsner Urquell kostet 38 Kč pro halbem Liter, und auch der Kaffee schmeckt wirklich gut.

PIVNICE U ČERNÉHO VOLA PUB
Karte S. 362 (☏220 513 481; Loretánské náměstí 1; ⊙10–22 Uhr; 🚋22, 25) Viele Gläubige pilgern zur Loreta, aber gleich auf der anderen Straßenseite liegt der „Schwarze Ochse", ein Wallfahrtsort, der auf eine andere Art von Pilgern abzielt. Diese

überraschend günstige Bierhalle wird von echten Bierliebhabern wegen ihrer authentischen Atmosphäre und dem köstlichen Fassbier Velkopopovický Kozel besucht, das in einer kleinen Stadt südöstlich von Prag gebraut wird.

KLÁŠTERNÍ PIVOVAR STRAHOV BRAUEREI

Karte S. 362 (Brauerei Kloster Strahov; ☎233 353 155; www.klasterni-pivovar.cz; Strahovské nádvoří 301; ☺10–22 Uhr; 🚌22, 25) Dieser gesellige kleine Pub wird von zwei glänzenden Kupferbraukesseln dominiert und serviert zwei Varianten seines St. Norbert-Biers – *tmavý* (dunkel), ein schweres, teefarbenes Gebräu mit Schaumkrone, und *polotmavý* (bernsteinfarben), ein vollmundiges, hopfiges Lager. Beide kosten 59 Kč je 0,4 l. Auch starkes IPA-Bier (6,3 % Vol.) wird ausgeschenkt.

SHOPPEN

ANTIKE MUSIKINSTRUMENTE ANTIQUITÄTEN

Karte S. 362 (☎220 514 287; www.antiques.cz; Pohořelec 9; ☺9–18 Uhr; 🚌22, 25) Er wird wohl keinen Preis für den kreativsten Namen gewinnen, aber dieser Laden ist eine wahre Fundgrube für alte Saiteninstrumente. Hier präsentiert sich eine interessante Sammlung an antiken Violinen, Violas und Cellos, die zwischen dem 18. und 20. Jh. angefertigt wurden.

Auf demselben Grundstück zeigt die **Ikonengalerie** (Karte S. 362; ☎233 353 777; Pohořelec 9; ☺9–18 Uhr; 🚌22, 25) eine goldglänzende Sammlung russischer und osteuropäischer Ikonen sowie viele andere dekorative Kunstobjekte wie Uhren, Porzellan und Jugendstilglas..

Kleinseite (Malá Strana)

VON DER PRAGER BURG ZUR KARLSBRÜCKE | NÖRDLICHE KLEINSEITE | SÜDLICHE KLEINSEITE | LAURENZIBERG (PETŘÍN)

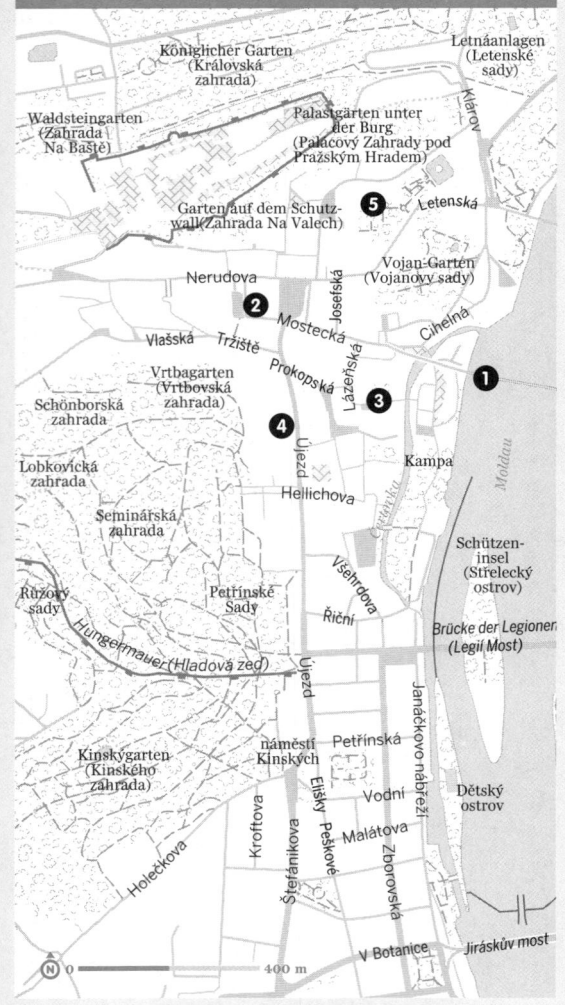

Highlights

❶ Menschenmassen drängen sich auf der 1,5 km langen **Karlsbrücke** (S. 84). Von Barockstatuen beobachtet wetteifern Straßenmusiker, Postkartenverkäufer, Karikaturenzeichner, Touristen und fantastische Panoramen um Aufmerksamkeit. Noch intensiver zeigt sich die Brücke zur romantischsten Tageszeit, dem Sonnenaufgang.

❷ Florale Fresken und die Gaukelei des *trompe l'oeuil* verwandeln die strebenden Bögen und Kuppeln der **St.-Nikolaus-Kirche** (S. 87) in ein Wunderland.

❸ Ein Besuch an der **John-Lennon-Gedächtnismauer** (S. 89), wo sich die einheimischen Jugendlichen im Geist der Rebellion versammelten, erinnert an die kommunistische Ära.

❹ Glaube und Leidenschaft spiegeln sich in den Kostümen, die zum Schmuck des **Museums des Prager Jesuleins** (S. 91) angefertigt wurden.

❺ Intensive Eindrücke vermitteln die dekorativen Spielereien im **Wallenstein-Garten** (Waldsteingarten) (S. 88).

Mehr Details siehe Karte S. 360 ➡

Die Kleinseite (Malá Strana) erkunden

Die barocke Kleinseite (Malá Strana) ist fast schon malerischer, als es ihr gut tut. Das Viertel erstreckt sich am Hang zwischen der Prager Burg und der Moldau. Mittelpunkt ist die Nerudagasse (Nerudova), die die Burg mit dem Kleinseitner Ring (Malostranské náměstí) verbindet – der Platz wiederum wird von der grünen, hoch aufragenden Kuppel von St. Nikolaus dominiert. Richtung Norden befindet sich ein Labyrinth aus Gassen, Gärten und Palais, in denen meistens Regierungsbüros und Botschaften untergebracht sind. Im Süden erstrecken sich weitere Parks und Gärten am Ufer der Moldau entlang, bevor sich die kommerzialisierteren Straßen von Smíchov anschließen.

Ist man erst einmal den belebten Straßen Nerudova und Mostecká, den wichtigsten Touristenrouten zwischen Prager Burg und Karlsbrücke, entflohen, gibt es viele Kopfsteinpflasterstraßen zu erkunden. Dort verstecken sich historische Gärten, altmodische und farbenfrohe Hausnummernschilder über den Türen und unzählige kleine Bars und Cafés, in denen sich locker auch mal ein verregneter Nachmittag verbringen lässt.

Tipps der Einheimischen

➡ **Beliebte Treffpunkte** So malerisch Malá Strana auch wirkt – für viele Prager ist der Stadtteil mit seinen Regierungsbüros, Botschaften und Konsulaten der Ort, an dem sie arbeiten. Die Einheimischen besuchen gerne den Vojan-Garten (S. 95) und den Kampa-Park (S. 90). Beide Grünoasen füllen sich an sonnigen Tagen in der Mittagspause mit unzähligen Müßiggängern. Nach der Arbeit wartet ein Drink im Kafíčko (S. 96) oder in der Mlýnská Kavárna (S. 94).

➡ **Laurenziberg (Petřín)** Ob Sommer oder Winter – der Petřín (S. 92) ist bei Einheimischen wie bei Touristen sehr beliebt. Heerscharen von begeisterten Kindern entern an den Wochenenden den Aussichtsturm auf dem Hügel (Prager Eiffelturm) und das Spiegelkabinett.

An- & Weiterreise

➡ **U-Bahn** Die U-Bahnstation Malostranská im nördlichen Malá Strana ist zu Fuß etwa fünf Minuten von den Malostranské náměstí entfernt.

➡ **Tram** Die Linien 12, 20 und 22 fahren die Újezd entlang und halten in Hellichová und Malostranské náměstí.

➡ **Zahnradbahn** Zwischen Malá Strana und dem Gipfel des Petřín verkehrt eine Zahnradbahn.

Top-Tipp

Die Karlsbrücke ist Opfer ihrer eigenen Popularität – viel zu oft ist Prags schönste Attraktion so überfüllt, dass man sich geradezu durch Menschenmassen drängen muss, um einen einzigen Blick auf die Aussicht zu erhaschen. Unser Tipp für ein intensives Brückenerlebnis: Wecker auf frühmorgens stellen und möglichst bei Sonnenaufgang dort sein (die genaue Zeit des Sonnenaufgangs ist im Internet unter http://time anddate.com zu erfahren). Nur zu dieser Zeit gelingt es, in absoluter Ruhe über die Brücke zu spazieren! Danach geht es zurück ins Hotel zum Frühstück.

Gut essen

➡ Café Lounge (S. 93)
➡ Lichfield (S. 93)
➡ Cukrkávalimonáda (S. 93)
➡ U Malé Velryby (S. 93)
➡ Café de Paris (S. 94)

Mehr Details siehe S. 93 ➡

Nett ausgehen

➡ Mlýnská Kavárna (S. 94)
➡ Klub Újezd (S. 94)
➡ Malostranská beseda (S. 96)
➡ U Malého Glena (S. 96)

Mehr Details siehe S. 94 ➡

MAURIZIO RELLINI/GRAND TOUR/GRAND TOUR / CORBIS ©

HIGHLIGHTS
KARLSBRÜCKE

Karlsbrücke

Jeder Pragbesucher möchte wenigstens einmal über die Karlsbrücke flanieren. Allerdings gleicht sie gegen neun Uhr morgens meist einem 500 m langen Jahrmarkt, auf dem Touristenheere unter den unbeteiligten Blicken der Barockstatuen auf der Brüstung zwischen Straßenhändlern und Straßenmusikern Spießruten laufen. Am angenehmsten ist es hier ganz frühmorgens oder spätabends. Bei all dem Rummel sollten Besucher aber nicht vergessen, einen Blick auf die Brücke selbst zu werfen, z. B. von den Brückentürmen aus, die ein großartiges Panorama bieten. Auch die Szenerie flussauf- und flussabwärts ist unvergesslich.

Geschichte

1357 beauftragte Karl IV. den Architekten des Veitsdoms, Peter Parler, die im 12. Jh. erbaute Judith-Brücke zu ersetzen, die ein Hochwasser 1342 fortgespült hatte. Der einzige noch erhaltene Bogen der Judith-Brücke ist bei der Bootstour durch Prags Venedig zu sehen.

Die neue Brücke wurde um 1390 vollendet. Karls Namen bekam sie allerdings erst im 19. Jh., davor hieß sie einfach Kamenný most (Steinbrücke). Obwohl es immer wieder Flutschäden gab, hielt die Karlsbrücke mehr als 500 Jahre lang den Verkehr auf vier Rädern aus – einer inzwischen widerlegten Legende zufolge, weil der Mörtel mit Eiern angereichert worden war. Seit Ende des Zweiten Weltkriegs dürfen aber nur noch Fußgänger die Brücke überqueren.

NICHT VERSÄUMEN

➡ Den Blick vom Altstädter Brückenturm
➡ Statue des hl. Johannes von Nepomuk
➡ Jazz-Straßenmusikanten

PRAKTISCH & KONKRET

➡ Karlův most
➡ Malostranské náměstí
➡ 🚋17, 18 bis Karlovy lázně

DIE STATUEN AUF DER KARLSBRÜCKE

Am Westende (Kleinseite) beginnend – die ungeraden Zahlen links, die geraden rechts – säumen die Skulpturen die Brücke in dieser Reihenfolge:

➡ **1 Hl. Kosmas & Damian** (1709) Wohltätige Arztbrüder aus dem 3. Jh.

➡ **2 Hl. Wenzel** (sv. Václav; 1858) Schutzheiliger Böhmens.

➡ **3 Hl. Vitus (Veit)** (sv. Víta; 1714) Schutzheiliger Prags.

➡ **4 Hll. Johannes von Matha & Félix von Valois** (1714) Die Franzosen gründeten im 12. Jh. den Trinitarierorden..

➡ **5 Hl. Philip Benizi** (sv. Benicius; 1714) Wundertäter und Heiler.

➡ **6 Hl. Adalbert** (sv. Vojtěch; 1709) Prags erster tschechischer Bischof wurde im 10. Jh. heilig gesprochen. Kopie.

➡ **7 Hl. Kajetan** (1709) Der Italiener gründete den Theatinerorden.

➡ **8 Die Vision der hl. Luitgard** (1710) Die Heilige kniet zu Füßen des gekreuzigten Jesu, der sie – einen Arm vom Kreuz gelöst – zu sich herzieht.

➡ **9 Hl. Augustinus** (1708) Nach seiner Bekehrung wurde er ein bedeutender Kirchenvater. Er gilt als Schutzpatron der Bierbrauer. Kopie.

➡ **10 Hl. Nikolaus Tolentinus** (1706) Schutzpatron der armen Seelen im Fegefeuer. Kopie.

➡ **11 Hl. Judas Thaddäus** (1708) Schutzheiliger der Verzweifelten.

➡ **12 Hl. Vinzenz Ferrer** (1712) Ein spanischer Priester des 14. Jhs., dargestellt mit **Prokop**, einem böhmischen Priester.

➡ **13 Hl. Anthony von Padua** (1707) Schüler von Franz von Assisi.

➡ **14 Hl. Franz Seraph** (1855) Schutzpatron der Armen und Verlassenen.

➡ **15 Hl. Johannes von Nepomuk** (1683) Schutzheiliger der Tschechen.

➡ **16 Hl. Wenzel als Knabe** (um 1730) Zusammen mit seiner Großmutter und Beschützerin, der **Hl. Ludmilla**, der Schutzheiligen Böhmens.

➡ **17 Hl. Wenzel** (1853), **hl. Sigismund** (Sohn Karls IV.) und **hl. Norbert**.

➡ **18 Hl. Franz von Borgia** (1710) Spanischer Priester des 16. Jhs.

➡ **19 Hl. Johannes der Täufer** (1857) Von Josef Max.

➡ **20 Hl. Christophorus** (1857) Schutzpatron der Reisenden.

➡ **21 Hll. Kyrill & Method** (1938) Die beiden Heiligen missionierten im 9. Jh. die Slawen und schufen das kyrillische Alphabet.

➡ **22 Hl. Franz Xaver** (1711) Der spanische Missionar des 16. Jhs. wird für seine Arbeit im fernen Osten verehrt. Kopie.

➡ **23 Hl. Anna** (1707) Die ist die Mutter der Jungfrau Maria.

➡ **24 St Joseph** (1854) Ehemann der Jungfrau Maria.

➡ **25 Kruzifix** (1657) 1696 machte sich ein Jude über das Kreuz lustig und bekam eine Geldstrafe aufgebrummt – damit wurde die Inschrift mit dem hebräischen Bittgebet „Heiliger, heiliger, heiliger Gott" bezahlt.

➡ **26 Pietà** (1859) Maria mit dem Leichnam Christi in den Armen.

➡ **27 Maria mit hl. Dominikus** (1709) Der Spanier gründete den Dominikanerorden; an seiner Seite ist der **hl. Thomas von Aquin**. Kopie.

➡ **28 Hll. Barbara, Margarete & Elisabeth** (1707) Barbara ist die Schutzheilige der Bergleute, Margarete ist Patronin werdender Mütter und Elisabeth von Thüringen eine Prinzessin, die ihrem süßen Leben abschwor und fortan den Armen diente.

➡ **29 Maria und hl. Bernhard** (1709) Er gründete im 12. Jh. den Zisterzienserorden. Kopie.

➡ **30 Hl. Ivo von Kermartin** (1711) Schutzpatron der Juristen und Waisen. Kopie.

BRADÁČ

Auf der Altstädter Seite der Karlsbrücke sollte man am Brückenanfang einmal über die Brüstung flussabwärts schauen. Rechts an der Ufermauer wird man einen Steinkopf entdecken, der allgemein Brádac (bärtiger Mann) genannt wird. Sobald das Wasser diese mittelalterliche Flutmarke erreichte, wussten die Prager, dass es Zeit für den Rückzug in höheres Gelände war. Am modernen Pegel ganz in der Nähe zeigt eine blaue Linie den Stand des Hochwassers von 2002 – 2 m über dem Steinkopf!

Banden von Taschendieben sind Tag und Nacht auf der Brücke im Einsatz; Geldbörse und Brieftasche sollte man stets an sicherer Stelle bei sich tragen.

FLUTSCHADEN

Die Brücke hat zwar schon über 600 Jahre durchgehalten, beim Hochwasser von 1890 wurde sie aber schwer beschädigt; damals brachen drei der Bögen unter dem Druck der Fluten zusammen. Im Karlsbrückenmuseum werden Fotos vom Schaden und den Reparaturarbeiten gezeigt.

Die Brückentürme

Der elegante, aus dem späten 14. Jh. stammende **Altstädter Brückenturm** (Staroměstská mostecká věž; Karte S. 364; www.prazskeveze.cz; Karlsbrücke; Erw./Kind 75/55 Kč; ☺April–Sept. 10–23 Uhr, März, Okt. bis 22 Uhr, Nov.–Feb. bis 20 Uhr; 🚊17, 18) am östlichen Ende der Karlsbrücke diente nicht nur Verteidigungszwecken, sondern auch als Triumphbogen am Eingang zur Altstadt. Ebenso wie die Brücke selbst wurde er von Peter Parler entworfen und mit zahlreichen symbolischen Details ausgestattet. Gegen Ende des Dreißigjährigen Krieges wurde die angreifende schwedische Armee hier von einem Trupp von Studenten und jüdischen Ghettobewohnern zurückgeschlagen.

Eine kleine Ausstellung und ein Video erläutern im 1. Stock sowohl die astronomische als auch die astrologische Symbolik der Karlsbrücke und des Turms. In der 2. Etage informieren eher langweilige Exponate über Karl IV. Der eigentliche Grund, den Eintritt zu bezahlen, ist jedoch der fantastische Ausblick von oben.

An der Malá Strana-Seite der Karlsbrücke stehen zwei Türme. Der niedrigere gehörte zur längst verschwundenen Judith-Brücke aus dem 12. Jh.; der höhere wurde Mitte des 15. Jhs. als Nachbildung des Staré-Město-Turms errichtet. Der erkennbar größere **Malá-Strana-Brückenturm** (Karte S. 360; Erw./Kind 50/30 Kč; ☺April–Nov. 10–18 Uhr) ist für Besucher zugänglich und beherbergt eine Ausstellung über die Alchemisten in der Regierungszeit Kaiaser Rudolfs II. Aber wie bei seinem Gegenstück in Staré Město ist die Hauptattraktion auch hier der Blick von ganz oben.

Die Statuen

Die erste Skulptur auf der Karlsbrücke war das Kruzifix nahe dem östlichen Brückenende; sie wurde 1657 aufgestellt. Die erste Figur, den hl. Johannes von Nepomuk, stifteten die Jesuiten. Als die Geistlichen dem Schutzpatron der Brücken 1683 ein Denkmal setzten, rief das auch andere katholische Orden auf den Plan. In den nächsten 30 Jahren entstand so etwas wie eine klerikale Werbefläche mit vielen weiteren Statuen. Mitte des 19. Jhs. kamen noch weitere Bildnisse hinzu – und noch eins im 20. Jh., außerdem Ersatzstücke nach Flutschäden.

Die meisten Statuen waren früher aus weichem Sandstein, weshalb heute teilweise Kopien die verwitterten Originale ersetzen. Manche der Originale haben in den Kasematten von Vyšehrad oder im Lapidárium von Holešovice eine neue, vor Wind und Wetter sichere Heimat gefunden.

HIGHLIGHTS KARLSBRÜCKE

Die berühmteste Figur stellt den **hl. Johannes von Nepomuk** dar. Der Legende auf dem Statuensockel zufolge ließ Wenzel IV. den Heiligen im Jahr 1393 in voller Rüstung von der Brücke werfen – als Beichtvater der Königin hatte er sich geweigert, deren Bekenntnisse preiszugeben (in Wahrheit lag die Ursache aber wohl im erbitterten Konflikt zwischen Kirche und Staat). Die Sterne seines Heiligenscheins sollen dem Leichnam angeblich den ganzen Fluss hinuntergefolgt sein.

Wer seine Hände an der Bronzeplatte reibt, kehrt nach traditionellem Glauben eines Tages nach Prag zurück. Ein Bronzekreuz in der Brüstung zwischen den Statuen 17 und 19 markiert die Stelle, an der der hl. Johannes über die Brüstung geworfen wurde.

 SEHENSWERTES

Von der Prager Burg zur Karlsbrücke

KARLSBRÜCKE BRÜCKE

Siehe S. 84.

NERUDOVA STRASSE

Karte S. 360 (🚋12, 20, 22) Wer von der Burg aus den Touristen bergab über die Ke Hradu folgt, trifft auf die Nerudagasse (Nerudova), die architektonisch bedeutsamste Straße der Kleinseite. Sie ist nach dem Dichter Jan Neruda benannt. Der Verfasser der *Kleinseitner Geschichten* wohnte von 1845 bis 1857 im Haus **Zu den zwei Sonnen** (dům U dvou slunců; Karte S. 360; Nerudagasse 47).

KLEINSEITE (MALÁ STRANA) SEHENSWERTES

HIGHLIGHTS
KIRCHE ST. NIKOLAUS

Ein Wahrzeichen der Kleinseite ist die gigantische grüne Kuppel von St. Niklas. Die Kirche ist eines der herrlichsten Barockgebäude Mitteleuropas. Begonnen haben den Bau die berühmten deutschen Barockarchitekten Christoph und Kilian Dientzenhofer; Anselmo Lurago vollendete das Werk schließlich 1755.

Die Apotheose des hl. Nikolaus an der Decke stammt von 1770 – das Fresko von Johann Lukas Kracker ist eines der größten seiner Art in Europa. Der Künstler hat die raffinierte Technik des Trompe l'oeil eingesetzt, die es ermöglicht, Gemälde fast nahtlos in die Architektur übergehen zu lassen. In der ersten Kapelle links ist ein Wandgemälde von Karel Škréta zu sehen: Es zeigt u. a. den Aufseher der Kirche, der dem Künstler bei der Arbeit auf die Finger geschaut hat. Er blickt in der oberen Ecke aus einem Fenster.

Mozart höchstpersönlich betätigte 1787 die Tasten der Orgel mit ihren 2500 Pfeifen. Ihm zu Ehren fand hier am 14. Dezember 1791 eine Totenmesse statt. Wer die Stufen hinauf zur Galerie will, bekommt Škrétas düsteren Passionszyklus aus dem 17. Jh. zu Gesicht – und auch die Kratzspuren, mit denen sich gelangweilte Touristen der 1820er-Jahre verewigt haben.

Durch einen separaten Eingang an der Ecke Malostranské náměstí und Mostecká gelangt man auf den **Glockenturm** (Karte S. 360; Erw./Kind 70/50 Kč; ⏱April bis Sept. 10–22 Uhr, März & Okt. bis 20 Uhr, Nov.–Feb. bis 18 Uhr) der Kirche hinauf. Während des Kalten Krieges diente der Turm auch dazu, die nahe gelegene Amerikanische Botschaft im Auge zu behalten; das gusseiserne Urinal, an dem man auf dem Weg nach oben vorbeikommt, war extra für die Bedürfnisse der „Spione" angebracht worden.

NICHT VERSÄUMEN

➡ Deckenfresken
➡ Orgel mit 2500 Pfeifen
➡ Galerie
➡ Glockenturm

PRAKTISCH & KONKRET

➡ Kostel sv Mikuláše
➡ Karte S. 360
➡ ☎257 534 215
➡ Malostranské náměstí 38
➡ Erw./Kind 70/35 Kč
➡ ⏱März–Okt. 9–17 Uhr, Nov.–Feb. bis 16 Uhr
➡ 🚋12, 20, 22

Der Name des Hauses **Zum goldenen Hufeisen** (dům U zlaté podkovy; Karte S. 360; Nerudagasse 34) stammt von dem Relief des hl. Wenzels über dem Eingang – angeblich war sein Pferd mit Gold beschlagen. Im **Palais Bretfeld** (Karte S. 360; Nerudagasse 33) gab Josef von Bretfeld ab 1765 regelmäßig Gesellschaften, unter den illustren Gästen waren u. a. Mozart und Casanova. Die Barockkirche **St. Maria von der Immerwährenden Hilfe** (kostel Panny Marie ustavičné pomoci; Karte S. 360; Nerudagasse 24) diente von 1834 bis 1837 als Theater. Während der Nationalen Wiedergeburt der Tschechen wurden hier tschechische Stücke aufgeführt.

Die meisten Häuser tragen ein Hauszeichen. Das Haus **Zum hl. Johannes von Nepomuk** (Karte S. 360; Nerudagasse 18) von 1566 wird vom Abbild des tschechischen Schutzheiligen geziert. Das ursprünglich gotische Haus **Zu den drei Geigen** (dům U tří houslíček; Karte S. 360; Nerudagasse 12) wurde im 17. Jh. im Stil der Renaissance umgebaut und gehörte früher einer Familie von Geigenbauern.

GRATIS **MUSEUM MONTANELLI**   GALERIE
Karte S. 360 (☎257 531 220; www.muzeum montanelli.com; Nerudova 13; ◷Di–Sa 12–18, So 12–16 Uhr; ◫12, 20, 22) Touristen, vom reizvollen Café angelockt, zieht es genauso in diese kleine private Galerie wie die Kenner tschechischer Kunst. Die Galerie hat sich rasch durchgesetzt und gilt mittlerweile als richtungsweisend, was zeitgenössische Prager Kunst, aber auch begabte junge Künstler aus Mittel- und Osteuropa angeht. Auf Ausstellungen werden aber auch die Arbeiten international renommierter Meister vorgestellt.

KLEINSEITNER RING (MALOSTRANSKÉ NÁMĚSTÍ)   PLATZ
Karte S. 360 (◫12, 20, 22) Der Hauptplatz der Malá Strana, der Kleinseitner Ring (Malostranské náměstí), ist durch die Kirche St. Niklas in eine obere und eine untere Hälfte geteilt. Die Kirche ist der auffälligste Orientierungspunkt in der Gegend. Seit dem 10. Jh. ist er der Lebensmittelpunkt des Bezirks – leider ist ein Teil seines Charakters verlorengegangen, als zu Beginn des 20. Jhs. die Karmelitská verbreitert wurde. Dieser Effekt wurde durch die Eröffnung der ersten Starbucks-Filiale im Jahr 2008 noch verstärkt.

Heute säumt eine Mischmasch aus Verwaltungsgebäuden und touristisch angehauchten Restaurants den Platz. Nach wie vor führen die Straßenbahngleise führen mitten durch die untere Hälfte. Ein Nachtclub mit Bar, das Malostranská beseda (S. 96), nimmt heute das ehemalige Rathaus (Nr. 21) in Beschlag. Im Jahr 1575 verfassten protestantische Adlige hier die sogenannte *České Konfese* (Böhmische Konfession): Der bahnbrechende Vorstoß für religiöse Toleranz war an den Kaiser Maximilian II. adressiert und floss im Jahr 1609 unter dessen Nachfolger Rudolf II. in die tschechischen Gesetze ein. Am 22. Mai 1618 versammelten sich tschechische Edelleute im **Palais Smiřický** (Karte S. 360; Malostranské náměstí 18) und heckten einen Aufstand gegen die Habsburger aus. Am nächsten Tag warfen sie zwei der österreichischen Statthalter aus einem Fenster der Prager Burg – der zweite Prager Fenstersturz löste in der Folge den Dreißigjährigen Krieg aus.

◉ Nördliche Kleinseite

PALASTGÄRTEN UNTER DER PRAGER BURG   PARK
Karte S. 362 (Palácové zahrady pod Pražským hradem; ☎257 010 401; www.palacove-zahrady. cz; Valdštejnská 12-14; Erw./Kind 80/50 Kč; ◷Juni & Juli 10–21 Uhr, Aug. 9–20 Uhr, Mai & Sept.9–19 Uhr, April & Okt. 9–18 Uhr; ◫12, 20, 22) Die herrlichen terrassierten Gärten erstrecken sich über den steilen Südhang des Burgbergs. Sie wurden im 17. und 18. Jh. für die Besitzer der angrenzenden Palais angelegt. In den 1990er-Jahren war schließlich Zeit für eine Restaurierung. Zur Anlage gehören u. a. eine Renaissanceloggia mit Pompeji-Fresken und ein Barockportal mit einer Sonnenuhr: Sie arbeitet auf verblüffende Weise mit den Strahlen, die das Wasser des vor ihr stehenden Tritonspringbrunnens reflektieren.

Es gibt zwei Eingänge an der Valdštejnská: einen in der Nähe des Palffy Palace Restaurants und einen am oberen Ende des Hangs, im Wallgarten der Prager Burg.

GRATIS **WALDSTEIN-GARTEN**   Gärten
Karte S. 360 (Valdštejnská zahrada; Letenská 10; ◷März–Okt. Mo–Fr 7.30–18, Sa & So 10 bis 18 Uhr; Ⓜ Malostranská) Der riesige, ummauerte Garten bildet eine Oase der Ruhe inmitten des Trubels der Kleinseite. Highlight ist die gigantische **Loggia**, die

HIGHLIGHTS
JOHN-LENNON-GEDÄCHTNISMAUER

Der am 8. Dezember 1980 ermordete Ex-Beatle John Lennon war auch für viele junge Tschechen eine Ikone des Friedens. Gegenüber der französischen Botschaft findet sich ein ruhig gelegener Platz mit einer Mauer, auf der ein **Porträt von Lennon** entstanden ist, umgeben von politischen Parolen und Beatles-Texten (eine Nische auf der Mauer ähnelt einem Grabstein).

Die Geheimpolizei hat zwar immer wieder versucht, die Andenken an Lennon zu übertünchen – lange blieb die Mauer aber nie sauber. Stattdessen wurde sie zu einem politischen Wallfahrts- und Protestort der Prager Jugend: Schließlich war unter den Kommunisten ein Großteil der westlichen Popmusik verboten und ein paar tschechische Musiker mussten sogar ins Gefängnis.

Nach 1989 verwitterten die politischen Botschaften zusehends oder wurden von den üblichen Graffitis übermalt, bis von John Lennon nur noch die Augen übrig waren. Doch nun begannen vor allem Touristen damit, Botschaften an die Mauer zu kritzeln. Die Mauer ist Eigentum des Malteserordens, der sie mehrmals frisch streichen ließ. Sie füllt sich jedoch schnell wieder mit Bildern von Lennon, Friedensbotschaften und nichtssagenden Touristenschmierereien. In den letzten Jahren haben sich die Besitzer wohl dem Unvermeidbaren gebeugt und von dem Gedanken verabschiedet, eine einfarbige saubere Wand zu haben.

NICHT VERSÄUMEN

➡ Wo versteckt sich das Bild John Lennons unter den Millionen von Graffitis?

PRAKTISCH & KONKRET

➡ Karte S. 360
➡ Velkopřevorské náměstí
➡ 🚋12, 20, 22

---

mit Szenen aus dem Trojanischen Krieg ausgestaltet ist. Auf der einen Seite befindet sich eine Voliere mit Uhus und eine riesige, nachgebildete **Tropfsteinhöhle** voller verborgener Tiere und verschiedener grotesker Gesichter.

Die **Bronzestatuen** griechischer Götter, welche die Prachtstraße gegenüber der Loggia säumen, sind nur Imitate. Die Originale haben sich im Jahr 1648 plündernde Schweden unter den Nagel gerissen; sie zieren heute Schloss Drottningholm in der Nähe von Stockholm. Am Ostende des Gartens liegt ein malerischer **Teich**, in dem einige Monsterkarpfen leben. Zudem befindet sich hier die **Waldstein-Reitschule** (Valdštejnská jízdárna; Karte S. 360; ☎257 073 136; www.ngprague.cz; Valdštejnská 3; Erw./Kind 150/70 Kč; ☺Di–So 10–18 Uhr) mit wechselnden Ausstellungen moderner Kunst. Zugang zum Garten hat man über die Eingänge an der Letenská (neben der Metrostation Malostranská) oder über das Palais Waldstein.

GRATIS **PALAIS WALDSTEIN**   PALAST

Karte S. 360 (Valdštejnský palác; ☎257 071 111; Valdštejnské náměstí 4; ☺ April–Okt. Sa & So 10 bis 17 Uhr, Nov.–März Sa & So 10–16 Uhr; 🚋12, 20, 22) Knapp 150 m nordöstlich des Kleinseitner Rings liegt der kleinere Waldsteinplatz (Valdštejnské náměstí). Dominierendes Gebäude ist das monumentale Palais Waldstein aus dem Jahr 1630. Der Bauherr war kein Geringerer als **Albrecht von Waldstein (Wallenstein)**, der berühmte Generalissimus der Habsburger Armee. Finanziert wurde der Bau mit den eingezogenen Besitztümern protestantischer Adliger, die sich in der Schlacht am Weißen Berg (Bílá Hora) 1620 geschlagen geben mussten. Das Palais ist heute Sitz des Tschechischen Senats, ein paar Räume im Innern können aber am Wochenende besichtigt werden. Das Deckenfresko im **Barocksaal** zeigt Wallenstein als Krieger an den Zügeln einer Kutsche. Die Decke des ungewöhnlich ovalen **Audienzsaals** ziert ein Fresko von Vulkan bei der Arbeit an seiner Schmiede.

FRANZ-KAFKA-MUSEUM MUSEUM

Karte S. 360 (Muzeum Franzy Kafky; ☑257 535 373; www.kafkamuseum.cz; Cihelná 2b; Erw./ Kind 180/120 Kč; ☺April–Okt. 10–18 Uhr, Nov.– März Mo–Do 10–17, Fr–So 10–18 Uhr; 🚋12, 20, 22) Die vielgelobte Ausstellung beschäftigt sich seit 2005 mit dem Leben und Werk des wohl berühmtesten Prager Schriftstellers. Unter dem Motto „City of K" beleuchtet sie die intime Beziehung zwischen Kafka und der Stadt, die seine Persönlichkeit formte. Originalbriefe, Fotos und Zitate sind zu sehen, zudem Zeitungen und Publikationen aus Kafkas Lebzeiten. Video- und Soundinstallationen runden den modernen Touch des Museums ab.

Entsteht so also ein lebendiges Porträt von der einengenden Bürokratie, der beängstigenden Atmosphäre einer grüblerischen Paranoia, die so typisch für Kafkas Welt waren? Oder hortet das Museum nur einen Haufen pompösen Krimskrams? Das muss jeder selber beurteilen.

PROUDY (SKULPTUR VON DAVID ČERNÝ) KUNST

Karte S. 360 (Ströme; Hergetova Cihelná; M Malostranská) Ungläubige Rufe, Gelächter und erhobene Kameras sind die Reaktion auf David Černýs *Proudy* (Streams; 2004). Die provokante bewegliche Skulptur stellt zwei Typen dar, die in eine Pfütze mit den Umrissen der Tschechischen Republik urinieren. Die durch Microchips gesteuerten Herren schreiben mit ihrer „Pisse" berühmte Zitate aus der tschechischen Literatur.

KGB-MUSEUM MUSEUM

Karte S. 360 (☑272 048 047; Vlašska 13; Eintritt 180 Kč; ☺9–20 Uhr; 🚋12, 20, 22) Ein enthusiastischer russischer Sammler von KGB-Erinnerungsstücken hat dieses kleine Museum eingerichtet und führt persönlich durch die Schatzhöhle voller Original-Spionagekameras, getarnter Pistolen, Waffen (darunter eine echte Garotte, die als „Stalinschal" bezeichnet wurde) und angsteinflößender, elektrischer Verhörutensilien oder besser Folterinstrumenten. Außerdem sind einige Fotos aus dem Prag des Jahres 1968 zu sehen, die ein KGB-Offizier aufgenommen hat. Gewöhnliche Menschen sind in den Straßenszenen nicht vertreten.

MALTESERPLATZ PLATZ

Karte S. 360 (Maltézské náměstí; 🚋12, 20, 22, 23 nach Malostranské náměstí) Die Zeugnisse der Malteser-Ritter in Malá Strana reichen zurück bis ins Jahr 1169. Damals gründete der Militärorden auf diesem Platz ein Kloster, das der Kirche Maria unter der Kette angeschlossen war. Unter kommunistischer Herrschaft wurde der Orden enteignet. Mit den nach 1989 verabschiedeten Restitutionsgesetzen erhielten die Ritter einen Großteil ihrer Besitzungen zurück, darunter auch die Lennon-Mauer.

◉ Südliche Kleinseite

KAMPA PARK

Karte S. 360 (🚋12, 20, 22) Čertovka, der Teufelsbach, bildet mit der „Insel" Kampa den friedlichsten und malerischsten Winkel von Malá Strana. Auf dem ursprünglichen Ackerland – Kampa leitet sich vom lateinischen *campus*, Feld, ab – wurde im 13. Jh. Prags erste Mühle, **Sovovský mlýn**, erbaut, die heute das Kampa-Museum beherbergt; weitere Mühlen folgten.

Der nördliche Teil der Insel wurde im 16. Jh. besiedelt. Zuvor hatte man das Gelände aufgeschüttet, um es vor Überschwemmungen zu schützen. Als 1939 der Fluss so wenig Wasser führte, dass die Insel mit dem Festland verbunden war, fand man im trockengefallenen Kanal Schmuck und Münzen! Die Häuser drängen sich um den hübschen, kleinen **Na Kampě**-Platz, an dessen Nordseite an einer Mauer, etwa in Taillenhöhe links der kleinen Galerie unterhalb der Treppen zur Karlsbrücke, eine **Gedenktafel** zu erkennen ist. Die Inschrift lautet *Výska vody 4.žáří 1890* (Wasserhöhe, 4 September 1890) und markiert die Höhe der Flut von 1890. Direkt darüber und etwa in Kopfhöhe sind die Markierungen der Flut von 2002 zu sehen.

Die Stelle, an der die Čertovka unter der Karlsbrücke hindurchfließt, wird häufig **Prags Venedig** genannt. Fast immer drängen sich in der Durchfahrtsrinne kleine Ausflugsboote.

KAMPA-MUSEUM GALERIE

Karte S. 360 (Muzeum Kampa; ☑257 286 147; www.museumkampa.cz; U Sovových Mlýnů 2; Erw./erm. 220/110 Kč; ☺10–18 Uhr; 🚋12, 20, 22) Die Galerie ist in einer renovierten alten Mühle untergebracht. Sie widmet sich zeitgenössischer mitteleuropäischer Kunst aus dem 20. und 21. Jh. Zu den Höhepunkten der Dauerausstellung zählen die umfangreichen Bronzesammlungen des kubistischen Bildhauers Otto Gutfreund und Gemälde von František Kupka, einem Pionier auf dem Gebiet der abstrakten Kunst.

Das vielleicht beeindruckendste Werk ist Kupkas *Kathedrale* – scheinbar gefaltete Diagonalen von Rot und Blau deuten einen Vorhang an, hinter dem ein Streifen Dunkelheit hervorblitzt. Im Außenbereich des Museums kann man sich eines der berühmten Babys von David Černý aus der Nähe ansehen (genau, die Babys vom Fernsehturm in Žižkov).

TSCHECHISCHES MUSIKMUSEUM MUSEUM
Karte S. 360 (České muzeum hudby; 257 257 777; www.nm.cz; Karmelitská 2/4; Erw./erm. 120/60 Kč; Mo 13–18, Mi 10–20, Fr 9–18, Do, Sa & So 10–18 Uhr; 12, 20, 22) Das Barockkloster aus dem 17. Jh. gruppiert sich um einen eindrucksvollen Innenhof. Die ständige Ausstellung steht unter dem Motto „Mensch–Instrument–Musik" und erforscht die Beziehung zwischen Menschen und Musikinstrumenten im Lauf der Jahrhunderte. Die Sammlung von Violinen, Gitarren, Lauten, Trompeten, Flöten und Harmonikas ist einzigartig.

Zu den Höhepunkten zählt ein Flügel, auf dem 1787 Mozart spielte, und Holzblasinstrumente der Hofkapelle von Rožmberk aus dem 16. Jh. Tonaufnahmen der ausgestellten Instrumente machen die Ausstellung lebendig.

VRTBOV-GARTEN PARK
Karte S. 360 (Vrtbovská zahrada; 257 531 480; www.vrtbovska.cz; Karmelitská 25; Erw./erm. 60/50 Kč; April–Okt. 10–18 Uhr; 12, 20, 22) Der „geheime Garten" versteckt sich hinter den Fassaden der Tržiště und Karmelitská. Er wurde 1720 für den Grafen Vrtba, einem Altkanzler der Prager Burg, angelegt. Der elegante Barockgarten erstreckt sich auf einer steilen Hügelflanke hinauf zu einer Terrasse. Einige Barockstatuen von Matthias Bernhard Braun schmücken die Anlage – unter den Figuren der römischen Mythologie findet man auch Vulkan, Diana und Mars.

In dem winzigen Studio unterhalb der Terrasse (auf der rechten Seite) arbeitete der tschechische Maler Mikuláš Aleš. Von der kleinen Aussichtplattform darüber hat

KLEINSEITE (MALÁ STRANA) SEHENSWERTES

HIGHLIGHTS
MUSEUM DES PRAGER JESUSKINDES

Im Mittelalter der **Kirche St. Maria de Victoria** (kostel Panny Marie Vítězné) von 1613 befindet sich ein 47 cm großes Christuskind. Die in Spanien gefertigte Wachsfigur kam 1628 in die böhmische Hauptstadt. Das **Prager Jesuskind** (Pražské jezulátko) hat Prag angeblich vor der Pest und vor den Schrecken des Dreißigjährigen Krieges bewahrt. Regelmäßig machen ihm Scharen von Pilgern (vor allem aus Italien, Spanien und Lateinamerika) ihre Aufwartung – dies liegt nicht zuletzt an dem deutschen Prior E. S. Stephano, der im 18. Jh. die vollbrachten Wunder niederschrieb und damit den Grundstein zu einem weltweiten Kult gelegt hatte. Die Figur trägt traditionell prächtige Gewänder – im Lauf der Zeit haben diverse Wohltäter aufwendig bestickte Trachten gespendet. Heute hängen im Kleiderschrank des Jesulein über 70 Kostüme aus aller Herren Länder – abgestimmt auf den Kirchenkalender wird regelmäßig die Kleidung gewechselt.

Das **Museum** im hinteren Teil der Kirche zeigt mehrere der Kostüme, die der Figur schon übergezogen wurden. Unzählige Läden rund um die Kirche verkaufen Nachbildungen des Jesuskinds. Irgendwie kommen einem da unwillkürlich die Ziele der Reformation in den Sinn. Jan Hus jedenfalls würde sich im Grab umdrehen ...

NICHT VERSÄUMEN

➡ Wachsfigur des Prager Jesuskindes
➡ Kleidung des Prager Jesuskindes

PRAKTISCH & KONKRET

➡ Muzeum Pražského Jezulátka
➡ Karte S. 360
➡ 257 533 646
➡ www.pragjesu.info
➡ Karmelitská 9
➡ Kirche Mo–Sa 8.30–19, So 20 Uhr; Museum Mo–Sa 9.30 bis 17.30, So 13–18 Uhr, 1. Jan., 25. & 26. Dez. & Ostermo. geschl.
➡ 12, 20, 22

man einen tollen Blick auf die Prager Burg und die Kleinseite.

QUO VADIS (SKULPTUR VON DAVID ČERNÝ) DENKMAL

Karte S. 360 (Wohin gehst du; Vlašská 19; 🚌12, 20, 22) David Černýs goldener Trabant auf vier Beinen ist kein Denkmal im eigentlichen Sinne, sondern eine Verbeugung des Künstlers vor den 4000 DDR-Bürgern, die 1989 den Garten der westdeutschen Botschaft besetzten. Sie bekamen politisches Asyl und ließen ihre Trabants stehen. Heute freut sich die deutsche Botschaft über die Neugierigen, die einen Blick durch den Zaun auf die Skulptur werfen.

Die Stelle ist leicht zu finden: der Vlašská bergauf folgen, links auf einen Spielplatz einbiegen und dann erneut links.

GRATIS KINDERINSEL PARK

Karte S. 360 (Dětský ostrov; Zugang von Nábřeží; ☺24 Std.; 🚋; Ⓜ Anděl) Prags kleinste Insel ist ein grünes Refugium abseits vom Trubel der Stadt. Schaukeln, Rutschen, Klettergestelle und Sandkästen lassen beim Nachwuchs keine Langeweile aufkommen. Ältere Kids toben sich an einem Schwingseil, in einer Halfpipe, auf einem Minifußballplatz und einem Basketballfeld aus. Jede Menge Platz für alles Mögliche gibt es auch noch. Und viele Bänke versprechen Erholung für müde Elternbeine. Am südlichen Inselende finden sich auch eine anständige Bar und ein Restaurant.

⊙ Laurenziberg (Petřín)

Der 319 m hohe Hügel ist eine von Prags ausgedehntesten Grünflächen. Er eignet sich hervorragend für ruhige Spaziergänge im Schatten der Bäume und offenbart dabei atemberaubende Ausblicke auf die „Stadt der 100 Türme". Einst gab es hier Weinberge und einen Steinbruch, der das Baumaterial für die meisten romanischen und gotischen Gebäude Prags lieferte.

Der Laurenziberg ist vom Kloster Strahov aus leicht zu Fuß zu erreichen. Alternativ wählt man die **Standseilbahn** (lanová draha) von der Újezd bis zum Gipfel. Diese hält übrigens auch nach zwei Dritteln des Weges beim Restaurant Nebozízek.

Im friedlichen **Kinskýgarten** (Kinského zahrada) an der Südseite des Laurenzibergs steht die im 18. Jh. aus Holz erbaute **Kirche St. Michael** (kostel sv. Michala).

Wer für dieses Bauwerk einen russischen Ursprungs vermutet, hat Recht: Es wurde Stück für Stück vom ukrainischen Dorf Medveďov hierher versetzt. In Böhmen ist dieser Kirchentyp anders als in der Ukraine oder der nordöstlichen Slowakei selten.

PRAGER EIFFELTURM AUSSICHTSPUNKT

Karte S. 360 (Petřínská rozhledna; ☎257 320 112; Erw./Kind 105/55 Kč; ☺April–Sept. 10–22 Uhr, März & Okt. 10–20 Uhr, Nov.–Feb. 10–18 Uhr; 🚋Standseilbahn) Auf dem Gipfel des Laurenzibergs steht eine 62 m hohe Nachbildung des Eiffelturms, die 1891 für die Prager Industrieausstellung errichtet wurde. 299 Stufen führen auf die oberste Aussichtsplattform und zu einem der herrlichsten Ausblicke Prags. An klaren Tagen kann man bis zu den Wäldern Mittelböhmens im Südwesten blicken (für behinderte Besucher gibt es auch einen Lift).

Auf dem Weg zum Turm kommt man an der **Hungermauer** (Hladová zeď) vorbei, die von der Újezd bis zum Kloster Strahov verläuft. Die Festungsanlage wurde im Jahr 1362 unter Karl IV. errichtet; den Namen verdankt sie der Tatsache, dass sie von Bedürftigen der Stadt gebaut wurde, die im Gegenzug Lebensmittel bekamen – eine frühe Arbeitsbeschaffungsmaßnahme.

STANDSEILBAHN ZUM LAURENZIBERG ZAHNRADBAHN

Karte S. 360 (Lanová draha na Petřín; ☎800 19 18 17; www.dpp.cz; Újezd; Erw./Kind 24/12 Kč; ☺April–Okt. 9–23.30 Uhr, Nov.–März 9–23.20 Uhr; 🚌12, 20, 22) Prags kleine Standseilbahn wurde 1891 in Betrieb genommen. Heute kommen auf den Schienen moderne Wagen zum Einsatz, die die 510 m zwischen Tal- und Bergstation zurücklegen und den Touristen den schweißtreibenden Weg auf den Laurenziberg ersparen. Die Bahn fährt alle zehn Minuten (Nov.–März alle 15 Min.) von der Újezd zum Prager Eiffelturm, ein Zwischenstopp wird am Restaurant Nebozízek eingelegt. Einfache Tickets für Straßenbahn und Metro gelten auch für die Standseilbahn.

SPIEGELLABYRINTH HISTORISCHER BAU

Karte S. 360 (Zrcadlové bludiště; Erw./Kind 75/55 Kč; ☺ April–Sept. 10–22 Uhr, März & Okt. 10–20 Uhr, Nov.–Feb. 10–18 Uhr; 🚋Standseilbahn) Das Spiegellabyrinth unterhalb des Aussichtsturms wurde auch für die Prager Jubiläumsausstellung 1891 errichtet. Neben dem Labyrinth, das regelmäßig für Lacher sorgt, gibt es noch das Diorama, das die Schlacht von 1648 zwischen Pragern und Schweden auf der Karlsbrücke nachstellt.

Gleich gegenüber steht die **Kirche St. Laurentius** (kostel sv. Vavřince). Erwähnenswert ist hier das Deckenfresko, das die Legende um die Gründung der St.-Adalbert-Kirche an der Stelle einer heidnischen Kultstätte im Jahr 991 darstellt. Der Berg verdankt der Kirche übrigens auch seinen deutschen Namen.

MUSAION
MUSEUM

Karte S. 360 (Památník obětem komunismu; cnr Újezd & Vítězná; 🚋6, 9, 12, 20, 22) Dieses renovierte Sommerpalais beherbergt die ethnografische Sammlung des Nationalmuseums mit Ausstellungen über traditionelle tschechische Volkskultur und -kunst, u. a. zu den Themen Musik, Textilien, Ackerbau und Handwerkskunst. Bei regelmäßigen Folklorekonzerten und Workshops werden traditionelle Handwerke wie die des Hufschmieds und Holzschnitzers vorgeführt. In den Sommermonaten steht ein Gartencafé zum Verweilen zur Verfügung.

DENKMAL FÜR DIE OPFER DES KOMMUNISMUS
DENKMAL

Karte S. 360 (Památník obětem komunismu; cnr Újezd & Vítězná; 🚋6, 9, 12, 20, 22) Das eindrucksvolle Mahnmal besteht aus mehreren menschlichen Figuren (nur Männer, was schon für Diskussionen gesorgt hat), die eine Treppe hinabsteigen und sich in unterschiedlichen Stadien der Zerstörung und Zersetzung befinden. Vorn erinnert eine bronzene Inschrift an die furchtbaren Opfer der kommunistischen Zeit: 205 486 Inhaftierte, 170 938 Menschen, die ins Exil getrieben wurden; 248 Hinrichtungen; 4500 Tote in den Gefängnissen; 327 Menschen wurden beim Versuch der Grenzübertretung erschossen.

✕ ESSEN

Wer sich auf der Kleinseite nach Essgelegenheiten umsieht, wird schier erschlagen vom umfangreichen Angebot. Die Touristenmassen bekommen Ver-stärkung von hungrigen Büroangestellten aus den vielen Botschaften und Regierungsstellen im Viertel. Diese betuchte Klientel sorgt dafür, dass hier auch viele bessere Lokale anzutreffen sind, die eine breite Auswahl an Landesküchen anbieten. Viele der besten Restaurants nutzen die Lage am Fluss oder bieten vom Hang aus einen guten Blick über die Stadt.

CAFÉ LOUNGE
CAFÉ €

Karte S. 360 (📞257 404 020; www.cafe-lounge. cz; Plaská 8; Hauptgerichte 100–300 Kč; ⏱Mo-Fr 7.30–22, Sa 9–1, So 9–17 Uhr; 📶; 🚋6, 9, 12, 20, 22) Das gemütliche, freundliche Café Lounge mit Jugendstil-Atmosphäre serviert hervorragenden Kaffee, exzellente Kuchen und Wein von einer umfangreichen Weinkarte. Auf der Speisekarte stehen knackige Salate und leckere Vollkornsandwiches; mittags und abends ergänzen Gerichte wie Hirschgulasch oder gebratener Zander mit Kümmel das Angebot. Auch das Frühstück, das wochentags bis 11 und an Wochenenden bis 12 Uhr serviert wird, ist empfehlenswert.

LICHFIELD
INTERNATIONAL €€

Karte S. 360 (📞266 112 284; www.the augustine.com; Letenská 12; Hauptgerichte 270–460 Kč; ⏱11–23 Uhr; 📶; 🚋12, 20, 22) Das im Hotel Augustine versteckte, elegant-entspannte Restaurant ist es durchaus wert, nach ihm zu suchen und dort einzukaufen. Benannt ist es nach dem Society-Fotografen Lord Lichfield, dessen Porträts berühmter Persönlichkeiten die Wände schmücken. Die Speisekarte listet eine große Spannweite von Gerichten auf, die von bodenständigen, im restauranteigenen St. Thomas-Bier geschmorten Ochsenbäckchen bis hin zu edlem gegrillten Hummer, frischen Austern und Kaviar reicht.

CUKRKÁVALIMONÁDA
INTERNATIONAL €

Karte S. 360 (📞257 225 396; www.cukrkava limonada.com; Lázeňská 7; Hauptgerichte 100–180 Kč; ⏱9–19 Uhr; 🚋12, 20, 22) Das hübsche, kleine Café mit Restaurant kombiniert minimalistisch-moderne Einrichtung mit in der Renaissance bemalten Deckenbalken. Hier gibt es tagsüber frische, hausgemachte Pasta, Frittatas, Ciabattas, Salate und süße wie pikante Pfannkuchen. Am frühen Abend werden etwas anspruchsvollere Bistrogerichte angeboten. Die gute Frühstückskarte listet Ham and Eggs, Croissants, Joghurt und eine anbetungswürdige heiße Schokolade auf.

Übrigens bedeutet der Name „Zucker, Kaffee, Limonade" – im Tschechischen so viel wie „ene mene muh".

U MALÉ VELRYBY MEERESFRÜCHTE €€

Karte S. 360 (☎257 214 703; www.umalevelryby.cz; Maltézské náměstí 15; Hauptgerichte 300–400 Kč; ⌚mittags–15 & 18–23 Uhr; 🚋12, 20, 22) „Der kleine Wal" ist mit nur acht Tischen wirklich winzig. Besitzer und Chef Jason aus dem irischen Cork lässt sich die frischen Meeresfrüchte täglich von französischen Märkten einfliegen. Er serviert eine ebenso köstliche wie sättigende Fischsuppe, eine hauchzarte, mit Honig glasierte Lammkeule mit Zitrone und Thymian sowie Tapas, die unbedingt nach mehr schmecken. Eine Top-Qualität ist allerdings nur garantiert, wenn Jason persönlich am Herd steht.

CAFÉ DE PARIS FRANZÖSISCH €€

Karte S. 360 (☎603 160 718; www.cafedeparis.cz; Maltézské náměstí 4; Hauptgerichte 230–290 Kč; ⌚12–24 Uhr; 🚋12, 20, 22) Das Café de Paris ist ein Stückchen Frankreich an einem ruhigen Platz. Es ist klein und einfach, das gilt auch für die Speisekarte. Sie bietet nur eine geringe Auswahl, etwa Zwiebelsuppe und Gänseleberterrine als Vorspeise und als Hauptspeise ein Entrecôtesteak mit Pommes, Salat und einer Auswahl an Soßen (besonders stolz ist man auf die Café-de-Paris-Soße, die nach einem 75 Jahre alten Rezept aus 35 Zutaten gemacht wird und wirklich gut ist).

Täglich gibt es ein oder zwei aktuelle Angebote, darunter auch vegetarische. Die Weinkarte bietet eine gute Auswahl an französischen Weinen, beispielsweise einen Muscadet, der mit 399 Kč pro Flasche nicht überteuert ist.

CAFÉ SAVOY INTERNATIONAL €€

Karte S. 360 (☎257 311 562; www.ambi.cz; Vítězná 5; Hauptgerichte 120–350 Kč; ⌚Mo–Fr 8–22.30, Sa & So 9–22.30 Uhr; 📶; 🚋6, 9, 22) Das Savoy ist ein wunderschön restauriertes Jugendstilcafé mit etwas arroganten, in schwarz und weiß gekleideten Kellnern und einer Wiener Speisekarte mit herzhaften Suppen, Salaten und Braten. Hier kann man außerdem herrlich frühstücken – in vielen gesunden Varianten. Hinter dem "englischen Frühstück" verbirgt sich ein amerikanisches Frühstück; die Eier werden dafür auf mehrerlei Art und Weise zubereitet.

U MODRÉ KACHNIČKY TSCHECHISCH €€€

Karte S. 360 (☎257 320 308; www.umodrekachnicky.cz; Nebovidská 6; Hauptgerichte 450–600 Kč; ⌚mittags bis 16 Uhr & 18.30 Uhr bis Mitternacht; 🚋12, 20, 22) Etwas plüschig und überladen im Stil einer Jagdhütte aus den 1930er-Jahren eingerichtet, verbirgt sich das Restaurant „Zum blauen Entchen" in einer ruhigen Seitenstraße. Das angenehm altmodische Restaurant eignet sich mit seinen von Kerzen erhellten Nischen perfekt für ein romantisches Abendessen. Traditionelle böhmische Enten- und Wildgerichte dominieren die Speisekarte, so gibt es z. B. gebratene Ente mit *slivovice* (Pflaumenschnaps), Pflaumensauce und Kartoffelpuffer.

HERGETOVA CIHELNA INTERNATIONAL €€€

Karte S. 360 (☎296 826 103; www.kampagroup.com; Cihelná 2b; Hauptgerichte 300–600 Kč; ⌚11.30–1 Uhr; 📶👪; Ⓜ Malostranská) Eine umgebaute *cihelná*, Ziegelbrennerei, aus dem 18. Jh. bildet den Rahmen für eine der aufregendsten Locations von Prag. Auf der Terrasse zum Fluss genießen die Gäste fantastische Ausblicke auf die Karlsbrücke und die das Flussufer säumende Altstadt. Die Speisekarte ist ähnlich anregend und schlägt einen Bogen von Meeresfrüchten und teuren Burgern zu asiatischen Gerichten wie Rind aus dem Wok oder Lammcurry. Für das Wohl der Kinder sorgen eine spezielle Speisekarte und eine Spielecke.

BANGKOK THAI, JAPANISCH €€

Karte S. 360 (☎722 943 933; www.bangkokrestaurant.cz; Josefská 1; Hauptgerichte 120–300 Kč; ⌚11–23 Uhr; 📶🌶; 🚋12, 20, 22) Das asiatische Restaurant liegt leicht zu übersehen in einem Labyrinth bunt bemalter, gotischer Gewölbe, nur wenige Schritte vom Hauptplatz von Malá Strana entfernt. Der japanische Teil der Speisekarte ist nicht weltbewegend, aber die Thai-Abteilung kann sich sehenlassen: Rote und grüne Currys, aromatische Rindfleischsalate und Pad Thai-Nudelgerichte sind authentisch scharf und mit Zitronengras und Koriander gewürzt.

NOI Thai €€

Karte S. 360 (☎257 311 411; www.noirestau rant.cz; Újezd 19; Hauptgerichte 180–290 Kč; ⌚11–1 Uhr; 📶👪; 🚋12, 20, 22) Das Lokal erinnert etwas an einen Club, was auch daran liegen mag, dass das Noi super-stylish ist und eine entspannte fernöstliche Atmosphäre verströmt. Die Einrichtung ist so, wie man sie erwartet – Buddha-Statuen, Lotosblumen, Laternen, gedämpfte Beleuchtung und

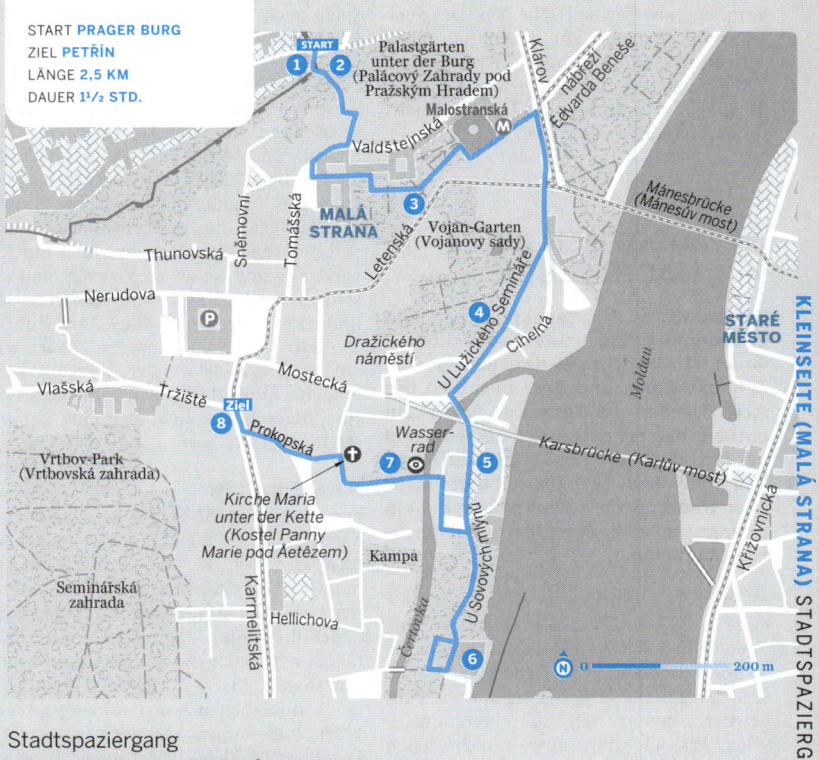

START **PRAGER BURG**
ZIEL **PETŘÍN**
LÄNGE **2,5 KM**
DAUER **1½ STD.**

Stadtspaziergang
Parkanlagen in Malá Strana

➡ Vom ❶ **Aussichtspunkt** am östlichen Eingang zur Prager Burg führt der Weg in den Garten auf dem Schutzwall und in die ❷ **Palastgärten** unter der Prager Burg (April–Okt. geöffnet; im Winter).

Von den Palastgärten geht es auf der Valdštejnská zuerst rechts, dann links zum Palais Wallenstein und durch dessen Hof in den ❸ **Waldstein-Garten**. Wer diesen durch ein Tor an der nordöstlichen Ecke verlässt, findet sich links neben der U-Bahnstation Malostranská wieder. Rechts in die Klárov eingebogen, führt die U Lužického Semináře rechts zu einem weiteren Tor. Hier lädt der ❹ **Vojan-Garten** zur Rast.

Weiter auf der U Lužického Semináře überquert der Weg links die Čertovka (Teufelsbach) auf einer Brücke. Unter der Karlsbrücke hindurch und über den Platz ❺ **Na Kampě** geht es weiter in den am Fluss gelegenen Kampa-Park, dessen Name sich vom lateinischen *campus*, Feld, ableitet. Die Anlage ist eines der beliebtesten Kinderausflugsziele der Stadt und beherbergt im

❻ **Kampa-Museum** außerdem eine Sammlung zeitgenössischer Kunst.

Ein Stück auf dem gleichen Weg zurück und man erreicht links auf der Seitenstraße Hroznová eine Brücke neben einem Wasserrad, die über die Čertovka führt. Zahllose Vorhängeschlösser, die junge Paare als Symbole ihrer ewigen Liebe befestigt haben, zieren die Geländer.

Die Brücke mündet auf einem kleinen Platz, dessen eine Seite die ❼ **John-Lennon-Gedächtnismauer** und die andere ein Barockpalais säumen, in dem die französische Botschaft residiert. Am gegenüberliegenden Ende schwingt der Platz vor den gotischen Türmen der Kirche Maria unter der Kette nach rechts. Gegenüber der Kirche wendet sich die Route nach links und auf der Prokopská nach rechts; sie überquert die Karmelitská und biegt rechts ab.

Kurz hinter der Bar U malého Glena führt eine Allee links zum ❽ **Vrtbov-Park**. Dieser zählt zu den wenig besuchten, aber schönen Grünanlagen von Malá Strana.

Vorhänge aus Perlmuttscheiben. Die Speisekartekarte bietet gut zubereitete Thaigerichte wie Huhn in roter Currysoße und Pad-Thai-Nudeln, die – eher ungewöhnlich für Prager Verhältnisse – ganz schön scharf serviert werden.

AUSGEHEN & NACHTLEBEN

Entspannt im Straßencafé sitzen und vorbeiflanierende Leute beobachten – dafür ist Malá Strana der richtige Ort. Zahllose Cafés und Bars besetzen mit ihren Tischen die Gehsteige, vor allem entlang der Malostranské náměstí und der Nerudova, die zur Burg hinaufführt. Von hübschen Teehäusern und Cafés über traditionelle Kellerkneipen bis hin zu angesagten Bars ist hier – beinahe – alles zu finden.

MLÝNSKÁ KAVÁRNA   BAR
Karte S. 360 (☎222 329 060; Kampa Park; ⏱Mo–Di 16–1 Uhr, Mi–Fr Mittag bis Mitternacht, Sa 9–2, So mittags bis 16, 21–24 Uhr; ☎; 🚋6, 9, 12, 20, 22) Die Café-Bar im Kampa-Park existiert bereits seit der kommunistischen Ära, allerdings unter verschiedenen Namen. Manchmal wird sie unter ihrer vorherigen Inkarnation als Tato Kejkej bezeichnet, gelegentlich auch einfach Mlýn (Mühle) genannt. Ein hölzerner Steg führt in die verrauchte, schummerige Kneipe, die bei einheimischen Künstlern, Schriftstellern und Politikern sehr beliebt ist. David Černý ist Stammgast, und auch Außenminister Karel Schwarzenberg ist häufig hier anzutreffen.

KLUB ÚJEZD   BAR
Karte S. 360 (☎251 510 873; www.klubujezd.cz; Újezd 18; ⏱14–4 Uhr; 🚋6, 9, 12, 20, 22) Der Klub Újezd ist eine von Prags vielen alternativ angehauchten Bars. Er belegt drei Stockwerke (DJs im Keller, Café im OG) und fasziniert mit handgefertigten Möbeln und Einrichtungsgegenständen. Originalkunstwerke und verrückte Skulpturen aus Schmiedeeisen setzen weitere interessante Akzente. In der angenehm schäbigen Bar im Erdgeschoss schlürft man sein Bierchen auf 2 t schweren Barhockern. Dazu breiten sich dicke Schwaden von kräutergeschwängertem Rauch unter der Decke aus. Dort

speit auch ein schuppiges Seeungeheuer Feuer über den Köpfen der Gäste.

MALOSTRANSKÁ BESEDA   BAR, CLUB
Karte S. 360 (☎257 409 123; www.malostrans kabeseda.cz; Malostranské náměstí 21, Malá Strana; ⏱Kasse Mo–Sa 5–21, So bis 20 Uhr, Bar 16–1 Uhr; 🚋12, 20, 22) Malá Stranas dreistöckiger Vergnügungspalast wurde nach fünfjähriger Umbauzeit 2010 wiedereröffnet. Der legendäre Musikclub im 2. Stock ist wieder da und besser als je zuvor: Sein vielseitiges Programm vereint Kabarett, Jazz und alte tschechische Rockstars (Eintritt 150–250 Kč). Zum Komplex gehört auch eine Kunstgalerie in der obersten Etage und eine große Bierhalle im Untergeschoss. Im Erdgeschoss finden sich eine Bar und ein Restaurant.

U MALÉHO GLENA   BAR, JAZZ
Karte S. 360 (☎257 531 717; www.malyglen.cz; Karmelitská 23; ⏱10–2, Fr & Sa bis 3 Uhr, Musik ab 21.30 Uhr; ☎; 🚋12, 20, 22) „Zum kleinen Glen" ist ein lebhaftes Bar-Restaurant, das einem Amerikaner gehört. Hier in den überfüllten und dampfigen Kellergewölben sorgen jeden Abend lokale Jazz- oder Bluesbands für den richtigen Swing. Zu den sonntäglichen Jam-Sessions sind auch Laien willkommen, solange sie gut spielen. Der Platz ist klein, wer also die Band gut hören und sehen möchte, sollte früh genug auftauchen.

KAFÍČKO   CAFÉ
Karte S. 360 (☎724 151 795; Míšenská 10; ⏱10–22 Uhr; 🚻; 🚋12, 20, 22) Dieses kleine Café mit seinen cremefarbenen Wänden, Biegeholzstühlen und kunstvollen Fotografien ist eine unvermutete Kulisse für eines der besten Tee- und Kaffeehäuser in Prag. Die Gäste haben die Qual der Wahl zwischen zahlreichen hochwertigen Kaffeebohnen aus aller Welt, die dann frisch zu Espresso, Cappuccino oder Latte (40–55 Kč) vermahlen werden. Der Espresso wird, wie es sich gehört, mit einem Glas Wasser serviert.

U ZELENÉHO ČAJE   CAFE
Karte S. 360 (☎257 530 027; Nerudova 19; ⏱11–22 Uhr; 🚋12, 20, 22) „Zum Grünen Tee" ist ein charmantes kleines Teehaus im Stil der Alten Welt und liegt auf dem Weg hinauf zur Burg. Auf der Karte stehen um die hundert verschiedene Teesorten (45–80 Kč pro Tasse) aus aller Welt,

vom klassischen grünen und schwarzen Tee aus China und Indien bis hin zu Früchtetees und Kräuteraufgüssen. Auch verführerische Kuchen und fantasievoll belegte Sandwiches werden hier angeboten.

BLUE LIGHT
COCKTAIL BAR

Karte S. 360 (☎257 533 126; www.bluelight bar.cz; Josefská 1; ◷18–3 Uhr; ▣12, 20, 22) Das Blue Light ist eine angemessen dunkle und stimmungsvolle Jazzhöhle, die bei Einheimischen und Touristen gleichermaßen beliebt ist. Hier können die Gäste an einer Caipirinha oder einer Cranberry-Colada schlürfen, während sie die uralten Jazzposter und Platten, die alten Fotografien und die jahrzehntealten eingeritzten Graffitis an den Wänden bewundern können. Die Jazzmusik, die im Hintergrund läuft, ist zwar nicht live, aber dafür kommt sie von einer guten Soundanlage, die niemals die Unterhaltungen übertönt. Besonders viel los ist am Wochenende.

HOSTINEC U KOCOURA
PUB

Karte S. 360 (☎257 530 107; Nerudova 2; ▣12, 20, 22) Der „Kater" ist eine alteingesessene, traditionelle Kneipe, die immer noch den Ruf genießt, die ehemalige Lieblingskneipe des Ex-Präsidenten Havel zu sein. Obwohl sie im Herzen des Touristenviertels liegt, kommen immer noch überwiegend tschechische Gäste hierher (vielleicht ist es der allgegenwärtige Zigarettenrauch). Für diesen Teil der Stadt ist das Bier relativ günstig – 34 Kč für 0,5 l Pilsner Urquell oder Bernard.

 SHOPPEN

VETEŠNICTVI
ANTIQUITÄTEN

Karte S. 360 (☎257 530 624; Vítezná 16; ◷Mo–Fr 10–17, Sa 10–12 Uhr; ▣6, 9, 12, 20, 22) Eine Schatztruhe für Secondhandwaren, allen möglichen Schnickschnack, ziemlichen Ramsch und wahrscheinlich auch einige echte Antiquitäten – natürlich nur für den, der auch wirklich weiß, wonach er eigentlich sucht. Hier kann sich jeder etwas leisten – wie wäre es mit kommunistischen Ansteckknadeln, Medaillen, Postkarten, alten Bierkrügen oder Spielzeug? Oder lieber Kristallwaren, Schnapsgläser und Porzellan? Und über allem wacht eine Büste von Genosse Lenin.

SHAKESPEARE & SONS
BÜCHER

Karte S. 360 (☎257 531 894; www.shakes.cz; U Lužického Seminaře 10; ◷11–19 Uhr; ▣12, 20, 22) Englischsprachiger Buchladen.

PAVLA & OLGA
MODE

Karte S. 360 (☎728 939 872; Vlašská 13; ◷Mo–Fr 14–18 Uhr; ▣12, 20, 22) Die beiden Schwestern Pavla und Olga Michalková haben in der Film- und Fernsehindustrie gearbeitet, bevor sie ihr eigenes Modelabel gründeten. Sie stellen eine einzigartige Kollektion mit schrägen und süßen Hüten, Klamotten und Accessoires her. Zu den Kunden zählten auch schon das tschechische Supermodel Tereza Maxová, die Britpop-Band Blur und der Fotograf Helmut Newton.

KLEINSEITE (MALÁ STRANA) SHOPPEN

Altstadt (Staré Město)

ALTSTÄDTER RING (STAROMĚSTSKÉ NÁMĚSTÍ) & UMGEBUNG | JOSEFSTADT (JOSEFOV) | AUF DEM KRÖNUNGSWEG |
SÜDWESTLICHE ALTSTADT

Highlights

❶ Das halbe Dutzend Monumente mit umfangreichen Sammlungen und Ausstellungen besichtigen, aus denen sich das **Jüdische Museum Prag** (S. 100) zusammensetzt, ein bewegendes Zeugnis der einst blühenden jüdischen Gemeinde der Hauptstadt.

❷ Das **Repräsentationshaus** (S. 104) besuchen – eine Tour de Force in Sachen extravagantem Jugendstil.

❸ Sich am Altstädter Ring zu den Menschenmassen gesellen, die sich das Glockenspiel der**Astronomischen Uhr** (S. 106) ansehen.

❹ Im **Museum der Dekorativen Künste** (S. 107) das Können der Handwerkskünstler bestaunen.

❺ Sich in den malerischen Seitenstraßen der Altstadt (S. 123) von Kunst, Antiquitäten und Designermode zum **Shoppen** verführen lassen.

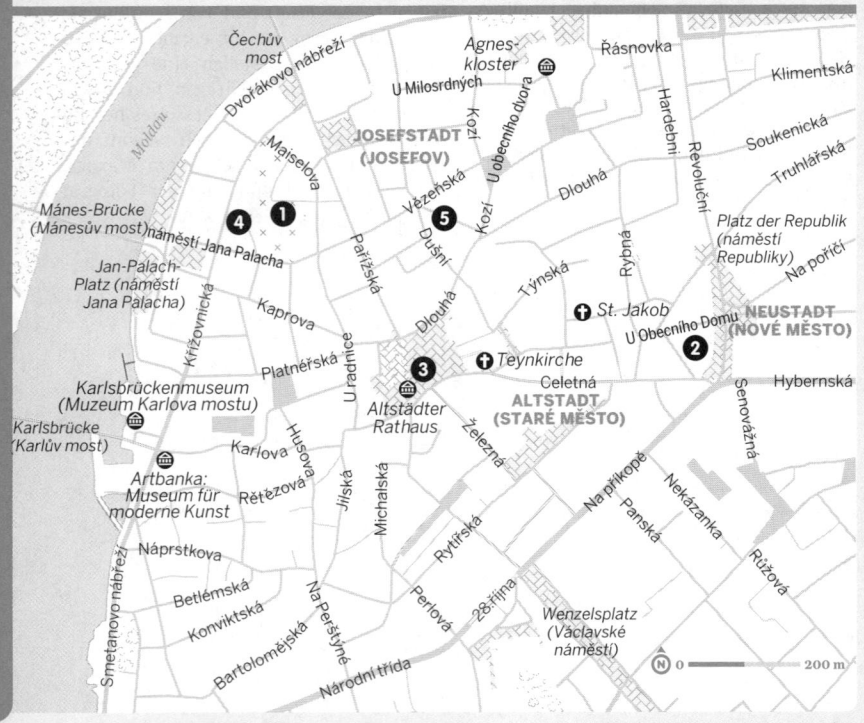

Mehr Details siehe Karte S. 364 ➡

Die Altstadt erkunden

Wenn es im Gassengewirr rund um den Altstädter Ring, den bedeutendsten Platz der Stadt, so etwas wie eine Hauptstraße gibt, dann sicher den sogenannten Krönungsweg, der zur Prager Burg führt. Er beginnt am Pulverturm und verläuft über den Altstädter Ring, den Kleinen Ring (Malé náměstí) sowie über die Karlova und die Karlsbrücke auf die andere Seite der Moldau.

Nördlich vom Altstädter Ring erstreckt sich das einst blühende jüdische Viertel Josefstadt (Josefov), von dem heute nur mehr ein halbes Dutzend alte Synagogen, ein Rathaus und der Alte Jüdische Friedhof erhalten sind; diese Gegend begrenzen die Straßen Kaprova, Dlouhá und Kozí. Die meisten Gebäude dieses Viertels wurden Anfang des 20. Jhs. abgerissen, als die alten Elendsquartiere im Zuge von umfassenden Sanierungsmaßnahmen teuren Wohnanlagen weichen mussten.

In Richtung Süden sind die verwinkelten Gassen und Durchgänge zwischen der Karlova und dem Národní třída einfach perfekt, um ganz entspannt und ziellos herumzubummeln. Wenn sich später am Tag die Menschenmassen lichten, taucht man aus den beschaulichen Gassen überrascht in die Hektik des 21. Jhs. ein.

Tipps der Einheimischen

➡ **Beliebte Kneipen** Der Name lässt schon ahnen, was einen erwartet: Das Lokál (S. 118), eine moderne Variante der traditionellen *pivnice* (kleine Bierkneipe), ist der Hit bei Pragern, die leckeres tschechisches Essen und Bier zu vernünftigen Preisen schätzen. Studenten der Karlsuniversität hängen gern bei einem Kaffee im Krásný ztráty (S. 120) herum und schmökern.

➡ **Shoppen** In der Altstadt in den Boutiquen rund um die Dlouhá, Dušní und Karolíny Světlé finden Modefreaks die heißesten Designerklamotten.

An- & Weiterreise

➡ **U-Bahn** Die Haltestelle Staroměstská liegt nur ein paar Minuten zu Fuß nordwestlich vom Altstädter Ring entfernt, die Haltestelle Můstek befindet sich fünf Minuten gen Süden und Náměstí Republiky fünf Minuten in Richtung Osten.

➡ **Tram** Es gibt keine Trambahnen in der Nähe des Altstädter Rings. Die Trams 17 und 18 fahren am westlichen Rand der Altstadt unweit vom Fluss entlang, die Linien 5, 8 und 14 halten am Platz der Republik (Náměstí Republiky) gegenüber vom Repräsentationshaus (Obecní dům). Die Trambahnen 6, 9, 18, 21 und 22 fahren über die Národní třída am südlichen Rand der Altstadt.

Top-Tipp

Pragbesucher kehren der Gegend um den Altstädter Platz und der Karlova am besten den Rücken. Gewaltige Menschenmassen drängen sich auf dem Platz und in der schmalen Straße, die von hier zur nur ein paar Meter entfernten Karlsbrücke führt. Mehr Spaß macht es, über die Anenská zu bummeln – in den vielen Gassen ist es nämlich deutlich ruhiger.

Gut essen

➡ Mistral Café (S. 118)
➡ Lokál (S. 118)
➡ Maitrea (S. 118)
➡ Indian Jewel (S. 118)
➡ Vino di Vino (S. 118)

Mehr Details siehe S. 116 ➡

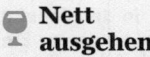
Nett ausgehen

➡ Prager Biermuseum (S. 120)
➡ Hemingway Bar (S. 120)
➡ Krásný ztráty (S. 120)
➡ Čili Bar (S. 120)
➡ Kozička (S. 120)

Mehr Details siehe S. 120 ➡

ALTSTADT (STARÉ MĚSTO)

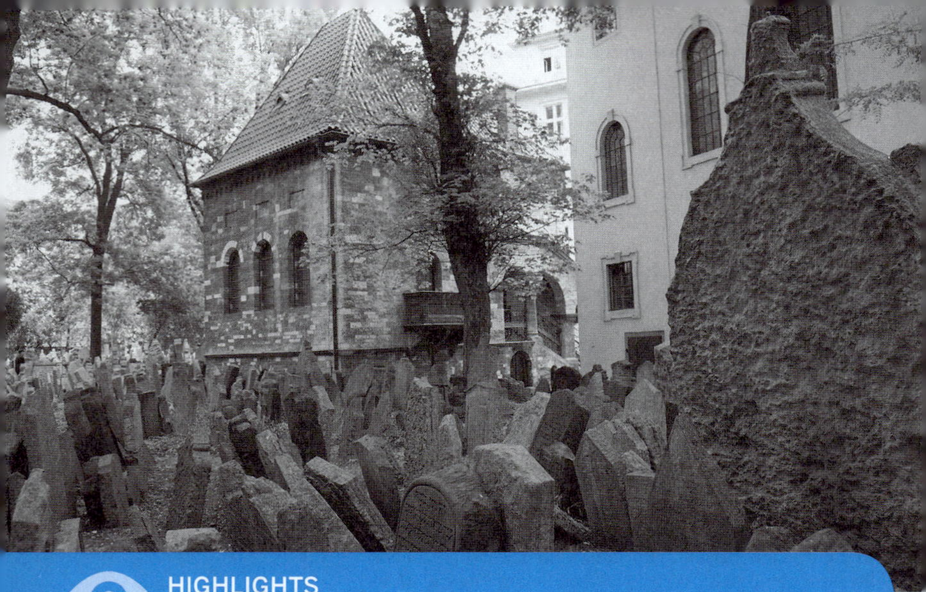

JOHN BORTHWICK / LONELY PLANET IMAGES ©

HIGHLIGHTS
JÜDISCHES MUSEUM PRAG

Das Jüdische Museum Prag hat seine Anfänge im Jahr 1906. Damals wurde es errichtet, um Artefakte aus Synagogen zu erhalten, die während der „Aufräumarbeiten" in den Josefstädter Ghettos um 1900 zerstört worden waren. Eine besonders zynische Fratze zeigten dann die deutschen Nationalsozialisten, als sie die Verwaltung des Jüdischen Museums mit der erklärten Absicht übernahmen, ein Museum über „eine ausgestorbene Rasse" zu errichten. Sie verfrachteten Besitztümer ermordeter jüdischer Gemeinden aus ganz Böhmen und Mähren hierher. Ungewollt trugen sie damit aber zur Anhäufung der wahrscheinlich weltgrößten Sammlung heiliger jüdischer Artefakte bei, die heute zu einer bewegenden Dokumentation von sieben Jahrhunderten Unterdrückung der tschechischen Juden gehört.

Alt-Neu-Synagoge

Die von 1270 stammende **Alt-Neu-Synagoge** (Staronová synagóga; Karte S. 364; www.jewishmuseum.cz; Červená 2; 🚋17) ist Europas älteste Synagoge, die noch als Gotteshaus dient, und zugleich eines von Prags ersten gotischen Bauwerken. Sie liegt unter dem heutigen Straßenniveau, da sie in mittelalterlichen Zeiten vor der Aufschüttung der Altstadt (zum Hochwasserschutz) errichtet wurde – man muss also Treppen hinuntersteigen. Männliche Besucher müssen außerdem eine Kopfbedeckung tragen (Hut oder Kopftuch gehen in Ordnung, Papier-Kippas gibt es am Eingang). Der Eintritt ins Gotteshaus ist nicht in der regulären Eintrittskarte für das Prager Jüdische Museum enthalten.

NICHT VERSÄUMEN

- Alt-Neu-Synagoge
- Alter Jüdischer Friedhof
- Spanische Synagoge

PRAKTISCH & KONKRET

- Židovské muzeum Praha
- Karte S. 364
- ☎222 317 191
- www.jewishmuseum.cz
- Reservierungszentrum, U starého hřbitova 3a
- Normale Eintrittskarte Erw./Kind 300/200 Kč, Kombiticket 480/320 Kč
- ⏲April–Okt. So–Fr 9–18 Uhr, Nov.–März bis 16.30 Uhr
- Ⓜ Staroměstská

Rund um den zentralen Andachtsraum verteilen sich eine Eingangshalle, ein Gebetssaal für den Winter und die Frauengalerien – im Hauptraum dürfen nur Männer beten. Die Inneneinrichtung wurde in den letzten 500 Jahren kaum verändert. Um die Kanzel verläuft ein schmiedeeisernes Gitter aus dem 15. Jh. Und bei einer späteren „Restaurierung" kamen an den Wänden Inschriften aus dem 17. Jh. zum Vorschein. An der Ostmauer befindet sich die Heilige Lade mit den Torarollen. In einem Glaskasten im hinteren Bereich beleuchten kleine Glühbirnen die Namen prominenter Verstorbener an ihren jeweiligen Todestagen.

Mit ihrem steil aufragenden Dach und den gotischen Giebeln wirkt die Synagoge sehr geheimnisvoll. So endet hier auch zumindest eine Version der Golem-Legende: An einem heiligen Sabbat vergisst es Rabbi Löw, der von ihm geschaffenen Kreatur das Pergamentröllchen mit dem unaussprechlichen Namen Gottes, das den Golem mit Leben füllt, aus dem Mund zu nehmen. Als Löw ihn hier alleine zurücklässt, um einen Gottesdienst zu feiern, beginnt der Golem zu rasen – hin- und hergerissen zwischen seiner Bestimmung, arbeiten zu müssen, und dem Ruhegebot am Sabbat. Der Rabbi stürmt daraufhin aus dem Gottesdienst und entreißt ihm das Pergamentröllchen. Anschließend schleppt er den leblosen Körper auf den Dachboden der Synagoge, wo er angeblich heute noch liegt.

Auf der anderen Seite der schmalen Straße steht die elegante **Hohe Synagoge** (Vysoká synagóga; Karte S. 364; Červená 2) aus dem 16. Jh. Der Name leitet sich von dem nicht öffentlich zugänglichen Gebetssaal im Obergeschoss ab. Mordechaj Maisel erbaute 1586 in unmittelbarer Nachbarschaft auch das **Jüdische Rathaus** (Židovská radnice; Karte S. 364; Maiselova 18; ⊘nicht öffentlich zugänglich; ⓂStaroměstská). Im 18. Jh. erhielt das Gebäude seine Rokokofassade. Übrigens, genau hingeschaut: Auf dem hebräischen Ziffernblatt des Uhrenturms laufen die Zeiger in Anlehnung an die jüdische Heilige Schrift rückwärts.

Pinkassynagoge

In der hübschen 1535 fertiggestellten **Pinkassynagoge** (Pinkasova synagóga; Karte S. 364; www.jewishmuseum.cz; Široká 3; ⊘April–Okt. So–Fr 9–18 Uhr, Nov.–März bis 16.30 Uhr; ⓂStaroměstská) fanden bis 1941 Gottesdienste statt. Nach dem Zweiten Weltkrieg wurde sie zu einer Gedenkstätte umgewandelt: Die Wände tragen die Namen und Geburtsdaten aller 77 297 Juden aus Böhmen und Mähren, die während des nationalsozialistischen Regimes ermordet wurden. Außerdem ist eine Sammlung an Bildern und

ALTSTADT (STARÉ MĚSTO) JÜDISCHES MUSEUM PRAG

EINTRITTSKARTEN

Die normale Eintrittskarte (Erw./Kind 300/200 Kč) gilt für alle sechs Sehenswürdigkeiten. Im Kombiticket (Erw./Kind 480/320 Kč) ist die Alt-Neu-Synagoge mit eingeschlossen. Der Eintrittspreis für die Alt-neusynagoge allein beträgt 200/140 Kč. Eintrittskarten gibt es im Reservierungszentrum, in der Pinkas-Synagoge, der Spanischen Synagoge sowie im Laden gegenüber vom Eingang zur Alt-Neu-Synagoge.

Auf dem Alten Jüdischen Friedhof befindet sich der Grabstein von Rabbi Judah Löw ben Bezalel. Dieser Oberrabbiner von Prag im ausgehenden 16. Jh. wird mit der Legende vom Golem in Verbindung gebracht, einem aus dem Lehm der Moldau geschaffenen Wesen, das er zum Leben erweckte.

MAISELS GESCHENK

Mordechai Maisel (1528–1601) machte als Wohltäter von sich reden. Er ließ die Straßen des Ghettos pflastern, sorgte für jüdische Witwen und Waisen und erbaute die Maiselsynagoge (1905 im neugotischen Stil umgebaut).

Zeichnungen von Kindern ausgestellt, die während des Zweiten Weltkriegs im KZ Theresienstadt inhaftiert waren.

Alter Jüdischer Friedhof

Von der Pinkassynagoge geht es zum Anfang des 15. Jhs. gegründeten **Alten Jüdischen Friedhof** (Starý židovský hřbitov; Karte S. 364; Pinkas Synagogue, Široká 3; ⓜStaroměstská), dem ältestem erhaltenen jüdischen Friedhof Europas (s. S. 100). Auch zwei Jahrhunderte nach der letzten Bestattung 1787 ist die Atmosphäre der Trauer immer noch deutlich zu spüren. Jedoch darf man eines dabei nicht vergessen: Der Friedhof ist eine der beliebtesten Attraktionen Prags, die Scharen von Touristen anzieht – wer sich Momente der Ruhe und Besinnlichkeit erhofft, wird wahrscheinlich enttäuscht werden. Etwa 12 000 vor sich hin bröckelnde Grabsteine – einige wurden von anderen, längst nicht mehr existierenden Friedhöfen hierher gebracht – bilden ein Meer aus grauen Steinen. Unter diesen verbergen sich allerdings über 100 000 Gräber in mehreren Schichten: Da nach jüdischem Gesetz Gräber nicht aufgelöst werden dürfen und der Platz knapp wurde, häufte man neues Erdreich an.

Zwei Marmortafeln mit einem „Dach" dazwischen kennzeichnen die berühmtesten Gräber in der Nähe des Haupteingangs. Hier liegen u. a. die sterblichen Überreste von Mordechaj Maisel und Rabbi Löw. Der älteste Stein – mittlerweile durch eine Kopie ersetzt, der originalstein befindet sich in der Maisel-Synagoge – gehört zum Grab von Avigdor Karo. Der Oberrabiner und Hofdichter Wenzels IV. starb 1439. Die meisten Steine tragen den Namen des Verstorbenen und dessen Vaters, den Todestag (manchmal auch Beerdigungsdatum) und poetische Texte. Basreliefs und Skulpturen zieren kunstvolle Grabmale aus dem 17. und 18. Jh., die mitunter den Beruf der Toten versinnbildlichen. Zwei Hände z. B. deuten auf das Grab eines Pianisten hin.

Nach der Schließung des Friedhofs fanden jüdische Beerdigungen auf dem **Jüdischen Friedhof** in Žižkov statt. Am Fuße des Fernsehturms in Žižkovbefinden sich noch Überreste einer weiteren alten jüdischen Grabstätte.

Man verlässt den Friedhof durch ein Tor zwischen der **Klausensynagoge** und dem **Zeremonienhaus**.

MENDELSSOHN AUF DEM DACH

Das Dach des Rudolfinums (S. 111) im Westen der Josefstadt zieren Statuen berühmter Komponisten. Im Zweiten Weltkrieg befand sich hier die deutsche Hauptverwaltung, die anordnete, die Statue des Juden Felix Mendelssohn zu entfernen.

Mendelssohn auf dem Dach ist eine düster-komische Erzählung über das Leben in Prag während des Zweiten Weltkriegs. Der jüdische Autor Jiří Weil strickt seine ironische, amüsante Geschichte rund um eine wahre Begebenheit: Zwei tschechische Arbeiter werden mit der Entfernung der Statue beauftragt; sie können Mendelssohn jedoch nicht unter den rund zwei Dutzend Figuren identifizieren – in ihren Augen sehen sie alle gleich aus. Ihr tschechischer Boss erinnert sich an seine Lektion in „Rassenkunde" und erzählt ihnen, dass alle Juden große Nasen haben: „Der mit dem größten Zinken ist der Jude."

So halten die Arbeiter nach der Statue mit dem größten Riechorgan Ausschau: „Aha! Der da drüben mit der Baskenmütze. Kein anderer hat so eine Nase." Sie legen eine Schlinge um den Hals des Standbilds und beginnen es umzukippen. Als ihr Chef den Fortschritt der Arbeiten kontrolliert, trifft ihn fast der Schlag. Seine Untergebenen stürzen gerade die Figur des einzigen Komponisten auf dem Dach, der ihm überhaupt etwas sagt: Richard Wagner.

Zeremonienhaus & Klausensynagoge

Das 1912 errichtete **Zeremonienhaus** (Obřadní síň; Karte S. 364; ⊘April–Okt. So–Fr 9–18 Uhr, Nov.–März bis 16.30 Uhr; 🚋17) des Alten Jüdischen Friedhofs beherbergte einst die Leichenhalle und den Raum für die rituelle Waschung der Toten. Heute ist hier eine interessante Ausstellung zu jüdischen Traditionen zu sehen, die mit Krankheit und Tod in Zusammenhang stehen. Die barocke **Klausensynagoge** (Klauzová synagóga; Karte S. 364; www.jewishmuseum.cz; U starého hřbitova 1; ⊘April–Okt. So–Fr 9–18 Uhr, Nov.–März bis 16.30 Uhr; 🚋17, 18) nebenan präsentiert eine ebenso sehenswerte Ausstellung zu jüdischen Zeremonien, die mit Geburt und Tod, Gebet und besonderen Feiertagen zu tun haben.

Maisel-Synagoge

Einen Block südöstlich der Zeremonienhalle und der Klausensynagoge liegt die neugotische **Maisel-Synagoge** (Maiselova synagóga; Karte S. 364; Maiselova 10; ⊘April–Okt. So–Fr 9–18 Uhr, Nov.–März bis 16.30 Uhr; Ⓜ️Staroměstská). Sie ersetzt das ursprüngliche Renaissancegebäude, das Mordechai Maisel, Primas der jüdischen Gemeinde, 1592 errichtete. Heute beherbergt das Bauwerk eine Ausstellung über die Geschichte der Juden in Böhmen und Mähren vom 10. bis zum 18. Jh., außerdem sind rituelle Silberobjekte, Textilien, Drucke und Bücher zu bestaunen.

Spanische Synagoge

Etwa zwei Blocks östlich der Maiselsynagoge lädt die **Spanische Synagoge** (Spanélská synagóga; Karte S. 364; www.jewishmuseum.cz; Vězeňská 1; ⊘April–Okt. So–Fr 9–18 Uhr, Nov.–März bis 16.30 Uhr; Ⓜ️Staroměstská) aus dem Jahr 1868 zu einem Besuch ein. Ihren Namen verdankt sie der Innengestaltung im maurischen Stil. Die Ausstellung erzählt den letzten Teil der Geschichte der Juden in Tschechien von der Emanzipation bis heute.

ALTSTADT (STARÉ MĚSTO) JÜDISCHES MUSEUM PRAG

Prags prachtvollstes und sinnlichstes Gebäude wurde nach Jahrzehnten der Vernachlässigung in den 1990er-Jahren liebevoll restauriert; jedes Detail des Designs und der Dekoration wurden sorgsamst ausgewählt, sodass alle Gemälde und Skulpturen nur so vor Symbolkraft strotzen. Das Restaurant und das Café, die den Eingang flankieren, muten wie die Tür zu einem begehbaren Jugendstilmuseum an. Im Obergeschoss befindet sich ein halbes Dutzend reich verzierten Hallen, die im Rahmen einer Führung zu besichtigen sind (drei bis vier Führungen pro Tag).

NICHT VERSÄUMEN

➡ Jugendstil-Mosaiken
➡ Smetana-Saal
➡ Primatorensaal

PRAKTISCH & KONKRET

➡ Obecní dům
➡ Karte S. 364
➡ ☑222 002 101
➡ www.obecnidum.cz
➡ náměstí Republiky 5
➡ Führungen Erw./Kind 290/240 Kč
➡ ⊘öffentlich zugängliche Bereiche 7.30–23 Uhr, Informationszentrum 10–20 Uhr
➡ Ⓜ Náměstí Republiky

Geschichte

Das Repräsentationshaus steht an der Stelle des ehemaligen Königshofs, dem Sitz der böhmischen Könige von 1383 bis 1483 – dann zog Vladislav II. in die Prager Burg um. Ende des 19. Jhs. wurde das Repräsentationshaus abgerissen. Von 1906 bis 1912 entstand dafür dieser herrliche Jugendstilpalast. 30 renommierte Künstlern schufen in aufwendiger Gemeinschaftsleistung dieses Kulturzentrum, das den architektonischen Höhepunkt des wiedererwachten tschechischen Nationalbewusstseins bildet.

Eingang & Foyer

Die Huldigung Prags, das Mosaik über dem Eingang, wird von zwei Skulpturen flankiert, die für die Unterdrückung und Wiedergeburt des tschechischen Volkes stehen. Weitere Skulpturen an der Fassade versinnbildlichen Geschichte, Literatur, Malerei, Architektur und Musik. Durch einen Baldachin, der gusseiserne Konstruktionen mit Glasmalerei kunstvoll verbindet, führt der Weg hinein in das Gebäudeinnere. In die Eingangshalle und die eine Etage tiefer gelegene Bar kann man kostenlos einen Blick werfen. Ansonsten kann man bei der Touristeninformation auch eine Führung buchen.

Smetana-Saal

Erste Station der Führung ist der Smetana-Saal, der größte Konzertsaal der Stadt mit 1200 Plätzen, die sich unter einer Jugendstil-Glaskuppel befinden. Am 28. Oktober 1918 wurde im Smetana-Saal die unabhängige Tschechoslowakische Republik ausgerufen, und im November 1989 trafen sich hier Vertreter des Bürgerforums mit dem Jakeš-Regime.

Das Musikfestival Prager Frühling (Pražské jaro) wird jährlich am 12. Mai, dem Todestag Smetanas, mit einer Prozession vom Burgwall (Vyšehrad) zum Repräsentationshaus eröffnet, gefolgt von einer Galavorstellung von Smetanas Symphoniezyklus Má vlast (Mein Vaterland) im Smetana-Saa

Primatorensaal

Auf den Smetanasaal folgen Beamtenwohnungen, bevor es zum Highlight der Tour geht, dem achteckigen Primatorensaal (Primatorský sál), durch dessen Fenster man auf den Haupteingang blickt. Alfons Mucha entwarf das gesamte Dekor. Von ihm stammen auch die herrlich düsteren Wand- und Deckengemälde. Über den Köpfen der Besucher bilden ineinander verflochtene Figuren eine Allegorie, die die Eintracht der Slawen verkörpert.

HIGHLIGHTS
ALTSTÄDTER RATHAUS

Das Altstädter Rathaus von Prag wurde 1338 gegründet und präsentiert sich als Konglomerat von mittelalterlichen Gebäuden, über denen ein hoher gotischer Turm mit einer prächtigen Astronomischen Uhr (S. 106) aufragt. Das Rathaus bietet mehrere historische Attraktionen und zeigt im Erdgeschoss und im 1. Stock verschiedene Kunstausstellungen.

Führung

Erste Station der Führung ist der Rathaus- und der Sitzungssaal mit herrlichen Mosaiken aus den 1930er-Jahren. Anschließend geht es in die gotische Kapelle, wo die Besucher einen Blick auf die Funktionsweise der Zwölf Apostel werfen können, die oberhalb der Astronomischen Uhr jeweils zur vollen Stunde vorbeiziehen. Abgerundet wird die Führung durch die Besichtigung der romanischen und gotischen Kellergewölbe.

Turm

Das eigentliche Highlight des Rathauses ist der Blick vom 60 m hohen **Turm** (Věž radnice; Karte S. 364; ☏12444; www.prazskeveze.cz; Staroměstské náměstí 1; Erw./Kind 105/55 Kč; ☉ Mo 10–22, Di–So 9–22 Uhr; ⓂStaroměstská), der den Aufstieg wirklich wert ist – es gibt allerdings auch einen Lift.

Fassade

Auf einer Tafel an der Ostfassade des Gebäudes sind die Namen der 27 protestantischen Adligen aufgelistet, die hier 1621 nach der Schlacht am Weißen Berg geköpft wurden.

NICHT VERSÄUMEN

➡ Aussicht vom Turm
➡ Führung, die Einblick in die Funktionsweise der Zwölf Apostel gibt

PRAKTISCH & KONKRET

➡ Staroměstská radnice
➡ Karte S. 364
➡ ☏12444
➡ www.prazskeveze.cz
➡ Staroměstské náměstí 1
➡ Führung Erw./Kind 105/85 Kč
➡ ☉ Mo 11–18, Di–So 9–18 Uhr
➡ ⓂStaroměstská

Pünktlich zur vollen Stunde versammeln sich am Turm des Altstädter Rathauses stets wahre Menschenmassen, um die berühmte Astronomische Uhr in Aktion zu sehen. Obwohl das Spektakel eigentlich eher schlicht ist und gerade einmal 45 Sekunden dauert, zählt diese Uhr zu den bekanntesten Touristenattraktionen Europas und gehört zum Pflichtprogramm eines jeden Pragbesuchers. Und das nicht zu Unrecht, denn die Uhr ist eindeutig historisch interessant und fotogen sowie bei genauerem Hinsehen auch von enormer Symbolkraft.

Das Glockenspiel

1490 verbesserte Uhrmachermeister Hanuš die alte Uhr von 1410; von ihm stammt das mechanische Wunderwerk, das man noch heute besichtigen kann. Die Legende erzählt, dass Hanuš nach getaner Arbeit geblendet wurde, damit er nie wieder eine vergleichbare Uhr bauen konnte. Neben der Uhr symbolisieren vier Figuren die Urängste der Bürger Prags im 15. Jh.: die Eitelkeit (mit Spiegel), die Raffgier (mit einem Geldsäckel; der ursprüngliche jüdische Geldverleiher wurde jedoch nach dem Zweiten Weltkrieg einer äußerlichen Änderung unterzogen), der Tod (als Skelett) und die Heidnische Invasion (in Form eines Türken). Darunter tummeln sich ein Stadtschreiber, ein Engel, ein Astronom und ein Philosoph.

Zur vollen Stunde läutet der Tod seine Glocke und dreht sein Stundenglas um. Die Zwölf Apostel paradieren durch die Fenster über der Uhr. Am Ende der Prozession kräht ein Hahn und die Turmuhr schlägt.

Das Ziffernblatt

Im Zentrum des oberen Ziffernblatts kann man alle Teile der Welt erkennen, die zum Zeitpunkt der Entstehung der Uhr bekannt waren – natürlich mit Prag als Zentrum. Die goldene Sonne durchläuft folgende Bereiche: Blau steht für den Tag, das braune Feld für den Sonnenuntergang (auf Latein *crepusculum*) im Westen (*occasus*). Die schwarze Scheibe repräsentiert die Nacht, der Sonnenaufgang (*aurora*) erfolgt im Osten (*ortus*) – aus diesem System lässt sich der Zeitpunkt von Sonnenauf- und -untergang ablesen. Die geschwungenen Linien mit schwarzen arabischen Ziffern gehören zu einer astrologischen „Sternenuhr". Auf dem Ring mit den römischen Ziffern weist der **Sonnenzeiger** auf die jeweilige Stunde (natürlich ohne Rücksicht auf Sommer- und Winterzeit). Die obere „XII" bedeutet „Mittag", die untere „Mitternacht". Die gotischen Ziffern auf dem äußeren Ring zählen die traditionellen 24 Stunden der Böhmischen Zeit (gemessen ab Sonnenuntergang) – die „24" befindet sich stets gegenüber der Stunde des Sonnenuntergangs auf dem festen (inneren) Ziffernblatt. Auch der **Mond** zieht mit seinen jeweiligen Phasen seine Bahn durch die Felder von Tag und Nacht. Er läuft auf dem separaten beweglichen Ring.

Das Kalendarium

Das Kalendarium unter dem astronomischen Wunderwerk ist eine Kopie eines Gemäldes von 1866. Es stammt von Josef Mánes. Passend zu jedem Monat des Jahres wird in zwölf Szenen das böhmische Landleben gepriesen.

NICHT VERSÄUMEN

➡ Die Zwölf Apostel, ein Glockenspiel, das zur vollen Stunde einsetzt

➡ Die in Stein gehauenen Figuren, die die Eitelkeit, die Gier, den Tod und die Invasion der Heiden darstellen

➡ Das herrliche gemalte Kalendarium in der Form eines Rads aus dem 19. Jh.

PRAKTISCH & KONKRET

➡ Karte S. 364
➡ Altstädter Rathaus, Staroměstské náměstí
➡ ⏱Glockenspiel zur vollen Stunde 9–21 Uhr
➡ Ⓜ Staroměstská

HIGHLIGHTS
MUSEUM DER DEKORATIVEN KÜNSTE

Das Museum, das im Jahr 1900 erstmals seine Tore öffnete, gehörte einer Bewegung an, die sich der Wiederbelebung ästhetischer Werte verschrieben hatte, die zuvor der Industriellen Revolution zum Opfer gefallen waren. Die vier Säle sind der reinste Augenschmaus: Exponate aus dem 16. bis 19. Jh. wie Möbel, Porzellan und eine sagenhafte Glassammlung gibt es hier zu bewundern.

Ausstellung

Das Neurenaissance-Gebäude ist an sich bereits ein Kunstwerk. Die Reliefs, die die Fassade zieren, zeigen die dekorativen Künste samt den böhmischen Städten, die sie berühmt gemacht haben. Die Treppe, die vom Foyer zur Hauptausstellung im 1. Stock führt, ist mit bunter Keramik, Buntglasfenstern und Fresken dekoriert; sie stellen die Kunst der Grafik, der Metallverarbeitung, Keramik, Glasbläserei und des Goldschmiedens dar. Oben liegt der dekorative Weihesaal mit dem **Karlstein-Schatz**, eine Sammlung von Silberobjekten aus dem 14. Jh., die in den Gemäuern der Burg Karlstein versteckt und im 19. Jh. wiederentdeckt wurden.

Rechts befinden sich eine Textilienausstellung und eine Sammlung von Uhren, Sonnenuhren und astronomischen Geräten. Auf der linken Seite liegt der **Glas- und Keramik-Saal** mit edlen barocken Glasobjekten, Meissner Porzellan sowie tschechischem Glas, Keramik und Möbeln aus der Zeit des Kubismus, des Jugendstils und des Art déco.

Die **Abteilung mit grafischer Kunst** beeindruckt mit wunderschönen Jugendstilplakaten.

NICHT VERSÄUMEN

➡ Karlstein-Schatz
➡ Kubistische Keramik
➡ Jugendstilplakate

PRAKTISCH & KONKRET

➡ Uměleckoprůmyslové muzeum
➡ Karte S. 364
➡ ☎251 093 111
➡ www.upm.cz
➡ 17.listopadu 2
➡ Ständige Ausstellung Erw./Kind 80/40 Kč, Wechselausstellungen 80/40 Kč, Kombiticket 20/70 Kč
➡ ⏰Di 10–19, Mi–So bis 18 Uhr
➡ 🚇17

⊙ SEHENSWERTES

⊙ Altstädter Ring & Umgebung

ALTSTÄDTER RATHAUS   HISTORISCHES GEBÄUDE
Siehe S. 105.

ASTRONOMISCHE UHR   SEHENSWÜRDIGKEIT
Siehe S. 106.

ALTSTÄDTER RING   PLATZ
Karte S. 364 (Staroměstské náměstí; MStaroměstská) Der Altstädter Ring (Staroměstské
náměstí oder kurz: Staromák), der zu den
größten, schönsten und urbansten Plätzen
Europas gehört, ist schon seit dem 10. Jh.
der bedeutendste öffentliche Platz in Prag.
Bis Anfang des 20. Jhs. wurde hier der
Hauptmarkt abgehalten.

Heute spielen Jazzbands auf dem Altstädter Ring, außerdem finden hier Open-
air-Konzerte, politische Veranstaltungen
und Modeschauen statt, dazu Weihnachts-
und Ostermärkte – und über alles wacht
das grüblerische **Jugendstildenkmal von
Jan Hus**. Das Kunstwerk wurde am 6. Juli
1915 enthüllt, dem 500. Todestag seines
Schöpfers Ladislav Šaloun.

In der Nähe markiert eine in den Boden
eingelassene Messingleiste den sogenannten **Prager Meridian**. Bis 1915 war eine
Pestsäule aus dem 17. Jh. das Wahrzeichen
des Platzes, deren Schatten um 12 Uhr mittags den Längengrad kreuzte und so die
Zeit anzeigte.

PALAIS KINSKÝ   GALERIE
Karte S. 364 (Palác Kinských; ☏224 810 758;
www.ngprague.cz; Staroměstské náměstí 12;
Erw./Kind 150/80 Kč; ⊙Di–So 10–18 Uhr; P;
MStaroměstská) Das spätbarocke Kinský-
Palais präsentiert Prags schönste Rokko-
kofassade, die 1765 von dem renommierten
Baumeister Kilian Dientzenhofer vollendet
wurde. Heute befindet sich in dem Palais
eine Zweigstelle der Nationalgalerie, genau
gesagt die Abteilung für die Kunst der Antike und Asiens. Zu bewundern sind Schätze
aus alten ägyptischen Gräbern, griechisch-
apulische Töpferei (4. Jh. v. Chr.), aber auch
dekorative chinesische und japanische
Kunst und Kalligraphie.

Alfred Nobel, der schwedische Erfinder
des Dynamits, wohnte einst in diesem Palais. Vielleicht hat ihn sein Faible für die
Pazifistin Bertha von Suttner (geb. Kinský)
zur Schaffung des Friedensnobelpreises inspiriert – sie war jedenfalls die erste Frau,
die 1905 damit ausgezeichnet wurde. Viele
ältere Prager haben noch düstere Erinnerungen an das Palais: Von seinem Balkon aus verkündete Klement Gottwald im
Februar 1948 die Machtübernahme der
Kommunisten in der Tschechoslowakei.
Und auch hier gibt es Verbindungen zu
Kafka: Der junge Franz besuchte einst eine
Schule hinter dem Gebäude, und sein Va-
ter hatte einen Laden neben dem Haus zur
Steinernen Glocke, in dem sich heute der
Kafka-Buchladen befindet.

HAUS ZUR STEINERNEN GLOCKE   GALERIE
Karte S. 364 (Dům U kamenného zvonu; ☏224
828 245; www.ghmp.cz; Staroměstské náměstí
13; Erw./Kind 120/60 Kč; ⊙Di–So 10–20 Uhr;
MStaroměstská) Im Zuge umfangreicher
Restaurierungsarbeiten wurde das elegante mittelalterliche Gebäude in den 1980er-
Jahren seiner Stuckfassade entledigt – zum
Vorschein kam das originale gotische Mauerwerk aus dem 14. Jh. Die Steinglocke, die
dem Gebäude seinen Namen verlieh, befindet sich an der Ecke des Hauses. Innen
dienen die zwei restaurierten gotischen Kapellen nun als Zweigstelle der Prager Stadtgalerie (mit Wechselausstellungen moderner Kunst) und als Veranstaltungsort für
Kammermusikabende.

DIE URSPRÜNGE DER ALTSTADT

Die Ursprünge der Altstadt (Staré Město) reichen bis ins 10. Jh. zurück, als am Ost-
ufer der Moldau eine Siedlung samt Markt entstand. Im 12. Jh. war diese durch die
Judithbrücke mit dem Burgbezirk verbunden, und 1231 verlieh Wenzel I. dem Ort das
Stadtrecht und begann mit dem Bau einer Festungsanlage.

Die Stadtmauern existieren schon lange nicht mehr, ihren Verlauf kann man
jedoch noch in der Národní třída, Na příkopě (übersetzt: „auf dem Burggraben")
und in der Revoluční ausmachen. Das Haupttor zur Altstadt – der Pulverturm – ist
noch erhalten.

HIGHLIGHTS
KIRCHE DER JUNGFRAU MARIA VOR DEM TEYN

Die markante Teynkirche mit ihren gotischen Doppel-
türmen gilt als das Wahrzeichen schlechthin in der
Altstadt. Wie aus einem Märchen des 15. Jhs. ragen
die Türme über dem Altstädter Ring auf, geschmückt
mit dem goldenen Bild der Jungfrau Maria, das in
den 1620er-Jahren aus dem eingeschmolzenen Hus-
sitenkelch gefertigt wurde, der bis dahin die Kirche
verschönt hatte.

Die Kirche, deren Name sich vom dahinterliegen-
den Teynhof ableitet, beeindruckt mit ihrer gotischen
Fassade, während der Kirchenraum in üppigem Barock
schier erstickend wirkt. Interessant sind der riesige
Rokokoaltar an der Nordwand sowie das **Grab
von Tycho Brahe**. Der dänische Astronom zählte zu
den renommiertesten Wissenschaftlern am Hof von
Rudolf II. (Er verstarb 1601 nach einem königlichen
Trinkgelage an einem Blasenriss – er war zu höflich, die
Tafel zu verlassen, um auszutreten.)

An der Fassade der Kirche ist vor allem das Nordportal in der Týnská ulička sehenswert. Es weist ein
Tympanon aus dem 14. Jh. mit einer Kreuzigungsszene auf. Die Arbeit stammt aus der Werkstatt von Peter
Parler, dem Lieblingsarchitekten Karls IV. (Es handelt
sich übrigens um eine Kopie, das Original befindet sich
im Lapidarium.)

In der Kirche werden gelegentlich hörenswerte Konzerte veranstaltet. Die Orgel beeindruckt mit ihrem
herrlichen Klang.

NICHT VERSÄUMEN

⇒ Anblick der ange-
strahlten Kirchtürme
bei Nacht

⇒ Tympanon mit der
Kreuzigungsszene

⇒ Das Grab von
Tycho Brahe

PRAKTISCH & KONKRET

⇒ Kostel Panny Marie
pred T'ynem

⇒ Karte S. 364

⇒ ☑222 318 186

⇒ www.tyn.cz

⇒ Staroměstské
náměstí

⇒ ⊘März–Okt. Di–Sa
10–13 & 15–17 Uhr,
So 10.30–12 Uhr

⇒ MNáměstí
Republiky

ALTSTADT (STARÉ MĚSTO) SEHENSWERTES

ST. NIKOLAUS (ALTSTÄDTER RING) KIRCHE
Karte S. 364 (Kostel sv Mikuláše; Staroměstské
náměstí; ⊘Mo 12–16, Di–Sa 10–16, So 12–
15 Uhr; MStaroměstská) Die St. Nikolaus-
Kirche ist der barocke „Hochzeitskuchen"
in der Nordwestecke des Altstädter Rings.
Sie wurde in den 1730er-Jahren von Kilian
Dientzenhofer errichtet (und sollte nicht
mit seinem Meisterwerk auf der Kleinseite
verwechselt werden, der Nikolauskirche).
Auf engstem Raum ballt sich hier beacht-
licher Prunk. Ursprünglich versteckte sich
die Kirche hinter dem Nordflügel des Altstädter Rathauses, der 1945 zerstört wurde.

Im mit Stuck verzierten Kirchenraum
finden oftmals Kammerkonzerte statt – ein
optisch reizvoller Rahmen mit allerdings
eher mäßiger Akustik.

TEYNHOF PLATZ
Karte S. 364 (Týnský dvůr; Eingänge an der
Malá Štupartská & Týnská ulička; ⊘24 Std.;
MNáměstí Republiky) Der malerische Hof

versteckt sich hinter der Kirche der Jungfrau Maria vor dem Týn (kurz: Teynkirche)
und war ursprünglich eine Art mittelalterliche Karawanserei – ein Hotel mit Wehranlagen, Handelszentrum und Zollamt für
Händler aus dem Ausland, die in Prag zu
Gast waren. Der bereits im 11. Jh. gegründete Teynhof florierte vor allem unter der
Herrschaft von Karl IV. Heute beherbergt
das schön renovierte Gebäude Geschäfte,
Restaurants und Hotels. Der Hof wird oft
noch mit seinem deutschen Namen bezeichnet: Ungelt – was so viel wie „Zollab-
gabe" bedeutet.

In der Nordwestecke beeindruckt das
Granovsky-Palais (Karte S. 364) aus dem
16. Jh. mit seiner eleganten Renaissance-
Loggia, einer Kratzputzfassade und gemalten Verzierungen, die Szenen aus der Bibel
und der Mythologie zeigen. Auf der andern
Seite des Hofs, rechts vom Laden V Ungel-
tu, steht das **Haus zum Schwarzen Bären**
(dům U černého medvěda; Karte S. 364). Die

HIGHLIGHTS
ST. JAKOB

Der wuchtige gotische Bau von St. Jakob, östlich vom Teynhof, nahm im 14. Jh. als Klosterkirche der Minoriten seinen Anfang. Im frühen 18. Jh. wurde der Bau mit wunderschönen Barockelementen überarbeitet. Inmitten von Gold und Stuck stoßen Besucher auf ein gruseliges Mahnmal – an der Innenseite der Westmauer, genauer rechts oberhalb des Eingangs, hängt ein **verschrumpelter menschlicher Arm**. Der Legende zufolge soll um 1400 herum ein Dieb versucht haben, die kostbaren Juwelen der Marienstatue mitgehen zu lassen. Mit eisernem Griff aber umklammerte diese das Handgelenk des Frevlers so fest, dass der Arm abgehackt werden musste. (Die Wahrheit liegt vielleicht gar nicht so weit entfernt: Die Kirche war bevorzugter Andachtsort der Fleischerzunft, die möglicherweise eine eigene Gerichtsbarkeit ausübte.)

Eine weitere Hauptattraktion im Innenraum ist im nördlichen Seitenschiff zu finden: das **Grabmal** des Grafen Jan Vratislav von Mitrovice, des Obersten Kanzlers Böhmens im 18. Jh. Auch die großartige **Orgel** und die tolle Akustik von St. Jakob sind schon einen Besuch wert. Recitale (kostenlos um 10.30 oder 11 Uhr nach der Sonntagsmesse) und gelegentliche Konzerte werden nicht immer von den Ticketagenturen angekündigt – daher lohnt sich ein Blick auf das Schwarze Brett, das außen angebracht ist.

NICHT VERSÄUMEN

- Der Arm des Diebes
- Das Grab des Grafen Vratislav von Mitrovice
- Ein Orgelkonzert

PRAKTISCH & KONKRET

- Kostel sv Jakuba
- Karte S. 364
- Malá Štupartská 6
- 9.30–12 & 14–16 Uhr
- Ⓜ Náměstí Republiky

Barockfassade ziert über der Tür eine Statue des hl. Johannes von Nepomuk; an der Ecke befindet sich ein angeketteter Bär, der an die Spektakel erinnert, die einst hier zur Volksbelustigung stattfanden.

⊙ Josefstadt (Josefov)

JÜDISCHES MUSEUM PRAG   MUSEUM
Siehe S. 100.

MUSEUM DER DEKORATIVEN KÜNSTE   MUSEUM
Siehe S. 107.

PAŘÍŽSKÁ   STRASSE
Karte S. 364 (ⓂStaroměstská) Seit Anfang des 20. Jhs. verläuft ein breiter Boulevard, die Pařížská třída (Pariser Avenue), schnurgerade durch das Herz einstiger ärmlicher Viertel. Damals war der Jugendstil schwer in Mode: Entlang der neuen Prachtstraße und ihrer Seitenstraßen schossen elegante Wohnhäuser aus dem Boden, verziert

mit Buntglasfenstern und bildhauerischen Schnörkeln. Innerhalb des letzten Jahrzehnts hat sich die Pařížská in eine glitzernde Einkaufsmeile verwandelt, auf der sich weltbekannte Nobelmarken wie Dior, Louis Vuitton und Fabergé tummeln.

FRANZ-KAFKA-DENKMAL   DENKMAL
Karte S. 364 (Ecke Vězeňská & Dušní; ⓂStaroměstská) Jaroslav Rónas ungewöhnliche Skulptur, die Franz Kafka im Miniaturformat zeigt, wie er rittlings auf seinem eigenen, kopflosen Körper sitzt, wurde 2003 enthüllt. Das von der Prager Franz-Kafka-Gesellschaft in Auftrag gegebene Denkmal steht direkt neben der Spanischen Synagoge.

JAN-PALACH-PLATZ   PLATZ
Karte S. 364 (náměstí Jana Palacha; 🚋17, 18) Der Jan Palach-Platz ist nach einem jungen Studenten der Karlsuniversität benannt, der sich im Januar 1969 auf dem Wenzelsplatz verbrannte, um gegen die sowjetische Invasion zu protestieren. An der Ostseite

des Platzes befindet sich neben dem Eingang zur Philosophischen Fakultät, an der Palach studierte, eine Erinnerungsplakette mit einer gespenstischen Todesmaske.

RUDOLFINUM HISTORISCHES GEBÄUDE

Karte S. 364 (☑227 059 270; www.ceskafilhar monie.cz; Alšovo nábřeží 12; 🚇17, 18) Das Rudolfinum am Jan-Palach-Platz besteht aus einem im späten 19. Jh. erbauten Komplex aus Konzertsälen und Büros, die im Stil der Neorenaissance errichtet wurden (Rudolfinum und Nationaltheater, beide von Josef Schulz und Josef Zítek entworfen, gelten als Prags schönste Neorenaissance-Bauten). Nach dem Ersten Weltkrieg tagte hier das tschechische Parlament; während des Zweiten Weltkriegs hatten die Nazis hier Büros für die Verwaltung der besetzten Gebiete eingerichtet. Heute ist das Haus Sitz des Tschechischen Philharmonieorchesters.

Der eindrucksvolle **Dvořáksaal**, auf dessen Bühne eine riesige Orgel steht, ist einer der Hauptveranstaltungsorte der Konzer-te, die während des Musikfestivals Prager Frühling (S. 42) stattfinden. Im nördlichen Teil der Anlage (Eingang zum Fluss hin) ist die Galerie Rudolfinum untergebracht. Inmitten der Pracht der herrlichen Säulenhalle sind die Tische eines luxuriösen **Cafés** angeordnet.

RUDOLFINUM-GALERIE GALERIE

Karte S. 364 (☑227 059 205; www.galerie rudolfinum.cz; Alšovo nábřeží 12; Erw./Kind 150/90 Kč, Kombiticket mit Museum der Dekorativen Künste 180/100 Kč; ⊙Di, Mi & Fr–So 10–18, Do bis 20 Uhr; 🚇17,18) Die Galerie im Rudolfinum-Komplex mit mehreren Konzertsälen hat sich auf Wechselausstellungen zur zeitgenössischen Kunst spezialisiert.

⊙ Auf dem Krönungsweg

REPRÄSENTATIONSHAUS HISTORISCHES GEBÄUDE

Siehe S. 104.

HIGHLIGHTS
AGNESKLOSTER

In der Nordostecke der Altstadt befindet sich das ehemalige Agneskloster, das älteste noch erhaltene gotische Gebäude in Prag. Die Räume im 1. Stock präsentieren die Dauerausstellung der Nationalgalerie: Kunst des Mittelalters und der Frührenaissance (1200–1550) aus Böhmen und Mitteleuropa – die reinste Schatztruhe mit schillernden Altargemälden aus der Zeit der Gotik und polychromen sakralen Skulpturen.

Im Jahr 1234 gründete der Přemyslidenkönig Wenzel I. den Franziskaner Klarissenorden und ernannte seine Schwester Anežka (Agnes) zur ersten Äbtissin des Konvents. Agnes wurde im 19. Jh. selig gesprochen. Nur ein paar Wochen vor den revolutionären Ereignissen im November 1989 erklärte sie Papst Johannes Paul II. zur hl. Agnes von Böhmen.

Im 16. Jh. wurde das Kloster an die Dominikaner übergeben. Nachdem Joseph II. sämtliche Klöster aufgelöst hatte, fungierte es als Domizil für Wohnungslose. In den 1980er-Jahren wurde der Komplex restauriert. Heute kann neben der Kunstgalerie und dem Kreuzgang aus dem 13. Jh. auch die **Salvatorkirche** (Karte S. 364) besichtigt werden, die im Stil der französischen Gotik erbaut wurde. Dort befinden sich das Grab der hl. Agnes und das der Königin Kunigunde, der Gattin Wenzels I. Daneben liegt in der **Franziskuskirche** (Karte S. 364) Wenzel I. begraben. Das zum Teil marode Kirchenschiff dient heute als – ziemlich frischer – Konzertsaal.

NICHT VERSÄUMEN

➡ Gotische Altargemälde von verschiedenen mittelalterlichen Meistern
➡ Salvatorkirche

PRAKTISCH & KONKRET

➡ Klášter sv Anežky
➡ Karte S. 364
➡ ☑224 810 628
➡ www.ngprague.cz
➡ U Milosrdných 17
➡ Erw./Kind 150/80 Kč
➡ ⊙Di–So 10–18 Uhr
➡ 🚇5, 8, 14

PULVERTURM
TURM

Karte S. 364 (Prašná brána; www.prazskeveze. cz; Na příkopě; Erw./Kind 75/55 Kč; ☺April–Sept. 10–22 Uhr, Okt. & März bis 20 Uhr, Nov.–Feb. bis 18 Uhr; Ⓜ Náměstí Republiky) Der 65 m hohe Pulverturm entstand 1475 an der Stelle, wo sich ursprünglich eines der 13 Stadttore der Altstadt erhoben hatte. Der Turm beherbergt eine interessante Ausstellung mittelalterlicher Waffen und Gerätschaften, von denen viele in Filmen wie den in Prag gedrehten Streifen *Van Helsing*, *Die Chroniken von Narnia* und *Blade II* zu bestaunen sind. Die eigentliche Attraktion des Turms ist jedoch der tolle Blick, der sich von oben bietet.

Der Torturm wurde unter der Herrschaft von König Vladislav II. Jagiello als repräsentativer Eingang zur Stadt erbaut, blieb jedoch unvollendet, nachdem der König 1483 vom nahen Königshof in die Prager Burg umgezogen war. Der Name leitet sich aus der Nutzung des Turms als Pulvermagazin im 18. Jh. ab. Josef Mocker baute den Turm zwischen 1875 und 1886 um und ergänzte die Turmspitze, die dem Gebäude nun sein neugotisches Gepräge verleiht.

MUSEUM DES TSCHECHISCHEN KUBISMUS
GALERIE

Karte S. 364 (Muzeum Českého Kubismu; ☎ 224 211 746; www.ngprague.cz; Ovocný trh 19; Erw./Kind 100/50 Kč; ☺Di–So 10–18 Uhr; Ⓜ Náměstí Republiky) Obwohl das Gebäude aus dem Jahr 1912 stammt, wirkt Josef Gočárs Haus zur Schwarzen Muttergottes (dům U černé Matky Boží) – Prags erstes und schönstes Beispiel für die Architektur des Kubismus – modern und dynamisch. Heute befinden sich hier auf drei Etagen sehenswerte kubistische Gemälde und Skulpturen, aber auch Möbel, Keramik und Glasobjekte in kubistischem Design.

STÄNDETHEATER
HISTORISCHES GEBÄUDE

Karte S. 364 (Stavovské divadlo; ☎ 224 902 231; www.narodni-divadlo.cz; Ovocný trh 1; Ⓜ Můstek) Das eindrucksvolle Ständetheater neben dem Carolinum ist das älteste Schauspielhaus und schöns-

---

HIGHLIGHTS
ARTBANKA: MUSEUM FÜR MODERNE KUNST

Die Räumlichkeiten eines verfallenen Adelspalais aus dem 18. Jh. geben den perfekten Rahmen für diese Kunstgalerie ab, die sich der Förderung zeitgenössischer Künstler aus dem In- und Ausland verschrieben hat. Die Sammlung ist herrlich provokant – von dem Automaten im Foyer, der Utensilien zur Graffitiherstellung ausspuckt, bis hin zu einer gigantischen Dose mit Etikett in der obersten Etage, die den schönen Titel „Künstlerscheiße" trägt.

Die Galerie fördert junge tschechische und slowakische Künstler, indem sie deren Werke kauft, sie in der Galerie ausstellt und auch an renommierte öffentliche oder private Organisationen vermietet. Ein paar große Namen gibt es hier auch zu sehen, so z. B. David Černý, dessen gewagte Installation *Revolver* – vier riesige, aufeinander gerichtete Handfeuerwaffen – im Hof des Palais angebracht ist. Manche Exponate sind wirklich schockierend wie die „Kaminläufer" aus Hunde- und Katzenfell, „sexy" Unterwäsche aus echtem Rattenfell oder auch die Bilder nackter schwuler Nazis.

Das Palais wurde zur Zeit des Kommunismus als Bürofläche genutzt. Die in den 1950er-Jahren installierten Leitungen und Heizungen wurden symbolisch an Ort und Stelle gelassen, um zu vermitteln, welch eine Verachtung die Behörden damals künstlerischen Leistungen entgegenbrachten.

NICHT VERSÄUMEN

➡ David Černýs Installation *Revolver*
➡ Automat für Graffitizubehör
➡ Riesige Dose mit „Künstlerscheiße"

PRAKTISCH & KONKRET

➡ Karte S. 364
➡ ☎ 240 200 207
➡ www.amoya.cz
➡ Karlova 2
➡ Erw./erm. 160/80 Kč
➡ ☺10–19 Uhr
➡ 🚇17, 18

DER KRÖNUNGSWEG

Der Krönungsweg (Královská cesta) bezeichnet den alten Prozessionsweg, den die tschechischen Könige einst zur Krönung im Veitsdom nahmen. Er beginnt am **Pulverturm** (Prašná brána) und führt über die Celetná zum Altstädter Ring und Kleinen Ring (Malé náměstí), dann durch die Karlova (Karlstraße) und über die **Karlsbrücke** zum Kleinseitener Ring (Malostranské náměstí). Über die Nerudova geht es dann zur Burg hinauf. Die einzige Prozession, die sich heute noch durch diese Straßen schiebt, sind die täglichen Touristen, die an billigen Andenkenläden und gelangweilt dreinblickenden Schleppern mit Flyern vorbeiströmen.

Die Celetná, die vom Pulverturm zum Altstädter Ring führt, gleicht einem Freilichtmuseum: Pastellfarbene Barockfassaden verdecken die gotische Bausubstanz, die auf romanischen Fundamenten ruht. Diese wurden mit Absicht zugeschüttet, um die Altstadt durch die so entstandene Erhöhung vor den Fluten der Moldau zu schützen. Das interessanteste Gebäude ist sicher Josef Gočárs wunderschönes **Haus zur Schwarzen Muttergottes** (dům U černé Matky Boží), heute das Museum des tschechischen Kubismus; es wurde 1912 vollendet.

Der Kleine Ring, die Erweiterung des Altstädter Rings im Südwesten, beeindruckt mit einem Renaissancebrunnen aus dem 16. Jh. samt schmiedeeisernem Gitter. Hier lassen einige der ältesten Gebäude der Altstadt herrliche Barock- und Neurenaissancefassaden sehen. Am farbenprächtigsten ist das **V. J.-Rott-Gebäude** (Karte S. 364) aus dem Jahr 1890; es ist mit Wandmalereien von Mikuláš Aleš geschmückt und beherbergt heute die Prager Version des Hard Rock Cafés.

Von der Südwestecke des Platzes führt mit einem scharfen Knick die schmale kopfsteingepflasterte Karlova bis zur Karlsbrücke – hier gibt es oft vor lauter Touristen kein Durchkommen mehr. Das Gebäude an der Ecke Liliová ist das Haus **Zur Goldenen Schlange** (U zlatého hada; Karte S. 364), das älteste Kaffeehaus der Stadt. Es wurde 1708 von einem Armenier namens Deomatus Damajan eröffnet.

Die Karlova führt nun an den gewaltigen südlichen Mauern des Clementinums entlang, um dann am Fluss in den Kreuzherrenplatz (Křížovnické náměstí) zu münden. An der Nordseite dieses Platzes ragt die **Kreuzherrenkirche** (kostel sv Františka Serafinského; Karte S. 364) aus dem 17. Jh. auf. Ihre Kuppel ziert ein Fresko mit dem Jüngsten Gericht. Das Gotteshaus gehört den Kreuzherren mit dem roten Stern, dem einzigen noch heute existierenden Ritterorden Böhmens.

Gleich südlich der Karlsbrücke, wo früher die Altstädter Mühle stand, lockt eine Terrasse am Fluss, die **Novotného lávka** (Karte S. 364; Novotného lávka, Staré Město), mit sonnigen, überteuerten *vinárny* (Weinbars) und einem herrlichen Blick auf die Brücke und die Burg. Das andere Ende der Terrasse wird von der Statue des Komponisten Bedřich Smetana beherrscht.

Der Stadtspaziergang „Fast der Krönungsweg" (S. 117) folgt in etwa dieser Route, meidet jedoch Stellen, die besonders überlaufen sind.

ALTSTADT (STARÉ MĚSTO) SEHENSWERTES

te klassizistische Gebäude Prags. Am 29. Oktober 1787 feierte hier Mozarts *Don Giovanni* Premiere – der Maestro schwang dabei höchstpersönlich den Taktstock. Die ursprünglich nach ihrem Gründer Graf Anton von Nostitz–Rieneck benannte Bühne öffnete erstmals 1783 als Nostitz-Theater ihre Pforten. Aufgrund der Förderung durch deutsche Bürger der Oberschicht etablierte sich jedoch im Lauf der Zeit die Bezeichnung „Ständetheater" – das Wort Stände leitet sich also vom Adel ab.

Zu Ehren des tschechischen Theaterautors Josef Kajetán Tyl aus dem 19. Jh. wurde nach dem Zweiten Weltkrieg daraus das Tyl-Theater (Tylovo divadlo). Eins der berühmtesten Werke Tyls ist die tschechische Nationalhymne *Kde domov můj?* (Wo ist meine Heimat?), deren Text aus einem seiner Stücke stammt. Seit den frühen 1990er-Jahren firmiert das Haus wieder als „Ständetheater". Um das prachtvolle Innere des Hauses zu sehen, muss man eine Aufführung besuchen; das Programm findet man auf der Website.

CLEMENTINUM
HISTORISCHES GEBÄUDE

Karte S. 364 (☑222 220 879; www.klemen
tinum.cz; Eingang in Křížovnická, Karlova &
Mariánské náměstí; Führung Erw./Kind 220/
140 Kč; ⊙April–Okt. 10–17 Uhr, Nov., Dez. &
März bis 16 Uhr; Ⓜ Staroměstská) Das Clementinum ist ein weitläufiger Komplex mit
diversen wunderschönen Barock- und Ro-
koko-Sälen, die heute überwiegend von der
Tschechischen Nationalbibliothek belegt
werden. Die meisten Gebäude sind für die
Öffentlichkeit nicht zugänglich; es besteht
jedoch die Möglichkeit, auf eigene Faust
durch die Höfe zu bummeln oder auch an
einer 50-minütigen Führung teilzunehmen,
in deren Rahmen die Besucher den barocken Bibliothekssaal, die Sternwarte und
die Spiegelkapelle zu sehen bekommen.

Als der Habsburger Kaiser Ferdinand I.
1556 die Jesuiten nach Prag einlud, um die
Macht der römisch-katholischen Kirche in
Böhmen zu stärken, suchten sie sich eines
der begehrtesten Grundstücke aus und
begannen 1587 mit den Arbeiten an der
Salvatorkirche (kostel Nejsvětějšího Spasitele;
Karte S. 364), Prags Flaggschiff der Gegenre-
formation. An der Westfassade gegenüber
der Karlsbrücke blicken verrußte Heilige
aus Stein auf das Verkehrschaos aus Trambahnen und Touristen auf dem Kreuzherrenplatz (Křížovnické náměstí) hinunter.

Mit der Zeit kauften die Jesuiten einen
Großteil des Viertels auf und erbauten 1653
ihr Kolleg, das Clementinum. Bei seiner
Vollendung hundert Jahre später war es
das größte Gebäude der Stadt nach der Pra-
ger Burg. Als sich die Jesuiten 1773 mit dem
Papst überwarfen, wurde das Clementinum
Bestandteil der Karlsuniversität.

Der barocke **Bibliothekssaal** (1727) mit
herrlichen vergoldeten Verzierungen und
einem Deckenfresko, das den Tempel der
Weisheit darstellt, präsentiert Tausende
theologische Bücher, die bis ins Jahr 1600
zurückreichen. Aus den 1720er-Jahren
stammt der **Astronomische Turm** (Karte
S. 364) mit einer riesigen Bronzefigur
des Atlas, der die Erdkugel trägt, als krö-
nendem Abschluss. Er wurde bis in die
1930er-Jahre als Sternwarte genutzt und
beherbergt nun eine Ausstellung von astronomischen Geräten aus dem 18. Jh.

Die **Spiegelkapelle** (Zrcadlová kaple; Karte
S. 364; ☑222 220 879; www.klementinum.com;
Erw./Kind inkl. Astronomischer Turm & Barock-
bibliothek 220/140 Kč; ⊙10–19 Uhr, Führungen
Mo–Do stündl., Fr/Sa alle 30 Min.), erbaut in

den 1720er-Jahren, ist der reinste Augenschmaus aus vergoldetem Zierrat, Marmorsäulen, fantasievollen Fresken und einer
verspiegelten Decke – geballter Barock
eben. Hier finden täglich klassische Konzerte statt (Karten sind bei den meisten
Ticketagenturen erhältlich).

Schließlich gehören zwei weitere sehenswerte Gotteshäuser zum Clementinum:
St. Clemens (kostel sv. Klimenta; Karte S. 364;
⊙Gottesdienst So 8.30 & 10 Uhr) – heute eine
griechisch-orthodoxe Kirche – erfuhr zwischen 1711 und 1715 unter der Federführung
von Kilian Dientzenhofer eine aufwendige
Überarbeitung im Barockstil. Wer an Gottesdiensten teilnehmen will, sollte nicht in
Shorts oder Trägertop erscheinen. Südwestlich vorgelagert findet sich die ellipsenför-
mige italienische **Welsche Kapelle** (Vlašská
kaple Nanebevzetí Panny Marie; Karte S. 364) von
1600. Sie diente als Andachtsort für die vielen italienischen Kunsthandwerker, die am
Bau des Clementinums mitwirkten (theore-
tisch gehört sie noch heute der italienischen
Regierung).

MARIONETTENMUSEUM
MUSEUM

Karte S. 364 (Muzeum loutek; ☑222 228 511;
www.puppetart.com; Karlova 12; Erw./Kind
100/50 Kč; ⊙Mai–Okt. 10–20 Uhr, Nov.–April
12–18 Uhr 🚋17, 18) Zahlreiche kunterbunte
Originalmarionetten bevölkern die Ausstellungsräume. Sie beleuchten die Geschichte dieser wunderbaren tschechischen
Kunstform, die vom Ende des 17. bis zum
Anfang des 19. Jhs. äußerst populär war.
Absolutes Highlight: Spejbl und Hurvínek,
die Lieblinge aller tschechischen Kinder –
die tschechische Version des Kasperlethea-
ters im Spejbl- & Hurvínek-Theater, ist ein
Riesenspaß für Jung und Alt.

KARLSBRÜCKENMUSEUM
MUSEUM

Karte S. 364 (Muzeum Karlova Mostu; ☑776
776 779; www.charlesbridgemuseum.com;
Křížovnické náměstí 3; Erw./erm. 150/70 Kč;
⊙ Mai–Sept. 10–20 Uhr, Okt.–April bis 18 Uhr;
🚋17, 18) Die Ritter des Ordens der Kreuzherren mit dem roten Stern aus dem 13. Jh.
waren die Wächter der Judithbrücke (und
deren Nachfolgerin, der Karlsbrücke). Ihr
Mutterhaus war die Kirche St. Franziskus
Seraphikus an dem nach dem Orden be-
nannten Křížovnické náměstí. Das Museum im Hauptquartier des Ordens beleuchtet die Geschichte von Prags bekanntestem
Wahrzeichen mit Schaukästen über frühere
Brückenbautechniken, Maurer- und Tisch-

DIE VERSCHWUNDENEN DENKMÄLER

Im 20 Jh. erlebte Prag tiefgreifende Umstürze des politischen Systems: zuerst den Übergang vom Habsburgerreich zur unabhängigen Republik Tschechoslowakei (1918), dann zur nationalsozialistischen Schreckensherrschaft (1938–1945) und zum kommunistischen Regime (1948–1989), bis schließlich erneut die Demokraten an die Macht kamen. Mit jeder politischen Veränderung war eine Umbenennung von Straßen und Plätzen in der Stadt verbunden, um den Helden des jeweiligen Regimes gerecht zu werden. Der Platz vor dem Rudolfinum in der Altstadt z. B. trug bereits folgende Namen: Smetanovo náměstí (Smetanaplatz; 1919–1942 und 1945–1952), Mozartplatz (1942–1945) und náměstí Krasnoarmějců (Platz der Roten Armee; 1952–1990). Heute heißt er náměstí Jana Palacha (Jan-Palach-Platz; seit 1990).

Doch oft beschränkten sich die neuen Machthaber nicht nur auf Umbenennungen, sondern ließen auch die Denkmäler ihrer Vorgänger entfernen. Drei der bekanntesten „verschwundenen Monumente" Prags sind:

Die verschwundene Jungfrau

Auf dem Altstädter Ring (Staroměstské náměstí) ist rund 50 m südlich vom Jan-Hus-Denkmal eine runde Steinplatte im Pflaster am anderen Ende des Messingstreifens eingelassen, der den Prager Meridian markiert. Hier stand einst eine Mariensäule, die 1650 anlässlich des Habsburger Siegs über die Schweden zwei Jahre zuvor errichtet wurde. Sie war umgeben von Engelsfiguren, die Dämonen zermalmten und auf sie einschlugen – ein ziemlich wüstes Symbol für die wiederauflebende katholische Kirche im Kampf gegen die protestantische Reformation.

Am 3. November 1918 stürzte eine aufgebrachte Menschenmenge die Säule, die sie als Symbol für die Unterdrückung durch die Habsburger ansah. Fünf Tage zuvor hatte die Tschechoslowakei ihre Unabhängigkeit erklärt. Die Überreste der Säule können im Lapidarium (S. 161) besichtigt werden.

Der verschwundene Diktator

Wer auf dem Altstädter Ring steht und die schnurgerade Pařížská in Richtung Norden entlangblickt, entdeckt auf der anderen Seite der Čechův most ein riesiges Metronom auf einer weitläufigen Terrasse. Diese Terrasse wurde als Standort für die weltgrößte Stalin-Statue konzipiert. 1955 – zwei Jahre nach Stalins Tod – wurde der 30 m hohe und 14 000 t schwere Koloss enthüllt: „Onkel Josef" führte zwei Reihen kommunistischer Helden an – Tschechen auf der einen, Russen auf der anderen Seite. Angesichts der ständigen Lebensmittelknappheit fanden die Prager für den Koloss schnell den Spitznamen fronta na maso (Schlange stehen für Fleisch).

Im Zuge von Chruschtschows Entstalinisierung wurde das Denkmal 1962 gesprengt. Das Museum des Kommunismus (S. 131) zeigt ein eindrucksvolles Foto vom Monument – und dessen Zerstörung.

Der verschwundene Panzer

Bis 1989 war der Kinský-Platz (náměstí Kinských) am Südrand der Kleinseite unter dem Namen náměstí Sovětských tankistů (Platz der sowjetischen Panzertrupps) bekannt – zu Ehren der Sowjetsoldaten, die Prag am 9. Mai 1945 „befreiten". Jahrelang stand hier ein russischer T-34-Panzer drohend auf dem Podest.

1991 fand der Künstler David Černý, dass der Panzer ein unangemessenes Denkmal für die Sowjetsoldaten sei, und strich ihn grellrosa. Die Behörden überstrichen den Panzer wieder mit grüner Farbe und klagten Černý wegen Verbrechen gegen den Staat an. Das brachte viele Abgeordnete auf die Barrikaden; zwölf von ihnen schwangen selbst den Pinsel und sorgten so erneut für einen „Pink Panzer".

Nachdem sich die Russen beschwert hatten, wurde der Panzer schließlich entfernt. Mittlerweile umgeben Parkbänke an der runden Springbrunnen am früheren Standort. Die gigantische Granitplatte in der Mitte durchzieht ein gezackter Riss. Ein symbolischer Bruch mit der Vergangenheit? Den rosa Panzer jedenfalls gibt's immer noch. Zu sehen ist er im Militärhistorischen Museum von Lešany (bei Týnec nad Sázovou) 30 km südlich von Prag.

lerarbeiten sowie Modellen sowohl der Ju-
dith- als auch der Karlsbrücke. In Saal 16
können die Besucher zu den Grundmauern
des Bauwerks vordringen und einige stei-
nerne Überreste der Judithbrücke aus dem
Jahre 1172 bestaunen. Das Imposanteste an
der Ausstellung sind aber wahrscheinlich
die alten Fotos der Hochwasserschäden von
1890 an der Karlsbrücke. Damals stürzten
drei Brückenbögen ein und wurden von den
Fluten davongespült.

SMETANA-MUSEUM   MUSEUM
Karte S. 364 (Muzeum Bedřicha Smetany;
☎222 220 082; www.nm.cz; Novotného lávka 1;
Erw./Kind 50/25 Kč; ⊙Mi–Mo 10–12 & 12.30–
17 Uhr; 🚊17, 18) Das kleine Museum widmet
sich Bedřich Smetana, dem bekanntesten
Komponisten Böhmens. Wirklich von Interesse ist es eigentlich nur für echte Sme-
tana-Fans, zumal die Exponate auch nur
teilweise in Englisch beschriftet sind. Sehenswert ist jedoch eine Ausstellung über
die begeisterte Reaktion des Publikums auf
Smetanas Oper *Die verkaufte Braut* – allem Anschein nach war Smetana so eine
Art Andrew Lloyd Webber seiner Zeit.

⊙ Südwestliche Altstadt

BETHLEHEMSKAPELLE   KIRCHE
Karte S. 364 (Betlémská kaple; ☎224 248 595;
Betlémské náměstí 3; Erw./Kind 60/30 Kč;
⊙ April–Okt. Di–So 10–18.30 Uhr, Nov.–März bis
17.30 Uhr; 🚊6, 9, 18, 21, 22) Die Bethlehemskapelle ist eine der geschichtsträchtigsten
Kirchen Prags und die wahre Keimzelle der
Hussiten: 1391 erhielten reformistisch eingestellte Prager die Erlaubnis, eine Kirche
zu bauen, in der die Gottesdienste nicht
mehr auf Lateinisch, sondern auf Tschechisch gehalten werden sollten. So entstand
allmählich die größte Kapelle, die Böhmen
bis dato gesehen hatte – mit Platz für etwa
3000 Gläubige.

Als Rektor der Universität predigte Jan
Hus von 1402 bis 1412 in der Kapelle, von
der aus damit die Reformationsbewegung
ins Rollen kam. Heute ist die Kapelle ein
nationales Kulturdenkmal. Im 18. Jh. wurde die Kapelle allerdings abgerissen. Ihre
Überreste kamen ca. 1920 wieder zum
Vorschein. Von 1948 bis 1954 erfolgte der
akribische Wiederaufbau des Gebäudes in
seiner ursprünglichen Form – das Hussi-
tentum galt zu dieser Zeit noch offiziell als
ein „Vorläufer" des Kommunismus. Als Ba-

sis dienten alte Zeichnungen, Beschreibungen und Überreste des Originals.

Nur die Südmauer ist komplett neu errichtet worden. An der Ostmauer können
sich Besucher ein paar der originalen Ge-
bäudeteile ansehen, z. B. die Tür zur Kanzel, diverse Fenster und den Zugang zu den
Priesterquartieren. Einige Räume wurden
von Hus und anderen Prager Persönlichkeiten genutzt. Sie sind im Originalzustand
erhalten und dienen mittlerweile als Ausstellungsfläche. Die modernen Wandgemälde basieren auf alten Abhandlungen der
Hussiten. Die Zisterne im Inneren ist älter
als die eigentliche Kapelle.

Am Eingang sind Infobroschüren erhältlich. Jährlich findet hier am Abend
des 5. Juli ein Gedenkgottesdienst für
Jan Hus statt: Ansprachen und Glockengeläut erinnern an den bedeutenden
Reformator, der am folgenden Tag des
Jahres 1415 auf dem Scheiterhaufen
verbrannt wurde.

NÁPRSTEK-MUSEUM   MUSEUM
Karte S. 364 (Náprstkovo muzeum; ☎224 497
500; www.nm.cz; Betlémské náměstí 1; Erw./
Kind 80/50 Kč; ⊙ Di–So 10–18 Uhr; 🚊6, 9, 18,
21, 22) Das kleine Náprstek-Museum zeigt
eine sehenswerte Völkerkunde-Ausstellung
zu den Kulturen Asiens, Afrikas und Ame-
rikas. Der in Prag geborene Industrielle
Vojta Náprstek gründete es im 19. Jh. und
kam damit seiner großen Leidenschaft
für Anthropologie und moderne Technik
nach. Seine technische Sammlung befindet
sich heute im Technischen Nationalmuseum in Holešovice.

✕ Essen

**Vorsicht! Die Altstadt ist mit Tou-
ristenfallen gespickt – vor allem rund
um den Altstädter Ring heißt es genau
hinschauen. Und dennoch: Es gibt auch
eine Vielzahl an hervorragenden Restaurants zu entdecken. Das Labyrinth
der Straßen und Gassen, die vom Altstädter Ring abgehen, birgt manches
verborgene Juwel, während die mon-
däne Pařížská mit einer augenfälligge-
ren Aneinanderreihung von stilvollen,
gehobenen Lokalen protzt. Das klassische Altstadt-Restaurant liegt in einem
Backsteinkeller – schnell lernt man auf
diese Weise einige unterirdische Gewölbe kennen.**

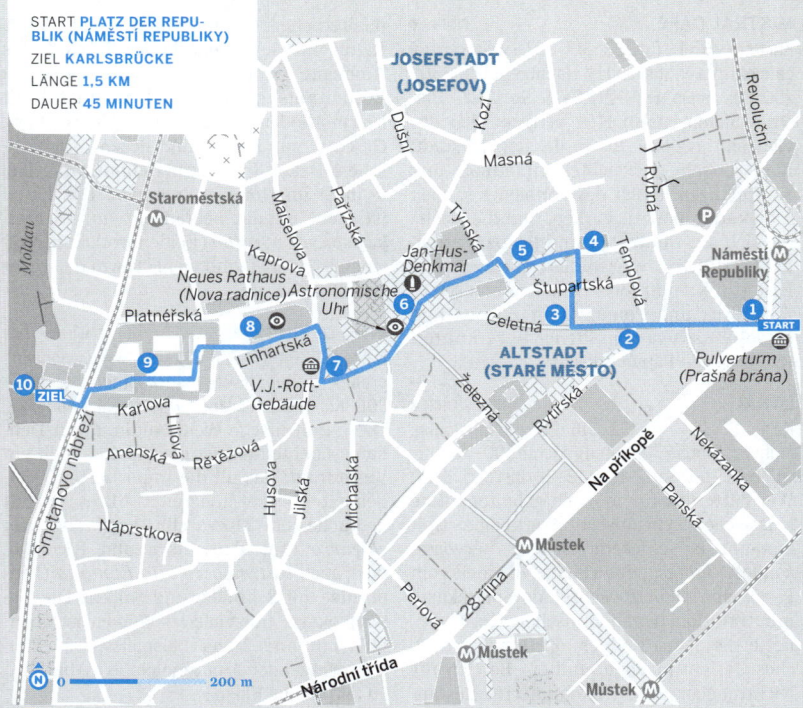

START **PLATZ DER REPU-
BLIK (NÁMĚSTÍ REPUBLIKY)**
ZIEL **KARLSBRÜCKE**
LÄNGE **1,5 KM**
DAUER **45 MINUTEN**

ALTSTADT (STARÉ MĚSTO) SEHENSWERTES

Stadtspaziergang
Fast der Krönungsweg

➡ Vom ❶ **Platz der Republik** geht
es in Richtung Pulverturm und über
die mit interessanten Gebäuden gesäumte Celetná, darunter das ❷ **Haus zur
Schwarzen Muttergottes**, ein schönes
Beispiel für kubistische Architektur und
heute Domizil des Museums des tschechischen Kubismus.

In der Celetná 17 biegt die Route rechts
in die Passage ein, die am ❸ **Celetna-
Theater** vorbeiführt und geht dann geradeaus auf der Malá Štupartská weiter, um die
Barockskulpturen an der ❹ **Jakobskirche**
zu bewundern. Die Passage mit Kopfsteinpflaster am Buchladen Big Ben führt zum
❺ **Teynhof**, einem hübschen Platz mit
einer Renaissance-Loggia. Am anderen
Ende des Platzes geht es weiter durch eine
Gasse rechts von der Teynkirche.

Schließlich gelangt man auf den ❻
Altstädter Ring, dominiert vom Jan Hus-
Denkmal und dem gotischen Turm des Altstädter Rathauses. Bei gutem Timing zeigt
die Astronomische Uhr gerade ihr Glockenspiel. Hinter der Uhr wartet der ❼ **Kleine
Ring** (Malé náměstí); vor einem liegt nun
das V. J. Rott-Gebäude mit Wandmalereien
von Mikuláš Aleš (und dem Hard Rock Café).
Nun rechts halten und dann links in die Lin-
hartská einbiegen.

Diese Gasse führt zum ruhigeren ❽
Marienplatz (Mariánské náměstí) und zum
Neuen Rathaus (Nova radnice), dem Sitz
des Stadtrats. Die Fassade zieren Jugend-
stilstatuen von Ladislav Šaloun.

Gegenüber vom Rathaus befindet sich
der Haupteingang zum ❾ **Clementinum**.
Der Weg führt durch das Tor und dann nach
links. Rechter Hand liegt die Spiegelkapelle.
Hinter dem dreifachen Bogen biegt die Route jetzt rechts ab und schlängelt sich durch
ruhigere Innenhöfe.

Am anderen Ende des Clementinums
ist der Kreuzherrenplatz (Křížovnické
náměstí) erreicht. Der Spaziergang endet
mit dem Aufstieg auf den ❿ **Altstädter
Brückenturm**, von dem sich ein schöner
Blick auf die Karlsbrücke bietet.

MISTRAL CAFÉ
BISTRO €

Karte S. 364 (⌨222 317 737; www.mistral cafe.cz; Valentinská 11; Hauptgerichte 130–250 Kč; ⏲Mo–Fr 9–21, Sa & So 10–23 Uhr; 🛜; ⓂStaroměstská) Hier verbirgt sich das vielleicht coolste Bistro in der Altstadt! Blasser Stein, gebleichtes Birkenholz und Topfpflanzen lassen das Ambiente sauber, schick und modern wirken, und die Gäste, die sich aus Studenten und Büroangestellten rekrutieren, wissen das gut zubereitete Essen zu Kampfpreisen eindeutig zu schätzen. Fisch und Pommes mit Zitrone und Mayo mit schwarzem Pfeffer in zerknittertem braunen Papier – lecker!

LOKÁL
TSCHECHISCH €

Karte S. 364 (⌨222 316 265; lokal-dlouha. ambi.cz; Dlouhá 33; Hauptgerichte 100–200 Kč; ⏲Mo–Fr 11–1, Sa 12–1, So 12–22 Uhr; 🚋5, 8, 14) Wer hätte das für möglich gehalten? Eine klassische tschechische Bierkneipe (mit erstaunlich schickem Dekor), hervorragendes *tankové pivo* (Pilsner Urquell vom Fass), eine täglich wechselnde Speisekarte mit traditionellen böhmischen Gerichten, nette effiziente Kellner, die ein freundliches Gesicht machen, und ein Bereich für Nichtraucher. Die renommierte Restaurantkette Ambiente hat sich der tschechischen Küche angenommen, und das Ergebnis ist ein solcher Erfolg, dass dieses Lokal nur so brummt – und zwar vor allem vor Einheimischen.

MAITREA
VEGETARISCH €

Karte S. 364 (⌨221 711 631; www.restauracemaitrea.cz; Týnská ulička 6; Hauptgerichte 130–160 Kč; ⏲Mo–Fr 11.30–23.30, Sa & So 12–23.30 Uhr; 🥗; ⓂStaroměstská) Maitrea, ein buddhistischer Begriff, der den Buddha der Zukunft bezeichnet, ist ein Lokal mit wunderschönem Design, das sich durch geschwungene Linien und organische Formen auszeichnet – vom sinnlichen polierten Eichenholzmobiliar und -dekor bis hin zu Lampenschirmen, die wie Blüten anmuten. Die Speisekarte gibt sich einfallsreich und komplett vegetarisch. Es munden Gerichte wie Tortillas mit Kidneybohnen und Chili, Rote-Bete-Kuchen mit Sauerkraut und Polenta sowie Pasta mit geräuchertem Tofu, Spinat und Parmesan.

INDIAN JEWEL
INDISCH €€

Karte S. 364 (⌨222 310 156; www.indianjewel. cz; Týn 6; Hauptgerichte 235–275 Kč; ⏲11–23 Uhr; ⓂStaroměstská) Der in einem mittelalterlichen Gebäude angesiedelte lange Raum mit Gewölbedecke ist ein elegantes Ambiente für eines der besten indischen Restaurants, die Prag zu bieten hat – mit Marmorböden, wuchtigen Holzstühlen, Geschirr aus Kupfer und dezent orientalischem Dekor. Im Sommer können die Gäste auch im Hof Platz nehmen. Das Essen ist nicht minder beeindruckend: leichtes, knuspriges *paratha* (Fladenbrot), kunstvoll gewürzte Soßen und viel Feuer in den recht scharfen Currys.

VINO DI VINO
ITALIENISCH €€

Karte S. 364 (⌨222 311 791; www.vinodivino praha.cz; Štupartská 18; Hauptgerichte 250–300 Kč; ⏲12–22 Uhr; ⓂNáměstí Republiky) Diese italienische Weinhandlung mit Delikatessenabteilung ist gleichzeitig auch ein Restaurant, das all die importierten Köstlichkeiten lecker zubereitet – Bresaola mit geräuchertem Mozzarella, *spaghetti alla chitarra* (mit Tintenfisch und Pecorino) oder auch *saltimbocca alla Romana* (Rinderfilet mit Schinken und Salbei). Die Getränkekarte mit vielerlei Weinen ist ebenfalls gut und bietet beispielsweise einen hervorragenden Montepulciano d'Abbruzzo zu 590 Kč die Flasche.

V ZÁTIŠÍ
INTERNATIONAL, MODERN TSCHECHISCH €€€

Karte S. 364 (⌨222 221 155; Liliová 1; Zwei-/Drei-Gänge-Menü 890/990 Kč; ⏲12–15 & 17.30–23 Uhr; 🚋17, 18) Das „Stillleben" zählt zu Prags Top-Restaurants – die Köche genießen einen ausgezeichneten Ruf. Die Einrichtung ist modern und kühl – ins Auge fallen die modernen, aber etwas merkwürdigen Glasgegenstände, die kühn gemusterten Tapeten und die cappuccinofarbenen, mit Knautschsamt bezogenen Stühle. Von den rund zehn Hauptgerichten werden vier mit Meeresfrüchten und die restlichen mit Fleisch zubereitet – Vegetarier gehen leider leer aus. Auch Gourmetvarianten traditioneller tschechischer Gerichte finden sich auf der Karte: Wie wäre es mit knusprigem Entenbraten mit Rotkohl und Kräuternocken? Wem das Drei-Gänge-Menü nicht reicht, der kann auch das Fünf-Gänge-Degustationsmenü bestellen (1170 Kč; plus 770 Kč extra für den zu jedem Gericht passend servierten Wein).

AMBIENTE PIZZA NUOVA
ITALIENISCH €€

Karte S. 364 (⌨221 803 308; Revoluční 1; Hauptgerichte 165–400 Kč; ⏲11.30–23.30 Uhr; ⓂNáměstí Republiky) Eine gute

Idee des Ambiente-Teams ist dieses Restaurant im 1. Stock neben dem Einkaufszentrum Kotva. Die Gäste sitzen auf Bänken an großen Tischen, und die Panoramafenster gehen auf den Platz der Republik (náměstí Republiky) hinaus. Für einen Festpreis (298 Kč pro Pers. vor 18 Uhr, später 365 Kč pro Pers.) gibt's hier All-you-can-eat-Pasta und -Pizza (das Salat- und Antipasti-Büffet mit dem Pizza-/Pasta-Angebot kostet zusammen 475/555 Kč). Ein Glas Wein ist für rund 75 Kč erhältlich.

KOLKOVNA — TSCHECHISCH €€

Karte S. 364 (☏224 819 701; www.kolkovna-restaurant.cz; V Kolkovně 8; Hauptgerichte 170–350 Kč; ◷11–24 Uhr; ⓂStaroměstská) Das Restaurant gehört der Brauerei Pilsner Urquell, die das Kolkovna auch führt. Mit ihrem eleganten Dekor, das von tschechischen Topdesignern konzipiert wurde und den edlen, aber trotzdem herzhaften tschechischen Gerichten ist das Lokal die schicke, moderne Variante einer traditionellen Prager Kneipe. Auf der Speisekarte stehen Gulasch, Entenbraten und Mährischer Spatz, aber auch Dauerbrenner wie Schweinebraten mit Knödeln. Das alles lässt sich natürlich vortrefflich mit einem Pilsner Urquell hinunterspülen.

KABUL — AFGHANISCH €

Karte S. 364 (☏224 235 452; www.kabulrestaurant.cz; Karolíny Světlé 14; Hauptgerichte 160–260 Kč; ◷12–23 Uhr; ☂; ☐6, 9, 18, 22) Gemütlich und nicht überfüllt, bietet das Kabul eine einladende, altertümliche Atmosphäre mit alten Holzmöbeln und orientalischen Wandteppichen. Auf der Karte finden sich untypische afghanische Gerichte, z. B. *ashak* (mit Lauch und Minze gefüllte Maultaschen, zu denen eine Soße aus gehacktem Rindfleisch und Tomaten serviert wird), Kebabvariationen mit Lamm- oder Hühnerfleisch sowie vegetarische Spezialitäten.

AMBIENTE PASTA FRESCA — ITALIENISCH €€

Karte S. 364 (☏224 230 244; Celetná 11; Hauptgerichte 190–250 Kč; ◷11–24 Uhr; ☂; ⓂNáměstí Republiky) Ein schickes Ambiente und ein Service, der jede Situation mit einem Lächeln meistert, ergänzen die umfangreiche Speisekarte dieses stets gut besuchten italienischen Restaurants. Die Gäste haben die Qual der Wahl unter Gerichten wie Carpaccio vom Rind, das schier auf der Zunge zergeht, pikanten *spaghetti aglio-olio* mit Chili und knuspriger Pancetta oder auch einem cremigen Risotto mit Spargel und Weißwein. Die Auswahl an Weinen aus Italien und Tschechien ist breit. Ein langer Schlauch von einem Café befindet sich im Erdgeschoss, die Treppen hinunter wartet ein Kellerrestaurant.

LEHKÁ HLAVA — VEGETARISCH €

Karte S. 364 (☏222 220 665; www.lehkahlava.cz; Boršov 2; Hauptgerichte 120–220 Kč; ◷Mo–Fr 11.30–23.30, Sa & So 12–23.30 Uhr; ☂; ☐17, 18) Das Lehká Hlava – der Name bedeutet „klarer Kopf" – liegt etwas versteckt in einer schmalen Sackgasse und ist eine Welt für sich. Beide ungewöhnlich gestalteten Gaststuben haben einen leicht psychodelischen Touch – die Tische sind indirekt beleuchtet und mit schillernden Glaskugeln oder leuchtender Holzmaserung versehen. In der Küche liegt das Hauptgewicht auf gesunden, frisch zubereiteten vegetarischen und veganen Gerichten – von Hummus (Kichererbsenmousse) und gebratenem Gemüse bis hin zu verschiedenen asiatischen Speisen aus dem Wok.

COUNTRY LIFE — VEGETARISCH €

Karte S. 364 (☏224 213 366; www.countrylife.cz; Melantrichova 15; Hauptgerichte 90–180 Kč; ◷Mo–Do 10.30–19.30, Fr 10.30–15, So 12–18 Uhr; ☂; ⓂMůstek) Der erste Bioladen Prags öffnete 1991 seine Pforten. Das Country Life ist eine komplett vegane Cafeteria und Sandwichbar mit preisgünstigen Salaten, Sandwiches, Pizza, vegetarischem Gulasch, Burgern mit Sonnenblumenkernen und Sojagetränken. Das Essen wird nach Gewicht berechnet: etwa 30 Kč pro 100 g. Im Hof hinter dem Haus stehen jede Menge Tische, dennoch wird es mittags oft sehr voll. Also frühzeitig kommen oder einfach ein paar Sandwiches zum Mitnehmen kaufen.

BEAS VEGETARIAN DHABA — VEGETARISCH, INDISCH €

Karte S. 364 (☏608 035 727; Týnská 19; Hauptgerichte 90–130 Kč; ◷Mo–Sa 11–20, So bis 18 Uhr; ☂; ⓂNáměstí Republiky) Das nette, legere, kleine Lokal liegt etwas versteckt in einem Hof in der Týnská. Auf den Tisch kommen vegetarische Currys (die Köche aus Nordindien zubereiten) mit Reis, Salat, Chutneys und Raita. Eine Seltenheit in Prag: Das Essen weist aufgrund des Chilis eine gewisse Schärfe auf, ist pikant und bietet zudem viel fürs Geld. Es wird nach Gewicht bezahlt: 100 g kosten etwa 16 Kč.

ALTSTADT (STARÉ MĚSTO) SEHENSWERTES

BAKESHOP PRAHA
BÄCKEREI, SANDWICHES €

Karte S. 364 (222 316 823; www.bakeshop.cz; Kozí 1; Sandwiches 75–200 Kč; 7–21 Uhr; Staroměstská) Diese sagenhafte Bäckerei verkauft so ziemlich das beste Brot in der ganzen Stadt, außerdem Gebäck, Kuchen, Baguettes, Wraps, Salate und Quiche.

AUSGEHEN & NACHTLEBEN

Die Prager Altstadt bildet das touristische Zentrum – dementspre-chend voll sind die Kneipen und teuer obendrein. Wer durch das Gassengewirr bummelt, das sich rund um den Altstädter Ring ausbreitet, findet jedoch verborgene Schätze wie die Čili Bar, das Duende oder auch das Literární Kavárna Řetězová.

PRAGUE BEER MUSEUM
PUB

Karte S. 364 (732 330 912; www.prague beermuseum.com; Dlouhá 46; 12–3 Uhr; 5, 8, 14) Dem Namen nach zielt das Lokal auf Touristen ab, doch das lebhafte und stets volle Pub ist auch bei den Pragern überaus beliebt. Es gibt hier sage und schreibe 31 Biere vom Fass (plus eine umfangreiche Bierkarte mit Hinweisen zu den einzelnen Sorten als Entscheidungshilfe). Eine nette Idee ist das Probierangebot: ein Holztablett mit fünf verschiedenen 0,15 l-Gläsern Bier, das sich die Gäste selbst individuell zusammenstellen dürfen.

HEMINGWAY BAR
COCKTAILBAR

Karte S. 364 (773 974 764; www.hemingway bar.eu; Karolíny Světlé 26; Mo–Fr 17–1, Sa & So 19–1 Uhr; 17, 21) Das Hemingway ist ein schickes, angesagtes Lokal mit dunklen Lederbänken, einem Hinterzimmer im Stil einer Bibliothek, flackernden Kerzen und professionellen, freundlichen Barkeepern. Die reiche Auswahl an hochwertigen Spirituosen – vor allem Rum - Cocktails vom Feinsten, Champagner, aber auch Zigarren ist einfach enorm.

KRÁSNÝ ZTRÁTY
Café

Karte S. 364 (775 755 143; www.krasnyz traty.cz; Náprstkova 10; Mo–Fr 9–1, Sa & So 12–1 Uhr; 17, 18) Das coole Café – der Name bedeutet so etwa „schöne Zerstörung" – ist gleichzeitig eine Kunstgalerie und fungiert gelegentlich auch als Musikbühne. Jedenfalls ist die Kneipe bei den Studenten der nahen Karlsuniversität total beliebt. Die Gäste können hier in tschechischen Zeitungen und Büchern schmökern, das Soundsystem liefert die entspannte musikalische Untermalung, und auf der Speisekarte stehen Gourmet-Tees und Kaffeespezialitäten.

ČILI BAR
COCKTAILBAR

Karte S. 364 (777 945 848; www.cilibar.cz; Kožná 8; 17–2 Uhr; Můstek) Die winzige Cocktailbar versteckt sich in der Biegung einer engen Altstadtgasse und liegt nur wenige Schritte vom Altstädter Ring entfernt. Die Atmosphäre ist komplett anders als in den typischen Kneipen der Altstadt. Sie ist freundlich, entspannt und lebhaft. In dem engen und verrauchten Raum – es gibt kubanische Zigarren zu kaufen – kämpfen ein paar abgenutzte Ledersessel mit einer Handvoll Tischen und den Gästen an der Bar um Platz. Die Spezialität des Hauses ist ein Schuss Rum mit fein gehackten roten Chilischoten (Minimum drei Schuss).

U MEDVÍDKŮ
BIERKNEIPE

Karte S. 364 (Zum kleinen Bären; 224 211 916; www.umedvidku.cz; Na Perštýně 7; Bierhalle 11.30–23 Uhr, Museum 12–22 Uhr; ; Národní Třída) Die kleinste Brauerei von Prags Mikrobrauereien kann nur 250 l brauen – die Produktion eines eigenen Biers begann erst 2005, obwohl es die Gaststätte schon seit vielen Jahren gibt. Was an Menge fehlt, macht die Stärke wett: Das hier produzierte dunkle Lager, das als X-Bier vermarktet wird, ist das stärkste Bier des Landes mit einem Alkoholgehalt von 11,8 % (und damit etwa ebenso stark wie viele Weine). Das bittersüße, malzige Gebräu wird nur in Flaschen (122 Kč für 0,33 l) verkauft. Achtung, seine Wirkung ist gewaltig! Als Alternative gibt es auch frisch gezapftes Budvar (32 Kč für 0,4 l).

KOZIČKA
BAR

Karte S. 364 (224 818 308; www.kozicka.cz; Kozí 1; Mo–Fr 12–16, Sa 18–4, So 19–3 Uhr; Staroměstská) Die „Kleine Ziege" ist eine Kellerbar mit roten Ziegelsteinen und geschmückt mit süßen Stahlskulpturen von Ziegen. Hier gibt's Krušovice vom Fass für 45 Kč pro 0,5 l (Vorsicht: Die Barkeeper schenken gerne mal einen 1 l-*tuplák* ein, wenn sie einen für eine Touristen halten). Später am Abend füllt sich die Bar mit tschechischen Gästen – ein zivilisiertes Umfeld für einen spätabendlichen Drink.

DUENDE
BAR

Karte S. 364 (📋775 186 077; www.barduen de.cz; Karolíny Světlé 30; ⊙Mo–Fr 13–24, Sa 15–24, So 16–24 Uhr; 🚊17, 18) Die reizende kleine Bar liegt kaum fünf Minuten zu Fuß von der Karlsbrücke entfernt, scheint atmosphärisch aber meilenweit weg zu sein, denn touristisch geht es hier wahrhaftig nicht zu. Die böhmische Kneipe lockt künstlerisch angehauchte Einheimische jeden Alters an. Hier genehmigt man sich einen Drink und schaut sich dabei die tollen Fotos und kuriosen Kunstwerke an den Wänden an – oder hört den Gitarren- oder Geigenspielern zu, die manchmal hier auftreten, um das Publikum zu unterhalten.

JAMES JOYCE
PUB

Karte S. 364 (📋224 818 851; www.james joyceprague.cz; U obecního dvora 4; ⊙11–24, Fr & Sa bis 1 Uhr; 🚻; 🚊5,8,14) Eigentlich fährt ja kein Mensch nach Prag, um ausgerechnet hier ein irisches Pub zu besuchen, aber wer im Winter kommt, findet etwas, das es in Prag nur selten gibt: einen offenen Kamin, der in der Wirbelstube eine heimelige Wärme verbreitet. Die Gäste können hier ihre kalten Füße aufwärmen und dabei ein Guinness trinken oder auch das ganztägig erhältliche irische – warme – Frühstück hinunterspülen, inklusive Clonakilty Black Pudding: Blutwurst.

KÁVA KÁVA KÁVA
CAFÉ

Karte S. 364 (📋224 228 862; Platýz pasáž, Národní třída 37; ⊙Mo–Fr 7–22, Sa & So 9–22 Uhr; 🚻; 🚇Národní Třída) In diesem Café gibt's so ziemlich den besten Kaffee der ganzen Stadt – der große Cappuccino ist so riesig, dass man schier darin baden kann. Dazu schmecken getoastete Bagels, Croissants, Kuchen und Gebäck, die es in großer Ausawahl gibt.

LITERÁRNÍ KAVÁRNA ŘETĚZOVÁ
CAFÉ

Karte S. 364 (📋222 220 681; Řetězová 10; ⊙Mo–Fr 12–23, Sa & So 17–23 Uhr; 🚊17, 21) In Cafés dieser Art fällt es nicht schwer, sich vorzustellen, man schreibe auf dem Laptop an einem Roman über Prag, die halb leere Tasse Kaffee neben sich auf dem Tisch. Der schlichte Raum mit Gewölbedecke ist mit ramponierten Holzmöbeln ausgestattet, es liegen ein paar Läufer auf dem Boden, die Wände schmücken interessante alte Schwarzweiß-Fotos – und die Stimmung ist so entspannt, dass es sich auch prima in einem Buch schmökern lässt.

U ZLATÉHO TYGRA
KNEIPE

Karte S. 364 (📋222 221 111; www.uzlatehotyg ra.cz; Husova 17; ⊙15–23 Uhr; 🚇Staroměstská) Der „Goldene Tiger" zählt zu den Kneipen, die sich treu geblieben sind – und den niedrigen Preisen auch: Ein Pilsner Urquell (0,5 l) kostet schlappe 38 Kč, und das in dieser Lage! Die Gaststätte war einst das Lieblingslokal des Romanciers Bohumil Hrabal – Fotos von ihm sind an den Wänden zu bewundern. Im Jahr 1994 lud Václav Havel Bill Clinton in dieses Lokal ein, um ihm eine echte tschechische Kneipe zu zeigen.

MONARCH VINNÝ SKLEP
WEINBAR

Karte S. 364 (📋224 239 602; www.monarch.cz; Na Perštýně 15; ⊙Mo–Sa 15–24 Uhr; 🚇Národní Třída) Dieser Weinkeller zählt für alle, die tschechische Weine probieren möchten, zu den besten Adressen der Stadt. Trotz des fachkundigen Personals und der breiten Auswahl an Jahrgangsweinen geht es hier absolut nicht hochgestochen zu. Außerdem verlockt eine Speisekarte mit Kleinigkeiten, darunter allerlei Käse, Oliven, Prosciutto, Salami und Räucherente. Und so teuer, wie erwartet, ist es hier längst nicht.

FRIENDS
CLUB

Karte S. 364 (📋226 211 920; www.friendsclub. cz; Bartolomějská 11; ⊙19–6 Uhr; 🚻; 🚇Národní Třída) Das Friends ist eine einladende Schwulenbar mit Club, in der hervorragender Kaffee, Cocktails und Weine serviert werden. Jedenfalls kann man es sich hier einfach mit einem Getränk gemütlich machen und Leute gucken – oder auch an den Themenabenden mit tschechischer Popmusik, Filmen, Strandpartys oder Comedy abfeiern (das jeweils aktuelle Programm verrät die Website).

KAVÁRNA OBECNÍ DŮM
CAFÉ

Karte S. 364 (📋222 002 763; www.kavarnaod. cz; Náměstí Republiky 5; ⊙7.30–23 Uhr; 🚻; 🚇Náměstí Republiky) Das sagenhafte Café im prächtigen Repräsentationshaus (S. 104) (Obecní dům) bietet Gelegenheit, einen Cappuccino in herrlichem Jugendstilambiente zu trinken. Einen Blick lohnt auch die nette kleine American Bar im Basement des Gebäudes, ein Ausbund an poliertem Holz, Buntglas und schimmerndem Kupfer.

GRAND CAFE ORIENT
CAFÉ

Karte S. 364 (Ovocný trh 19, Nové Město; 🚇Náměstí Republiky) Prags einziges kubistisches Café wurde von Josef Gočár entworfen und huldigt dem Kubismus bis ins winzigste Detail wie etwa Lampenschirme und Garderobenhaken. Das Orient wurde 2005 nach umfangreicher Renovierung erstmals seit 1920 wieder eröffnet. Nun gibt es hier wieder einen anständigen Kaffee und auch preiswerte Cocktails, die zu einem gelungenen Abend beitragen.

UNTERHALTUNG

ROXY
CLUB, DARSTELLENDE KÜNSTE

Karte S. 364 (☎224 826 296; www.roxy.cz; Dlouhá 33; Eintritt frei, Fr & Sa bis 300 Kč; ⊕Mo–Do 19–24, Fr & Sa bis 18 Uhr; ☒5, 8, 14) Das legendäre Roxy in einem baufälligen Jugendstilkino zählt seit 1987 zum unabhängigeren, innovativeren Spektrum der Prager Clubszene. Jedenfalls ist hier richtig, wer die Top-DJs des Landes kennenlernen möchte. Im 1. Stock befindet sich das NoD, eine Experimentierbühne, die Theaterstücke, Tanz, Performance-Kunst, Filme und Livemusik bietet. Das beste Nachtlokal in der Altstadt.

JAZZ CLUB U STARÉ PANÍ
Jazz

Karte S. 364 (☎602 148 377; www.jazzstara pani.cz; Michalská 9; Eintritt 250 Kč; ⊕Mi–So 19–1 Uhr, Musik ab 21 Uhr; ⓂMůstek) Der Jazzclub im Basement des Hotels U Staré Paní existiert schon seit ewigen Zeiten, wurde unlängst jedoch aufgepeppt und hält nun für jeden Musikgeschmack etwas bereit. Auf dem abwechslungsreichen Programm stehen moderner Jazz, Soul, Blues und lateinamerikanische Rhythmen. Außerdem besteht die Möglichkeit, hier auch gleich noch zu Abend zu essen – um den Tag angemessen abzurunden.

AGHARTA JAZZ CENTRUM
Jazz

Karte S. 364 (☎222 211 275; www.agharta.cz; Železná 16; Eintritt 250 Kč; ⊕19–1 Uhr, Musik 21–24 Uhr; ⓂMůstek) Im Agharta wird seit 1991 erstklassiger moderner tschechischer Jazz, Blues, Funk und Fusion gespielt. 2004 ist der Club in die Altstadt umgezogen. Es ist ein typischer Jazzkeller mit Ziegelgewölbe und einer gemütlichen Café-Bar. Zusätzlich gibt es einen Musikladen (19–24 Uhr), in dem CDs, T-Shirts und Kaffeebecher verkauft werden. Hier spielen überwiegend einheimische Musiker und manchmal auch international bekannte Künstler. Eintrittskarten für die Events kann man sich über die Website besorgen.

BLUES SKLEP
JAZZ

Karte S. 364 (☎221 466 138; www.bluessklep. cz; Liliová 10; Eintritt 100–150 Kč; ⊕Bar 19–2.30 Uhr, Musik 21–24 Uhr; ☒17, 18) Das Blues Sklep (Sklep bedeutet „Keller") ist einer der neueren Prager Jazzclubs und ein typischer Altstadtkeller mit dunklem Gewölbe – die passende Atmosphäre für die regelmäßigen Jazzabende. Die Bands spielen alles vom traditionellen New Orleans Jazz bis hin zu Bebop, Blues, Funk und Soul.

VAGON
LIVEMUSIK

Karte S. 364 (☎733 737 301; www.vagon.cz; Palác Metro, Národní třída 25; Gigs 100 Kč, Eintritt nach Mitternacht frei; ⊕Mo–Do 19–5, Fr & Sa bis 6, So bis 1 Uhr; ☎; ☒6, 9, 18, 22, ⓂNárodní Třída) Der Eingang liegt versteckt in einer Einkaufspassage, auf den ersten Blick wirkt das Vagon eher wie ein Studententreffpunkt als wie ein richtiger Club. Die Atmosphäre ist freundlich und entspannt, fast jeden Abend gibt es Livemusik: einheimische Bluessänger, Pink-Floyd- und Led-Zeppelin-Tribute-Bands oder klassischen tschechischen Rock. Regelmäßig tritt z.B. die tschechische Undergroundband Plastic People of the Universe auf. Ab Mitternacht bis in die frühen Morgenstunden herrscht in der „Rockothéque" Diskobetrieb.

DVOŘÁK-SAAL
KONZERTSAAL

Karte S. 364 (Dvořáková síň; ☎227 059 227; www.ceskafilharmonie.cz; náměstí Jana Palacha 1; Karten 200–600 Kč; ⊕Kasse Mo–Fr 10–12.30 & 13.30–18 Uhr; ⓂStaroměstská) Der Dvořák-Saal im Rudolfinum, einem Gebäude der Neu-Renaissance, ist die Spielstätte des renommierten Tschechischen Philharmonischen Orchesters (Česká filharmonie). Hier beeindrucken die besten Musiker Prags ihr Publikum mit Klassik vom Feinsten.

STÄNDETHEATER
OPER, BALLETT

Karte S. 364 (Stavovské divadlo; ☎224 902 322; www.narodni-divadlo.cz; Ovocný trh 1; Karten 30–1260 Kč; Kasse 10–18 Uhr; ⓂMůstek) Das Ständetheater ist das älteste Theater der Stadt und sehr berühmt, weil Mozart hier am 29. Oktober 1787 die Uraufführung von Don Giovanni dirigierte. Mozartissimo – ein Medley von Highlights aus mehreren Mozartopern, darunter auch Don Giovanni – wird hier von Mai bis August mehrmals pro Woche gegeben (s. unter www. bmart.cz); in den übrigen Monaten stehen Oper, Ballett und Theater auf dem Veranstaltungsprogramm.

SMETANA-SAAL
KLASSISCHE MUSIK

Karte S. 364 (Smetanova síň; ☑222 002 101; www.obecnidum.cz; náměstí Republiky 5; Karten 250–600 Kč; ⏱Kasse 10–18 Uhr; Ⓜ Náměstí Republiky) Der Smetana-Saal, das Herz des beeindruckenden Repräsentationshauses (S. 104) (Obecní dům), ist mit 1200 Plätzen der größte Konzertsaal Prags. Hier sind die Prager Symphoniker (Symfonický orchestr hlavního města Prahy) zu Hause, es finden jedoch auch Volkstanzdarbietungen und Volksmusikabende statt.

IMAGE-THEATER
DARSTELLENDE KÜNSTE

Karte S. 364 (Divadlo Image; ☑222 314 448; www.imagetheatre.cz; Pařížská 4; Karten 480 Kč; ⏱Kasse 9–20 Uhr; Ⓜ Staroměstská) Die 1989 gegründete Theatertruppe verbindet kreativ schwarzes Theater mit Pantomime, modernem Tanz und Video – plus freizügigen Slapstick-Einlagen –, um ihre spannenden Geschichten zu erzählen. Die Aufführungen sind überaus effizient, hängen jedoch stimmungsmäßig von den Reaktionen des Publikums ab.

NATIONALES MARIONETTEN-THEATER
DARSTELLENDE KÜNSTE

Karte S. 364 (Národní divadlo marionet; ☑224 819 323; www.mozart.cz; Žatecká 1; Erw./Kind 590/490 Kč; ⏱Kartenschalter 10–20 Uhr; Ⓜ Staroměstská) In der Werbung des Theaters wird gerne betont, dass kein klassisches Prager Marionettenspiel so lange läuft wie dieses: Hier tanzen die Puppen seit 1991 fast ununterbrochen. Bei *Don Giovanni* handelt es sich um eine Aufführung der bekannten Mozartoper mit lebensgroßen Puppen. Sie ist so erfolgreich und findet so großen Anklamng beim Publikum, dass sie inzwischen in der Stadt mehrere Nachahmer gefunden hat. Für kleinere Kinder dauert die Vorstellung mit zwei Stunden aber fast zu lang.

TA FANTASTIKA
DARSTELLENDE KÜNSTE

Karte S. 364 (☑222 221 366; www.tafantastika. cz; Karlova 8; Karten 720 Kč; ⏱Kartenschalter 11–21.30 Uhr; Ⓜ Staroměstská) Das Theater wurde 1981 in New York vom tschechischen Emigranten Petr Kratochvil gegründet, 1989 erfolgte dann der Umzug nach Prag. Das Schwarzlichttheater zeigt klassische Stoffe wie *Excalibur, Das Bildnis des Dorian Gray* oder *Die Heilige Johanna*. Das beliebteste Stück ist allerdings *Aspects of Alice,* das auf Motive aus *Alice im Wunderland* zurückgreift.

THEATER AM GELÄNDER
THEATER

Karte S. 364 (Divadlo Na Zábradlí; ☑222 868 868; www.nazabradli.cz; Anenské náměstí 5; Karten 100–325 Kč; ⏱Karten Mo–Fr 14–20 Uhr, Sa & So 2 Std. vor Vorstellungsbeginn; 🚋17, 18) In diesem Theater stellte Václav Havel vor 40 Jahren sein Talent als Dramatiker unter Beweis. Heute gilt die Bühne als das Theater der Stadt für ernsthafte Stücke in tschechischer Sprache, darunter auch Werke ausländischer Autoren, die ins Tschechische übersetzt werden. Es gibt auch Vorstellungen in Englisch mit tschechischen Untertiteln.

SHOPPEN

LEEDA
MODE

Karte S. 364 (☑224 234 056; www.leeda.cz; Bartolomějská 1; ⏱Mo–Sa 11–19 Uhr; 🚋6, 9, 18, 22) Das tschechische Modelabel wurde von zwei jungen Prager Designerinnen ins Leben gerufen, Lucie Kutálková und Lucie Trnkov. Es steht mittlerweile im – wohlverdienten – Ruf, farbenfrohe, hippe und schicke Kleidung zu kreiren – vom T-Shirt bis zum Designerkleid. Und die Preise sind auch völlig okay.

ART DECO GALERIE
ANTIQUITÄTEN

Karte S. 364 (☑224 223 076; www.artdecogalerie-mili.com; Michalská 21; ⏱Mo–Mi 14–19 Uhr; Ⓜ Můstek) Das Geschäft hat sich auf Objekte aus dem frühen 20. Jh. spezialisiert und bietet ein dementsprechend breites Angebot an verschiedensten Dingen aus den 1920er- und 1930er-Jahren, darunter Kleidung, Handtaschen, Schmuck, Glas und Keramik sowie Nippes im Stil eines Zigarettenetuis, das Dorothy Parker aus der Tasche ziehen könnte.

MODERNISTA
HAUSHALTSARTIKEL

Karte S. 364 (☑224 241 300; www.modernista. cz; Celetná 12; ⏱11–19 Uhr; Ⓜ Náměstí Republiky) Modernista ist eine elegante Galerie, die sich auf Nachbildungen von Mobiliar aus dem 20. Jh. spezialisiert hat. Zu haben sind klassische Stücke à la Jugendstil, Kubismus, Funktionalismus und Bauhaus, darunter sinnlich geschwungene Stühle, die für das Icon Hotel typisch sind, aber auch eine ungewöhnliche Chaiselongue von Adolf Loos (eine Kopie des Möbelstücks in der Villa Müller (S. 52)). Das Geschäft befindet sich in den Arkaden in der Celetná 12 und ist von der Straße aus nicht zu sehen.

ART DÉCORATIF KUNST & KUNSTHANDWERK

Karte S. 364 (☎222 002 350; www.artde coratif.
cz; U Obecního Domu 2; ◷10–20 Uhr; Ⓜ️Náměstí
Republiky) In diesem schönen Geschäft sind
in Tschechien gefertigte Reproduktionen
von Jugendstil- und Art déco-Glaswaren
erhältlich, außerdem Schmuck und Stoffe
sowie bemerkenswerte Vasen und Schalen.
Hier werden auch die wunderschön fragi-
len Kreationen von Jarmila Plockova, der
Enkelin von Alfons Mucha, verkauft, die in
ihren Arbeiten auf Elemente seiner Gemälde zurückgreift.

KUBISTA HAUSHALTSARTIKEL

Karte S. 364 (☎224 236 378; www.kubista.cz;
Ovocný trh 19; ◷Di–So 10–18 Uhr; Ⓜ️Náměstí
Republiky) Das Geschäft befindet sich – wie
passend! – im Museum für tschechischen
Kubismus, dem schönsten kubistischen
Gebäude Prags. Es hat sich auf limitierte
Reproduktionen von kubistischen Möbeln
und Keramik sowie Designs von Meistern
wie Josef Gočár und Pavel Janák spezialisiert. Außerdem sind hier auch diverse Originale für ambitionierte Sammler mit dem
entsprechenden Kleingeld erhältlich.

BOŘEK ŠÍPEK GLAS

Karte S. 364 (☎224 814 099; www.boreksipek.
com; Valentinská 11; ◷Mo–Fr 10–18, So 11–
17 Uhr; Ⓜ️Staroměstská) In diesem Geschäft
sind die markanten, bunten Glasobjekte
von Bořek Šípek zu haben, einem der führenden Architekten und Designern Tschechiens. Seine exzentrischen Kreationen gefallen vielleicht nicht jedem, sind jedoch in
jedem Fall ein Hingucker.

BIG BEN BÜCHER

Karte S. 364 (☎224 826 565; www.bigben book-
shop.com; Malá Štupartská 5; ◷Mo–Fr 9–20, Sa
10–20, So 11–20 Uhr; Ⓜ️Náměstí Republiky) Big
Ben ist eine kleine, aber gut sortierte Buchhandlung mit Titeln in englischer Sprache.
Einige Regale sind der tschechischen und
europäischen Geschichte vorbehalten, es
gibt Reiseführer über Prag (auch von Lonely Planet), Science-Fiction, Kinderbücher,
Dichtung und natürlich die gerade aktuellen Bestseller. Auf dem Ladentisch liegen
zudem englische Zeitungen und Zeitschriften aus.

KLARA NADEMLÝNSKÁ MODE

Karte S. 364 (☎224 818 769; www.klarana dem-
lynska.cz; Dlouhá 3; ◷Mo–Fr 10–19, Sa bis 18
Uhr; Ⓜ️Staroměstská) Klara Nademlýnská

zählt zu den Topdesignerinnen Tschechiens; sie absolvierte in Prag ihre Ausbildung
und war anschließend etwa zehn Jahre in
Paris tätig. Ihre Kleidung besticht durch
klare Linien, Schlichtheit und hochwertige
Materialien – gut tragbare Klamotten. Das
Spektrum reicht von Badebekleidung über
Abendmode, Jeans, Träger-Tops und Blusen
bis hin zu Kostümen mit Pfiff.

TEG MODE

Karte S. 364 (☎222 327 358; www.timoure.
cz; V Kolkovně 6; ◷Mo–Fr 10–19, Sa 11–17 Uhr;
Ⓜ️Staroměstská) TEG (Timoure et Group)
bezeichnet das Designteam von Alexan-
dra Pavalová und Ivana Šafránková, zwei
der angesehensten Modedesignerinnen
der Stadt. Diese Boutique präsentiert ihre
saisonalen Kollektionen – ein schicker,
einfallsreicher Look, der gut tragbarer Be-
kleidung für jeden Tag das gewisse Etwas
verleiht. Eine **Filiale** (Karte S. 364; ☎224 240
737; Martinská 4; ◷Mo–Fr 10–19, Sa bis 17 Uhr;
Ⓜ️Národní Třída) befindet sich in der Nähe
der Národní třída.

BOHÈME MODE

Karte S. 364 (☎224 813 840; www.boheme.
cz; Dušní 8; ◷Mo–Fr 11–19, Sa bis 17 Uhr;
Ⓜ️Staroměstská) Diese Boutique präsentiert
Designs von Hana Stocklassa und ihren
Mitarbeitern: Strickwaren, Leder- und
Wildlederkleidung für Damen. Die Strick-
jacken, Rollkragenpullis, Wildlederröcke,
Leinenblusen, Strickkleider und Hosenan-
züge aus Stretchjeansstoff gehören zum
Standardsortiment, außerdem ist noch eine
breite Auswahl an Schmuck zu haben.

LE PATIO LIFESTYLE HAUSHALTSARTIKEL

Karte S. 364 (☎222 310 310; www.lepatio
lifestyle.com; Dušní 8; ◷Mo–Sa 10–19, So 11–
19 Uhr; Ⓜ️Staroměstská) Hier gibt es jede
Menge qualitativ hochwertiger Haushaltswaren: von schmiedeeisernen Stühlen und
Lampen, die von böhmischen Schmieden
gefertigt wurden, bis hin zu parfümier-
ten Holztruhen von indischen Schreinern.
Außerdem findet man hier noch verrückte
Blumentöpfe aus Stein, klobige Weingläser
aus Kristall in zeitgenössischem Design
und viele weitere verlockende Gegenstände,
die einfach in den eh schon vollgepackten
Koffer passen müssen.

MANUFAKTURA KUNST & KUNSTHANDWERK

Karte S. 364 (☎257 533 678; www.manufak
tura.cz; Melantrichova 17; ◷10–20 Uhr;

Ⓜ Můstek) In Prag gibt es mehrere Filialen von Manufaktura, doch diese kleine Zweigstelle in der Nähe vom Altstädter Ring beeindruckt mit ihrem besonders verlockenden Sortiment. Hier werden tolle tschechische Holzspielsachen verkauft, aber auch wunderschöne (und überaus leckere) Honiglebkuchen, die mit kunstvollen mittelalterlichen Backformen hergestellt wurden. Und dann werfden noch saisonale Mitbringsel wie beispielsweise handbemalte Ostereier angeboten.

QUBUS
KUNST & KUNSTHANDWERK

Karte S. 364 (☑ 222 313 151; www.qubus.cz; Rámová 3; ⊙ Mo–Fr 10–18 Uhr; Ⓜ Staroměstská) Dieser kleine Designerladen sieht im Internet beeindruckender aus als in Wirklichkeit. Aber wer sich für innovative Haushaltsaccessoires wie „flüssige Lichter" (Lampen in Form von Tränen) und Weingläser aus Kristall, gestaltet wie Einwegplastikbecher, interessiert, für den ist das Qubus genau der richtige Laden. Das Geschäft wird von den tschechischen Designern Maxim Velčoský und Jakon Berdych betrieben. Hier gibt es alles, was das Avantgarde-Herz begehrt.

FREY WILLE
SCHMUCK

Karte S. 364 (☑ 272 142 228; www.frey-wille. com; Havířská 3; ⊙ Mo–Sa 10–19, So 12–18 Uhr; Ⓜ Můstek) Der österreichische Schmuckhersteller Frey Wille hat sich einen Namen mit seinen Emaillearbeiten gemacht und produziert eine weite Bandbreite an höchst dekorativen Stücken. Die traditionellen Paisley- und ägyptischen Designs werden durch Jugendstilentwürfe ergänzt, die auf den Werken von Alfons Mucha basieren.

GRANÁT TURNOV
SCHMUCK

Karte S. 364 (☑ 222 315 612; www.granat.eu; Dlouhá 28–30; ⊙ Mo–Fr 10–18, Sa bis 13 Uhr; Ⓜ Náměstí Republiky) Dieses Geschäft gehört zur größten Schmuckkette des Landes und hat sich auf böhmischen Granat spezialisiert. Erhältlich ist eine breite Auswahl an Gold- und Silberringen, Ketten, Broschen und Manschettenknöpfen mit diesen kleinen dunkelroten Steinen, aber auch schöner Perl- und Diamantschmuck. Weniger teuer kommen Stücke aus dunkelgrünem Halbedelstein, der in Tschechien als *vltavín* (Moldavit) bekannt ist.

MAXIMUM UNDERGROUND
MUSIK

Karte S. 364 (☑ 724 307 198; www.maximum.cz; Jílská 22; ⊙ Mo–Sa 11–19 Uhr; Ⓜ Můstek) Das

Geschäft im 1. Stock in einer Arkade an der Jílská kann mit CDs und LPs mit Indie, Punk, Hip-Hop, Techno und vielen anderen Musikrichtungen aufwarten. Außerdem werden hier Leute fündig, die den mitteleuropäischen Grungelook schätzen: Es gibt neue und Second-Hand-Klamotten für den Alltag und zum Clubbing.

TALACKO
MUSIK

Karte S. 364 (☑ 224 813 039; www.talacko. cz; Rybná 29; ⊙ Mo–Fr 10–18, Sa bis 16 Uhr; Ⓜ Náměstí Republiky) In diesem noblen Musikgeschäft sind die Partituren zu Mozarts *Don Giovanni* oder Dvořáks *Symphonie aus der Neuen Welt* zu haben. Aber vielleicht sind ja eher Poptitel gefragt? Wie wäre es mit „101 Beatles-Songs für Straßenmusikanten"?

BRIC A BRAC
ANTIQUITÄTEN

Karte S. 364 (☑ 224 815 763; Týnská 7; ⊙ 10–18 Uhr; Ⓜ Náměstí Republiky) Versteckt in einer engen Gasse hinter der Teynkirche lockt dieser wunderbar chaotische Keller mit allerlei alten Haushaltswaren, Glaswaren, Spielzeug und Apothekergefäßen, mit Lederjacken aus den 1940er-Jahren, Zigarrenkisten und Schreibmaschinen und Saiteninstrumenten und, und, und. Das Ambiente ist zwar etwas ramschig, der Krimskrams dafür erstaunlich teuer. Es gibt zwei Ausstellungsräume – einen in der Týnská und einen größeren in einem Innenhof in der Nähe (den Schildern folgen). Der leutselige serbische Besitzer hat sogar zu jedem Stück seiner umfangreichen Sammlung eine kleine Geschichte zu erzählen.

HAVELSKÁ MARKET
MARKT

Karte S. 364 (Havelská; ⊙ Mo–Fr 7.30–18, Sa & So 8.30–18 Uhr; Ⓜ Můstek) Zwischen die Obst- und Gemüsestände dieses früher reinen Lebensmittelmarkts haben sich mittlerweile Souvenirbuden geschlichen. In den Geschäften, die die Straße säumen, ist Kitsch und Krempel erhältlich, auf den man getrost verzichten kann, die Andenkenstände sind jedoch durchaus einen Blick wert. Hier verlocken frischer Honig und Süßigkeiten, aber um die Osterzeit auch bunt bemalte Eier.

KOTVA
SUPERMARKT

Karte S. 364 (www.od-kotva.cz; Revoluční 1; ⊙ Mo–Fr 9–20, Sa 9–18, So 10–18 Uhr; Ⓜ Náměstí Republiky) Selbstversorger werden in diesem Supermarkt im Basement fündig.

Neustadt (Nové Město)

NÖRDLICHE NEUSTADT | WENZELSPLATZ & UMGEBUNG | MOLDAU-UFER | KARLSPLATZ & UMGEBUNG

Highlights

1 Architektonische Meisterwerke des 20. Jhs. rund um den **Wenzelsplatz** (S. 128) bewundern. Highlights sind das luxuriöse Jugendstil-Hotel Evropa, die elegant-funktionalistische **Mánes-Galerie** (S. 134) sowie das „Tanzende Haus"(S. 134).

2 Ein Dvořák-Konzert in der Víla Amerika erleben, vorgetragen vom **Original Music Theatre of Prague** (S. 141).

3 Die Hintergründe des dramatischen Heydrich-Attentats 1942 in der **Nationalen Gedenkstätte für die Helden im Kampf gegen den Heydrich-Terror** (S. 133) erfahren.

4 Die wunderbaren Jugendstil-Meisterwerke des berühmtesten Prager Künstlers im **Mucha-Museum** (S. 132) bestaunen.

5 Die großartigen Arkaden des **Palais Lucerna** (S. 131) sowie die versteckt gelegenen Gärten der Neustadt (S. 138) zu Fuß entdecken.

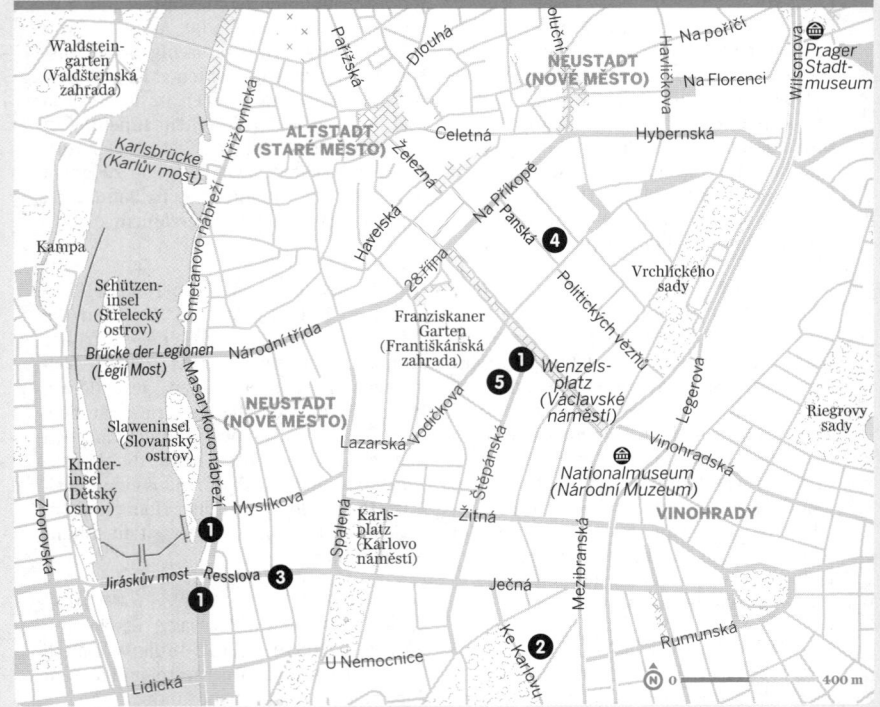

Mehr Details siehe Karten S. 368 und 370.

Die Neustadt erkunden

Halbmondförmig umgibt die Neustadt (Nové Město) die Altstadt im Osten und Süden. Neu war sie allerdings wirklich nur bei ihrer Gründung durch Karl IV. 1348. Sie erstreckt sich von der Revoluční und der Na Příkopě Richtung Osten nach Wilsonova und zur Haupteisenbahnstrecke und in südliche Richtung von der Národní třída zum Vyšehrad.

Ein Großteil des äußeren Befestigungsrings um die Neustadt wurde 1875 abgerissen. Nur im Süden hat vis-à-vis vom Vyšehrad ein Stückchen überlebt. Das ursprüngliche Straßenraster des Gebiets blieb dagegen weitestgehend erhalten. Auf drei großen Marktplätzen wickelten früher Händler im Viertel ihre Geschäfte ab: auf dem Senovážné náměstí (Heumarkt), dem Wenzelsplatz (Václavské náměstí; ursprünglich Koňský trh oder Pferdemarkt) und dem Karlsplatz (Karlovo náměstí; ursprünglich Dobytčí trh oder Viehmarkt).

Während das Viertel im Mittelalter entstand, stammen die meisten Gebäude aus dem 19. und 20. Jh. Viele von ihnen zählen zu den schönsten Beispielen, was die Stadt in puncto Jugendstil, Neorenaissance, Nationale Wiedergeburt der Tschechen und funktionalistische Architektur hervorgebracht hat. Und etliche Fußgängerzonen – Prags berühmte *pasáže* (Passagen) – werden von Läden, Cafés, Kinos und Theatern gesäumt.

Tipps der Einheimischen

➡ **Ein Opernabend** Sich schick machen und mit den ebenfalls herausgeputzten einheimischen Zuschauern eine Aufführung der Prager Staatsoper (S. 141) besuchen. Nur Touristen kommen in legerer Kleidung.

➡ **Beliebte Lokale** Die Weinbar Bokovka (S. 139) gehört einigen tschechischen Regisseuren und ist ein angesagter Treffpunkt der örtlichen Kunstszene. Auch im Kávovarna (S. 139), nur wenige Schritte vom Wenzelsplatz entfernt, sind wesentlich mehr Einheimische als Touristen anzutreffen.

An- & Weiterreise

➡ **U-Bahn** Die drei U-Bahn-Linien der Stadt kreuzen sich alle in der Neustadt: Die Stationen Muzeum und Můstek liegen am östlichen bzw. westlichen Ende des Wenzelsplatzes, die Station Florenc liegt im Norden der Neustadt, während die Station Karlovo náměstí der Linie B die südliche Neustadt bedient.

➡ **Tram** Die Straßenbahnlinien 3, 9, 14 und 24 überqueren den Wenzelsplatz in der Mitte und verkehren entlang der Straßen Vodičkova und Jindřišská. Die Linien 17 und 21 fahren am Flussufer entlang.

Top-Tipp

Wer den Menschenmengen und dem Verkehrsrummel auf dem Wenzelsplatz entkommen möchte, findet im **Franziskaner-Garten** (S. 134) inmitten der hektischen Großstadt eine Oase des Friedens.

 **Gut essen**

➡ Sansho (S. 136)
➡ Le Patio (S. 136)
➡ Oliva (S. 139)
➡ Suterén (S. 136)
➡ Kogo (S. 137)

Mehr Details siehe S. 135 ➡

◉ **Nett ausgehen**

➡ Bokovka (S. 139)
➡ Pivovarský Dům (S. 139)
➡ Kávovarna (S. 139)
➡ Café Imperial (S. 140)
➡ Jáma (S. 139)

Mehr Details siehe S. 139 ➡

NEUSTADT (NOVÉ MĚSTO)

Der Wenzelsplatz (Václavské náměstí oder Václavák) ist eher ein breiter Boulevard als ein typischer Stadtplatz. Die weitläufige Platzanlage hat viele große Momente der tschechischen Geschichte erlebt: Während des revolutionären Aufruhrs von 1848 wurde der Platz Zeuge einer gigantischen Messe, 1918 fanden hier die Geburtsfeierlichkeiten der neuen Tschechoslowakischen Republik statt, und im Jahr 1989 war er Schauplatz des Abgesangs auf die kommunistische Ära. Ursprünglich fungierte der Platz als Pferdemarkt; seinen heutigen Namen − den des böhmischen Schutzpatrons − erhielt er zur Zeit der nationalen Wiedergeburt Mitte des 19. Jhs.

NICHT VERSÄUMEN

➡ Wenzelsdenkmal
➡ Denkmal für die Opfer des Kommunismus
➡ Grand Hotel Evropa
➡ Baťa-Schuhladen

PRAKTISCH & KONKRET

➡ Václavské náměstí
➡ Karte S. 370
➡ Ⓜ Můstek, Muzeum

Samtene Revolution

Nachdem die Polizei am 17. November 1989 eine Studentendemonstration niedergeknüppelt hatte, versammelten sich auf dem Wenzelsplatz Nacht für Nacht die aufgebrachten Bürger. 1948 hatte Klement Gottwald die kommunistische Herrschaft auf dem Altstädter Ring ausgerufen − mit verblüffender Ähnlichkeit traten eine Woche nach Beginn der Demonstrationen Alexander Dubček und Václav Havel auf den Balkon des Melantrich-Gebäudes. Unter Beifallsstürmen erklärten sie das Ende des sozialistischen Regimes in der Tschechoslowakei.

Reiterstandbild des hl. Wenzel

Am Südostende des Platzes steht das von Josef Myslbek 1913 fertiggestellte, muskulös wirkende Reiterstandbild des hl. Wenzel (sv. Václav) − böhmischer Friedensfürst des 10. Jhs. und der „Gute König Wenzel" aus der bekannten Weihnachtsgeschichte. Mit Prokop, Adalbert, Agnes und Ludmila umringen ihn die anderen böhmischen Schutzheiligen.

Denkmal für die Opfer des Kommunismus

In der Nähe der Statue erinnert das kleine Denkmal für die Opfer des Kommunismus mit Fotos und Nachrufen an Jan Palach und weitere antikommunistische Rebellen.

Architektur

➡ **Grand Hotel Evropa** (Karte S. 370; ☎ 224 228 117; www.hotelevropa.cz; Ⓡ Můstek) (No 25; 1906)) Das schönste Gebäude am Wenzelsplatz beeindruckt mit üppigem Jugendstil.

➡ **Melantrich-Gebäude** (Karte S. 370) (Nr. 36; 1914) Vom Balkon aus verkündeten Havel und Dubček das Ende der kommunistischen Herrschaft.

➡ **Wiehl-Haus** (Wiehlův dům; Karte S. 370) (Nr. 34; 1896) Die großartige Fassade mit Neorenaissance-Fresken wurde von führenden tschechischen Künstlern wie Mikuláš Aleš verziert. Benannt wurde das Haus nach Antonín Wiehl, der die Baupläne entwarf.

➡ **Baťa-Schuhladen** (Karte S. 370) (Nr. 6; 1929) Das funktionalistische Meisterwerk wurde von Ludvík Kysela für den Kunstmäzen und Gründer des weltweiten Schuhimperiums, Tomáš Baťa, entworfen.

➡ **Lindt-Gebäude** (Karte S. 370;) (Nr. 4; 1927) Auch dieses Frühwerk des Funktionalismus ist ein Entwurf Ludvík Kyselas.

➡ **Palais Koruna** (Palác Koruna; Karte S. 370; ⊙ Mitte April–Mitte Sept. 7–22 Uhr, Mitte Sept.–Mitte Okt. 7–20 Uhr, Mitte Okt.–Mitte April 8–19 Uhr) (Nr. 1; 1914) Der Turm des Jugendstilpalastes von Antonín Pfeiffer ist mit einer Perlenkrone verziert.

HIGHLIGHTS
NATIONALMUSEUM

Der obere Wenzelsplatz wird von dem wuchtigen Neorenaissance-Gebäude des Nationalmuseums beherrscht, das in den 1880er-Jahren von Josef Schulz als architektonisches Symbol des wachsenden tschechischen Nationalgefühls entworfen wurde. Die fantastische Innenausstattung ist ein Zeugnis der kulturellen, intellektuellen und wissenschaftlichen Errungenschaften der Tschechischen Republik.

NICHT VERSÄUMEN

➡ Haupttreppe
➡ Pantheon
➡ Ausstellung zur kommunistischen Herrschaft

Geschichte

Seit seiner Fertigstellung 1891 dominiert die imposante Fassade des Nationalmuseums das südliche Ende des Wenzelsplatzes. Viele wichtige geschichtliche Ereignisse haben sich hier abgespielt. Die Nazis nutzten das Gebäude im Zweiten Weltkrieg für ihre eigenen Zwecke, und am 7. Mai 1945 schlug eine Bombe ein. Angeblich soll sie von dem letzten alliierten Flugzeug über der Stadt vor dem Rückzug der Deutschen abgeworfen worden sein. 1968 verwechselten die Invasionstruppen des Warschauer Pakts anscheinend das Museum mit dem ehemaligen Parlamentsgebäude oder dem Funkhaus und belegten das Bauwerk mit heftigem Gewehrfeuer. Die hellen Flecken an der Fassade markieren noch immer die Einschusslöcher, die wieder verfüllt wurden. Im Januar 1969 verbrannte sich der Student Jan Palach vor dem Museum, um ein Zeichen gegen die sowjetische Invasion zu setzen. Im Pflaster links neben dem Brunnen vor dem Museum befindet sich ein kreuzförmiger **Gedenkstein**, der die Stelle markiert, an der Jan Palach niederfiel.

PRAKTISCH & KONKRET

➡ Národnímuzeum
➡ Karte S. 370
➡ 🖉 224 497 111
➡ www.nm.cz
➡ Václavské náměstí 68
➡ Eintritt (nur für das Neue Gebäude): Erw./ Kind 80/40 Kč
➡ ⊘tgl. 10–18 Uhr, am 1. Mittwoch im Monat bis 20 Uhr; am 1. Dienstag im Monat geschl.
➡ Ⓜ Muzeum

Hauptgebäude

Das Hauptgebäude des Museums soll bis 2015 für eine gründliche Renovierung geschlossen bleiben. Die Ausstellungsflächen sollen erweitert und mit überdachten Innenhöfen, einem Museumsladen und einem Café ergänzt werden. Das mit Marmor verzierte Innere wurde schon in mehreren Filmen als Location genutzt, darunter *Mission: Impossible* mit Tom Cruise, *From Hell* mit Johnny Depp sowie *Casino Royale* mit Daniel Craig. Die fantastische **Haupttreppe** ist eine Augenweide aus poliertem Kalkstein, die von Gemälden böhmischer Burgen und Darstellungen von Königen und Kaisern eingerahmt ist. Die Kuppel des **Pantheons** ist mit vier riesigen Gemälden zu tschechischen Geschichtsereignissen und Legenden ausgestaltet. Merkwürdigerweise haben die Künstler František Ženíšek und Václav Brožík keine Frauen dargestellt. Zu sehen sind auch Bronzebüsten und -statuen von den Größen der tschechischen Kultur und Wissenschaft.

Neues Gebäude

2009 expandierte das Museum in das benachbarte Gebäude, wo früher Radio Free Europe/Radio Liberty residierten. Das sog. Neue Gebäude zeigt nun Wechselausstellungen zu verschiedenen Themen. Dazu zählten bislang der Goldschatz von Košice (Goldmünzen und Schmuck, die 1935 in der Slowakei entdeckt wurden), berühmte tschechische und slowakische Erfinder, 100 Jahre Olympische Spiele sowie eine Ausstellung zur kommunistischen Herrschaft in der Tschechoslowakei. Dort erhielten die Besucher nachdenklich stimmende Einblicke in das dunkle Kapitel der jüngeren Geschichte.

◉ SEHENSWERTES

⊙ Nördliche Neustadt

PRAGER HAUPTBAHNHOF   ARCHITEKTUR

Karte S. 368 (Praha Hlavní Nádraží; Wilsonova; ⊙0.40–3.15 Uhr geschl.; Ⓜ Hlavní Nádraží) Wie bitte? Der Hauptbahnhof soll eine Touristenattraktion sein? Das ganze Gebäude wohl nicht, aber es lohnt sich, vom oberen Stockwerk aus einen Blick auf die ganz im Jugendstil gestaltete Eingangshalle zu werfen. Sie wurde von Josef Fanta entworfen und zwischen 1901 und 1909 erbaut. Leider ist sie heute an vielen Stellen von schwarzem Schmutz überzogen.

Das heruntergekommene Innere ist von einer Kuppel gekrönt und mit einem Mosaik, das zwei üppige Frauen darstellt, verziert. Die Inschrift lautet auf Lateinisch *Praga: mater urbium* (Prag: Mutter der Städte) und als Datum ist der „28.října r:1918" (28. Oktober 1918), der tschechoslowakische Unabhängigkeitstag, angegeben. In der Eingangshalle befindet sich zurzeit das Fantová Kavárna (Fanta-Café), aber es gibt Pläne, den Saal für die Ausstellung des *Slawischen Epos* zu nutzen. Der Jugendstilkünstler Alfons Mucha schuf die Serie von 20 prächtigen historischen Gemälden, die gegenwärtig im Palais Veletržní (S. 165) zu sehen sind.

JINDŘIŠSKÁ-TURM   TURM

Karte S. 368 (Jindřišská věž; ☎224 232 429; www.jindrisskavez.cz; Jindřišská 1; Erw./Kind 80/35 Kč; ⊙10–19 Uhr; 🚊3, 9, 14, 24) Das Ende der Jindřišská dominiert der Glockenturm aus dem 15. Jh., der in den 1870er-Jahren neugotisch wiederaufgebaut wurde. Die belebte Straße zweigt vom Wenzelsplatz in Richtung Nordosten ab. Nach jahrzehntelanger Vernachlässigung erfolgte die Renovierung – 2002 gelangte der Turm dann als Touristenattraktion zu neuen Ehren. U. a. gibt es eine Ausstellungsfläche, einen Laden, ein Café, ein Restaurant und im 10. Stock eine Aussichtsplattform.

JUBILÄUMSSYNAGOGE   SYNAGOGE

Karte S. 370 (Jubilejní synagóga; ☎222 319 002; Jeruzalémská 7; Erw./Kind 80/50 Kč; ⊙April–Okt. So–Fr 11–17 Uhr, an jüdischen Fei-

---

◉ HIGHLIGHTS
PRAGER STADTMUSEUM

Dieses exzellente Museum öffnete 1898 seine Pforten und ist der Geschichte der Stadt von prähistorischen Zeiten bis ins 20. Jh. gewidmet. Zu den vielen außergewöhnlichen Ausstellungsstücken gehört das **originale Kalenderrad der Astronomischen Uhr**. Die von Josef Mánes 1866 wunderschön bemalten Tafeln stellen die Monate dar: Januar befindet sich oben und wärmt sich seine Füße am Feuer. Der August befindet sich unten und erntet mit der Sichel in der Hand das Korn.

Die Galerien zum Mittelalter und zur Renaissance zeigen faszinierende Exponate, darunter ein Reliquiar aus geschnitzten Knochen sowie wertvollere Gegenstände wie eine Bronzefigur des Herkules aus dem 16. Jh., die vielleicht für das Palais Wallenstein geschaffen wurde. Sie wurde 1905 in einem Privathaus in der Altstadt entdeckt.

Aber das Highlight ist das fantastische **Modell der Stadt Prag im Maßstab 1:480** von Antonín Langweil. Festgehalten ist das Bild der Stadt zwischen 1826 und 1834. Das Modell ist sehr hilfreich für alle, die Prag bereits ein wenig kennen, denn dann lässt sich der Wandel der Zeit gut nachvollziehen. Der Veitsdom ist im Modell z. B. erst zur Hälfte vollendet. Die Erklärungen sind auf Tschechisch und Englisch.

NICHT VERSÄUMEN

➡ Antonín Langweils beeindruckend detailliertes Modell von Prag

➡ Das Kalenderrad von Mánes

PRAKTISCH & KONKRET

➡ Muzeum hlavního města Prahy

➡ Karte S. 368

➡ ☎224 816 773

➡ www.muzeumprahy.cz

➡ Na Poříčí 52, Karlin

➡ Erw./Kind 120/50 Kč

➡ ⊙Di–So 9–18 Uhr

➡ Ⓜ Florenc

ertagen geschl.; Ⓜ Hlavní Nádraží) Man muss kein Architektur-Freak sein, um die beeindruckende, bunte, maurische Fassade der Jubiläumssynagoge zu bewundern. Dieses großartige Gebäude, das 1906 errichtet wurde, wird auch Velká synagóga – Große Synagoge – genannt. Auf den Buntglasfenstern sind die Namen der Stifter vermerkt. Beachtenswert ist auch die große Orgel über dem Eingang.

◉ Wenzelsplatz & Umgebung

WENZELSPLATZ   PLATZ
Siehe S. 128.

NATIONALMUSEUM   MUSEUM
Siehe S. 129.

PALAIS LUCERNA   ARCHITEKTUR
Karte S. 370 (Palác Lucerna; www.lucerna.cz; Vodičkova 36; 🚋 3, 9, 14, 24) Die eleganteste der zahlreichen Shopping-Arkaden in der Neustadt findet sich in dem Jugendstilpalais Lucerna zwischen der Štěpánská und Vodičkova. Der Komplex wurde von Václav Havel – nicht den Expräsidenten, sondern dessen Großvater! – entworfen und gehört teilweise immer noch seiner Familie. Besucher erwartet ein Theater, ein Kino, zahlreiche Läden, ein Rockclub sowie diverse Cafés und Restaurants.

Im marmornen Atrium hängt die Skulptur Pferd (Kun) des Künstlers David Černý. Sie ist das ironische Pendant zum Wenzelsdenkmal auf dem gleichnamigen Platz – doch in diesem Fall sitzt der hl. Wenzel im Sattel eines Pferdes, das keinen allzu lebendigen Eindruck erweckt. Černý gibt nie Kommentare zur Intention seiner Werke ab. Es drängt sich jedoch der starke Verdacht auf, dass dieser Wenzel – Václav auf Tschechisch – als Seitenhieb auf Václav Klaus zu verstehen ist, den ehemaligen Ministerpräsidenten und derzeitigen Präsidenten der Tschechischen Republik.

Die benachbarten Novák-Arkaden – sie sind mit dem Palais Lucerna verbunden – geben mit einem Labyrinth an Passagen Rätsel auf. An der Vodičkova erkennt man sie an einer von Prags schönsten Jugendstilfassaden; darauf porträtieren Mosaiken das alltägliche Leben auf dem Land.

MUSEUM DES KOMMUNISMUS   MUSEUM
Karte S. 370 (Muzeum Komunismu; ☎ 224 212 966; www.muzeumkomunismu.cz; Na Příkopě 10; Erw./erm./Kind unter 10 Jahren 190/150 Kč/frei; ⊙ 9a–21 Uhr; Můstek) Für ein Museum des Kommunismus gibt es wohl kaum einen zynischeren Ort: Zwischen einem Casino auf der einen und einem McDonald's auf der anderen Seite nimmt es Teile eines Adelspalasts aus dem 18. Jh. in Beschlag. Ein amerikanischer Einwanderer und ein Tscheche trugen die Sammlung zusammen. Sie erzählt die Geschichte der Tschechoslowakei hinter dem Eisernen Vorhang anhand von Fotos, Texten und einer faszinierenden Vielfalt von Krimskrams.

Glaubhaft vermittelt wird auch ein Eindruck von den leeren Läden, der Korruption, der Angst und dem Doppelleben vieler Menschen in der sozialistischen Tschechoslowakei. Und dann gibt es da noch seltene Fotos vom Stalin-Denkmal zu sehen, das früher auf den Letnáanlagen thronte, und wie es auf spektakuläre Weise zerstört wurde. Besucher sollten sich auf jeden Fall auch die Videodokumentation zu den Protesten anschauen, die schließlich zur Samtenen Revolution führten. Danach steht fest: Zu diesen Demonstrationen gehörte eine ordentliche Portion Mut.

AM GRABEN (NA PŘÍKOPĚ)   STRASSE
Karte S. 370 (Ⓜ Můstek) Zusammen mit der Revoluční (Straße der Revolution), der 28. října (28. Oktober 1918; tschechoslowakischer Unabhängigkeitstag) und der Národní třída (Nationalavenue) folgt die Na Příkopě (Am Graben) dem ehemaligen Stadtgraben. Dieser verlief früher am Fuß der Altstädter Mauer, bis er am Ende des 18. Jhs. zugeschüttet wurde.

Bei Na Můstku (An der Kleinen Brücke) trifft die Na příkopě auf den Wenzelsplatz. Hier überspannte früher eine kleine Steinbrücke den Burggraben. Am unterirdischen Eingang zur Metrostation Můstek ist auch heutzutage immer noch einer der alten Bogen zu erkennen (gleich links hinter dem Ticketautomaten).

Im 19. Jh. war die schicke Straße Spielwiese der deutschen Caféhausszene in Prag. Heute zählt sie zusammen mit dem Wenzelsplatz und der Pařížská zu den nobelsten Shoppingmeilen der Stadt, auf der zahlreiche Banken, Einkaufszentren und Touristencafés ihren Geschäften nachgehen.

NÁRODNÍ TŘÍDA
(Karte S. 370) Die Národní třída (Nationale Avenue) ist die „Prachtstraße" im Herzen Prags. Sie wird von zahlreichen mittel-

HIGHLIGHTS
MUCHA-MUSEUM

Dieses faszinierende und gut besuchte Museum präsentiert die sinnlichen Jugendstilposter, -gemälde und Tafelbilder von Alfons Mucha (1860–1939). Zu sehen sind auch viele seiner Entwürfe, Fotos und andere Gedenkgegenstände. Gezeigt werden zahllose Kunstwerke des Meisters, auf denen Muchas berühmte slawische Frauengestalten mit Blumen in den Haaren, leuchtenden blauen Augen sowie mit symbolischen Kränzen und Lindenzweigen zu sehen sind.

Interessant sind auch die Fotos aus dem Pariser Atelier des Künstlers, auf denen u. a. **Gauguin** ohne Hose auf dem Harmonium spielt. Ein stimmungsvolles Gemälde heißt *Frau in der Wildnis*. Und schließlich ist das Originalposter von 1894 ein echtes Highlight: Das Poster, das die Schauspielerin **Sarah Bernhardt** als Gismonda darstellt, machte Mucha weltbekannt.

Der Künstler, nun sehr gefragt, wurde z. B. von dem Pariser Juwelier George Fouquet beauftragt, eine Kollektion mit Jugendstilschmuck zu entwerfen sowie den gesamten Innenraum des Verkaufsladens neu zu gestalten. Die originale Innenausstattung ist heute im Musée Carnavalet in Paris zu bewundern. 1910 wurde Mucha eingeladen, den Oberbürgermeistersaal im Prager Rathaus zu entwerfen, und nach der Gründung der Tschechoslowakei 1918 gestaltete er das Design für die neuen Geldscheine und Briefmarken. Doch sein Meisterwerk war das Slawische Epos, ein Zyklus von 20 riesigen historischen Gemälden, die heute im Palais Veletržní (S. 165) ausgestellt sind.

Die 30-minütige **Dokumentation** über Mucha, die das Museum zeigt, ist wirklich sehenswert und hilft dabei, seine künstlerische Leistung einzuordnen.

NICHT VERSÄUMEN

➡ Das klassische Poster von Sarah Bernhardt, das Mucha 1894 berühmt machte

➡ Das Foto von Gauguin ohne Hose in Muchas Atelier

➡ Die Dokumentation über Muchas Leben

PPRAKTISCH & KONKRET

➡ Muchovo muzuem
➡ Karte S. 368
➡ ☑221 451 333
➡ www.mucha.cz
➡ Panská 7
➡ Erw./Kind 180/ 120 Kč
➡ ◷10–18 Uhr
➡ Ⓜ Můstek

teuren Läden und einigen großartigen öffentlichen Gebäuden wie ganz besonders dem Staatstheater (Národni divadlo) an der Moldau flankiert.

Am Ostende findet sich gegenüber vom Jungmannplatz (Jungmannovo náměstí) das **Palais Adria** (Karte S. 370; Národní třída 36, Nové Město), ein Nachbau eines venezianischen Palasts. Der auffallend kompakte Architekturstil aus den 1920er-Jahren nennt sich „Rondokubismus". Beachtenswert sind die abwechselnd eckigen und runden Fenstergiebel, die ähnliche Elemente anderer klassizistischer Barockbauten wie des Palais Černín reflektieren.

Das **Adria-Theater** im unteren Geschoss ist der Geburtsort der Laterna Magika. In den turbulenten Tagen der Samtenen Revolution trat hier das Bürgerforum zusam-

men. Vom Theater marschierten Dubček und Havel zum Palais Lucerna und zum Melantrich-Gebäude, wo sie am 24. November 1989 zusammen auf den Balkon traten. Ein Spaziergang durch die Arkaden offenbart eine reizende Dekoration aus Marmor, Glas und Messing. Im Hauptatrium ist eine 24-Stunden-Uhr aus den 1920er-Jahren zu sehen. Die Skulpturen, die sie umgeben, stellen den Tierkreis dar. Früher gelangte man durch die Arkaden zu den Büros der Adriatica-Versicherungsgesellschaft (daher der Name des Gebäudes).

Weiter die Straße hinunter hängt an der Innenmauer einer Arkade beim Haus Nr. 16 eine Bronzetafel. Diverse Hände bilden darauf ein Friedenszeichen, darunter steht das Datum „17. 11. 89". Die Tafel gedenkt der Studenten, die an diesem Tag auf der

Straße brutal von der Polizei zusammengeschlagen wurden.

Westlich der Voršilská liegt hinter orangegelben Mauern das **Kloster der hl. Ursula** (kláster sv Voršila; Karte S. 370; Národní třída 10). Die pinkfarbene Kirche hat eine üppige Barockausstattung, zu der eine Heerschar von Apostelstatuen zählt. Vorne steht der hl. Johannes von Nepomuk, und in der unteren rechten Nische der Fassade hält die Statue der hl. Agatha ihre abgetrennten Brüste in den Händen. Dies ist eine der grausameren Darstellungen der katholischen Heiligen.

Auf der anderen Straßenseite steht das **Viola-Gebäude** (Národní třída 7), der frühere Sitz einer Prager Versicherungsgesellschaft. Osvald Polívka verpasste ihm eine Jugendstilfassade, an der die riesigen Lettern des Wortes „PRAHA" eine Anordnung von fünf Rundfenstern umranken. Mosaike verbreiten die Botschaften *život, kapitál, důchod, věno* und *pojišťuje* (Leben, Kapital, Einkommen, Aussteuer und Versicherung). Das ehemalige Verlagshaus nebenan ist ebenfalls ein Polívka-Entwurf.

Von der Südseite her betrachtet, wirkt das 1983 errichtete Gebäude des „Neuen Nationaltheaters" (Nr. 4), als sei es aus alten Fernsehbildschirmen errichtet worden. Das **Nová Scéna** beherbergt heute die Laterna Magika (S. 142).

An der Moldau, in der Nähe der Uferstraße Smetanovo nábřeží, liegt schließlich das großartige Nationaltheater (Národní divadlo). Das dem Theater gegenüberliegende **Kavárna Slavia** (Café Slavia) ist für sein Jugendstilinterieur und den Moldaublick berühmt. Früher war dies ein beliebter Ort zum Sehen und Gesehenwerden oder um sich nach dem Theaterbesuch zu stärken. Nach der Renovierung hat das Café jedoch viel von seinem einstigen Flair verloren.

NATIONALTHEATER THEATER

Karte S. 370 (Národní divadlo; www.narodni-divadlo.cz; Ostrovní 1, Haupteingang an der Národní třída; 6, 9, 18, 21, 22) Das Nationaltheater ist das Neorenaissance-Flaggschiff der Wiedergeburt des tschechischen Nationalgefühls im 19. Jh. Als eines der beeindruckendsten Bauwerke Prags wurde es

NEUSTADT (NOVÉ MĚSTO) SEHENSWERTES

HIGHLIGHTS NATIONALE GEDENKSTÄTTE
FÜR DIE HELDEN IM KAMPF GEGEN DEN HEYDRICH-TERROR

Die Kirche der Hl. Kyrill und Method beherbergt eine bewegende Gedenkstätte, die den sieben tschechischen Fallschirmjägern gewidmet ist, die 1942 an der Ermordung des Reichsprotektors Reinhard Heydrich beteiligt waren (s. Kasten S. 137). Die Verfolgung der Tschechen durch die Nazis wird den Besuchern der Gedenkstätte u. a. per Video vermittelt.

Die Fallschirmjäger versteckten sich drei Wochen lang in der Krypta der Kirche, bis ihr Versteck von dem Tschechen Karel Čurda verraten wurde. Die Deutschen belagerten die Kirche und versuchten die Widerstandskämpfer zunächst auszuräuchern und dann die Krypta unter Wasser zu setzen. Drei Fallschirmjäger starben bei dem folgenden Feuergefecht, die anderen vier nahmen sich selbst das Leben, um nicht den Deutschen in die Hände zu fallen.

In der **Krypta** sind noch immer die Einschusslöcher an den Wänden zu sehen sowie die Spuren von dem verzweifelten Versuch der in der Falle sitzenden Fallschirmjäger, in letzter Sekunde einen Fluchttunnel zu graben, um durch die Abwasserkanäle zu entkommen. An der Außenseite der Kirche zur Resslova hin zeugt das schmale Loch in der Wand der Krypta von der Stelle, wo die Deutschen ihre Feuerwehrschläuche ansetzten. Auch hier gibt es noch **Einschusslöcher**.

NICHT VERSÄUMEN

➡ Die von Kugeln durchsiebte Außenwand der Kirche

➡ Die Ausstellung in der Krypta

PRAKTISCH & KONKRET

➡ Národní památník hrdinů Heydrichiády

➡ Karte S. 370

➡ 224 916 100

➡ www.pamatnik-heydrichiady.cz

➡ Resslova 9

➡ Erw./erm. 75/35 Kč

➡ März–Okt. Di–So 9–17 Uhr, Nov.–Feb. Di–Sa 9–17 Uhr

➡ Ⓜ Karlovo Náměstí

komplett durch private Spenden finanziert. Die Innen- und Außengestaltung des von Josef Zítek entworfenen Theaters übernahmen die damals führenden tschechischen Künstler. Wenige Wochen nach der Eröffnung brannte das Haus nieder, doch unglaublicherweise konnten noch einmal genügend Spenden gesammelt werden, um das Nationaltheater innerhalb von nur zwei Jahren neu aufzubauen.

KIRCHE ST. MARIA SCHNEE KIRCHE

Karte S. 370 (Kostel Panny Marie Sněžné; www.pms.ofm.cz; Jungmannovo náměstí 18; Ⓜ Můstek) Karl IV. begann im 14. Jh. mit dem Bau der gotischen Kirche am nördlichen Ende des Wenzelsplatzes. Aber nur der Chor des Gotteshauses wurde fertiggestellt. Dies ist auch die Erklärung für die merkwürdigen Proportionen, denn das Gebäude wirkt höher, als es lang ist. Nach den Plänen Karl IV. sollte hier die größte Kirche der Stadt entstehen. Deshalb ist das Kirchenschiff höher als das des Veitsdoms und der Altar der größte in Prag.

Die Kirche wurde durch die wortgewaltigen Predigten von Jan Želivský zu einem wichtigen Fixpunkt für die Hussiten. Želivský inszenierte 1419 auch den Fenstersturz, der zum Auslöser der Hussitenkriege wurde. Wer die Kirche auch von innen inspizieren möchte, erreicht den Eingang durch einen Torbogen im Österreichischen Kulturinstitut am Jungmannovo náměstí. Von außen lässt sich das Gotteshaus am besten vom benachbarten **Franziskaner-Garten** (Karte S. 370; Eingänge am Jungmannovo náměstí, pasáž Vodičkova ulice & pasáž Václavské náměstí) aus bewundern. Neben der Kirche befindet sich die Kapelle der Jungfrau von Pasov, die nun der zeitgenössischen Kunst ein Forum bietet.

◉ Moldau-Ufer

TANZENDES HAUS ARCHITEKTUR

Karte S. 370 (Tančící dům; www.tancici-dum.cz; Rašínovo nábřeží 80; 🚌 17, 21) Das „Tanzende Haus" wurde 1996 von den Architekten Vlado Milunić und Frank Gehry errichtet. Die geschwungene Linienführung des schmalen Glasturms scheint sich an den geraderen und formaleren Partnerturm zu klammern. Deshalb nannte man den Bau schnell „Fred & Ginger"-Gebäude nach dem legendären Tanzpaar Fred Astaire und Ginger Rogers. Der moderne Bau passt sich überraschend gut und gelungen in die altehrwürdige Umgebung ein.

GRATIS MÁNES-GALERIE GALERIE

Karte S. 370 (Výstavní síň Mánes; 📞 224 932 938; www.ncvu.cz/manes; Masarykovo nábřeží 1; ◷ Di–So 10–20 Uhr; 🚌 17, 21) Unterhalb eines Wasserturms aus dem 15. Jh. spannt sich das Mánes-Gebäude (1927–1930) über einen Seitenarm der Moldau. Das Meisterwerk der funktionalistischen Architektur entstand nach Plänen von Otakar Novotný. Es beherbergt eine Kunstgalerie, die in den 1920er-Jahren von einer Künstlergruppe unter Leitung des Malers Josef Mánes gegründet worden war. Die Galerie sollte eine Alternative zur Tschechischen Kunstakademie bieten.

Auch heute noch präsentiert das Haus hervorragende Ausstellungen zur zeitgenössischen Kunst sowie zahlreiche Sonderausstellungen. Bis September 2013 ist die Galerie jedoch wegen Renovierungsarbeiten geschlossen.

SLAWISCHE INSEL INSEL

Karte S. 370 (Slovanský ostrov; Masarykovo nábřeží; 🚌 17, 21) Die Slawische Insel ist ein verschlafener Flecken mit angenehmen Gärten, Aussichtspunkten und verschiedenen Anlegestellen, wo Ruderboote zum Verleih angeboten werden. In der Mitte befindet sich das **Žofín**, ein Kulturzentrum aus dem 19. Jh., das nach seiner Restaurierung nun als Restaurant und sozialer Treffpunkt dient. 1925 wurde die Insel nach den Slawischen Versammlungen benannt, die hier seit 1848 stattgefunden hatten.

1784 ließ man die Ufer mit Steinen einfassen. Zu Beginn des 19. Jh. entstanden ein Thermalbad und eine Färberei. 1841 unternahm der erste Zug Böhmens hier seine Probefahrt und raste mit 11 km/h über die Insel. Am südlichen Ende befindet sich der **Šitovská věž** (Karte S. 370), ein Wasserturm aus dem 15. Jh., der einst zu einer Mühle gehörte. Das zwiebelförmige Dach stammt aus dem 18. Jh.

◉ Karlsplatz & Umgebung

KARLSPLATZ PLATZ

Karte S. 370 (Karolovo náměstí; Ⓜ Karlovo náměstí) Mit einer Fläche von mehr als 7 ha ist der Karlsplatz der größte Platz der Stadt.

Eigentlich handelt es sich eher um einen kleinen Park, und ursprünglich befand sich hier der Viehmarkt von Prag. Wichtigstes Gebäude ist die **Kirche des hl. Ignatius** (kostel sv Ignáce; Karte S. 370; Ječná 2), ein machtvolles barockes Gotteshaus aus den 1660er-Jahren, das von Carlo Lurago für die Jesuiten erschaffen worden war.

Der Barockpalast am südlichen Ende des Platzes gehört zur Karlsuniversität und ist bekannt als **Fausthaus** (Faustův dům; Karte S. 370; Karlovo náměstí 40), weil man sich erzählt, dass Mephisto in diesem Haus Faust durch ein Loch in der Decke mit in die Hölle nahm. Im 16. Jh. mühte sich hier der englische Hofalchimist von Rudolf II., Edward Kelley, damit ab, Blei in Gold zu verwandeln.

NEUSTÄDTER RATHAUS HISTORISCHES GEBÄUDE

Karte S. 370 (Novoměstská radnice; 224 948 229; www.nrpraha.cz; Karlovo náměstí 23; Erw./Kind 50/30 Kč; Mai–Sept. Di–So 10–18 Uhr; Karlovo Náměstí) Das Neustädter Rathaus wurde im 14. Jh. erbaut, als die Neustadt noch wirklich „neu" war. Vom Fenster des Hauptsaals – der Turm wurde erst 1456 ergänzt – warfen 1419 Anhänger des Hussiten-Predigers Jan Želivský bei dem Versuch, gefangene Glaubensgenossen zu befreien, zehn Personen aus dem Fenster in den Tod. Das führte zum Ausbruch der Hussitenkriege.

Dieser Vorfall gab dem Begriff „Fenstersturz" eine bleibende politische Bedeutung und diente als Vorbild für den zweiten Fenstersturz 1618 in der Prager Burg. Wer möchte, kann im Neustädter Rathaus den gotischen Gerichtssaal, also den Tatort des ersten Fensturzes besichtigen, und dann die 221 Stufen zur Turmspitze des Rathauses hinaufsteigen.

DVOŘÁK-MUSEUM MUSEUM

Karte S. 370 (Muzeum Antonína Dvořáka; 224 923 363; www.nm.cz; Ke Karlovu 20; Erw./Kind 50/25 Kč, Kombiticket mit dem Tschechischen Musikmuseum 150/75 Kč; April–Sept. Di–Mi, Fr–So 10–13.30, 14–17 Uhr, Do 11–15.30, 16–19 Uhr, Okt.–März Di–So 9.30–13.30, 14–17 Uhr; IP Pavlova) Das auffallendste Gebäude in dem etwas trostlosen Viertel südlich der Ječná ist die barocke Vila Amerika, ein Sommerhaus aus dem frühen 18. Jh., das von Kilian Dientzenhofer im französischen Stil entworfen wurde. Das wunderschöne Barockgebäude beherbergt nun ein Museum, das zu Ehren des Komponisten Antonín Dvořák eingerichtet wurde. **Sonderkonzerte** (S. 141) mit Dvořáks Werken finden jeweils von Mai bis Oktober statt.

BOTANISCHER GARTEN DER KARLSUNIVERSITÄT GARTEN

Karte S. 370 (Botanická zahrada Univerzity Karlovy; 221 951 879; www.bz-uk.cz; Viničná 7; Eintritt zum Garten frei, Gewächshäuser Erw./Kind 50/25 Kč; April–Aug.10–19.30 Uhr, Aug. & Sept. bis 18 Uhr, Feb. & März bis 17 Uhr, Nov. & Jan. bis 16 Uhr; 18, 24) Gleich südlich vom Karlsplatz erstreckt sich der Botanische Garten der Karlsuniversität (Haupteingang an der Na Slupi). Das älteste Pflanzenparadies des Landes blühte erstmals 1775 in Smíchov; 1898 wurde es dann an den jetzigen Ort verlegt. Die Landschaftsgärtner haben sich auf dem steilen Hügelgelände der Flora Mitteleuropas verschrieben. Besonders im Frühling zeigt sich der Garten von seiner besten Seite.

U KALICHA HISTORISCHES GEBÄUDE

Karte S. 370 (Zum Kelch; 224 912 557; www.ukalicha.cz; Na Bojišti 12; 11–23 Uhr; IP Pavlova) In Jaroslav Hašeks satirischem Roman über den Ersten Weltkrieg, *Der brave Soldat Schwejk*, wird der Urtyp des Antihelden gleich zu Beginn festgenommen. Der Roman entstand teilweise in Hašeks Stammlokal. Die Kneipe schlachtet die Schwejk-Verbindung nach besten Kräften aus und ist eine wichtige Sehenswürdigkeit für Schwejk-Fans. Alle anderen sollten sich jedoch anderswo preisgünstiger Bier und Knödel suchen.

 # ESSEN

Die Neustadt verfügt über eine wirklich ansehnliche Auswahl an Lokalen, die von Cafés und traditionellen tschechischen Kneipen bis zu einer ganzen Palette von internationalen Restaurants reicht. Die wichtigsten Straßenzüge dieses Stadtteils sind der Wenzelsplatz und Na Příkopě. Hier findet sich ein großes kulinarisches Angebot, angefangen bei italienischer Küche über indische und argentinische bis hin zu japanischen Spezialitäten. In den kleinen Seitengassen zwischen dem Wenzelsplatz und der Moldau gibt es zahlreiche zwar weniger bekannte, aber dafür wesentlich einladendere Gaststätten.

NEUSTADT (NOVÉ MĚSTO) SEHENSWERTES

AN DER MOLDAU

Das Neustädter Ufer erstreckt sich vom Nationaltheater Richtung Süden zum Vyšehrad. Zwischen dem 19. und frühen 20. Jh. entstanden hier entlang der Moldau ein paar der großartigsten Bauwerke Prags – ein idealer Ort für einen Abendspaziergang, wenn die untergehende Sonne die prachtvollen Fassaden in ein wunderschön goldenes Licht taucht.

Das Masarykovo nábřeží (Masaryk-Ufer) schmücken mehrere sehr hübsche Jugendstilschätze. Das enteneigrüne Haus Nr. 32 beherbergt das **Goethe-Institut** (Karte S. 370; Masarykovo nábřeží 32); früher residierte hier die Botschaft der DDR. Rund um den Eingang des reizenden Wohnhauses Nr. 26 verstecken sich Eulen im steinernen Laub, Hunde spähen von den Balkonen im 5. Stockwerk, und auf dem Geländer tummeln sich Vögel.

Das **Hlahol-Chorhaus** (Karte S. 370; Masarykovo nábřeží 16) baute Josef Fanta 1906 für eine patriotische Chorgemeinschaft, die sich der Nationalen Wiedergeburt der Tschechen verpflichtet fühlte. Das Riesenmosaik stellt die Musik dar und krönt die aufwendige Dekoration aus musikalischen Motiven. Der Wahlspruch darunter besagt sinngemäß: „Das Lied erreiche das Herz; das Herz erreiche das Vaterland."

Der **Jirásekplatz** (Jiráskovo náměstí) an der nächsten Brücke ist Alois Jirásek (1851–1930) gewidmet. Sein Werk *Alte böhmische Sagen* ist fester Bestandteil des tschechischen Schulunterrichts. Der Schriftsteller selbst spielte eine gewichtige Rolle beim Erlangen der tschechoslowakischen Unabhängigkeit. Seine Statue steht im Schatten des berühmten „Tanzenden Hauses" (S. 134).

Etwas weiter am Fluss entlang stößt man auf die Adresse **Rašínovo nábřeží 78**. Der Entwurf für dieses Wohnhaus stammt vom Großvater Václav Havels. Dieser zog das Haus nach seiner Wahl ins höchste Staatsamt im Dezember 1989 der Prager Burg als Wohnort vor – und machte es so zur wohl schlichtesten Präsidentenresidenz auf dem ganzen Globus.

Zwei Blocks weiter südlich steht am Palackého náměstí Stanislav Suchardas außergewöhnliches, im Jugendstil errichtetes **František-Palacký-Denkmal** (Karte S. 370; Palackého náměstí). Rund um die bullige Statue des Schriftstellers und Historikers – Galionsfigur der Nationalen Wiedergeburt der Tschechen –, der im 19. Jh. lebte und wirkte, treibt eine Horde von bronzenen Spukgestalten als Sinnbild der Fantasie Palackýs ihr Unwesen.

SANSHO ASIATISCH, FUSION €€
Karte S. 368 (☑222 317 425; www.sansho.cz; Petrská 25; Hauptgerichte 120–300 Kč, 6-Gänge-Menü 750 Kč; ◷Di–Do 11.30–22.30, Fr 11.30–23.30, Sa 18–23.30 Uhr; ◙3, 8, 24) Die Atmosphäre in diesem neue Maßstäbe setzenden Restaurant lässt sich am besten als freundlich und informell beschreiben. Der britische Koch bezieht sein gesamtes Fleisch und Gemüse von tschechischen Bauern. Es gibt keine Speisekarte, stattdessen erklärt der Kellner das Angebot, das saisonal variiert. Typische Gerichte sind Lachs-Sashimi, Schweinebauch mit asiatischen Gewürzen sowie ein 12-Stunden-Rind-Rendang.

LE PATIO INTERNATIONAL €€
Karte S. 370 (☑224 934 375; www.lepatio.cz; Národní třída 22; Hauptgerichte 200–420 Kč; ◷Mo–Fr 8–23, Sa–So 9–23 Uhr; ⓂNárodní Třída) Man kann das Lokal an der beleb-
ten Národní třída leicht verfehlen, aber der Besuch lohnt sich unbedingt, um die ausgefeilte Karte mit regionalen und internationalen Gerichten in einer relaxten Atmosphäre mit leicht orientalischen Anklängen zu testen. Zur Deko gehören ein Schiffsbug sowie viele asiatisch angehauchte Lampen, Gemälde und Textilien. Bis 11 Uhr wird zudem ein gutes Frühstück serviert mit französischen und amerikanischen Anklängen sowie mit Fitness-Optionen.

SUTERÉN INTERNATIONAL €€
Karte S. 370 (☑224 933 657; Masarykovo nábřeží 26; Hauptgerichte 300–450 Kč; ◷Mo–Fr 11.30–16, 17–24, Sa 18–24 Uhr; ◙ 17, 21) Das „Souterrain" ist ein wunderbares Kellerlokal, wo moderne Komponenten perfekt zu den alten roten Ziegeln und den Holzbalken passen. Glänzend schwarze Tische und mit cremefarbenem Leinen bezogene Stühle

stehen rund um eine gläserne Theke, während an einer Wand ein farbenfrohes Aquarium lockt. Die Speisekarte tendiert Richtung Fisch, Rindfleisch und Wild, wobei die Palette von thailändischen Fischbuletten bis zu Madagaskar-Rind (mit Brandy und einer Pfeffersoße) reicht.

KARAVANSERÁJ LIBANESISCH €

Karte S. 370 (☏224 930 390; www.klub cestovatelu.cz; Masarykovo nábřeží 22; Hauptgerichte 130–230 Kč; ⊙Mo–Do 11–23, Fr bis 24, Sa 12–24, So 12–22 Uhr; ☏; 🚍17, 21) Restaurant und Teesalon erfreuen die Besucher mit Körbstühlen und Batikdecken, orientalischem Schnickschnack und einer Bibliothek mit Reiseführern. Die Gerichte auf der Karte sind meist libanesisch: Baba Ganoush, Falafel, Hummus und Lamm-Kebab, dazu ein paar indische Gerichte. Die Auswahl an Teesorten ist beeindruckend.

KOGO ITALIENISCH €€€

Karte S. 368 (☏221 451 259; www.kogo.cz; Na Příkopě 22, Slovanský dům; Hauptgerichte 250–680 Kč; ⊙11–23 Uhr; ☏🚻; Ⓜ Náměstí Republiky) Schick und businessmäßig, aber auch entspannt und familienfreundlich mit Hochstühlen für Kleinkinder – das Kogo ist ein fesches Restaurant, das erstklassige Pizza und Pasta serviert sowie italienische Fleisch- und Fischspezialitäten. Die tomatenhaltige *zuppa di pesce* (Fischsuppe) schmeckt köstlich. Das gilt auch für das *risotto alla pescatora*, das mit Tintenfisch, Muscheln und Garnelen zubereitet wird. An Sommerabenden stehen die gut besetz-

ten Tische mit Kerzen erleuchtet auch in dem grünen Innenhof.

MODRÝ ZUB ASIATISCH €

Karte S. 370 (☏222 212 622; www.modryzub. com; Jindřišská 5; Hauptgerichte 155–275 Kč; ⊙Mo–Fr 11–23, Sa 12–23, So 12–22 Uhr; ☏☏; 🚍3, 9, 14, 24) Diese durchgestylte und zu Recht populäre Nudelbar in unmittelbarer Nähe des Wenzelsplatzes ist ideal für alle, die Chili und Ingwer mögen. An der Rückwand ist eine Hochbank angebracht, und auf der Speisekarte finden sich Gerichte wie Dim Sum, warmer Thai-Salat, rote, grüne und gelbe Thai-Currys, Pfannengerichte mit frischen asiatischen Gewürzen sowie Nudeln jeder Art.

SIAM ORCHID THAILÄNDISCH €€

Karte S. 368 (☏222 319 410; Na Poříčí 21; Hauptgerichte 150–210 Kč; ⊙10–22 Uhr; 🚍3, 8, 24, 26) Die Einrichtung ist nicht gerade vielversprechend – ein Haufen Plastiktische und -stühle auf einem Balkon im 1. Stock einer Einkaufspassage neben einem Kaufhaus. Aber das kleine Restaurant neben einem Thai-Massagestudio bietet eine der besten Thaiküchen der Stadt. Egal, ob man knusprige, fettfreie *po-pia thot* (Frühlingsrollen mit Schweinefleisch und schwarzen Pilzen) oder saftige *kai sa-te* (Hünchen-Saté) oder das feurige *kaeng khiao wan kai* (Huhn in grünem Curry mit Basilikum) bestellt: Alles schmeckt köstlich.

PIZZERIA KMOTRA PIZZA €

Karte S. 370 (☏224 934 100; V Jirchářích 12; Pizza 110–160 Kč; ⊙11–24 Uhr; ☏☏🚻; Ⓜ Národní

NEUSTADT (NOVÉ MĚSTO) ESSEN

DAS HEYDRICH-ATTENTAT

Als Antwort auf eine Reihe lähmender Streiks und Sabotageakte der tschechischen Widerstandsbewegung ernannte das deutsche Regime 1941 den SS-General Reinhard Heydrich, einen „Spezialisten" im Kampf gegen Umstürzler, zum Reichsprotektor von Böhmen und Mähren. Heydrich schmetterte sofort mit aller Macht jegliche Widerstandsaktivitäten nieder.

In geheimer Operation zur Unterstützung des Widerstands und zur Förderung der tschechischen Kampfmoral bildeten die Engländer heimlich eine Gruppe tschechoslowakischer Fallschirmjäger aus, die ein Attentat auf Heydrich ausüben sollten – überraschenderweise gelang die Operation. Am 27. Mai 1942 griffen die zwei Fallschirmjäger Jan Kubiš und Jozef Gabčík Heydrich an, als er in seinem Dienstwagen durch das Stadtviertel Libeň fuhr. Er erlag seinen Verletzungen. Die Attentäter und fünf Mitverschwörer flohen, wurden aber in ihrem Versteck, der Kirche St. Kyrill & St. Method, verraten. Alle sieben starben während der darauffolgenden Belagerung.

Die Nazis reagierten mit einer rasenden Welle des Terrors, der auch zwei komplette tschechische Dörfer – Lidice und Ležáky – zum Opfer fielen. Zudem zerschlugen sie die Untergrundbewegung.

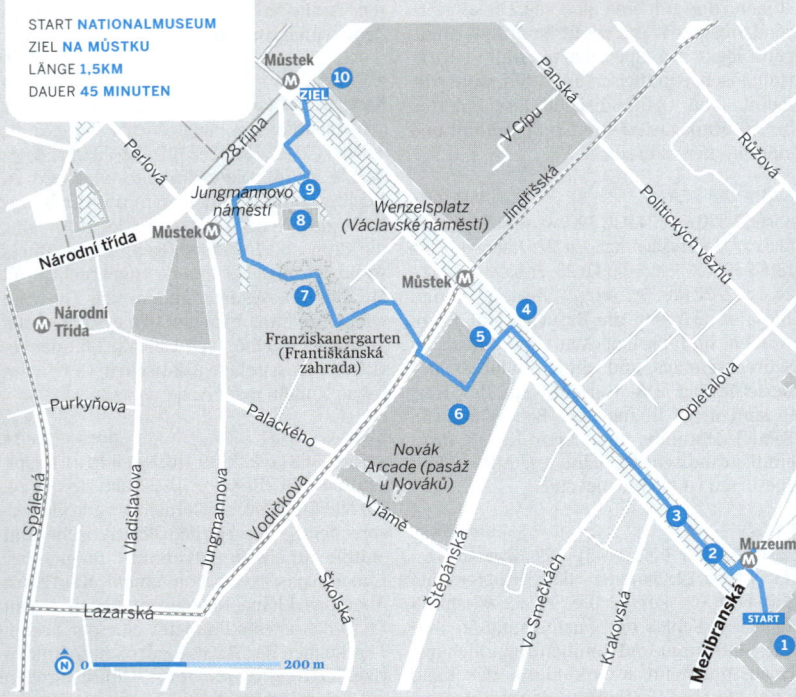

START **NATIONALMUSEUM**
ZIEL **NA MŮSTKU**
LÄNGE **1,5KM**
DAUER **45 MINUTEN**

Stadtspaziergang
Rund um den Wenzelsplatz

➤ Startpunkt ist das ❶ **Nationalmuseum** am Wenzelsplatz. Am Fuße der Treppe ist im Pflaster eine Gedenktafel für den Studenten Jan Palach eingelassen.

Über die Mezibranská geht es dann zur ❷ **Reiterstatue des hl. Wenzels**, dem „Guten König Wenzel" aus dem 10. Jh. In einem Blumenbeet weiter abwärts ist das ❸ **Denkmal für die Opfer des Kommunismus** angesiedelt.

Bei einem Bummel über die Mitte des Platzes lassen sich die großartigen Gebäude zu beiden Seiten bewundern, darunter das ❹ **Grand Hotel Evropa** (Nr. 25). Auf der gegenüberliegenden Seite des Platzes steht das ❺ **Melantrich-Gebäude** (Nr. 36), wo Alexander Dubček und Václav Havel 1989 das Ende des tschechischen Kommunismus verkündeten.

Nach links geht es in die Pasáž Rokoko, eine von Spiegeln gesäumte Einkaufspassage im Art-Deco-Stil. Sie führt zum zentralen Atrium der Einkaufspassage des ❻ **Lucerna-Palasts**, die von David Černýs **Kun**

(Pferd) dominiert wird. Die Wechselwirkung mit der Wenzelstatue draußen ist leicht ironisch. Wer an der Vodičkova die Passage nach rechts verlässt, betritt auf der anderen Straßenseite die **Světozor-Arkade** mit einem wunderbaren **Buntglasfenster** aus den späten 1940er-Jahren.

Am hinteren Ende der Passage geht es links in den ❼ **Franziskanergarten**, eine ruhige Grünoase. Quer durch den Garten führt der Weg zum Jungmannovo náměstí und vorbei am Torbogen zur ❽ **Kirche St. Maria Schnee**. Dann rechts abbiegen.

Zur Rechten des Lancôme-Shops steht seit 1915 die wahrscheinlich weltweit einzige ❾ **kubistische Laterne**. Nun geht es links und dann rechts in die Lindt-Arkade, die zum Fuß des Wenzelsplatzes führt.

Auf der anderen Straßenseite, an der Ecke zur Na Příkopě glänzt der ❿ **Koruna Palác** (Kronenpalast) im Jugendstil. Wer nach oben schaut, sieht, dass der Eckturm mit einer Perlenkrone verziert ist. So erhielt das Gebäude seinen Namen.

Třída) „Die Patin" ist eine der ältesten und besten Prager Pizzerien. Angeboten werden zwei Dutzend unterschiedliche Pizzasorten, von Margherita bis Marinara, die alle in einem echten Holzofen gebacken werden. Die Gäste sitzen entweder neben der Theke oben oder im Souterrain, wo sie dem Koch beim Kneten des Pizzateigs zuschauen können.

OLIVA
MEDITERRAN €€

Außerhalb der Karte S. 370 (📞222 520 288; www.olivarestaurant.cz; Plavecká 4; Hauptgerichte 235–465 Kč; ⏰Mo–Fr 11.30–15, 18–24, Sa 18–24 Uhr; 🚊3, 7, 16, 17, 21) Das Oliva ist ein kleines, freundliches, familiengeführtes Restaurant, das sich ganz auf frische mediterrane Küche konzentriert. Auf der Speisekarte finden sich sorgfältig zubereitete Gerichte wie Linguine mit Muscheln, Weißwein und Kräutern. Sehr lecker ist auch das Lamm-Confit mit Couscous und Granatapfelsalat. Vor allem beliebt ist das All-you-can-eat-Büfett mit Riesengarnelen, das mit Beilagen wie Knoblauch, Kräutern und einer Kokosnuss-Koriander-Soße für 690 Kč pro Person angeboten wird.

GLOBE BOOKSTORE & CAFÉ
CAFÉ €

Karte S. 370 (📞224 934 203; www.globebook store.cz; Pštrossova 6; Hauptgerichte 110–225 Kč; ⏰9.30–24 Uhr; 🛜; Ⓜ Karlovo Náměstí) In dem ansprechenden Buchladen-Café werden jeden Abend bis 23 Uhr Nachos, Burger, Chicken Wings und Salate serviert. Samstags und sonntags wird zudem von 9.30 bis 16 Uhr ein hervorragender Brunch angeboten. Im Mittelpunkt stehen amerikanische Klassiker wie Schinkenspeck, Eier und Kartoffelröstis, englisches Frühstück sowie Blaubeer-Pfannenkuchen und frisch gepresster Orangensaft. Wochentags kommt von 9.30 bis 11.30 Uhr ein leichteres Frühstück auf den Tisch.

🍸 AUSGEHEN & NACHTLEBEN

Die Neustadt und vor allem das Viertel rund um den Wenzelsplatz ist noch immer ein beliebter Anziehungspunkt für Gruppen junger Männer, die sich betrinken wollen. Wer in Ruhe ausgehen möchte, sollte diese Gruppen meiden. Vor allem südlich der Národní třída in der Nähe der Moldau gibt es eine ganze Reihe sehr netter Kneipen, darunter zahlreiche gemütliche Studentencafés und stimmungsvolle Weinbars.

PIVOVARSKÝ DŮM
BRAUEREI

Karte S. 370 (📞296 216 666; www.gastroinfo. cz /pivodum; Ecke Ječná & Lipová; ⏰11–23 Uhr; 🚊4, 6, 10, 16, 22) Während die Touristen ins U Fleků strömen, treffen sich die Einheimischen hingegen im Pivovarský, um ein klassisches tschechisches Lager (hell, dunkel, Mix, 40 Kč je 0,5 l) zu genießen, das auf dem Gelände gebraut wird. Auf der Getränkekarte finden sich aber auch Weizenbier und eine Reihe aromatisierter Biersorten (darunter die Geschmacksrichtungen Kaffee, Banane und Kirsch, 40 Kč je 0,3 l). Die Kneipe mit ihren polierten Kupferkesseln und Brauereigeräten ist nett zum Abhängen, über allem liegt ein leichter Duft nach Hopfen und Malz.

KÁVOVARNA
CAFÉ

Karte S. 370 (📞296 236 233; Štěpánská 61, Pasáž Lucerna; ⏰8–24 Uhr; Ⓜ Můstek) Dieses Retro-Café ist im verräucherten und nur schwach beleuchteten Vorderraum mit Stühlen aus Formvollholz und geschwungenen Holzbänken ausgestattet. An den Wänden stellen Fotokünstler ihre Schwarz-Weiß-Werke aus. Der Nichtraucherraum befindet sich hinter der Theke. Der Kaffee ist gut und preisgünstig. Bierfreunde freuen sich auf das leckere Kout na Šumavě vom Fass, das für sehr moderate 37 Kč für einen halben Liter angeboten wird.

JÁMA
BAR

Karte S. 370 (📞224 222 383; www.jamapub. cz; V Jámě 7; ⏰11–23 Uhr; 🛜; Ⓜ Muzeum) Das Jáma („das Loch") ist vor allem bei amerikanischen Expats sehr beliebt. An den Wänden hängen alte Poster von Rockkonzerten mit Led Zeppelin, REM, Kiss und Shania Twain. Hinten gibt es einen kleinen Biergarten unter Linden- und Walnussbäumen. Die zumeist lächelnde, freundliche Bedienung zapft eine wechselnde Auswahl an regionalen Bieren, die z. T. aus Mikrobrauereien stammen. Für hungrige Gäste werden herzhafte Burger, Steaks, Rippchen und Chicken Wings angeboten.

BOKOVKA
WEINBAR

Karte S. 370 (📞721 262 503; www.bokov ka.com; Pštrossova 8; ⏰16–1 Uhr; Ⓜ Karlovo Náměstí) Eine Gruppe von Weinfreunden, darun-

NEUSTADT (NOVÉ MĚSTO) AUSGEHEN & NACHTLEBEN

ter die Regisseure Jan Hřebejk und David Ondříček, führt diese verträumte kleine Bar. Benannt wurde sie nach dem Film *Sideways* (auf Tschechisch *bokovka*), der in den kalifornischen Weinbergen spielt. Die Hauptattraktion der Bar ist die große Auswahl an exquisiten mährischen Weinen – außerdem bekommt man die Gelegenheit, von einem waschechten Regisseur bedient zu werden.

CAFÉ IMPERIAL   CAFÉ

Karte S. 368 (☎246 011 440; www.cafeimperial.cz/; Na Poříčí 15; ☺7–23 Uhr; ⓜNáměstí Republiky) Das Café wurde 1914 eröffnet und 2007 gründlich renoviert. Wunderschön sind die Jugendstilkacheln – Wände und die Decke sind mit originalen Keramikkacheln, Mosaiken, Stuck und Halbreliefs geschmückt. Die Lampen stammen ebenfalls aus der Zeit, Bronzefiguren stehen über den Raum verteilt. Der Kaffee ist gut, abends gibt es Cocktails. Spätaufsteher können hier den ganzen Tag über verschiedene Frühstücksvarianten bestellen, auch wenn der Vormittag längst vorbei ist.

FRIENDS COFFEE HOUSE   CAFÉ

Karte S. 370 (☎272 049 665; www.milujikavu.cz; Palackého 7; ☺Mo–Fr 9–21, Sa–So 12–20 Uhr; ☎; ☒3, 9, 14, 24) Als Pragbesucher läuft man schnell an diesem Café vorbei, doch es lohnt sich, danach Ausschau zu halten. Hinten finden sich einige ruhige Räume, die wie eine Bücherei ausgestattet sind. Außerdem stehen die Tische nicht zu eng zusammengedrängt, und die Stühle sind bequem. Die Kaffeequalität wird hier großgeschrieben, und so werden nur frisch geröstete und gemahlene Kaffeebohnen verwendet. Auch schmackhafte und frisch zubereitete Sandwiches stehen auf der Karte. Bestellungen werden nur an der Theke entgegengenommen.

KAVÁRNA LUCERNA   CAFÉ

Karte S. 370 (☎224 215 495; Palác Lucerna, Štěpánská 61; ☺10–24 Uhr; ☎; ☒3, 9, 14, 24) Das am wenigsten von Touristen frequentierte Grand Café von Prag liegt in einer Jugendstil-Einkaufspassage und wurde vom Großvater des Expräsidenten Václav Havel entworfen. Marmorimitate, Metallverzierungen und die glitzernden Kristallleuchter (*lucerna* bedeutet im Tschechischen Leuchter) machen das Café zu einer Perle der 1920er-Jahre. Durch die bogenförmigen Fenster sieht man David Černýs berühmte

Skulptur *Kun* (Pferd), die unter der Glaskuppel des Atriums hängt.

NOVOMĚSTSKÝ PIVOVAR   BRAUEREI

Karte S. 370 (Neustädtische Brauerei; ☎224 232 448; www.npivovar.cz; Vodičkova 20; ☺Mo–Fr 10–23.30, Sa 11.30–23.30, So 12–22 Uhr; ☒3, 9, 14, 24) Genau wie das U Fleků wird die 1993 gegründete „Neustädtische Brauerei" vor allem von Busgruppen in Beschlag genommen. Aber die hellen und dunklen Biere sind hier bedeutend billiger (38 Kč für 0,5 l), und das Essen ist nicht nur genießbar, sondern wirklich gut. Ohne Vorbestellung ergattert man aber nur mit viel Glück einen Tisch.

U FLEKŮ   BRAUEREI

Karte S. 370 (☎224 934 019; www.ufleku.cz; Křemencová 11; ☺10–23 Uhr; ⓜKarlovo Náměstí) Das weitverzweigte Netz von Trink- und Speiseräumen ist eine Prager Institution, auch wenn hier ganze Busladungen zur Dudelmusik feiern. Das hausgebraute 13-prozentige Schwarzbier (59 Kč für 0,4 l) ist als Flek bekannt. Puristen rümpfen zwar die Nase, kommen aber trotzdem, weil das Bier gut ist. Die Touristenpreise haben jedoch viele Einheimische vertrieben.

Vorsicht ist angebracht, wenn die Kellner einen Becherovka (tschechischer Kräuterlikör) empfehlen – der verträgt sich nicht gut zu Bier und kostet zudem 80 Kč.

KAVÁRNA EVROPA   CAFÉ

Karte S. 370 (☎224 228 117; Václavské náměstí 25; ☺9.30–23 Uhr; ⓜMůstek) Das Grand Hotel Evropa verfügt über das stimmungsvollste Café am Wenzelsplatz. Wer hier einkehrt, kommt sich wie in einem verblassenden Museum des einst überschwänglichen Jugendstils vor. Leider ist das Lokal seit langem zu einer Touristenfalle verkommen: Kaffee und Kuchen sind nur zweitklassig und die Preise unverschämt. Aber die Architektur und die Verzierungen lohnen einen Blick ins Innere.

☆ UNTERHALTUNG

REDUTA JAZZ CLUB   JAZZ

Karte S. 370 (☎224 933 487; www.redutajazzclub.cz; Národní třída 20; Eintritt 300 Kč; ☺21–3 Uhr; ☎; ⓜNárodní Třída) Das Reduta ist Prags ältester Jazz-Club, der schon 1958 zu kommunistischen Zeiten gegründet wurde. 1994 spielte sich hier eine berühmte Szene ab, als der frühere US-Präsident Bill Clinton auf einem neuen Saxophon, das er von Václav Havel geschenkt bekommen hatte, einfach drauflos jammte. Die Einrichtung wirkt intim und die schick gekleideten Gäste zwängen sich in die Sitzreihen und Lounges, um die Big-Band-, Swing- und Dixieland-Atmosphäre zu genießen.

ROCK CAFÉ   LIVEMUSIK

Karte S. 370 (📞224 933 947; www.rockcafe.cz; Národní třída 20; Eintritt frei–150 Kč; 🕐Mo–Fr 10–3, Sa 17–3, So 17–1 Uhr; Ⓜ Národní Třída) Als Ableger der in den 1990er-Jahren einflussreichen Kunstbewegung Nový Horizont ist die Location nicht mit dem Hard Rock Café zu verwechseln. Zu dem Komplex gehören eine Bühne für DJs und Live-Gigs, ein funkig eingerichtetes „Rock Café", ein Kino, ein Theater, eine Kunstgalerie und außerdem ein CD-Laden.

Die Live-Bands kommen meistens aus Prag und spielen u. a. Nu-Metal, Folk-Rock oder covern weltbekannte Größen wie z. B. die Doors und die Sex Pistols. Die Musik startet um 19.30 Uhr.

LUCERNA MUSIC BAR   LIVEMUSIK

Karte S. 370 (📞224 217 108; www.musicbar. cz; Palác Lucerna, Vodičkova 36; Eintritt 100–500 Kč; 🕐20–4 Uhr; 🚋3, 9, 14, 24) Dieses stimmungsvolle alte Theater weckt nostalgische Gefühle, auch wenn es mittlerweile etwas heruntergekommen ist. Zur Wochenmitte wird hier eine breite Musikpalette präsentiert, von Beatles-Cover-Bands über tschechische Jazz-, Blues-, Pop- und Rockmusiker. Am beliebtesten sind jedoch die regelmäßigen Videopartys freitags und samstags, die zum Sound der 1980er- und 1990er-Jahre stattfinden. Die Massen von jungen Einheimischen tanzen dann zu Duran Duran und Gary Numan.

ORIGINAL MUSIC THEATRE OF PRAGUE   KLASSISCHE MUSIK

Karte S. 370 (Originální hudební divadlo Praha; 📞281 932 662; www.musictheatre.cz; Ke Karlovu 20, Vila Amerika; Tickets 595 Kč; 🕐Konzerte Mai–Okt. Mi, Sa 20 Uhr; Ⓜ IP Pavlova) Die fesche, kleine Vila Amerika wurde Anfang des 18. Jh. als prunkvolle Sommerresidenz im Auftrag eines Adligen erbaut. Heute ist hier das Dvořák-Museum (S. 135) untergebracht. Das Original Music Theatre of Prague führt regelmäßig in den passenden Kostümen Werke von Dvořák auf. Tickets gibt es bei BTI.

NATIONALTHEATER   OPER, BALLETT

Karte S. 370 (Národní divadlo; 📞224 901 377; www.narodni-divadlo.cz; Národní třída 2; Tickets 30–1000 Kč; 🕐Theaterkasse 10–18 Uhr; 🚋6, 9, 18, 21, 22) Das von den Pragern innig geliebte Nationaltheater bietet eine Bühne für traditionelle Opern sowie Schauspiel- und Ballettaufführungen von Meistern wie Smetana, Shakespeare und Tchaikowski. Inszeniert werden aber auch modernere Werke von Komponisten und Dramaturgen wie Philip Glass und John Osborne. Die Theaterkasse befindet sich im Nový-síň-Gebäude nebenan sowie im Kolowrat-Palast gegenüber vom Ständetheater.

PRAGER STAATSOPER   OPER, BALLETT

Karte S. 370 (Státní opera Praha; 📞224 901 886; www.opera.cz; Wilsonova 4; Operntickets 100–1150 Kč, Balletttickets 100–800 Kč; 🕐Theaterkasse Mo–Fr 10–17.30, Sa–So 10–12, 13–17.30 Uhr; Ⓜ Muzeum) Das beeindruckende Neorokoko-Gebäude der Prager Staatsoper bietet eine glanzvolle Bühne für Opern- und Ballettaufführungen. Im August und September findet das jährliche Verdi-Festival statt. Es gibt auch weniger konventionelle Aufführungen wie z. B. Leoncavallos selten inszenierte Version von *La Bohème*.

KINO SVĚTOZOR   KINO

Karte S. 370 (📞608 330 088; www.kinosvetozor.cz; Vodičkova 41; Tickets 90–120 Kč; ☎; Ⓜ Můstek) Das Světozor steht unter dem selben Management wie das berühmte Kino Aero in Žižkov, aber es befindet sich in zentralerer Lage. Auch hier liegt die Betonung auf klassischen Filmen und Programmkino in Originalversion. Zu sehen ist alles, von *Panzerkreuzer Potemkin* und *Casablanca* bis zu *Der Stadtneurotiker* und *Die Reise des jungen Che*.

ARCHA-THEATER   THEATER

Karte S. 368 (Divadlo Archa; 📞221 716 111; www.archatheatre.cz; Na poříčí 26; Tickets 150–880 Kč; 🕐Theaterkasse Mo–Fr 10–18 Uhr; 🚋5, 8, 14) Das Archa („der Bogen") wird allgemein als das alternative Prager Nationaltheater angesehen und verfügt über eine multifunktionale Bühne für avantgardistische und experimentelle Aufführungen. Die zeitgenössischen Dramen werden gelegentlich auch in Englisch aufgeführt, wie z. B. Václav Havels *Abgang (Leaving)*. Auf dem Programm stehen außerdem Tanz und Performancekunst sowie Livemusik von indischer Klassik bis zu Industrielärm.

NEUSTADT (NOVÉ MĚSTO) UNTERHALTUNG

LATERNA MAGIKA
PERFORMANCE

Karte S. 370 (☏224 931 482; www.laterna.cz; Národní třída 4, Nova Scéna; Tickets 210–680 Kč; ☺Theaterkasse Mo–Fr 9–18, Sa–So 10–18 Uhr; ☷6, 9, 18, 21, 22) Die Laterna Magika verzaubert das Publikum schon seit der ersten bahnbrechenden Multimediashow 1958 auf der Brüsseler Weltausstellung. Damals erzeugte die Produktion viel Aufsehen. Die kreative Mischung aus Tanz, Musik und projektierten Bildern lockt noch immer die Massen an. Das Nová Scena – das futuristische Gebäude neben dem Nationaltheater – beherbergt die Laterna Magika bereits seit ihrem Umzug vom Palais Adria Mitte der 1970er-Jahre.

MINOR-THEATER
THEATER

Karte S. 370 (Divadlo Minor; ☏222 231 351; www.minor.cz; Vodičkova 6; Erw./Kind 150/100 Kč; ☺Theaterkasse Mo–Fr 10–13.30, 14.30–20, Sa–So 11–18 Uhr; ⓂKarlovo Náměstí) Das Divadlo Minor ist ein rollstuhlfreundliches Kindertheater, das eine lustige Mischung aus Puppentheater, Clownshows und Pantomime anbietet. Aufführungen (auf Tschechisch) finden samstags und sonntags um 15 Uhr sowie donnerstags und freitags um 18 Uhr statt. Normalerweise sind direkt vor Beginn der Vorführungen noch Tickets zu bekommen.

SHOPPEN

GALERIE ČESKÉ PLASTIKY
KUNST & KUNSTHANDWERK

Karte S. 368 (Tschechische Skulpturengalerie; ☏222 310 684; www.art-pro.cz; Revoluční 20; ☺Mo–Fr 10–18 Uhr; ☷5, 8, 14) Diese Einkaufsgalerie ist eine Schatzkiste voll mit tschechischen Skulpturen, Gemälden, Drucken und Fotografien aus dem 20. Jh. sowie der Moderne. Es finden regelmäßig themenbezogene Ausstellungen statt, und alle Objekte können zu Preisen zwischen 2000 und 2 Mio. Kč gekauft werden.

GLOBE BOOKSTORE & CAFÉ
BÜCHER

Karte S. 370 (☏224 934 203; www.globe bookstore.cz; Pštrossova 6; ☺So–Mi 9.30–24, Do–Sa 9.30–13 Uhr; ☏; ⓂKarlovo Náměstí) Ausländische Bücherliebhaber treffen sich gern in diesem gemütlichen Laden für englische Bücher, zu dem eine hervorragende Café-Bar (S. 139) gehört. Im Café kann man ganz entspannt sitzen und in Ruhe in den Büchern blättern, die man soeben erstanden hat. Viele Besucher kommen auch am Morgern, um im Globe-Café ausgiebig zu frühstücken. Es gibt eine ganz passable Auswahl an Belletristik und Sachbüchern, außerdem antiquarische Bücher, Zeitungen und Zeitschriften in Englisch, Französisch, Deutsch, Spanisch, Italienisch und Russisch. Reizvoll sind auch die Kunstausstellungen und Filmvorführungen.

PALÁC KNIH NEO LUXOR
BÜCHER

Karte S. 370 (☏296 110 368; www.neoluxor.cz; Václavské náměstí 41; ☺Mo–Fr 8–20, Sa 9–19, So 10–19 Uhr; ⓂMuzeum) Palác Knih Neo Luxor ist Prags größter Buchladen. Im Untergeschoss gibt es eine große Auswahl an Belletristik und Sachliteratur auf Englisch, Deutsch, Französisch und Russisch, darunter auch einige Übersetzungen von tschechischen Autoren. Außerdem kann man hier ins Internet, und es gibt ein Café und eine große Auswahl an internationalen Zeitungen und Magazinen.

KIWI
BÜCHER, KARTEN

Karte S. 370 (☏224 948 455; www.kiwick.cz; Jungmannova 23; ☺Mo–Fr 9–18.30, Sa 10–14 Uhr; ☷3, 9, 14, 24) Der kleine, auf Reisen spezialisierte Buchladen führt eine große Auswahl an Landkarten und Stadtplänen, die nicht nur Tschechien, sondern auch viele andere Länder abdecken. Hier gibt es auch zahlreiche Lonely-Planet-Titel.

MOSER
GLAS

Karte S. 368 (☏224 211 293; www.moser-glass.com; Na Příkopě 12; ☺10–20 Uhr; ⓂMůstek) Moser ist einer der exklusivsten und angesehensten böhmischen Glashersteller und wurde 1857 in Karlovy Vary (Karlsbad) gegründet. Das Unternehmen ist bekannt für seine mächtigen und auffälligen Designs. Es lohnt sich, nicht nur wegen der angebotenen Waren dem Laden in der Na Příkopě einen Besuch abzustatten, sondern auch wegen des Dekors: Das Geschäft liegt in einem wunderschön verzierten, ursprünglich gotischen Gebäude mit dem Namen Haus zur Schwarzen Rose (dům U černé růže).

BELDA JEWELLERY
SCHMUCK

Karte S. 370 (☏224 931 052; www.belda.cz; Mikulandská 10; ☺Mo–Fr 1–18 Uhr; ⓂNárodní Třída) Belda & Co. ist eine etablierte tschechische Firma, die 1922 gegründet wurde. Nach der Nationalisierung 1948 wurde sie vom Sohn und Enkel des Gründers neu belebt und stellt heute immer noch Gold- und Silberschmuck von hoher Qualität her. Hier werden eigene geometrische, zeitgenössische Designs verkauft, aber auch Reproduktionen nach Entwürfen von Alfons Mucha angeboten.

BAZAR   MUSIK

Karte S. 370 (☑602 313 730; www.cdkra kovska.cz; Krakovská 4; ◔Mo–Fr 1–19, Sa 10–15 Uhr; Ⓜ Muzeum) Hier im Bazar kann man eine Riesenauswahl an gebrauchten CDs, LPs und Videos sämtlicher Genres durchstöbern. Tschechische und westliche Popmusik vermischt sich hier mit Jazz, Blues, Heavy Metal, Country und Weltmusik. Mit LP-Preisen zwischen 300 und 450 Kč ist das Geschäft allerdings nicht gerade ein Schnäppchenmarkt.

BONTONLAND   MUSIK

Karte S. 370 (☑224 473 080; www.bontonland. cz; Václavské náměstí 1-3; ◔Mo–Fr 9–20, Sa 10–20, So 10–19 Uhr; ☎; Ⓜ Můstek) Der wahrscheinlich größte Musikladen Tschechiens führt in seinem üppigen Angebot eigentlich alles: Musik aus den westlichen Charts, Klassik, Jazz, Dance und Heavy Metal und eine große Auswahl an tschechischem Pop. Über die Ladentheke gehen auch Blue Ray Disks, DVDs, iPods und notwendiges Zubehör. Ein großer Playstation-„Spielplatz" und ein Internetcafé laden zudem zu einem längeren Aufenthalt ein.

JAN PAZDERA   FOTOARTIKEL

Karte S. 370 (☑224 216 197; www.fotopaz dera.cz; Vodičkova 28; ◔Mo–Fr 10–18, Sa bis 13 Uhr; ⊞3, 9, 14, 24) Die freundlichen und fachkundigen Mitarbeiter des traditionsreichen Geschäfts freuen sich, wenn sie ihren eindrucksvollen Vorrat an Second-Hand-Kameras, Dunkelkammerzubehör, Linsen, Ferngläsern und Teleskopen herzeigen können. Von der einfachen, aber unkaputtbaren russischen Zenit bis zur teuren Leica gibt es hier alles.

BAT'A   SCHUHE

Karte S. 370 (☑221 088 478; www.bata. cz; Václavské náměstí 6; ◔Mo–Fr 9–21, Sa 9–20, So 10–20 Uhr; Ⓜ Můstek) Das Baťa-Schuhimperium wurde 1894 von Tomáš Baťa gegründet und befindet sich immer noch im Familienbesitz. Das Unternehmen ist eines der erfolgreichsten in ganz Tschechien. Der Schuhhersteller zählt zu den weltweit größten. Der Flagship-Store am Wenzelsplatz stammt aus den 1920er-Jahren und gilt als Meisterwerk der modernen Architektur. Auf sechs Stockwerken werden Schuhe (internationale Marken, aber natürlich auch Baťas), Handtaschen, Koffer und Lederwaren verkauft.

Vinohrady & Vršovice

Highlights

❶ Durch den Park **Riegrovy sady** (S. 146) bummeln und dabei den herrlichen Panoramablick hinüber zur Prager Burg, zur Altstadt und hinunter zum Hauptbahnhof genießen. Im Park gibt es einen Biergarten.

❷ Ein oder mehrere Gläschen Wein unter freiem Himmel im **Viniční Altán** (S. 150) in Vinohrady trinken.

❸ In einem hervorragenden Restaurant mit stilvoller Atmosphäre wie dem **Aromi** (S. 146) speisen.

❹ Einen Blick auf das architektonische Meisterwerk der **Herz-Jesu-Kirche** (S. 146) werfen.

❺ Das rege Treiben auf dem Friedensplatz (náměstí Míru) bei einer Tasse Kaffee im **Sahara Café** (S. 150) beobachten.

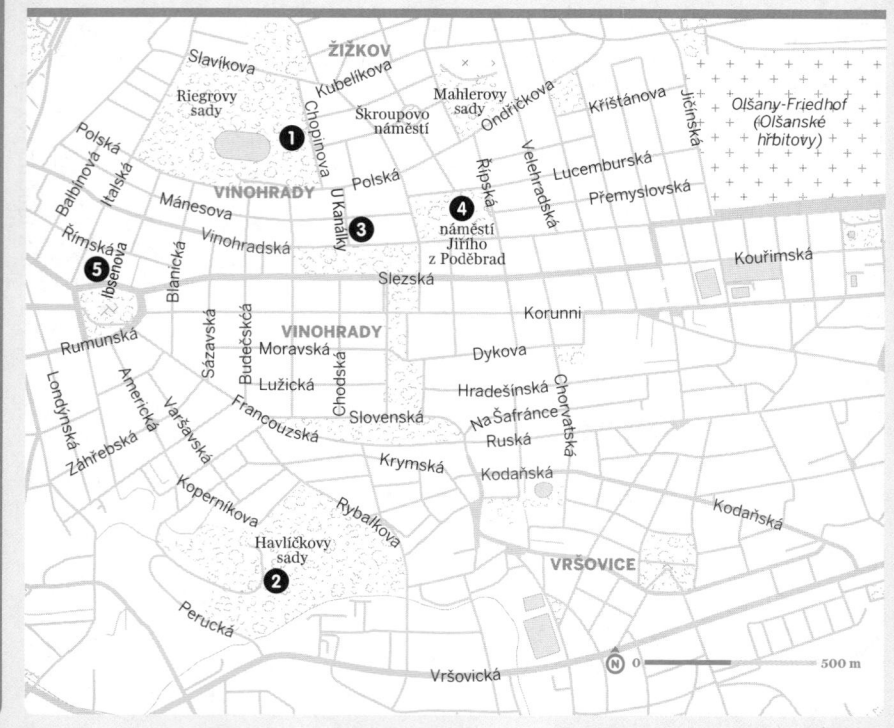

Mehr Details siehe Karte S. 376 ➡

Vinohrady & Vršovice erkunden

Vinohrady und Vršovice sind überwiegend Wohnviertel abseits der Touristenwege. Vinohrady ist vor allem bei gutsituierten Singles und jungen Paaren sehr beliebt. Für Besucher haben der dort ansässige Wohlstand und Erfolg einen großen Vorteil, denn in dem Stadtviertel befinden sich einige der besten Restaurants und Cafés von Prag. Wer sich die Sehenswürdigkeiten im Zentrum angeschaut hat, kann hier abends sehr gut ausgehen. Die meisten Restaurants befinden sich rund um die Metrostationen Náměstí Míru und Jiřího z Poděbrad. Nach dem Abendessen laden noch Kneipen und Clubs zu einem Drink ein. Žižkov, wo sich das Nachtleben noch stärker konzentriert, liegt zu Fuß oder mit dem Taxi quasi um die Ecke.

Tipps der Einheimischen

➡ **Beliebte Lokale** An einem warmen Abend ist der Biergarten im Park Riegrovy sady (S. 146) ein echter Geheimtipp. Zu den guten Nachbarschaftscafés gehören das Café Kaaba (S. 150), das Blatouch (S. 150) und das Kavárna Róza K (S. 151). Sie locken eine junge Klientel an und bieten guten Kaffee sowie kostenloses WLAN.

➡ **Märkte** Auf der Rasenfläche oberhalb der Metrostation Jiřího z Poděbrad werden jeden Mittwoch- und Samstagvormittag auf dem beliebten Bauernmarkt heimische Erzeugnisse feilgeboten – ein buntes Treiben.

➡ **Shoppen** Vinohradys Hauptstraße, die Vinohradská, ist voller Läden mit Wohnaccessoires. Auch wer nichts kaufen möchte, sollte sich einen Bummel nicht entgehen lassen. Eine gute Adresse ist der Laden Stockist (S. 152).

An- & Weiterreise

➡ **U-Bahn** Vinohrady lässt sich mit der grünen Metrolinie A leicht erreichen. Die Metrostationen im Viertel heißen Náměstí Míru, Jiřího z Poděbrad und Flora. Nach Vršovice nimmt man besser eine Straßenbahn.

➡ **Tram** Vinohrady wird von mehreren Straßenbahn-linien bedient. Die populäre Linie 22 verkehrt den ganzen Weg von der Prager Burg bis zum Náměstí Míru und weiter nach Vršovice. Linie 11 verbindet die Metrostation Muzeum mit den Metrostationen Jiřího z Poděbrad und Flora. Auch die Linien 4, 10 und 16 fahren nach Vinohrady. Die Linie 4 bedient zudem Vršovice.

Top-Tipp

Es gibt nur wenige traditionelle Sehenswürdigkeiten in Vinohrady. Daher am besten den Stadtplan beiseitelegen und einfach draufloslaufen, um die prachtvollen Häuser und die hohe Lebensqualität in einem der schönsten Wohnviertel Prags zu erleben und zu bewundern.

Gut essen

➡ Mozaika (S. 146)
➡ Kofein (S. 146)
➡ Aromi (S. 146)
➡ Osteria Da Clara (S. 146)
➡ The Pind (S. 148)

Mehr Details siehe S. 146

▬ Nett ausgehen

➡ Riegrovy Sady Biergarten (S. 150)
➡ Viniční Altán (S. 150)
➡ Café Kaaba (S. 150)
➡ Blatouch (S. 150)
➡ Sokolovna (S. 150)

Mehr Details siehe S. 149 ➡

☆ Nachtleben genießen

➡ Techtle Mechtle (S. 152)
➡ Radost FX (S. 152)
➡ ON Club (S. 152)
➡ Termix (S. 152)
➡ Le Clan (S. 152)

Mehr Details siehe S. 152 ➡

⊙ SEHENSWERTES

HERZ-JESU-KIRCHE
KIRCHE

Karte S. 376 (Kostel Nejsvětějšího Srdce Páně; www.srdcepane.cz; náměstí Jiřího z Poděbrad 19, Vinohrady; ⊙ Gottesdienste Mo–Sa 8, 18, So 9, 11, 18 Uhr; Ⓜ Jiřího z Poděbrad) Diese im Jahr 1932 erbaute Kirche ist eines der markantesten Bauwerke des 20. Jhs. in Prag. Die Entwürfe stammen von dem slowenischen Architekten Jože Plečnik, der auch in der Prager Burg gearbeitet hat. Der Baustil der Kirche wurde von altägyptischen Tempeln und frühchristlichen Basiliken beeinflusst. Geöffnet ist das Gotteshaus während der Messe.

RIEGERPARK (RIEGROVY SADY)
PARK

Karte S. 376 (Riegerpark; Vinohrady; Ⓜ Jiřího z Poděbra) Vinohradys größter und schönster Park wurde im 19. Jh. im klassischen englischen Stil angelegt und ist noch immer ein guter Ort, um eine Decke auszubreiten und sich zu entspannen. Von einem Felsvorsprung aus lassen sich schöne Fotos der Prager Burg machen. Im Sommer ist der Biergarten im Park (S. 150) ein angesagter Ort. Der Eingang zum Park befindet sich in der Chopinova, gegenüber von Na Švíhance.

✕ ESSEN

Außerhalb des Stadtzentrums verfügt Vinohrady über die größte Anzahl guter Restaurants in Prag. Die Auswahl wird sogar stetig besser, weil das Viertel weiter im Kommen ist. Die meisten Lokale liegen rund um den náměstí Míru sowie in der Wohnstraße Mánesova, die von der Metrostation Muzeum parallel zur Vinohradská bis zur Metrostation Jiřího z Poděbrad verläuft.

MOZAIKA
INTERNATIONAL €€

Karte S. 376 (☑ 224 253 011; www.restaurant mozaika.cz; Nitranská 13, Vinohrady; Hauptgerichte 180–450 Kč; ☎; Ⓜ Jiřího z Poděbrad) Das alt-französische Bistro aufgemachte Mozaika gehört verlässlich zu den besten Restaurants des Viertels. Im Vordergrund stehen Rindfleisch-Tournedos, *boeuf bourguignon* sowie internationale Küche, z. B. Schweinerippchen und Pfannengerichte. Ein Leckerbissen ist der in Seetang gewickelte Lachs mit Wasabi-Kartoffelpüree. Reservierungen sind unerlässlich.

AROMI
ITALIENISCH €€€

Karte S. 376 (☑ 222 713 222; www.aromi.cz; Mánesova 78, Vinohrady; Hauptgerichte 400–600 Kč; ⊙ Mo–Sa 12–23, So 12–22 Uhr; ☎; ☐ 11, Ⓜ Jiřího z Poděbrad) Rote Backsteine, poliertes Holz und Landhausmöbel kreieren eine rustikale Atmosphäre für dieses italienische Gourmet-Restaurant. Geht es hier mittags zügig und geschäftsmäßig zu, wird es abends romantisch. Das Aromi ist für authentische, exzellente italienische Küche bekannt. Reservierungen sind unerlässlich.

OSTERIA DA CLARA
ITALIENISCH €€

Karte S. 376 (☑ 271 726 548; www.daclara.com; Mexická 7, Vršovice; Hauptgerichte 200–400 Kč; ⊙ Mo–Fr 11–15, 18–23, Sa 12–15.30, 18–23 Uhr; ☐ 4, 22, Ⓜ Náměstí Míru) Die kleine toskanische Trattoria serviert authentische und preisgünstige italienische Spezialitäten und gehört damit zu den Besten in Prag. Allerdings ist das Lokal auf dem Stadtplan nicht leicht zu finden. Die kreative Speisekarte wechselt regelmäßig, aber Ente, Rind, Schwein oder Meeresfrüchte sind eigentlich immer im Angebot. Unbedingt vorab reservieren, weil es nur wenige Tische gibt.

KOFEIN
SPANISCH €€

Karte S. 376 (☑ 273 132 145; www.ikofein.cz; Nitranská 9, Vinohrady; Tapasteller 55–75 Kč; ⊙ Mo–Fr 11–24, Sa–So 17–24 Uhr; ☎ ☑; ☐ 11, Ⓜ Jiřího z Poděbrad) Einer der besten Restauranttipps findet sich ganz in der Nähe der Metrostation Jiřího z Poděbrad. In der lebendigen Tapas-Bar steht ein rotwangiger Koch geschäftig am Grill. Zu den Hausspezialitäten zählen die marinierte Forelle mit Meerrettich sowie Schweinebauch-Confit mit Sellerie. Die Bedienung ist flink und freundlich; vorab reservieren.

RISTORANTE SAPORI
ITALIENISCH €€

Karte S. 376 (www.ristorante-praha.cz; Americká 20, Vinohrady; Hauptgerichte 185–395 Kč; Ⓜ Náměstí Míru) Der elegante Italiener ist in dem Viertel die beste Adresse für alle die, die mit allem Drum und Dran speisen möchten. Lecker sind die Calamares mit Arugula-Knoblauch und Cherry-Tomaten. Täglich gibt es Mittagsgerichte für weniger als 150 Kč. Die Einrichtung ist angenehm hell, der Boden besteht aus Hartholz, und die Weinkarte ist exzellent.

LAS ADELITAS
MEXIKANISCH €

Karte S. 376 (☑ 222 542 031; www.lasadelitas.cz; Americká 8, Vinohrady; Hauptgerichte

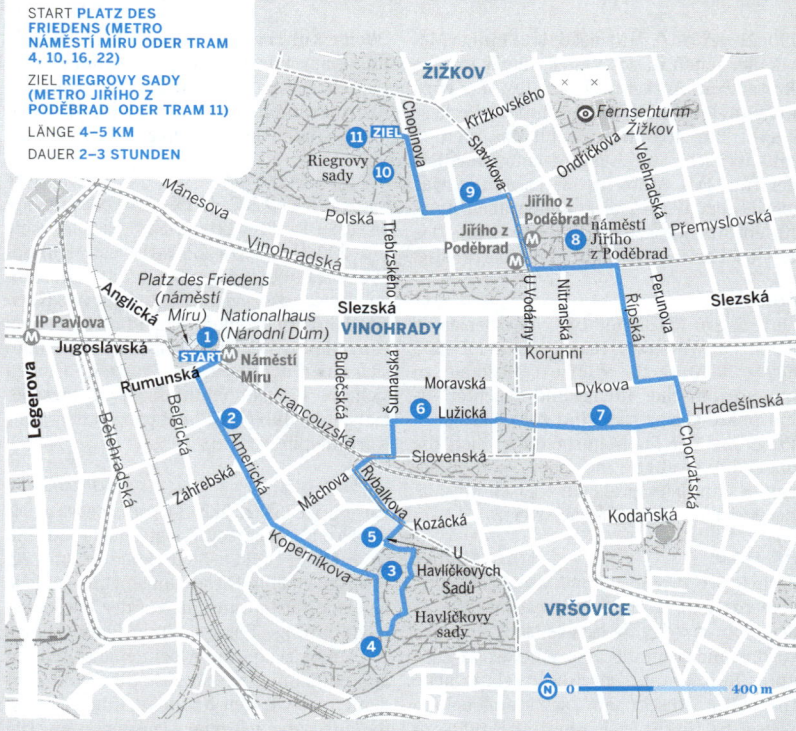

START **PLATZ DES FRIEDENS (METRO NÁMĚSTÍ MÍRU ODER TRAM 4, 10, 16, 22)**

ZIEL **RIEGROVY SADY (METRO JIŘÍHO Z PODĚBRAD ODER TRAM 11)**

LÄNGE **4–5 KM**

DAUER **2–3 STUNDEN**

Stadtpaziergang
Schönes Vinohrady

Dieser Spaziergang durch ein schönes Wohnviertel ist lang, kommt jedoch ohne große Steigungen aus.

Die Tschechen nennen den grünen **1** **Platz des Friedens** (náměstí Míru) „Mirák", eine Koseform von „Míru". Hier schlägt das Herz von Vinohrady. Die Tour führt vom Platz nach Süden in die **2** **Americká**, eine Wohnstraße. Am Ende der Straße markiert der felsige Park **3** **Havlíčkovy sady** die Grenze zwischen Vinohrady und Vršovice. Es gibt keinen vorgeschlagenen Rundweg, sodass man sich einfach eine Route bergab aussucht. Unterwegs finden sich Wegweiser zum Weinlokal Viniční Altán. Weinschenken im Freien sind eine Rarität in Prag und keine ist so einladend wie **4** **Viniční Altán**. Von der Gartenlaube bietet sich ein schöner Blick auf die Weinhänge. Der Weg führt zurück durch den Park zur Straße **5** **U Havlíčkových Sadů**. Hier geht es nach rechts, dann nach links in die Rybalkova und weiter zur Máchova. Dort nach rechts abbiegen, die Fran-

couzská überqueren, um in die Šumavská zu gelangen, und schließlich rechts in die **6** **Lužická** abzweigen. Diese Straße endet an einem Park, der durchquert werden muss, um in der Hradešínská zu landen. In dieser Straße finden sich einige der schönsten Villen von Prag. Die berühmteste wurde 1908 in der **7** **Hradešínská 6** von einem frühen Meister der modernen Baukunst, Jan Kotěra, gebaut. Nun geht es links in die Chorvatská, nochmals links in die Dykova und dann rechts in die Řípská. Von hier ist der Fernsehturm von Žižkov zu sehen. Die Řípská führt zur Vinohradská und weiter zur **8** **Herz-Jesu-Kirche** (náměstí Jiřího z Poděbrad). Die Slavíkova verläuft hinter dem Kircheneingang und führt zur Polská. Links in der **9** **Polská** stehen weitere Stadthäuser. Rechts geht es nun in die Chopinova und bergan bis Na Švíhance. Der Eingang zum Park **10** **Riegrovy sady** liegt gegenüber. Der **11** **Riegrovy-sady-Biergarten** befindet sich nur 30 m vom Eingang entfernt.

150–210 Kč; 📞🖊; Ⓜ Náměstí Míru) Einige Mexikaner leiten dieses kleine, mexikanische Restaurant. Authentischeres Tex-Mex wird man in Prag nur schwer finden. Leckere Tacos, Burritos und Enchiladas werden mit viel Liebe aus hausgemachten Tortillas geformt. Das Ambiente wirkt zwar etwas steril, aber die Gäste kommen auch nicht für ein Abendessen bei Kerzenschein – das Essen ist einfach sehr gut und preisgünstig.

THE PIND
INDISCH €€

Karte S. 376 (📞222 516 085; www.thepind.cz; Korunní 67, Vinohrady; Hauptgerichte 190–300 Kč; 🖊; 🚊10, 11, 16, Ⓜ Jiřího z Poděbrad) In puncto indischer Küche und dezenter Atmosphäre gehört das Pind zur Oberliga in Prag. Auf der Speisekarte findet sich die übliche Auswahl an indischen Speisen, darunter ein hervorragendes Fisch-Masala. Reservierung ist empfehlenswert.

HAMTAM
MITTLERER OSTEN €

Karte S. 376 (📞267 312 944; www.hamtam.cz; Voroněžská 19, Vršovice; Hauptgerichte 80–120 Kč; 📞🖊; 🚊4, 22, Ⓜ Náměstí Míru) Vršovice verfügt nicht gerade über eine große Zahl guter Restaurants, aber diese relativ neue Gaststätte mischt auf sehr angenehme Weise die türkische Küche mit Einflüssen aus dem Mittleren Osten. Die Speisekarte ändert sich täglich und achtet sehr auf Frische und saisonale Angebote. Man sollte sich also überraschen lassen. Sehr lecker ist z. B. das gebratene Rindfleisch mit einer Kaffeesoße auf breiten Nudeln.

THE TAVERN
AMERIKANISCH €

Außerhalb der Karte S. 376 (www.eng. thetavern.cz; Chopinova 26, Vinohrady; Hauptgerichte 95–150 Kč; ⊙Do–So 18–22 Uhr; 🚊11, Ⓜ Jiřího z Poděbrad) Ein amerikanisches Ehepaar zaubert in der gemütlichen „Taverne" aus Bioprodukten leckere Burger. Die Eier stammen von freilaufenden Hühnern, und die Rinder haben auf einer Wiese gegrast. Meistens ist die Taverne ausgebucht, sodass Gäste unbedingt – per Mail – reservieren sollten. Es werden auch Cocktails auf Bourbon-Basis gemixt; nur Abendessen.

U BILÉ KRÁVY
STEAKS €€

Karte S. 376 (📞224 239 570; www.bilakrava. cz; Rubešova 10, Vinohrady; Hauptgerichte 170–400 Kč; Ⓜ Náměstí Míru, Museum) Die französischen Besitzer servieren in ihrem Bistro hervorragende Steaks, die für Prager Verhältnisse sehr günstig sind. Der Name

„Weiße Kuh" bezieht sich auf die Charollais-Rasse aus Burgund. Von dort stammt das Fleisch für das Restaurant. Die perfekte Bistro-Stimmung und die exzellente Weinkarte runden das Vergnügen ab.

ZELENÁ ZAHRADA
TSCHECHISCH €€

Karte S. 376 (📞222 518 159; www.zelena-zahrada.eu; Šmilovského 12, Vinohrady; Hauptgerichte 130–300 Kč; 📞; 🚊4, 22, Ⓜ Náměstí Míru) Sogar Stars finden den Weg in das etwas abgelegene, anspruchsvolle Restaurant. Nach den Fotos zu urteilen, war z. B. schon Karel Gott hier. Bei der Reservierung sollte man sich einen der begehrten Plätze im Garten sichern. Es gibt erstklassige Mittagsspecials, darunter Hühnchenrouladen mit Kartoffelpüree für 85 Kč.

U DĚDKA
INTERNATIONAL €

Karte S. 376 (📞222 522 784; www.udedka.cz; Na Kozačce 12, Vinohrady; Hauptgerichte 130–280 Kč; ⊙Mo–Fr 11–1, Sa–So 16–1 Uhr; 📞; 🚊4, 22, Ⓜ Náměstí Míru) Dieses angenehm schicke Kneipen-Restaurant hat auf der Vorderseite eine ruhige Terrasse unter Bäumen. Das zeitgenössische Innere lockt eine Mischung aus einheimischen Angestellten und Studenten sowie gelegentlich einige Touristen aus nahe gelegenen Pensionen an. Die Speisekarte ist tschechisch ausgerichtet. Es gibt aber auch gute internationale Bargerichte, wie z. B. Hühnchen-Quesadillas und Cheeseburger.

PIZZERIA GROSSETO
ITALIENISCH €

Karte S. 376 (📞224 252 778; www.grosseto.cz; Francouzská 2, Vinohrady; Hauptgerichte 130–200 Kč; 📞🖊; Ⓜ Náměstí Míru) In der lebendigen Vinohrady-Pizzeria werden leckere Pizzas serviert mit einfallsreichen Zutaten wie Spargel und Ricotta-Käse. Dazu kommen selbst gemachte Pasta sowie verlockende Desserts. Die Gartenterrasse auf der Rückseite ist ein verstecktes Juwel und gilt vor Ort als Geheimtipp.

MASALA
INDISCH €

Karte S. 376 (📞222 251 601; www.masala.cz; Mánesova 13, Vinohrady; Hauptgerichte 150–250 Kč; ⊙Mo–Fr 12–23, Sa–So 17–23 Uhr; 🖊; 🚊11) In dem angenehm zurückhaltend eingerichteten indischen Restaurant steht das gute Essen im Vordergrund. Die Bedienung ist wesentlich entspannter als in manch anderem indischen Lokal. Die Besitzer möchten, dass sich ihre Gäste wie Zuhause fühlen. Ein kleines Manko: Das Essen könnte

VINOHRADY & VRŠOVICE ESSEN

stärker gewürzt sein; Reservierungen sind unerlässlich.

LOVING HUT
VEGETARISCH €

Karte S. 376 (☑222 515 006; www.lovinghut. cz; Londýnská 35, Vinohrady; ⊙Mo–Sa 11–21 Uhr; 🛜✏; Ⓜ Náměstí Míru, IP Pavlova) Das Loving Hut gehört zu einer Kette von vegan-vegetarischen Restaurants in Prag, in denen nicht geraucht und kein Alkohol ausgeschenkt wird. Auf der Speisekarte stehen vegetarisches Sushi, Curry-Suppe und andere vegetarische Spezialitäten aus Asien. Wochentags gibt es von 11 bis 16 Uhr ein preisgünstiges Selbstbedienungsbüfett.

PASTIČKA
TSCHECHISCH €€

Karte S. 376 (☑222 253 228; www.pasticka.cz; Blanická 25, Vinohrady; Hauptgerichte 149–429 Kč; ⊙Mo–Fr 11–22, Sa–So 17–23 Uhr; 🛜; 🚊11, Ⓜ Jiřího z Poděbrad) Die einladende Kneipe mit einem kleinen Garten auf der Rückseite ist ideal für ein Bier oder eine Mahlzeit. Die Inneneinrichtung stammt teilweise aus dem Prag der 1920er-Jahre, teilweise erinnert sie an einen irischen Pub. Die meisten Besucher kommen wegen des Biers, aber die Mischung aus internationalen und traditionellen tschechischen Gerichten ist auch sehr gut.

PHO VIETNAM
VIETNAMESISCH €

Karte S. 376 (Slavikova 1, Vinohrady; Hauptgerichte 79–100 Kč; ✏; 🚊11, Ⓜ Jiřího z Poděbrad) Mittags wird es in dem Stehlokal proppevoll, denn hier gibt es die wohl beste vietnamesische Nudelsuppe *(pho)* in ganz Prag – und das für wenig Geld. Serviert wird auch pikantes Rindfleisch mit grünen Bohnen sowie Rindfleisch mit *Pho-bo*-Reisnudeln. Auch Vegetarier werden hier fündig.

CAFÉ FX
VEGETARISCH €

Karte S. 376 (☑603 193 711; www.radostfx. cz; Bělehradská 120, Vinohrady; Hauptgerichte 120–240 Kč; 🛜✏; Ⓜ IP Pavlova) Seit mehr als zwei Jahrzehnten ist das Café FX eine vegetarische Institution in der tristen Umgebung der Metrostation IP Pavlova. Auf den Tisch kommen vor allem Salate, Pfannengerichte und vegetarische Burger, die zuverlässig gut sind. Die Speisekarte hat sich über die Jahre nur wenig verändert, und man nimmt hier alles recht locker.

MIRELLIE
ITALIENISCH €€

Karte S. 376 (www.mirellie.cz; Korunní 23, Vinohrady; Hauptgerichte 135–390 Kč; 🛜✏; Ⓜ Náměstí Míru) Sowohl mittags wie abends ist das unaufdringlich gehobene Mirellie eine gute Wahl. Zu den Spezialitäten zählen Fisch und Fleisch vom Grill sowie sehr gute Pasta. Auch wenn die Küche italienisch ist, kommt ein Großteil der Bedienung aus dem früheren Jugoslawien. Man kann also viel gutmütigen Humor erwarten.

RESTAURACE CHUDOBA
TSCHECHISCH €

Karte S. 376 (☑222 250 624; www.restaurace chudoba.cz; Vinohradská 67, Vinohrady; Hauptgerichte 130–280 Kč; ⊙Mo–Sa 11–1, So 11–24 Uhr; 🚊11) Dieses gehobene tschechische Tavernen-Restaurant liegt an einer günstigen, baumbestandenen Ecke der Vinohradská. Die Gäste sind zumeist junge Berufstätige sowie Pärchen, die nach der Arbeit ein Bierchen kippen oder die günstige tschechische Küche genießen möchten. Die Deko versetzt mit den alten Fotos an der Wand sowie den polierten Holzfußböden ins Vinohrady vergangener Tage zurück.

HA NOI
VIETNAMESISCH €

Karte S. 376 (☑222 521 430; Slezská 57, Vinohrady; Hauptgerichte 80–120 Kč; ⊙Mo–Fr 10 bis 22, Sa 14–23 Uhr; Ⓜ Jiřího z Poděbrad, Flora) Ha Noi bleibt unter einer Reihe von mittelmäßigen Vietnamesen die beste Wahl. Die leckeren Frühlingsrollen gibt es auch frittiert, und es stehen zwei Arten von *pho* im Angebot. Die Einrichtung ist schlicht: Es gibt nur einige Holztische und den normalen Kitsch aus Fernost. Deshalb eignet sich das Lokal für ein sättigendes Mittagessen als für einen besonderen Abend zu zweit.

MASSIMO
ITALIENISCH €

Karte S. 376 (☑606 633 992; Donska 11, Vršovice; Hauptgerichte 175–220 Kč; 🚊4, 22, Ⓜ Náměstí Míru) Vršovice scheint ein guter Flecken für empfehlenswerte Italiener zu sein. Massimo öffnete im März 2012 seine Pforten und hat sich sofort als solides Nachbarschaftslokal etabliert. Auf den Tisch kommen die üblichen Pastagerichte sowie eine gute Auswahl an Fisch- und Fischspezialitäten. Mittags werden Hauptgerichte für weniger als 100 Kč angeboten.

🍷 AUSGEHEN & NACHTLEBEN

Vinohrady mag nicht so authentisch sein wie Žižkov, aber hier lässt sich sehr gut eine abendliche Tour durch Bars und

Cafés machen. Gute Anlaufstellen sind die Gegend rund um den Friedensplatz (náměstí Míru), vor allem die Americká, die Mánesova sowie die Straßen rund um den großen Park Riegrovy sady. Dort befindet sich auch der beste, bzw. der zweitbeste Biergarten Prags, je nachdem, wen man fragt und wo die Person wohnt. Weil Vinohrady zudem das Zentrum der Schwulenszene von Prag ist, finden sich hier viele schwulenfreundliche Cafés und Clubs.

RIEGROVY-SADY-BIERGARTEN BIERGARTEN
Karte S. 376 (Riegrovy sady, Vinohrady; ☺tgl. 12–1 Uhr, nur im Sommer; 🚊11; Ⓜ Jiřího z Poděbrad) Zwischen diesem Biergarten und dem im Letná-Park auf der anderen Seite der Moldau herrscht eine freundliche Rivalität um die Krone der Prager Biergärten. Die Wahl fällt schwer, denn der Riegrovy Sady ist sehr gut. Die Besucher müssen an der Theke bestellen und das Bier zum Tisch bringen. Der Weg zum Biergarten führt über die Polská und die Chopínova zum Parkeingang gegenüber von Na Švíhance.

VINIČNÍ ALTÁN WEINSCHENKE
Karte S. 376 (www.vinicni-altan.cz; Havlíčkovy sady 1369, Vršovice; ☺tgl. 11–22 Uhr, nur im Sommer; 🚊4, 6, 7, 22, 24) Prags netteste Weinschenke im Freien nimmt für sich auch in Anspruch die älteste zu sein. Angeblich soll schon Kaiser Karl IV. die Weinschenke etabliert haben. In der Gartenlaube schmeckt der weiße oder rote lokale Wein besonders gut, zumal der Blick über die Weinberge und das Nusle-Tal gleitet. Die Anfahrt ist allerdings nicht leicht. Es geht quer durch Vinohrady, über die Americká und dann durch den Havlíčkovy sady. Die Straßenbahnlinien 6, 7 und 24 halten an der Otakarova, dann geht es bergauf; die Nr. 4 und 22 halten an der Jana Masaryka, ab dort geht es zu Fuß weiter.

BLATOUCH CAFÉ
Karte S. 376 (☎222 328 643; www.blatouch.cz; Americká 17, Vinohrady; 🚭; Ⓜ Náměstí Míru) Das populäre und relaxte Café bietet der zumeist studentischen Szene kostenlosen WLAN-Zugang sowie guten Kaffee und Wein. Es gibt auch einige kleine Gerichte, darunter Salate und Sandwiches.

HOSPŮDKA OBYČEJNÝ SVĚT KNEIPE
Karte S. 376 (☎224 257 161; www.obycejny svet.com; Korunní 96, Vinohrady; ☺Mo–Fr 11–0.30, Sa 12–0.30, So 13–24 Uhr; 🚊10, 16; Ⓜ Náměstí Jiřího z Poděbrad) In der einladenden Kneipe fühlt man sich ein wenig wie in einem britischen Gentlemen-Club. Die Stimmung ist freundlich und die Bierauswahl exzellent. Die Kneipe führt auch kleinere Marken wie Ježek und Lobkowicz.

CAFÉ KAABA CAFÉ
Karte S. 376 (www.kaaba.cz; Mánesova 20, Vinohrady; ☺Mo–Fr 8–22, Sa 9–22, So 10–22 Uhr; 🚭; 🚊11) Das schicke Café Kaaba serviert frisch gemahlenen Kaffee. Die Retro-Möbel und die pastellfarbene Deko imitieren die späten 1950er-Jahre. WLAN ist für die Gäste nur bis 18 Uhr kostenlos.

SOKOLOVNA KNEIPE
Karte S. 376 (www.restaurantsokolovna.cz; Slezská 22, Vinohrady; Ⓜ Náměstí Míru) Eigentlich passt das Sokolovna nicht unbedingt in die Kneipen-Kategorie, denn es ist auch ein sehr gutes Restaurant. Auf den Tisch kommen anspruchsvolle traditionelle tschechische Speisen. Mittags gibt es ein preisgünstiges Mittagsgericht. Aber es ist eben auch ein schönes Bierlokal im Stil der 1930er-Jahre. Vom Fass gibt es das unpasteurisierte Pilsner Urquell (tankové pivo).

SAHARA CAFÉ CAFÉ
Karte S. 376 (www.saharacafe.com; Náměstí Míru 6, Vinohrady; 🚭; Ⓜ Náměstí Míru) Die

VINOHRADYS WEINBERGE

Prag ist zu Recht eher für Bier und nicht für Wein bekannt. Es überrascht deshalb, dass in der Stadt vor einigen Jahrhunderten auch umfangreicher Weinanbau betrieben wurde. Die Weinhänge befanden sich vor allem in Vinohrady, das wörtlich übersetzt Weinberg bedeutet. Es heißt, dass der Anbau im 14. Jh. begann, als Kaiser Karl IV. die ersten Weinreben pflanzen ließ. 400 Jahre lang wurden in Vinohrady edle Tropfen gekeltert, bevor das Gebiet zunächst landwirtschaftlich genutzt wurde. Später entstanden hier dann luxuriöse Wohnhäuser. Bis auf den heutigen Tag blieben rund um die Weinschenke Viniční Altán (S. 150) Reste des Weinanbaus erhalten.

wunderbar minimalistische Innenausstattung wirkt marokkanisch und setzt einen Standard, der nur von wenigen erreicht wird. Leider kommt die Qualität des Essens nicht immer hinterher. Wer jedoch nur für eine Tasse Kaffee oder ein Glas Wein vorbeischaut, wird in dem Viertel kaum etwas Netteres finden.

GALERIE KAVÁRNA RÓZA K
CAFÉ

Karte S. 376 (☑222 544 696; www.rozak. webnode.cz; Belgická 17, Vinohrady; ☺Mo–Fr 8.30–1, Sa–So 12–1 Uhr; ☎; ⓂNáměstí Míru) Vorbei sind die schönen Zeiten, als das Café noch Medúza hieß. Aber es gehört noch immer zu den Top-Adressen in Vinohrady. Zumeist bevölkern Studenten das Café, um beim Kaffee zu plaudern. Es werden auch leichte Gerichte serviert.

ŽLUTÁ PUMPA
BAR

Karte S. 376 (www.zluta-pumpa.info; Belgická 11, Vinohrady; ☎; ⓂNáměstí Míru, IP Pavlova) Im trendigen Vinohrady existieren nur noch wenige Studentenkneipen, aber der „Gelbe Zapfhahn" ist seit mehr als zehn Jahren eine feste Institution. Neben dem winzigen Thekenbereich gibt es mehrere kleine Räume. Normalerweise ist jeder Sitzplatz belegt. Angeboten werden eine große Palette an Bier- und Weinsorten sowie Cocktails und durchschnittliche, aber akzeptable mexikanische Gerichte.

VINÁRNA VÍNEČKO
WEINBAR

Karte S. 376 (www.vineckopraha.cz; Londýnská 29, Vinohrady; ☺Mo–Sa 13–1, So 15–23 Uhr; ☎; ⓂNáměstí Míru) Die angenehme Weinbar verfügt über eine beliebte Frontterrasse sowie eine große Auswahl an regionalen Weinen, die sowohl im Glas wie auch als Flasche angeboten werden. Auf der Rückseite des Hauses laden schlichte Picknicktische zum Verweilen ein. Auf der Speisekarte finden sich nur kleine Beilagen zu den Getränken, beispielsweise Würstchen, Schinken und Käse.

MOTOR CAFE
CAFÉ

Karte S. 376 (☑602 653 055; Korunní 98, Vinohrady; ☎; ⓐ10, 16, ⓂNáměstí Jiřího z Poděbrad) Die alten Motorräder, Fernseher und Radios versetzen die Gäste in die 1950er- und 1960er-Jahre zurück. Die meisten Gäste bestellen Kaffee oder Bier, aber hier lässt sich auch ein traditionelles tschechisches Frühstück mit Brötchen, Schinken und Käse genießen (99 Kč). An dem Computer in der Ecke können die Gäste ihre Mails checken (pro Std. 50 Kč).

DOBRÁ TRAFIKA
CAFÉ

Karte S. 376 (☑737 907 635; www.dobratrafika.cz; Korunní 42, Vinohrady; ☺Mo–Fr 7.30–23, Sa 8–23, So 9–23 Uhr; ☎; ⓐ10, 16, ⓂNáměstí Míru) Von außen würde sicher niemand je erraten, dass sich hier an der belebten Korunní ein einladendes kleines Café versteckt. In dem Laden werden auch Tee, Süßigkeiten und andere Geschenke verkauft. Der kleine Raum dient als Café, und in dem größeren Garten lässt es sich herrlich entspannen. Bei Studenten sehr beliebt.

KAVÁRNA ZANZIBAR
CAFÉ

Karte S. 376 (☑222 520 315; www.kavarna zanzibar.cz; Americká 15, Vinohrady; ☺Mo–Fr 8–23, Sa–So 10–23 Uhr; ☎; ⓂNáměstí Míru) Das Zanzibar startete vor einigen Jahren als Zeitungs- und Tabakladen. Mit der Zeit entwickelte es sich zu einer gemütlichen und informellen Mischung aus Café, Bar und Restaurant. Die Frontterrasse ist bei schönem Wetter sehr angenehm.

AL CAFETERO
CAFÉ, WEINBAR

Karte S. 376 (www.alcafetero.cz; Blanická 24, Vinohrady; ☺Mo–Do 8.30–21.30, Fr 8.30–18 Uhr; ☎; ⓐ11, ⓂNáměstí Míru, Muzeum) Wer den womöglich besten Kaffee in Prag genießen möchte, sollte die etwas schrullige Café-Weinbar zwischen der Vinohradská und dem náměstí Míru aufsuchen. Auch die Weinkarte ist exzellent. Da rauchen hier konsequent verboten ist, kann man in Ruhe die Zeitung oder ein Buch lesen.

CAFÉ CELEBRITY
CAFÉ

Karte S. 376 (☑222 511 343; www.celebritycafe.cz; Vinohradská 40, Vinohrady; ☺Mo–Fr 8–1, Sa 10–2, So 10–24 Uhr; ⓂNáměstí Míru) Dieses schwulenfreundliche Café gehört zu einer Reihe von ähnlich ausgerichteten Lokalen in dem alten Gebäude von Radio Palác. Werktags beginnt das Celebrity den Tag mit einem Frühstück, während an Wochenenden relaxtes Brunchen angesagt ist. Wer guten Kaffee genießen und dabei Leute beobachten möchte, kann das hier zu jeder Tageszeit tun.

RYBA NA RUBY
CAFÉ, CLUb

Karte S. 376 (☑731 570 704; www.rybana ruby.net; Mánesova 87, Vinohrady; ☺Mo–Sa 14–24 Uhr; ☎; Ⓜ Jiřího z Poděbrad) Ryba Na Ruby ist für Vinohrady eine Besonderheit: Im

Erdgeschoss befindet sich ein Bio-Teeladen und im Keller lädt im Club eine relaxte Bar ein. Über die Theke gehen Fairtrade-Tee und -Kaffee sowie andere Bioprodukte, wie z. B. Nüsse, Gewürze, Kakao, Marmelade und Öle. Im Keller können Gäste in Ruhe ihr Bier oder ihren Kaffee schlürfen.

BAR & BOOKS MÁNESOVA   COCKTAIL-BAR
Karte S. 376 (✆222 724 581; www.barandbooks.cz; Mánesova 64, Vinohrady; ⊘17–3 Uhr; ☐11) Die gehobene, auf New York gestylte Cocktail- und Zigarrenbar befindet sich in einer ehemaligen Rugby-Kneipe. Die Atmosphäre könnte nicht unterschiedlicher sein. Es gab mehrere Beschwerden über die hohen Cocktail-Preise, aber wer sich an die „normalen" Drinks hält, zahlt hier auch nicht mehr als anderswo. Tische am besten im Voraus reservieren.

MAMA COFFEE   CAFÉ
Karte S. 376 (✆773 263 333; www.mamacoffee.cz; Londýnská 49, Vinohrady; ⊘Mo–Fr 8.30–20, Sa–So 10.30–20 Uhr; ☐⛲; Ⓜ Náměstí Míru) Die Mama-Coffee-Kette spezialisiert sich auf selbstgeröstete Fairtrade-Kaffees, die aus der ganzen Welt importiert werden. Hier geht es immer sehr entspannt zu, und Eltern mit Kinderwagen sind stets willkommen.

☆ UNTERHALTUNG

RADOST FX   CLUB
Karte S. 376 (✆224 254 776; www.radostfx.cz; Bělehradská 120, Vinohrady; Eintritt 100–

SCHWULENFREUNDLICHES VINOHRADY

Mit den Jahren hat sich Vinohrady zum inoffiziellen Zentrum der Prager Schwulenszene entwickelt. Hier befinden sich die meisten der angesagteren Cafés und Clubs. Die Szene ändert sich allerdings ständig, sodass die Lokale kommen und gehen. Zu den besseren Adressen zählten bei Redaktionsschluss:
➡ ON Club (S. 152)
➡ Radost FX (S. 152)
➡ Termix (S. 152)
➡ Café Celebrity (S. 151)
➡ Le Clan (S.152)

---

250 Kč; ⊘22–6 Uhr; ☎; Ⓜ IP Pavlova) Das fesche Radost ist zwar nicht mehr so trendy wie einst, aber dafür noch immer rappelvoll. Das gilt vor allem donnerstags für die Hip-Hop- und R&B-Nacht FXbounce (www.fxbounce.com; freier Eintritt für Frauen). Der coole Laden verfügt über eine schöne Lounge sowie ein vegetarisches Restaurant, das bis in die späte Nacht hinein serviert.

TECHTLE MECHTLE   CLUB
Karte S. 376 (www.techtle-mechtle.cz; Vinohradská 47, Vinohrady; ⊘Mo–Sa 17–4 Uhr; ☎; ☐11, Ⓜ Muzeum, Jiřího z Poděbrad) Die populäre Tanzbar liegt in einem Keller an Vinohradys Hauptstraße. Der Name ist für viele Besucher Programm. Neben der gut geführten Cocktail-Bar gibt es auch ein ansprechendes Restaurant. Wer einen gut platzierten Tisch ergattern möchte, sollte frühzeitig eintreffen. Gelegentlich gibt es Sonderveranstaltungen.

ON CLUB   CLUB, LIVEMUSIK
Karte S. 376 (www.onclub.cz; Vinohradská 40, Vinohrady; ⊘22–5 Uhr; ☐11, Ⓜ Muzeum) Der ON Club in dem großen Gebäude von Radio Palác ist die jüngste Bereicherung für die schwulenfreundlichen Clubs. Die meisten Besucher sind männlich, aber auch Frauen sind willkommen. An den meisten Tagen ist Disko angesagt, und an den Wochenenden kommen bekannte DJs. Gelegentlich gibt es Livemusik.

TERMIX   CLUB
Karte S. 376 (✆222 710 462; www.club-termix.cz; Třebízského 4a, Vinohrady; ⊘Mi–So 20–5 Uhr; Ⓜ Jiřího z Poděbrad) Das Termix ist einer der beliebtesten Tanzclubs der Schwulenszene. Durch die glänzenden Stahl- und Glasoberflächen sowie die plüschigen Sofas kommt eine industrielle High-Tech-Stimmung rüber, die sowohl junge Touristen wie Einheimische anlockt. Die kleine Tanzfläche füllt sich schnell, und die Gäste müssen gelegentlich am Eingang Wartezeiten in Kauf nehmen.

LE CLAN   CLUB
Karte S. 376 (www.leclan.cz; Balbínova 23, Vinohrady; Eintritt 80–200 Kč; ⊘Di–Fr 2–10, Sa–So 2–12 Uhr; Ⓜ Muzeum) In dem französisch gestylten, leicht dekadent wirkenden After-Party-Club legen DJs auf zwei Tanzflächen auf. Für die partyhungrigen Gäste stehen mehrere Bars, gemütliche Sessel

FUSSBALL BEI SPARTA SLAVIA

Prags „zweites" erstklassiges Fußballteam heißt SK Slavia Prag, und dessen Heimspiele werden in Vršovice in der **Eden Aréna** (SK Slavia oder Eden Stadion; ☎731 126 104; Vladivostocká, Vršovice; Tickets 150–400 Kč; 🚍6, 7, 22, 24) ausgetragen. Slavia steht zwar im Schatten von Sparta Prag, kann aber auf eine längere, bis 1892 reichende Vereinsgeschichte zurückblicken. Der Verein ist sogar Ehrenmitglied der englischen Football Association.

Mehrfach konnte das Team die tschechischen Vereinsmeisterschaften gewinnen, zuletzt 2009. Ein ungewöhnlicher Rekord ist die Tatsache, dass das Design der markanten rotweiß-gestreiften Trikots seit mehr als 100 Jahren unverändert blieb. Die Fußballsaison dauert von August bis Mai.

Im Sommer finden in der Synot Tip Aréna große Rockkonzerte statt, u. a. REM, Depeche Mode und Iron Maiden waren schon hier. 2012 traten u. a. Bruce Springsteen und die Red Hot Chili Peppers auf. Tickets für die Spiele und Konzerte gibt es online bei Ticketpro (www.ticketpro.cz) oder an der Stadionkasse.

und mehrere Räume zur Verfügung, um bis ins Morgengrauen zu feiern. Je später der Abend, desto voller wird es hier.

SHOPPEN

OBCHOD S UMĚNÍM · KUNSTHANDWERK

Karte S. 376 (☎224 252 779; Korunní 34, Vinohrady; ⊘Mo–Fr 11–17 Uhr; 🚊10, 16, Ⓜ Náměstí Míru) Der „Kunstladen" ist spezialisiert auf Originalgemälde, Drucke und Skulpturen von 1900 bis 1940, als tschechische Künstler zur Avantgarde des Konstruktivismus, Surrealismus und Kubismus zählten. Diese Kunstwerke erzielen heute astronomische Preise, aber schon allein das Rumstöbern macht Spaß.

STOCKIST · INNENEINRICHTUNG

Karte S. 376 (☎286 017 560; www.stockist.cz; Vinohradská 41, Vinohrady; ⊘Mo–Fr 10–19.30, Sa 10–14 Uhr; Ⓜ Muzeum) Unter den rund ein Dutzend Möbel- und Inneneinrichtungsläden an der Vinohradská und in den umliegenden Gassen ist Stockist sehr empfehlenswert. Angeboten werden bekannte zeitgenössische Designmarken aus Italien, Deutschland und Großbritannien.

KAREL VÁVRA · MUSIK

Karte S. 376 (Lublaňská 65, Vinohrady; ⊘Mo–Fr 9–17 Uhr; Ⓜ IP Pavlova) Handgefertigte Geigen zieren die Wände dieser altmodischen Geigenwerkstatt, wo Karel und seine Assistenten die Musikinstrumente wie zu Großvaters Zeiten fabrizieren und reparieren. Die ganz besondere Atmosphäre fasziniert natürlich auch dann, wenn man keine Geige kaufen möchte.

VINOHRADY-BAUERNMARKT · MARKT

Karte S. 376 (Farmářské tržiště; www.farmarsketrziste.cz; náměstí Jiřího z Poděbrad, Vinohrady; ⊘Mi, Sa 8–14 Uhr; 🚼; Ⓜ Jiřího z Poděbrad) Mittwochs und samstags verkaufen die Farmer auf der Rasenfläche oberhalb der Metrostation Jiřího z Poděbrad frisches Obst und Gemüse sowie Backwaren, Fleisch und Käse. In dem reichhaltigen und frischen Angebot findet sich für die ganze Familie etwas.

DŮM PORCELÁNU · GLAS

Karte S. 376 (☎221 505 320; www.dum porcelanu.cz; Jugoslávská 16, Vinohrady; ⊘Mo–Fr 9–19, Sa 9–17, So 14–17 Uhr; Ⓜ IP Pavlova) Das „Haus des Porzellans" ist eine Art Factory Outlet für die besten tschechischen Porzellanhersteller, darunter die westböhmischen Firmen Haas & Czjzek und Thun. Die Preise für das Geschirr, die Stücke mit dem blauen Zwiebelmuster sowie für die anderen Porzellanwaren sind auf das örtliche Publikum ausgerichtet und nicht auf vergleichsweise begüterte Touristen.

ATRIUM FLÓRA · EINKAUFSZENTRUM

Karte S. 378 (☎255 741 712; www.atrium-flora. cz; Vinohradská 151, Vinohrady; ⊘Mo–Sa 9–21, So 10–21 Uhr; 🚼; Ⓜ Flóra) Dieser glitzernde Konsumtempel könnte überall auf der Welt stehen. Schicke Cafés teilen sich den Platz mit Boutiquen und anderen Läden, welche die übliche Palette globaler Markenartikel anbieten (z. B. Sergio Tacchini, Hilfiger, Nokia, Puma, Lacoste, Guess, Diesel und Apple). Im Obergeschoss gibt es einige Café-Restaurants. Unterhaltung liefern auch das Multiplex-Kino mit acht Sälen sowie das IMAX-Kino.

Žižkov & Karlín

Highlights

❶ Ein Besuch bei einem der wichtigsten Wahrzeichen Prags, dem **Nationaldenkmal** (S. 156), wo man viel über die tschechische Geschichte des 20. Jhs. erfährt und das Labor besichtigen kann, in dem der frühere kommunistische Präsident Klement Gottwald einbalsamiert wurde.

❷ Auf die Spitze des **Fernsehturms** (S. 159), des zweiten Wahrzeichen von Žižkov, fahren und den tollen Blick genießen.

❸ Die ultimative Žižkov-Erfahrung machen – ein Bummel durch die traditionellen Kneipen einschließlich des **U Vystřeleného oka** (S. 161).

❹ Ein Livekonzert im **Palác Akropolis** (S. 160) hören, einem festen Anlaufpunkt für Prags alternative Musikszene.

❺ Zum **Bunkr Parukářka** (S. 161), einem wilden Club, der sich in einem Atomschutzkeller aus den 1950er-Jahren befindet, hinabsteigen.

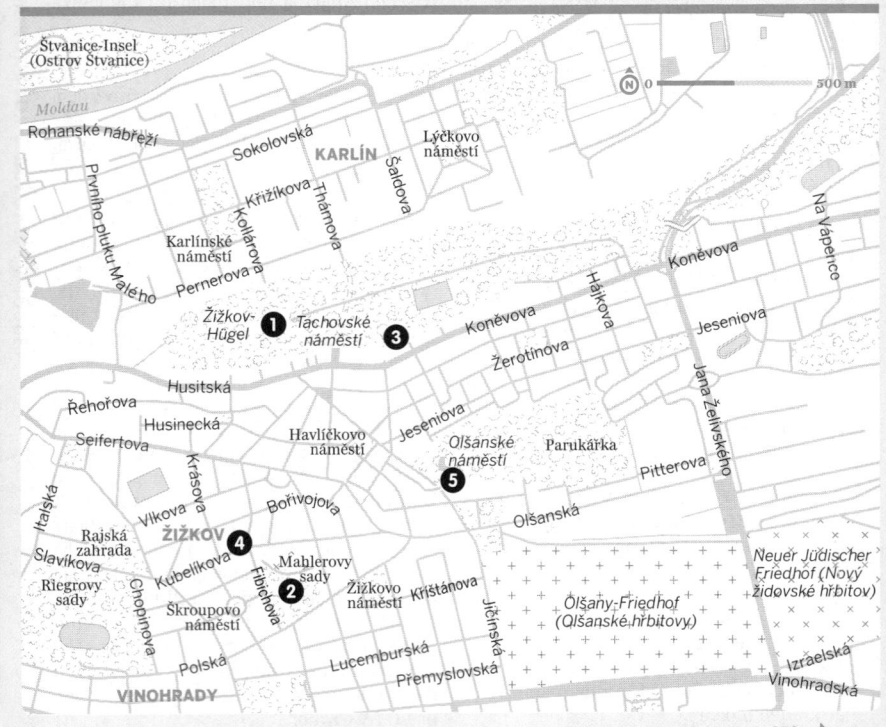

Mehr Details siehe Karte S. 378 ➡

Žižkov & Karlín erkunden

Žižkov, nach dem hussitischen Helden Jan Žižka benannt, war eine der ersten Industrievorstädte Prags. Lange Zeit hatte sie den Ruf, als Arbeiterviertel schon weit vor der kommunistischen Machtübernahme 1948 den linken Revolutionären eine Heimat zu bieten. Tatsächlich war der Vorort von 1881 bis 1922 eine unabhängige Kommune und galt als „Volksrepublik Žižkov".

Heute ist Žižkov einer der belebtesten Stadtteile Prags; hier gibt es mehr Kneipen pro Einwohner als in jedem anderen Prager Stadtteil. Es geht immer noch hoch her, und viele Besucher lassen sich davon abschrecken, aber hier ist man genauso sicher wie im Rest der Stadt. Die wichtigsten Sehenswürdigkeiten (das Nationaldenkmal und der Fernsehturm) lassen sich an einem Nachmittag besuchen, die Hauptattraktion sind hier aber tatsächlich die Kneipen – man sollte sich wenigstens einen Abend für die Kneipenszene in Žižkov freihalten.

Karlín ist hauptsächlich ein Wohnviertel und liegt eingequetscht zwischen dem Žižkov-Berg und der Moldau. Es wurde durch die Überschwemmung 2002 schwer in Mitleidenschaft gezogen und wieder neu aufgebaut. Im älteren Teil des Stadtviertels, an der Křižíkova, stehen wunderschöne alte Jugendstilhäuser, die man bei einem Bummel bewundern kann. Hier liegt auch der Lýčkovo náměstí – einer der schönsten Plätze der Stadt.

Tipps der Einheimischen

➡ **Beliebte Lokale** Das Café Pavlač (S. 160) ist beliebt für den Brunch am Wochenende, das Kuře V Hodinkách (S. 160) lockt mit Livemusik.

➡ **Parks** An sonnigen Tagen zieht es die Einheimischen in die Parks, etwa zum Žižkov-Berg oder in den Parukářka – hier gibt es einen tollen Biergarten.

➡ **Fußball** Die Fans des lokalen Vereins FK Viktoria Žižkov (S. 26) sind sogar noch leidenschaftlicher als die Fans von Sparta und Slavia.

An- & Weiterreise

➡ **Bus** Die Linien 133 und 175 fahren vor der U-Bahnstation Florenc ab und die Husitská entlang, in Richtung Armeemuseum und Nationaldenkmal.

➡ **U-Bahn** In Žižkov gibt es keine U-Bahnstation – die nächste ist Jiřího z Poděbrad an der Linie A, fünf Minuten zu Fuß vom Fernsehturm. Die Linie B fährt durch Karlín.

➡ **Tram** Die Linien 5, 9 und 26 befahren die Seifertova im Zentrum von Žižkov, die Linien 8 und 24 verkehren auf der Sokolovská in Karlín.

Top-Tipp

Die Aussichtsplattform des Fernsehturms in Žižkov ist bis 22 Uhr geöffnet – clevere Besucher vermeiden den Andrang während des Tages, kommen rechtzeitig zum Sonnenuntergang und genießen einen ganz besonderen Blick auf die Stadt.

 Gut essen

➡ Café Pavlač (S. 160)
➡ Kuře V Hodinkách (S. 160)
➡ Manni (S. 160)
➡ Hanil (S. 160)

Mehr Details siehe S. 159 ➡

 **Nett ausgehen**

➡ U Vystřeleného oka (S. 161)
➡ Pivovarský Klub (S. 161)
➡ Bukowski's (S. 161)
➡ U Slovanské Lípy (S. 161)

Mehr Details siehe S. 161 ➡

HIGHLIGHTS
NATIONALDENKMAL

Das riesige Denkmal auf dem Žižkov-Berg ist genau genommen kein Vermächtnis der kommunistischen Zeit – der Bau begann nämlich bereits in den 1930er-Jahren. Und doch ist es in den Köpfen der meisten älteren Prager bis heute untrennbar mit der kommunistischen Partei der Tschechoslowakei verbunden, und zwar besonders mit Klement Gottwald, dem ersten „Arbeiterpräsidenten" des Landes. Von außen strahlt der massige, funktionalistische Bau die Eleganz eines Atomkraftwerks aus, der Innenraum aber bietet die spektakuläre Extravaganz von glänzendem Marmor, Vergoldungen und Mosaiken, und das alles im Jugendstil. Außerdem beherbergt das Denkmal ein faszinierendes Museum zur Geschichte der Tschechoslowakei im 20. Jh.

Geschichte

Auf dem langen, schmalen Grat, der die Stadtteile Žižkov und Karlín trennt, fand im Juli 1420 die berühmte Schlacht am Vítkov-Berg statt. Damals besiegte das hussitische Heer unter Jan Žižka die Truppen von König Sigismund.

Das Denkmal wurde in den 1920er-Jahren als Ehrenmal für Jan Žižka und die Soldaten, die im Ersten Weltkrieg für die Unabhängigkeit der Tschechoslowakei gekämpft hatten, entworfen. Es war noch im Bau, als das Land 1939 von deutschen Truppen besetzt wurde. Das „Mahnmal für die nationale Befreiung", wie es damals genannt wurde, erschien wie ein schlechter Scherz.

Nach 1948 spannten die Kommunisten Jan Žižka und die Hussiten als leuchtende Beispiele für tschechische Bau-

NICHT VERSÄUMEN

➡ Das Labor zur Einbalsamierung Klement Gottwalds
➡ Das Kriegerdenkmal
➡ Die Aussicht von der Dachterrasse
➡ Die Statue von Žižka

PRAKTISCH & KONKRET

➡ Národní Památník na Vítkově
➡ Karte S. 378
➡ 222 781 676
➡ www.nm.cz
➡ U Památníku 1900, Žižkov
➡ Ausstellung Erw./Kind 60/30 Kč, Dachterrasse 80/40 Kč, Kombiticket 110/60 Kč
➡ April–Okt. Mi–So 10–18 Uhr, Nov.–März Do–So 10–18 Uhr
➡ 133, 207

ernpower vor ihren Propagandakarren. Die Partei erweiterte die Nationale Gedenkstätte noch um das **Grab des Unbekannten Soldaten** und Bohumil Kafkas gigantische Žižka-Statue. Und das war längst nicht alles.

Das Mausoleum der Gedenkstätte war ursprünglich dafür vorgesehen, die sterblichen Überreste von Tomáš Garrigue Masaryk, dem Gründungsvater der Tschechoslowakei, aufzunehmen. Stattdessen aber wurde ab 1953 der erst kurz zuvor verstorbene Klement Gottwald in einem gläsernen „Kühlschrank" öffentlich zur Schau gestellt – ganz wie der berühmte Genosse Lenin auf dem Roten Platz in Moskau.

Nach 1989 wurden die sterblichen Überreste Gottwalds und anderer kommunistischer Spitzenfunktionäre entfernt, und das Gebäude blieb 20 Jahre lang geschlossen. Nach zweijähriger Renovierung wurde es aber 2009 wieder der Öffentlichkeit übergeben – als ein Museum für die tschechoslowakische Geschichte zwischen 1918 und 1992.

Museum

In der großen Halle des Denkmals – die früher ein Dutzend Marmorsärge mit den sterblichen Überresten berühmter Kommunisten beherbergte – steht ein ergreifendes **Kriegerdenkmal** mit Skulpturen von Jan Štursa. Ausstellungen erinnern an die Gründung der Tschechoslowakischen Republik 1918, an den Zweiten Weltkrieg, die Befreiung 1948 und den sowjetischen Einmarsch 1968 – erschütterndes Filmmaterial aus alten Wochenschauen und einige persönliche Gegenstände erzählen die tragische Geschichte von Jan Palach, der sich aus Protest gegen die Niederschlagung des Prager Frühlings den sowjetischen Einmarsch verbrannte – und an die „Samtene Revolution" von 1989. Stufen führen hinab ins Columbarium, wo früher die Asche berühmter Staatsbürger aufbewahrt wurde.

Der schauerlichste Teil der Anlage ist allerdings das **Frankenstein-Labor** unterhalb der Befreiungshalle. Dort bemühten Wissenschaftler sich darum, den Leichnam Klement Gottwalds vor der einsetzenden Verwesung zu schützen. Tagsüber wurde dieser Leichnam damals in einem gläsernen Sarkophag zur Schau gestellt, allnächtlich aber ließ man den Sarkophag in die weiß gekachelte Krypta hinab, wo die Reparatur- und Erhaltungsmaßnahmen durchgeführt wurden (es riecht dort immer noch ein wenig nach den Konservierungsmitteln!). In der Ecke sieht man die Gefrierkammer, in der Gottwald seine Nächte verbringen musste; jetzt liegen darin die Überreste seines Sarkophags. Im Nebenraum befindet sich eine Zentrale mit Schalttafeln und Überwachungstechnik aus den 1950er-Jahren, mit

EINE FAHRT MIT DER TRAM

Viel besser als der steile Aufstieg von der Husitská direkt unterhalb des Denkmals ist die entspannte Fahrt mit der Straßenbahn (Tram). Die Linien 1, 9 und 16 halten auf der Koněvova (Haltestelle Ohrada) am Ostende des Žižkov-Berges; von dort führt ein einfacher Spaziergang am Berg entlang. Unterwegs bieten sich tolle Ausblicke nach beiden Seiten – Richtung Süden über die Dächer von Žižkov zum Fernsehturm und Richtung Norden zur Moldau und den Bergen bei Troja.

In den 1950er-Jahren gehörte ein Besuch am Grab von Klement Gottwald zur Pflichtübung für Schulklassen und Besuchergruppen aus Ländern des Warschauer Pakts. Gottwalds Bestatter waren jedoch nicht so geschickt wie die von Lenin – bereits 1962 war der Leichnam so verwest, dass er eingeäschert werden musste.

AUSSICHT VON DER DACHTERRASSE

Die Aussichtsplattform auf dem Dach des Museums bietet einen großartigen Blick über die Stadt. Im 1. Stock befindet sich außerdem ein attraktives Café mit Terrasse.

deren Hilfe Temperatur und Feuchtigkeit im Körper des Staatspräsidenten kontrolliert wurden.

Žižkov-Berg

In der Nähe des Denkmals befindet sich am Westende des Žižkov-Berges (der früher Vítkov-Berg genannt wurde) eine gigantische Statue von Jan Žižka hoch zu Ross (s. Bild S. 156). Sie wurde 1931 beim Prager Bildhauer Bohumil Kafka (nicht mit Franz verwandt) in Auftrag gegeben, dessen riesiges Studio extra für dieses Projekt entworfen worden war und der bis zu seinem Tod im Jahr 1941 an der Statue arbeitete. Als er starb, hinterließ er jedoch lediglich eine original-große Gipsversion. 1950 wurde die Statue schließlich in Bronze gegossen – sie wiegt 16,5 t – und wurde am 14. Juli des gleichen Jahres, dem Jahrestag der Schlacht am Vítkov-Berg, enthüllt.

⊙ SEHENSWERTES

NATIONALDENKMAL
MUSEUM

Siehe S. 156.

GRATIS ARMEEMUSEUM
MUSEUM

Karte S. 378 (Armádní muzeum Žižkov; ☎973 204 924; www.vhu.cz; U památníku 2, Žižkov; ⊙Di–So 9.30–18 Uhr; ☐133, 207) Am Fuße des Žižkov-Berges befindet sich das düstere Armeemuseum, vor dem ein rostiger T34-Panzer steht. Für Militärenthusiasten ist es ein lohnendes Ziel, denn es zeigt die Geschichte des tschechoslowakischen Militärs und der Widerstandsbewegung zwischen 1918 und 1945. Dazu gehören auch persönliche Gegenstände eines Fallschirmjägers, der 1942 an dem Attentat auf Reinhard Heydrich, den Reichsprotektor in Böhmen und Mähren, beteiligt war.

NEUER JÜDISCHER FRIEDHOF
FRIEDHOF

Karte S. 378 (Nový židovské hřbitov; ☎226 235 248; www.kehilaprag.cz; Izraelská 1, Žižkov; ⊙April–Okt. So–Do 9–17 & Fr bis 14 Uhr, Nov.–März So–Do 9–16 & Fr bis 14 Uhr, an jüdischen Feiertagen geschl.; Ⓜ Želivského) Auf diesem Friedhof befindet sich die letzte Ruhestätte Franz Kafkas (Karte S. 378). Nachdem der ältere jüdische Friedhof (heute am Fuß des Fernsehturms) geschlossen wurde, hat man im Jahr 1890 diesen hier angelegt. Um zu **Kafkas Grab** zu kommen, muss man erst dem ausgeschilderten Hauptweg in Richtung Osten folgen, dann bei Reihe 21 rechts abbiegen und an der Mauer links halten: Der Schriftsteller liegt am Ende des „Blocks". Jedes Jahr an Kafkas Todestag (3. Juni) pilgern zahlreiche Verehrer des großen Schriftstellers hierher.

Der Friedhofseingang liegt neben der U-Bahnstation Želivského. Männer müssen eine Kopfbedeckung tragen (Kippa gibt es am Eingang). 30 Minuten vor Torschluss ist letzter Einlass.

GRATIS KARLÍN STUDIOS
GALERIE

Karte S. 378 (☎734 244 581; www.karlin studios.cz; Křižíkova 34, Karlín; ⊙Mi–So 12–18 Uhr; Ⓜ Křižíkova) Der Komplex mit Künstlerateliers befindet sich in einem umgebauten Fabrikgebäude. Dazu gehören auch eine Kunstgalerie, die die besten Werke zeitgenössischer tschechischer Kunst zeigt sowie zwei kleinere Galerien, die Bilder verkaufen. Wer sich hier informiert, weiß bestens Bescheid, was sich in der Stadt auf dem Kunstsektor abspielt.

OLŠANY-FRIEDHOF
FRIEDHOF

Karte S. 378 (Olšanské Hřbitovy; Vinohradská 153, Žižkov; Eintritt frei; ⊙Mai–Sept. 8–19 Uhr, März, April & Okt. 8–18 Uhr, Nov.–Feb. 8–17 Uhr; ☐5, 10, 11, 16) Prags größter und stimmungsvollster Friedhof wurde 1680 angelegt, um eine Begräbnisstätte für die vielen Toten der Pestepidemie zu haben. **Jan Palach**, der Student, der sich aus Protest gegen den sowjetischen Einmarsch im Januar 1969 selbst verbrannte, wurde hier begraben. Sein **Grab** (Karte S. 378) befindet sich hinter dem Haupttor an der Vinohradská mit den Blumengeschäften. Rechts abbiegen und noch etwa 50 m weitergehen, dann liegt es auf der linken Seite.

Die ältesten Grabsteine stehen in der nordwestlichen Ecke des Friedhofs nahe der **Rochuskapelle** (kaple sv Rocha; Karte S. 378), die aus dem 17. Jh. stammt. An der Vinohradská, östlich der U-Bahnstation Flora, gibt es mehrere Eingänge zum Friedhof, ein weiterer liegt neben der Kapelle an der Olšanská.

FERNSEHTURM
TURM

Karte S. 378 (Televizní Vysílač; ☎724 251 286; www.praguerocket.com; Mahlerovy sady 1, Žižkov; Erw./Kind 150/80 Kč; ⊙8–24 Uhr; Ⓜ Jiřího z Poděbrad) Prags höchste Wahrzeichen ist der 216 m hohe Fernsehturm, der zwischen 1985 und 1992 erbaut wurde. An ihm scheiden sich die Geister – entweder ist er das hässlichste Bauwerk der Stadt oder das futuristischste. Aber noch bizarrer als die Architektur sind die zehn riesigen Babys, die an ihm hochzukrabbeln scheinen – die Installation des Künstlers David Černý heißt **Miminka** (Babys; Karte S. 378).

Besucher erreichen die Aussichtsplattform mit Hochgeschwindigkeitsfahrstühlen. Oben erklären Informationstafeln in Englisch und Französisch die zu Füßen liegenden Sehenswürdigkeiten. In 66 m Höhe befindet sich ein Restaurant (es wurde nach umfangreichen Renovierungen im Sommer 2012 wieder geöffnet).

✕ ESSEN

Žižkov ist eher für seine Kneipen als für seine Restaurants berühmt, aber auch hier eröffnen jedes Jahr ein paar neue Lokale – eine willkommene Ergänzung zu den inzwischen in die Jahre gekommenen Häusern. In Karlín kann man nicht wirklich ein Restaurant empfeh-

len, aber wer in der Gegend ist, sollte dem Pivovarský Klub einen Besuch abstatten: Das Lokal serviert gutes, traditionelles Kneipenessen.

CAFÉ PAVLAČ CAFÉ €
Karte S. 378 (☑222 721 731; www.cafepavlac.cz; Víta Nejedlého 23, Žižkov; Hauptgerichte 90–190 Kč; ⊙Mo–Fr 10–23, Sa 12–24, So 12–23 Uhr; 🔊🖐; 🚋5, 9, 26) Diese schicke, stylische Café-Bar kennzeichnet das neue Žižkov: Statt Schweiß und Sägespänen gibt es jetzt Designer-Metallarbeiten, aufregende Kunst und Architekturzeitschriften. Das Café bietet ausgezeichneten Kaffee und heiße Schokolade, und auf der Speisekarte findet sich alles, vom Frühstück (Eier mit Schinken, Croissants oder Müsli mit Joghurt) über Mittagsangebote bis zu Abendgerichten mit Nudeln, Salaten und Steaks.

HANIL JAPANISCH, KOREANISCH €€
Karte S. 378 (☑222 715 867; Slavíkova 24, Žižkov; Hauptgerichte 350–500Kč; ⊙Mo–Sa 11–14.30 & 17.30–23, So 17.30–23 Uhr; Ⓜ Jiřího z Poděbrad) Weiße Wände, japanische Paravents, Papierlaternen und Tische aus poliertem Granit schaffen eine entspannte Atmosphäre. Das bunt gemischte Publikum aus Geschäftsleuten, Einheimischen und Touristen genießt authentische japanische und koreanische Küche. Empfehlenswert ist eine Schale *bibimbap* (Reis mit Fleisch, eingelegtem Gemüse und einer scharfen Pfeffersauce) oder ein Teller mit Sashimi – die Sushi hier sind wohl die besten der Stadt (70–150 Kč pro Stück).

MANNI PAKISTANISCH, INDISCH €
Karte S. 378 (☑222 511 660; www.manni restaurant.cz; Seifertova 11, Žižkov; Hauptgerichte 100–200 Kč; ⊙Mo–Fr 11–23, Sa & So 12–23 Uhr; ☑; 🚋5, 9, 26) In dem einfachen, aber freundlichen, in leuchtendem Rot und Weiß eingerichteten Restaurant mit Fotos von Kaschmir und mit der lächelnden, englischsprachigen Bedienung hat man eher das Gefühl, in England zu sein als in Žižkov. Und auch das Essen ist wie bei einem Inder in England, mit Halal-Fleisch, gut gewürzten Saucen und viel Chilischoten. An Wochentagen wird ein Mittagsgericht für nur 89 Kč angeboten.

KUŘE V HODINKÁCH TSCHECHISCH, INTERNATIONAL €
Karte S. 378 (☑222 734 212; www.kurev hodinkach.eu; Seifertova 26, Žižkov; Hauptge-

richte 140–240 Kč; ⊙Mo–Fr 11–1, Sa & So 12–1 Uhr; 🚋5, 9, 26) Die musikbetonte Kneipe ist mit Rock-Souvenirs dekoriert. Die Gäste haben die Wahl zwischen einer gutgehenden Bar im Erdgeschoss und dem ruhigeren Raum im Kellergewölbe. Das Lokal ist schicker als die meisten Kneipen in Žižkov und hat eine sehr gute Küche. Auf der Speisekarte stehen z. B. Caesar Salad mit Hähnchen, Steak vom Grill mit Dijonsenfsauce und ein leckeres Gulasch mit Speckknödeln.

Das Lokal wurde nach dem 1972 erschienenen Album der tschechischen Jazz-Rockband Flamengo benannt, das von der kommunistischen Regierung verboten wurde (der Titel bedeutet „Huhn in der Uhr"– okay, es waren die 70er-Jahre, psychedelische Drogen und all das Zeug ...). Das Verbot war allerdings auch eine der Ursachen für den Zerfall der Band schon kurz nach Veröffentlichung des legendären Albums. Die Fans hingegen verehren die Band bis heute.

RESTAURACE AKROPOLIS INTERNATIONAL €
Karte S. 378 (☑296 330 913; www.palacakro polis.com; Kubelíkova 27, Žižkov; Hauptgerichte 90–250 Kč; ⊙Mo–Do 11–0.30, Fr 11–1.30, Sa & So 15–0.30 Uhr; ☑🖐; 🚋5, 9, 26) Das Café im berühmten Club Palác Akropolis ist eine Institution in Žižkov. Die exzentrische Kombination aus Marmorwänden, skurrilen Leuchten aus Metall und seltsamen Aquarien wurde vom einheimischen Künstler František Skála entworfen. Die Speisekarte bietet eine gute Auswahl an vegetarischen Gerichten von Nachos bis zu Gnocchi, außerdem gibt es eine tolle Knoblauchsuppe, höllisch scharfe Buffalo Wings und Steak Tartar.

MAILSI PAKISTANISCH €€
Karte S. 378 (☑222 717 783; www.pakistani restaurant-mailsi.eu; Lipanská 1, Žižkov; Hauptgerichte 200–400 Kč; ⊙12–15 & 18–23.30 Uhr; ☑; 🚋5, 9, 26) Mailsi war das erste pakistanische Restaurant in Prag und ist immer noch eines der besten der Stadt, wenn es um authentische pakistanische Hausmannskost geht. Der Service ist angenehm und das Essen köstlich. Das *bhaji* ist ziemlich schlicht – nur dünn geschnittene Zwiebeln und Kartoffeln, in Mehl paniert und frittiert, aber sehr leicht und knusprig –, das *murgh dal* besteht aus zartem Hähnchen in einer Linsensoße mit Kreuzkümmel. Als Getränk empfiehlt sich ein wohlschmeckendes, erfrischendes Mango Lassi.

AUSGEHEN & NACHTLEBEN

Žižkov ist bekannt dafür, dass es hier mehr Kneipen pro Einwohner gibt als in jedem anderen Stadtteil Europas. Außerdem kann man hier – je nach Geschmack – die authentischsten oder schrecklichsten Kneipenerfahrungen in Prag machen. Man sollte gefasst sein auf Rauch, klebrige Fußböden, ohrenbetäubenden Lärm und etliche sturzbetrunkene Gäste.

BUKOWSKI'S
COCKTAILBAR

Karte S. 378 (222 212 676; Bořivojova 86, Žižkov; 18–2 Uhr; 5, 9, 26) Wie viele Lokale, die bei englischsprachigen Expats beliebt sind, ist auch das Bukowski's eher eine Cocktailkneipe als eine Cocktailbar. Benannt nach dem trinkfesten amerikanischen Autor Charles Bukowski, pflegt es eine dunkle und etwas heruntergekommene Atmosphäre – die Ausstattung ist bewusst „interessant" gehalten (wenn man sie beim verräucherten, dämmrigen Kerzenlicht überhaupt sieht). Es gibt sehr gute Cocktails und Zigarren, freundliche Barkeeper und coole Musik

LP TIPP PIVOVARSKÝ KLUB
BIERLOKAL

Karte S. 378 (222 315 777; www.gastroinfo.cz/pivoklub/; Křižíkova 17, Karlín; 11–23.30 Uhr; Florenc) Dieses Lokal hat für Biertrinker den gleichen Stellenwert wie die Herzogin Anna Amalia Bibliothek in der Welt der Literatur: Deckenhohe Regale voller Bierflaschen aus aller Welt, dazu gibt es sechs verschiedene Sorten vom Fass. Man kann oben an der Theke sitzen oder im gemütlichen Keller zum Bier auch ausgezeichnet essen (z. B. leckeres *guláš* mit Speckknödeln für 235 Kč).

U SLOVANSKÉ LÍPY
KNEIPE

Karte S. 378 (222 780 563; Tachovské náměstí 6, Žižkov; Mo–Sa 16–23 Uhr; 133, 207) Eine klassische Kneipe, außen ganz einfach und bescheiden, aber der „Lindenbaum" (die Linde ist ein Nationalsymbol in Tschechien und der Slowakei) hat sich zum Pilgerziel von Bierliebhabern entwickelt. Sie finden hier eine große Auswahl an unterschiedlichen Sorten der Brauerei Kout na Šumavě, darunter ein leckeres *světlý ležák* und das starke, dunkle *tmavý speciál*, das mit einer Stammwürze von 18°P ziemlich stark wirkt (s. S. 320).

OU VYSTŘELENÉHO OKA
KNEIPE

Karte S. 378 (222 540 465; www.uvoka.cz; U Božích Bojovníků 3, Žižkov; Mo–Sa 16.30–1 Uhr; 133, 207) Männer lieben diese Kneipe, in der auf der Herrentoilette über dem Urinal kleine Polster für müde Köpfe angebracht sind. „Das ausgeschossene Auge" - der Name ehrt den einäugigen hussitischen Helden auf dem Berg hinter dem Lokal – ist ein Bohemien-Wirtshaus mit etwas ruppiger Atmosphäre. Das preiswerte Pilsner Urquell lockt ein typisches, ganz gemischtes Publikum aus Žižkov an.

BUNKR PARUKÁŘKA
CLUB

Karte S. 378 (603 423 140; www.parukarka.eu; Na Kříže, Olšanské náměstí, Žižkov; Eintritt frei–50 Kč; 5, 9, 26) Nur in Prag... Eine mit Graffiti beschmierte Tür an einem Hügel am westlichen Rand des Parukářka Parks gibt den Weg frei zu einer gewaltigen Wendeltreppe, die in einen in den 1950er-Jahren errichteten Atomschutzbunker hinabführt. Hier wird in einer provisorischen Bar billiges Bier in Plastikbechern serviert. Das ist der bizarre Schauplatz für einen der ungewöhnlichsten Clubs in Prag, eine klaustrophobische Pilgerstätte für alle Liebhaber von schrägen und aktuellsten Musikrichtungen, die man sich vorstellen kann. Die Öffnungszeiten variieren – unbedingt vorher die Website checken.

SEDM VLKŮ
CLUB

Karte S. 378 (222 711 725; www.sedmvlku.cz; Vlkova 7, Žižkov; Mo–Sa 19–3 Uhr; 5, 9, 26) Die „Sieben Wölfe" sind eine Café-Bar mit studentischem Anstrich und gleichzeitig ein Club. Im Erdgeschoss servieren freundliche Mitarbeiter bei Kerzenlicht, ausgefallene Wandgemälde und seltsame Eisenkonstruktionen prägen das Ambiente, und die Musik ist so gedämpft, dass man sich unterhalten kann. Im dunklen Keller dagegen versorgen DJs die Besucher mit Techno, Breakbeat, Drum'n'Bass, Jungle und Reggae, und zwar Freitag und Samstag nachts ab 21 Uhr.

XT3
LIVEMUSIK

Karte S. 378 (222 783 463; www.xt3.cz; Rokycanova 29, Žižkov; Eintritt frei–100 Kč; Bar Mo–Do 11–2, Fr 11–5, Sa 14–5, So 14–2 Uhr, Club ab 18 Uhr; 5, 9, 26) Das ist ein typischer Žižkov-Club – schmuddelig, locker, eklektisch und sehr unterhaltsam. Im Erdgeschoss liegt eine gut besuchte Bar mit roten Ziegelmauern und Sitzecken in Holz und

ŽIŽKOV & KARLÍN AUSGEHEN & NACHTLEBEN

Leder. Im höhlenartigen Untergeschoss befindet sich der Club, in dem einheimische DJs und Bands (von harter Rockmusik bis zu Liedermachern) auftreten.

PARUKÁŘKA
BAR

Karte S. 378 (Olšanská; 🚊5, 9, 26) Nicht viel mehr als eine klapprige Holzhütte in einem Park mit Blick auf Žižkov. Es gibt viele Tische im Freien, und abends zieht süßlicher Duft durch das Lokal. Zu trinken gibt es Gambrinus vom Fass.

 # UNTERHALTUNG

PALÁC AKROPOLIS
LIVEMUSIK, CLUB

Karte S. 378 (☎296 330 911; www.palac akropolis.cz; Kubelikova 27, Žižkov; Eintritt frei oder bis zu 50 Kč; ⊙Club 19–5 Uhr; 🚊5, 9, 26 bis Lipanska) Das Akropolis ist eine Institution in Prag – ein labyrinthartiger Schrein der alternativen Musik- und Theaterszene – und bietet eine breite Palette unterschiedlicher musikalischer und kultureller Veranstaltungen. Von DJs bis zu Streichquartetten, von Roma-Musik, einheimischen Rockgrößen bis hin zu jungen Talenten treten hier verschiedenste Künstler auf. Marianne Faithfull, die Flaming Lips und die Strokes sind hier alle schon mal aufgetreten.

KINO AERO
KINO

Karte S. 378 (☎271 771 349; www.kinoaero.cz; Biskupcova 31, Žižkov; Tickets 60–100 Kč; 🚊5, 9, 10, 16, 19) Das Aero ist Prags beliebtestes Arthouse-Kino mit Themenschwerpunkten, Retrospektiven und ausgefallenen Filmen, die häufig in Englisch oder zumindest mit englischen Untertiteln gezeigt werden. Hier werden auch immer wieder Klassiker wie *Smrt Benátkách* (Tod in Venedig) oder *Ž ivot Briana* (Das Leben des Brian) gezeigt. Die gleichen Manager betreiben ein ähnliches Kino im Stadtzentrum – Kino Světozor (S. 141).

Holešovice, Bubeneč & Dejvice

Highlights

❶ Das exzellente, moderne Kunstmuseum im Messepalast **Palais Veletržní** (S. 165) besuchen, denn diese oftmals übersehene Filiale der Nationalgalerie zeigt einige wichtige Werke des frühen tschechischen Surrealismus und Kubismus. Und natürlich gibt es dort auch großartige Meisterwerke von Schiele, Klimt, Picasso und van Gogh.

❷ Den Ausblick über die Altstadt und die Karlsbrücke von einem Vorsprung oberhalb der Moldau in den **Letnáanlagen** (S. 167) bewundern.

❸ Ein deftiges Abendessen in einer Traditionskneipe wie dem **Restaurace U Veverky** (S. 171) genießen.

❹ Moderne asiatische Küche im **Sasazu** (S. 176) probieren und danach im belebten Sasazu-Club nebenan tanzen.

❺ Die Stadt wenigstens kurz verlassen, um den **Prager Zoo** (S. 166) zu besuchen.

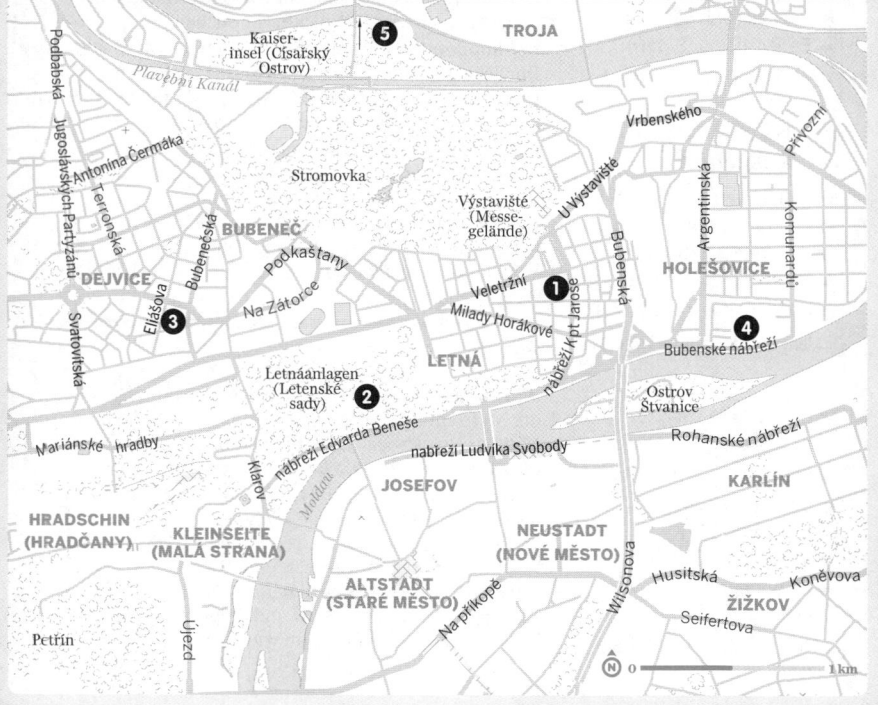

Mehr Details siehe Karten S. 380 und S. 382 ➡

Top-Tipp

In den Stadtvierteln Holešovice, Bubeneč und Dejvice befinden sich zwei der schönsten Parks in Prag, Letná (S. 167) und Stromovka (S. 167). Hier können sich Besucher von den Touristenscharen und dem Kopfsteinpflaster erholen und ein wenig durchatmen. Die **Letnáanlagen**, die einen wunderbaren Panoramablick auf die Skyline aus dem 14. Jh. bieten, sind leichter zu erreichen. Der abgelegenere **Stromovka-Park** ist dafür größer und ideal für ein Picknick oder eine kleine Lesepause.

Gut essen

➠ Da Emanuel (S. 171)
➠ Restaurace
U Veverky (S. 171)
➠ Argument (S. 170)
➠ Sasazu (S. 176)
➠ Peperoncino (S. 170)

Mehr Details siehe S. 176 ➠

Nett ausgehen

➠ Letná-Biergarten (S. 173)
➠ Fraktal (S. 174)
➠ Kabinet (S. 175)
➠ Na Slamníku (S. 174)
➠ Na Staré Kovárně (S. 172)

Mehr Details siehe S. 175 ➠

Schön feiern

➠ Cross Club (S. 176)
➠ Sasazu (S. 176)
➠ Mecca (S. 176)
➠ Club Club (S. 173)
➠ La Bodega
Flamenca (S. 174)

Mehr Details siehe S. 176 ➠

Holešovice, Bubeneč & Dejvice erkunden

Die aneinandergrenzenden Stadtviertel Holešovice, Bubeneč und Dejvice erstrecken sich zu beiden Seiten der Moldau über ein weites Areal im Norden der Altstadt. Eigentlich ist es nicht gut möglich, die gesamte Region auf einen Schlag zu besichtigen. Stattdessen sollten sich Besucher auf spezifische Ziele konzentrieren, wie z. B. Restaurants, Clubs und Museen. Zu den wichtigsten Anlaufstellen zählen der Platz Strossmayerovo náměstí in Holešovice, der Platz Letenské náměstí in Bubeneč sowie die Gegend rund um die U-Bahnstation Dejvická in Dejvice. Hier finden sich interessante Kneipen, die ein ganz anderes Bild von Prag vermitteln als die zentralen Touristenattraktionen. Auf keinen Fall verpassen sollte man das Museum der Modernen Kunst im Veletržní Palác. Ein Besuch lässt sich leicht mit einem Abstecher in die schönen Parks Letná und Stromovka verbinden. Weiter draußen liegen der Prager Zoo und das Schloss Troja inmitten einer reizvollen Hügellandschaft.

Tipps der Einheimischen

➠ **Beliebte Lokale** Warme Sommerabende lassen sich stimmungsvoll im Letná-Biergarten (S. 173) verbringen. Das Bier im Plastikbecher am Kiosk holen und einen Platz an einem der Picknicktische suchen.

➠ **Shoppen** Die Rasenfläche oberhalb der Metrostation Dejvická verwandelt sich jeden Samstag von 9 bis 14 Uhr in einen Bauernmarkt (S. 171). Die Einheimischen kaufen in Scharen die Produkte der Landwirte.

➠ **Zuschauersport** Mit einem bunten Sparta-Praha-Schal zeigt man ein wenig Lokalpatriotismus. In der Generali Aréna (S. 178; Sparta Stadion) finden die Fußballspiele statt, und auf der Vereinswebseite steht der Spielplan. Tickets sind zumeist noch direkt vor dem Spiel im Besucherzentrum des Stadions zu bekommen.

An- & Weiterreise

➠ **U-Bahn** Wer Holešovice erreichen möchte, fährt mit der Metrolinie C (rot) zu den Stationen Vltavská oder Nádraží Holešovice . Über die Stationen Hradčanská oder Dejvická fährt die Linie A (grün) Dejvice an.

➠ **Tram** Die Linien 5, 12, 14, 15 und 17 ver-kehren über die Dukelských Hrdinů, die wichtigste Nord-Süd-Verbindung in Holešovice. Die Linien 1, 8, 15, 25 und 26 fahren in ost-westlicher Richtung über die Milady Horákové und bedienen sowohl Holešovice wie Bubeneč. Die Linien 2, 8, 20 und 26 passieren den Platz Vítězné náměstí im Zentrum von Dejvice.

HIGHLIGHTS
PALAIS VELETRŽNÍ

Die Zweigstelle der Nationalgalerie für die Kunst des 19., 20. und 21. Jhs. im Messepalast wird von Touristen oftmals übersehen, weil sie schon von dem gotischen und barocken Kulturerbe der Stadt erschlagen werden. Doch aus dem Stadtzentrum ist es nur ein kurzer Weg mit der Straßenbahn, um Meisterwerke von van Gogh, Picasso, Schiele, Munch und Klimt sowie von tschechischen Künstlern zu bewundern.

Die Sammlung ist über vier Etagen verteilt und führt in locker chronologischer Folge von oben nach unten. Am besten mit dem Lift nach oben fahren und hinunterlaufen.

Zu den Highlights im 4. Stock (tschechische Kunst bis 1930) zählen Gemälde von Alfons Mucha, Max Švabinský und dem frühen Meister der Abstraktion, František Kupka. Dabei wird dessen Hinwendung von der traditionellen Kunst zur Abstraktion nachgezeichnet.

Im 3. Stock finden sich Werke aus der zwischen den Kriegen und die französischen Meister. Beachtenswert sind die Gemälde der tschechischen Kubisten Bohumil Kubišta und Josef Čapek. Zu der beeindruckenden französischen Sammlung zählen Werke von Rodin, Cézanne, Gauguin, van Gogh, Monet und Picasso. Auch ein Blick in die Ausstellung zur funktionalistischen Architektur lohnt sich.

Im 2. Stock ist die tschechische Kunst von 1930 bis 1980 untergebracht. Bemerkenswert sind die Landschaftsbilder des Surrealisten Josef Šima, die subtil erotisch sind.

Der 1. Stock präsentiert internationale Meister wie Klimt, Schiele, Munch und Oskar Kokoschka, dessen expressionistische Gemälde vom Prag der 1930er-Jahre geradezu atemberaubend sind.

NICHT VERSÄUMEN

➡ *Grünes Weizenfeld mit Zypresse,* Vincent van Gogh, 3. Stock

➡ *Selbstporträt,* Pablo Picasso, 3. Stock

➡ *Tote Stadt,* Egon Schiele, 1. Stock

➡ *Karlsbrücke,* Oskar Kokoschka, 1. Stock

PRAKTISCH & KONKRET

➡ Kunstmuseum für das 19., 20. und 21. Jh.

➡ Karte S. 380

➡ ☐224 301 122

➡ www.ngprague.cz

➡ Dukelských hrdinů 47, Holešovice

➡ Eintritt: Erw./erm. 180/90 Kč

➡ ◷Di–So 10–18 Uhr

➡ ▥12, 14, 17

⊙ SEHENSWERTES

Die Stadtviertel Holešovice, Bubeneč und Dejvice erstrecken sich über ein weites Gebiet. Die wichtigsten Attraktionen liegen alle nahe des Ausstellungsgeländes Výstaviště in Holešovice und des Messepalastes Veletržní Palác. Das Technikmuseum befindet sich hinter dem Letná-Park.

⊙ Hološovice

PALAIS VELETRŽNÍ   MUSEUM
Siehe S. 165.

NATIONALES TECHNIKMUSEUM   MUSEUM
Karte S. 380 (Národní Technické Muzeum; ☑220 399 111; www.ntm.cz; Kostelní 42, Holešovice; Erw./erm. 170/90 Kč; ⊘Di–So 10–18 Uhr; ☖; ⬛1, 8, 15, 25) Prags familienfreundlichstes Museum wurde 2011 nach einem mehrjährigen gründlichen Umbau neu eröffnet. Besucher können die Ausstellungen deshalb jetzt auch interaktiv erleben. Besonders beeindruckend ist die Sammlung historischer Flugzeuge, Züge und Autos. Neu sind die Ausstellungsbereiche zu Astronomie, Fotografie, Druckerei und Architektur.

DOX – ZENTRUM FÜR ZEITGENÖSSISCHE KUNST   GALERIE
Karte S. 380 (☑295 568 123; www.doxprague.org; Poupětova 1, Holešovice; Erw./erm. 180/90 Kč; ⊘Mi–Mo 10–18 Uhr; ⬛5, 12) Dieses sehenswerte avantgardistische, nichtkommerzielle Kunst- und Ausstellungszentrum bildet den Kern für Holešovices neuen Ruf als angesagtem Trendviertel. Präsentiert werden Kunstwerke aus den Sparten Video, Skulptur, Foto und Malerei. Im oberen Stockwerk befinden sich ein Café und ein Kunstbuchladen; dienstags geschlossen.

KŘIŽÍK-BRUNNEN   BRUNNEN
Karte S. 380 (Křižíkova fontána; www.krizikova fontana.cz; U Výstaviště 1, Holešovice; Eintritt ca. 200 Kč; ⊘März–Okt. 20–23 Uhr, stündl. Vorführungen; ⬛5, 12, 14, 15, 17) Von Frühjahr bis Herbst führt der Musikbrunnen Křižík seine computergesteuerten Licht- und Wassertänze auf. Musikalisch werden Klassiker wie Dvořáks Symphonie „Aus der Neuen Welt" geboten, aber auch Werke von Andrea Bocelli, Queen oder den Scorpions. Auf der Webseite findet sich der Veranstaltungskalender. Am beeindruckendsten ist das Spektakel nach Sonnenuntergang, deshalb von Mai bis Juli am besten erst zu den späteren Vorführungen auftauchen.

MOŘSKÝ SVĚT   AQUARIUM
Karte S. 380 (☑220 103 275; www.morskys vet.cz; U Výstaviště 1, Holešovice; Erw./erm. 280/180 Kč; ⊘10–19 Uhr; ⬛5, 12, 14, 15, 17) Das Aquarium verfügt über den größten Wassertank des Landes mit einer Kapazität von 100 000 l. Zu sehen sind rund 4500 Meereslebewesen, inkl. einiger furchteinflößender Haie. Der Bau wirkt vollgestopft mit Aquarien und bietet wenig Platz.

LAPIDÁRIUM   MUSEUM
Karte S. 380 (☑233 375 636; www.nm.cz; U Výstaviště 1, Holešovice; Erw./erm. 50/30 Kč; ⊘Mi–So 12–18 Uhr; ⬛5, 12, 14, 15, 17) Diese etwas abseits gelegene Zweigstelle des Nationalmuseums ist ein wenig beachtetes Juwel. Ausgestellt sind rund 400 Skulpturen aus dem 11. bis 19. Jh. Zu sehen sind u. a. die älteste erhaltene böhmische Steinskulptur,

---

ABSTECHER

DER PRAGER ZOO

Prags familienfreundlicher **Zoo** (Zoo Praha; ☑296 112 111; www.zoopraha.cz; U Trojského zámku 120, Troja; Erw./erm./Fam. 150/100/450 Kč; ⊘März 9–17 Uhr, April–Mai, Sept.–Okt. 9–18 Uhr, Juni–Aug. 9–19 Uhr, Nov.–Feb. 9–16 Uhr; ☖; Ⓜ Nádraží Holešovice, ⬛112) liegt nördlich von Holešovice am Nordufer der Moldau. Von der U-Bahnstation Nádraží Holešovice geht es mit der Buslinie 112 weiter, vom Stromovka-Park sind es 15 Minuten zu Fuß. Die besten Besuchszeiten für einen Abstecher in den Zoo sind werktags, denn am Wochenende kann es sehr voll werden.

Auf dem 60 ha großen waldreichen Gelände lebt u. a. eine Herde Przewalski-Pferde. Der Zoo spielte eine wichtige Rolle bei der Rettung der Pferderasse. Zu sehen sind auch Komodowarane. Für Kinder interessant sind zudem der kleine Sessellift und der Spielplatz.

DAS HOCHWASSER VON 2002 UND DIE FOLGEN

Mehr als ein Jahrzehnt ist vergangen, seit Prag 2002 von einem der schlimmsten Hochwasser in seiner mehr als tausendjährigen Geschichte heimgesucht wurde. Nach heftigen Regenfällen trat die Moldau am 13./14. August über die Ufer. Am stärksten betroffen waren die tief gelegenen Stadtviertel Kleinseite und Smíchov, aber auch die flussnahen Bereiche von Holešovice wurden arg in Mitleidenschaft gezogen. Das Hochwasser richtete Schäden in Höhe von mehreren Hundert Millionen tschechischen Kronen an, aber Gott sei Dank gab es nur wenige Tote und Verletzte.

Die meisten Flutschäden sind inzwischen behoben worden, und an manchen Stellen führte das Hochwasser sogar zu dringend notwendigen Investitionen. Aber es gibt noch immer Orte, wo auch heute noch das Ausmaß der Katastrophe zu sehen ist. In Holešovice befanden sich die am härtesten betroffenen Gebiete direkt am Fluss entlang der Bubenské nábřeží sowie weiter östlich entlang der Straßenzüge Jateční und Plynární. Die glitzernden Neubauten sind zumeist erst nach dem Hochwasser entstanden und ersetzen zerstörte oder beschädigte Gebäude.

Der Prager Zoo am Nordufer der Moldau ist ein weiterer Überlebender. Das Hochwasser hatte den Zoo besonders hart getroffen: Mehrere Tiere, darunter ein Elefant, ein Nilpferd und ein Gorilla kamen in den Fluten ums Leben. Sehr traurig war die Geschichte des Seelöwen Gaston. Er gelangte in den Fluss und trieb stromabwärts Richtung Deutschland. Er schaffte es sogar bis nach Dresden; dort starb er dann aber an Erschöpfung.

Reste des im Renaissance-Stils errichteten Krocín-Brunnens, der früher auf dem Altstädter Ring stand, sowie mehrere Originalstatuen von der Karlsbrücke.

PRAGER PLANETARIUM   PLANETARIUM

S. 380 (Planetárium Praha; ☏220 999 001; www.planetarium.cz; Královská obora 233, Holešovice; Vorführungen auf Tschechisch/Englisch 80/200 Kč; ⊙Mo–Do 8.30–12, 13–20, Sa–So 9.30–12, 13–18 Uhr; ▥5, 12, 14, 15, 17) Das Planetarium im Stromovka-Park – unmittelbar westlich des Ausstellungsgeländes Výstaviště – präsentiert neben den Sternenvorführungen auch Diashows und Videos. Die meisten Vorführungen sind auf Tschechisch, aber für die beliebteren gibt es eine englischsprachige Textzusammenfassung. In der Haupthalle befindet sich außerdem eine Astronomie-Ausstellung.

⊙ Bubeneč

STROMOVKA   PARK

Karte S. 382 (Královská obora; Parkeingang: Nad Královskou oborou 21, Bubeneč; ▥1, 8, 15, 25, 26 bis Letenské náměstí, dann 10 Min. zu Fuß Richtung Norden) Prags größter Park heißt Stromovka und liegt westlich von Výstaviště. Im Mittelalter befand sich hier ein königliches Jagdrevier. Deshalb wird der Park auf Tschechisch manchmal auch „Královská obora" genannt. Rudolf II. ließ hier seltene Bäume pflanzen und mehrere Seen anlegen. Heute tummeln sich in dem Park junge Eltern mit Kinderwagen, Jogger, Radler und Inline-Skater.

LETNÁANLAGEN   PARK

Karte S. 382 (Letenské sady, Bubeneč; ▥1, 8, 15, 25, 26 bis Letenské náměstí) Die Letnáanlagen erstreckt sich oberhalb der Moldau nördlich der Altstadt. Von hier aus genießen Besucher einen Panoramablick über die Innenstadt, den Fluss und die Brücken. Der Park ist ein Paradies für Spaziergänger, Jogger und Inline-Skater. Am östlichen Ende lädt der Biergarten (S. 173) zu einem Bierchen ein. Von der Straßenbahnhaltestelle ist der Park fünf bis zehn Minuten zu Fuß in Richtung Süden entfernt.

ÖKOTECHNISCHES MUSEUM   MUSEUM

Karte S. 382 (Ekotechnické Muzeum; ☏777 170 636; www.ekotechnickemuseum.cz; Papírenská 6, Bubeneč; Erw./Fam. 120/250 Kč; ⊙Mai–Okt. Di–So 10.30–16 Uhr; ⓂHradčanská, ▥131) Dieses Museum ist in der alten städtischen Kläranlage untergebracht, die Ende des 19. Jhs. entstand. Im Rahmen der Führungen (vorab reservieren!) geht es in das Gängelabyrinth unter dem Gebäude. Bemerkenswert ist der technische Aufwand, der im 19. Jh. für die Reinhaltung des Wassers in einer wachsenden Stadt betrieben werden musste. Die Anlage war ursprünglich für 500 000 Bewohner gedacht, aber bei der Schließung 1967 hatte Prag bereits die Millionenschwelle überschritten.

⊙ Dejvice

HOTEL CROWNE PLAZA   HISTORISCHES GEBÄUDE
Karte S. 382 (Hotel International; ☑296 537 111; www.ichotelsgroup.com; Koulova 15, Dejvice; 🚃8) Die Silhouette des Gebäudes aus der Stalinzeit dürfte jedem vertraut vorkommen, der in Moskau war. Vorbild war ein Turm der Moskauer Universität. Zunächst hieß das Gebäude „Hotel International" und hatte einen Sowjetstern.

✖ ESSEN

Die meisten der besseren Lokale befinden sich in den Wohnstraßen rund um die U-Bahnstation Dejvická. Auch um die Plätze Strossmayerovo náměstí und Letenské náměstí haben sich in fußläufiger Entfernung einige gute Restaurants angesiedelt.

✖ Holešovice

SASAZU   ASIATISCH €€
Karte S. 380 (☑284 097 455; www.sasazu.com; Bubenské nábřeží 306, Block 25, Holešovice-Markt, Holešovice; Hauptgerichte 220–460 Kč; ⊙So–Do 12–24, Fr–Sa 12–1 Uhr; 🚃1, 3, 5, 25, Ⓜ Vltavská) Dieses gehobene asiatische

Restaurant gehört zu dem gleichnamigen Club und gilt als das beste Lokal seiner Art in Prag. Die Preise sind nicht über Gebühr teuer, doch die Portionen klein.

KORBEL   TSCHECHISCH €
Karte S. 380 (☑222 986 095; Komunardů 30, Holešovice; Hauptgerichte 119–230 Kč; ☎; 🚃1, 3, 5, 25) Mittags wird es in dem Restaurant, das im Souterrain liegt, ziemlich voll – ein sichtbarer Beweis für die sehr gute und preisgünstige tschechische Küche.

LA CRÊPERIE   FRANZÖSISCH €
Karte S. 380 (☑220 878 040; www.lacreperie.cz; Janovského 4, Holešovice; Hauptgerichte 60–140 Kč; ⊙Mo–Sa 9–23, So 9–22 Uhr; 🚃1, 5, 8, 12, 14, 15, 17, 25, 26, Ⓜ Vltavská) Für diese abgelegene Ecke von Holešovice ist eine authentische französische Crêperie ungewöhnlich. Wer sich gerade in der Gegend aufhält, sollte einen Abstecher unternehmen, um sich eine der hervorragenden süßen und salzigen Crêpes (Galettes) zu bestellen. Die *galettes complet* (Schinken und Käse mit einem Ei obendrauf) sind ideal für ein sättigendes Frühstück

BOHEMIA BAGEL   AMERIKANISCH €
Karte S. 380 (☑220 806 541; www.bohemiabagel.cz; Dukelských hrdinů 48, Holešovice; Hauptgerichte 120–240 Kč; ⊙ 9–23 Uhr; ☎; 🚃5, 14, 15, 17) Das Lokal ist in dieser zumindest aus kulinarischer Sicht wenig verlockenden Gegend von Holešovice der beste Ort, um sich eine Kleinigkeit zu gönnen. Angeboten werden Hamburger, Bagels und Frühstück. Am Wochenende ist Brunch populär.

ABSTECHER

SCHLOSS TROJA

Schloss Troja (Zámek Troja; www.ghmp.cz; U Trojského Zámku 1, Troja; Erw./erm. 120/60 Kč; ⊙April–Okt. 10–18 Uhr, Nov.–März geschl.; Ⓜ Nádraží Holešovice, 🚃112) ist ein hübscher Barockpalast aus dem 17. Jh., der für die Šternberk-Familie errichtet wurde. Der Architekt hatte sich auf einer Italienreise von den römischen Landvillen inspirieren lassen. Der Schlossbesuch kann gut mit dem Abstecher zum Prager Zoo verbunden werden, weil beide Sehenswürdigkeiten direkt nebeneinander liegen. Vom Stromovka-Park führt ein angenehmer 20-minütiger Spaziergang über eine sehenswerte Moldaubrücke zum Schloss.

Der üppig ausgestattete Palast beherbergt einige Sammlungen der Prager Stadtgalerie. Auch werden die Skulpturen und Fresken des Palastes selbst erklärt. Der Zutritt zum Park ist kostenlos. Highlights sind die herrlichen Französischen Gärten, die von einigen steinernen barocken Riesen beobachtet werden, die sich auf einer Balustrade vor dem südlichen Eingang befinden.

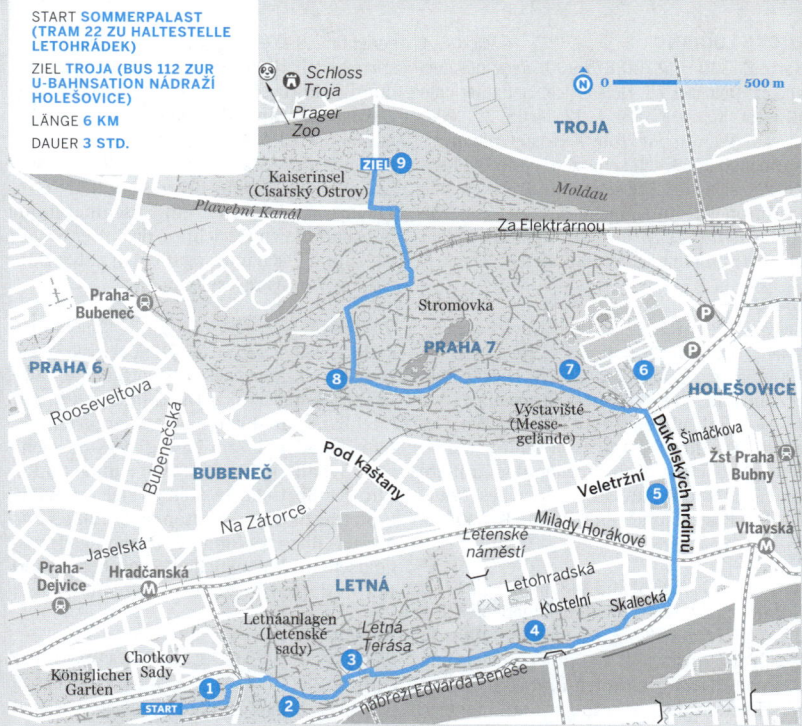

START **SOMMERPALAST**
(TRAM 22 ZU HALTESTELLE
LETOHRÁDEK)

ZIEL **TROJA** (BUS 112 ZUR
U-BAHNSTATION NÁDRAŽÍ
HOLEŠOVICE)

LÄNGE **6 KM**

DAUER **3 STD.**

Schloss
Troja
Prager
Zoo

TROJA

Moldau

ZIEL 9

Kaiserinsel
(Císařský Ostrov)

Plavební Kanál

Za Elektrárnou

Praha-
Bubeneč

Stromovka

PRAHA 7

PRAHA 6

Rooseveltova

8

7

6

HOLEŠOVICE

Bubenečská

Výstaviště
(Messe-
gelände)

Šimáčkova

Žst Praha
Bubny

BUBENEČ

Pod kaštany

Veletržní

5

Na Zátorce

Milady Horákové

Vltavská

Jaselská

Letenské
náměstí

Praha-
Dejvice

Hradčanská

LETNÁ

Letohradská

Kostelní

Skalecká

Chotkovy
Sady

Königlicher
Garten

Letnáanlagen
(Letenské
sady)

Letná
Terása

3

4

1

2

nábřeží Edvárda Beneše

START

Stadtspaziergang
Die wunderbaren Parks Letná & Stromovka

Startpunkt ist der Sommerpalast (Letohrádek) nördlich der Prager Burg. Der Weg führt nach Osten in den Park Chotkovy sady. In der Mitte des Parks befindet sich eine **1 Steingrotte**, die dem Schriftsteller Josef Zeyer gewidmet ist. Eine Fußgängerbrücke führt über die Straße Chotkova hinweg in die Letnáanlagen. Der Weg führt nach rechts und biegt erneut nach rechts ab. Hier bietet sich vom **2 Hanavský Pavilón** ein fantastischer Panoramablick.

Weiter geht es oberhalb der Moldau zu einer monumentalen Terrasse, auf der ein riesiges **3 Metronom** jene Stelle markiert, an der sich einst eine gewaltige Stalin-Statue befand. In östlicher Richtung erreicht man schließlich den **4 Letná-Biergarten**.

Jenseits des Biergartens führt der Weg durch Blumengärten hinunter. Nach dem Verlassen des Parks geht es auf der Skalecká weiter hinab, dann links der belebten Dukelských hrdinů entlang nach Norden. Nach 400 m ist der Messepalast **5**

Palais Veletržní erreicht und schließlich das Ausstellungsgelände Výstaviště. Noch mehr Kultur bietet das **6 Lapidárium** mit einigen der schönsten Skulpturen der Stadt.

Am Eingang von Výstaviště geht es links zur Endhaltestelle der Straßenbahnlinie 5. Dabei passiert der Weg am Zugang zum ehemals königlichen Jagdrevier, dem Stromovka-Park, das **7 Prager Planetarium**.

Nun geht es gemütlich in nördlicher Richtung durch den Park. In der Ferne ist auf einem Hügel im Westen der im Renaissance-Stil errichtete **8 Sommerpalast Mistodržitelský** zu sehen, wo sich die böhmischen Könige während ihrer Jagdausflüge vergnügten.

Wegweiser Richtung „Troja" und „Zoo" führen unter einer Bahnlinie hindurch. Eine Treppe geht hinauf zur **9 Kaiserinsel** (Císařský ostrov). Die Straße endet vor einer Fußgängerbrücke über den Hauptarm der Moldau. Auf der anderen Flussseite sind das Schloss Troja und der Prager Zoo schnell erreicht.

LUCKY LUCIANO
PIZZERIA €

Karte S. 380 (✆220 875 900; www.luckyluci
ano.cz; Dělnická 28, Holešovice; Hauptgerichte
100–150 Kč; ☎✍; 🚊1, 5, 12, 14, 15, 25, Ⓜ Vltavská) Wer in Sir Toby's Hostel nächtigt,
kann sich glücklich schätzen, denn die kleine Pizzeria serviert sehr gute Pizzas sowie
traditionelle italienische Vorspeisen, wie
z. B. *insalata caprese*. Vor dem Haus gibt
es unter einem großen Baum eine Terrasse.

CAPUA
PIZZERIA €

Karte S. 380 (✆233 382 659; www.capua.cz;
Milady Horákové 9, Holešovice; Hauptgerichte
100–150 Kč; ✍; 🚊1, 8, 15, 25, 26) Dieses Eck-
restaurant oberhalb des Strossmayerovo
náměstí gilt als die beste Pizzeria der Gegend. Das Innere ist in zwei Räume aufge-
teilt, wobei für Nichtraucher der größere
und schönere Raum zur Rechten reserviert
ist. Die Pizzas haben eine dünne Kruste.

MOLO 22
INTERNATIONAL €€

Karte S. 380 (✆220 563 348; www.molo22.cz;
U Průhonu 22, Holešovice; Hauptgerichte 150–
320 Kč; ⊙Mo–Fr 8–23, Sa–So 10–23 Uhr; ☎;
🚊5, 12, 15, Ⓜ Vltavská) Die Inneneinrichtung
des von der Staropramen-Brauerei geführten Restaurants ist sauber und modern.
Auf den Tisch kommt eine eher gehobene
Auswahl an internationalen Gerichten, wie
z. B. Cäsar Salad, Hühnchen-Wraps, Pasta
und Steak. Mittags wird es an Werktagen
ziemlich belebt. Abends kann man hier
gut essen, bevor es in den Nightclub Mecca
(S. 176) auf der anderen Straßenseite geht.

✗ Bubeneč

PEPERONCINO
ITALIENISCH €€

Karte S. 380 (✆233 312 438; www.restau
rant-peperoncino.cz; Letohradská 34, Bubeneč;
Hauptgerichte 150–300 Kč; ✍; 🚊1, 8, 15, 25,
26) Insider kommen in Bubeneč ins Peperoncino, um sich ein gutes und nur moderat
teures italienisches Essen zu gönnen. Der
gegrillte Tintenfisch mit Bohnen ist ein Hit,
aber auch das Rindfleisch- und Thunfisch-
Carpaccio sind sehr gut. Die Pastagerichte
und Hauptgänge sind exzellent, und auf der
Weinkarte finden sich tschechische und italienische Tropfen.

ARGUMENT
INTERNATIONAL €€

Karte S. 382 (✆220 510 427; www.argu ment-
restaurant.cz; Bubenečská 19, Bubeneč; Haupt-

gerichte 219–379 Kč; ☎; Ⓜ Hradčanská) An-
spruchsvoll dinieren in Prag 6 und doch
nur die Hälfte bezahlen im Vergleich zu den
Luxusrestaurants der Innenstadt: Das Argument wird seit Langem in einem Atem-
zug mit den Stars der Altstadt genannt.
Es gibt kein durchgängiges kulinarisches
Thema, sondern eher ein Mischmasch an
internationalen Gerichten, darunter Steak,
Pasta und Fisch und sogar einen guten Burger; im Voraus reservieren.

U VILÉMA
TSCHECHISCH €

Karte S. 382 (✆224 322 010; Československé
arm-ády 3, Bubeneč; Hauptgerichte 80–
150 Kč; Ⓜ Hradčanská) Die Stimmung in der
Nachbarschaftskneipe mit Biergarten ist
sehr einladend. Vom Fass gibt es das sehr
gute Svijany 11 % für gerade einmal 25 Kč.
Auf der Speisekarte stehen viele einfache
tschechische Spezialitäten, wie z. B. *pečené
hovězí* (Roastbeef mit Soße) und das Haus-
gulasch auf Reibekuchen. Zwischen 11 und
14 Uhr darf nicht geraucht werden.

HANAVSKÝ PAVILÓN
TSCHECHISCH, INTERNATIONAL €€€

Karte S. 382 (✆233 323 641; www.hanavsky
pavilon.cz; Letenské sady 173, Bubeneč; Hauptgerichte 250–490 Kč; ⊙11–1, Terrasse 11–
23 Uhr; 🚊18) Auf einer Terrasse oberhalb
der Moldau beherbergt dieser üppig verzierte neobarocke Pavillon von 1891 ein
schickes Restaurant mit einem Postkarten-
blick auf die Moldaubrücken. Von April bis
September können Gäste auch draußen
speisen. Es gibt ein Drei-Gänge-Menü mit
tschechischen Klassikern.

CÍNSKÁ ZAHRADA
CHINESISCH €€

Karte S. 382 (✆233 379 656; Šmeralová 11,
Bubeneč; Hauptgerichte 150–300 Kč; 🚊1, 8,
15, 25, 26) Der „Chinesische Garten" ist ein
Lokal, das gerade authentisch genug ist, damit auch Leute aus anderen Stadtvierteln
hierhin kommen. Es gehört zum allgemeinen Bild, zu den Essenszeiten größere Scharen asiatischer Touristen hier anzutreffen.
Das sehr scharfe „trocken gebratene Hühnchen" (Hühnchenstücke am Knochen
gebraten, mit rotem Paprika) ist eine
Spezialität des Hauses.

NAD KRÁLOVSKOU OBOROU
TSCHECHISCH, KNEIPE €

Karte S. 382 (✆220 912 319; www.
nadkralovskouoborou.cz; Nad Královskou oborou 31, Bubeneč; Hauptgerichte 140–250 Kč; ☎;

1, 8, 15, 25, 26) Diese restaurierte traditionelle Kneipe auf der Südseite des Stromovka-Parks ist eine Oase für gutes Bier und Essen. Die tschechische Küche ist hier kreativer als üblich. Auf der Speisekarte finden sich z. B. eher seltene Rehfleisch-Gerichte.

✕ Dejvice

DA EMANUEL ITALIENISCH €€€
Karte S. 382 (☎224 312 934; www.daemanuel. cz; Charlese De Gaulla 4, Dejvice; Hauptgerichte 400–500 Kč; ⊙12–23 Uhr; ⬚8, Ⓜ Dejvická) In einer ruhigen Wohnstraße ist dieses elegante italienische Restaurant eine der besten Adressen in Dejvice. Der große Raum liegt romantisch unter einer bogenförmigen Ziegelsteindecke. Auf den zwölf Tischen, die mit weißen Tischtüchern bedeckt sind, steht jeweils eine Vase mit frischen Blumen.

RESTAURACE U VEVERKY TSCHECHISCH €
Karte S. 382 (☎223 000 223; www.uveverky.com; Eliášova 14, Dejvice; Hauptgerichte 129–330 Kč; Ⓜ Hradčanská) Die geschätzte traditionelle Kneipe serviert eines der besten und preisgünstigsten Mittagessen in Prag. Allein dafür lohnt sich der Weg. Das Interieur ist klassisch: Vorne befindet sich ein Raum für die Biertrinker, hinten liegen zwei Räume für die Restaurantgäste. Die Luft ist angefüllt mit dem Duft gegrillter Zwiebeln; vorab reservieren.

PERPETUUM TSCHECHISCH €€
Karte S. 382 (☎233 323 429; www.restauraceperpetuum.cz; Na Hutích 9, Dejvice; Hauptgerichte 230–380 Kč; ⊙Mo–Sa 11.30–23 Uhr; ☎; Ⓜ Dejvická) Entengerichte gehören zu den kulinarischen Highlights der tschechischen Küche. Im Perpetuum ist Ente das einzige Angebot auf der Speisekarte. Eine gute Wahl ist das Standardgericht: Gebratene Ente mit Knödeln und Rotkohl. Lecker sind auch die Wildenten oder die süßlichen Barbarie-Enten.

KULAT'ÁK TSCHECHISCH €
Karte S. 382 (☎773 973 037; www.kulatak.cz; Vítězné áměstí 12, Dejvice; Hauptgerichte 139–259 Kč; ☎; ⬚2, 8, 20, 26, Ⓜ Dejvická) Die Filiale der von Pilsner Urquell geführten Kette enttäuscht nicht. Auf den Tisch kommt solide tschechische Küche. Lecker sind Spezialitäten wie *svíčková na smetaně* (geschmortes Rindfleisch mit Preiselbeeren und Knödeln) oder *Moravský vrabec* (Mährischer „Spatz" – Schweinebraten mit Brot- und Speckknödeln).

PIZZERIA GROSSETO ITALIENISCH €
Karte S. 382 (☎233 342 694; www.grosseto. cz; Jugoslávských Partyzánů 8, Dejvice; Hauptgerichte 120–180 Kč; ☎; ⬚8, Ⓜ Dejvická) Die Pizzeria mit Holzofen lockt zahlreiche Studenten an. Angeboten werden nicht nur viele Pizza-Sorten, sondern auch Pasta, Risotto, Brathähnchen, Steak und gegrillter Lachs; Reservierung ist notwendig.

MIRELLIE ITALIENISCH €€
Karte S. 382 (☎222 959 999; www.mirellie. cz; VP Čkalova 14, Dejvice; Hauptgerichte 180–390 Kč; ☎; Ⓜ Dejvická, Hradčanská) Angesichts der hohen Preise bei Da Emanuel wartete Dejvice ungeduldig auf einen preisgünstigeren Italiener, der trotzdem bei der Qualität des Essens keine Abstriche macht. Das Mirellie füllt diese Lücke mit Spezialitäten wie gegrilltem Fleisch, selbst gemachter Pasta sowie kreativen Soßen, darunter würziges Lammragout.

HOLEŠOVICE, BUBENEČ & DEJVICE ESSEN

DER BAUERNMARKT VON DEJVICE

In den letzten Jahren erleben landwirtschaftliche Bioprodukte in Tschechien einen kleinen Boom. Das hat dankenswerterweise auch zur Eröffnung von Bauernmärkten in Prag geführt. Der erste und immer noch der beste dieser Märkte findet in **Dejvice** (Farmářský trh; www.ceskefarmarsketrhy.cz; Vítězné Náměstí, Dejvice; ⊙März–Nov. Sa 9–14 Uhr; 🚉; Ⓜ Dejvická) auf der Rasenfläche an der U-Bahnstation Dejvická statt.

Jeden Samstagmorgen zwischen März und November bieten hier Bauern aus dem ganzen Land ihr selbst gezogenes Obst und Gemüse, frisches Brot und andere Backwaren sowie Fleisch und Käse an.

Der Marktbesuch ist längst mehr als nur eine Gelegenheit zum Einkaufen, denn an einem sonnigen Samstagmorgen kommen Tausende auf den Platz. Die Atmosphäre wirkt dann fast wie auf einem Jahrmarkt. Der Besuch ist ein großer Spaß für die ganze Familie.

CAFE CALMA
INTERNATIONAL €

Karte S. 382 (☑602 235 660; www.calma.cz; Kyjevska 2, Dejvice; Hauptgerichte 80–150 Kč; ☺Mo–Fr 7.30–22, Sa 9–22, So 10.30–22 Uhr; 🛜🗷🚻; MDejvická) Das Café hat den Charme einer französischen Bäckerei, inklusive großer Fenster und Hartholzfußböden. Der Anspruch geht über Kaffee und Kuchen hinaus, sodass auch das Mittagessen hervorragend ist. Tagesgerichte kosten zwischen 100 und 150 Kč. Auf der Speisekarte stehen z. B. Lachs oder traditioneller Lendenbraten mit Knödeln.

KAVALA
GRIECHISCH €€

Karte S. 382 (☑224 325 181; www.kavala-praha.cz; Charlese De Gaulla 5, Dejvice; Hauptgerichte 290–350 Kč; 🛜🗷; 🚋8, MDejvická) Sollte Da Emanuel ausgebucht sein, ist diese griechische Taverne auf der anderen Straßenseite eine gute Alternative. Es gibt natürlich die üblichen Klassiker wie Souvlaki und Moussaka, aber auch eine fantastische Meeresfrüchte-Platte, die leicht als eigenes Hauptgericht gelten kann. Die Inneneinrichtung mit hellem Holz wirkt etwas zu niedlich. Da ist der reizende Vorgarten viel netter.

BUDVARKÁ
TSCHECHISCH, KNEIPE €

Karte S. 382 (☑222 960 820; www.budvarka dejvice.cz; Wuchterlova 22, Dejvice; Hauptgerichte 119–199 Kč; 🛜; 🚋2, 8, 20, 26, MDejvická) Die freundliche tschechische Kneipe gehört der Budvar-Brauerei. Also wird hier die komplette Palette der Budweiser-Biere ausgeschenkt, darunter auch die ansonsten eher seltenen Hefeweizen und Dunkelbiere. In der stilechten Kopie eines Schankraums aus dem 19. Jh. wird außerdem sehr gute tschechische Hausmannskost serviert. Vorne gibt es einen Raucherraum.

SAKURA
JAPANISCH €€

Karte S. 382 (☑774 785 077; www.sushisakura.cz; Náměstí Svobody 1, Dejvice; Hauptgerichte 180–320 Kč; 🛜🚻; MDejvická) Das Sakura ist eines der besten Sushi-Lokale in Prag. Es liegt in einem feschen funktionalistischen Gebäude aus den 1930er-Jahren, und die offene Innenfläche präsentiert sich als Mischung aus zeitgenössischem japanischen und tschechischen Design. Das „Vulkan"-Röllchen ist mit würzigem Thunfisch gefüllt, das „knackige" Röllchen dagegen leicht gebraten und mit sanft gekochtem Lachs gefüllt. Für Kinder gibt es eine kleine Spielecke.

NA URALE
TSCHECHISCH, KNEIPE €

Karte S. 382 (☑224 326 820; Uralská 9, Dejvice; Hauptgerichte 100–220 Kč; ☺11–1 Uhr; 🛜; 🚋8, MDejvická) Früher war die Kneipe ziemlich schmuddelig, doch das hat sich in den letzten Jahren geändert. Seither gibt es purpurrote Wände und Fußböden aus Steinfliesen. Die Küche erhielt ebenfalls ein Upgrade, aber die Preise für die gut zubereiteten tschechischen Gerichte wie Gulasch und Schweinebraten liegen nicht viel höher als in einer typischen Arbeiterkneipe.

STAROČESKÁ KRČMA
TSCHECHISCH €€

Karte S. 382 (☑224 321 505; www.staroces kakrcma.cz; VP.Čkalova 15, Dejvice; Hauptgerichte 140–320 Kč; MHradčanská, Dejvická) Staročeská Krčma ist eine sehr gute tschechische Taverne, die sich auf riesige Portionen Grillfleisch (Steaks, Schweinefleisch und Hühnchen) spezialisiert hat. Das Design mit den schweren Holztischen, dem offenen Kamin und den dazugehörigen Holzstapeln soll an einen altmodischen Landgasthof erinnern. Die Schweinegerichte sind exzellent, die Steaks jedoch nur gut.

AUSGEHEN & NACHTLEBEN

In den Stadtteilen Holešovice, Bubeneč und Dejvice wohnen Menschen aller sozialen Schichten. Das spiegelt sich auch im Nachtleben wieder. In Holešovice und rund um den Letenské náměstí in Bubeneč gibt es viele klassische „Alte Männer-" und Studentenkneipen. In Dejvice geht es auch in den Kneipen und Cafés gehobener zu.

Holešovice

NA STARÉ KOVÁRNĚ
KNEIPE

Karte S. 380 (☑233 371 099; www.starakovar na.cz; Kamenická 17, Holešovice; ☺11–1 Uhr; 🚋1, 8, 15, 25, 26) Das Motorrad, das von der Decke hängt, gibt dem Lokal ein ungewöhnliches Ambiente. Das Essen ist besser als in normalen Kneipen und hat schon enthusiastische Kommentare von lokalen Kritikern erhalten. Doch nur die wenigsten Gäste kommen wegen des Essens hierher, denn es handelt sich um ein einfaches aber gemütliches Bierlokal.

ERHARTOVA CUKRÁRNA   CAFÉ

Karte S. 380 (233 312 148; www.erhar
tovacukrarna.cz; Milady Horákové 56,
Holešovice; 10–19 Uhr; ; 1, 8, 15, 25, 26)
Neben der Stadtteilbücherei findet sich in
einem funktionalistischen Gebäude dieses
Café im Stil der 1930er-Jahre, das auch Sü-
ßigkeitenladen ist. Die Plätzchen, Krapfen
und Zimtröllchen locken eine Mischung
aus Studenten, älteren Menschen sowie
Müttern mit Kinderwagen an. An warmen
Tagen wird auch Eiscreme verkauft.

CLUB CLUB   BAR, CLUB

Karte S. 380 (776 653 646; www.clubclub.
cz; Ovenecká 6, Holešovice; 17–4 Uhr; 1, 8,
15, 25, 26 bis Letenské náměstí) Diese bei den
Anwohnern beliebte Bar verwandelt sich
abends zum besten Nacht- und Musikclub
rund um den Letenské náměstí. Hier kann
man die Nacht ausklingen lassen, ohne
fürchten zu müssen, kurz nach Mitternacht
rausgeschmissen zu werden.

KUMBAL   CAFÉ

Karte S. 380 (777 559 842; www.kumbal.
cz; Heřmanová 12, Holešovice; 9–21.30 Uhr;
 ; 1, 5, 8, 12, 14, 15, 17, 25, 26) Auch dieses
Café befindet sich in einem funktionalistischen Gebäude der 1930er-Jahre. Das Kum-
bal schafft es, sowohl hip wie auch gemütlich zu sein. Die Kaffee- und Teespezialitä-
ten sind ansprechend, doch zu essen gibt es
nur einige einfache Sandwiches und eine
Tagessuppe (im Allgemeinen vegetarisch).

LONG TALE CAFÉ   CAFÉ

Karte S. 380 (266 310 701; www.longtale cafe.
cz; Osadní 25, Holešovice; 9–19 Uhr; ; 1,
3, 12, 14, 25) Das Nichtrauchercafé wird von
einer angenehmen Mischung aus Büroangestellten, Müttern mit Kinderwagen und
einigen Schriftstellern aufgesucht, die den
exzellenten Kaffee, die relaxte Stimmung
sowie die sehr guten preisgünstigen Salate
und Sandwiches schätzen.

OUKY DOUKY   CAFÉ

Karte S. 380 (266 711 531; www.oukydouky.
cz; Janovského 14, Holešovice; 8–24 Uhr; ;
1, 5, 8, 12, 14, 15, 17, 25, 26) In den 1990er-
Jahren befand sich hier das Globe Bookstore & Coffeehouse, und ein wenig von der
flippigen San-Francisco-Stimmung hat sich
dieser Laden bewahrt. Heute vertickt hier
ein Second-Hand-Buchladen abgewetzte
tschechische Titel, während im einladenden Café neben Studenten und anderen

Gästen auch einige verirrte Expats sitzen,
die noch immer das Globe suchen.

BIO OKO   CAFÉ, BAR

Karte S. 380 (233 382 606; www.biooko.net;
Františka Křížka 15, Holešovice; 15–2 Uhr;
 ; 1, 8, 15, 25, 26) Diese Café-Bar in dem
Programmkino Bio Oko ist ein Juwel. Das
Design ist angemessen retro, wie es sich für
ein Kino gehört, das Filme der 1950er- und
1960er-Jahre zeigt. Die Kaffeespezialitäten
sowie die Biere und Cocktails sind vor und
nach den Filmen ein guter Tipp.

NOVÁ SYNTÉZA   CAFÉ, BAR

Karte S. 380 (725 822 983; www.ngprague.
cz; Dukelských Hrdinů 47, Holešovice; Di–So
10–22 Uhr; ; 1, 8, 15, 25, 26) Die Café-
Bar im Veletržní Palác bezeichnet sich als
„Experimentier-Raum", denn hier finden
gelegentlich Happenings und Performances
statt. Ansonsten ist das Lokal eine empfehlenswerte Adresse, um sich nach dem Besuch der Museumsausstellungen ein wenig
vom Kulturerlebnis auszuruhen.

BONDY BAR   BAR

Karte S. 380 (Tusarova 29, Holešovice; 17–
3 Uhr; 1, 3, 5, 25) Diese verräucherte
Bier- und Darts-Kneipe ist nicht nach je-
dermanns Geschmack und das genaue Gegenteil des Schickimicki-Feelings im nahe
gelegenen Sasazu (S. 168). Dennoch ist der
Laden akzeptabel für einen letzten Absa-
cker zu früher Stunde.

U SV ANTONÍČKA   KNEIPE

Karte S. 380 (Podplukovníka Sochora 20,
Holešovice; 1, 5, 8, 12, 14, 15, 17, 25, 26) So
nahe am Zentrum ist die unmodernisierte
tschechische Kneipe eine Seltenheit. Hier
treffen sich mürrische Alte, gelegentlich
sind die Gläser nicht wirklich sauber, über
allem liegt Zigarettenrauch, und die Toiletten müssten eigentlich in einem Atommüll-
lager entsorgt werden. Aber die Kneipe hat
einen gewissen Charme, wenn man mit der
rauen Art zurechtkommt.

Bubeneč

LP TIPP LETNÁ-BIERGARTEN   BIERGARTEN

Karte S. 382 (Letenský zámeček; 233 378
208; www.letenskyzamecek.cz; Letenské sady
341, Bubeneč; 11–23 Uhr, nur im Sommer; 1,
8, 15, 25, 26 bis Letenské námìstí) Keine Auf-

zählung der Kneipen in dieser Gegend wäre komplett ohne die Erwähnung des besten Biergartens von Prag, der sich am Ostende der Letnáanlagen (S. 167) befindet. Gäste kaufen sich ihr Bier an einem kleinen Kiosk und suchen sich einen Picknicktisch. Alternativ gibt es eine kleine Terrasse, wo Bier im Glas und solide Pizzas serviert werden. Von der Straßenbahnhaltestelle sind es fünf bis zehn Minuten zu Fuß.

FRAKTAL   BAR

Karte S. 382 (☑777 794 094; www.fraktalbar.cz; Šmeralová 1, Bubeneč; Hauptgerichte 100–300 Kč; ☎; 🚊1, 8, 15, 25, 26) Die Souterrain-Bar in einem Eckhaus nahe des Letenské námístí ist mit Abstand die freundlichste Bar auf dieser Seite der Moldau. Das gilt vor allem für englischsprachiges Publikum, weil das Fraktal als inoffizieller Treffpunkt der Expat-Gemeinde gilt. Serviert werden leckere Burger. Einziger Nachteil sind die frühen Schließzeiten: Um 23.30 Uhr müssen die letzten Biere bestellt werden.

NA SLAMNÍKU   KNEIPE, BIERGARTEN

Karte S. 382 (www.koncertynaslamniku.wz.cz; Wolkerova 12, Bubeneè; 🚊1, 8, 15, 25, 26) Die traditionelle Kneipe mit Biergarten geht auf das 19. Jh. zurück. Na Slamníku liegt versteckt in einem Tal in Bubeneč, direkt hinter der weitläufigen russischen Botschaft. Drinnen gibt es mehrere Räume, und vor dem Haus sitzen die Gäste im Sommer in einem friedlichen, schattigen Garten. Auf der Webseite finden sich die Termine für die gelegentlichen Live-Gigs im Sommer.

HELLS BELLS   KNEIPE

Karte S. 380 (☑733 734 918; www.hellsbells.cz; Letohradská 50, Bubeneč; ⊘Mo–Do 11–0.30, Fr–Sa 11–2, So 12–22 Uhr; ☎; 🚊1, 8, 15, 25, 26 bis Letenské námìstí) In dem lebhaften Bierlokal trifft sich die eher studentische Klientel, wenn der Letná-Biergarten schließt. Das tschechische Essen ist okay. Mittags gibt es sogar preisgünstige Tagesgerichte.

POTRVÁ   CAFÉ

Karte S. 382 (☑723 305 330; www.potrva.cz; Srbská 2, Bubeneč; ⊘Mo–Fr 12–24, Sa–So 15–24 Uhr; ☎; Ⓜ Hradèanská) Das Potrvá liegt ein kurzes Stückchen von der U-Bahnstation Hradèanská entfernt, jenseits der Gleise. Tagsüber lässt sich hier die Ruhe genießen, während abends gelegentlich Live-Gigs und „offenes Mikrofon" auf dem Programm stehen. Serviert werden vor allem Kaffee und

Bier, aber es gibt auch Kleinigkeiten wie Suppe und Sandwiches.

LA BODEGA FLAMENCA   BAR

Karte S. 382 (☑233 374 075; www.labodega. cz; Šmeralová 5, Bubeneč; ⊘So–Do 16–1, Fr–Sa 16–3 Uhr; 🚊1, 8, 15, 25, 26) Das La Bodega hat sich in einem stimmungsvollen Keller mit roten Ziegeln angesiedelt. Die Latin-Musik plätschert dezent im Hintergrund vor sich hin, und die Besucher scheinen eher zurückhaltend – vor allem im Vergleich zum benachbarten Fraktal. Die meisten Leute bestellen Bier oder Sangria, aber es werden auch leckere Tapas serviert. Gelegentlich gibt es Livemusik und Tanzabende.

TÌSNÌ VEDLE BURUNDI   CAFÉ, KNEIPE

Karte S. 382 (www.burundi.cz; Sládkova 4, Bubeneč; ⊘10–22 Uhr; 🚊1, 8, 15, 25, 26) Die interessante Mischung aus Kneipe und Kaffeehaus lockt Intellektuelle, Studenten, alternde Rocker und Leute aus der Nachbarschaft an. In der Luft liegt eine vage Dissidentenstimmung, die einladender ist als in den geleckten Bars der Innenstadt.

ANDALUSKÝ PES   COCKTAILBAR

Karte S. 382 (☑777 666 137; www.andalus kypes.cz; Korunovaèní 4, Bubeneč; ⊘23–3 Uhr; 🚊1, 8, 15, 25, 26) Das „Le Chien Andalou" ist eine After-Hours-Cocktailbar mit Retro-Flair. In dem einladenden Vorderzimmer glitzern die Wände, und es gibt samtene Barhocker. Hier treffen sich Leute wie aus dem Gemälde „Nachtschwärmer" von Edward Hopper. Im hinteren Zimmer ist es dunkler und gedrängter.

SVIJANSKÝ RYTÍØ   KNEIPE

Karte S. 382 (☑233 378 342; www.svijansky-rytir.cz; Jireèkova 13, Bubeneč; ⊘Mo–Fr 11–22 Uhr; 🚊1, 8, 15, 25, 26) In dieser freundlichen Kneipe kommt authentische tschechische Küche auf den Tisch. Der Schwerpunkt liegt auf Schweinefleisch und Hähnchenschnitzel. Die Hauptattraktion sind jedoch die hochgeschätzten Svijany-Biere. Gezapft werden sowohl helle wie dunkle Sorten, darunter das Flaggschiff Rytíø 12 % ebenso wie das stärkere und berühmtere Kníže 13 %; an Wochenenden geschlossen.

ALCHYMISTA   CAFÉ

Karte S. 382 (☑233 383 746; www.alchymista. cz; Jana Zajívce 7, Bubeneč; ⊘10.30–19.30 Uhr, im Sommer länger geöffnet; ☎; 🚊1, 8, 15, 25, 26) Das altmodische Kaffeehaus mit einer angeschlossenen Galerie ist eine Oase in der Kulturwüste jenseits des Sparta-Stadions. Frisch gemahlener Kaffee, hervorragende Teesorten und selbst gebackene Kuchen sowie Strudel locken viele Anwohner.

AKÁDEMIE
BAR

Karte S. 382 (☑233 375 236; Šmeralová 5, Bubeneč; ⏰17–3 Uhr; 🚋1, 8, 15, 25, 26) Pool-Tische und Dart-Boards sorgen bei den Gästen für Unterhaltung. Die Tische sind groß. Die Kellner bringen das bestellte Bier zum Tisch, und alles wird am Ende bezahlt, auch das Billard-Spiel.

ZTRACENÝ RÁJ
BAR

Karte S. 382 (☑252 545 013; www.lunchtime. cz/ztraceny-raj; Èechova 9, Bubeneč; 🚋1, 8, 15, 25, 26) Das Ztracený Ráj ist eines von mehreren Studentenlokalen an dieser grünen Straße in unmittelbarer Nähe des Letenské námístí. Einzige Attraktion ist das Pilsner Urquell vom Fass, das hier zu nichttouristischen Preisenangeboten wird. Die Stimmung ist gelöst, und an warmen Sommerabenden stehen vor dem Eingang einige abgewetzte Picknicktische.

KLÁŠTERNÍ PIVNICE
KNEIPE

Karte S. 382 (☑723 026 104; Ovenecká 15, Bubeneč; ⏰9.30–22 Uhr; 🚋1, 8, 15, 25, 26) In dieser „Alte-Männer-Kneipe" geht es stets lautstark zu. Gezapft wird das hervorragende, aber schwer aufzutreibende Kláster-Bier. Der Hauptraum wird von den Stammgästen ziemlich zugequalmt, und manchmal vergeht ein ganzer Tag, ohne dass sich eine einzige Frau in die Kneipe verirrt. Aber die Qualität des Bieres ist unbestreitbar. Die Kneipe wirkt wie eine Zeitkapsel, die das moderne Leben fernhält.

🍷 Dejvice

KABINET
CAFÉ

Karte S. 382 (☑233 326 668; Terronská 25, Dejvice; ⏰Mo–Fr 11–23, Sa–So 15–23 Uhr; 🚇; 🚋8, Ⓜ️Dejvická) Das Kaffeehaus im Stil der 1920er-Jahre befindet sich in einem kubistischen Gebäude in einem Wohnviertel von Dejvice. Alte Kameras, Poster und Fotos betonen das Retro-Flair. Der Name des Cafés unterstützt das Nostalgiefeeling, denn er

---

ABSTECHER

DIVOKÁ ŠÁRKA

Wer mal richtig rauskommen möchte, sollte einen Ausflug zu einem der schönsten und abgelegensten Naturparks in Prag machen: **Divoká Šárka** (☑603 723 501; www. koupaliste-sarka.webnode.cz; Evropská, Dejvice; Erw./erm. 60/20 KČ; ⏰Schwimmbad Juni–Aug. 9–19 Uhr; 🚋 20, 26). Der Park ist für seine kargen Felsen und Hügel im westlichen Bereich bekannt, die den Eindruck einer Mondlandschaft hinterlassen. Aber der Rest des Parks ist von dichtem Wald bewachsen und erstreckt sich kilometerweit entlang des Šárecký potok (Šárka-Bach). Am einfachsten ist das Gelände mit der Straßenbahn zu erreichen: Die Linien 20 und 26 enden am Rand des Park. Zurück kann man auch wieder die Straßenbahn nehmen oder aber einem 7 km langen Pfad folgen, der zur Moldau führt, von wo man mit einer anderen Straßenbahn zurückfahren kann.

Der Park wurde nach der sagenhaften Kriegerin Šárka benannt, die sich einst nach dem Tod ihres Feindes, des schönen Ctirads, von einem Felsen in den Tod stürzte. Einer Version nach hatte sie Ctirad verführt und dann umgebracht, bevor sie sich selbst tötete, um der Gefangennahme zu entgehen. Einer anderen Version zufolge verliebte sich Šárka in Ctirad, konnte ihn aber nicht beschützen. Ihr Selbstmord erfolgte dann schließlich aus Trauer und Schuldgefühl.

Besucher können im Park nicht nur gut wandern, sondern auch einfach ihre Picknickdecke ausbreiten und den Tag genießen. Im Sommer öffnet ein Schwimmbad, doch das Wasser ist eiskalt. Wer einkehren und seinen Durst löschen möchte, hat diverse Kneipen zur Auswahl.

Auf dem Rückweg folgt der Weg der roten Markierung, die bis in den Vorort Podbaba führt, wo der Bach in die Moldau mündet. Wieder am Fluss, orientiert man sich an dem unübersehbaren Turm des Hotel Crowne Plaza (S. 168) mit seinem goldenen Stern auf dem Dach. Von dort fährt die Straßenbahnlinie 8 zurück zur Metrostation Dejvická. Endhaltestelle der Straßenbahn ist der Námìstí Republiky.

erinnert Tschechen an die alten Schultage: Ein „Kabinet" ist ein Lehrerzimmer.

KAVÁRNA ALIBI CAFÉ

Karte S. 382 (www.alibi.cz; Svatovítská 6, Dejvice; ⏱Mo–Fr 12–24, Sa–So 16–24 Uhr; ☎; ⛟2, 8, 20, 26, Ⓜ Dejvická) In dem lebhaften, verräucherten Kaffeehaus sitzen zumeist Studenten. Hier kann man in Ruhe einen Kaffee oder ein Bier trinken, Postkarten schreiben, den Lonely Planet studieren oder mit seinen Freunden plaudern.

POTREFENÁ HUSA KNEIPE

Karte S. 382 (☎233 341 022; www.staropramen. cz; Verdunská 23, Dejvice; ⏱Mo–Fr 11–1, Sa–So 12–1 Uhr; ☎; ⛟2, 8, 20, 26, Ⓜ Dejvická) Der Dejvice-Ableger der Potrefená-Husa-Kette ist eine verlässliche Alternative für alle, die eine saubere und touristenfreundliche Adresse suchen. Es gibt eine große Auswahl an leckeren Speisen, an den Wänden hängen Bildschirme.

☆ UNTERHALTUNG

CROSS CLUB CLUB, LIVEMUSIK

Karte S. 380 (☎736 535 053; www.crossclub.cz; Plynární 23, Holešovice; Eintritt frei bis 150 Kč; ⏱Café 12–2 Uhr, Club 18–4 Uhr; ☎; Ⓜ Nádraží Holešovice) Dies ist ein „Industrie"-Club im wahrsten Sinne des Wortes: Der Cross Club liegt in einem Industrieviertel, die Musik der DJs und der Bands dröhnt, und die Inneneinrichtung besteht aus einer wilden Mischung aus Rohren, Schächten und Kurbeln. Und überall pulsiert die Beleuchtung zur Musik. Auf dem Programm stehen manchmal auch Live-Gigs, Theateraufführungen und Kunsthappenings.

[LP TIPP] SASAZU CLUB, LIVEMUSIK

Karte S. 380 (☎284 097 455; www.sasazu.com; Bubenské nábřeží 306, Block 25, Holešovice-Markt, Holešovice; Eintritt 200–1000 Kč; ⏱21–5 Uhr; ☎; ⛟1, 3, 5, 25, Ⓜ Vltavská) Als einer der beliebtesten Tanzclubs der Stadt lockt das Sasazu die schicke Elite und ihre Szene an. Wer auf große Tanzflächen und lange Warteschlangen steht, der ist hier richtig. In den letzten Jahren spielten z. B. Underworld und Morcheeba im Sasazu.

MECCA CLUB

Karte S. 380 (☎602 711 225; www.mecca.cz; U Průhonu 3, Holešovice; Eintritt 100–200 Kč; ⏱Mi–Sa 22–6 Uhr; ⛟5, 12, 15) Das ehemalige Lagerhaus in Holešovice ist seit mehr als zehn Jahren ein heißer Tipp und noch immer einer der besten Tanzclubs der Stadt. Die große Tanzfläche wird von DJs und einer dröhnenden Musikanlage beschallt. 2012 wurde der Club renoviert, und die Wiedereröffnung ist für 2013 geplant.

LA FABRIKA THEATER, PERFORMANCES

Karte S. 380 (☎774 417 644; www.lafabrika. cz; Komunardů 30, Holešovice; Eintritt 100–400 Kč; ⏱variiert je nach Event; ⛟1, 3, 5, 12, 25, Ⓜ Nádraží Holešovice, Vltavská) Der Name bezieht sich auf eine „Fabrik", aber eigentlich handelt es sich um ein ehemaliges Lagerhaus für Farben, das in ein Zentrum für experimentelle Kunstperformances umgewandelt wurde. An manchen Abenden steht Livemusik auf dem Programm, an anderen Theater, Tanz oder Film. Auf der Webseite findet sich der Veranstaltungskalender. Die Kasse und die Bar öffnen eine Stunde vor Veranstaltungsbeginn.

BIO OKO KINO

Karte S. 380 (Oko Cinema; ☎608 330 088; www. biooko.net; Františka Křížka 15, Holešovice; Tickets ab 100 Kč; ☎; ⛟1, 5, 8, 12, 14, 15, 17, 25, 26) Das Programmkino zeigt regelmäßig Underground-Filme sowie Beiträge von Filmfestivals, Dokumentationen, aber auch Blockbuster und Klassiker aus allen Herren Länder. Die meisten Filme werden im Original gezeigt und auf Tschechisch untertitelt.

ALFRED VE DVOØE THEATER

Karte S. 380 (☎233 376 985; www.alfred vedvore.cz; Františka Křížka 36, Holešovice; Tickets 100–150 Kč; ⏱Theaterkasse Mo–Fr 17.30–23, Sa–So 13.30–23 Uhr; ⛟1, 5, 8, 12, 14, 15, 17, 25, 26) Für diese Ecke von Holešovice ist das Alfred ein künstlerisches Highlight. Auf die Bühne kommen anspruchsvolle Stücke aus den Bereichen Schauspiel, Tanz, Kabarett und Movement-Theatre. Einige Aufführungen sind auf Englisch. Die Theaterkasse befindet sich im benachbarten Bio Oko.

SPEJBL & HURVÍNEK-THEATER THEATER

Karte S. 382 (Divadlo Spejbla a Hurvínka; ☎224 316 784; www.spejbl-hurvinek.cz; Dejvická 38, Dejvice; Tickets 80–120 Kč; ⏱Theaterkasse Di–Fr 10–14 & 15–18, Sa–So 13–17 Uhr; Ⓜ Dejvická) Der tschechische Puppenkünstler Josef Skupa gründete das Puppentheater 1930. Spejbl und Hurvínek sind die tschechischen Versionen von Kasper und Grete,

BEI SPARTA PRAHA ZUM EISHOCKEY-MATCH

Die Tschechen haben eine große Eishockey-Tradition und spielen seit Langem in der Weltspitze mit. Die besten Spieler verdienen ihr Geld in der North American National Hockey League. Eines der erfolgreichsten Teams der tschechischen Extraliga ist Sparta Praha. Die Heimspiele werden in Holešovice in der **Tipsport Aréna** (Sportovní Hala; Karte S. 380; ☏266 727 443; www.hcsparta.cz; Za Elektrámou 419, Holešovice; Tickets 180–300 Kč; ☐5, 12, 14, 15, 17) ausgetragen. Für die Saisonspiele zwischen September und April sind im Allgemeinen immer Karten verfügbar. Online gibt es Tickets bei TicketPortal (www.ticketportal.cz), ansonsten direkt an der Stadionkasse.

auch wenn es sich in der tschechischen Variante um Vater und Sohn handelt. Die Vorführungen sind auf Tschechisch, aber die Handlung ist auch ohne Sprachkenntnisse gut nachzuvollziehen.

SHOPPEN

ANTIKVITA ANTIQUITÄTEN
Karte S. 382 (☏233 336 601; www.antikvita.cz; Na Hutích 9, Dejvice; ⊙Mo–Fr 10–17 Uhr; ⓂDejvická) Vollgepackt mit Vitrinen und Kabinetten ist dieser Antiquitätenladen für Sammler ein kleines Paradies. Hier finden sich altes Spielzeug, Modelleisenbahnen, Puppen, Münzen, Medaillen, Schmuck, Uhren, Militaria, Porzellanfiguren, Postkarten, Glas und vieles mehr. Wer selbst etwas verkaufen möchte, kann dies mittwochs und donnerstags tun.

PIVNÍ GALERIE ESSEN & TRINKEN
Karte S. 380 (☏220 870 613; www.pivnigalerie.cz; U Průhonu 9, Holešovice; ⊙Di–Fr 12–19 Uhr; ☐1, 3, 5, 25) Niemand sollte glauben, dass tschechisches Bier einzig und allein Pilsner Urquell bedeutet. Ein Besuch des Probierraums der Pivní Galerie („die Biergalerie") öffnet Besuchern die Augen. Hier werden fast 150 Biersorten aus 25 böhmischen und mährischen Brauereien zum Probieren angeboten. Die Besitzer geben zu den Bieren gerne weitere Auskünfte.

HUNT-KASTNER ARTWORKS KUNST
Karte S. 380 (☏222 969 887; www.huntkastner.com; Kamenická 22, Holešovice; ⊙Di–Fr 13–18, Sa 14–18 Uhr; ☐1, 8, 15, 25, 26) Die kleine Galerie hinter dem Letná-Park (S. 167) stellt einige der besten jungen tschechischen Künstler vor, die malen, fotografieren oder Videos drehen. Die enthusiastischen Besitzer informieren die Besucher gerne über die lokale Kunstszene.

PRAŽSKÁ TRŽNICE MARKT
Karte S. 380 (Prager Markthalle; ☏220 800 945; Bubenské nábřeží 306, Holešovice; ⊙Mo–Fr 7–18, Sa 7–14 Uhr; ☐1, 3, 5, 25) Der weitläufige Prager Stadtmarkt ist fast wie ein eigener Stadtteil, macht aber einen leicht deprimierenden Eindruck. Auf einer großen Freifläche wird neben frischem Obst, Gemüse und Blumen an Dutzenden Ständen allerlei Krimskrams verkauft: von billigen Klamotten bis zu Gartenzwergen.

SPORT & AKTIVITÄTEN

GENERALI ARÉNA ZUSCHAUERSPORT
Karte S. 382 (Sparta Stadion; ☏296 111 400; www.sparta.cz; Milady Horákové 98, Bubeneč; Tickets 100–400 Kč; ⊙Ticketkasse Mo–Do 9–12 & 13–17.30, Fr 9–12 & 13–16 Uhr; ☐1, 8, 15, 25, 26) Die Generali Aréna fasst mehr als 20 000 Zuschauer und ist das Stadion von Sparta Praha, dem ältesten und populärsten tschechischen Fußballverein. Tickets gibt es unter der Woche an der Kasse am Eingang Nr. 1 oder jeweils zwei Stunden vor Spielbeginn. Die Saison dauert von August/September bis ins folgende Frühjahr.

PŮJČOVNA BRUSLÍ
MIAMI OUTDOOR-AUSRÜSTUNG
Karte S. 382 (Miami Skate Rental; ☏731 281 571; www.pujcovna-brusli.cz; Nad Štolou 1, Holešovice; Skate-Verleih pro Std. 90 Kč, plus Kaution; ⊙Mai–Sept. 9–21 Uhr; ☐1, 8, 15, 25, 26) Wer sich gerne sportlich betätigen möchte, der kann in dem Laden in der Nähe des Nationalen Technikmuseums (S. 166) Inline-Skates ausleihen. Dann geht es auf den Skater-Trails durch den Letná-Park und hinterher zur Belohnung in den Letná-Biergarten (S. 173) auf ein kühles Getränk.

Smíchov & Vyšehrad

Highlights

❶ Ein sonniger Nachmittag auf der **Vyšehrader Zitadelle** (S. 181)! Vom Befestigungswall aus ist die ganze Stadt zu überblicken. Auf dem stimmungsvollen Friedhof erinnert ein Pantheon an berühmte tschechische Künstler. Ein schöner Ort für ein Picknick, bei dem man mit etwas Glück ein Open-Air-Konzert erleben kann.

❷ Ein Abend mit Drinks und angeregten Diskussionen in einer der lärmenden Kneipen von Smíchov wie dem **Zlatý klas** (S. 184).

❸ Jazzklänge mit Moldaublick im **JazzDock** (S. 189) am Flussufer.

❹ Schräge Kunst oder ein abgedrehtes Club-Happening in David Černýs **Meet Factory** (S. 183).

❺ Exzellentes Essen unterm Sternenhimmel im **Rio's** (S. 184) in Vyšehrad.

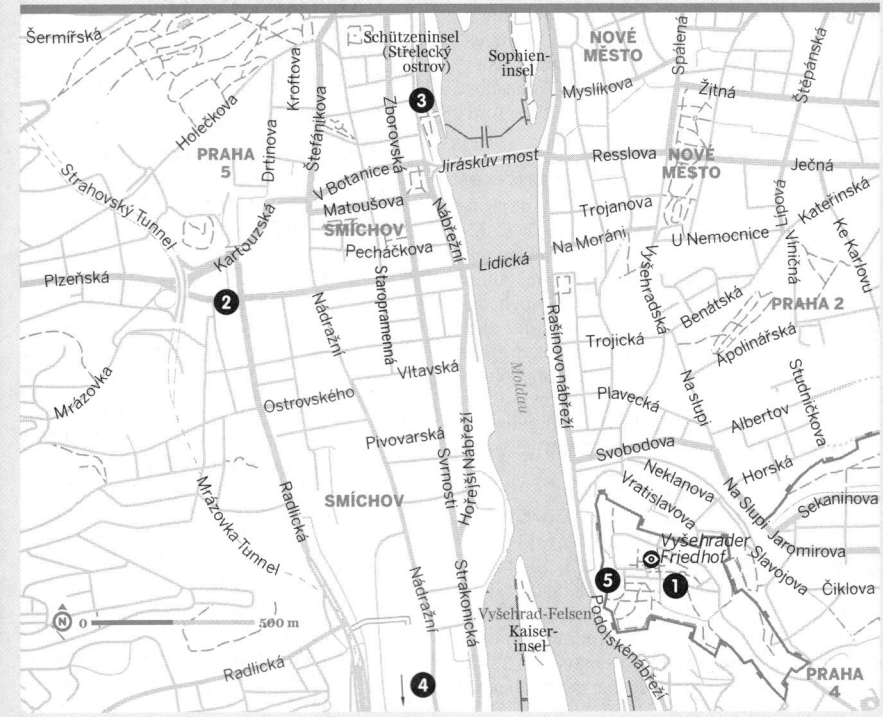

Mehr Details siehe Karten S. 373 und S. 374 ➡

Smíchov & Vyšehrad erkunden

Die Stadtteile Smíchov und Vyšehrad liegen beide südlich des historischen Stadtkerns, sind aber durch die Moldau getrennt voneinander und könnten unterschiedlicher nicht sein.

Smíchov, ein früheres Industrieviertel, bietet kaum traditionelle Sehenswürdigkeiten, wartet aber mit tollen Kneipen und klassischen Restaurants auf. Viele der besseren Prager Hotels befinden sich dort, vor allem rund um die U-Bahnstation Anděl. Es könnte also sein, dass man in diesem Viertel mehr Zeit verbringt als erwartet. Vyšehrad ist relativ abgelegen. Der einzige Grund für einen Besuch sind die Vyšehrader Festungsanlage und der Friedhof. Zudem ist Vyšehrad eine grüne Oase, die wunderschöne Panoramen über die Stadt und die Moldau bietet.

Tipps der Einheimischen

➡ **Beliebte Treffpunkte** Smíchovs glitzernde Bürohäuser spiegeln nicht den Charakter des Viertels wider. Hier ist man trinkfest und liebt seine traditionellen Kneipen. Für den Einstieg empfehlen sich Zlatý Klas (S. 184), U Bílého lva (S. 184) oder Hlubina (S. 185). In diesen Lokalen kann man auch ausgezeichnet essen.

➡ **Spaziergänge** Im Park rund um die Vyšehrader Festungsanlage lässt es sich wunderbar bummeln und einen angenehmen Nachmittag verbringen.

➡ **Shoppen** Für die Bewohner von Smíchov gibt es nichts Schöneres, als ins Einkaufszentrum, genauer gesagt ins Nový Smíchov (S. 187), zu gehen. Hier gibt es massenweise Geschäfte, Cafés, Restaurants, einen großen Supermarkt im Tiefgeschoss und ein Multiplex-Kino ganz oben.

An- & Weiterreise

➡ **U-Bahn** Smíchov liegt an der Linie B (gelb). Das Herz des Viertels schlägt an der Haltestelle Andel. Eine zweite U-Bahnsation, Símchovské Nadrazí, befindet sich weiter südlich. Vyšehrad ist zu Fuß in zehn Minuten von der U-Bahnstation Vyšehrad (Linie C, rot) zu erreichen.

➡ **Tram** Smíchov ist gut mit der Straßenbahn erreichbar. Die Linien 4, 7, 10 und 14 überqueren die Moldau vom Karlsplatz (Karlovo náměstí) nach Smíchov; von Malá Strana fahren die Linien 12 oder 20 nach Süden. Nach Vyšehrad gelangt man mit der U-Bahn; die Straßenbahnen 17 und 21 fahren am Flussufer entlang bis unterhalb der Festung. Von dort ist es ein steiler Anstieg.

Top-Tipp

Die auf einem Hügel gelegene Festung von Vyšehrad ist eine Oase der Ruhe im hektischen Stadtleben. Die Wiesen rund um die Kathedrale sind ein idealer Ort, um eine Decke auszubreiten, ein Picknick zu machen und dabei den wundervollen Ausblick über den Fluss bis hin zur Prager Burg in der Ferne zu genießen.

 **Gut essen**

➡ Artisan (S. 184)
➡ Rio's (S. 184)
➡ Na Verandách (S. 184)
➡ Zlatý klas (S. 184)
➡ U Bílého lva (S. 184)

Mehr Details siehe S. 184 ➡

Nett ausgehen

➡ Hlubina(S. 185)
➡ Lokal Blok (S. 185)
➡ Kavárna Jarda Mayer (S. 186)
➡ V Cafe (S. 186)
➡ Cafe Citadela (S. 186)

Mehr Details siehe S. 185 ➡

Schön feiern

➡ Futurum (S. 186)
➡ JazzDock (S. 189)
➡ Meet Factory (S. 183)
➡ Back Doors (S. 186)
➡ Hells Bells (S. 189)

Mehr Details siehe S. 187 ➡

HIGHLIGHTS
VYŠEHRADER FRIEDHOF

Jede Hauptstadt hat einen „berühmten" Friedhof, auf dem die Nationalhelden zur ewigen Ruhe gebettet wurden. In Prag befindet sich die letzte Ruhestätte der Prominenten in Vyšehrad. Musikliebhaber werden sich für die Gräber tschechischer Komponisten wie Antonín Dvořák und Bedřich Smetana interessieren. Aber auch ohne Kenntnis der tschechischen Kulturelite wirken die aufwendig gestalteten Grabsteine, die Parkanlage und die besinnliche Stimmung einfach bezaubernd.

Das „Who is Who" tschechischer Berühmtheiten

Die Geschichte des Friedhofs beginnt im 19. Jh., als der Gottesacker der Gemeinde zur Gedenkstätte für Größen der tschechischen Kultur ausgebaut wurde.

Die Inschriften der etwa 600 Gräber lesen sich wie ein „Who is who" der tschechischen Kunst und Literatur. Neben den Ruhestätten der Komponisten Smetana und Dvořák liegen hier auch berühmte Schriftsteller wie Karel Čapek, Jan Neruda und Božena Němcová begraben. Ein Verzeichnis prominenter Namen befindet sich am Eingang.

Viele der Gräber und Grabsteine sind wahre Kunstwerke – das von Dvořák schmückt eine Skulptur von Ladislav Šaloun, dem Jugendstilbildhauer, der auch das Jan-Hus-Denkmal auf dem Altstadtplatz geschaffen hat.

Den wahren Helden gedenkt ein Pantheon am östlichen Ende, das sogenannte Slavín (frei übersetzt: „Ruhmeshalle"; s. Abbildung). Unter den 50 dort Ruhenden sind der Maler Alfons Mucha, der Bildhauer Josef Myslbek und der Architekt Josef Gočár.

BERÜHMTE GRABSTÄTTEN

➡ Antonín Dvořák, Komponist

➡ Bedřich Smetana, Komponist

➡ Alfons Mucha, Künstler

➡ Karel Čapek, Schriftsteller

➡ Max Švabinský, Maler

PRAKTISCH & KONKRET

➡ Vyšehradský hřbitov

➡ Karte S. 373

➡ 📞 249 198 815

➡ www.praha-vysehrad.cz

➡ K Rotundé 10, Vyšehrad

➡ 🕐 Mai–Sept.8–19 Uhr, März, April & Okt. bis 18 Uhr, Nov.–Feb. bis 17 Uhr

➡ Ⓜ Vyšehrad

HIGHLIGHTS
VYŠEHRADER ZITADELLE

Gebäude und Anlagen der Vyšehrader Zitadelle spielen in der Geschichte Tschechiens schon seit über 1000 Jahren eine große Rolle. Obwohl nur wenige der älteren Bauten heute noch intakt sind (die meisten stammen aus dem 18. Jh., als der Komplex noch als Festung genutzt wurde), gilt die Zitadelle als spirituelles Zentrum von Prag. Die wichtigsten Sehenswürdigkeiten liegen weit verstreut. Am schönsten ist es, einfach durch den Park zu flanieren und den Ausblick zu genießen.

Prags Geburtsort

Die Legende besagt, dass der hohe Hügel der Geburtsort von Prag ist. Gemäß dem Mythos erbaute ein Häuptling namens Krok hier im 7. Jh. ein Schloss. Libuše, die klügste seiner drei Töchter, sagte angeblich voraus, dass eines Tages eine große Stadt im Tal der Moldau entstehen würde.

Leider gibt es keinen Beweis für Libušes Prophezeiung, aber es ist dennoch eine nette Geschichte. Der Legende nach heiratete Libuše später den Ackerbauern Přemysl, der später Prag und die Přemysl-Dynastie begründete. Dieser Teil der Geschichte könnte wahr sein, es gab tatsächlich eine Přemysl-Dynastie. Allerdings sind Aufzeichnungen aus dieser Zeit sehr rar.

Archäologische Grabungen am Vyšehrad haben ergeben, dass die Region seit dem 9. Jh. durchgängig besiedelt war. Bei Herrschern der frühen Přemysl-Dynastie war Vyšehrad offenbar beliebt – Boleslav II. (reg. 972–99) soll eine Zeitlang hier gelebt haben. Mitte des 11. Jhs. gab es bereits eine befestigte Siedlung, in die Vratislav II. (reg. 1061–92) seinen Hof von Hradčany aus verlegte. Er verstärkte die Mauern und errichtete eine Burg und die **Laurentius-Basilika** (Karte S. 373; Eintritt 10 Kč; ⏰Mo–Fr 11–17, Sa & So 11.30–16 Uhr; MVyšehrad). Seine Nachfolger blieben bis 1140, dann kehrte Vladislav II. nach Hradčany zurück.

Während vom Vyšehrad jener Epoche nur wenige Überreste erhalten sind, vermittelt die Sankt-Martins-Rotunde (Rotunda sv Martina; Karte S. 373; ☎241 410 348; www.praha-vysehrad.cz; V Pevnosti, Vyšehrad; ⏰nur zum Gottesdienst geöffnet; MVyšehrad), aus dem 11. Jh., Prags ältestes erhaltenes Bauwerk, einen Eindruck von dessen großer Vergangenheit. Tür und Fresken stammen von einer Renovierung, die etwa 1880 stattgefunden hat. Normalerweise ist die Rotunde geschlossen, sie kann aber während der Messe auch innen besichtigt werden. Die Zeiten sind an der Tür angeschrieben. Zusätzlich informiert die Ausstellung „Die historischen Gesichter Vyšehrads" im **Gotischen Keller** (Gotický sklep; Karte S. 373; ☎241 410 348; www.praha-vysehrad.cz; Vyšehradský sady, Vyšehrad; Erw./Kind 50/30 Kč; ⏰April–Okt. 9.30–18 Uhr, Nov.–März bis 17 Uhr; MVyšehrad) über Mythen und Fakten rund um die Ursprünge Vyšehrads.

Höhen & Tiefen

Nachdem Vladislav II. den Hof wieder nach Hradčany verlegt hatte, geriet Vyšehrad für etwa zwei Jahrhunderte in Vergessenheit. Erst unter der Regentschaft von Karl IV. im 14. Jh. wurde die symbolische Bedeutung des Komplexes für Tschechien entdeckt. Karl IV

NICHT VERSÄUMEN

➡ Kasematten
➡ Chotek-Tor
➡ Gotischer Keller
➡ Kirche St. Peter und Paul
➡ Sankt-Martins-Rotunde

PRAKTISCH & KONKRET

➡ Karte S. 373
➡ ☎241 410 348
➡ www.praha-vysehrad.cz
➡ V Pevnosti 5 (Informationszentrum)
➡ Vyšehrader Zitadelle Eintritt frei, St.-Laurentius-Basilika Eintritt 10 Kč
➡ ⏰Gelände durchgehend geöffnet, Informationszentrum April–Okt. 9.30–18 Uhr, Nov.–März bis 17 Uhr
➡ MVyšehrad

ZUGANG ZUR ZITADELLE

Haupteingang zur Vyšehrader Zitadelle ist das große, aus dem 17. Jh. stammende **Leopoldstor** (Leopoldova Brána; Karte S. 373) am südöstlichen Ende. Nicht weit entfernt befinden sich die Überreste des aus dem 14. Jh. stammenden, gotischen **Spitzen Tores** (Špička brána; Karte S. 373), in dem sich die Touristeninformation befindet. Es gibt keine empfohlene Reihenfolge zur Besichtigung. Unbedingt sehenswert sind die **Burgzinnen** am nördlichen Ende des Geländes. Von dort aus hat man einen wundervollen Ausblick über die Stadt und die Prager Burg in der Ferne. Neben der südwestlichen Bastion lassen sich die Fundamente eines **Königspalasts** erkennen, der im 14. Jh. von Karl IV. erbaut, aber 1655 zerstört wurde.

Vyšehrad diente im 17. und 18. Jh. als österreichische Festung und war jeweils eine Zeitlang von Frankreich und Preußen besetzt. Heutzutage ist es vor allem ein ruhiger grüner Park, von dem aus man herrliche Blicke über den Fluss hat.

ließ die Mauern ausbessern und verband sie mit denen seiner neuen Stadt, Nové Město. Er baute einen kleinen Palast, der heute nicht mehr existiert, und verfügte, dass die Krönungszeremonien böhmischer Könige mit einer Prozession von Vyšehrad zum Hradschin (Hradčany) beginnen sollten.

Die **Kirche St. Peter und Paul** (Kostel sv Petra a Pavla; Karte S. 373; ☑249 113 353; www.praha-vysehrad.cz; K Rotundé 10, Vyšehrad; Erw./Kind 30/10 Kč; ⊙Mi–Mo 9–12 & 13–17 Uhr; Ⓜ Vyšehrad) mit ihren gotischen Turmspitzen vermittelt den Eindruck, aus der Zeit Karl IV. zu stammen. Tatsächlich wurde sie aber im Laufe der Jahrhunderte immer wieder umgebaut. Ihre markanten Zwillingstürme sind das Wahrzeichen von Vyšehrad und von der ganzen Stadt aus zu sehen. Sie wurden Ende des 19. Jhs. im Stil der Neugotik erbaut, einem Architekturtrend, der Prag zu dieser Zeit beherrschte. Sehr sehenswert ist das Innere der Kirche mit einer berauschenden Fülle an Jugendstilfresken, die in den 1920er-Jahren von verschiedenen tschechischen Künstlern gemalt wurden.

Leider wurde fast alles hier oben während der Hussitenkriege im 15. Jh. zerstört. Von der Festung blieb, abgesehen von einer baufälligen Siedlung nur eine Ruine. Erst nach Ende des Dreißigjährigen Krieges, also 1648, wurde sie vom Habsburger Kaiser Leopold I. wieder aufgebaut.

Eine barocke Festung

Obwohl die meisten Prager Vyšehrad heutzutage mit der Stadtgründung um das Jahr 1000 assoziieren, stammt vieles aus jüngerer Zeit: Die österreichischen Habsburger nutzten die Burg im 17. und 18. Jh. die Grenzen im Westen und Norden gegen die Angriffe Preußens und Frankreichs zu schützen. Sowohl die Franzosen als auch die Preußen besetzten Vyšehrad Mitte des 18. Jhs. jeweils für eine kurze Zeit und trieben den Umbau der Zitadelle zur Festung voran.

Diese faszinierende Militärgeschichte wird im **Chotek-Tor & Kasematten** (Karte S. 373; ☑241 410 348; www.praha-vysehrad.cz; Vratislavova, Vyšehrad; Eintritt: Chotek-Tor 20 Kč, Kasematten Erw./Kind 50/30 Kč; ⊙April–Okt. 9.30–18 Uhr, Nov.–März bis 17 Uhr; Vyšehrad), das nördlich der Festung aufgegriffen. Das Chotek-Tor beherbergt eine interessante Ausstellung zur Militärgeschichte von Vyšehrad und anderer Festungen der Stadt. Besonders die Erkundung der Kasematten macht Spaß. Die 30-minütige Tour führt durch die im 18. Jh. angelegten Tunnelgewölbe. Highlight ist der tonnenförmig überwölbte **Gorlicesaal**, in dem einst die Truppen heimlich zum Appell antraten. Heute befinden sich darin sechs der originalen **Barockstatuen** der Karlsbrücke.

HIGHLIGHTS
VYŠEHRADER ZITADELLE

DAVID ČERNÝ: KÜNSTLER-PROVOKATEUR

Der tschechische Künstler David Černý (geb. 1967) machte erstmals 1991 international Schlagzeilen, als er das Prager Denkmal zu Ehren sowjetischer Panzertruppen aus dem Zweiten Weltkrieg knallpink bemalte. Eine schockierende Aktion, die sowohl der übertriebenen Huldigung der sowjetischen Kriegsmacht durch die ehemalige kommunistische Regierung als auch der Tatsache spottete, dass diese die Geschichte nach ihrem Geschmack umschrieb.

Seitdem pflegt Černý seinen Ruf als „enfant terrible" der Prager Kunstszene – seine Werke werden oft zu spektakulären Medienevents, bei denen auch so manches Mal die Polizei einschreiten musste.

Černý erlangte mit seiner riesigen Installation *Entropa* internationale Berühmtheit. Sie wurde 2009 in Brüssel ausgestellt, als Tschechien die rollierende EU-Ratspräsidentschaft übernahm. Die Installation bestand aus kleinen Skulpturen, die jeweils einem Mitglied der EU gewidmet waren und auf witzige Art nationale Klischees zeigen sollten. Bulgarien zum Beispiel war als Stehtoilette konzipiert. Dies löste einen internationalen Skandal von großer Tragweite aus, der seinen Höhepunkt erreichte, als sich herausstellte, dass *Entropa* keineswegs das Werk verschiedener europäischer Künstler war, wie Černý es behauptet hatte. Schließlich wurde *Entropa* eilig abgebaut und nach Prag gebracht, hat dort aber noch keinen festen Platz gefunden.

Černý konzentriert sich auch stark auf die interkulturelle Zusammenarbeit von Künstlern aus anderen Ländern. Die riesige Meet Factory in Smíchov ist als Künstlerresidenz Teil dieser Bemühungen.

 # SEHENSWERTES

Smíchov

FUTURA-GALERIE GALERIE
Karte S. 374 (251 511 804; www.futurapro jekt.cz; Holečkova 49, Smíchov; Eintritt frei; Mi–So 11–18 Uhr; 4, 7, 9, 10) Die Futura-Galerie, untergebracht in einem ehemaligen Fabrikgebäude, widmet sich allen Facetten zeitgenössischer Kunst. Es werden Bilder, Fotografien, Skulpturen, Videos, Installationen und Performancekunst gezeigt. Den Garten beherrscht eine ziemlich schockierende, aber auch ganz amüsante Installation von David Černý namens **Brownnosers** (Karte S. 374).

MEET FACTORY GALERIE
(251 551 796; http://meetfactory.cz; Ke Sklárně 15, Smíchov; Eintritt frei; je nach Veranstaltung; 12, 14, 20 nach Lihovar) Die Meet Factory, eine Initiative herausragender Persönlichkeiten der tschechischen Kulturszene von David Černý ist ein bemerkenswertes Projekt, das Künstlern aus aller Welt die Möglichkeit gibt, in dieser riesigen, verlassenen Fabrik südlich von Smíchovské nádraží zu leben und zu arbeiten. Die Räumlichkeiten werden für Ausstellungen, Happenings, Film- und Theatervorführungen sowie Konzerte genutzt. Da die Meet Factory sehr abgelegen ist, wird empfohlen, sich auf der Website über Öffnungszeiten und Programm zu informieren, bevor man sich auf den Weg macht.

Vyšehrad

VYŠEHRADER FRIEDHOF FRIEDHOF
Siehe S. 180.

VYŠEHRADER ZITADELLE FESTUNG
Siehe S. 181.

 # ESSEN

Von den beiden Stadtteilen Smíchov und Vyšehrad bietet ersterer ganz klar die größere Auswahl an Restaurants und Lokalen. Vor allem in der Gegend um die U-Bahnstation Anděl hat in den letzten Jahren eine Vielzahl von Restaurants eröffnet. Viele gehören zu Ketten, doch es gibt auch einige gute traditionelle Pubs, in die hauptsächlich Einheimische einkehren, denen man einen Besuch abstatten sollte. In Vyšehrad ist das Angebot wesentlich kleiner.

✕ Smíchov

ARTISAN
INTERNATIONAL €€

Karte S. 374 (📞257 218 277; www.artisan restaurant.cz; Rošickýh 4, Smíchov; Hauptgerichte 200–400 Kč; ⏰Mo–Do 11–24, Fr & Sa bis 1, So bis 23 Uhr; 📶📲; 🚋6, 9, 12, 20 bis Švandovo divadlo) Das Artisan ist schwierig zu finden, doch die Anstrengung lohnt sich – es ist das beste Restaurant in ganz Smíchov. Auf der Speisekarte steht jede Woche eine Auswahl an Fisch-, Huhn- und Rindfleischvorspeisen und die Pasta ist selbst gemacht. Die Website informiert über die wöchentlichen Termine von Tapas-Abenden und Weinverkostungen. Der kleine Garten ist bei schönem Wetter geöffnet.

U BÍLÉHO LVA
TSCHECHISCH €

Karte S. 374 (www.ubileholva.eu; Na Bělidle 30, Smíchov; Hauptgerichte 135–240 Kč; 📶; Ⓜ Anděl) Seit 1883 gibt es hier schon eine Kneipe, was die authentische Atmosphäre des „Weißen Löwen" erklärt – von den Holzbänken bis hin zu den glänzenden Zapfhähnen an der Bar. Auf der Speisekarte steht die ganze Palette an traditionellen Gerichten wie das einheimische „Smíchovský"-Gulasch, das mit frischen Zwiebeln und Semmelknödeln serviert wird.

ZLATÝ KLAS
TSCHECHISCH €

Karte S. 374 (📞251 562 539; www.zlatyklas. cz; Plzeňská 9, Smíchov; Hauptgerichte 130–200 Kč; ⏰So–Do 11–23, Fr & Sa 11.30–1 Uhr; Ⓜ Anděl) Ein beliebtes Pub und Restaurant, das gutes tschechisches Essen wie Schweinebraten, Gulasch und gebratene Hühnchenbrust in kitschigen aber gemütlichen Räumlichkeiten serviert. Im Zlatý Klas gibt es auch frisches, nicht-pasteurisiertes Bier (*tankové pivo*) aus Plzeň (Pilsen), was einem lokalen Ehrenabzeichen gleichkommt. Der Service ist schnell und freundlich, abends wird allerdings eine Reservierung empfohlen.

BABIČKA RESTAURACE
TSCHECHISCH €

Karte S. 374 (📞257 327 251; www.jetset.cz; Radlická 1C, Smíchov; Hauptgerichte 130–195 Kč; 📶; Ⓜ Andel) Im lebhaften tschechischen Restaurant neben dem Bar-Club „Jet Set" werden traditionelle Gerichte wie *svíčková na smetaně* (geschmortes Rindfleisch mit Rahm und Preiselbeeren), Ente und sogar die slowakische Nationalspeise *halušky*, Kartoffelknödel mit Schafskäse und Speck-

streifen serviert. Ein Durchgang von der Stroupežnického führt zum Restaurant.

NA VERANDÁCH
TSCHECHISCH €€

Karte S. 374 (📞257 191 200; www.pivovary-staropramen.cz; Nádražní 84, Smíchov; Hauptgerichte 130–280 Kč; ⏰Mo–Fr 11–23, Sa & So 16–1 Uhr; 📶; Ⓜ Anděl) Das Pub-Restaurant der Kette Potrefená husa residiert in der Staropramen-Brauerei. Viele kommen zum Essen hierher, aber es lohnt sich auch für das sehr frische Bier (es gibt sieben verschiedene Sorten). Auf der Karte steht Edel-Fastfood wie etwa Rippchen, Burger und Hühnerbrust sowie traditionelle tschechische Gerichte.

PIZZERIA CORLEONE
PIZZA €

Karte S. 374 (📞251 511 244; www.corleone. cz; Na Bělidle 42, Smíchov; Hauptgerichte 120–250 Kč; ⏰11–23.30 Uhr; 📶📲; Ⓜ Anděl) In diesem belebten Restaurant um die Ecke gibt es zweifellos die beste Pizza von Smíchov. Aus dem Holzofen kommen alle klassischen Varianten, von Margherita bis Moscardina; wer möchte kann den Belag selbst zusammenstellen.

U MÍKULÁŠE DAČÍCKÉHO
TSCHECHISCH €€

Karte S. 374 (📞257 322 334; Victora Huga, Smíchov; Hauptgerichte 200–300 Kč; ⏰11–24 Uhr; Ⓜ Anděl) Eine wirklich altmodische *vinárna* (Weinstube) – traditionelle Atmosphäre und exzellente tschechische Küche inklusive. Die Besitzer haben sie mit dunklem Holz, roten Tischdecken und Bildern von Wein trinkenden Gutsherren eingerichtet, wie man sich die gute alte Zeit vorstellt. Reservierung erforderlich.

✕ Vyšehrad

RIO'S VYŠEHRAD
MEDITERRAN €€

Karte S. 373 (📞224 922 156; www.rio restaurant.cz; Štulcova 2, Vyšehrad; Hauptgerichte 250–600 Kč; ⏰10–24Uhr; Ⓜ Vyšehrad) Gegenüber der St.-Peter-und-Paul-Kirche residiert dieses schöne, moderne Restaurant in einem alten Gebäude. Der Speiseraum ist elegant und sinnvoll, aber der größte Trumpf ist der Garten – im Sommer ein wundervoller Platz für eine Mahlzeit im Freien. Die internationale Speisekarte versetzt jeden Feinschmecker in Verzücken. Es gibt Oktopus-Salat, Kalbs-Saltimbocca und über Holzkohle gegrilltes argentinisches Rindfleisch.

U NEKLANA
TSCHECHISCH €€

Karte S. 373 (☎224 916 051; Neklanova 30, Vyšehrad; Hauptgerichte 150–270 Kč; ⏰11–24 Uhr; 🚋7, 18, 24) U Neklana ist eine nette, lokale Kneipe an der Ecke eines der angesagtesten Apartmenthäuser Prags, einem von 1915 stammenden, kubistischen Klassikers. Sie ist in fröhlichen Farben eingerichtet und es gibt herzhaftes tschechisches Essen wie Kartoffel-Pilz-Suppe im ausgehöhlten Roggenbrot. Speisekarte in Englisch, Deutsch und Tschechisch.

SUMMA ARX
GRIECHISCH €

(www.summarx.cz; Mikuláše z Husi 1, Vyšehrad; Hauptgerichte 120-190Kč; ☎; Ⓜ Vyšehrad) Das einladende griechisch-tschechische Restaurant liegt versteckt hinter einem Fußballfeld im Schatten der Türme von Vyšehrad, unweit der U-Bahnstation Vyšehrad. Es hat sich in der ganzen Stadt eine bescheidene Anhängerschaft erarbeitet, die von den sehr guten Grillgerichten, dem Souvlaki sowie dem traditionellen tschechischen Essen wie Gulasch begeistert ist. Zwischen 11 und 15 Uhr täglich; Nichtraucher.

AUSGEHEN & NACHTLEBEN

Smíchov ist immer für eine Überraschung gut. Jedes Jahr eröffnen hier mindestens ein bis zwei neue Bars oder Cafés. Vor allem in der Umgebung der U-Bahnstation Anděl ist richtig was los, Dreh- und Angelpunkt ist das Einkaufszentrum Nový Smíchov. In Vyšehrad dagegen geht es ruhiger zu. Hier gibt es kein nennenswertes Nachtleben, nur ein paar Cafés, in denen man sich von der Besichtigung der zahlreichen Sehenswürdigkeiten bei einem Kaffee oder einem kleinen Imbiss erholen kann.

Smíchov

HLUBINA
KNEIPE

Karte S. 374 (☎257 328 184; www.restaurace-hlubi na.cz; Lidická 37, Smíchov; Ⓜ Anděl) Die traditionelle Kneipe um die Ecke serviert ungefiltertes Pilsner Urquell aus großen Fässern (*tankové pivo*), die absolute Frische garantieren. Sie ist größer, als man auf den ersten Blick glaubt, und bietet Platz zum Trinken (und Essen) auf mehreren Ebenen. Die meisten kommen hierher, um sich ein Bier zu genehmigen, aber die Küche ist auch nicht schlecht.

LOKAL BLOK
KNEIPE

Karte S. 374 (☎251 511 490; http://lokalblok.cz; náměstí 14, řijna 10, Smíchov; ⏰Mo–Fr Mittag–1, Sa & So 16–1 Uhr; ☎; Ⓜ Anděl) Prag in Reinkultur: ein raues Pub und eine moderne Kletterwand – besser zuerst klettern und dann trinken, nicht umgekehrt. Hier ist fast immer viel los, es gibt Pilsner Urquell vom Fass und mexikanische Leckereien wie

---

DIE WAHRHEIT ÜBER SMÍCHOV

Smíchov kann zweifellos für sich beanspruchen, das sozial gegensätzlichste und womöglich verrückteste Viertel Prags zu sein. Jahrelang dümpelte die Gegend als Industriegebiet vor sich hin, in der die größte Roma-Gemeinde Prags lebte. Gleichzeitig standen auf den Hügeln südlich und westlich der U-Bahnstation Anděl, nicht weit weg von den Barrandov-Filmstudios, einige der protzigsten Villen der Stadt.

Auch heute noch zeigen sich diese Gegensätze: In der Gegend rund um Anděl wachsen glitzernde Bürotürme in den Himmel, gleich nebenan locken ein riesiger Konsumtempel – das Einkaufszentrum Nový Smíchov –, die Staropramen-Brauerei und einige der heißesten Nobelhotels der Stadt zahlungskräftige Kundschaft an. Doch ein Stück die Straße hinunter, in der Nähe des Bahnhofs Smíchovské nádraží, schwingen Armut und Elend das Zepter.

Wie die anderen Stadtviertel am Flussufer litt Smíchov unter dem Hochwasser von 2002 und profitierte gleichzeitig davon. Niedrig liegende Gegenden wurden erst von den Fluten der Moldau und dann von Sanierungsgeldern überschwemmt. Ein Aufschwung setzte ein, als sich der Künstler David Černý 2007 entschloss, sein Veranstaltungs- und Kunstzentrum, die Meet Factory, inmitten der Mietshäuser und verlassenen Fabriken südlich von Smíchovské nádraží neu zu errichten.

Quesadillas und Nachos. Da muss man einfach vorbeischauen!

FUTURUM CLUB

Karte S. 374 (☎257 328 571; http://futurum.musicbar.cz; Zborovská 7, Smíchov; Eintritt 100–150 Kč; ⏱19–2 Uhr; 🚊7, 9, 12, 14) Im Futurum treffen Alternativ und Mainstream aufeinander. Die ausgefallene Dekoration erinnert an eine Mischung aus Jugendstil-Ballsaal und einem Raumschiff. Mitte der Woche finden hier gelegentlich Livekonzerte statt. Das muikalische Angebot reicht von Jazz und Soul, über Indie-Bands bis hin zu Platten-Release-Partys. Richtig geht es aber erst freitags und samstags ab, wenn der Club seine 80er- und 90er-Jahre-Partys veranstaltet.

BACK DOORS BAR

Karte S. 374 (☎257 315 824; www.backdoors.cz; Na Bělidle 30, Smíchov; ⏱11–1 Uhr; 🚊4, 6, 7, 9, 10, 14, 20, Ⓜ Anděl) Diese exklusive Kellerbar, die auch als Restaurant und Club fungiert, wurde von ähnlichen Lokalitäten in New York und Amsterdam inspiriert. Dennoch kann dieser gotische Kellerlook nur in Prag sein. Meist legen tschechische DJs relaxte Vibes auf, am Wochenende kann es aber schon mal eng und stickig werden. Hungrigen unter den Gästen steht eine große Auswahl an leckeren internationalen Gerichten zur Verfügung.

KÁVA KÁVA KÁVA CAFÉ

Map p342 (☎257 314 277; www.kava-coffee.cz; Lidická 42, Smíchov; Hauptgerichte 70–120Kč; ⏱7–22 Uhr; 🛜; Ⓜ Anděl) Die Smíchover Filiale des beliebten Internetcafés Káva Káva Káva in der Altstadt (Staré Město) ist größer als das Original. Sie besteht aus zwei großen Räumen und einem Garten im Hinterhof. Auf der Speisekarte stehen Salate und Sandwiches – auch einheimisches Flaschenbier gehört zum Angebot. Natürlich stehen auch Computer zur Verfügung, mit denen man im Internet surfen und seine Mails checken kann (60 Kč pro Stunde).

KAVÁRNA JARDA MAYER CAFE

Karte S. 374 (www.kavarnajardamayer.cz; Staropramenná 22, Smíchov; ⏱Mo–Fr 15–24, Sa & So 17–24 Uhr; 🛜; Ⓜ Anděl) Das beliebte Studentencafé befindet sich an einem ruhigen Plätzchen, weit weg von den Menschenmassen rund um die U-Bahnstation Anděl. Das Essensangebot ist begrenzt, aber es gibt leckeren Kaffee und gutes Černá-hora-Bier.

In entspannter, legerer Atmosphäre kann man hier einfach nur rumhängen oder im Internet surfen.

DOG'S BOLLOCKS BAR

Karte S. 374 (☎775 736 030; www.dogsbollocks.cz; Nádražní 82, Smíchov; ⏱Mo 17–24, Di-Sa 17–3 Uhr; Ⓜ Anděl) Diese Mischung aus Allerweltsbar und Nachtclub liegt nicht weit von der Staropramen-Brauerei entfernt. Wer in der Nähe wohnt und zum Ausgehen keine Lust auf lange Wege hat, ist hier genau richtig. Trotz des englischen Namens treffen sich hier meist tschechische Studenten und junge Berufstätige, nach der Arbeit um abzuschalten.

HELLS BELLS BAR

Karte S. 374 (☎722 302 559; www.hellsbells.cz; Na Bělidle 27, Smíchov; ⏱15–3 Uhr; Ⓜ Anděl) Ungeachtet der glitzernden Bürotürme ist Smíchov doch ein ziemlich heruntergekommenes Viertel. In dieser Heavy-Metal-Bar lassen sich die Einheimischen richtig gehen. Es ist laut, voll und ein Riesenspaß – und wegen der langen Öffnungszeiten der perfekte Ort für einen letzten Drink.

WASH CAFÉ CAFÉ

Karte S. 374 (☎608 703 805; Nádražní 308/66, Smíchov; ⏱Mo–Fr 10–1, Sa & So 11–1 Uhr; 🛜; 🚊12, 14, 20) Die skurrile Kombination aus Waschsalon und Sportbar ist mit billigen 1970er-Jahre-Möbeln ausgestattet; dazu läuft entspannte Musik. Es lohnt sich nicht wirklich, extra hierhin zu fahren, aber wer in der Nähe ist, sollte auf einen Kaffee vorbeischauen. Serviert werden auch Bier, Wein, Longdrinks und Snacks. Und man kann außerdem seine Kleidung waschen (75 Kč pro Trommel).

🍷 Vyšehrad

V CAFE CAFÉ

Karte S. 373 (☎725 740 717; www.vcafe.cz; K rotundě 3, Vyšehrad; ⏱11–21.30 Uhr; 🛜; Ⓜ Vyšehrad) Die hübsche Sommerterrasse ist wohl das netteste Plätzchen um die Vyšehrader Zitadelle. Hier kann man bei einem Kaffee, Bier oder einer Portion gegrillter Würstchen relaxen.

CAFE CITADELA CAFÉ

Karte S. 373 (Vyšehrad Citadel, Vyšehrad; ⏱9.30–18 Uhr; Ⓜ Vyšehrad) Der entspannte Biergarten mit Café ist der perfekte Ort für eine Erfrischung im Schatten der Bäume. Er liegt direkt neben dem Skulpturengarten südlich der Kathedrale. Die meisten kommen wegen des Kaffees und des Biers, doch es gibt auch eine kleine Auswahl an Salaten, Omeletts und süßen Leckereien.

auch Aufführungen in englischer Sprache. Auch Livemusik und Tanzabende stehen auf dem Programm, sowie „Stage Talks" – improvisierte Diskussionen mit bekannten Persönlichkeiten.

UNTERHALTUNG

JAZZDOCK
Jazz

Karte S. 374 (☑774 058 838; www.jazzdock.cz; Janáčkovo nábřeží 2, Smíchov; Eintritt 90–150 Kč; ☺16–3 Uhr; ☐7, 9, 12, 14, Ⓜ Anděl) Die meisten Jazzclubs in Prag sind verrauchte Kellerbars. Dieser Club am Flussufer hebt sich klar davon ab. Er ist sauber, modern eingerichtet und bietet einen romantischen Blick auf die Moldau. Hier treten die talentiertesten einheimischen Künstler und von Zeit zu Zeit auch internationale Musiker auf. Um einen guten Platz zu ergattern, muss man sehr früh kommen oder im Voraus reservieren. Die Auftritte beginnen meist um 19 und 22 Uhr.

ŠVANDOVO DIVADLO NA SMÍCHOVĚ
THEATER

Karte S. 374 (Šandovo-Theater in Smíchov; ☑257 318 666; www.svandovodivadlo.cz; Stefaníkova 57, Smíchov; Karten 150–300 Kč; ☺Theaterkasse Mo–Fr 11–14 & 14.30–19, Sa & So 17–19 Uhr; ☐6, 9, 12, 20) Das experimentelle Theater zeigt tschechische sowie internationale Stücke und gelegentlich

SHOPPEN

NOVÝ SMÍCHOV
SHOPPINGCENTER

Karte S. 374 (☑251 511 151; www.novysmichov.eu; Plzeňská 8, Smíchov; ☺9–21 Uhr; ☎; Ⓜ Anděl) Nový Smíchov ist ein riesiges Shoppingcenter von der Größe mehrerer Straßenblöcke. Der luftige, attraktive Bau beherbergt viele Modeboutiquen und Spezialgeschäfte. Neben den großen Markennamen finden sich hier auch ein riesiger Elektroladen, eine Schlemmergasse, eine Halle mit Computerspielen, ein Multiplex-Kino mit zwölf Sälen und ein gut sortierter Tesco-Supermarkt.

MAPIS
LANDKARTEN

Karte S. 374 (☑257 315 459; www.mapis.cz; Štefánikova 63, Smíchov; ☺Mo–Fr 9–18.30 Uhr; ☐6, 9, 12, 20) Mapis ist ein auf Karten spezialisiertes Geschäft mit einer großen Auswahl an regionalen, nationalen, und internationalen Karten sowie aktuellen Wanderkarten und Stadtplänen nicht nur von Prag, sondern für ganz Tschechien.

Tagesausflüge

Burg Karlstein (Hrad Karlštejn) S. 189

Der Besuch der berühmtesten Burg Tschechiens, die wie aus dem Märchenbuch auf einem Berg thront, gehört zu den beliebtesten Tagesausflügen von Pragurlaubern.

Schloss Konopischt (Zámek Konopiště) S. 191

Der ehemalige Landsitz von Erzherzog Franz Ferdinand – dessen Ermordung den Ersten Weltkrieg auslöste – eröffnet interessante Einblicke in das Leben des adeligen Besitzers.

Kutná Hora (Kuttenberg) S. 192

Der wegen seiner Silbermine einst überaus wohlhabende Ort wetteiferte früher mit Prag um die Vorrangstellung und beeindruckt bis heute mit seinen vielen historischen Monumenten.

Mělník (Melnik) S. 195

Das Schloss der Familie Lobkowicz samt seinem winzigen historischen Weingarten bildet das Zentrum des eher bescheidenen Weinbaus in Böhmen.

Terezín (Theresienstadt) S. 197

Die düstere Festung aus dem 18. Jh. diente während des Zweiten Weltkriegs als Konzentrationslager und ist heute ein bewegendes Museum, das die Gräuel des Holocaust verdeutlicht.

JOHN ELK III / LONELY PLANET IMAGES ©

HIGHLIGHTS
BURG KARLSTEIN (HRAD KARLŠTEJN)

Über dem Dorf Karlštejn, 30 km südwestlich von Prag gelegen, ragt die gleichnamige Burg auf – eine der tschechischen Topattraktionen. Die mittelalterliche Märchenfestung ist in einem guten Zustand, dass sie ohne weiteres auch als Kulisse für Disneyworld dienen könnte. Leider drängen sich in den Burghöfen fast ebenso viele Menschen wie in dem Disney-Themenpark. Im Sommer ist jedenfalls alles überfüllt mit Besuchern, Eisverkäufern und Andenkenständen.

In der beschaulichen Umgebung bieten sich aber zum Glück herrliche Blicke auf die Burg, die dem Glanz der Anlage selbst in nichts nachstehen. Wer es einrichten kann, kommt am besten an einem Wochentag in der Nebensaison und bucht die Eintrittskarten im Voraus über das Internet (www.rezervace.npu.cz.), um lange Warteschlangen am Besuchstag zu vermeiden.

Das **Informationszentrum Karlstein** (Informační centrum Karlštejn; ☎311 681 370; www.karlstejnsko.cz; Karlštejn 334, Pension Vinice; ◷8–20 Uhr) befindet sich direkt gegenüber dem Parkplatz.

Geschichte

Karlstein sitzt auf einem Felsvorsprung über dem Moldauzufluss Beraun (Berounka). Die Ursprünge der Burg sind wahrlich edel: 1348 wurde sie als Aufbewahrungsort für die kostbaren Kronjuwelen und den Schatz Karls IV. (des Kaisers des Heiligen Römischen Reichs) errichtet. Als Verwalter setzte man damals einen Burggrafen ein.

NICHT VERSÄUMEN

➡ Heilig-Kreuz-Kapelle
➡ Rittersaal
➡ Schlafgemach von Karl IV.
➡ Audienzsaal
➡ Schatzkammer
➡ Großer Turm

PRAKTISCH & KONKRET

➡ Hrad Karlštejn
➡ ☎311 681 617
➡ www.hradkarlstejn.cz
➡ Tour 1 Erw./Kind 270/180 Kč, Tour 2 300/200 Kč, Tour 3 120/60 Kč
➡ ◷Juli & Aug. 9–18.30 Uhr, Mai, Juni & Sept. Di–So bis 17.30 Uhr, April & Okt. Di–So bis 16.30 Uhr, Nov.–März kürzere Öffnungszeiten

ESSEN & AUSGEHEN

Wer den Menschenmassen entgehen möchte, hält sich am besten vom Hauptweg zur Burg fern und besucht das **Restaurace Pod Dračí Skálou** (☎ 311 681 177; www.poddraciskalou.eu; Karlštejn 130; Hauptgerichte 110–240 Kč; ☺ Mo–Sa 11–23, So 11–20 Uhr; 🛜), einen Landgasthof mit Tischen im Freien und einem Grill. Hier kostet eine Halbe Pilsner Urquell 25 Kč. Die Speisekarte gibt sich rustikal tschechisch mit jeder Menge Gegrilltem, Schweine- und Rinderbraten sowie Brathähnchen. Entweder die erste Straße links, die zur Burg hinaufführt, nehmen oder vor dem Burgtor den rot markierten Fußweg.

Vom Bahnhof kann man in einer Pferdekutsche (pro Pers. 150 Kč) zur Burg zu fahren.

EINE SLOWAKISCHE SPEZIALITÄT

Das Lokal an der Hauptstraße zur Burg Karlstein, das **Restaurant U Janů** (☎ 311 681 210; info@ujanu.cz; Karlštejn 28; Hauptgerichte 110–240 Kč), strotzt nur so vor echtem Lokalkolorit. Auf der Speisekarte steht auch die slowakische Spezialität *halušky*: Knödel mit Speck und Käse.

Die Ländereien der Umgebung erhielten mehrere Ritter als Lehen, im Gegenzug kamen sie der Burg bei akuter Gefahr zu Hilfe.

Während der Hussitenkriege im frühen 15. Jh. schützte Karlstein wieder die Kronjuwelen Böhmens und des Heiligen Römischen Reichs. Als die Wehranlagen später nicht mehr dem neuesten Stand entsprachen, verfiel die Burg aber zusehends. Erst nach umfangreichen Restaurationsmaßnahmen (nicht zuletzt durch Josef Mocker, den Prager Meister der neogotischen Architektur im späten 19. Jh.) erstrahlt die Burganlage heute wieder in ihrem alten Glanz.

Führungen

Die Burg lässt sich ausschließlich im Rahmen einer Führung besichtigen. Auf Deutsch werden drei Varianten angeboten: Tour 1 (Erw./Kind 270/180 Kč, 50 Min.) führt zum **Rittersaal** mit dem Wappen und Namen der ritterlichen Vasallen, zum **Schlafgemach Karl IV.**, zum **Audienzsaal** und zur **Schatzkammer** mit Kleinoden aus der Heilig-Kreuz-Kapelle sowie einer Kopie der St. Wenzelskrone.

Tour 2 (Erw./Kind 300/200 Kč, nur Mai–Okt., 70 Min.) muss im Voraus gebucht werden und schließt den **Marienturm** samt der Marienkirche und der Katharinenkapelle mit ein. Dann geht es weiter zum Großen Turm, wo die Hauptattraktion der Burg, die wunderschöne **Heilig-Kreuz-Kapelle** wartet. Sie wurde von Karl IV. entworfen, um den Kronjuwelen des Heiligen Römischen Reiches sowie Reliquien der Kreuzigung ein Zuhause zu geben. Die Wände und die Gewölbedecke der Kapelle sind mit religiösen Gemälden und Wappen, vor allem aber mit Tausenden Halbedelsteinen geschmückt, die in vergoldeten Stuck in der Form von Kreuzen gefasst sind. Es empfiehlt sich, die Tour 2 möglichst frühzeitig zu buchen.

Tour 3 (Erw./Kind 120/60 Kč, nur Mai–Okt. 40 Min.) stattet auch den oberen Etagen des **Großen Turms**, dem höchsten Punkt der Burg, einen Besuch ab. Der Blick über die Landschaft ist fantastisch.

An- & Weiterreise

Es verkehren vom Prager Hauptbahnhof aus alle 30 Minuten Züge nach Beroun (über Praha-Smíchov), die in Karlštejn (95 Kč Hin- & Rückfahrt, 45 Min.) halten. Aber Achtung: Die Züge fahren laut Anzeige am Bahnsteig 1J ab, nämlich am südlichen (*jih* auf Tschechisch) Ende des Bahnsteigs 1. Vom Bahnhof Karlštejn bzw. vom Parkplatz geht es noch gute 20 bis 30 Minuten zu Fuß bergauf bis zur Burg. Wem der Aufstieg zu mühselig ist, nimmt ein Sammeltaxi (pro Pers. 100 Kč).

HIGHLIGHTS BURG KARLSTEIN

HIGHLIGHTS
SCHLOSS KONOPISCHT (ZÁMEK KONOPIŠTĚ)

Das Schloss Konopischt setzt den Leidenschaften der Habsburger im frühen 20. Jh. ein Denkmal und vermittelt Einblicke in das Leben eines der berühmtesten Männer der europäischen Geschichte: Erzherzog Franz Ferdinand von Österreich-Este, Erbe des österreichisch-ungarischen Throns, dessen Ermordung 1914 den Ersten Weltkrieg auslöste.

Wer seinen Besuch genießen möchte, sollte einen ganzen Tag einplanen, denn der Spaziergang zum Schloss führt durch einen Park. Empfehlenswert ist eine Führung durch das Schloss (Tour 3 ist am schönsten) mit einem anschließenden Streifzug durch den Landschaftspark.

Das Schloss

Konopischt zeugt von den Leidenschaften des Erzherzogs: der Jagd und dem hl. Georg. Nachdem Franz Ferdinand in den 1890er-Jahren das Gotik- und Renaissancegebäude renovieren und – mit Strom, Zentralheizung, Toiletten mit Spülung, Duschen und einem Lift – auf den neuesten Stand hatte bringen lassen, schmückte er sein Zuhause mit Jagdtrophäen aus. Seinem Jagdbuch zufolge schoss er ungefähr 300 000 Tiere. Etwa 100 000 Trophäen zieren nun die Wände. Der Trophäen-Korridor (Tour 1 und 3) mit ausgestopften Tierköpfen und das mit Geweihen bestückte Geweihzimmer (Tour 3) samt einem „Lüster" aus einem ausgestopften Kondor sind ein bizarrer Anblick.

Seine Sammlung von Kunst und Artefakten, die mit dem hl. Georg in Verbindung stehen, beeindruckt: 3750 Objekte, von denen viele im **St.-Georgs-Museum** (muzeum sv Jiří; Erw./Kind 30/15 Kč; ⏲Juni–Aug. Sa & So 10–13 & 13.30–17 Uhr, Sept. bis 16 Uhr, Okt.–Mai geschl) ausgestellt sind.

Museumsführungen auf Deutsch

Tour 3 (Erw./Kind 310/210 Kč) ist am interessantesten, denn sie umfasst auch die **Privatgemächer** des Erzherzogs und seiner Familie; die Räumlichkeiten wurden seit der Übernahme des Schlosses durch den Staat 1921 nicht verändert. Auf Tour 2 (Erw./Kind 210/130 Kč) wird die **Große Waffenkammer**, eine der beeindruckendsten Waffensammlungen Europas, besichtigt, während bei Tour 1 (Erw./Kind 210/130 Kč) die Gemächer im Südflügel auf dem Programm stehen.

An- & Weiterreise

Von der Prager U-Bahnstation Roztyly aus fahren im zwei-Stunden-Takt Busse nach Benešov (105 Kč Hin- und Rückfahrt, 40 Min.) – Endhaltestelle ist Pelhřimov oder Jihlava. Acht Busse fahren täglich Busse vom Prager Busbahnhof Florenc (120 Kč Hin- und Rückfahrt, 40 Min.,). Züge fahren stündlich vom Prager Bahnhof Hlavní nádraží nach Benešov u Prahy (135 Kč Hin- und Rückfahrt, 1¼ Std.). Konopiště liegt 2 km westlich von Benešov. Der Stadtbus 2 (12 Kč, 6 Min., stdl.) fährt stündlich von einer Haltestelle in der Dukelská, 400 m nördlich vom Bahnhof zum Parkplatz des Schlosses.

NICHT VERSÄUMEN

➡ Geweihzimmer
➡ Trophäen-Korridor
➡ St. Georg-Museum

PRAKTISCH & KONKRET

➡ Zámek Konopiště
➡ ☏317 721 366
➡ www.zamek-konopiste.cz
➡ Tour 1 oder 2 Erw./Kind 210/130 Kč, Tour 3 310/210 Kč
➡ ⏲geöffnet Juni–Aug. Di–So 10–12 & 13–17 Uhr, April, Mai & Sept. bis 16 Uhr, Okt. & Nov. Sa & So 10–12 & 13–15 Uhr, Dez.–März geschl.

ESSEN & AUSGEHEN

Nach der Besichtigung des Schlosses lohnt ein Spaziergang den Berg hinunter zum **Stará Myslivna** (☏317 700 280; www.staramyslivna.com; Konopiště 2; Gerichte 120–280Kč), einem urigen tschechischen Restaurant in der Hütte eines Wildhüters, die aus dem 19. Jh. stammt.

TAGESAUSFLÜGE SCHLOSS KONOPISCHT (KONOPIŠTĚ)

Kutná Hora (Kuttenberg)

Erkunden

Das mittelalterliche Kuttenberg kam durch die Silbererzfunde in den Bergen der Umgebung zu einigem Wohlstand. 1308 errichtete Wenzel II. hier seine königliche Münzanstalt, die Silbergroschen prägte – damals die harte Währung Mitteleuropas. In den besten Tagen lieferte sich Kuttenberg mit Prag einen edlen Wettstreit, welche Stadt die bedeutendere sei, doch im 16. Jh. versiegten die Silberminen, sowie der Dreißigjährige Krieg und ein Brand im Jahr 1770 beschleunigten schließlich den Niedergang der Stadt. Seitdem die UNESCO Kuttenberg 1996 zum Weltkulturerbe erklärt hat, strömen die Besucher in Scharen zu den zahlreichen historischen Sehenswürdigkeiten. Im Mai und Juni, wenn alles grün ist und blüht, zeigt sich Kuttenberg von seiner schönsten Seite, ansonsten ist der Ort aber das ganze Jahr über einen Tagesausflug wert. Vom Bahnhof aus führt ein zehnminütiger Fußmarsch zum Sedlec-Beinhaus; bis zur Altstadt sind es noch einmal 2,5 km.

Highlights

➡ **Sehenswertes** Sedlec-Beinhaus (S. 192)
➡ **Restaurant** Pivnice Dačický (S. 195)
➡ **Kneipe** Kavárna Mokate (S. 195)

Top-Tipp

Besucher kaufen am besten gleich eine Hin- und Rückfahrkarte zum Bahnhof Kutná Hora Město, der nicht weit von der Altstadt entfernt liegt. So muss man für den Rückweg nicht erst zu Fuß zum Hauptbahnhof gehen oder gar mit dem Bus dorthin fahren.

An- & Weiterreise

Bus Vom Prager Busbahnhof Florenc aus verkehren nur zwei bis drei Direktbusse pro Tag (nur wochentags) nach Kutná Hora; (140 Kč Hin- und Rückfahrt, 1¼ Std.); der Zug ist das praktischere Verkehrsmittel.
Zug Alle zwei Stunden fahren vom Prager Hauptbahnhof aus Züge zum Kutná Hora hlavní nádraží (196 Kč Hin- & Rückfahrt, 55 Min.). Fünf Minuten nach Ankunft des Zugs aus Prag (und vor der Abfahrt des Zugs zurück in die Hauptstadt) tuckert ein kleiner Zubringerzug vom Bahnsteig 1 zum Bahnhof Kutná Hora Město (6 Min.).

Gut zu wissen

➡ **Lage** 65 km (1½ Std.) östlich von Prag.
➡ **Touristeninformation Kutná Hora** (Informační centrum; ☏ 327 512 378; www.guide.kh.cz; Palackého náměstí 377; ⊙ April–Sept. 9–18 Uhr, Okt.–März Mo–Fr 9–17, Sa & So 10–16 Uhr) Buchung von Unterkünften, Fahrradverleih (pro Tag 220 Kč) und Internetzugang (pro Min. 1 Kč, Minimum 15 Kč).
➡ **Touristeninformation Sedlec** (Informační centrum Sedlec; ☏ 326 551 049; Zámecká 279; ⊙ April–Nov. 9–17 Uhr, Dez.–März bis 16 Uhr, 12–14 Uhr geschl.)

◉ SEHENSWERTES

SEDLEC-BEINHAUS CHRISTLICHE STÄTTE
(Kostnice; ☏ 327 561 143; www.ossuary.eu; Zámecká 127; Erw./ermäßigt 60/40 Kč ⊙ April–Sept. Mo–Sa 8–16 Uhr, März & Okt. 9–17 Uhr, Nov.–Feb. 9–16 Uhr) Als die Schwarzenbergs 1870 das Kloster Sedlec erwarben, beauftragten sie einen einheimischen Holzschnitzer, seine Kreativität bei den in der Krypta aufgetürmten Knochen (den sterblichen Überresten von rund 40 000 Menschen) spielen zu lassen. Das Ergebnis ist die bemerkenswerte „Gebeinekirche" des Sedlec-Beinhauses. An der Gewölbedecke hängen Girlanden aus Schädeln; sie gruppieren sich um einen Lüster, der aus verschiedenen Menschenknochen besteht.

Kutná Hora (Kuttenberg)

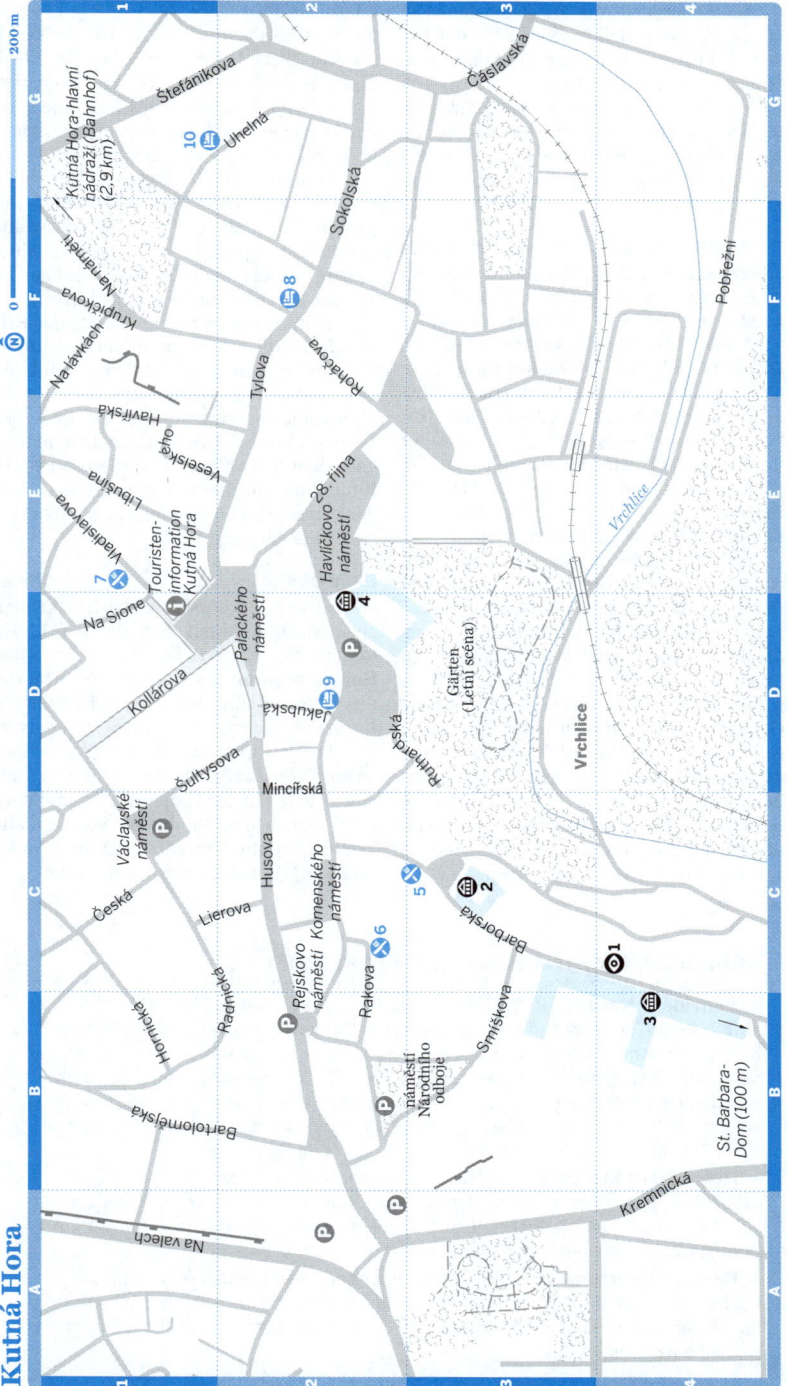

Kutná Hora

200 m

0

N

G

Kutná Hora-hlavní
nádraží (Bahnhof)
(2,9 km)

Štefánikova

Na náměti

Uhelná

10

Čáslavská

F

Krupičkova

Na lávkách

Sokolská

Pobřežní

8

Tylova

Rohákova

Havlíčská

Veselská

E

Vladislavova

Libušina

28. října

Vrchlice

Touristen-
information
Kutná Hora

Na Sione

7

Palackého
náměstí

Havlíčkovo
náměstí

4

Garten
(Letní scéna)

D

Kollárova

Jakubská

9

Ruthardská

P

Vrchlice

Šultysova

Mincířská

C

Česká

Václavské
náměstí

P

Lierova

Husova

Komenského
náměstí

5

2

Barborská

B

Hornická

Radnická

Rejskovo
náměstí

P

Rakova

6

Smíškova

1

3

náměstí
Národního
odboje

P

St. Barbara-
Dom (100 m)

Kremnická

A

Bartoloměiská

Na valech

P

P

P

1 2 3 4

Vier Pyramiden aus aufgestapelten Gebeinen befinden sich in jeder Ecke der Kapelle, den Altar zieren Kreuze, Kelche und Monstranzen aus Knochen.

Von April bis Oktober verkehrt bei Bedarf ein Minibus (pro Pers. 35 Kč, ab 3 Personen) auf der Strecke Sedlec, der Innenstadt von Kuttenberg und dem St. Barbara-Dom.

TSCHECHISCHES SILBERMUSEUM   MUSEUM
(České muzeum stříbra; ☏327 512 159; www.cms
-kh.cz; Barborská 28; Tour 1 Erw./ermäßigt 70/
40 Kč, Tour 2 120/80 Kč, Kombiticket 140/90 Kč; ⊙Juli & Aug. 10–18 Uhr, Mai, Juni & Sept. 9–18 Uhr, April & Okt. 9–17 Uhr) Die **Kleine Burg** (Hrádek) gehörte ursprünglich mit zur Stadtbefestigung. Sie wurde im 15. Jh. zum Domizil von Jan Smíšek umgebaut, dem Verwalter der königlichen Minen, der durch den illegalen Silberabbau unter seinem Haus zu Reichtum gelangte. Heute befindet sich hier das Tschechische Silbermuseum.

Das Haus kann im Rahmen einer **Führung** besichtigt werden. Tour 1 (1 Std.) führt durch den Hauptteil des Museums; die Exponate beschäftigen sich mit den Minen, die Kutná Hora einst reich machten. Zu sehen ist beispielsweise ein riesiges Holzgerät, mit dem Lasten von stolzen 1000 kg Gewicht aus den 200 m tiefen Schächten gehievt wurden. Auf der Tour 2 (90 Min.) müssen die Teilnehmer einen Bergmannshelm tragen, um die 500 m langen mittelalterlichen Stollen erkunden zu können. Kinder dürfen erst ab einem Alter von sieben Jahren an dieser Tour teilnehmen.

ST. BARBARA-DOM   KIRCHE
(Chrám sv Barbora; ☏327 512 115; Barborská; Erw./ermäßigt 60/40 Kč; ⊙Mai–Sept. Mo 10–16, Di–So 9–17.30 Uhr, Okt.–April tgl. 10–16 Uhr) Kuttenbergs bedeutendstes Monument ist der gotische St. Barbara-Dom. Er macht dem Prager St.-Veits-Dom in Größe und Pracht durchaus Konkurrenz. Das hohe Kirchenschiff schwingt sich zu einem eleganten sechsteiligen Kreuzrippengewölbe auf, in den Kapellen des Chorumgangs befinden sich originale Fresken aus dem 15. Jh., die Bergleute bei der Arbeit zeigen.

Begonnen im Jahr 1380, musste der Kirchenbau durch die Hussitenkriege unterbrochen werden. Als die Silberminen langsam versiegten, wurde die Bautätigkeit 1558 zunächst ganz aufgegeben. Ende des 19. Jhs. konnte der Dom schließlich im neugotischen Stil vollendet werden. Auch ein Rundgang um die Kirche lohnt sich: Von der Terrasse im Osten bietet sich ein herrlicher Blick über die Stadt.

BARBORSKÁ   STRASSE
Die Straße Barborská verläuft vor dem ehemaligen Jesuitenkolleg aus dem 17. Jh. und ist mit einer Reihe von 13 barocken **Heiligenfiguren** geschmückt, die sich von den Statuen auf der Prager Karlskirche inspiriert zeigen. Alle haben irgendetwas mit den Jesuiten oder auch mit der Stadt zu tun. Die zweite Statue – eine Frau mit einem Kelch in der Hand und einem Steinturm daneben – ist die hl. Barbara, die Schutzpatronin der Bergleute und somit auch die Wächterin über Kutná Hora.

SCHLAFEN IN KUTNÁ HORA (KUTTENBERG)

➡ **Penzión U Kata** (☏327 515 096; www.ukata.cz; Uhelná 596; EZ/DZ/3BZ 500/760/1140 Kč; P@🖢) Den Kopf verliert sicher keiner in diesem Familienhotel mit dem schönen Namen „Der Scharfrichter", dafür sind die Tarife zu moderat und das Preis-Leistungsverhältnis vorzüglich. Für 220 Kč pro Tag können sich Gäste hier auch ein Fahrrad mieten, außerdem liegt die Pension bloß ein paar Schritte vom Busbahnhof entfernt. Unten im Haus befinden sich eine einladende tschechische Bierkneipe und ein Restaurant.

➡ **Hotel Zlatá Stoupa** (☏327 511 540; www.zlatastoupa.cz; Tylova 426; EZ/DZ ab 1350/2150 Kč; P🖢) Wer sich so richtig verwöhnen möchte, logiert im nobelsten Hotel der Stadt. Der „Goldene Hügel" ist elegant möbliert, und in der Minibar im Zimmer stehen Weinflaschen in Normalgröße – echt prima.

➡ **Penzión Centrum** (☏327 514 218; www.penzioncentrum.com; Jakubská 57; EZ/DZ/3BZ 700/1100/1300 Kč; P@) An der Hauptstraße von Kutná Hora in einem ruhigen Hof mit vielen Blumen versteckt sich dieses Hotel mit kuscheligen Zimmern und einem sonnigen Garten.

GALERIE VON MITTELBÖHMEN GALERIE

(Galerie Středočeského kraje; ☑725 377 433; www.gask.cz; Barborská 53; Erw./Kind 120 Kč/ frei; ☺Di–Fr 10–18 Uhr) Im ehemaligen, mittlerweile gut restaurierten Jesuitenkolleg der Stadt befindet sich heute eine interessante Regionalgalerie, die sich der Kunst des 20. und 21. Jhs. widmet. Im Shop der Galerie sind Werke junger tschechischer Künstler und Designer zu bestaunen – und natürlich auch zu kaufen.

ITALIENISCHER HOF HISTORISCHES GEBÄUDE

(Vlašský dvůr; ☑327 512 873; Havlíčkovo náměstí 552; Erw./ermäßigt 105/65 Kč; ☺April–Sept. 9–18 Uhr, März & Okt. 10–17 Uhr, Nov.–Feb. 10–16 Uhr) Nur ein Stück östlich der Kirche St. Jakob (kostel sv Jakuba; 1330) befindet sich der Italienische Hof, die ehemalige königliche Münzanstalt. Ihren Namen hat sie von den vortrefflichen Handwerkskünstlern aus Florenz, die Wenzel II. damals engagiert hatte, um das Geschäft anzukurbeln. Diese Männer prägten dann hier ab 1300 Silbermünzen. In den Räumlichkeiten der originalen Schatzkammer befindet sich eine sehenswerte Ausstellung über Münzen und Prägetechniken.

Wer an einer Führung (auf Deutsch) teilnimmt, bekommt einige öffentlich zugängliche historische Räume zu sehen, vor allem den Audienzsaal aus dem 15. Jh. mit zwei beeindruckenden Wandgemälden aus dem 19. Jh. Diese zeigen die Wahl Vladislav Jagiellos zum König von Böhmen im Jahr 1471 sowie Wenzel IV. und Jan Hus, wie sie 1409 das Dekret von Kutná Hora verkünden.

✕ ESSEN & AUSGEHEN

PIVNICE DAČICKÝ BIERKNEIPE €

(☑327 512 248; www.dacicky.com; Rakova 8; Hauptgerichte 120–330 Kč; ☺11–23 Uhr) In dieser altmodischen böhmischen Bierkneipe mit Holzvertäfelung sitzen Gäste, denen der Bierschaum am Schnauzbart klebt. Kein Wunder, denn hier gibt es fünf Sorten Bier vom Fass, darunter Pilsner Urquell, Budvar und Primátor, ein Weizenbier. Dazu schmecken Knödel vortrefflich!

U SŇEKA POHODÁŘE ITALIENISCH €

(☑327 515 987; www.usneka.cz; Vladislavova 11; Hauptgerichte 100–235Kč; ☎) Die besten italienischen Gerichte in Kutná Hora serviert

dieses gemütliche Lokal, das bei den Einheimischen hoch im Kurs steht. Pizza und Pasta gib es aber auch zum Mitnehmen. Weshalb es ausgerechnet „Die zufriedene Schlange" heißt, weiß allerdings kein Mensch ...

KAVÁRNA MOKATE CAFÉ

(Barborská 37; ☺Mo–Fr 8–22, Sa 10–22, So 10–22 Uhr) Das gemütliche kleine Café mit alten Bodenfliesen aus Ton, Holzbalken, Orientbrücken und zusammengewürfelten Möbeln bietet eine breite Auswahl an frisch aufgebrühtem Kaffee und exotischen Tees, aber auch Eiskaffee und Eistee im Sommer.

Mělník (Melnik)

Erkunden

Mělník liegt auf einem Felsvorsprung inmitten der Ebene Mittelböhmens. Da sich der Busbahnhof 800 m östlich vom Stadtzentrum befindet, können Besucher ihren Tagesausflug mit einem Spaziergang über die sanft ansteigende Kapitan-Jaroše-Straße beginnen. Vorbei geht es an einem auffälligen Uhrturm am Hauptplatz, dann bummelt man links in Richtung Schloss.

Für einen gelungenen Tag am besten die Führung durch das Schloss für den Vormittag einplanen, anschließend zu Mittag essen und dann noch einen Streifzug unternehmen, um die restlichen Sehenswürdigkeiten anzusehen – sie liegen nicht weit voneinander entfernt. Ziel sollte auch die Terrasse am anderen Ende des Schlosses sein, denn sie bietet einen herrlichen Blick über den Fluss und die Ebene Mittelböhmens. Die Weinstöcke unterhalb der Terrasse stammen – so heißt es jedenfalls – von den ersten Reben ab, die Karl IV. im 14. Jh. in Böhmen heimisch machte. Aus ihren Trauben wird der Wein des Schlosses gekeltert.

Highlights

➡ **Sehenswertes** Beinhaus (S. 196)
➡ **Restaurant** Buffalo (S. 196)
➡ **Kneipe** Galerie A Čajovná Ve Věží (S. 196)

Top-Tipp

Wer sich etwas zu essen und zu trinken mitbringt, kann auf der Schlossterrasse bei den Weingärten auf einer Bank ein gemütliches Picknick mit einer herrlichen Aussicht in die Landschaft Mittelböhmens genießen.

An- & Weiterreis

Bus Busse starten am Busbahnhof vor dem Prager Bahnhof Praha-Holešovice am Halt 10 nach Mělník (48 Kč, 45 Min., wochentags im 30-Minutentakt, am Wochenende stdl.). Die Fahrkarte ist beim Fahrer erhältlich (nur einfache Fahrt, keine Rückfahrkarte).

Gut zu wissen

➡ **Lage** 30 km (1 Std.) nördlich von Prag.
➡ **Touristeninformation Mělník**
(☏315 627 503; www.melnik.cz; Legionářů 51; ⏱9–17 Uhr) Hier sind Stadtpläne und historische Führer erhältlich, außerdem ist die Information gern bei der Suche nach einer Unterkunft behilflich.

⊙ SEHENSWERTES

SCHLOSS MĚLNÍK SCHLOSS
(Zámek Mělník; ☏315 622 121; www.lobkowicz -melnik.cz; Svatováclavská 19; Erw./erm. 100/ 80 Kč; ⏱Mai–Sept. 9.30–17 Uhr) 1739 erwarb die Familie Lobkowitz das Renaissance-schloss Mělník, seit 1990 ist es für die Öffentlichkeit zugänglich. Besucher können sich bei einer **selbstständigen Tour** die ehemaligen Wohngemächer mit ihren zahlreichen Barockmöbeln und Gemälden aus dem 17. und 18. Jh. anschauen.

In weiteren Räumen des Schlosses werden wechselnde Ausstellungen moderner Werke gezeigt und es gibt mehrere großartige Karten und Stiche von Europas Großstädten aus dem 17. Jh. Eine separate Tour führt hinunter in die **Weinkeller** aus dem 14. Jh.; hier kann man die Schlossweine probieren. Ein Laden im Hof verkauft die hauseigene Lese; Weinproben kosten zwischen 100 und 250 Kč.

KIRCHE ST. PETER & PAUL KIRCHE
(kostel sv Petra a Pavla; ☏315 622 337; Na Vyhlídce) Neben dem Schloss ragt eine gotische Kirche aus dem 15. Jh. auf. Ihre barocke Innenausstattung stammt ebenso wie die

Relikte aus einer romanischen Vorgänger-kirche, die hinten in den Bau integriert wurde. Wer den **Kirchturm** (Vyhlídková věž; Erw./Kind 40/20 Kč; ⏱Di–So 10–12.30 & 13.15–17 Uhr) Erw./Kind 40/20 Kč; ⏱Di–So 10–12.30 & 13.15–17 Uhr) erklimmt, wird mit einem sagenhaften Panorama-blick belohnt.

Die Krypta der Kirche ist heute ein **Beinhaus** (kostnice; Erw./Kind 30/15 Kč; ⏱Di–Fr 9.30–2.30 & 13.15–16, Sa 10–12.30 & 13.15–16 Uhr) mit den Gebeinen von rund 10 000 Menschen. Diese wurden ausgegraben, um im 16. Jh. Platz für die Pestopfer zu schaffen. Die Knochen sind in der Form von Ankern, Herzen und Kreuzen angeordnet – Symbolen des Glaubens, der Liebe und der Hoffnung. Die Krypta wirkt erheblich unheimlicher und beklemmender als das Sedlec-Beinhaus (S. 192): Da der Boden aus gestampfter Erde besteht, kommt man mit den Knochen direkt in Kontakt.

ESSEN & AUSGEHEN

BUFFALO AMERIKANISCH €
(☏722 736 867; www.buffalorestaurant.cz; Palackého 135; Hauptgerichte 120–210 Kč; ⏱11–22 Uhr; ☎) Nur 150 m südöstlich vom Hauptplatz wartet dieses Restaurant im amerikanischen Stil mit entspannter Atmosphäre auf seine Gäste. Für den Sommer gibt es auch einen Garten hinter dem Haus. Auf den Tisch kommen köstliche authentische Tex-Mex-Gerichte, dass einem nur so das Wasser im Mund zusammenläuft: Buffalo Wings, Burger, Steaks, Quesadillas und Nachos. An Bieren gibt's Pilsner Urquell, Holba und Bernard.

GALERIE A ČAJOVNÁ VE VĚŽÍ CAFE
(☏315 621 954; www.vez.melnicek.cz; ulice 5 května; ⏱Mo–Fr 12–22, Sa & So 14–22 Uhr) Das malerische Café mit Kunstgalerie im mittelalterlichen Prager Tor nimmt drei Etagen ein. Die Bestellung wird bei einem genialen Speiseaufzug aufgegeben: Die Gäste schreiben ihre Wünsche auf einen Notizblock, läuten die Glocke – und schon fährt der Aufzug nach unten, um einen Moment später mit dem Bestellten wieder aufzutauchen. Zur Auswahl steht ein breites Angebot an Kaffee, exotischen Tees, einheimischen Weinen, Bier und medovina (Met).

DIE GESCHICHTE VON THERESIENSTADT

Kaiser Joseph II. ließ die gigantischen Festung Theresienstadt – ein wahres Bollwerk aus Stein und Erde – im Jahr 1780 erbauen. Sie sollte nur einen einzigen Zweck erfüllen: den Feind abwehren. Ironischerweise wurde sie aber eher dafür bekannt, dass Menschen in ihr festgehalten wurden. Im späten Habsburgerreich wurde die Festung als politisches Gefängnis genutzt, und während des Ersten Weltkrieges saß hier **Gavrilo Princip** ein, der Attentäter, der 1914 Erzherzog Franz Ferdinand getötet hat. Als die Deutschen im Zweiten Weltkrieg die Macht übernahmen, wurde die Festung zur grausigen Zwischenstation für Juden auf dem Weg in die Vernichtungslager. Im Gegensatz zu den farbenfrohen Barockgesichtern zahlreicher tschechischer Städte ist Theresienstadt also ein schlichtes, aber umso intensiveres Mahnmal für eine dunkle Seite der europäischen Geschichte.

Das schlimmste Kapitel in der Geschichte Theresienstadts begann 1940. Damals richtete die Gestapo in der Kleinen Festung ein Gefängnis ein. Im nächsten Jahr vertrieben die Nazis alle Einwohner aus der Großen Festung und verwandelten die Stadt in ein Durchgangslager. Rund 150 000 Menschen wurden auf dem Weg zu den Vernichtungslagern hier interniert, unter größtenteils grausamsten Bedingungen. Zwischen April und September 1942 stieg die Zahl der Menschen, die in dem Ghetto leben mussten, von 12 968 auf 58 491 an – so blieben jedem Gefangenen gerade mal 1,65 m^2 Platz. Krankheiten und Hunger machten sich breit, gleichzeitig nahmen die Todesfälle innerhalb der Mauern um das 15-fache zu.

Später wurde Theresienstadt zum Herzstück einer außergewöhnlichen nationalsozialistischen Propaganda-Aktion: Offiziellen Besuchern der Festung (auch Vertretern des Roten Kreuzes) präsentierte sich die Stadt als eine Art jüdische „Fluchtburg", mit einer jüdischen Verwaltung, Banken, Läden, Cafés und Schulen. Auch das blühende kulturelle Leben – es gab sogar eine Jazzband – war Teil einer Scharade, die internationale Beobachter zweimal komplett in die Irre führte. In Wirklichkeit wurden immer mehr Gefangene hier untergebracht und regelmäßig fuhren Züge in Richtung Auschwitz ab. 35 000 Lagerinsassen verhungerten, starben an Krankheiten oder begingen Selbstmord.

Terezín (Theresienstadt)

Erkunden

Das ehemalige Konzentrationslager Theresienstadt (Terezín) erinnert eindringlich an die schrecklichen Gräueltaten, die dem tschechischen Volk und vor allem der jüdischen Bevölkerung Europas während des Zweiten Weltkriegs angetan wurden.

Es besteht die Möglichkeit, Theresienstadt im Rahmen eines organisierten Tagesausflugs von Prag aus zu besuchen, der dann allerdings in relativer Hetze abläuft. Mehr Sinn macht es, für den Besuch einen ganzen Tag einzuplanen und auch ein Picknick mitzunehmen. Der Ausflug beginnt mit dem Besuch des Ghettomuseums (in dem auch informative Broschüren und Stadtpläne erhältlich sind), gefolgt von einer Besichtigung der Magdeburgkaserne.

Weiter geht es an den alten Bahngleisen neben dem Krematorium vorbei und über die Brücke, um auf der anderen Seite die Kleine Festung zu besichtigen.

Top-Tipp

Anstatt in einem der häufig überfüllten Touristenrestaurants in Theresienstadt zu Mittag zu essen, nimmt man lieber den Bus zum hübschen Litoměřice (Leitmeritz), 3 km weiter nördlich in unmittelbarer Nschbarschaft. Dort befinden sich mehrere gute Speiselokale für eine Einkehr.

An- & Weiterreise

Bus Direktbusse verkehren im Ein-Stundentakt von Prag nach Litoměřice (Leitmeritz; 165 Kč Hin- und Rückfahrt, 1 Std.) mit Halt in Terezín (Theresienstadt). Sie fahren vom Bahnhof Praha-Holešovice am Busbahnhof ab. Vom Busbahnhof Litoměřice verkehren mindestens einmal stündlich Busse nach Terezín (9 Kč, 8 Min).

Gut zu wissen

➡ **Lage** 60 km (1½ Std.) nördlich von Prag.

➡ **Informationszentrum Terezín** (Městské infocentrum; 📞416 782 616; www.terezin.cz; náměstí Československé armády 179; ⊘Mo–Do 8–17, Fr 8–13.30, So 9–15 Uhr, Sa geschl.)

👁 SEHENSWERTES

GROSSE FESTUNG   HISTORISCHE STÄTTE

(Hlavní pevnost) Wie gigantisch das Ausmaß der Mauern und Gräben rund um die Große Festung ist, lässt sich kaum vorstellen – was vor allem daran liegt, dass sich die gesamte Stadt innerhalb der Wehranlage befindet. Auf den ersten Blick gewinnt man den Eindruck, als würde sich das Zentrum – vom wahrlich riesigen Hauptplatz in der Ortsmitte einmal abgesehen – nicht groß von anderen Stadtzentren unterscheiden. Wer jedoch an den Mauern entlang zur Kleinen Festung marschiert, bekommt ein ganz anderes Bild.

Im Zentrum der Großen Festung befinden sich Straßen, die regelmäßig wie ein Schachbrett angelegt sind und das eigentliche Terezín (Theresienstadt) bilden. Es gibt im Grunde nicht sonderlich viel zu besichtigen: die Auferstehungskirche aus dem 19. Jh., die ehemalige Kommandantur, die neoklassizistischen Verwaltungsgebäude und die kleinen Häusern drumherum, die alle ein so grausames Geheimnis bergen. Südlich vom Platz befinden sich noch die Überreste alter Gleisanlagen, die von den Gefangenen erbaut wurden. Hier kamen die Waggons mit weiteren Inhaftierten an – oder fuhren dort ab.

GHETTOMUSEUM   MUSEUM

(muzeum ghetta; 📞416 782 225; www.pamatnik-terezin.cz; Komenského 15 1; Erw./Kind 170/140 Kč, Kombiticket mit Kleine Festung 210/160 Kč; ⊘April–Okt. 9–18, Nov.–März bis 17.30 Uhr) Das Ghettomuseum beschäftigt sich mit dem Nationalsozialismus und dem Leben im Ghetto von Theresienstadt. In diesem Haus befand sich früher das Lager der 10- bis 13-jährigen Jungen; beklemmende Zeichnungen von ihnen sind bis heute an den Wänden zu erkennen.

Die ehemalige **Magdeburgkaserne** (Magdeburská kasárna), der Sitz des jüdischen „Stadtrats", beherbergt heute eine Zweigstelle des Museums. Hier sind ein rekonstruierter Schlafsaal und Exponate zu sehen, die von dem reichen kulturellen Leben zeugen, das sich allem Horror zum Trotz zu behaupten vermochte.

Eine kleine Ausstellung zeigt auch das beklemmende **Krematorium** (Krematorium; ⊘April–Okt. So–Fr 10–18 Uhr, Nov.–März bis 16 Uhr) im **Jüdischen Friedhof** an der Bohušovická brána, etwa 750 m südlich vom Hauptplatz.

Im Ghettomuseum erhalten die Besucher informative Broschüren in mehreren Sprachen, anhand derer sie dann die Ausstellung allein besichtigen können. Es bieten jedoch auch Führer ihre Dienste an – einige sind Überlebende des Ghettos.

KLEINE FESTUNG   HISTORISCHE STÄTTE

(Malá pevnost; 📞416 782 576; www.pamatnik-terezin.cz; Pražská; Erw./Kind 170/140 Kč Kombiticket mit Ghetto-Museum 210/170 Kč; ⊘April–Okt. 8–18 Uhr, Nov.–März bis 16.30 Uhr) Durch die Kleine Festung unternimmt man am besten **Rundgänge** auf eigene Faust; dabei sieht man die Gefängnisbaracken, Einzelzellen, Werkstätten und Leichenhäuser, Hinrichtungsstätten und ehemalige Massengräber. Über dem Tor haben die Nationalsozialisten das zynische KZ-Motto „Arbeit macht frei" angebracht. Einen dunkleren und bedrohlicheren Ort kann man sich kaum vorstellen, und erst wer durch die scheinbar endlosen Tunnel unter den Mauern läuft, kann die gigantischen Ausmaße der Festung erfassen.

Auf dem **Nationalfriedhof** vor der Festung ruhen seit 1945 die exhumierten Toten aus den Massengräbern.

✕ ESSEN

MEMORIAL CAFÉ &
RESTAURANT   TSCHECHISCH €

(📞416 783 082; náměstí Československé armády; Mahlzeiten 130–270 Kč) Offen gestanden gibt es in Terezín keine Restaurants, die wirklich empfehlenswert sind. Dieses Lokal im Hotel Memorial bringt herzhafte tschechische Gerichte und koschere Weine auf einer sonnigen Terrasse auf den Tisch – die beste Alternative unter den vielen eher mittelmäßigen Speiselokalen.

 # Schlafen

Prag offeriert ein breites Angebot an unterschiedlichen Unterkunftsmöglichkeiten – von kleinen romantischen Hotels in historischen Stadthäusern bis zu den internationalen, luxuriösen Hotelketten, von Budgethostels und Pensionen bis zu eleganten Boutiquehotels. Mittlerweile haben auch immer mehr Pragtouristen den Reiz einer Ferienwohnung entdeckt.

Zimmerpreise & Zeiten

Ein Doppelzimmer in einem Mittelklassehotel in der Innenstadt kostet in der Hauptsaison rund 4000 Kč (160 €); außerhalb des Stadtzentrums fallen die Preise bis auf 3000 Kč. Spitzenhotels bieten Zimmer ab 4000 Kč an, die teuersten Luxushotels verlangen 6000 Kč und mehr. Budgetunterkünfte sind bereits für unter 2000 Kč pro Doppelzimmer zu bekommen.

Achtung: Einige Mittelklasse- und Spitzenhotels geben die Zimmerpreise in Euro an. Auch in diesen Hotels können Gäste auf Wunsch in bar in tschechischen Kronen bezahlen, der Preis hängt dann aber vom tagesaktuellen Umtauschkurs ab.

Die angegebenen Zimmerpreise beziehen sich auf die Hauptsaison, d. h. auf die Zeit April bis Juni, September und Oktober sowie Weihnachten/Neujahr. Juli und August zählen zur Zwischensaison, die übrige Zeit gilt als Nebensaison, in der die Preise um bis zu 30 oder 40 % günstiger sind.

In der Hauptsaison können die Preise zu bestimmten Zeiten wie Neujahr, Ostern, während des Prager Frühlings und an Wochenenden (Donnerstag bis Sonntag) im Mai, Juni und September sogar noch einmal um 15 % ansteigen.

Ferienwohnungen

Der Preis für einen kurzen Aufenthalt in einer Ferienwohnung ist vergleichbar mit dem Preis für ein Zimmer in einem Mittelklassehotel. Der Vorteil liegt in geringen Transportkosten, günstiger Verpflegung und der Freiheit zu kommen und zu gehen, wann man will. Der durchschnittliche Preis für ein Zwei-Personen-Apartment mit kombiniertem Wohn-/Schlafraum, Bad, Fernseher und Kochecke liegt zwischen 2000 Kč pro Nacht in einem Vorort und 3500 bis 4500 Kč für eine Wohnung in der Altstadt.

Unterkunftsvermittlung & Webseiten

➡ **Alfa Tourist Service** (☎224 230 037; www.alfatourist.cz; Opletalova 38, Nové Město; ◷Mo–Fr 9–17 Uhr) Unterkünfte in Hostels, Pensionen, Hotels sowie Privatunterkünfte.

➡ **AVE Travel** (☎251 551 011; www.praguehotellocator.com) Das Call-Center ist rund um die Uhr besetzt und vermittelt telefonisch oder über die Website Hotels und Apartments.

➡ **Happy House Rentals** (☎224 946 890; www.happyhouserentals.com; Jungmannova 30, Nové Město; ◷Mo–Fr 9–18 Uhr) Spezialisiert auf die Vermittlung von Ferienwohnungen.

➡ **Hostel.cz** (☎415 658 580; www.hostel.cz) Datenbank mit Hostels und Budgetunterkünften sowie einem Online-Buchungssystem.

➡ **Lonely Planet** (http://hotels.lonelyplanet.com) Informationen und Empfehlungen zu Unterkünften von Autoren der Lonely-Planet-Reiseführer; auch online buchbar.

➡ **Mary's Travel & Tourist Service** (Karte S. 376; ☎222 254 007; www.marys.cz; Italská 31, Vinohrady; ◷Mo–Fr 9–19, Sa & So 10–17 Uhr) Freundliche, effiziente Agentur, die Privatunterkünfte, Hostels, Pensionen, Apartments und Hotels in Prag und Umgebung anbietet.

GUT ZU WISSEN

Preise

Die in diesem Kapitel aufgeführten Preiseinteilungen orientieren sich an den Kosten für ein Standard-Doppelzimmer pro Nacht in der Hauptsaison.

€   weniger als 2000 Kč (weniger als 80 €)

€€   2000 Kč bis 4000 Kč (80 bis 160 €)

€€€   über 4000 Kč (über 160 €)

Rauchen

Das Rauchverbot für öffentliche Orte, das seit dem Jahr 2010 in Tschechien in Kraft ist, gilt allerdings nicht für Hotels – hier hat jedes Haus seine eigenen Regeln. Im folgenden Hotelverzeichnis wird das Nichtraucherzeichen 😊 für alle Hotels mit einem strikten Rauchverbot verwendet (auch wenn manche davon eine „Raucherlounge" im Außenbereich haben).

Reservierungen

Eine Reservierung im Voraus ist unbedingt zu empfehlen (besonders für Unterkünfte im oder in der Nähe des Stadtzentrums). Es gibt Dutzende von Vermittlungen, die dabei helfen eine Unterkunft zu finden. Die besseren von ihnen können auch all jenen behilflich sein, die in der Hauptsaison ohne Reservierung ein Bett suchen.

➡ **Prague Apartments** (📞604 168 756; www.prague-apartment.com) Online-Vermittlung, die komfortable Wohnungen mit IKEA-Möbeln im Angebot hat. Ob ein Apartment verfügbar ist, sieht man im Internet.

➡ **Stop City** (Karte S. 376; 📞222 521 233; www.stopcity.com; Vinohradská 24, Vinohrady; 🕙10–20 Uhr) Spezialisiert auf Ferienwohnungen, Privatunterkünfte und Pensionen im Stadtzentrum, Vinohrady und Žižkov.

Top-Tipps von Lonely Planet

Hotel Aria (S. 202) Das luxuriöse, romantische Hotel Aria entführt seine Gäste in das Reich der Fantasie.

Fusion Hotel (S. 205) Ein Hostel, ein Hotel, ein Designer-Traum ...

Golden Well Hotel (S. 202) Historisches, luxuriöses Hotel in toller Lage – direkt unterhalb der Burgmauern.

Icon Hotel (S. 205) In dem erstklassigen Designer-Hotel trifft sich Prags Schickeria.

Absolutum Hotel (S. 208) Schicke Eleganz zu erschwinglichen Preisen; das Hotel liegt außerhalb des Stadtzentrums an der wichtigsten Straßenbahnlinie

Czech Inn (S. 206) Hervorragendes Preis-Leistungsverhältnis und tolle Atmosphäre in einem aufstrebenden Viertel.

Am besten für die Reisekasse

€

ArtHarmony (S. 206)

Hostel Elf (S. 208)

Mosaic House (S. 204)

Pension Královský Vinohrad (S. 207)

Sir Toby's Hostel (S. 208)

€€

Domus Henrici (S. 202)

Lokál Inn (S. 202)

Hunger Wall Residence (S. 203)

Perla Hotel (S. 204)

Art Hotel (S. 209)

€€€

Savic Hotel (S. 203)

Le Palais Hotel (S. 206)

Anděl's Hotel Prague (S. 209)

Ametyst (S. 207)

Louren Hotel (S. 206)

Am schönsten für Familien

Dům u velké boty (S. 203)

Hotel Suite Home (S. 205)

Hotel 16 U Sv Kateřiny (S. 205)

ArtHarmony (S. 206)

Hotel Julian (S. 211)

Ideal für Verliebte

Domus Henrici (S. 208)

Romantik Hotel U Raka (S. 202)

Grand Hotel Praha (S. 204)

Anděl's Hotel Prague (S. 209)

Wohin zum Übernachten?

Stadtviertel	Pro	Contra
Prager Burg & Hradčany	In bequemer Entfernung zur Burg, ganz allgemein ein ruhiges und angenehmes Viertel.	Begrenzte Auswahl an Restaurants, wenig Lokale und ein langer Weg bergauf vom nächtlichen Vergnügen in Malá Strana.
Malá Strana	Mitten drin im Trubel, dicht an der Karlsbrücke: die Unterkünfte befinden sich häufig in schönen historischen Gebäuden.	Unterkünfte meistens recht teuer, trotzdem sind Buchungen lange im Voraus nötig.
Staré Město	So zentral wie möglich, in fußläufiger Distanz zum Großteil der Sehenswürdigkeiten; viele der Hotels sind in historischen Gebäuden untergebracht.	In der Hauptsaison kann es laut und voll werden; die meisten Straßenbahnhaltestellen liegen etwas entfernt.
Nové Město	Zentral, gute Verkehrsverbindungen und eine große Auswahl an Restaurants; günstig gelegen zum Hauptbahnhof.	Die Gegend zum Party machen, deswegen manchmal auch nachts etwas laut und in manchen Gegenden etwas zwielichtig.
Vinohrady & Vršovice	Erstklassiges Viertel, mit oftmals großen und eleganten Unterkunftsmöglichkeiten, ausgezeichnete Restaurants und schickes Nachtleben.	Wenig Sehenswertes in der direkten Umgebung, ziemlich weit vom Stadtzentrum entfernt.
Žižkov & Karlín	Relativ günstige Unterkünfte; obwohl es abgelegen scheint, fährt die Straßenbahn nur drei bis vier Haltestellen bis zum Wenzelsplatz; tolle einheimische Kneipen.	Einige Gegenden wirken etwas heruntergekommen; an den Hauptstraßen kann es recht laut werden. Viele steile Berge und endlose Treppen, manche Häuser haben keinen Fahrstuhl.
Holešovice, Bubenec & Dejvice	Großes Angebot an günstigen Unterkünften, außerdem gibt es im Viertel viele gute Restaurants.	Ziemlich weit vom Zentrum entfernt, besonders von Dejvice aus benötigt die Straßenbahn etwa 20 Minuten und die Metro 10 Minuten bis zur City.

SCHLAFEN

🛏 Hradčany

DOMUS HENRICI
HOTEL €€

Karte S. 362 (☎220 511 369; www.domus-henrici.cz; Loretánská 11; DZ/Suite ab 3250/4000 Kč; @🛜 🏠22, 25) Historisches Gebäude in einer recht ruhigen Ecke des Hradschin. Von außen ist das Gebäude absichtlich unscheinbar – Ruhe und Privatsphäre werden hier großgeschrieben. Es gibt acht geräumige, stilvolle Zimmer, vier davon sind mit eigenem Fax, Scanner/Kopierer und Internetzugang (via Ethernet) ausgestattet. Alle Zimmer haben polierte Holzböden, riesige Bäder, bequeme Betten und flauschige Bademäntel.

ROMANTIK HOTEL U RAKA
HOTEL €€

Karte S. 362 (☎220 511 100; www.romantik hoteluraka.cz; Černínská 10; EZ/DZ ab 2125/2375 Kč; 🚪❄🛜; 🏠22) In einer ruhigen Ecke des Hradschin liegt versteckt in einem gepflegten Steingarten das alte Romantik-Hotel U Raka. Das stimmungsvolle Holz-Cottage mit lediglich sechs eleganten Doppelzimmern mit niedrigen Holzbalkendecken, Holzboden und Backsteinkaminen wurde Ende des 18. Jhs. erbaut. Mit seinen gemütlichen Schlafzimmern, dem recht aufmerksamen Personal, der kunstbefliesenen Einrichtung und dem Frühstücksraum im Landhausstil bietet sich hier eine romantische Unterkunft wie aus dem Bilderbuch. Die Burg ist nur zehn Minuten zu Fuß entfernt. Angesichts der wenigen Zimmer sollten Gäste mindestens sechs Monate im Voraus buchen.

HOTEL MONASTERY
HOTEL €€

Karte S. 362 (☎233 090 200; www.hotelmo nastery.cz; Strahovské nádvoří 13; EZ/DZ ab 2500/2800 Kč; 🚪❄@🛜; 🏠22, 25) In diesem kleinen Hotel im friedlichen Hof des Strahov-Klosters trifft die Geschichte auf die Moderne. Der einzige „Lärm", der hier zu hören ist, stammt vom gelegentlichen Läuten der Kirchenglocken. Die zwölf ungewöhnlich geschnittenen Räume in einem Gebäude aus dem 17. Jh. haben ein helles, modernes Facelifting bekommen mit polierten Holzböden, weißen Wänden (an denen einige beeindruckende Pragfotos hängen) sowie farbenfrohen Bettdecken und gemütliche Sofas.

🛏 Malá Strana

LOKÁL INN
GASTHAUS €€

Karte S. 360 (☎257 014 800; www.lokalinn.cz; Míšeňská 12; DZ/Suite ab 3475/4475 Kč; ❄🛜; 🏠12, 20, 22) Polierte Parkettböden und bemalte Holzdecken schmücken das aus dem 18. Jh. stammende Haus, das vom Prager Barockarchitekten Kilian Dientzenhofer entworfen wurde. Die acht Zimmer und vier Suiten wirken elegant und sind keineswegs überladen. Im rustikalen Gewölbekeller befindet sich ein zu Recht beliebtes Lokal, das von den gleichen Betreibern wie das Lokál (S. 118), einem gutbesuchten Bierkeller in Staré Město, geführt wird. (Wer schlafen möchte bevor die Kneipe schließt, sollte bei der Buchung nach einem ruhigen Zimmer fragen.)

HOTEL NERUDA
BOUTIQUEHOTEL €€

Karte S. 360 (☎257 535 557; www.hotel neruda.cz; Nerudova 44; Zi. ab 2225 Kč; ❄❄🛜; 🏠12, 20, 22) Das Neruda befindet sich in einem geschmackvoll renovierten, gotischen Haus aus dem Jahr 1348. Sein schickes, minimalistisches Dekor in zurückhaltenden Tönen wird durch gelegentliche Farbtupfer aufgelockert; es gibt einen Wintergarten und eine sonnige Dachterrasse. Die meisten der ebenso minimalistischen Zimmer sind gut geschnitten. Achtung: Manche Räume im obersten Stock sind sehr klein – am besten nach einer Unterkunft im 1. oder 2. Stock fragen.

HOTEL ARIA
BOUTIQUEHOTEL €€€

Karte S. 360 (☎225 334 111; www.ariahotel. net; Tržíště 9; DZ ab 6625 Kč; 🚪❄@🛜; 🏠12, 20, 22) Im Aria finden Gäste 5-Sterne-Luxus in musikalischem Look: Jedes der vier Stockwerke ist einer bestimmten Musikrichtung gewidmet (Jazz, Oper, Klassik und moderne Klänge). Die Zimmer repräsentieren jeweils bestimmte Künstler oder Musiker – eine Auswahl ihrer Werke kann man sich über eine Stereoanlage anhören. Der kompetente Service ist auf Zack. In den Zimmern finden Gäste schicke Bettwäsche, dicke Federbetten und Hygieneartikel von Molton Brown vor. Naschkatzen freuen sich über die kostenlose Schokolade.

GOLDEN WELL HOTEL
HOTEL €€€

Karte S. 360 (☎257 011 213; www.golden well.cz; U Zlaté Studně 4; DZ/Suite ab 6250/12.500 Kč; 🚪❄❄@🛜; Ⓜ️Malostranská) Das

Golden Well gehört zu den versteckten Schätzen von Malá Strana. Das Renaissance-Haus, das einst Kaiser Rudolf II. gehörte, liegt versteckt am Ende einer Sackgasse mit Kopfsteinpflaster am Südhang des Burgberges. Die ruhigen und geräumigen Zimmer sind mit glänzenden Holzböden und Möbeln im antiken Stil ausgestattet. Die blau-weißen Bäder verfügen über Fußbodenheizung und Whirlpoolwannen. Viele bieten einen schönen Blick auf die Schlossgärten. Das Hotel hat ein ausgezeichnetes **Restaurant** (Karte S. 360; ☑257 533 322; www.terasauzlatestudne.cz; U Zlaté Studně 4; Hauptgerichte 720–1150 Kč; ⊙12–23 Uhr; Ⓜ Malostranská) und eine Terrasse mit toller Sicht auf die Stadt.

HUNGER WALL RESIDENCE
APARTMENTS €€

Karte S. 360 (☑257 404 040; www.hungerwall. eu; Plaská 8; 2-Pers.-Apt. ab 2850 Kč; ⊜🛜; 🚌6, 9, 12, 20) Die Hunger Wall Residence bietet helle, schicke, modernisierte Apartments zu sehr guten Preisen. Vom freundlichen Willkommen an der Rezeption bis zu den makellos sauberen Zimmern – hier verbreitet alles die Atmosphäre „Neu-Prag". Zur Residence gehört auch ein ausgezeichnetes Café (S. 93), ein Tagungsraum und ein kleiner Fitnessraum. Die Unterkunft liegt im ruhigen südlichen Teil von Malá Strana, nur zwei Straßenbahnhaltestellen südlich von Malostranské náměstí und der Karlsbrücke entfernt.

PENSION DIENTZENHOFER
PENSION €€

Karte S. 360 (☑257 311 319; www.dientzen hofer.cz; Nosticova 2; EZ/DZ/Suite ab 1725/ 2425/3750 Kč; ⊜🛜; 🚌12, 20, 22) Wer hier übernachtet, spürt den Atem der Geschichte – das hübsche Haus aus dem 16. Jh. war früher das Wohnhaus der Familie Dientzenhofer, der Architektenfamilie, die viele der berühmtesten Barock-Häuser der Stadt entworfen hat. Es liegt in einem ruhigen Park nur fünf Gehminuten von der Karlsbrücke entfernt, hat sieben schlichte, aber recht gemütliche Zimmer und einige erschwingliche Suiten mit Platz für bis zu fünf Personen.

DESIGN HOTEL SAX
HOTEL €€

Karte S. 360 (☑257 531 268; www.hotelsax. cz; Jánský vršek 3; EZ/DZ ab 2175/2950 Kč; ⊜✳@🛜; 🚌12, 20, 22) Das in einer ruhigen Ecke von Malá Strana zwischen Botschaften und Klostergärten gelegene Sax ist erfrischend anders. Von außen ist das Haus dem 18. Jh. zuzurechnen, die Innenräume wurden aber mit Möbelklassikern und Design aus den 1950er-, 1960er- und 1970er-Jahren neu gestaltet. Der frühere Innenhof hat jetzt ein kühnes Glasdach, die Zimmer sind schick und schnörkellos, das Retro-Dekor ist mutig und farbenfroh und der Service tadellos.

DŮM U VELKÉ BOTY
PENSION €€

Karte S. 360 (☑257 532 088; www.dumuvelke boty.cz; Vlašská 30; DZ 3150 Kč; ⊜🛜; 🚌12, 20, 22) Lage, Lage, Lage – drei kurze Worte, die viel bedeuten. Das reizende kleine „Haus am großen Stiefel" liegt an einem ruhigen Platz gegenüber der deutschen Botschaft, nur fünf Minuten Fußweg von der Burg und der Karlsbrücke entfernt. Die verwinkelten antiken Räume sind unaufdringlich, aber elegant und stilvoll möbliert – für Familien gibt es zwei Doppelzimmer mit Verbindungstür und gemeinsamem Bad. Die Besitzer sind außerordentlich hilfsbereit.

🛏 Staré Město

RESIDENCE KAROLINA
APARTMENTS €€

Karte S. 364 (☑224 990 900; www.residence karolina.com; Karoliny Světlé 4; 2-/4-Pers.-Apt. 3175/5475 Kč; ⊜@🛜; 🚌6, 9, 19, 21, 22) Wir müssen für die 20 wunderschön eingerichteten Wohnungen eine neue Klassifizierung erfinden – Boutiqueapartments. Alle Wohnungen haben ein oder zwei Schlafzimmer, große Wohnzimmer mit bequemen Sofas und Flachbildfernseher, schicke, moderne Küchen und Essecken. Die Lage an einer ruhigen Straße nahe einer großen Straßenbahnhaltestelle ist auch gut, und nur zwei Blocks entfernt gibt es einen Tesco-Supermarkt für Selbstversorger.

SAVIC HOTEL
HOTEL €€€

Karte S. 364 (☑224 248 555; www.savic.eu; Jilská 7; Zi. ab 4125 Kč; ✳@🛜; Ⓜ Národní Třída) Im Savic weiß man den Gast zu erfreuen – z. B. durch ein kostenloses Glas Wein zur Begrüßung oder durch bequeme, riesige Betten. Das im früheren Kloster St. Ägidius untergebrachte Hotel ist voller Charakter und netter altmodischer Details wie Steinkaminen, schönen bemalten Holzdecken und Fresken. Die Zimmer sind mit Parkettböden, dunklen Möbeln, Ohrensesseln und edlen Sofas ausgestattet und die Bäder mit poliertem Marmor gefliest.

GRAND HOTEL PRAHA APARTMENTS €€€

Karte S. 364 (☑221 632 556; www.grand-hotelpraha.cz; Staroměstské náměstí 22-25; Zi. ab 4250 Kč, Apt. ab 6225 Kč; ❄@🛜; Ⓜ Staroměstská) Drei wunderschöne Barockgebäude am Altstädter Ring wurden zu einem Luxushotel mit großen, gut geschnittenen Zimmern mit schweren antiken Möbeln und Teppichen, Gemälden, Holzböden und Kronleuchtern umgebaut. Einige haben sogar bemalte Holzdecken. Am luxuriösesten ist die Apostolische Residence (Nr. 25), die eine wunderschöne Dachwohnung (für bis zu 5 Pers.), Wendeltreppe und massive Holzbalken hat. Einzigartig ist die Lage: Wer aus dem Fenster schaut, blickt auf die Astronomische Uhr.

HOTEL U MEDVÍDKŮ PENSION €€

Karte S. 364 (☑224 211 916; www.umedvidku.cz; Na Perštýně 7; EZ/DZ/3BZ ab 1950/2450/2950 Kč; @🛜; ⓂNárodní Třída) Gemütlich und zentral gelegen – „Zum kleinen Bären" ist ein traditionelles Gasthaus (S. 121) am Südrand der Altstadt, das auch Zimmer anbietet. Diese haben polierte Holzböden und dunkle Holzmöbel sowie geräumige Bäder (mit viel Druck in der Leitung). In einigen Räume im Erdgeschoss finden sich bemalte Holzdecken aus der Renaissance, und manche sind sogar so groß, dass man sie „Suite" nennen könnte. Die „historischen" Zimmer haben mehr Stil, kosten allerdings 10 % mehr als die regulären Unterkünfte.

HOTEL JOSEF BOUTIQUEHOTEL €€

Karte S. 364 (☑221 700 111; www.hoteljosef.com; Rybná 20; EZ/DZ ab 3225/3475 Kč; ❄@🛜; ⓂNáměstí Republiky) Das Josef wurde von der in London wohnenden tschechischen Architektin Eva Jiřičná entworfen und ist eines der schicksten modernen Hotels in Prag. Das minimalistische Design, das bereits in der schlichten weißen Lobby mit der gläsernen Wendeltreppe sichtbar ist, setzt sich in den Zimmern fort – hier ist alles klar und einfach, feine, neutrale Farbtöne beherrschen das Bild. Besonders schick sind die mit Glas abgetrennten Bäder, die extra große Regenfallduschen bieten sowie Waschbecken aus Glas.

PERLA HOTEL BOUTIQUEHOTEL €€

Karte S. 364 (☑221 667 707; www.perlahotel.cz; Perlová 1; EZ/DZ ab 1975/2225 Kč; ➰🛜; ⓂMůstek) Die „Perle" in der „Perlenstraße" ist ein typischer Vertreter der schicken, attraktiven Desingerhotels, die überall im

Zentrum der Stadt aus dem Boden geschossen sind. Hier hat sich der Inneneinrichter – welch Überraschung – vom Perlenmotiv inspirieren lassen; diese tauchen überall auf: Von den Riesenperlen, die den Tresen der Rezeption bilden, bis hin zur verführerischen Seidenbettwäsche und den riesigen Siebdrucken an den Zimmerwänden. Die Räume sind eher klein, aber schick und modern eingerichtet. Einen netten Kontrast zu den gedeckten Farben bilden die hellroten Lackstühle und die glänzenden, schwarz gefliesten Bäder.

U ZELENÉHO VĚNCE Pension €€

Karte S. 364 (☑222 220 178; www.uzv.cz; Řetězová 10; EZ/DZ/3BZ 2000/2600/2900 Kč; @🛜; 🚋17, 18) Der in einer ruhigen Seitenstraße gelegene „Grüne Kranz" ist nur wenige Gehminuten vom Altstädter Ring entfernt. Die Pension ist trotz ihrer zentralen Lage ein erstaunlich dörfliches Plätzchen. Die in einem sanierten Gebäude untergebrachte Pension hat ihren Namen vom Hausschild über der Eingangstür. Die Zimmer sind unterschiedlich groß – einige winzig, andere geräumig. Alle sind makellos sauber und einfach, aber hübsch eingerichtet. In den Dachzimmern wurden die Dachbalken freigelegt. Der Besitzer spricht Englisch, ist immer höflich und hilfsbereit.

OLD PRAGUE HOSTEL HOSTEL €

Karte S. 364 (☑224 829 058; www.oldpraguehostel.com; Benediktská 2; B ab 375 Kč, EZ/DZ ab 1000/1200 Kč; ➰@🛜; ⓂNáměstí Republiky) Fröhlich und einladend, mit bunten, selbst gemalten Bildern an den Wänden – so zeigt sich eines der geselligsten Hostels in Prag, das eine bunt gemischte Gästeschar aus Backpackern und Familien beherbergt. Hier gibt es viele Annehmlichkeiten wie Schließfächer in den Schlafsälen und Gepäckaufbewahrung. Die Rezeption ist rund um die Uhr besetzt, nur die Matratzen in den Stockbetten sind etwas dünn. Die Mitarbeiter sind sehr hilfsbereit, die Lage könnte kaum zentraler sein – nur fünf Minuten Fußweg östlich des Altstädter Rings.

🛏 Nové Město

SMOSAIC HOUSE HOTEL, HOSTEL €€

Karte S. 370 (☑221 595 350; www.mosaichouse.com; Odboru 4; EZ/DZ ab 1840/2520 Kč, B ab 300 Kč; ➰🛜; ⓂKarlovo Náměstí)

Das Mosaic House, eine Mischung aus 4-Sterne-Hotel und Boutiquehostel, ist ein wahres Füllhorn an Designideen – vom original erhaltenen Mosaik aus den 1930er-Jahren im Eingangsbereich bis zu den silbergefärbten Ästen, die als Kleiderhaken dienen. Die Schlafsäle für Backpacker liegen etwas abseits der Hotelzimmer, haben aber die gleiche gute Einrichtung. Die Zimmer im obersten Stock sind etwa 33 % teurer als die Standardzimmer, bieten aber große Balkone mit Blick auf die Stadt und sind ruhig. Alle haben absolut schicke Bäder mit wassersparenden Regenfallduschen. Außerdem besitzt das Hotel eine umweltfreundliche Heizung, Solartechnik, und sogar das Brauchwasser wird recycelt.

FUSION HOTEL
BOUTIQUEHOTEL, HOSTEL €

Karte S. 368 (☑226 222 800; www.fusionho tels.com; Panská 9; B/DZ/3BZ 400/2000/ 2600 Kč; @📶; Ⓜ3, 9, 14, 24) Das Hotel bezeichnet sich selbst als erschwingliches Designhotel und besitzt auf jeden Fall jede Menge Stil. Von der Drehbar bis zu den witzigen Sofas, die in den Gemeinschaftsräumen stehen, und den individuell ausgestatteten Zimmern, die an kleine Galerien mit moderner Kunst denken lassen – das ganze Hotel strahlt mit seinen weißen Wänden, schwarzen Kanten und gelegentlichen bunten Tupfern viel Designerschick aus. Gäste können in den coolsten Schlafsälen Europas übernachten oder in Doppel-, Dreibett- oder Familienzimmern, alle wurden mit Werken junger tschechischer Künstler ausgestattet und besitzen Extras wie Apple TV.

HOTEL YASMIN
BOUTIQUEHOTEL €€

Karte S. 370 (☑234 100 100; www.hotel-yas min.cz; Politických Vězňů 12; Zi. ab 3600 Kč; P✳@📶; ⓂMuzeum) Das Designhotel einen Block östlich des Wenzelsplatzes ist eine todschicke Mischung aus Weltraumzeitalter und Öko-Bewegung. Alle öffentlichen Räume sind mit stilisierten Jasminblüten bemalt und mit Arrangements aus Birkenzweigen und Edelstahlkugeln dekoriert. Die geräumigen Zimmer sind in Weiß, Beige und Hellbraun gehalten, die klaren Linien werden durch Pflanzen, Blumen und eine geschwungene Kante aufgelockert. Die Bäder bieten schwarze Fliesen und Chrom.

HOTEL SUITE HOME
APARTMENTS €€

Karte S. 370 (☑222 230 833; www.hotelsu ite homeprague.com; Příčná 2; 2-Pers.-Suite ab 3850 Kč; ➲@📶; ⓂKarlovo Náměstí) Die Adresse ist eine gelungene Mischung aus Ferienwohnung und Hotel: Die Gäste genießen nicht nur großzügige Apartments mit Bad und Küche, sondern auch die Bequemlichkeiten eines Hotels mit Rezeption, Zimmermädchen und Frühstücksraum. Die Apartments mit Platz für bis zu sechs Personen sind ideal für Familien. Alle Zimmer sind antik eingerichtet, vom obersten Stock bietet sich ein Blick bis zur Burg. Ein kleiner Lift erleichtert den Weg nach oben. Auf der Website sind Sonderpreise aufgeführt.

ICON HOTEL
BOUTIQUEHOTEL €€€

Karte S. 370 (☑221 634 100; www.iconhotel.eu; V Jámě 6; Zi. ab 3000 Kč; ✳@📶; Ⓜ3, 9, 14, 24) Die Mitarbeiter tragen Kleidung von Diesel, die Computer sind von Apple, die Betten von Hästens – fast alles in diesem tollen Boutiquehotel trägt einen Designerstempel. Das Icon gehört zu den In-Hotels von Europa, die schlichten, minimalistischen Zimmer werden durch purpurrote Bettdecken belebt, die nachgemachten geschwungenen Art-Deco-Sessel sind von Modernista (S. 124). Zur Hightech-Ausrüstung der Zimmer gehören iPod-Docks, Skype-Telefone und Safes, die auf Fingerabdrücke reagieren.

HOTEL 16 U SV KATEŘINY
HOTEL €€

Karte S. 370 (☑224 920 636; www.hotel16. cz; Kateřinská 16; EZ/DZ/3BZ 2400/3000/ 3600 Kč; ➲✳@📶; ⓂKarlovo Náměstí) Das Hotel 16 liegt in der Nähe des Botanischen Gartens und nur fünf Minuten Fußweg von der U-Bahnstation Karlovo Náměstí entfernt. Das freundliche Haus in Familienbesitz mit nur 14 Zimmern liegt in einer sehr ruhigen Ecke der Stadt, wo eher Vogelgezwitscher als Verkehrslärm zu hören ist. Die Zimmer sind unterschiedlich groß und einfach, aber geschickt eingerichtet; die schönsten, nach hinten raus, haben Sicht auf den idyllischen Garten. Das Frühstücksbüfett ist im Preis eingeschlossen. Das Hotel hat einen Fahrstuhl.

MISS SOPHIE'S
HOSTEL €

Karte S. 370 (☑296 303 530; www.miss-so phies.com; Melounova 3; B ab 410 Kč, EZ/DZ/ Apt. 1760/2000/2360 Kč; ➲@📶; ⓂIP Pavlova) Das Hostel am Südrand der Neustadt ist eine angenehme Alternative zu den herkömmlichen gesichtslosen Backpacker-Unterkünften. Fußböden mit Eichenfurnieren und schlichte, minimalistische Deko verbreiten einen Hauch von Moderne. Viel Sichtbeton geht mit neutralen Farben eine gelungene Symbiose ein. Die Betten haben schwarze Metallrahmen. In die Glasscheiben der berühmten „Designerduschen" ist das Hauslogo eingraviert, dahinter spenden übergroße „Regenköpfe" erfrischendes Nass. Unter dem roten Backsteingewölbe der supercoolen Kellerlounge stehen schwarze Ledersofas. Das junge Personal an der rund um die Uhr geöffneten Rezeption spricht mehrere Sprachen und hat für Gäste immer ein offenes Ohr.

ARTHARMONY   PENSION €

Karte S. 370 (☑222 542 931; www.artharmony. cz; Ječná 12; B/DZ ab 325/1800 Kč; ☺☎; ☐4, 6, 10, 16, 22) Die Pension sticht mit ihrer gewöhnungsbedürftigen Einrichtung aus der Menge heraus; es gibt farbenfrohe Wandgemälde, rustikales Holz und echte Silberbirken. Die Atmosphäre ist unverkrampft, familienfreundlich und etwas hippiemäßig angehaucht, und die Gäste haben die Wahl zwischen einer Unterkunft in einer Art Schlafsaal (für drei bis sechs Personen), im Doppelzimmer mit Gemeinschaftsbad oder im Zimmer mit eigenem Bad. Die Mitarbeiter sind sehr hilfsbereit, es gibt einen Aufenthaltsraum und eine Gemeinschaftsküche. Achtung: Die Rezeption ist im 1. Stock, und es gibt keinen Fahrstuhl.

🛏 Vinohrady & Vršovice

LE PALAIS HOTEL   HOTEL €€€

Karte S. 376 (☑234 634 111; www.vi-hotels. com; U Zvonařky 1, Vinohrady; Zi. ab 230 €, Suite ab 400 €; P☺✳@☎; ☐6, 11) Das Palais befindet sich in einem tollen Belle-Époque-Gebäude aus dem späten 19. Jh., in dem der tschechische Künstler Luděk Marold (1865–1898) gewohnt hat (seine Wohnung umfasste die heutigen Zimmer 407 bis 412). Es wurde sehr schön saniert, auch die ursprünglichen Bodenmosaiken, Kamine, Marmortreppen, gusseisernen Geländer, Fresken, Deckengemälde und feinen Stuckarbeiten.

Die luxuriösen Zimmer sind in warmen Gelb- und Rosatönen gehalten, und die Suiten – von denen einige im Eckturm liegen, andere einen Südbalkon haben – profitieren von der perfekten Lage des Hotels auf einem Felsen mit Blick auf die Festung Vyšehrad. Vorteilhaft ist natürlich auch, dass die Bars und Restaurants von Vinohrady mühelos zu Fuß zu erreichen sind, und

auch zum Wenzelsplatz benötigt man zu Fuß lediglich rund 15 Minuten.

LOUREN HOTEL   BOUTIQUEHOTEL €€€

Karte S.376 (☑224 250 025; www. louren.cz; Slezská 55, Vinohrady; EZ/DZ/Suite 4500/4800/5500 Kč; ☺✳@☎; ☐11, MJiřího z Poděbrad) Das Louren, ein kleines luxuriöses Hotel, ist bei Geschäftsreisenden sehr beliebt. Das beeindruckende Haus aus dem 19. Jh. hat 13 Zimmer und sieben Suiten. Zur geschmackvollen Einrichtung und dem aufmerksamen Service gesellen sich kleine Extras wie Bademäntel und frische Blumen. Die Zimmer sind in ruhigen, neutralen Farbtönen (viel Crèmetöne und helles Holz) gestaltet.

Das Haus, erbaut im Jahr 1889, hat heute seine ehemalige Schönheit zurückerhalten. Der Service ist perfekt, die Mitarbeiter sind zuvorkommend und sehr engagiert. Auf der Website werden häufig günstige Tarife angeboten.

ARKADA   BOUTIQUEHOTEL €€

Karte S. 376 (☑242 429 111; www.arkadahotel. cz; Balbínová 8, Vinohrady; EZ/DZ ab 70/90 €; P☺@☎; ☐11, MMuzeum) Das relativ neue Hotel in Vinohrady bietet eine gute Mischung aus Komfort und Lage. Die Zimmer sind gut ausgestattet und der Retro-Stil aus den 1930er-Jahren passt zum Stil des Hauses. Alle Zimmer verfügen über Flachbildfernseher, kostenloses Internet und Minibar. Es lohnt sich, einige Zimmer zuerst anzusehen, denn sie sind alle unterschiedlich eingerichtet.

Das Hotel liegt nur fünf Minuten zu Fuß vom Wenzelsplatz entfernt und nicht weit weg von einigen guten Clubs und Restaurants in Vinohrady.

CZECH INN   HOSTEL, HOTEL €

Karte S. 376 (☑267 267 600; www.czech-inn. com; Francouzská 76, Vinohrady; B 285–385 Kč, EZ/DZ 1320/1540 Kč, Apt. ab 1650 Kč; P☺@☎; ☐4, 22) Das Czech Inn nennt sich selbst Hostel, aber die Bezeichnung „Boutique" wäre gar nicht so falsch. Alles scheint von einem Industriedesigner entworfen zu sein, vom Eisenbett bis zum Fußboden aus gebürstetem Stahl und den minimalistischen eckigen Waschbecken. Angeboten werden die unterschiedlichsten Unterkunftsmöglichkeiten: einfache Schlafsäle, Doppelzimmer mit oder ohne eigenes Bad und Apartments.

Weitere Pluspunkte für diese Unterkunft sind die Internetterminals in der Lobby und das ausgezeichnete Frühstücksbüfett im angeschlossenen Café. Zur nächsten U-Bahnstation sind es zu Fuß 10 Minuten, es fährt aber auch eine Straßenbahn.

PENSION KRÁLOVSKÝ VINOHRAD PENSION €

Karte S. 376 (☑222 515 093; www.kralovsky vinohrad.cz; Šmilovského 10, Vinohrady; DZ ab 1500 Kč, Suite ab 2100 Kč; P ➔ @; ☒4, 22) Die Pension befindet sich in einem hübschen im Jahr 1910 erbauten Wohnhaus in einer baumbestandenen Seitenstraße. Die günstigeren Zimmer sind eher schlicht, aber funktionell eingerichtet, die größeren Zimmer und „Suiten" (mit zwei Zimmern) mit antikem Mobiliar und Möbeln aus Pinienholz etwas hübscher ausgestatten. Die Suiten besitzen auch eine Minibar sowie Tisch und Sessel. Auf der Website wird großzügiger Rabatt angeboten.

HOTEL ANNA HOTEL, PENSION €€

Karte S. 376 (☑222 513 111; www.hotelanna. cz; Budečská 17, Vinohrady; EZ/DZ ab 70/90 €, Suite ab 100 €; P ➔ @ 🛜; M Náměstí Míru) Das kleine, freundliche Hotel Anna befindet sich in einem Gebäude aus dem späten 19. Jh., das noch viele Merkmale des Jugendstils besitzt. Die Mitarbeiter sind hilfsbereit und sachkundig, die Zimmer hell und fröhlich, mit geblümten Bettdecken und kunstvollen Schwarzweiß-Fotos von Prager Gebäuden an den Wänden. Im obersten Stock befinden sich zwei kleine Suiten, eine davon bietet einen tollen Blick bis zur Burg.

Das Hotel liegt abseits in einer ruhigen Seitenstraße, nahe der U-Bahn und in Reichweite vieler guter Restaurants und Kneipen. Zum oberen Ende des Wenzelsplatzes sind es zu Fuß nur 10 Minuten. Auf der Website finden sich regelmäßig günstige Angebote.

HOLIDAY HOME PENSION €

Karte S. 376 (☑222 512 710; www.holiday home. cz; Americká 37, Vinohrady; EZ/DZ ab 1225/1450 Kč; P ➔ @ 🛜; M Náměstí Míru) Diese einfache Pension, die in einem der schönsten Prager Viertel liegt, ist ihr Geld wert. Trotz der eleganten Umgebung darf man aber auch nicht zu viel erwarten. Die Zimmer sind schlicht und klein und haben winzige Betten. Die Lage ist jedoch ideal, so reicht zur U-Bahnhaltestelle Náměstí Míru ein kurzer Fußweg.

AMETYST BOUTIQUEHOTEL €€€

Karte S. 376 (☑222 921 921; www.hotelame tyst.cz; Jana Masaryka 11, Vinohrady; EZ/DZ ab 160/225 €; P ➔ ✳ @ 🛜; M Náměstí Míru) Der glänzende Ametyst bewegt sich zwischen Boutique und Hotel, die schicke Retro-Lobby und die Zimmer mit Hartholzböden, auffälligen Lampen und Flachbildfernseher gehören sicherlich in den Boutique-Bereich. Alle Zimmer haben Klimaanlage und WLAN, die Bäder bieten nicht nur einen Föhn, sondern auch eine Badewanne.

Leider sind die Zimmerpreise in den vergangenen Jahren stark gestiegen, obwohl das Hotel auf seiner Website häufig Sonderpreise anbietet. In der näheren Umgebung gibt es viele hübsche Plätze zum Ausruhen; die Gegend ist eine der grünsten von Vinohrady.

HOTEL LUNÍK HOTEL €€

Karte S. 376 (☑224 253 974; www.hotel-lunik.cz; Londýnská 50, Vinohrady; EZ/DZ ab 2100/3000 Kč; P ➔ @; M Náměstí Míru oder IP Pavlova) Sauber, attraktiv und überschaubar – das Hotel Luník befindet sich in einer ruhigen Wohnstraße einen Block vom Friedensplatz entfernt und zwischen den U-Bahnstationen Náměstí Míru und IP Pavlova. Die Lobby und die öffentlichen Räume strahlen eine dezente Kultiviertheit aus. Die gemütlichen, etwas altmodischen Zimmer haben attraktive grün gefliese Bäder. Mit dem freundlichen Mitarbeiter an der Rezeption kann man in einer ruhigen Nacht mit wenig Betrieb über den Zimmerpreis verhandeln.

ORION APARTMENTS €€

Karte S. 376 (☑222 521 706; www.okhotels. cz; Americká 9, Vinohrady; 2-/4-Pers.-Apt. 2100/2400 Kč; P ➔ @ 🛜; M Náměstí Míru) Die Adresse verspricht günstige Apartments in einer gepflegten Gegend von Vinohrady und in fußläufiger Entfernung zu Náměstí Míru und Havlíčkovy sady. Alle 26 Wohnungen haben kleine Küchen mit Kühlschrank und Kaffeekocher; einige Wohnungen sind so groß, dass auch Gruppen dort übernachten können. Da die Zimmer doch recht unterschiedlich ausgestattet sind (manche haben Holzböden, andere Teppichboden), sollte man sich besser vor dem Buchen einige anschauen.

SCHLAFEN VINOHRADY & VRŠOVICE

🛏 Žižkov & Karlín

HOTEL ALWYN BOUTIQUEHOTEL €€

Karte S. 378 (📱222 334 200; www.hotelalwyn.
cz; Vítkova 26, Karlín; EZ/DZ ab 2900/3400
Kč; ❋◉🛜; 🚋8, 24) Das Alwyn ist das erste
Designerhotel im aufstrebenden Viertel Karlín. Es liegt in einer ruhigen Seitenstraße
nur ein paar Straßenbahnhaltestellen östlich der Altstadt. Das Haus ist erfrischend
modern in den Farben Schokoladenbraun,
Beige und Dunkelorange gehalten, in der
Cocktailbar finden sich polierte Holzböden und schöne Sofas, in die Zimmer selbst
wurden superbequeme Hästens-Betten gestellt. Das Hotel eignet sich sowohl für Ge-
schäftsreisende als auch für Urlauber – es
gibt einen Tagungsraum, ein Fitnessstudio,
eine Sauna und einen Massageraum.

HOTEL THEATRINO HOTEL €€

Karte S. 378 (📱227 031 894; www.hotel the-
atrino.cz; Bořivojova 53, Žižkov; EZ/DZ ab
1925/2125 Kč; ◉🛜; 🚋5, 9, 26) Die Einrichtung vieler Boutiquehotels kann man
nicht anders als theatralisch beschreiben,
aber es dürfte nur wenige geben, die wie
dieses Hotel wirklich als Theater geplant
wurden. Gebaut wurde das Jugendstilthea-
ter 1910, heute ist das ursprünglich als Kulturzentrum genutzte Gebäude ein Hotel– es
ist Žižkovs Pendant zum Repräsentationshaus. Im einstigen Zuschauersaal wird das
hervorragende Frühstücksbüffet serviert.
Die Zimmer sind eher sparsam und modern
möbliert und bieten noch einige Jugendstil-
elemente wie beispielsweise schmiedeeiserne Gitter und Buntglasfenster.

HOSTEL ELF HOSTEL €

Karte S. 378 (📱222 540 963; www.hostelelf.
com; Husitská 11, Žižkov; B ab 340 Kč, EZ/DZ
1230/1960 Kč; ◉🛜; Ⓜ Florenc) Jung, hip
und gesellig, das Hostel Elf ist eine gute
Anlaufstelle für fröhliche, aufgeschlossene
Backpacker aus aller Welt. Die gepflegten
Schlafsäle sind makellos sauber, die Wände mit leuchtender Graffiti und Wandgemälden geschmückt. Das Haus hat einen
kleinen Biergarten und eine gemütliche
Lounge. Außerdem gibt es kostenlos Kaffee
und Tee sowie günstiges Bier. Direkt vor
der Tür liegt Žižkov mit seinen vielen Kneipen. Einziger Schwachpunkt ist die laute
Bahnstrecke, die in der Nähe verläuft. Bis
zur Bus- und U-Bahnstation Florenc sind es
höchstens zehn Minuten Fußweg. Die Ge-

gend sieht zwar etwas heruntergekommen
aus, ist aber dennoch sicher.

🛏 Holešovice, Bubeneč & Dejvice

ABSOLUTUM HOTEL BOUTIQUEHOTEL €€

Karte S. 380 (📱222 541 406; www.abso
lutumhotel.cz; Jablonského 639/4, Holešovice;
EZ/DZ 2500/3200 Kč; 🅿➡❋◉🛜; 🚊 Praha-
Holešovice, Ⓜ Nádraží Holešovice) Das Absolutum, ein sehr empfehlenswertes, auffälliges
Boutiquehotel, liegt gegenüber der Nádraží
Holešovice-U-Bahnstation. Die Umgebung
würde zwar keinen Blumentopf gewinnen,
doch die Ausstattung des Hotels macht das
mehr als wett – schön eingerichtete Zimmer mit freigelegten Ziegelmauern, gut
ausgestattete moderne Bäder (manche mit
Wanne), Klimaanlage, ein ausgezeichnetes
Restaurant, ein Fitnesscenter und kostenlose Parkplätze.

Die freundlichen Mitarbeiter lassen
manchmal, wenn wenig Betrieb ist, mit sich
über den Zimmerpreis reden. Das Hotelrestaurant liegt so dicht am Bahnhof Praha-
Holešovice, dass man es für einen kleinen
Imbiss besuchen könnte, wenn man auf
einen Zug warten muss.

SIR TOBY'S HOSTEL HOSTEL €

Karte S. 380 (📱246 032 610; www.sirtobys.com;
Dělnická 24, Holešovice; B 200–400 Kč, EZ/DZ
950/1200 Kč; 🅿➡◉🛜; 🚋1, 3, 5, 25) Das Sir
Toby's befindet sich in einem renovierten
Wohnhaus nur zehn Straßenbahnminuten
von der Innenstadt entfernt. Es bietet eine
große Küche und einen Gemeinschafts-
raum. Die Schlafsäle haben sechs bis zehn
Stockbetten, es gibt Räume nur für Frau-
en, und die größeren Schlafsäle gehören
zu den günstigsten Unterkünften in Prag.
Alle Zimmer sind hell und sauber, aber man
darf nichts Tolles erwarten.

Die Matratzen sind etwas dünn, dafür
gibt es Bettwäsche und Bettdecken gibt es
kostenlos. Für Selbstversorger steht eine
Gemeinschaftsküche zur Verfügung. Das
Hostel bietet außerdem einen Aufenthaltsraum und einen hübschen Garten zum Ausruhen und Entspannen.

🏊 PLAZA ALTA HOTEL HOTEL €€

Karte S. 380 (📱220 407 082; www.plaza
hotelalta.com; Ortenovo náměstí 22, Holešovice;
EZ/DZ ab 80/100 €; 🅿➡❋◉🛜; 🚋5, 12, 15,

MNádraží Holešovice) Das schickste Hotel in dieser Gegend wird meistens von Geschäftsreisenden gebucht und von Touristen, die ein Haus mit allen Annehmlichkeiten und gleichzeitig günstiger Lage suchen. Zum Bahnhof Praha-Holešovice ist es nur eine Station mit der Straßenbahn, die U-Bahnstation Nádraží Holešovice ist auch nicht weit entfernt. Die Zimmer sind geschmackvoll eingerichtet, haben komfortable Matratzen und mutig gestreifte Bettdecken. Alle Zimmer bieten Klimaanlage und Minibar.

Auf der Website werden oft günstige Zimmerpreise, Extras oder Arrangements angeboten. Das Restaurant „7 Taco" im Erdgeschoss serviert bis 23 Uhr mexikanische Gerichte und ist keine schlechte Wahl für alle, die erst spät abends ankommen und das Hotel nicht noch einmal verlassen möchten.

HOTEL LEON
HOSTEL, HOTEL €

Karte S. 380 (✆220 941 351; www.antee.cz; Ortenovo náměstí 26, Holešovice; EZ/DZ ab 940/1440 Kč; P🖱@; 🚋5, 12, 15, MNádraží Holešovice) Das Hotel Leon wirbt damit, eine Kreuzung aus Hostel und kleinem Hotel zu sein. Und tatsächlich ist es viel besser als die üblichen Hostels, aber kaum teurer (vor allem wenn man ein Drei- oder Vierbettzimmer nimmt). Die Zimmer sind einfach (ohne TV), aber ruhig, und sauber und haben ein angeschlossenes Bad.

Wer lärmempfindlich ist, sollte ein Zimmer hinten raus mit Blick auf den Garten nehmen. Es gibt ein Fernsehzimmer und einen Gemeinschaftscomputer mit Internetzugang. Die Unterkunft ist eine Straßenbahnhaltestelle (Ortenovo náměstí) vom Nádraží Holešovice und der gleichnamigen Metrostation entfernt.

HOTEL DENISA
PENSION, HOTEL €€

Karte S. 382 (✆224 318 969; www.hotel-denisa.cz; Národní Obrany 33, Dejvice; EZ/DZ ab 1620/1800 Kč; P🖱@🛜; MDejvická) Das kleine familiengeführte Hotel befindet sich in einer ruhigen Nebenstraße in einem Wohnhaus aus der Jahrhundertwende. Es wurde sorgfältig renoviert und bietet ein ausgezeichnetes Preis-Leistungsverhältnis. Die Zimmer sind mit Flachbildfernsehern, Minibar und WLAN ausgestattet, die Betten haben bequeme, dicke Matratzen. Die Lage ist ein weiterer Pluspunkt: nur wenige Minuten zur U-Bahnhaltestelle Dejvická und günstig in der Entfernung zum Flughafen.

ART HOTEL
BOUTIQUEHOTEL €€

Karte S. 382 (✆233 101 331; www.arthotel.cz; Nad Královskou Oborou 53, Bubeneč; EZ/DZ ab 90/120 €; P🖱@; 🚋1, 8, 15, 25, 26, Haltestelle Sparta) Viele Gäste kommen durch Mundpropaganda in dieses kleine Hotel, das versteckt in einer ruhigen Zone hinter dem Sparta Stadion liegt. Das Haus überzeugt durch gradliniges, modernes Design; in der Lobby hängt zeitgenössische tschechische Kunst, die Zimmer sind mit Kunstfotos geschmückt.

Beim Blick auf die Karte scheint das Hotel am Ende der Welt zu liegen, aber der Weg zur Haltestelle der Linie 8 dauert nur wenige Minuten und die Bahn fährt in 10 Minuten ins Stadtzentrum.

PLUS PRAGUE HOSTEL
HOSTEL €

Karte S. 380 (✆220 510 046; www.plusprague. com; Přívozní 1, Holešovice; B 300 Kč, Zi. 1600 Kč; P🖱@🛜🚫; MNádraží Holešovice) Das muntere Plus Prague Hostel liegt nur eine Straßenbahnhaltestelle von der Station Nádraží Holešovice entfernt (jede Linie Richtung Osten vom Ausgang zur Ortenovo náměstí ist möglich). Günstige Preise, saubere Zimmer mit eigenen Bädern, freundliche Mitarbeiter und ein Hallenbad machen das Hostel zu einem Volltreffer. Angeboten werden auch reine Frauen-Schlafsäle mit vier bis acht Betten, die nicht nur einen Föhn bieten, sondern auch flauschigere Handtücher.

HOTEL CROWNE PLAZA
HOTEL €€

Karte S. 382 (✆296 537 111; www.ichotels group.com; Koulova 15, Dejvice; DZ ab 90 €; P🖱✳@🛜; 🚋8, Haltestelle Zelená) Ursprünglich war hier das Hotel International, ein Palast im Stil des Sozialistischen Realismus, der in den 1950er-Jahren nach dem Vorbild der Universität Moskau erbaut wurde – sogar der Sowjetstern auf der Spitze fehlte nicht. Die Zimmer haben den üblichen Stil und Standard der Hotelketten, alle Annehmlichkeiten sind vorhanden, nur wer Besonderes sucht, sucht vergeblich. Die Deluxe-Zimmer in den oberen Stockwerken sind geräumiger und haben eine schöne Sicht auf die Stadt.

Das Gebäude selbst ist beeindruckend – überall glänzender Marmor, Basreliefs und Fresken von Arbeiterhelden. Dieser „Luxus" zeigt sich auch noch in der schönen Hotellobby. Die Straßenbahnlinie 8 braucht bis ins Stadtzentrum etwa 15 Minuten.

HOTEL BELVEDERE
HOTEL €€

Karte S. 380 (☏220 106 111; www.hhotels.cz; Milady Horákové 19, Holešovice; EZ/DZ ab 1800/2200 Kč; P✆❀@🛜; 🚊1, 8, 15, 25, 26) Das Belvedere ist ein altes Hotel, das noch aus der kommunistischen Ära stammt, das aber mittlerweile komplett renoviert wurde und nun eine günstige Unterkunft mit guter Anbindung an die City bietet. Die Standardzimmer sind unspektakulär, aber komfortabel und sauber. Die „Executive-Zimmer" (ab 3000 Kč in der Hauptsaison) sind geräumiger, haben Lärmschutzfenster, nette dunkelrote Bettdecken und Vorhänge sowie riesige weiße Marmorbäder.

Auf der Homepage des Hotels finden sich immer mal wieder Sonderangebote, vor allem im Hochsommer. Der große Frühstücksraum wirkt etwas nüchtern, aber das Essen ist gut und reichlich. Die Straßenbahnlinie 8 hält unmittelbar vor dem Hotel, von dort sind es nur zehn Minuten bis zur Metrostation Náměstí Republiky. Im Erdgeschoss gibt es ein gutes japanisches Restaurant.

A&O HOSTEL
HOSTEL €

Karte S. 380 (☏220 870 252; www.aohostels.com; U Výstaviště 1/262, Holešovice; B 12 €, EZ/DZ 15/36 €; ✆@🛜; Ⓜ Nádraží Holešovice) Das saubere, gut gepflegte Hostel ist ein umgebautes Wohnhaus nur einen kurzen Fußweg vom Bahnhof Nádraží Holešovice und den U-Bahnhaltestellen entfernt. Die einfachen Zimmer mit ihren Holzfußböden und weißen Wänden verleihen dem Hostel einen Hauch von Anstalt. Die Zimmerpreise sind jeden Tag anders und hängen von der Nachfrage ab. Wer früh bucht, bekommt einen guten Preis.

HOTEL EXTOL INN
HOTEL €

Karte S. 380 (☏220 802 549; www.extolinn.cz; Přístavní 2, Holešovice; EZ/DZ ab 1050/1500 Kč; P✆@🛜; 🚊1, 3, 5, 25) Das freundliche, moderne Extol Inn bietet eine günstige Unterkunft in einem aufstrebenden Viertel, das in guter Reichweite zum Stadtzentrum liegt. Die billigsten Zimmer (im obersten Stock) sind sehr schlicht und haben Gemeinschaftsbäder. Die teureren 3-Sterne-Zimmer (Doppelzimmer ab 1800 Kč) sind mit eigenen Bädern, TV und Minibar ausgestattet, und der Besuch der Wellnessabteilung ist kostenlos. In der Lobby befindet

sich ein öffentlicher Internetzugang. Das Haus ist barrierefrei.

HOTEL LETNÁ
PENSION, HOTEL €

Karte S. 382 (☏233 374 763; www.prague-hotelletna.com; Na Výšinách 8, Bubeneč; EZ/DZ ab 50/60 €; P✆❀@🛜; 🚊1, 8, 15, 25, 26) Klein und angenehm – das Hotel Letná befindet sich in einer ruhigen Straße in der Nähe des Sparta Stadions in einem Haus aus dem 19. Jh. Gäste sollten sich durch die muffige Lobby nicht abschrecken lassen; die Zimmer riechen besser, sie sind ruhig und sauber. Die meisten haben eine Minibar sowie eine Badewanne und einen Föhn. Da alle Zimmer leicht variieren, am besten vorher anschauen.

🛏 Smíchov & Vyšehrad

ANDĚL'S HOTEL PRAGUE
BOUTIQUEHOTEL €€€

Karte S. 374 (☏296 889 688; www.vi-hotels.com; Stroupežnického 21, Smíchov; Zi. ab 150 €; P✆❀@🛜; Ⓜ Anděl) Das elegante Designerhotel ist ganz in Weiß gehalten mit schwarzen und roten Akzenten. Alle Zimmer haben große Panoramafenster, DVD- und CD-Spieler, Internetzugang und moderne Kunst an den Wänden. Die Bäder sind ein wahrer Traum in Chrom und mattem Glas. Auf der Website des Hotels werden interessante Arrangements mit großzügigen Rabatten angeboten.

Die Superior-Zimmer sind mit Annehmlichkeiten wie Bademantel und Hausschuhe, kostenlose Zeitung und Frühstück auf dem Zimmer verbunden.

ANGELO HOTEL
BOUTIQUEHOTEL €€€

Karte S. 374 (☏234 801 111; www.vi-hotels.com; Radlická 1g, Smíchov; Zi. ab 130 €; P✆❀@🛜; Ⓜ Anděl) Das Angelo ist der strahlende, extravagante Bruder des nahe gelegenen Anděl's Hotel. Die Lobby und die Hightch-Einrichtung der Zimmer sind gleich, aber statt Weiß dominieren hier leuchtende Farben. Da beide Hotels zur selben österreichischen Hotelgruppe gehören, nämlich Vienna International, unterscheiden sie sich kaum in Preis und Service.

HOTEL UNION
HOTEL €€

(☏261 214 812; www.hotelunion.cz; Ostrčilovo náměstí 4, Vyšehrad; EZ/DZ 1800/3000 Kč; P✆❀@🛜; 🚊7, 18, 24) Das prächtige alte Hotel aus dem Jahr 1906 wurde 1958 von den Kommunisten verstaatlicht, aber

1991 der früheren Besitzerfamilie wieder zurückgegeben. Das schön renovierte Hotel unterhalb der Festung Vyšehrad zeigt noch Spuren seiner großen Vergangenheit. Die Zimmer sind schlicht, aber angenehm.

Besonders attraktiv sind die Deluxe-Zimmer an den Ecken des Hauses; sie sind riesig und haben Erkerfenster mit Blick zum Vyšehrad oder zur Prager Burg.

HOTEL JULIAN   HOTEL €€

Karte S. 374 (☏257 311 150; www.hotel julian.com; Elišky Peškové 11, Smíchov; EZ/DZ ab 105/130 €; P🚗❄@🛜; 🚊6, 9, 12, 20) Das zu Recht beliebte kleine Hotel mit hilfsbereiten Mitarbeitern liegt sehr ruhig südlich der Malá Strana. Die hübschen, gepflegten Zimmer sind in warmen Pastelltönen gehalten und mit Kiefernholzmöbeln eingerichtet. Den Gästen steht ein stilvoller Salon mit Bibliothek und Kamin zur Verfügung. Das Haus bezeichnet sich selbst als Romantik-Hotel und bietet im Internet spezielle Arrangements für Pärchen an.

Für Familien mit Kindern oder Gruppen gibt es mehrere Familienzimmer, in denen bis zu sechs Personen übernachten können; auch ein barrierefreies Zimmer ist vorhanden. Die Klimaanlage in den Zimmern kann im Sommer ein echter Segen sein.

HOTEL ARBES-MEPRO   HOTEL €€

Karte S. 342 (☏257 210 410; www.hotelarbes. cz; Viktora Huga 3, Smíchov; EZ/DZ ab 1900/ 2400 Kč; P🚗@; ⓂAnděl) Sauber, ruhig und auch vom Preis-Leistungsverhältnis empfehlenswert – das Arbes ist ein bodenständiges Hotel verglichen mit den vielen protzigen Kästen in Smíchov. Das freundliche Haus ist in Familienbesitz, die Zimmer sind ohne viel Extras, aber modern eingerichtet und haben saubere Bäder. Wer lärmempfindlich ist, sollte nach einem Zimmer zum Hof fragen. An der Straße gibt es nur wenige Parkplätze, eine Alternative ist der bewachte Parkplatz in der Nähe des Hotels (pro Nacht 450 Kč).

Die Viktora Huga ist eine ruhige Straße etwa zwei Blocks von der U-Bahnstation Anděl und dem Einkaufszentrum Nový Smíchov (S. 184) entfernt, die Verbindung in die Innenstadt ist ausgezeichnet.

IBIS PRAHA MALÁ STRANA   HOTEL €€

Karte S. 374 (☏221 701 700; www.ibis hotel.com; Plzeňská 14, Smíchov; EZ/DZ ab 69/ 89 €; P🚗❄@🛜; ⓂAnděl) Trotz des Namens liegt das Hotel nicht in der Nähe von Malá Strana (aber vielleicht ist es auch nur ein netter Versuch von der Werbeabteilung). Das IBIS Hotel in Smíchov ist ein Gewinn für das Stadtviertel und bietet einen Hauch der Atmosphäre des Anděl's Hotel (S. 209), aber für weniger als die Hälfte des Übernachtungsgeldes. Die Zimmer sind durchschnittlich, verfügen aber über Klimaanlage und kostenloses WLAN. Das Frühstück ist nicht im Zimmerpreis eingeschlossen.

Der fast schon aggressive moderne Stil des Gebäudes macht sich inmitten der futuristischen Klötze rund um die U-Bahnstation Anděl nicht schlecht. Zur U-Bahnstation und dem Einkaufszentrum ist es nur ein kurzer Fußweg.

ARPACAY HOSTEL   HOSTEL €

Karte S. 374 (☏251 552 297; www.arpacay hostel.com; Radlická 76, Smíchov; B 320– 400 Kč, EZ/DZ 800/1300 Kč; P🚗@🛜; 🚊7, ⓂSmíchovské Nádraží) Das saubere, farbenfrohe Hostel liegt in der Nähe des Bahnhofs Smíchovské Nádraží und bietet die beste günstige Unterkunft in dieser Gegend. Der Weg bis ins Stadtzentrum ist allerdings zu Fuß zu weit, aber die U-Bahnlinie B fährt ab dem Bahnhof (Zugang über eine Fußgängerbrücke über die Gleise), die Straßenbahnlinie 7 startet sogar fast vor dem Hostel.

Durch die relativ abgelegene Lage des Hotels sind die Preise günstiger als in anderen, vergleichbaren Hostels, außerdem gibt es im ganzen Haus kostenloses WLAN. Die Zimmer befinden sich in zwei Häusern auf beiden Seiten einer recht belebten Straße. Das Hauptgebäude bietet eine kleine Terrasse nach hinten heraus, auf der sich die Gäste an warmen Abenden wunderbar entspannen können.

Böhmen

České Budějovice (Budweis) S. 215
Geschäftige Regionalhauptstadt mit dem größten Platz des Landes, Heimat des berühmten tschechischen Budweiser-Biers.

Český Krumlov (Krumau) S. 221
Die Renaissance-Stadt ist so schön, dass sogar die Prager ein bisschen neidisch sind.

Třeboň (Wittingau) S. 226
Ein verschlafenes Städtchen mit hübschem Renaissance-Schloss inmitten eines Naturschutzgebiets.

Tábor (Tabor) S. 230
Unter der alten Hussiten-Hochburg verlaufen erstaunliche unterirdische Gänge, die sich auf einer Führung erkunden lassen.

Plzeň (Pilsen) S. 235
In der Stadt des Pilsners gibt es ein Biermuseum und natürlich reichlich Gelegenheit, das Bier zu verkosten.

Karlovy Vary (Karlsbad) S. 240
Tschechiens bekanntester Kurort bietet heilendes Wasser und die bekannten Karlsbader Oblaten.

Mariánské Lázně (Marienbad) S. 248
Die beschauliche Kurstadt lockte schon Goethe, Chopin und sogar Mark Twain an.

BÖHMEN ERKUNDEN

Der westliche Landesteil Tschechiens ist erstaunlich vielseitig und überrascht den Besucher mit einer Vielfalt an Sehenswürdigkeiten. Český Krumlov (Krumau) mit seiner tollen Lage an der Moldau und seinem Renaissance-Schloss ist eine Klasse für sich, aber auch weniger bekannte Orte wie Třeboň (Wittingau) im Süden und Loket (Elbogen) im Westen versprühen unerwarteten Charme. Große Städte wie České Budějovice (Budweis) und Plzeň (Pilsen) bieten urbane Attraktionen wie tolle Museen und Restaurants. Die Kurorte im Westen Böhmens waren im 19. Jh. weltberühmt und haben ihren Glanz von einst bewahrt.

Böhmen in einer Woche

Wer eine Woche zur Erkundung Böhmens Zeit hat, sollte die Wahl zwischen den historischen Burgstädten im Süden und den Kurorten im Westen treffen. Für Český Krumlov (Krumau) sind zwei Übernachtungen einzuplanen, die übrige Zeit verbringt man in Třeboň (Wittingau) und České Budějovice (Budweis). Entscheidet man sich für den Westen, dann übernachtet man einmal in Plzeň (Pilsen) und teilt den Rest der Woche zwischen Karlovy Vary (Karlsbad) und Mariánské Lázně (Marienbad) auf.

Böhmen in zwei Wochen

In zwei Wochen lässt sich ganz Böhmen erkunden. Eine Woche verbringt man im Süden, u. a. in Český Krumlov (Krumau) und České Budějovice (Budweis). In der zweiten Woche steht der Westen auf dem Programm: In einem der Kurorte lässt man sich am besten wie ein König verwöhnen, genießt den Glanz der Vergangenheit und schlürft heilkräftiges Wasser.

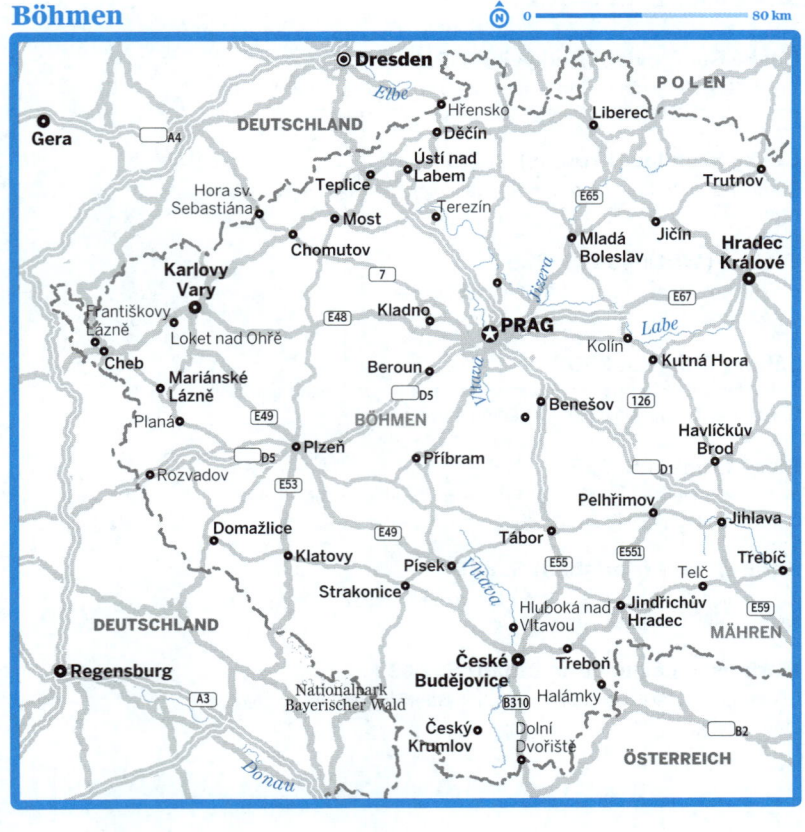

České Budějovice (Budweis)

Erkunden

České Budějovice („Budjoviza" ausgesprochen) ist der Verwaltungssitz Südböhmens und klassischer Ausgangspunkt für Ausflüge in diese Region. Die Verkehrsanbindungen an das nahe Český Krumlov (Krumau) sind gut, und man kann leicht den Tag hier und die Nacht dort verbringen. České Budějovice (Budweis) selbst hat keine Top-Attraktionen, aber immerhin einen der weitläufigsten Plätze Europas (den größten in Tschechien) und ein zauberhaftes Gewirr aus schmalen Gassen und gewundenen Sträßchen. Dies ist auch die Heimat der Biersorte Budweiser Budvar – eine Brauereiführung ist ein absolutes Muss für jeden Besucher der Stadt.

Highlights

➡ **Sehenswertes** Brauerei Budweiser Budvar (s. rechte Spalte)

➡ **Restaurant** Masné Kramý (S. 217)

➡ **Bar** Mighty Bar Velbloud (S. 219)

Top-Tipp

Wer in der Eishockey-Saison (September bis April) in der Stadt ist, sollte sich ein Spiel der Heimmannschaft **HC Mountfield** in der Budvar Arena (S. 221) nicht entgehen lassen. Tickets für ein Spiel gibt es normalerweise vor Ort.

An- & Weiterreise

Auto Von Prag aus dauert die Fahrt mit dem Auto zweieinhalb Stunden: zunächst auf der Autobahn D1 Richtung Brno (Brünn), dann auf der Europastraße E55 gen Süden.

Bus In Prag fahren die gelben Busse von **Student Agency** (☎800 100 300; www.studentagency.cz) vom Busbahnhof Na Knížecí an der Metrostation Anděl (Linie B) ab (150 Kč, 2½ Std.). Es gibt Busverbindungen von České Budějovice (Budweis) nach Český Krumlov (Krumau; 35 Kč, 45 Min.), Tábor (Tabor;

70 Kč, 1 Std.) und Třeboň (Wittingau; 40 Kč, 30 Min.).

Zug Von Prag aus fahren regelmäßig Züge (222 Kč, 2½ Std., stündl.) nach České Budějovice (Budweis). Von hier verkehren (langsame) Züge nach Český Krumlov (Krumau; 32 Kč, 45 Min.).

Gut zu wissen

➡ **Lage** 160 km südlich von Prag.

➡ **Städtisches Informationszentrum** (Městské Informarční Centrum; ☎386 801 413; www.c-budejovice.cz; náměstí Přemysla Otakara II 2; ☺Mai–Sept. Mo–Fr 8.30–18, Sa 8.30–17, So 10–16 Uhr, Okt.–April Mo–Fr 9–17, Sa 9–13 Uhr, So geschl.) Buchung von Tickets, Ausflügen und Unterkünften; in der Touristeninformation steht außerdem ein kostenloser Internetzugang zur Verfügung.

➡ **Česká Spořitelna** (☎956 744 630; www.csas.cz; FA Gerstnera 2151/6; ☺Mo–Fr 8.30–16 Uhr) Geldautomat und -wechsel.

◉ SEHENSWERTES

BRAUEREI BUDWEISER BUDVAR   BRAUEREI

(☎387 705 347; www.visitbudvar.cz; Ecke Pražská & K. Světlé; Erw./Kind 100/50 Kč; ☺März–Dez. tgl. 9–17 Uhr,, Jan. & Feb. Di–Sa) Ein Highlight des Besuchs in České Budějovice ist es, zu sehen, wo das original Budweiser-Bier das Licht der Welt erblickte. Von April bis November beginnen täglich um 14 Uhr die Brauereiführungen. Dabei werden die modernen Herstellungsverfahren vorgestellt, und im kühlen Keller der Brauerei erhalten die Gäste ein Glas echtes Budvar. Die Brauerei befindet sich 3 km nördlich des Hauptplatzes.

Im 19. Jh. wählten die Gründer der amerikanischen Brauerei Anheuser-Busch den Markennamen Budweiser, weil er quasi ein Synonym für gutes Bier war. Seit Ende des 19. Jhs. verwenden nun beide Brauereien den Namen, und ebenso lange gibt es einen regelrechten Machtkampf um die Markenbezeichnung. Als Anheuser-Busch 2007 in einen Vertrag einwilligte, das tschechische Budvar-Bier in den USA unter dem Namen „Czechvar" zu vertreiben, flauten die Streitigkeiten etwas ab. Um es noch komplizierter zu machen: Samson, die zweite Brauerei von České Budějovice, braut ein Bier namens „B.B. Budweiser".

České Budějovice (Budweis)

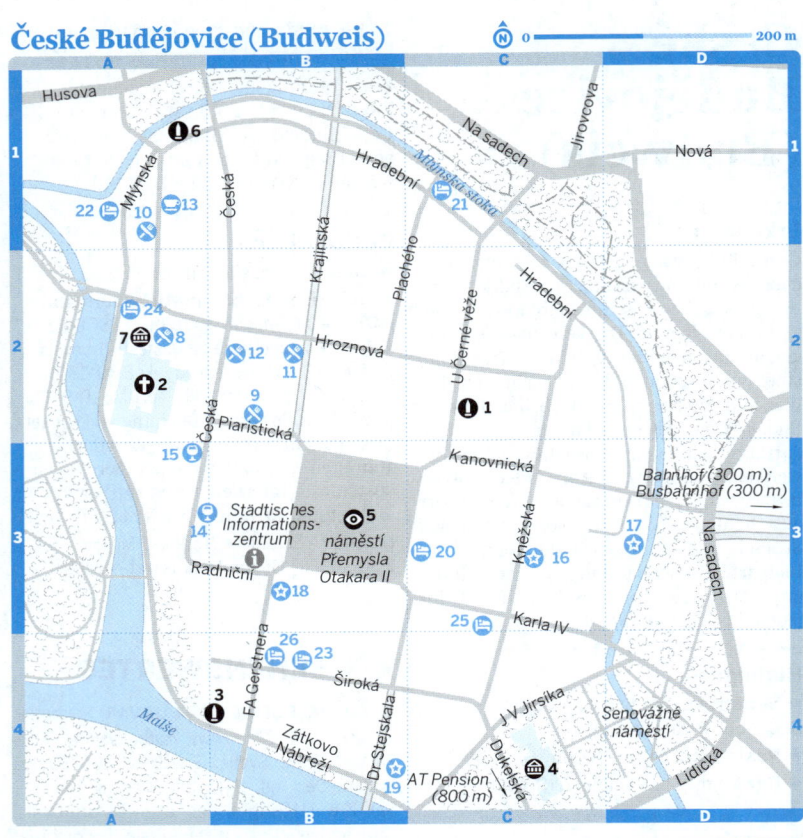

České Budějovice (Budweis)

NÁMĚSTÍ PŘEMYSLA OTAKARA II   PLATZ

Karte S. 216 (náměstí Přemysla Otakara II)
Rund um den **Samsonbrunnen** (Samsonova kašna; 1727) auf dem mit 133 m breitesten Platz des Landes stehen attraktive Arkadenhäuser. Architektonisch besonders reizvoll ist das Renaissance-**Rathaus** (radnice) von 1555, das 1731 ein barockes Facelifting bekam. Zu den Figuren auf der Balustrade – Gerechtigkeit, Weisheit, Tapferkeit und Vorsicht – gesellt sich ein Quartett exotischer bronzener Wasserspeier.

SCHWARZER TURM   TURM

Karte S. 216 (Černá věž; ☎386 801 413; U Černé věže 70/2; Erw./erm. 30/20 Kč; ☺ April–Okt. Di–So 10–18 Uhr) Mit 72 m Höhe dominiert der Gotik-Renaissance-Turm, der 1557 fertiggestellt wurde, die Stadt. Wer die 225 Stufen (die Autoren haben nachgezählt!) erklimmt, hat oben eine tolle Aussicht. Die **Glocken** des Turms – darunter Marta (1723) und Budvar (1995; von der Brauerei gestiftet) – läuten jeden Tag um 12 Uhr.

Neben dem Turm steht die **Kathedrale St. Nikolaus** (katedrála sv Mikuláše), die im 13. Jh. als Kirche erbaut, 1649 erneuert und 1784 schließlich zur Kathedrale ernannt wurde.

SÜDBÖHMISCHES MUSEUM   MUSEUM

Karte S. 216 (Jihočeské muzeum; ☎387 929 311; www.muzeumcb.cz; Dukelská 1; ☺Di–So 9–12.30 & 13–17.30 Uhr) Das Südböhmische Museum besitzt eine riesige Sammlung historischer Bücher, Münzen und Waffen. 2012 wurde es wegen Renovierungsarbeiten geschlossen, und zur Zeit der Recherche für dieses Buch war ungewiss, wann es wieder öffnen wird. Auf der Website (nur auf Tschechisch) findet man aktuelle Infos.

☉ Unterwegs in der Altstadt

Die kleinen Gassen, die vom gigantischen náměstí Přemysla Otakara II in alle Richtungen führen, laden zum mehrstündigen Bummel ein. Die Altstadt wird umgeben von einem malerischen Kanal, **Mlýnská stoka**, und dem Fluss **Malše** (Maltsch) sowie von weitläufigen Gärten an der Stelle der früheren Stadtmauern. Von der gotischen Stadtbefestigung sind ein paar wenige Stücke erhalten, darunter der **Rabenštejn-Turm** (Rabenštejnská věž; Karte S. 216; Ecke Hradební & Panská; Erw./erm. 40/20 Kč; ☺Mo–Fr 10–18,

Sa 9–12 Uhr) und der im 15. Jh. erbaute **Eiserne-Jungfrau-Turm** (Železná panna; Karte S. 216; Zátkovo Nábřeží), ein verfallenes einstiges Gefängnis. Auf der Hroznová gelangt man zum Piaristické náměstí mit der **Kirche Mariä Opferung** (kostel Obětování Panny Marie; Karte S. 216; Piaristické náměstí) zu einem ehemaligen **Dominikanerkloster**, in dem eine herrliche Kanzel zu bewundern ist. In die sehenswerte Kirche gelangt man über den gotischen Kreuzgang.

SÜDBÖHMISCHES MOTORRADMUSEUM   MUSEUM

Karte S. 216 (Jihočeské Motocyklové muzeum; ☎723 247 104; www.motomuseum.cz; Piaristické náměstí; Erw./erm. 50/20 Kč; ☺März–Okt. Di–So 10–18 Uhr) In diesem für ein Motorradmuseum ungewöhnlichen, kirchenähnlichen Bau sind an die 100 Motorrad-Oldtimer ausgestellt. Daneben ist auch eine Sammlung altmodischer Fahrräder und Flugzeugmodelle zu sehen.

✕ ESSEN & AUSGEHEN

MASNÉ KRAMÝ   TSCHECHISCH €

Karte S. 216 (☎387 201 301; www.masnekramy.cz; Krajinská 13; Hauptgerichte 129–239 Kč) Ohne einen Zwischenstopp in diesem renovierten Fleischmarkt aus dem 16. Jh., heute eine beliebte Gaststätte, ist kein Besuch in České Budějovice komplett. Hier gibt es exzellente tschechische Küche und kaltes Budvar. Auf der Speisekarte stehen Klassiker wie Brauhausgulasch. Auch die Getränkekarte kann sich sehen lassen: Das ungefilterte Krausened Lager ist spitze. Reservierung ist unbedingt erforderlich.

U TŘI SEDLÁKU   TSCHECHISCH €

Karte S. 216 (☎387 222 303; www.utrisedlaku.cz; Hroznová 488; Hauptgerichte 100–170 Kč) Die Stammgäste schätzen es, dass sich im U Tři Sedláku seit der Eröffnung im Jahr 1897 kaum etwas verändert hat. Zu leckeren Fleischgerichten trinkt man Pilsner-Urquell das laufend an den voll besetzten Tischen serviert wird.

INDICKÁ   INDISCH €€

Karte S. 216 (Gateway of India; ☎777 326 200; www.indickarestaurace.cz; Piaristická 22; Hauptgerichte 120–220 Kč; ☺Mo–Sa 11–23 Uhr; ☎✐) Von Madras kommt Abwechslung in die Tschechische Küche. Wer es scharf mag, sollte es extra sagen, denn die Gerichte wurden hier an die empfindlicheren einheimischen Geschmäcker angepasst. Die täglichen Mittagsangebote (85–100 Kč) sind wirklich günstig.

FRESH SALAD & PIZZA
PIZZERIA €

Karte S. 216 (☑387 200 991; Hroznová 21; Salate 70–100Kč, Pizzas 100–130 Kč; ☎✍) Das Mittagslokal mit Tischen im Freien wird seinem Namen gerecht: Flippige junge Leute servieren hier gesunde Salate und (ein bisschen) weniger gesunde Pizzas.

LA CABAÑA
SPANISCH €€

Karte S. 216 (☑387 202 820; www.lacabana. org; Panská 14; Tapas 100–150 Kč, Hauptgerichte 220–400 Kč; ☺Mo-Sa 11–1 Uhr) Rustikale, authentisch spanische Küche (die Besitzer haben jahrelang in Spanien gekocht) genießt man entweder im kastilisch gestalteten Garten oder im hübschen, denkmalgeschützten Innenraum. Nach den Tapas oder Hauptgerichten (darunter Paella für 23 Kč), sollte man sich das erstaunliche Zimmer oben zeigen lassen, von dem man jahrhundertelang nichts wusste.

GREENHOUSE
CAFÉ, VEGETARISCH €

Karte S. 216 (☑387 311 802; www.chcijistz drave.cz; Biskupská 130/3; Hauptgerichte 100 Kč; ☺Mo-Fr 7–16 Uhr; ✍) In dem modernen Selbstbedienungs-Café gibt es České Budějovices beste vegetarische Kreationen. Das Angebot an Suppen, Salaten und Aufläufen wechselt täglich; den Hunger zwischendurch stillen Wraps und Baguettes. Zudem kann man hier auch mal tschechisches Biobier probieren.

VINÁRNA SOLNICE
WEINBAR

Karte S. 216 (☑775 579 427; www.vinarna solnice.cz; Česká 66; ☺Mo-Do 11–24, Fr 11–1, Sa 18–1 Uhr) Die blitzsaubere, nette Weinbar hat eine erstaunliche Auswahl bester tschechischer Tropfen sowie sorgfältig ausgesuchte Weine aus Österreich, Deutschland, Italien und anderen Ländern. Dazu werden den Gästen leichte Appetizer, Suppen und Salate serviert.

SINGER PUB
PUB

Karte S. 216 (☑386 360 186; www.singerpub.cz; Česká 55) Nach ein paar tschechischen oder irischen Bieren oder guten Cocktails überkommt einen schon mal der Drang, schnell etwas auf einer der Singer-Nähmaschinen zu schneidern, die hier herumstehen. Wenn

nicht, lassen sich die Stammgäste gern zu einer Runde *foosball* (Tischkicker) zur lauten Rockmusik herausfordern.

CAFÉ HOSTEL
CAFÉ

Karte S. 216 (☑387 204 203; www.cafehos tel.cz; Panská 13; ☺Mo-Fr 12–22, Sa & So ab 17 Uhr; ☎) Nein, das ist kein Hostel, sondern eine gemütliche Café-Bar, die mit gelegentlicher Live- oder DJ-Musik aufwartet. Der verwahrloste Garten auf der Rückseite ist – jedoch noch – wohlwollend ausgedrückt, eine akute Baustelle.

🛏 SCHLAFEN

HOTEL BUDWEIS
HOTEL €€

Karte S. 216 (☑389 822 111; www.hotelbud weis.cz; Mlýnská 6; EZ/DZ 2200/2900 Kč; P☺❄@☎) Das Hotel Budweis in einer alten Getreidemühle in idyllischer Lage am Kanal öffnete 2010 seine Pforten. Die Besitzer haben sich für einen elegant-modernen Stil entschieden. Alle Zimmer sind klimatisiert und behindertengerecht. Im Haus befinden sich zwei Restaurants. Viele andere Lokale und Bars sind zu Fuß zu erreichen.

GRANDHOTEL ZVON
HOTEL €€

Karte S. 216 (☑381 601 611; www.hotel-zvon. cz; náměstí Přemysla Otakara II 28; Zi. 2600–4400 Kč; ☺❄☎) „Seit 1533" steht auf dem Schild, doch kann man sicher davon ausgehen, dass das Zvon – eines der führenden Häuser der Stadt – seitdem renoviert worden ist. Hinter der noblen Fassade der drei Gebäude am Hauptplatz findet man leider recht langweilige Standardzimmer – die „Executive"-Zimmer jedoch (die allerdings 80 % mehr kosten als hier angegeben) würden überall auf der Welt als exklusiv durchgehen.

HOTEL BOHEMIA
HOTEL €€

Karte S. 216 (☑386 360 691; www.bohe miacb.cz; Hradební 20; EZ/DZ inkl. Frühstück 1490/1790 Kč; ☎) Geschnitzte Holztüren öffnen sich in diesen beiden alten Bürgerhäusern in einer ruhigen Straße zu einem behaglichen Interieur. Das Restaurant wird von der Touristeninformation empfohlen.

PENZIÓN CENTRUM
PENSION €€

Karte S. 216 (☑387 311 801; www.penzioncen trum.cz; Biskupská 130/3; EZ/DZ/3BZ inkl. Frühstück 1000/ 1400/1800 Kč; ☺@☎) Riesengroße Zimmer mit Satelliten-TV, Queen-Size-Betten mit frischer weißer Bettwäsche und professionelles Personal sorgen dafür, dass Lonely-Planet-Leser die Pension nahe dem Hauptplatz loben.

HOTEL MALÝ PIVOVAR
HOTEL €€

Karte S. 216 (☑386 360 471; www.malypi vo var.cz; Karla IV 8–10; EZ/DZ 2000/2800 Kč; P☺@) Mit einer Vitrine voller Sporttrophäen und kunstvollen Ledersofas ähnelt die Lobby einem Herrenclub. Doch die eleganten, traditionell eingerichteten Zimmer gefallen auch den Damen. Und gleich im Untergeschoss findet man die gemütliche Bierschenke Budvarka.

HOTEL KLIKA
HOTEL €€

Karte S. 216 (☑387 318 171; www.hotelklika. cz; Hroznová 25; EZ/DZ inkl. Frühstück 1400/1800 Kč; P☺☎) Eine sehr gute günstige Unterkunft in schöner Uferlage. Die modernen Zimmer sind hell und luftig – und wenn es gelingt, Mauern aus dem 14. Jh. ins Design zu integrieren, ist das immer okay.

HOTEL SAVOY
HOTEL €€

(☑387 201 719; www.hotel-savoy-cb.cz; Bedřicha Smetany 1a; EZ/DZ/3BZ 1500/2000/2500 Kč; P☺@☎) Das Savoy bietet geräumige, moderne Gästezimmer mit Mobiliar im Art-déco-Stil (die Kombination ist gelungen) und eine ruhige Lage gleich nördlich der Altstadt. Zusätzliches Plus: Hier arbeitet České Budějovices freundlichstes Rezeptionspersonal.

HOTEL DVOŘAK
HOTEL €€

Karte S. 216 (☑386 322 349; www.hotel dvorakcb.cz; náměstí Přemysla Otakara II 36; EZ/DZ 1600/2000 Kč; P@☎) Die elegante Fassade täuscht: Die Gästezimmer im Dvořak sind zwar modern und sauber, es fehlt ihnen aber an Charakter. Die zuvorkommenden Mitarbeiter und gute Last-Minute-Angebote (bis zu 40 % Preisnachlass) machen es trotzdem zu einer lohnenden Unterkunft, und die Lage ist spitze.

AT PENSION
PENSION €

(☑386 351 598; www.atpension.cz; Dukelská 15; EZ/DZ 490/750 Kč, Frühstück 50 Kč; ☺) Hier hält man angesichts irgendeines tollen (oder auch nur zeitgenössischen) Dekors nicht gerade den Atem an – aber die Betreiber der günstig gelegenen Pension sind

sehr freundlich und das Frühstück (gegen Aufpreis) ist riesig.

UBYTOVNA U NÁDRAŽÍ
HOSTEL €

(☑972 544 648; www.ubytovna.vors.cz; Dvořákova 161/14; EZ 450–490 Kč, DZ 660–730 Kč; ☺@☎) In dem renovierten Hochhausblock, ein paar Hundert Meter von Bus- und Zugbahnhof entfernt, werden preiswerte Zimmer mit Gemeinschaftsbädern (die man sich meist aber nur mit jeweils einem weiteren Zimmer teilt) angeboten. Den Gästen stehen auch Küchen zur Verfügung. Beliebt unter Studenten für längere Aufenthalte.

☆ UNTERHALTUNG

MIGHTYBAR VELBLOUD
CLUB, LIVEMUSIK

(☑608 666 651; www.velbloud.info; U Tří lvů 4; ☺Mo–Sa ab 17 Uhr) Lauter, fröhlicher Club mit super Livemusik-Programm – hier ist von Neo-Punk bis zu Roma-DJs und deutschem Rockabilly alles zu hören. Auf der Website kann man sich über aktuelle Gigs erkundigen.

MODRÝ DVEŘE JAZZ & BLUES
JAZZ, BLUES

Karte S. 216 (☑386 359 958; www.modryd vere.cz; Biskupská 1; Eintritt 50–70 Kč; ☎) Tagsüber ist das Modrý Dveře mit alten Fotos von Sinatra an den Wänden ein einladendes Café. Abends wird das Licht gedimmt, dann gibt's Livemusik – donnerstags (ab 20 Uhr) Blues und Jazz, freitags legen meist DJs auf.

SÜDBÖHMISCHES THEATER
THEATER

Karte S. 216 (Jihočeské divadlo; ☑386 356 925; www.jihoceskedivadlo.cz; Dr. Stejskala 23) Das größte Theater der Stadt präsentiert Theaterstücke (meist auf Tschechisch), Opern und Konzerte.

SÜDBÖHMISCHE KAMMERPHILHARMONIE BUDWEIS
KLASSISCHE MUSIK

Karte S. 216 (☑386 353 561; www.music-cb.cz; Kněžská 6; Eintrittskarten ca. 180 Kč; ☺Kartenverkauf Mo–Fr 13–17 Uhr) Die Kammerphilharmoniker spielen in einer stimmungsvollen umgebauten Kirche. Ihr Repertoire reicht von Klassik bis Volksmusik und umfasst eigens auch Konzerte für Kinder. Das Programm lässt sich der Website entnehmen. Eintrittskarten gibt es im Kartenbüro oder eine Stunde vor jedem Konzertbeginn am Veranstaltungsort.

EIN HAUCH VON WINDSOR IN HLUBOKÁ NAD VLTAVOU (FRAUENBERG)

Das Märchenschloss **Hluboká** (☎387 843 911; www.zamek-hluboka.eu; Zámek; Rundgang 1 Erw./erm. 250/160 Kč, Rundgang 2 230/160 Kč, Rundgang 3 170/80 Kč; ☉Jan.–März, Nov. & Dez. Di–So 10–12 & 12.30–16 Uhr, April, Sept. & Okt. bis 16.30 Uhr, Mai–Aug. bis 17 Uhr) ist eines der beliebtesten Ausflugsziele von České Budějovice (Budweis) aus. Alle 30 bis 60 Minuten fahren Busse (20 Kč, 20 Min.) von dort zum Hauptplatz von **Hluboká nad Vltavou (Frauenberg)**.

Ein Rabe, der einem Türken ein Auge auspickt (das gruselige Wappen der Familie Schwarzenberg), ist das wiederkehrende Motiv im Schloss – doch dieses Bild passt so gar nicht zum romantischen Gesamteindruck.

Das in der zweiten Hälfte des 13. Jhs. von den Přemysliden-Herrschern errichtete Schloss Hluboká (Schloss Frauenberg) wurde 1662 der protestantischen Malovec-Familie abgenommen – als Strafe für ihre Beteiligung an einem Aufstand gegen die Habsburger – und schließlich an die bayerischen Schwarzenbergs verkauft. 200 Jahre später ließen diese das Schloss nach dem Vorbild von Großbritanniens Windsor Castle im Tudorgotikstil umgestalten.

Das von Zinnen gekrönte und von einem eleganten Garten umgebene Schloss ist vielen zu verspielt, aber es ist nach Karlštejn (Karlstein) das am zweithäufigsten besuchte böhmische Schloss, und das zu Recht.

Durch die Anlage führen drei verschiedene **Rundgänge** (mit Kommentaren in Deutsch): Rundgang 1 („Repräsentationsräume") umfasst die öffentlichen Bereiche des Schlosses, auf Rundgang 2 werden die Privaträume besichtigt, und Rundgang 3 führt durch die Schlossküche. Auf Rundgang 1 erhält man den besten Eindruck vom Schloss. Wenn nicht viel Andrang herrscht, gibt es zwischen 12.30 und 13 Uhr keine Führung. Der letzte Rundgang beginnt eine Stunde vor Schließung. Führungen auf Tschechisch sind rund 100 Kč günstiger. Der Schlosspark ist das ganze Jahr über zugänglich (Eintritt frei).

Alljährlich im Sommer findet auf dem Gelände des Schlosses ein **Musikfestival** (www.sinfonie.cz) statt. Die Konzerte reichen von tschechischer Volksmusik über Jazz bis zu Kammermusik.

Die hervorragende **Südböhmische Aleš-Galerie** (Alšova jihočeská galérie; ☎387 967 041; www.ajg.cz; Zámek 144; Erw./erm. 80/40 Kč; ☉April–Okt. tgl. 9–18 Uhr) befindet sich in einer ehemaligen Reithalle (jízdárna) rechts vom Schlosstor. Zu sehen ist eine fabelhafte Dauerausstellung tschechischer Sakralkunst vom 14. bis 16. Jh. sowie niederländische Meisterwerke aus dem 17. Jh. und Wechselausstellungen moderner Kunst.

Die meisten Besucher machen nur einen Tagesausflug nach Hluboká, doch man kann hier auch übernachten. Das **Hotel Bakalář** (☎775 775 603; www.hotel-bakalar. cz; Masarykova 69; EZ/DZ 400/750 Kč; P⊕) in der Stadtmitte hat zweckmäßig eingerichtete Zimmer, ein gutes Bierlokal-Restaurant und verleiht Fahrräder (pro Tag 200 Kč). Die **Touristeninformation** (☎387 966 164; www.hluboka.cz; Masarykovo 35; ☉9–18 Uhr), die Internetzugang und gutes Kartenmaterial bietet, kann auch Privatunterkünfte empfehlen (oder man hält an der Hauptstraße, Masarykovo, einfach nach „Zimmer frei"-Schildern Ausschau).

Ein paar Restaurants im Ort verköstigen die Tagesausflügler. Ohne Reservierung bekommt man etwa in der **Pizzerie Ionia** (☎728 258 160; www.pizzerieionia.cz; Masarykova 35; Pizzas 105–170 Kč; ☉Mo–Sa 12–22, So 12–18 Uhr), die sich beim Informationszentrum befindet, einen Tisch.

KONSERVATORIUM KLASSISCHE MUSIK
Karte S. 216 (konzervatoř; ☎386 720 111; www. konzervatorcb.cz; Kanovnická 22) Wöchentlich veranstaltet die Musikakademie hörenswerte Konzerte.

CINESTAR KINO
(☎385 799 999; www.cinestar.cz; Milady Horákové 1498, Obchodní Centrum Čtyři Dvory) Wer während seines Budweis-Aufenthalts gerne ein Kino besuchen möchte: Das Multiplex-

kino einen Kilometer westlich des Zentrums zeigt seinem Publikum die neuesten Hollywood-Produktionen.

SPORT & AKTIVITÄTEN

BUDVAR ARENA EISHOCKEY

(☑386 107 160; www.hokejcb.cz; F.A. Gerstnera; Tickets 100–220 Kč; ⊙Kartenbüro Sept.–April an Spieltagen ab 13 Uhr) Diese Winterarena ist das Heimstadion des Budweiser Extraliga-Eishockeyteams, **HC Mountfield**. Wer eines der Spiele sehen möchte, kann Tickets an Matchtagen am Kartenschalter der Arena kaufen – oder online über die Website, auf der auch die bevorstehenden Spiele aufgeführt sind.

PLAVECKÝ STADION SCHWIMMEN

(☑387 949 411; www.c-budejovice.cz; Sokolský ostrov 4; pro Std. Erw./Kind 50/35 Kč; ⊙Mo-Fr 7–21.45, Sa 10–21.45, So 10–19.45 Uhr) Die Schwimmbäder und Saunas in diesem Stadion sind auch für die Öffentlichkeit zugänglich.

Český Krumlov (Krumau)

Erkunden

Neben Prag ist Český Krumlov (Krumau) wohl die einzige Attraktion von Weltformat in der Tschechischen Republik und ein Muss für jeden Urlauber im Land. Von Weitem sieht die Stadt wie jede andere in der tschechischen Provinz aus – kommt man aber näher und erblickt das Renaissance-Schloss, das über der original erhaltenen Stadtanlage aus dem 17. Jh. thront, spürt man es: Dies ist wirklich die Märchenstadt, die die Touristenbroschüren so vollmundig versprechen. In Český Krumlov sollte man sich unbedingt ein Zimmer nehmen, denn für einen Tagesausflug ist es zu weit von Prag entfernt. Am besten bleibt man zwei Nächte und nutzt einen Tag, um die Stadt zu erkunden, und einen zweiten, um durch die Wald- und Felderlandschaft in der Umgebung zu wandern oder zu radeln.

Highlights

➺ **Sehenswertes** Schloss Český Krumlov (s. unten)
➺ **Restaurant** Laibon (S. 224)
➺ **Bar** Zapa Cocktail Bar (S. 224)

Top-Tipp

Wer im Juli oder August hier ist, sollte versuchen, Tickets für das jährliche Internationale Musikfestival (Mezinárodní hudební festival; ☑380 711 797; www.festivalkrumlov.cz; Latrán 37; ⊙Konzerte Mitte Juli–Aug.), eines der Highlights des tschechischen Festivalkalenders, zu bekommen.

An- & Weiterreise

Auto Die dreistündige, strapaziöse Fahrt von Prag aus führt meist über zweispurige Autobahnen. Zunächst fährt man auf der D1 Richtung Brno (Brünn), dann auf der E55 gen Süden.

Bus Busse sind meist schneller und billiger als Züge. Von Prag fahren Busse (195 Kč, 3 Std.) der **Student Agency** (www.studentagency.cz) regelmäßig am Busbahnhof Na Knížecí bei der Metrostation Anděl (Linie B) ab. Am Wochenende sowie im Juli und August muss man Sitzplätze im Voraus buchen.

Zug Von Prag (260 Kč, 3½ Std.) aus fährt man nach České Budějovice (Budweis) und steigt dort in den Zug nach Český Krumlov (Krumau, 32 Kč, 45 Min.) um.

Gut zu wissen

➺ **Lage** 180 km südlich von Prag.
➺ **Infocentrum** (☑380 704 622; www.ckrumlov.info; náměstí Svornosti 1; ⊙Juni–Aug. 9–19 Uhr, April & Mai 9–18 Uhr, Sept. & Okt. 9–18 Uhr, Nov–März 9–17 Uhr) Infos über Verkehrsmittel und Unterkünfte sowie Karten und Audio-Guides.
➺ **Internetzugang** Im Infozentrum kann man im Internet surfen (5 Min. 5 Kč).

SEHENSWERTES

SCHLOSS ČESKÝ KRUMLOV SCHLOSS
Karte S. 222 (☑380 704 711; www.castle.ckrumlov.cz; Zámek; Rundgang 1 Erw./erm. 250/160 Kč, Rundgang 2 240/140 Kč, Theaterführung

380/220 Kč, Schlossturm 50/30 Kč; ☉Juni–Aug. Di–So 9–18 Uhr, April, Mai, Sept. & Okt. 9–17 Uhr) Český Krumlovs (Krumaus) beeindruckendes Renaissanceschloss, das sich auf einem Felsvorsprung hoch über der Stadt erhebt, wurde im 13. Jh. angelegt. Sein heutiges Erscheinungsbild bekam es zwischen dem 16. und 18. Jh. – unter Leitung der adeligen Familien Rožmberk und Schwarzenberg. Eine Besichtigung der Schlossanlage ist nur im Rahmen von geführten Rundgängen möglich. Die Innenhöfe und **Gärten** sowie den **Schlossturm** – mit Blick über die Stadt darunter – kann man hingegen auf eigene Faust erkunden.

Die drei wichtigsten **Rundgänge**: Tour 1 (1 Std.) führt in die opulenten Renaissance-Räumlichkeiten, auf Tour 2 (1 Std.) werden die Porträtgalerien und Gemächer (19. Jh.) der Schwarzenbergs besichtigt. Bei der Theaterführung (40 Min., Mai–Okt. Di–So 10–16 Uhr) wird das herrliche Rokokotheater des Schlosses erkundet.

MUSEUM FOTOATELIÉR SEIDEL   Museum
Karte S. 222 (☎380 712 354; www.seidel.cz; Linecká 272; Erw./erm. 100/70 Kč; ☉stündl. Führungen Jan.–April, Okt.–Dez. 9–16 Uhr, Mai–Sept. 9–17 Uhr) Das Fotografiemuseum unweit der Schlossgärten zeigt eine bewegende Retrospektive über das Werk der hiesigen Fotografen Josef Seidel und seines Sohns Franz Seidel. Besonders ergreifend sind die Aufnahmen, die das Leben in nahe gelegenen Dörfern Anfang des 20. Jhs. dokumentieren. In der Hauptsaison werden Führungen auf Deutsch angeboten – ansonsten sprechen auch die Bilder für sich.

⊙ Innenstadt & Umgebung

Unterhalb des Schlosses fächert sich die Stadt in ein Wirrwarr aus Gassen und Sträßchen, Brücken und Flussufern auf. Am besten geht man immer der Nase nach. Das Zentrum der Stadt markiert der Platz

Český Krumlov

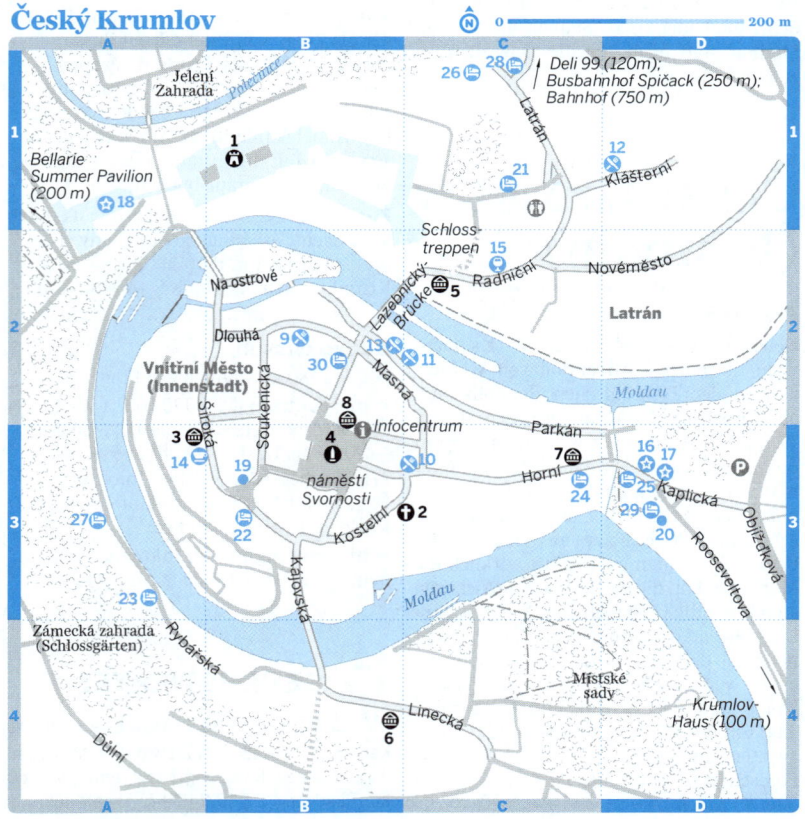

náměstí Svornosti mit dem **Rathaus** (Karte S. 222; www.ckrumlov.info; náměstí Svornosti) aus dem 16. Jh. und der **Marien-Pestsäule** (Mariánský sloupek; Karte S. 222; náměstí Svornosti) von 1716. Mehrere Gebäude sind mit wertvollem Stuck und Bemalungen verziert: Beachtung verdienen das Hotel in **Nr. 13** und das Haus **Nr. 14**. Zurück auf dem Platz, folgt man der Horní hügelaufwärts und gelangt so über die Kostelní zur **St.-Veits-Kirche** (kostel sv Víta; Karte S. 222; ☎380 711 336; www.farnostck.bcb.cz; Horní 156; ⊙9–18 Uhr) aus dem 14. Jh. Weiter geht es auf der Horní zum 1588 erbauten **Jesuitenkolleg** (Jesuitská kolej), in dem heute das luxuriöse Hotel Růže, die erste Adresse der Stadt, residiert.

EGON SCHIELE ART CENTRUM   MUSEUM

Karte S. 222 (☎380 704 011; www.schieleartcentrum.cz; Široká 71; Erw./erm. 120/70 Kč; ⊙Di–So 10–18 Uhr) Die exzellente private Galerie bietet eine kleine, aber sehr sehenswerte Retrospektive über den kontrovers diskutierten Wiener Maler Egon Schiele (1890–1918), der 1911 in Krumlov (Krumau) lebte und den Zorn der Stadtbevölkerung auf sich zog, als er für seine Bilder junge Mädchen als Aktmodelle beschäftigte. Deswegen und wegen anderer Sünden wurde er schließlich vertrieben. Das Zentrum zeigt auch interessante Wechselausstellungen.

REGIONALMUSEUM   MUSEUM

Karte S. 222 (Regionální muzeum v Českém Krumlové; ☎380 711 674; www.museum-krumlov.eu; Horní 152; Erw./erm. 50/25 Kč; ⊙Di–So 9–12 & 12.30–17 Uhr) Das kleine Museum präsentiert Volkskunst der Region Šumava, Archäologie, Geschichte, Kunst, Möbel und Waffen. Das Highlight des Museums ist ein zimmergroßes Modell der Stadt Český Krumlov (Krumau), das um ca. 1800 entstanden ist. Von der kleinen Grünfläche gleich neben dem Museum bietet sich ein wunderbarer Blick auf das Schloss.

MARIONETTENMUSEUM   MUSEUM

Karte S. 222 (☎380 711 175; www.mozart.cz; Latrán 6; Erw./erm. 80/50 Kč; ⊙April–Aug. 9–18 Uhr, Sept. & Okt. 10–16 Uhr) In der ehemaligen St.-Jošt-Kirche befindet sich eine Niederlassung des Nationalen Marionettentheaters in Prag. Hier sind alle möglichen tschechischen Marionetten und Puppen aus mehreren Jahrhunderten sowie Bühnenbilder zu sehen.

ESSEN & AUSGEHEN

Während der Sommermonate Juli und August empfiehlt es sich generell einen Tisch im Voraus zu reservieren.

BÖHMEN ČESKÝ KRUMLOV (KRUMAU)

Český Krumlov

TOP CHOICE **LAIBON** VEGETARISCH €€

Karte S. 222 (📞728 676 654; www.laibon.cz; Parkán 105; Hauptgerichte 90–180 Kč; 📶🍴) Kerzenschein und Deckengewölbe schaffen im besten kleinen vegetarischen Teehaus Böhmens ein tolles Boheme-Ambiente. Schon beim Blättern in der Speisekarte, die viele fleischlose Gerichte bietet, läuft einem angesichts von Guacamole und Hummus das Wasser im Mund zusammen. Als Dessert zu empfehlen: Heidelbeerknödel mit Karamelljoghurt. Schön ist auch die Lage an der Moldau.

NONNA GINA ITALIENISCH €

Karte S. 222 (📞380 717 187; Klášteriní 52; Pizzas 90–155 Kč) Die italienische Familie Massaro kredenzt in ihrer Pizzeria in einer ruhigen Gasse, die sich abseits des Trubels befindet, echt italienische Küche. An den Tischen im Freien stellt sich fast ein Neapel-Feeling ein.

KRČMA V ŠATLAVSKÉ TSCHECHISCH €€

Karte S. 222 (📞380 713 344; www.satlava. cz; Horní 157; Hauptgerichte 150–260 Kč) Das Nirwana für Fleischliebhaber: In diesem Restaurant in einem mittelalterlichen Kellerlabyrinth, beleuchtet von Kerzen und flackernden offenen Grills, werden brutzelnde Grillteller serviert. Tischreservierung ist obligatorisch. Eine Warnung: Im Sommer stürmen Busgruppen das Lokal.

HOSPODA NA LOUŽI TSCHECHISCH €

Karte S. 222 (📞380 711 280; www.nalouzi.cz; Kájovská 66; Hauptgerichte 90–170 Kč) Seit fast 100 Jahren hat sich in dieser holzgetäfelten *Pivo*(Bier-)Stube so gut wie nichts geändert. Einheimische wie Touristen bestellen im Na Louži riesige Portionen, die auch die hungiregsten Gäste satt machen, und leckeres dunkles (und helles) Bier der Eggenberg-Brauerei.

U DWAU MARYÍ TSCHECHISCH €

Karte S. 222 (📞380 717 228; www.2marie. cz; Parkán 104; Hauptgerichte 100–200 Kč) Im mittelalterlichen Wirtshaus der „Zwei Marias" wird nach alten, traditionellen Rezepten gekocht – eine gute Gelegenheit, Gerichte aus Buchweizen und Hirse zu probieren (die besser sind, als es sich anhört). Das Essen wird mit Met aus Kelchen oder einem Pilsner des 21. Jhs. hinuntergespült. Im Sommer geht es eine Spur zu touristisch zu, aber die super Aussicht über die Moldau aufs Schloss entschädigt dafür.

CIKÁNSKÁ JIZBA TSCHECHISCH €

Karte S. 222 (📞380 717 585; Dlouhá 31; Hauptgerichte 120–250 Kč; ⏱Mo-Sa 15–24 Uhr) In der „Zigeunerstube" spielen am Wochenende häufig Roma-Gruppen auf, während die Gäste sich fleischlastige tschechische Klassiker schmecken lassen.

DELI 99 SANDWICHES €

(📞721 750 786; www.hostel99.cz/deli-99; Latrán 106; Snacks und Sandwiches 60–80 Kč; ⏱Mo-Sa 7–19, So 8–17 Uhr; 📶🍴) Bagels, Sandwiches, Biosäfte und WLAN – ideal für Amerikaner mit Heimweh.

ZAPA COCKTAIL BAR COCKTAILBAR

Karte S. 222 (📞380 712 559; www.zapabar.cz; Latrán 15; ⏱18–1 Uhr) Český Krumlov wirkt abends recht ausgestorben, aber im Zapa ist meist bis nach Mitternacht etwas los. Tolle Cocktails und relaxte Atmosphäre.

CAFÉ SCHIELE CAFÉ

Karte S. 222 (📞380 704 011; www.schiele artcentrum.cz; Široká 71; ⏱10–19 Uhr; 📞) Das hübsche Café in der Schiele-Galerie ist mit alten Eichendielen und zusammengewürfelten Möbeln ausgestattet. Ein Flügel mit abgesägten Beinen dient als Ablage. Hier gibt es exzellenten Fairtrade-Kaffee.

🛏 SCHLAFEN

CASTLE APARTMENTS APARTMENTS €€

Karte S. 222 (📞380 725 110; www.zameckaa partma.cz; Latrán 45–47; Apt. 1800–3800 Kč; 🍽📞) Drei benachbarte Häuser in Schlossnähe wurden zu komfortablen privaten Apartments mit Holzböden, modernen Küchenzeilen und Bädern umgebaut (die romantische Aussicht gibt's gratis obendrauf). Die Castle Apartments sind wohl Český Krumlovs (Krumaus) Unterkunft, die ihren Gästen das beste Preis-Leistungs-Verhältnis bietet.

U MALÉHO VÍTKA HOTEL €€

Karte S. 222 (📞380 711 925; www.vitekho tel.cz; Radniční 27; EZ/DZ/3BZ/4BZ 1050/ 1500/2200/2700 Kč; 🅿🍽📞) Dieses kleine Hotel im Herzen der Altstadt ist absolut liebenswert. Das Mobiliar ist aus hochwertigem Holz handgefertigt und jedes Zimmer ist nach einer tschechischen Märchenfigur benannt. Restaurant und Café im Untergeschoss sind ebenfalls gut.

PENSION KAPR
PENSION €

Karte S. 222 (☑602 409 360; www.penzion kapr.cz; Rybářská 28; EZ 1000 Kč, DZ 1200–1800 Kč; @⚡⚐) Okay, die Pension heißt wie ein Fisch (Karpfen), aber sie steht schließlich auch direkt am Fluss. Das ruhig gelegene Haus mit freiliegendem Mauerwerk und 500 Jahren Geschichte bietet eine herrliche Sicht auf die Altstadt. Die schönen Zimmer mit weiß getünchten Wänden und Holzböden tragen die Namen der Kinder des Hauses.

⌐LP TIPP⌐ DILETTANTE'S HANGOUT
PENSION €

(☑728 280 033; www.dilettanteshangout.com; Plesivecke náměstí 93; Zi. 790–990 Kč; ⚐) Die langweilige Fassade täuscht: Die drei Gästezimmer in der Privatpension sind romantisch und kunstvoll gestaltet und mit vielen Reiseandenken des Besitzers dekoriert. Jedes Zimmer ist einzigartig, aber alle drei sind gemütlich und etwas besonderes. Für Selbstversorger gibt es Küchenzeilen.

KRUMLOV HOUSE
HOSTEL €

(☑380 711 935; www.krumlovhostel.com; Rooseveltova 68; B/DZ/3BZ 300/750/1350 Kč; ⚒⚐) Das Krumlov House hoch über der Moldau ist nett und komfortabel und bietet viele Bücher, DVDs und Infomaterial sowie ein umfangreiches Ausflugsprogramm. Die Besitzer – eine Amerikanerin und ein Kanadier – sind sehr gastfreundlich.

PENSION MYŠÍ DÍRA
PENSION €

Karte S. 222 (☑380 712 853; www.cesky krumlov-info.cz; Rooseveltova 28; EZ/DZ ab 1290/1590 Kč; ℗⚐@) Diese einladende Pension hat eine tolle Lage mit Flussblick sowie helle, schöne Gästezimmer mit viel hellem Holz und unkonventionellen, handgefertigten Möbeln. An den Wochenenden von Juni bis August sowie immer für die Deluxezimmer bezahlt man 300 Kč Aufpreis, dafür sind im Winter alle Zimmer um 40 % billiger. Frühstück wird den Gästen aufs Zimmer gebracht.

HOSPODA NA LOUŽI
HOTEL €€

Karte S. 222 (☑380 711 280; www.nalouzi.cz; Kájovská 66; Zi. 1350–1700 Kč; ⚐) Das Gebäude stammt von 1459, das Interieur aus dem frühen 20. Jh. Was in diesem neuen Jahrhundert am Ende zählt, sind die elf gemütlichen Zimmer über einem großartigen Lokal. Im Sommer ist es meist sehr voll, im Winter hingegen sind die Zimmerpreise bis zu 40 % günstiger.

HOSTEL SKIPPY
HOSTEL €

(☑380 728 380; www.hostelskippy.webs.com; Plešivecká 123; B/EZ/DZ 280/290/666 Kč; ⚐) Das Skippy ist nicht so laut wie andere Hostels der Stadt – hier fühlt man sich eher wie bei Freunden. Der kreative Besitzer, Skippy, ist ein musikalischer Typ, der seine Gäste gern mit spontanen Jamsessions im Vorraum überrascht. Die Unterkunft in dem recht kleinen Haus direkt am Fluss sollte man im Voraus buchen.

HOSTEL POSTEL
HOSTEL €

Karte S. 222 (☑380 715 631; www.hostel postel.cz; Rybářská 35; B/DZ 300/650 Kč; ⚐@⚡⚐) Das Hostel Postel liegt in der Nähe einiger guter Kneipen und hat einen sonnigen Innenhof mit Sonnenschirmen, unter denen man nach einer harten Nacht langsam wach werden kann. Die Zwei- bis Vierbettzimmer sind supersauber.

HOTEL RŮŽE
HOTEL €€€

Karte S. 222 (☑380 772 100; www.hotel ruze.cz; Horní 154; EZ/DZ 4000/5300 Kč; ℗⚐✳@⚡) Das nobelste Hotel der Stadt befindet sich im alten Jesuitenkolleg. Es ist bei Reisegruppen beliebt, die hier mittelalterlichen Pomp genießen. Eine Frage stellt sich: Sind die lebensgroßen Puppen in der Lobby aus dem Wachsmuseum in der Nähe ausgebüxt? Im Sommer ist das Hotel häufig ausgebucht, im Winter fallen die Preise um bis zu 40 Prozent.

PENSION SEBASTIAN
PENSION €

(☑608 357 581; www.sebastianck.com; 5 Května UI; EZ/DZ/3BZ inkl. Frühstück 790/1090/1590 Kč; ⚐⚡) Die exzellente Unterkunft befindet sich im Vorort Plešivec, zu Fuß nur eine Viertelstunde von der Altstadt entfernt. Hier ist es preiswerter als in den zentral gelegenen Pensionen. Die größeren Vierbettzimmer (1780 Kč) sind ideal für Familien, und die Gartenlaube bietet sich für Drinks und Grillabende an. Die weitgereisten Besitzer organisieren auch Ausflüge in die Umgebung.

PENSION DANNY
PENSION €

Karte S. 222 (☑380 712 710; www.pensi on-danny.cz; Latrán 72; DZ inkl. Frühstück ab 990 Kč; ⚐⚡) Simpler Charme mit freiliegenden Balken und restaurierten Backsteinmauern. Wie viele andere Unterkünfte der Stadt ist die Pension im Sommer häufig ausgebucht, im Winter sind die Preise günstiger und die Unterkunft weniger voll.

BÖHMEN TŘEBOŇ (WITTINGAU)

PENSION BARBAKÁN
PENSION €

Karte S. 222 (📞380 717 017; www.bar bakan.cz; Kaplická 26; EZ/DZ inkl. Frühstück ab 1300/1700 Kč; @📶) Ursprünglich war dies das Schießpulverarsenal der Stadt, heute sorgt das Barbakán für ein Feuerwerk aus superkomfortablen Zimmern mit hellem, behaglichem Holzmobiliar. Vom Grillrestaurant (Hauptgerichte 150–210 Kč) aus kann man den Booten auf dem Fluss zusehen.

PENSION LOBO
PENSION €

Karte S. 222 (📞380 713 153; www.pensionlo bo.cz; Latrán 73; EZ/DZ inkl. Frühstück 1000/1200 Kč; P😊📶) Helle, behagliche Gästezimmer und modernisierte Bäder machen die Altstadtpension zu einer guten Option. Beim Frühstück, das auf dem Zimmer serviert wird, kann man den Blick über die malerische Stadt genießen.

☆ UNTERHALTUNG

DIVADELNÍ KLUB ÁNTRÉ
LIVEMUSIK

Karte S. 222 (📞605 882 342; www.klubantre. cz; Horní 2; 📶) Den Klub Ántré haben die besten angesagten tschechischen Bands auf ihrem Tourprogramm. Die Website ist nicht wirklich hilfreich, besser man erkundigt sich im Infocentrum (S. 221) über die Konzerte, die während des Aufenthalts in Krumau stattfinden.

MĚSTSKÉ DIVADLO
THEATER

Karte S. 222 (📞380 727 370; www.divadlo.ck-rumlov.cz; Horní 2) Im Stadttheater werden regelmäßig Vorstellungen gegeben. Das Programm steht auf der Website.

DREHENDES THEATER
THEATER

Karte S. 222 (Otáčivé hlediště Český Krumlov; 📞386 356 925; www.otacivehlediste.cz; Schlossgarten; Eintrittskarten 400–800 Kč; ⏱Juni–Sept.) Ballett, Oper, Dramen und Puppentheater: Das alles steht auf dem Programm dieses einzigartigen Freilufttheaters mit drehbarer Zuschauertribüne. Das Programm erfährt man auf der Website und im Infocentrum (S. 221), das auch die Karten verkauft.

KINO J&K
KINO

(📞380 711 892; www.ckrumlov.cz/kinojk; Špičák 134) Hier laufen die aktuellen Hollywood-Streifen.

🏃 SPORT & AKTIVITÄTEN

MALEČEK
KANUFAHREN

Karte S. 222 (📞380 712 508; http://ge.bootsverleih.malecek.cz; Rooseveltova 28; 2-Personen-Kanu pro Std. 390 Kč; ⏱9–17 Uhr) Im Sommer ist eine Bootsfahrt eine wunderbare Art, sich abzukühlen. Man kann sich ein Kanu ausleihen und vor Ort ein bisschen rumschippern – oder von Rožmberk aus einen ganztägigen Ausflug den Fluss hinab (850 Kč, 5–8 Std.) unternehmen.

EXPEDICION
FAHRRADVERLEIH, ABENTEUERTOUR

Karte S. 222 (📞607 963 868; www.expedicion.cz; Soukenická 33; ⏱9–19 Uhr) Expedicion verleiht Fahrräder (290 Kč am Tag), organisiert Ausritte (250 Kč pro Std.) und actionreiche Tagestouren (1680 Kč inkl. Mittagessen) mit Reiten, Angeln, Mountainbiking und Raften in den nahe gelegenen Novohraské hory (Gratzener Bergland).

SEBASTIAN TOURS
GEFÜHRTE TOUREN

(📞607 100 234; www.sebastianck-tours.com; 5 Května Ul, Plešivec; Tagestour nach Hluboká nad Vltavou pro Pers. 599 Kč) Das Unternehmen bietet Ausflüge durch Südböhmen an mit Stopps in Hluboká nad Vltavou (Frauenberg) und České Budějovice (Budweis). Im Programm stehen auch Shuttlebusfahrten zu weiter entfernten Zielen wie Linz, Wien und Salzburg.

REITKLUB SLUPENEC
REITEN

(📞723 832 459; www.jk-slupenec.cz; Slupenec 1; Ausritte pro Std./Tag 300/2200 Kč) Hier kann man Pferde für Ausritte ausleihen und Reitunterricht nehmen. Das Gestüt liegt 2,5 km südlich der Stadt. Die Buchung erfolgt übers Infocentrum (S. 221).

Třeboň (Wittingau)

Erkunden

Třeboň ist in ganz Tschechien für seine vielen Fischteiche bekannt, in denen ein Großteil der Karpfen gezüchtet wird, die an Heiligabend im ganzen Land traditionellerweise auf den Tisch kommen. Die Teiche bilden eine malerische Kulisse für Wanderungen

Třeboň (Wittingau)

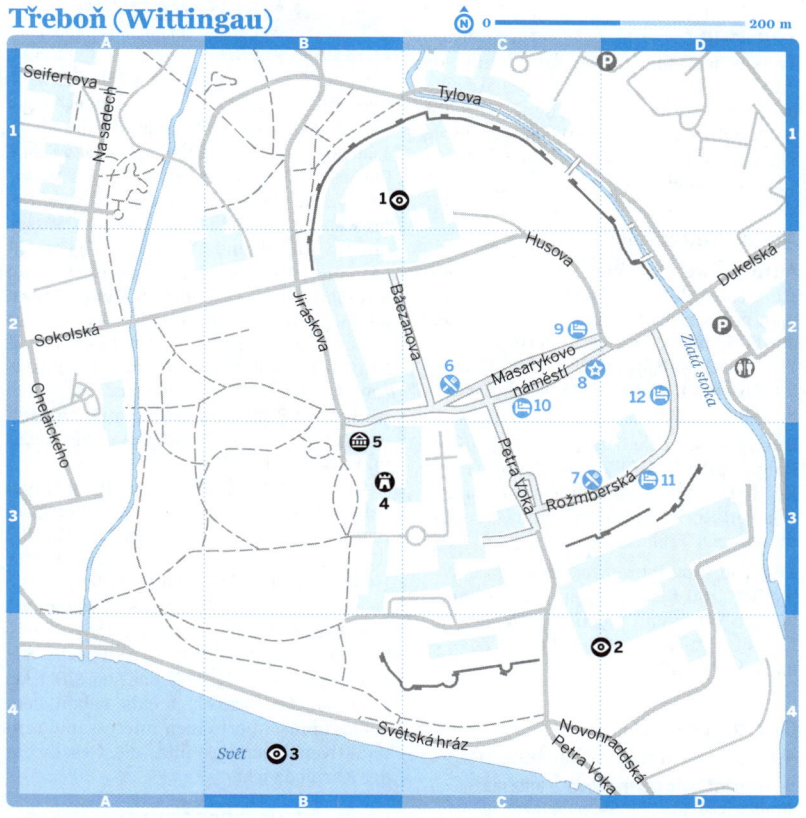

Třeboň (Wittingau)

und Radtouren durchs Naturschutzgebiet Třeboňsko. In der Stadt Třeboň (Wittingau) selbst, die mit einer Handvoll Attraktionen und ordentlichen Hotels aufwartet, kann man übernachten oder auch von České Budějovice (Budweis) aus einen Tagesausflug dorthin unternehmen.

Highlights

➡ **Sehenswertes** Schloss Třeboň (S. 228)
➡ **Restaurant** Rožmberská Bašta (S. 229)
➡ **Bar** Brauerei Regent (S. 232)

Top-Tipp

Třeboň ist eine zauberhafte Stadt, das echte Highlight hier sind aber Ausflüge in die wundervolle Umgebung. Die Touristeninformation (S. 221) kann ergiebige Wander- und Radtouren (auch Fahrradverleih) empfehlen.

An- & Weiterreise

Auto Třeboň (Wittingau) liegt zwei Autostunden südlich von Prag. Zunächst fährt man auf der D1 Richtung Brno, dann auf der E55 immer der Beschilderung nach. Von České Budějovice ist Třeboň über die Autobahn 34 in etwa einer halben Stunde erreicht.

Bus Mehrmals täglich fahren Busse von Prags Busbahnhof Florenc hierher (138 Kč, 3 Std.). Von České Budějovice (Budweis; 30 Kč, 30 Min.) verkehren stündlich Busse nach Třeboň.

Zug Von Prag fahren regelmäßig Züge hierher (200 Kč, 3 Std.), umsteigen muss man in Veselí nad Lužnicí (Wessely a. d. Lainsitz). Auch von Tábor fahren Züge nach Třeboň (71 Kč, 1 Std.).

Gut zu wissen

➜ **Lage** 145 km südlich von Prag.

➜ **Touristeninformation** (Informační Středisko; ☑384 721 169; www.trebon-mesto. cz; Masarykovo náměstí 103; ⊘Mo–Fr 9–16 Uhr) Hier gibt es eine Vielzahl an Kartenmaterial und Infos über Möglichkeiten zum Fahrradverleih.

➜ **Internetzugang** In der Touristeninformation stehen den Besuchern Computer mit Internetzugang zur Verfügung.

◉ SEHENSWERTES

SCHLOSS TŘEBOŇ   SCHLOSS

Karte S. 227 (Zámek; ☑384 721 193; www. zamek-trebon.eu; Zámek 115; Führungen auf Deutsch Erw. 140–250 Kč, erm. 60–160 Kč; ⊘ Juni–Aug. Di–So 9–17.15 Uhr, April–Mai & Sept.–Okt. bis 16 Uhr, Nov–März geschl.) Třeboňs (Wittingau) Hauptattraktion ist sein Renaissanceschloss, in dem auch ein **Museum** für Möbel und Waffen untergebracht ist. Eine Schlossbesichtigung ist nur im Rahmen von drei geführten **Rundgängen** möglich: Rundgang A führt durch das Renaissance-Interieur des Schlosses, Rundgang B konzentriert sich auf die Schwarzenbergischen Privatgemächer aus dem 19. Jh., auf Rundgang C (findet nur im Juli und August statt) erkundet man die Keller und den Pferdestall.

Das heutige Schloss wurde 1611 an der Stelle eines abgebrannten gotischen Bauwerks errichtet. Das von der Familie Rožmberk erbaute Schloss wurde später Hauptwohnsitz der Schwarzenbergs. Die Dauerausstellung **Třeboň – Landschaft und Leute** (Expozice Třeboňslo karjina a lidé; Karte S. 227; ☑384 274 912; Erw./erm. 50/ 30 Kč; ⊘Mai–Sept. tgl. 9–17 Uhr, April & Okt. Mo sowie Nov.–März geschl.) rechts neben dem Schloss präsentiert einen interessanten interaktiven Überblick über die Geschichte der Karpfenzucht.

SCHWARZENBERGER GRUFT   GRABSTÄTTE

(Švarcenberská Hrobka; www.zamek-trebon. eu; Park u Hrobky; Führung auf Deutsch Erw./ erm. 100/60–80 Kč; ⊘Juni–Aug. Di–So 9– 17 Uhr, April–Mai & Sept.–Okt. bis 16 Uhr) Seit 1877 wurden in der neugotischen Gruft im Park u Hrobky (auf der anderen Seite des Svět-Teichs) viele Mitglieder der Familie Schwarzenberg bestattet. Die Gruft ist vom

---

ZU DEN KARPFENTEICHEN

Die Gegend um Třeboň (Wittingau) sprenkeln Hunderte von Fischteichen, von denen einige schon mehrere Jahrhunderte bestehen. Fisch zu essen, ist für die gänzlich küstenlosen Tschechen etwas Besonderes. So dreht sich bei der wichtigsten Mahlzeit des Jahres – an Heiligabend – auch alles um den Karpfen. Ein Großteil der im ganzen Land verspeisten Karpfen kommt aus der hiesigen Zucht.

Einen der größten Fischteiche, **Rybník Svět** (Svět-Teich; Karte S. 227), erreicht man von Třeboňs zentralem Platz aus auf einem zehnminütigen Spaziergang. Ein gut ausgeschilderter Weg verläuft über mehrere Kilometer am Teich entlang. Am Ufer stehen Fischzuchtanlagen, wo man sehen kann, wie die Karpfen gehalten und gezüchtet werden, die dann zu Weihnachten auf den Tisch kommen – frittiert und mit Kartoffelsalat; aus den nicht essbaren Teilen wird Karpfensuppe gekocht.

WANDERN IM NATURSCHUTZGEBIET TŘEBOŇSKO

Ein großer Teil von Třeboňs (Wittingaus) Umgebung, die mit dichten Wäldern und vielen Fischteichen aufwartet, ist als Naturschutzgebiet ausgewiesen. Eine schöne Wanderung durch die Region beginnt am Masarykovo náměstí: einfach dem blau markierten Weg gen Nordosten nach **Na Kopečku** (1,5 km, 30 Min.) folgen. Von Na Kopečku führt der blau markierte Weg weiter zum **Hodějo-Teich** (7,5 km, 2½ Std.). Von dort geht es auf einem Weg mit gelber Markierung in westlicher Richtung nach **Smítka** (2 km, 45 Min.), wo die Strecke auf eine rot markierte Route trifft, die gen Norden nach **Klec** und zu einem einfachen Campingplatz führt (6 km, 2 Std.).

Ab hier kann man auf einem weiteren, 13 km langen (4 Std.), rot beschilderten Weg in Richtung Norden wandern, vorbei an weiteren Fischteichen, Wäldern und kleinen Dörfern, bis schließlich **Veselí nad Lužnicí**, ein wichtiger Eisenbahnknotenpunkt, erreicht ist. Zelten ist im gesamten Naturschutzgebiet nur auf den offiziell ausgewiesenen Campingplätzen erlaubt. Die gleiche Tour eignet sich auch für einen Ausflug mit dem Mountainbike.

Eine leichtere, 12 km lange Route (4 Std.) führt auf einem gut ausgewiesenen Weg rund um den Fischteich Rybník Svět (S. 230). Ausgangspunkt ist die Brauerei-Regent (S. 230). An diesem Weg stehen 16 Infotafeln in Tschechisch, Deutsch und Englisch. Er führt auch an der Schwarzenberger Gruft (S. 230) vorbei. Eine Wanderkarte ist im Touristenbüro (S. 230) erhältlich, ebenso detaillierte Beschreibungen anderer Routen sowie Empfehlungen von Fahrradverleihen.

Zentrum aus auf gut markierten Wegen in 15 Gehminuten zu erreichen.

Rund um Masarykovo Náměstí

Die Hauptattraktionen hier sind die Barock- und Renaissancehäuser am Platz und innerhalb der Stadtmauern (die 1527 errichtet wurden). Sehenswert sind das **Rathaus** am Platz, die **St.-Ägidius-Kirche** (kostel sv Jiljí) und das **Augustinerkloster**.

GRATIS AUGUSTINERKLOSTER   KLOSTER

Karte S. 227 (Augustinský klášter; Husova; ⊙Mo–Sa 9–18 Uhr) Das Augustinerkloster wurde 1367 von der Rožmberk-Familie gegründet. Die ältesten Teile sind der Kreuzgang im Konvent und die Vinzenzkapelle (Ende des 14. Jhs.). Zum Klosterkomplex gehört außerdem die **St.-Ägidius-Kirche** (kostel sv Jiljí).

BRAUEREI REGENT   BRAUEREI

Karte S. 227 (Pivovar Bohemia Regent; ☑384 721 319; www.pivovar-regent.cz; Trocnovské náměstí 124) Bereits 1379 wurde Třeboňs städtische Brauerei gegründet und noch immer produziert sie hervorragende Biere, die unter dem Label „Bohemia Regent" verkauft werden. Brauereiführungen nach vorheriger Anmeldung (telefonisch oder per E-Mail anmelden) möglich. Der Preis dafür hängt von der Tageszeit und der Gruppengröße ab. Bei schönem Wetter lockt die Freiluftterrasse der Brauerei, wo man die Biere probieren kann.

⚔ ESSEN & AUSGEHEN

ROŽMBERSKÁ BAŠTA   TSCHECHISCH €€

Karte S. 227 (☑731 175 902; www.rozmberska-basta.cz; Rožmberská 59; Hauptgerichte 170–290 Kč; ⊙11–22 Uhr) In dem schlichten, kleinen Restaurant, das sich in einer ruhigen Seitenstraße nahe dem Hauptplatzes befindet, werden gute Fischgerichte serviert. Spezialität des Hauses ist gegrillter oder gebratener Zander. Nach hinten raus gibt es eine kleine Terrasse, wo man im Freien sitzen kann.

FISH & STEAK   INTERNATIONAL €

Karte S. 227 (☑384 392 595; www.vratis lavs kydum.cz; Ecke Masarykovo náměstí 97 & Březanova; Pizzas 80–130 Kč, Hauptgerichte 120–290 Kč; 🛜📶) Das Lokal heißt zwar Fish & Steak, eigentlich dreht sich aber alles um Pizzas. Man kann sie draußen an einem der Tische am Hauptplatz verzehren oder drinnen im farbenfrohen Ambiente unter Gewölbedecken. Die Fisch- und Fleischgerichte sind aber auch sehr gut.

BÍLÝ KONÍČEK
TSCHECHISCH €

Karte S. 227 (☎384 721 213; www.hotelbily konicek.cz; Masarykovo náměstí 97; Hauptgerichte 110–180 Kč) Im Restaurant servieren nette Kellnerinnen verlässliche Klassiker wie Schweinebraten und Wiener Schnitzel. Es gibt auch eine kleine Terrasse, und abends kann man hier entspannt ein Bierchen trinken.

BAUEREI REGENT
KNEIPE

Karte S. 227 (Pivovar Bohemia Regent; ☎384 721 319; www.pivovar-regent.cz; Trocnovské náměstí 124; Hauptgerichte 80–120 Kč) Die Brauereikneipe ist immer voller Gäste, die Třeboňs exzellente Biere und preiswerte Regionalgerichte schätzen. Der halbe Liter Bier ist hier billiger als in Prag – ein besonderer Favorit ist das *11 °P Light Lager*. Bei gutem Wetter empfiehlt sich die Terrasse auf der Rückseite des Gebäudes, wo man gemütlich im Freien sitzen kann.

🛏 SCHLAFEN

HOTEL ZLATÁ HVĚZDA
HOTEL €€

Karte S. 227 (☎384 757 111; www.zhvezda.cz; Masarykovo náměstí 107; EZ/DZ inkl. Frühstück 1400/2400 Kč; P🐾🖥@🛜) Třeboňs nobelste Unterkunft in einem 430 Jahre alten Gebäude am Hauptplatz hat opulente Zimmer, ein Spazentrum und eine Kegelbahn. Das hilfsbereite Empfangspersonal fungiert als zusätzliches Informationsbüro und macht gute Wander- und Radtouren-Vorschläge. Fahrräder kann man hier ausleihen (300 Kč pro Tag).

PENZION MODRÁ RŮŽE
PENSION €

Karte S. 227 (☎384 722 167; www.modra-ruze. cz; Rožmberská 39; EZ 450–740 Kč, DZ 720–1000 Kč; @🛜) Die superfreundlichen Besitzer haben unglaublich viele Infos über die Umgebung auf Lager, und ihre Pension in einer ruhigen Gasse gehört zu den besten in Třeboň. Weil sie oft ausgebucht ist, sollte man im Voraus reservieren.

PENZION ZLATÁ STOKA
PENSION €

Karte S. 227 (☎728 031 433; www.zlatastoka. cz; Rožmberská 65; EZ/DZ/Apt. 700/950/1120 Kč) Der „Goldene Kanal" bietet geräumige, moderne Gästezimmer mit Terrakottafliesen, Ledersesseln und hellem, freundlichen Dekor. Frühstück ist im Zimmerpreis

nicht inbegriffen, aber nur ein paar Meter weiter gibt es ein paar Cafés.

BÍLÝ KONÍČEK
HOTEL €

Karte S. 227 (☎384 721 213; www.hotel bilykonicek.cz; Masarykovo náměstí 97; EZ/DZ 800/1000 Kč; P) Hinter der schönen Renaissance-Fassade verbirgt sich ein recht durchschnittliches Hotel, aber die Lage ist unschlagbar, und die Preise sind fair. Die Zimmer sind schnörkellos und eher klein, aber an der Rückseite gibt es Parkplätze und im Erdgeschoss ein Restaurant mit einfacher tschechischer Küche.

☆ UNTERHALTUNG

KINO SVĚTOZOR
KINO

Karte S. 227 (☎384 722 850; www.kinotrebon. cz; Masarykovo náměstí 103) Hier laufen die Hollywood-Streifen.

Tábor (Tabor)

Erkunden

Die Stadt Tábor (Tabor), südlich von Prag, erwarb sich ihren Platz in der tschechischen Historie im 15. Jh. als Heimat des radikalsten Flügels der Hussitenbewegung. Heute gibt es kaum noch Radikale, stattdessen ist Tábor ein toller Zwischenstopp für ein Mittagessen samt Verdauungsspaziergang auf dem Weg in den Süden, Richtung České Budějovice (Budweis) und Český Krumlov (Krumau). Die interessantesten Attraktionen hier haben mit den Hussiten zu tun: etwa ein informatives Museum über ihre Geschichte sowie die jahrhundertealten unterirdischen Gänge, die zu Kriegszeiten von Soldaten genutzt wurden und heute zum Teil öffentlich zugänglich sind. Tábor hat auch zwei erstklassige Hotels und eine Handvoll sauberer Pensionen zu vernünftigen Preisen zu bieten.

Highlights

➡ **Sehenswertes** Unterirdische Gänge (S.232)

➡ **Restaurant** Goldie (S. 233)

➡ **Bar** MP7 (S. 234)

Tábor

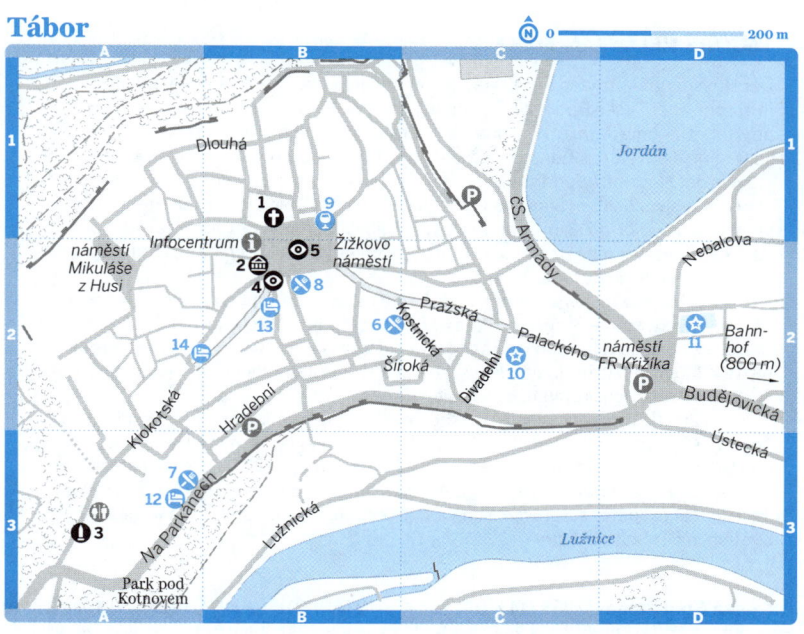

Tábor

◉ Sehenswertes

1 Kirche zur Verklärung Christ
    auf dem Berg Tabor B1
    Historisches Museum .... (siehe 3)
2 Hussitenmuseum B2
3 Kotnov-Turm A3
4 Unterirdische Gänge B2
5 Žižkovo Náměstí B2

✕ Essen

6 Café Pizzerie B2
7 Dvořák A3
    Goldie .... (siehe 13)
8 Kafe & Bar Havana B2

☺ Ausgehen

9 MP7 .... B1
    Whisky Pub .... (siehe 14)

✿ Unterhaltung

10 Divadlo Oskara Nedbala C2
11 Kino Svět D2

🛏 Schlafen

12 Hotel Dvořák A3
13 Hotel Nautilus B2
    Pension Jana .... (siehe 6)
14 Penzión Alfa A2

Top-Tipp

Für eine (nach tschechischem Maßstab) vergleichsweise große Stadt bietet Tábor nicht allzu viele gute Restaurants. Am besten isst man hier wohl im Hotel.

An- & Weiterreise

Auto Die Autofahrt von Prag dauert eineinhalb Stunden: zunächst auf der D1 Richtung Brno (Brünn), dann auf der E55 Richtung Süden, den Schildern nach Tábor folgen.

Bus Regelmäßig verkehren Busse zwischen Prags Busbahnhof Florenc und Tábor (93 Kč, 2 Std.).

Zug Vom Prager Hauptbahnhof fahren regelmäßig Züge nach Tábor (140 Kč, 1½ Std.), sie sind aber meist teurer und auch weniger bequem als die Busse.

Gut zu wissen

➡ **Lage** 90 km südlich von Prag.
➡ **Infocentrum** (☎381 486 230; www.tabor. cz; Žižkovo náměstí 2; ⏰Mai–Sept. Mo–Fr 8.30–19, Sa 10–16 Uhr, Okt.–April Mo–Fr 9–16 Uhr) Buchung von Unterkünften, Verleih von Audio-Guides.

TÁBORS HELD: JAN ŽIŽKA

Der Hussitenhauptmann Jan Žižka, der legendäre blinde Heerführer, kam um 1376 in Trocnov bei České Budějovice (Budweis) zur Welt. Seine Jugendzeit verbrachte er am Hof von König Wenzel IV., später kämpfte er als Söldner in Polen, kehrte jedoch zu Beginn der Reformation in seine Heimat zurück und wurde Anführer des radikalen Flügels der Hussiten, den Taboriten. Seinem hervorragenden militärischen Genie waren alle hussitischen Siege zu verdanken, von der Schlacht am Veitsberg (Vitkov, später nach Žižka in Žižkov umbenannt) im Jahr 1420 an bis zu seinem Tod. Nachdem er in zwei verschiedenen Schlachten beide Augen verloren hatte, starb Žižka schließlich 1424 an der Pest.

Žižkas Armee war sehr gut organisiert und nutzte als erste Wagen mit fest montierten Geschützen – die ersten Panzer der Geschichte. Mit diesen Fahrzeugen konnte Žižka sich aussuchen, an welcher Stelle er Position bezog und nahm den Kreuzrittern die Möglichkeit zur Initiative – sie mussten dort kämpfen, wo er es wollte. Diese Technik erwies sich als nahezu unbesiegbar.

Nach Žižkas Tod wehrten die Hussiten noch ein Jahrzehnt lang ihre Feinde ab, doch 1434 wurden sie von einem Verbund aus dem gegnerischen Hussitenflügel, den Utraquisten, und dem Heiligen Römischen Reich besiegt. Überraschenderweise wurde Žižkas Erfindung von anderen Armeen nicht sofort übernommen. Erst zwei Jahrhunderte später setzte der Schwedenkönig Gustav II. Adolf Žižkas militärisches System in der Schlacht ein.

➡ **Česká Spořitelna** (📞 956 744 120; www.csas.cz; tř. 9 května 518; ⊙ Mo–Fr 8.30–16 Uhr) Zentral gelegene Bank, die über einen Geldautomat verfügt und Bargeld wechselt.

👁 SEHENSWERTES

ŽIŽKOVO NÁMĚSTÍ   PLATZ
Karte S. 231 (Žižkovo náměstí) Žižkovo náměstí ist Tábors schöner Hauptplatz. An allen Seiten umgeben ihn Häuser aus Spätgotik, Renaissance und Barock, in der Mitte steht ein **Brunnen** (1567) mit einer Statue, und dem Hussitenanführer Jan Žižka (s. Kasten oben), nach dem der Platz benannt ist, ist ein Denkmal gewidmet. Die zwei Steintische in der Nähe nutzten die Hussiten wahrscheinlich für Gottesdienste.

HUSSITENMUSEUM   MUSEUM
Karte S. 231 (Husitské muzeum; 📞 381 254 286; www.husitskemuzeum.cz; Žižkovo náměstí; Erw./erm. 60/40 Kč; ⊙ April–Sept. tgl. 9–17 Uhr, Okt.–März Mi–Sa 9–17 Uhr) Das Museum, das in Tábors spätgotischem alten **Rathaus** (Stará radnice) untergebracht ist, widmet sich den Ursprüngen und der Geschichte der Hussitenbewegung in Tschechien. Hier befindet sich auch der Eingang zu den unterirdischen Gängen (S. 231).

UNTERIRDISCHE GÄNGE   TUNNELSYSTEM
Karte S. 231 (Podzemní Chodby; www.husitskemuzeum.cz; Žižkovo náměstí; Erw./ermäßigt 60/40 Kč; ⊙ April–Sept. tgl. 9–17, Okt.–März Mi–Sa 9–17 Uhr) Im Hussitenmuseum im alten Rathaus befindet sich der Zugang zu einem 650 m langen Abschnitt der unterirdischen Gänge von Tábor. Hierhin gelangt man nur im Rahmen von Führungen. Die im 15. Jh. angelegten Tunnel dienten als Fluchtwege bei Bränden und in Kriegszeiten, aber auch als Lagerraum für Lebensmittel und Bier.

KIRCHE ZUR VERKLÄRUNG CHRISTI
AUF DEM BERG TABOR   KIRCHE, TURM
Karte S. 231 (kostel Proměnění Páně na hoře Tábor; Žižkovo náměstí; Turm Erw./erm. 40/30 Kč; ⊙ Turm April–Aug. tgl. 10–17 Uhr, Sept. & Okt. nur Sa & So) An der Nordseite des Platzes steht die 1440–1512 erbaute Dekanatskirche Zur Verklärung Christi auf dem Berg Tabor, die für ihr Steingewölbe und den neugotischen Altar bekannt ist. Ihr **Turm** gewährt (bei gutem Wetter) einen Panoramablick über Tábor.

KOTNOV-TURM   Turm
Karte S. 231 (📞 381 252 788; www.husitske muzeum.cz; Klokotská; Erw./erm. 20/10 Kč; ⊙ Mai–Sept. 9–17 Uhr) Die im 12. Jh. gegründete Burg Kotnov brannte 1532 ab, die noch bestehenden Ruinen wurden im 17. Jh. in eine Brauerei umgebaut. Der Kotnov-Turm (15.

Jh.), der den Brand damals überstand, kann vom Bechyně-Tor aus erklommen werden. Von oben überblickt man Tábor und den Fluss Lužnice (Lainsitz).

HISTORISCHES MUSEUM MUSEUM
Karte S. 231 (☑381 252 788; www.husitske muzeum.cz; Klokotská; Erw./erm. 40/20 Kč; ☺Mai–Sept. 9–17 Uhr) Das kleine Museum beherbergt die Dauerausstellung „Leben und Arbeiten in der mittelalterlichen Gesellschaft" mit dem Schwerpunkt auf dem Alltag der Landbevölkerung. Es befindet

sich neben dem Kotnov-Turm im **Bechyně-Tor**, dem letzten noch erhaltenen gotischen Originalportal der Stadt.

✗ ESSEN & AUSGEHEN

GOLDIE TSCHECHISCH €€
Karte S. 231 (☑380 900 901; www.hotel nautilus.cz; Žižkovo náměstí 20; Hauptgerichte 250–360 Kč; ☎) Das Restaurant im Hotel Nautilus (S. 234) ist um Längen besser als

DIE HUSSITEN

Tábor wird häufig als geistige Heimat der radikalen Hussitenbewegung bezeichnet. Wer waren die Hussiten, und wofür traten sie ein?

Die Geschichte der Hussiten reicht zurück ins 15. Jh., als die katholische Obrigkeit den tschechischen Religionsreformer Jan Hus zum Tode verurteilte. Er wurde 1415 im deutschen Konstanz auf dem Scheiterhaufen verbrannt. Dieses Urteil war folgenschwerer, als es sich die katholischen Machthaber ausmalen konnten: Der Tod von Jan Hus führte zu einem religiösen Aufstand unter den Tschechen, die Hus' Entscheidung, in tschechischer Sprache zu predigen, als Schritt hin zu religiöser und nationaler Selbstbestimmung betrachteten.

Hus selbst hatte eine solch drastische Revolution nicht beabsichtigt, sondern sich auf die Übersetzung der lateinischen Liturgie konzentriert und sich dafür eingesetzt, Brot und Wein an die ganze Gemeinde auszuteilen und nicht nur an die Geistlichen. Doch für viele war die Zeit reif für eine Kirchenreform.

Jan Hus kam um 1372 im südböhmischen Husinec (Hussinetz) zur Welt. Obwohl er aus armen Verhältnissen stammte, schaffte er es, Lehrer an der Prager Karls-Universität zu werden. 1402 wurde er zum Prediger geweiht. Er träumte von einer Rückkehr zu den ursprünglichen Kirchenlehren – Toleranz, Demut und Einfachheit –, doch solch eine Botschaft hatte für eine Kirche, die die Sündenvergebung als Möglichkeit zum Geldverdienen sah, einen politischen Unterton.

Hus wurde in Konstanz in einem Scheinverfahren der Ketzerei für schuldig befunden – seine Hinrichtung war doppelt ungerecht, weil der römisch-deutsche König Sigismund ihm eigentlich freies Geleit zugesichert hatte.

In Böhmen garantierten viele Adlige all jenen Schutz, die ihre Religion nach Hus' Lehren ausübten, und überall bildeten sich hussitische Gemeinschaften. Die Bewegung spaltete sich über die Frage nach der Beziehung zu den weltlichen Machthabern auf – die gemäßigten Utraquisten (oder Kalixtiner) stellten sich 1434 auf die Seite des Katholiken Sigismund. Die radikaleren Taboriten, die sich selbst als Gotteskrieger betrachteten, bekämpften die Katholiken in jeder Hinsicht.

Tábor (benannt nach dem biblischen Berg Tabor) war die militärische Basis der Hussiten und wurde von einer hauptsächlich bäuerlichen Armee unter den brillanten Anführern Jan Žižka und Prokop Holý erfolgreich verteidigt.

Die Bewegung fand auch in anderen protestantischen Kirchen Europas Unterstützung. Viele kamen nach Tábor und gemeinsam formierten sie sich zum Kampf gegen die Armeen des Heiligen Römischen Reichs.

In Böhmen sind die hussitischen Ideale nie ganz verschwunden. Obwohl die Utraquisten im Jahr 1434 die Taboriten mit Hilfe von Sigismunds katholischer Armee in der Schlacht von Lipan schlugen und somit zur dominanten Kraft wurden, garantierte der nachfolgende Friedensvertrag der Bewegung religiöse Freiheit. Es dauerte fast 200 Jahre, bis der Protestantismus in Tschechien 1620 von den katholischen Habsburgern nach der Schlacht am Weißen Berg (bei Prag) gänzlich abgeschafft wurde.

die anderen Speiselokale der Stadt. Hier ist Schick angesagt, man sollte also zumindest das sauberste T-Shirt, das man noch im Koffer findet, anziehen. Die Speisekarte ist französisch und italienisch angehaucht, die Weinkarte sehr gut. Von der großen Terrasse überblickt man den Hauptplatz von Tabor.

LA CAVE TSCHECHISCH €€

Karte S. 231 (☏381 207 211; www.dvorak tabor.cz; Hradební 3037; Hauptgerichte 240– 360 Kč; 🛜) Eine der besseren kulinarischen Optionen der Stadt ist das Restaurant im Hotel Dvořák). Hier wird gutes Essen wichtig genommen: Auf der Karte stehen recht seltene Schätze wie Wild, Ente und Kaninchen. Und zu jedem Hauptgericht gibt es außerdem eine besondere Weinempfehlung.

CAFÉ PIZZERIE ITALIENISCH €

Karte S. 231 (☏381 254 048; Kostnická 159; Pizzas 90–140 Kč; ◷11–22 Uhr) Gute Pizzas und andere italienische Klassiker für Fans der mediterranen Küche, isst man entweder auf der winzigen Terrasse oder im Innenraum mit Retro-Touch und vielen Reklameschildern aus Blech.

KAFE & BAR HAVANA TSCHECHISCH, MEXIKANISCH €

Karte S. 231 (☏381 253 383; Žižkovo náměstí 17; Hauptgerichte 80–250 Kč) Die außergewöhnliche Kombination aus tschechischer und mexikanischer Küche, die kulinarische Abwechslung bringt, sowie die leckeren Cocktails sorgen für viel Freude an Tábors Hauptplatz.

WHISKY PUB BAR

Karte S. 231 (☏381 256 165; www.pensionalfa. cz; Klokotská 107; 🛜) In dieser Bar, in der sich (fast) alles um Whisky dreht, gibt es manchmal Live-Blues und -Country. Der Pub gehört zur Penzión Alfa und nimmt das Erdgeschoss ein, während sich die Pensionszimmer im Obergeschoss befinden.

MP7 BAR

Karte S. 231 (☏606 856 994; www.facebook. com/cafemp7; Žižkovo náměstí 7; ◷Mo–Fr 12–24, Sa & So 13–24 Uhr; 🛜) Disco, Jazz, Reggae und House hört man in diesem Etablissement, das Kunstgalerie, Gartencafé und Cocktailbar ist. Hier kann man sich nach Live-Gigs in der ganzen Stadt erkundigen.

🛏 SCHLAFEN

HOTEL NAUTILUS BOUTIQUEHOTEL €€
LP TIPP

Karte S. 231 (☏380 900 900; www.hotelnau tilus.cz; Žižkovo náměstí 20; EZ/DZ ab 2250/2700 Kč; P⇄❄🛜) Von der unangestrengt coolen Bar bis hin zu den eleganten Gästezimmern mit Originalkunst – Tábors erstes und bislang einziges Boutiquehotel ist durch und durch klasse. Zudem sind die Zimmerpreise für solch ein internationales Ambiente direkt am Hauptplatz überraschend günstig. Vielleicht ist die Zeit reif für eine kleine Prasserei?

HOTEL DVOŘÁK HOTEL €€

Karte S. 231 (☏381 207 211; www.dvorak tabor.cz; Hradební 3037; EZ/DZ 1400/2350 Kč; P⇄@🛜) Das Dvořák residiert in einer renovierten alten Brauerei nahe dem Kotnov-Turm, ein paar Schritte vom Zentrum entfernt. Das Hotel bietet ein Spa-Wellness-Zentrum (samt Biermassagen!) sowie saubere, schicke Zimmer und eines der besten Restaurants der Stadt. Gutes Preis-Leistungs-Verhältnis.

PENZIÓN ALFA PENSION €

Karte S. 231 (☏381 256 165; www.pensio nalfa.cz; Klokotská; EZ/DZ/3BZ 570/900/ 1300 Kč; 🛜) Diese beliebte Unterkunft steht an einer ruhigen Ecke, nur ein paar Meter hinter dem Hauptplatz. Oben liegen die lauschigen, aber nicht klaustrophobisch engen Zimmer, unten kann man im Whisky Pub ein paar gute Gläschen in netter Gesellschaft kippen. In der Bar wird gelegentlich Livemusik gespielt, die Gigs enden aber meist gegen 23 Uhr.

PENSION MILENA PENSION €

(☏381 254 755; www.pensionmilena.cz; Husovo náměstí 529; EZ/DZ ab 600/700 Kč; P⇄) In der einladenden, einem Hostel ähnlnden Unterkunft kann man auch Frühstück bestellen – oder es sich in der Resopal-Küche selbst zubereiten.

PENSION DÁŠA PENSION

(☏381 256 253; www.pensiondasa.cz; Bílkova 735; EZ/DZ inkl. Frühstück 700/990 Kč; P⇄🛜) In der Nähe dieser netten, komfortablen Pension nahe dem Zug- und Busbahnhof gibt es ein Fitnesszentrum mit Sauna, wo man das *pivo* wieder wegschwitzen kann. Die Gästezimmer der Pension haben 1970er-Jahre-Dekor. Im Garten lädt eine Hängematte zum Chillen ein.

PENSION JANA PENSION €
Karte S. 231 (☑381 254 667; www.bedand
breakfast.euweb.cz; Kostincká 161; EZ/DZ/3BZ
ab 700/1100/1350 Kč; ℗☺) Herzlicher
Empfang und große Dachgeschosszimmer
zeichnen diese freundliche Unterkunft in
einer ruhigen Gasse aus. Das Frühstück
wird im Blumengarten serviert.

 UNTERHALTUNG

DIVADLOOSKARA
NEDBALA THEATER, LIVEMUSIK
Karte S. 231 (☑381 254 701; www.divadlo
tabor.cz; Divadelní 218) Das Programm reicht
von Jazz über Klassik bis zu tschechischen
Bühnenstücken.

KINO SVĚT Kino
Karte S. 231 (☑381 252 200; www.tzmt.cz;
náměstí Fr. Křižíka 129) Den hier gesehenen
Hollywood-Blockbuster kann man hinterher im Café nebenan diskutieren.

Plzeň (Pilsen)

Erkunden
Plzeň, Verwaltungssitz der gleichnamigen
Region in Westböhmen und nach Prag die
zweitgrößte Stadt Böhmens, ist vor allem
als Heimat des Pilsner Urquells bekannt.
Die Stadt hat noch eine Handvoll weiterer
Attraktionen und genügend Restaurants
und Nightlife-Spots, um eine Übernachtung zu rechtfertigen. Die meisten Sehenswürdigkeiten befinden sich in der Nähe des
Hauptplatzes, die Brauerei jedoch liegt ca.
15 Gehminuten vom Zentrum entfernt. Am
besten erkundet man morgens die anderen
Besichtigungspunkte und spart sich die
Brauereiführung – und die unvermeidlich
darauf folgenden Biere – für den späten
Nachmittag auf (danach geht es dann zum
Abendessen und nach Einbruch der Dunkelheit weiter in die Bars und Kneipen).

Highlights
➡ **Sehenswertes** Brauerei Plzeňský
Prazdroj (sihe rechts)
➡ **Restaurant** Na Parkánu (S. 238)
➡ **Bar** Na Spilce (S. 238)

Top-Tipp
Wer nur die Brauerei besichtigen will, kann
Plzeň als Tagesausflug einplanen. Mit einer Übernachtung hat man aber natürlich
mehr von der Stadt.

An- & Weiterreise
Auto Die Fahrt von Prag nach Plzeň
(Pilsen) dauert ca. eine Stunde, je nach
Verkehrslage auf der meist vierspurigen
Autobahn D5.

Bus Stündlich fahren auch Busse von
Prag nach Plzeň (100 Kč, 1 Std.). Sie sind
schnell und günstig.

Zug Von Prags Hauptbahnhof Hlavní
nádraží fahren täglich acht Züge hierher
(150 Kč, 1½ Std.).

Gut zu wissen
➡ **Lage** 100 km südwestlich von Prag.
➡ **Städtisches Informationszentrum**
(Informační centrum města Plzně; ☑378 035
330; www.icpilsen.cz; náměstí Republiky 41;
☺April–Sept. 9–19 Uhr, Okt.–März bis 18 Uhr)
Das Informationszentrum organisiert
Unterkünfte und Führer und verkauft
Straßen- und Fahrkarten.
➡ **American Center Plzeň** (☑377 237
722; www.americancenter.cz; Dominikánská
9; ☺9–22 Uhr) Hier gibt es Computer mit
Internetzugang (15 Kč pro 15 Min.), falls
man online gehen möchte.

⊙ SEHENSWERTES

BRAUEREI PLZEŇSKÝ PRAZDROJ
(PILSNER URQUELL) BRAUEREI
(Prazdroj; ☑377 062 888; www.prazdroj.cz;
U Prazdroje 7; Führung Erw./Kind 150/80 Kč;
☺April–Sept. 8.30–18 Uhr, Okt.–März bis 17 Uhr;
Führungen in Deutsch Mo–Fr 13 & 14.30, Sa & So
13 & 14 Uhr) Plzeňs populärste Attraktion
und ein Muss in jedem Besichtigungs-
programm ist die Pilsner-Urquell-Brauerei, die
seit 1842 in Betrieb und Heimat des wohl
besten Biers der Welt ist. Man kann sie nur
im Rahmen von Führungen besichtigen,
täglich gibt es zwei in deutscher Sprache.
Zu den Highlights gehören die alten Brau-
ereikeller (hier ist warme Kleidung von
Vorteil) und ein Glas ungefiltertes, nicht
pasteurisiertes Bier am Schluss.

Plzeň (Pilsen)

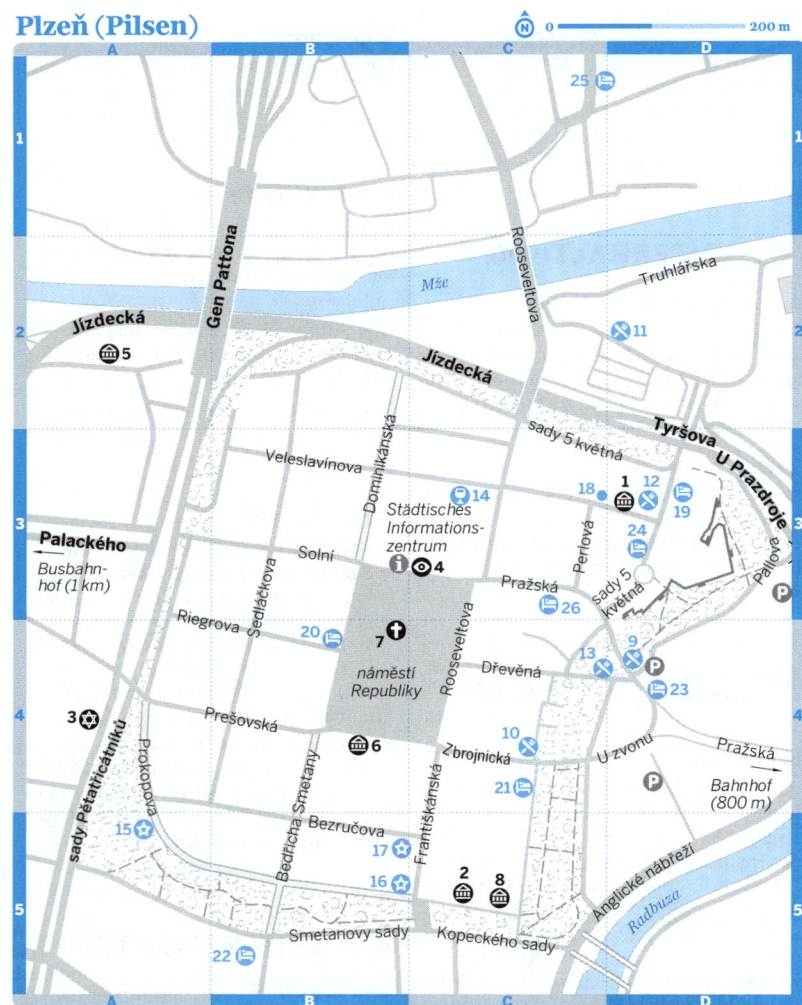

N 0 ————————— 200 m

BRAUEREIMUSEUM
MUSEUM

(☎377 235 574; www.prazdroj.cz; Veleslavínova 6; Führung Erw./Kind 120/90 Kč, Audio-Guide in Deutsch 30 Kč; ☺April–Dez. 10–18 Uhr, Jan.–März 10–17 Uhr) Das Brauereimuseum bietet den Besuchern einen Überblick darüber, wie Bier in den Tagen vor der Existenz der Pilsner-Urquell-Brauerei produziert (und getrunken) wurde. Zu sehen sind beispielsweise eine nachgebaute Gaststube aus dem 19. Jh., ein riesiges hölzernes Bierseidel aus Sibirien und eine Bierdeckelsammlung. Die gezeigten Exponate sind in mehreren Sprachen beschriftet, und man kann kostenlos gedruckte, informative Museumsführer, u. a. in Deutsch, ausleihen. Audio-Guides gibt es gegen eine Leihgebühr.

HISTORISCHE KELLER
UNTERIRDISCHES LABYRINTH

(Plzeňské historické podzemí; ☎377 235 574; www.plzenskepodzemi.cz; Veleslavínova 6; Erw./Kind 90/70 Kč; ☺April–Dez. 10–18 Uhr, Feb & März 10–17 Uhr, Jan. geschl., Führung in Deutsch tgl. 12 Uhr) Bei dieser Führung werden die Gänge und Keller unter der Altstadt erkundet. Die ersten wurden vermutlich im 14.Jh. gegraben, vielleicht im Zusammenhang mit dem Bierbrauen oder zur Verteidigung. Die jüngsten stammen aus dem

Plzeň (Pilsen)

19. Jh. Von den freigelegten rund 11 km langen Tunneln sind ca. 500 m fürs Publikum geöffnet. Dort unten herrschen immer kühle 10 °C, es empfiehlt sich also etwas Warmes zum Drüberziehen mitzunehmen.

ST.-BARTHOLOMÄUS-KATHEDRALE KIRCHE

(kostel Sv Bartoloměje; ☎377 226 098; www.ka tedralaplzen.org; náměstí Republiky; Erw./erm. 20/10 Kč, Turm 35/25 Kč; ⊙April–Sept. Mi–Sa 10–18 Uhr, Okt.–Dez. Mi–Fr) Die gewaltige gotische St.-Bartholomäus-Kathedrale überragt auf dem Platz náměstí Republiky die gesamte Innenstadt. Im Informationszentrum (S. 235) kann man sich nach Führungen erkundigen. Oder einfach auf eigene Faust reinschauen und die fein gearbeitete marmorne „Pilsner Madonna" (ca. 1390) am Hauptaltar bewundern oder die 301 Stufen im Turm hochsteigen, wo sich bei gutem Wetter ein wunderbarer Ausblick bietet.

HISTORISCHES RATHAUS RATHAUS

(Staroměstská Radnice; www.pilsen.eu; náměstí Republiky 1; ⊙8–18 Uhr) Das schöne Rathaus, das Mitte des 16. Jhs. errichtet wurde, ist im Stil der italienischen Renaissance gestaltet, samt einzigartigem Sgraffito an der Fassade. Innen ist ein Modell des alten Stadtzentrums zu sehen. Vor dem Rathaus steht eine **Pestsäule** aus dem Jahr 1681.

MARIONETTENMUSEUM MUSEUM

(muzeum Loutek; ☎378 370 801; www. muzeumloutek.cz; náměstí Republiky 23; Erw./ erm. 60/30 Kč; ⊙Di–So 10–18 Uhr) Seit der Eröffnung im Jahr 2011 ist das Museum ein Hit bei Kids. Die Ausstellung ist gut zusammengestellt, und zahlreiche interaktive Elemente laden dazu ein, den Puppenspieler in sich zu wecken.

GROSSE SYNAGOGE SYNAGOGE

(Velká Synagoga; ☎377 223 346; www.zoplzen. cz; sady Pětatřicátníků 11; Erw./Kind 60/40 Kč; ⊙April–Okt. So–Fr 9–18 Uhr) Die Große Synagoge westlich der Altstadt ist die drittgrößte weltweit – nur die in Jerusalem und in Budapest sind noch größer. Sie wurde 1892 von den 2000 Juden, die damals in Plzeň lebten, im maurischen Stil errichtet. In der Synagoge finden häufig Konzerte und Kunstausstellungen statt.

PATTON MEMORIAL PILSEN MUSEUM

(☎378 037 954; www.patton-memorial.cz; Podřežni 10; Erw./erm. 60/40 Kč; ⊙Di–So 9–13 & 14–17 Uhr) Das Patton Memorial Pilsen dokumentiert die Befreiung Plzeňs durch die amerikanische Armee unter General George S. Patton im Mai 1945. Besonders bewegend sind die handgeschriebenen Erinnerungen ehemaliger US-Soldaten, die im Lauf der Jahre nach Plzeň zurückkamen und die Erwiderung des Museums auf Fantasiegespinste der kommunistischen Ära, die behaupteten, sowjetische Truppen hätten die Stadt befreit, nicht amerikanische.

DIÖZESANMUSEUM MUSEUM

(Diecésní muzeum; www.bip.cz; Františkánská 11; Erw./erm. 40/20 Kč; ⊙April–Sept. Di–So 10–18 Uhr) Das Museum im ehemaligen Franziskanerkloster (klášter Františkánů) präsentiert eine schöne Sammlung von Kirchenstatuen. Der Hauptgrund für einen Besuch ist die kleine **St.-Barbara-Kapelle** (kaple sv Barbory) an der Ostseite des Kreuzgangs. Die seit dem 13. Jh. baulich unveränderte Kapelle beherbergt die Reste dekorativer Fresken, die im 15. Jh. hinzugefügt wurden.

WESTBÖHMISCHES MUSEUM

MUSEUM

(Západočeské muzeum; ☑377 329 380; www.zcm.cz; Kopeckého sady 2; pro Ausstellung Erw./erm. 40/20 Kč; ☻Di–So 9–17 Uhr) Dieses Museum befindet sich in einem prächtigen Monumentalgebäude. In der original **Rüstkammer** (zbrojnice) im Untergeschoss sind Waffen zu sehen. Im Erdgeschoss werden Wechselausstellungen gezeigt, und der Jugendstil-**Jubiläumssaal** im Obergeschoss beherbergt eine hübsche Glas- und Porzellanausstellung.

ZOO PLZEŇ

ZOO

(☑378 038 325; www.zooplzen.cz; Pod Vinicemi 9; Erw./erm. 120/90 Kč; ☻April–Okt. 8–19 Uhr, Nov.–März 9–17 Uhr; ☷; ☐1, 4) Plzeňs Zoo mit einer umfassenden Anzahl exotischer Tiere wie Nashörner, Flusspferde und Giraffen gehört zu den besten des Landes. Kinder können auf Kamelen und Eseln reiten. Es gibt Kombitickets für den Zoo und den DinoPark nebenan (Erw./erm. 190/130 Kč).

DINOPARK

THEMENPARK

(☑377 223 575; www.dinopark.cz; Pod Vinicemi 9; Erw./erm. 90/60 Kč; ☻April–Okt. 8–18 Uhr; ☷; ☐1, 4) Gleich neben dem Zoo befindet sich der Dinosaurierpark mit ca. 30 lebensgroßen nachgebauten Dinos, 3D-Kino und Spielplätzen. Kombitickets sind für Zoo und DinoPark gültig (s. oben).

✕ ESSEN & AUSGEHEN

In Plzeň werden gute Hausmannskost und natürlich exzellentes Bier wie das Pilsner Urquell geboten. Weil Plzeň auch eine große Universitätsstadt ist, gibt es viele Lokale, in denen man nach dem Essen bei einem Drink entspannen kann.

NA PARKÁNU

TSCHECHISCH €

(☑377 324 485; www.naparkanu.com; Veleslavínova 4; Hauptgerichte 80–180 Kč; ☎) Nicht auslassen sollte man diese nette Gaststube am Brauereimuseum. Sie wirkt ein bisschen touristisch, aber die traditionelle tschechische Küche ist erstklassig, und das Bier könnte natürlich nicht besser sein. Beson-

ders schön sitzt es sich im Garten. Unbedingt probieren: *nefiltrované pivo* (ungefiltertes Bier).

U MANSFELDA

TSCHECHISCH €€

(☑377 333 844; www.umansfelda.cz; Dřevěná 9; Hauptgerichte 155–229 Kč; ☎) Okay, das ist eine Bierschänke – immerhin ist man in Plzeň! –, das Mansfelda ist aber eleganter und bietet interessantere Kost als viele andere Lokale. Besonder zu empfehlen sind tschechische Gerichte wie Wildschwein-*gulaš* (Gulasch) mit Kartoffeln. Unterhalb der bierlastigen Terrasse findet der Liebhaber des Rebensafts eine recht relaxte *vinárna* (Weinbar).

ABERDEEN ANGUS STEAKHOUSE

STEAKHAUS €€

(☑725 555 631; www.angusfarm.cz; Pražská 23; Hauptgerichte 180–400 Kč) In Sachen Preis-Leistungs-Verhältnis dürfte dies das beste Steakhaus in Tschechien sein. Das Fleisch stammt von der nahen Angus Farm, wo die Rinder biologisch aufgezogen werden. Im Angebot sind verschiedene Fleischsorten und Portionsgrößen. Zu Mittag gibt es u. a. einen leckeren Cheeseburger. Der Speiseraum unten ist urgemütlich, man kann aber auch auf der Terrasse zum Bach hin essen. Reservierung erforderlich.

GROLL PIVOVAR

TSCHECHISCH €€

(☑602 596 161; www.pivovargroll.cz; Truhlářska 10; Hauptgerichte 129–259 Kč) Wer als Bierpilger nach Plzeň kommt, für den ist ein Mittagessen im Biergarten dieser schicken Kleinbrauerei Pflicht. Auf der Speisekarte stehen preiswerte Steaks und Salate, die Hauptattraktion ist jedoch die Getränkekarte: selbst gebraute helle wie dunkle 11 °P-Biere sowie ein hervorragendes (und noch immer eher seltenes) Hefeweißbier.

EL CID

SPANISCH €€

(☑377 224 595; www.elcid.cz; Křižíkovy sady 1; Hauptgerichte 175–365 Kč; ☎) Das hoch angesehene spanische (Tapas-)Restaurant schafft die Kombination von Eleganz und Behaglichkeit. Zu essen gibt es zahlreiche Fischgerichte und eine appetitanregende Auswahl an Tapas und Paellas. Bei schönem Wetter sollte man einen Tisch auf der Terrasse reservieren.

NA SPILCE

TSCHECHISCH €

(☑377 062 755; www.naspilce.com; U Prazdroje 7; Hauptgerichte 80–230 Kč; ☻So–Do 11–22,

Fr & Sa 11–23 Uhr) Das exzellente Bierlokal und Restaurant in der Pilsner-Urquell-Brauerei wirkt ein bisschen wie eine Fabrikkantine. Doch die traditionelle tschechische Küche ist überdurchschnittlich gut und das Bier kommt frisch aus den Brauereikesseln nebenan.

SLUNEČNICE
VEGETARISCH €

(☎377 236 093; www.sluneciceplzen.cz; Jungmannova 4; Baguettes 60 Kč; ◷9–18 Uhr; ✐) Hier gibt's ein Büfett mit frischen Sandwiches, vegetarischen Gerichten und Salaten. Für ca. 100 Kč wird der Teller gut voll. Seit 2010 ist im Obergeschoss ein Restaurant untergebacht (Mo-Sa 11–22, So bis 20 Uhr) mit Bedienung sowie guten Fisch- und Biofleischgerichten (29–99 Kč).

GALERIE AZYL
BAR

(☎377 235 507; www.galerieazyl.cz; Veleslavínova 17; ◷Mo–Do 8–23, Fr 8–1, Sa 16–1, So 16–22 Uhr; ☎) In der Galerie Azyl starten Anwohner mit erstklassigem Espresso in den Tag. Später verwandelt sich das Lokal in Plzeňs schickste Cocktailbar und eine der besten Ausgehadressen. Über konversationsfreundlichen Sitzecken mit Sofas hängen spleenige Kunstwerke.

🛏 SCHLAFEN

PENSIONSTARÁ PLZEŇ
PENSION €

(☎377 259 901; www.pension-sp.cz; Na Roudné 12; EZ 600–1000 Kč, DZ 800–1200 Kč; P❷@☎) Die Pension „Alt Pilsen" bietet helle, sonnige Zimmer mit Dachluken, Holzböden und bequemen Betten. Die teureren präsentieren sich mit auf antik gemachten Betten, persischen Läufern und freiliegenden Holzbalken an den Decken. Auf der Rooseveltova gen Norden über den Fluss gehen, dann rechts auf die Na Roudné und noch 300 m geradeaus.

COURTYARD BY MARRIOTT
HOTEL €€

(☎373 370 100; www.marriott.com; sady 5 května 57; Zi. 2000–2600 Kč; P❷✳@☎) Diese ansehnliche Niederlassung der Marriott-Kette hat eine super Lage nahe dem Brauereimuseum (S. 236) und den Attraktionen der Innenstadt. Die Zimmer sind recht groß, sauber und lichtdurchflutet und bieten alles, was man erwartet. Das besonders zuvorkommende Rezeptionspersonal arrangiert Brauereiführungen und andere Sightseeingtouren. Am Wochenende fallen die Zimmerpreise erheblich.

HOTEL U ZVONU
HOTEL €€

(☎731 506 705; www.hotel-uzvonu.cz; Pražská 27; EZ/DZ 1825/2750 Kč; P❷✳@☎) In Sachen Sauberkeit, moderner Einrichtung und guter Lage nahe an allen wichtigen Sehenswürdigkeiten steht dem U Zvonu dem Marriott in nichts nach. Die Gästezimmer sind geräumig und gut ausgestattet: Einige haben kleine Küchenzeilen, ein Zimmer ist rollstuhlgerecht. Vor dem Haus findet sich immer ein Parkplatz.

U SALZMANNŮ
PENSION €

(☎377 235 476; www.usalzmannu.cz; Pražská 8; EZ & DZ 950–1350 Kč, Suite 1500 Kč; ❷☎) Die hübsche Pension mitten in der Stadt liegt über einer historischen Gaststube. Die Standardzimmer sind komfortabel, aber schlicht, die luxuriöseren Doppel-„Suiten" haben antike Betten und kleine Wohnzimmer sowie Küchenzeilen. Die Lage direkt über der Schenke ist ideal – wer zu viel intus hat – muss nur die Treppe hochwanken, um ins Bett zu fallen.

PENSION CITY
PENSION €

(☎377 326 069; www.pensioncityplzen.cz; sady 5 kvetna 52; EZ/DZ inkl. Frühstück 1050/1450 Kč; ❷☎) In einer ruhigen Straße in Flussnähe steht die Pension City mit behaglichen Zimmern und nettem, Deutsch und Englisch sprechendem Personal, das unzählige Informationen über Stadt und Umgebung auf Lager hat und diese den Gästen gerne mitteilt.

HOTEL CENTRAL
HOTEL €€

(☎378 011 855; www.central-hotel.cz; náměstí Republiky 33; EZ/DZ 1800/2700 Kč; ❷@☎) Das recht moderne Gebäude steht direkt am Hauptplatz, gegenüber der St.-Bartholomäus-Kathedrale. Die renovierten Gästezimmer sind blitzblank und einladend, die besten sind die zum Platz hin.

HOTEL CONTINENTAL
HOTEL €€

(☎377 235 292; www.hotelcontinental.cz; Zbrojnická 8; EZ/DZ ab 1090/1720 Kč, EZ-Suite/DZ-Suite inkl. Frühstück 2500/3200 Kč; ☎) Das Continental überstand die Bombardierung der Alliierten im Zweiten Weltkrieg. Hier stiegen schon Marlene Dietrich, General Patton und Ingrid Bergman ab. Die Art-déco-Glorie des Hotels wird langsam wieder zum Leben erweckt, indem die Suiten

z. B. mit asiatisch angehauchtem Dekor gschmackvoll aufgemöbelt werden.

HOTEL SLOVAN · HOTEL €

(☎377 227 256; www.hotelslovan.pilsen. cz; Smetanovy sady 1; EZ 600–1100 Kč, DZ 900–1200 Kč) Das Slovan gehört zu einer Handvoll unveränderter tschechischer Luxushotels aus dem frühen 20. Jh., die heute irgendwo zwischen Alte-Welt-Charme und Schäbigkeit angesiedelt sind. Wer den Glamour der 1920er-Jahre liebt und sich um abgewohnte Zimmer und abgetretene Teppiche nicht schert, ist hier richtig. Die zentrale Lage jedenfalls ist super.

 UNTERHALTUNG

ZACH'S PUB · LIVEMUSIK

(☎377 223 176; www.zachspub.cz; Palackého náměstí 2; ⊙Mo–Do 13–21, Fr & Sa 13–2, So 13–24 Uhr) Das Zach's bietet Livemusik und das dazu passende studentische Flair.

BUENA VISTA CLUB · LIVEMUSIK

(☎377 921 291; www.buenavistaclub.cz; Kollárova 20; ⊙Mo–Sa 11–3 Uhr; ☎) In diesem abgefahrenen Multifunktions-Etablissement hört man alles Mögliche, von jungen tschechischen Bands bis zu einer gar eklektischen Auswahl an DJs. Zuweilen werden Filme im englischen Original gezeigt.

MUSIC BAR ANDĚL · LIVEMUSIK

(☎377 323 226; www.andelcafe.cz; Bezručova 7; ⊙10–3 Uhr; ☎) Tagsüber ist das Anděl ein cooles, trendiges Café, abends verwandelt es sich in eine rockige Bar mit Livemusik der angesagtesten tourenden tschechischen Bands und manchmal auch internationalen Acts. Zu essen gibt's gute vegetarische Kost.

JK TYLA THEATRE · THEATER

(☎378 038 128; www.djkt-plzen.cz; Prokopova 14) Plzeňs größtes Theater bringt regelmäßig neue Stücke in tschechischer Sprache auf die Bühne.

KONZERVATOŘ · KLASSISCHE MUSIK

(Konservatorium; ☎377 226 325; www.konzervatorplzen.cz; Kopeckého sady 10) Hier finden die meisten Klassikkonzerte Plzeňs statt.

PLAZA CINEMA CITY PLZEŇ · KINO

(☎255 742 021; www.cinemacity.cz/en/plzen; Radčická 2; 🅿2) Das Multiplexkino liegt in einem Einkaufszentrum. Die Tram 2 fährt hierher: man muss zwei Haltestellen westlich vom náměstí Republiky aussteigen.

Karlovy Vary (Karlsbad)

Erkunden

Karlovy Vary kommt in der Tschechischen Republik der Vorstellung von einem glamourösen Urlaubsort am nächsten, wenngleich dieser Glamour doch recht bescheiden ist. Im 19. Jh. war Karlsbad als Kurort in ganz Europa berühmt, heute lockt die Stadt hauptsächlich Tagesausflügler an, die damit zufrieden sind, durch die Kolonnaden zu bummeln und aus tönernen Schnabeltassen angeblich heilsames schwefelhaltiges Mineralwasser zu trinken. Trotz des Status als Kurort ist es nicht leicht, sich in Karlovy Vary spontan von Kuranwendungen wie exotischen Massagen und Peelings verwöhnen zu lassen – solcherlei Dienstleistungen gibt es, sie müssen aber im Voraus gebucht werden. Die gute Busverbindung nach Prag macht Karlovy Vary zum idealen Tagesausflug.

Highlights

➡ **Sehenswertes** Sprudelkolonnade (S. 243)
➡ **Restaurant** Hospoda U Švejka (S. 245)
➡ **Bar** Café Elefant (S. 246)

Top-Tipp

Das **Internationale Filmfestival Karlovy Vary** (www.kviff.com; ⊙Juli) im Juli lohnt den Besuch. Es werden mehr als 200 Filme gezeigt, Tickets sind relativ leicht zu bekommen und es gibt ein flippiges Rahmenprogramm (Straßenmusikanten, Weltmusikkonzerte etc.).

An- & Weiterreise

Auto Die zügige Fahrt von Prag nach Karlovy Vary (Karlsbad) dauert zwei Stunden. Auf der Autobahn 6 (E48) einfach gen Westen fahren.

KOLONNADEN-SPAZIERGANG

Schnell lässt sich feststellen, dass es in Karlovy Vary nicht viel zu tun gibt, außer zu flanieren und zu schauen (und das ist ja nicht das Schlechteste). Am besten folgt man dem Beispiel der Einheimischen und kauft sich eine kleine Keramiktasse (die an der Hauptkolonnade überall angeboten werden) und bummelt einfach ein bisschen. An bestimmten Punkten unterwegs kann die Tasse kostenlos mit Heilwasser aufgefüllt werden – aber Vorsicht: nicht zu viel trinken, denn zu viel des Wässerchens kann zu Magenproblemen führen.

Das eigentliche Heilbad beginnt am nördlichen Ende des Hotelviertels, nahe der **Poštovní-Brücke**, wo sich Herrenhäuser aus dem späten 19. und frühen 20. Jh. und das klobige Sanatorium **Hotel Thermal** (1976) aus der kommunistischen Zeit am Fluss gegenüberstehen.

Die 13. Quelle ist die berühmteste, aber insgesamt gibt es 15 Quellen in oder bei den fünf Kolonnaden (kolonády) am Flüsschen Teplá (Tepl). Die erste ist die weiß gestrichene schmiedeeiserne **Gartenkolonnade** (Sadová kolonáda).

Etwas weiter folgt die größte und populärste, die **Mühlenkolonnade** (Mlýnská kolonáda; 1881) im Stil der Neorenaissance. Hier gibt es fünf verschiedene Quellen, einen kleinen Musikpavillon und sogar Statuen auf dem Dach, die die Monate des Jahres darstellen. Das Restaurant Petra gegenüber ist die Stelle (aber nicht das Originalgebäude), wo Zar Peter der Große angeblich 1711 nächtigte.

Weiter die Lázeňská hoch steht ein prächtiges Jugendstilgebäude namens **dům Zawojski** (1901), das ein nobles Boutiquehotel beherbergt. In der Nähe, in der Lázeňská und der Tržiště, bietet sich ein Schaufensterbummel der gehobenen Art an. Hier befindet sich z. B. der **Laden der Glashütte Moser** (Tržiště 7), in dem man tolle Mitbringsel kaufen kann. Die Farbrik Moser öffnete 1857 ihren ersten Laden in Karlovy Vary, und 1893 wurde die Glashütte in der Stadt gegründet. Knapp zehn Jahre später wurde Moser offizieller Hoflieferant für Franz Josef I., der wiederum bei seinem englischen Freund König Edward VII. ein gutes Wort für Moser einlegte – ab 1907 belieferte dieser auch die britischen Royals mit Glaswaren.

Gegenüber steht die **Marktkolonnade** (Tržní kolonáda; 1883) aus weiß gestrichenem Holz. Eine ihrer beiden Quellen, Pramen Karla IV., ist die älteste vor Ort. Dahinter befinden sich die **Schlosskolonnade** (Zámecká kolonáda) und ein Schlossturm, **Zámecká věž**, der an der Stelle des Jagdschlosses Karls IV. errichtet wurde, nachdem dieses 1604 abgebrannt war.

Die Straße Stará Louka führt weiter gen Süden, wo es noch mehr Pracht zu sehen gibt. Den Schlusspunkt des Spaziergangs setzt das herrliche **Grandhotel Pupp** (S. 246), das feinste Hotel am Ort. Hier nächtigen noch immer die Betuchten, die sich Luxus gönnen wollen.

Bus Mehrere Unternehmen bieten täglich mindestens stündlich Busfahrten von Prag (155 Kc, 2 Std.) nach Karlovy Vary an. Aktuelle Fahrpläne sind bei Student Agency (S. 215) und auf www.vlak-bus.cz zu erfahren.

Zug Von Prag fahren die Züge auf einer umständlichen Strecke hierher; die Fahrt dauert bis zu sieben Stunden und ist nur zu empfehlen, wenn man gar nichts anderes vorhat und man sich auf einer langen Zugfahrt entspannen möchte.

Gut zu wissen

➜ **Lage** 127 km westlich von Prag.

➜ **Infocentrum Karlovy Vary** hat Niederlassungen im unteren Busbahnhof **Dolní nádrazi** (✆353 232 838; www.karlovyvary.cz; Západní 2a; ☻Mo–Fr 9–18, Sa & So 10–17 Uhr), im Hotel Thermal und an der Sprudelkolonnade im Kurzentrum. In allen Büros erhalten die Besucher nützliches Kartenmaterial, können Unterkünfte buchen und sich über Verkehrsverbindungen informieren.

➜ **Česká Spořitelna** (✆956 748 000; www.csas.cz; TG Masaryka 14; ☻Mo–Fr 8.30–16 Uhr) Zentral gelegene Bank, die über einen Geldautomaten und einen Wechselschalter verfügt.

Karlovy Vary (Karlsbad)

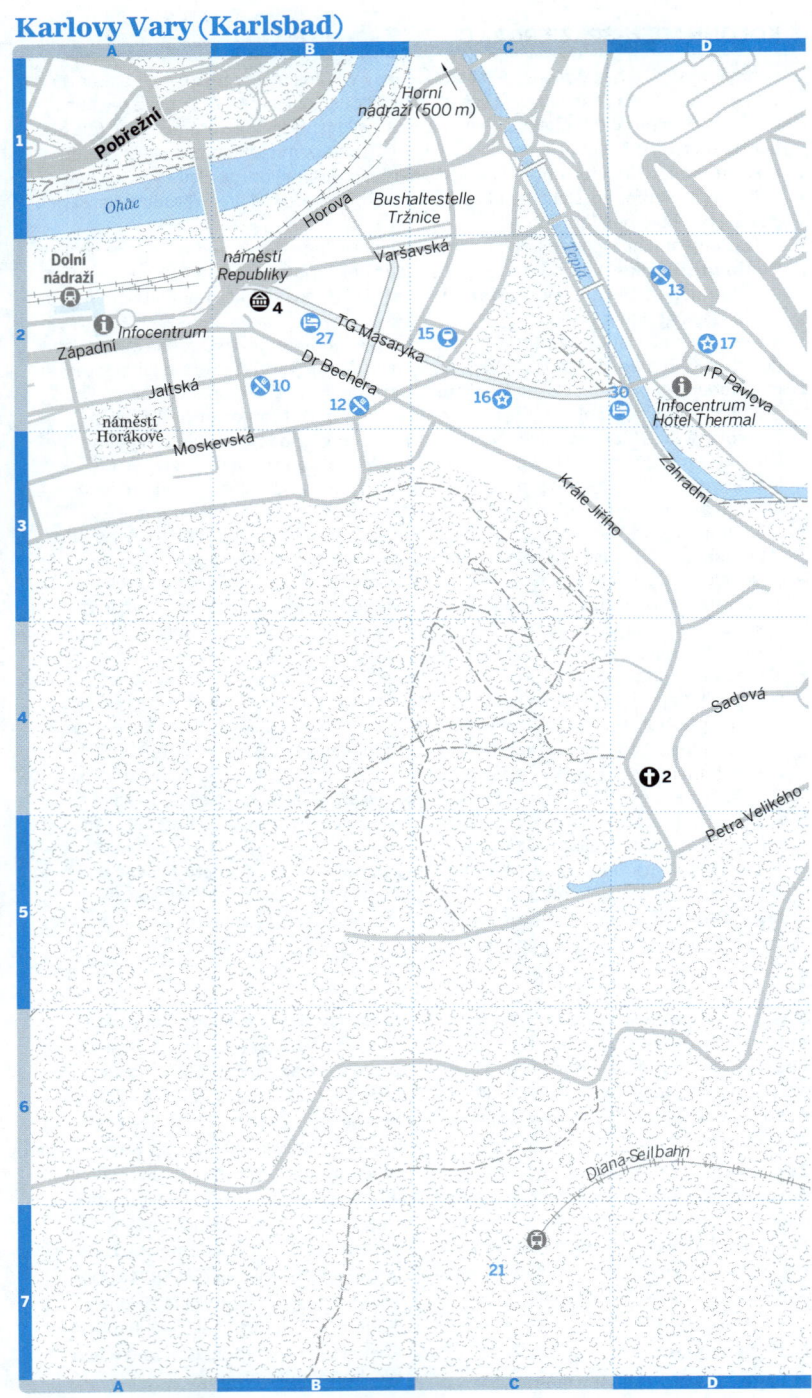

Horní
nádraží (500 m)

Pobřežní

Ohře

Horova

Bushaltestelle
Tržnice

Dolní
nádraží

náměstí
Republiky

Varšavská

13

Infocentrum

4

Západní

TG Masaryka

15

17

27

Dr Bechera

I.P. Pavlova

Jaltská

10

16

30

Infocentrum
Hotel Thermal

náměstí
Horákové

12

Moskevská

Krále Jiřího

Zahradní

Sadová

2

Petra Velikého

Diana-Seilbahn

21

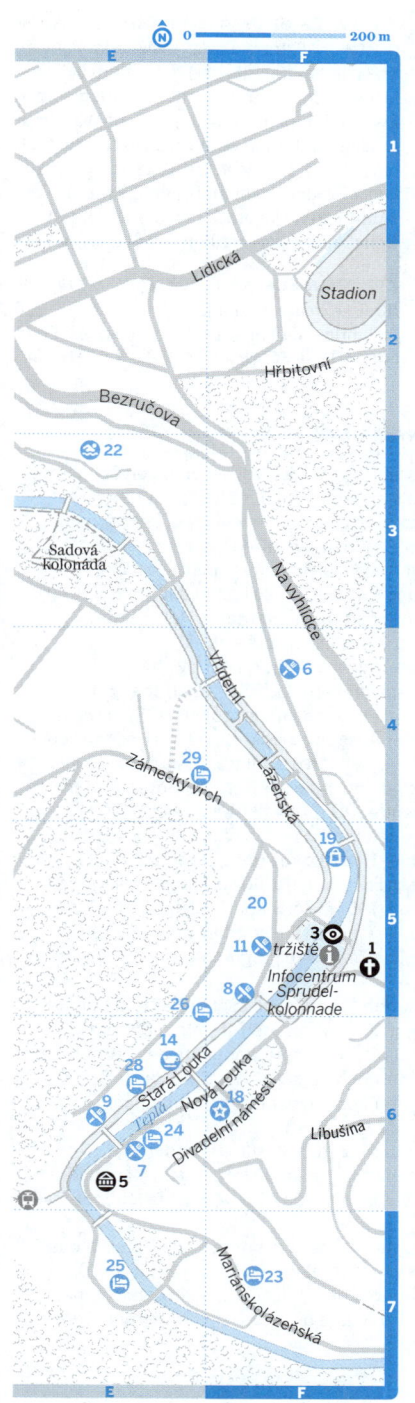

⊙ SEHENSWERTES

SPRUDELKOLONNADE   HEILQUELLE
(Vřídelní Kolonáda; www.karlovyvary.cz; Vřídelní Kolonáda; ⊙Pramen Vřídlo: 6–19 Uhr) In der Sprudelkolonnade zischt der imposanteste Geysir der Stadt, der **Pramen Vřídlo**. Das Bauwerk, das Mitte der 1970er-Jahre errichtet und damals dem sowjetischen Kosmonauten Jurin Gagarin gewidmet wurde, wirkt allerdings fehl am Platz. Der Geysir spuckt das Wasser 15 m hoch in die Luft.

Karlovy Vary (Karlsbad)

⊙ Sehenswertes

⊗ Essen

☕ Ausgehen

✦ Unterhaltung

🔒 Shoppen

☸ Sport & Aktivitäten

🛏 Schlafen

Die Leute stehen davor und inhalieren den Dampf oder füllen an Wasserhähnen nebenan ihre Tassen.

MARIA-MAGDALENA-KIRCHE KIRCHE
(kostel sv Maří Magdaléná; www.karlovyvary.cz; náměstí Svobody 2; ☉zu Gottesdiensten) Was immer man von den Schwelgereien der Barockarchitektur halten mag: Es ist schwer, sich nicht in dieses Bauwerk von Kilian Ignatz Dientzenhofer aus den 1730er-Jahren zu verlieben. Im Infocentrum kann eine Führung gebucht werden, bei der auch die barocke **Krypta** und die einzigartige **Grabkapelle** zu sehen sind.

ST.-PETER-UND-PAUL-KIRCHE KIRCHE
(kostel Sv Petra a Pavla; www.karlovyvary.cz; Krále Jiřího; ☉9–18 Uhr) Die eindrucksvolle orthodoxe Kirche mit fünf glänzenden Zwiebelkuppeln und Jugendstil-Wandmalereien an der Fassade wurde offensichtlich einer ganz ähnlichen Kirche in der Nähe von Moskau nachempfunden. Eine der berühmtesten Dekorationen der Kirche ist ein Relief, das Zar Peter den Großen zeigt.

KREISMUSEUM KARLOVY VARY MUSEUM
(Krajské muzeum Karlovy Vary; ☎353 226 252; http://de.kvmuz.cz; Nová Louka 23; Erw./erm. 60/30 Kč; ☉Mi–So 9–12 & 13–17 Uhr)

DER „ELLENBOGEN" VON LOKET NAD OHŘÍ

Die malerische Kleinstadt **Loket** (Elbogen) ist fast gänzlich von einer engen Schleife der Ohře (Eger) umgeben und ginge auch als Insel durch. Laut Lokets Touristeninformation war dies Goethes Lieblingsort – und nach einem gemächlichen Spaziergang über den herrlichen Hauptplatz und zur Burg kann das wohl jeder nachvollziehen.

Loket, auf Deutsch **Ellenbogen** (was auf die Flussbiegung anspielt) – ist ein Synonym für die hiesige Porzellanherstellung seit 1815. Viele Läden der Stadt führen eine gute Auswahl an Porzellanwaren. Auch in den Nachbarstädten Horní Slavkov (Schlaggenwald) und Chodov (Chodau) wird Porzellan produziert.

Die meisten Besucher kommen auf einem Tagesausflug von Karlovy Vary (Karlsbad) nach Loket. Man kann in der verschlafenen Stadt aber auch sehr gut ein paar Tage seinen Akku wieder aufladen, vor allem abends, wenn die Ausfügler wieder weggefahren sind. Loket ist zudem ein guter Ausgangspunkt für die Erkundung von Karlovy Vary: Der Bus von/nach Karlovy Vary, hält von der Altstadt aus gesehen, jenseits der Brücke. Nach deren Überquerung gelangt man zur Burg, zu Unterkünften und zum **Infocentrum** (Loket Information Centre; ☎352 684 123; www.loket.cz; TG Masaryka 12; ☉10.30–12.30 & 13–17 Uhr), in dem es Internetzugang gibt (10 Kč pro 15 Min.).

Lokets Hauptattraktion ist die schöne Burg **Hrad Loket** (Burg Loket; ☎352 684 648; www.hradloket.cz; Hrad; Führung in Deutsch Erw./erm. 110/90 Kč, Beschreibung in verschiedenen Sprachen, u. a. Deutsch (ohne Führung) 95/75 Kč; ☉April–Okt. tgl. 9–16.30 Uhr, Nov.–März 9–15.30 Uhr). Sie wurde an der Stelle einer älteren romanischen Festung errichtet, von der nur noch der hohe viereckige Turm und Fragmente einer Rotunde und eines Palasts übrig sind.

Die Burg galt früher als nahezu uneinnehmbar und war als „Schlüssel zum Königreich Böhmen" bekannt. Ihr heutiges spätgotisches Aussehen stammt aus dem späten 14. Jh. Von 1788 bis 1947 diente sie als Gefängnis. Höhepunkte der Tour durch die Burg sind zwei Räume, in denen schimmerndes Porzellan der Stadt ausgestellt ist, und die Aussicht vom Burgturm (96 Stufen). Und in der herrlich schaurigen Folterkammer sind Schmerzensschreie in Stereo zu hören.

Im Infocentrum kann man sich nach Wanderungen in den umliegenden Wäldern erkundigen. Eine mittelschwere Tour etwa führt auf einem 17 km langen, blau markierten Weg nach Karlovy Vary (ca. 4 Std.). Dies ist auch das Ziel von Schlauchbootfahrten.

In Loket gibt es ein paar ansprechende Unterkünfte. Das hübscheste Hotel ist das **Hotel Císař Ferdinand** (☎352 327 130; www.hotel-loket.cz; T.G. Masaryka 136; EZ/DZ inkl. Frühstück 1060/1850 Kč; 🅿 ☉ 🖨 ♿) gegenüber dem Infocentrum. In dem ehemaligen Postamt sind frisch renovierte Gästezimmer und die beste kleine Mikrobrauerei der Stadt untergebracht.

OPLATKY: DIE OBLATE ZUM HEILWASSER

Die Karlsbader schwören auf diese Art, das Heilwasser zu sich zu nehmen: einen Schluck aus der *lázeňský pohárek* (Kurtasse) nehmen, dann den schwefeligen Geschmack mit einer großen, runden, süßen *oplatky* (Oblate) mildern. Karlsbader Oblaten werden für ca. 10 Kč das Stück in ein paar Kurhotels und Fachgeschäften verkauft – und an der Kolonada Oplatky (Ecke Nehrova und Masarykova). Die modischen Schoko- und Haselnuss-Varianten sollte man tunlichst umgehen – sie sind nie so knusprig frisch und warm wie die Standard-Vanille-Oblate.

Das Kreismuseum präsentiert umfangreiche Ausstellungen über Karlovy Varys Geschichte als Heilbad, tschechische Glaskunst und die Naturgeschichte der Region.

JAN BECHER MUZEUM MUSEUM

(☑359 578 142; www.becherovka.cz (auf der Startseite Geburtsdatum eintragen, um weitere Inhalte einsehen zu können); TG Masaryka 57; Erw./erm. 100/50 Kč; ☺9–17 Uhr) Das Jan-Becher-Museum widmet sich ganz dem berühmten Kräuterlikör Becherovka.

GLASMUSEUM MOSER MUSEUM

(Sklářské muzeum Moser; ☑353 416 132; www.moser-glass.com; Kpt. Jaroše 19; Erw./Kind 80/50 Kč, Glashütte 120/70 Kč, Kombiticket 180/100 Kč; ☺9–17 Uhr, Glashütte 9–14.30 Uhr; ☐1) Im Glasmuseum sind mehr als 2000 Exponate ausgestellt. Es gibt auch Führungen durch die **Glashütte** nebenan sowie Kombitickets für Museum und Glashütte. Außerdem ist ein Laden vorhanden, die Preise sind aber nicht eben auf Fabrikverkaufsniveau. In der Stadt findet sich ein weiterer Shop. Das Glasmuseum ist mit der Buslinie 1 vom Busbahnhof Tržnice zu erreichen.

✕ ESSEN & AUSGEHEN

Die Preise für das Essen erscheinen „vor allem bei den Kolonnaden, recht hoch – außer man kommt gerade aus Prag. Es empfiehlt sich, die Rechnungen zu überprüfen – „Fehler" kommen durchaus vor. Überall in der Stadt gibt es *oplatky* (Oblaten, s. Kasten) kaufen.

HOSPODA U ŠVEJKA TSCHECHISCH €€

(☑353 232 276; www.svejk-kv.cz; Stará Louka 10; Hauptgerichte 160–370 Kč; ☺11–23 Uhr) In diesem Restaurant mitten im Kurzentrum kann man prima zu Mittag und zu Abend essen. Das Ambiente grenzt hart an Kitsch, aber das Essen ist wirklich sehr gut, und die Atmosphäre ähnelt der einer traditionellen tschechischen Gaststube.

EMBASSY RESTAURANT TSCHECHISCH €€€

(☑353 221 161; www.embassy.cz; Nová Louka 21; Hauptgerichte 200–500 Kč) Das Restaurant im Embassy Hotel (S. 246) ist allein schon einen Besuch wert. Der Gastraum ist stimmungsvoll, und das Essen – hauptsächlich tschechische Klassiker wie Schweinebraten oder Ente – ist allererste Sahne. Auch die Weinkarte ist exzellent, und bei schönem Wetter kann man manchmal sogar draußen sitzen.

TANDOOR INDISCH €€

(☑608 701 341; www.tandoor-kv.cz; IP Pavlova 25; Hauptgerichte 150–250 Kč; ☺Mo–Sa 12–22, So 12–18 Uhr; ☑) Das Tandoor, in einem Apartmentblock gelegen, bietet eine gelungene Kombination aus authentisch indischer Küche, Gambrinus-Bier und leckeren, cremigen Lassis. Es gibt viele vegetarische Angebote, und wer es besonders scharf mag, bestellt *Kuřecí Phall* (Hühnchencurry mit mehreren Chilisorten).

PROMENÁDA INTERNATIONAL €€€

(☑353 225 648; www.hotel-promenada.cz; Tržiště 31; Hauptgerichte 250–650 Kč) Das Restaurant im Hotel Promenáda erschien schon auf einigen Bestenlisten der Tschechischen Republik und ist in Online-Foren ein beständiger Favorit. Schon der elegante Gastraum garantiert einen denkwürdigen Abend, und das Essen ist sehr gut (wenn auch nicht immer die stolzen Preise wert).

SKLÍPEK TSCHECHISCH €

(☑353 220 222; www.restaurantsklipek.com; Moskevská 2; Mahlzeiten 120–180 Kč) Rot-weiß karierte Tischdecken sowie gute Steaks, ebensolcher Fisch und prima Pastagerichte vermitteln dem Restaurant ein rustikales, solides Flair, das die mondäneren Lokale im Kurviertel vermissen lassen.

BERNARD TSCHECHISCH €

(☑353 221 667; www.restaurace-bernard.cz; Ondřejská 120/14; Hauptgerichte 110–200 Kč) Die gemütliche Gaststube in einer Nebenstraße ist eine gute Option, wenn man Wert legt auf gut zubereitete tschechische Spezialitäten wie Schweinshachse (auf traditionelle Weise mit Senf, Meerrettich und Brot serviert). Das Bier aus der kleinen Bernard-Brauerei ist eine nette Abwechslung zu den größeren nationalen Marken.

KUS KUS VEGETARISCH €

(☑774 409 910; www.kus-kus.cz; Bělehradská 8; Snacks 50–70 Kč; ⊗Mo–Fr 7–17 Uhr; ☑) Die gemütliche Bäckerei mit Café bietet frische Salate, Pasta und selbst gebackene Köstlichkeiten – mit dem Schwerpunkt auf biologisch und vegetarisch.

KAFÉ BREJK SANDWICHES €

(☑353 229 638; Stará Louka 62; Kaffee 45 Kč; Baguettes 60 Kč; ⊗9–17 Uhr) Trendiger Laden mit Coffee to go und selbst zusammengestellten Baguettes.

CAFÉ ELEFANT CAFÉ

(☑353 223 406; Stará Louka 30; Kaffee 50 Kč) Klassisches altmodisches Kaffeehaus, in dem Kaffee und Kuchen das Nonplusultra sind. Ein bisschen touristisch, aber durchaus nobel und raffiniert.

RETRO CAFE BAR BAR

(☑353 100 710; www.retrocafebar.cz; TG Masaryka 18; ⊗So–Do 10–24, Fr & Sa bis 3 Uhr) Dieses nette retro-angehauchte Etablissement – Bar, Café und Restaurant – trotzt jedem Versuch, es irgendwo einzuordnen. Jedenfalls ist es ideal, um bei Kaffee oder Cocktail zu chillen, und das Essen ist auch nicht schlecht. Abends gibt's Musik, zuweilen ebenfalls mit Retro-Thema.

🛏 SCHLAFEN

In den letzten Jahren sind die Hotelpreise in Karlovy Vary erheblich gestiegen und haben fast Prager Niveau erreicht, vor allem im Juli während des Filmfestivals. Wer im Juli ein Zimmer braucht, muss weit im Voraus buchen. Bei Übernachtungen bezahlt man zusätzlich eine Kurtaxe (15 Kč pro Bett pro Nacht). Im Infocentrum ist man bei der Buchung von Hostels, Pensionen und Hotels behilflich. Alternativ übernachtet man in Loket (Elbogen) und macht von dort aus einen Ausflug nach Karlovy Vary.

🔲LP TIPP HOTEL MALTÉZSÝ KŘÍŽ HOTEL €€

(☑353 169 011; www.maltezskykriz.cz; Stará Louka 50; EZ/DZ 1650/2800 Kč; @☎) Willkommen in Karlovy Varys preisgünstigstem Mittelklassehotel! Das schicke Haus bietet orientalische Teppiche und Holzböden, gemütliche Zimmer und ein geräumiges zweistöckiges Apartment. Die Bäder sind in warmen Erdtönen gehalten.

CARLSBAD PLAZA HOTEL €€€

(☑353 225 501; www.carlsbadplaza.cz; Mariánskolázeňská 23; EZ/DZ 4000/6000 Kč; ℗⊜✳@☎☰) Das relativ neue, durch und durch elegante Hotel hat die Messlatte in der Kurstadt höher gelegt: mit wohltuenden modernen Spa-Anwendungen, stilvollen Gästezimmern und einem vegetarierfreundlichen asiatischen Restaurant.

EMBASSY HOTEL HOTEL €€

(☑353 221 161; www.embassy.cz; Nová Luka 21; EZ/DZ inkl. Frühstück ab 2260/3130 Kč; @☎) Karlovy Vary hat keinen Mangel an Nobelhotels, aber den meisten fehlt die persönliche Note des von einer Familie geführten Embassy mit schöner Uferlage und super abgestimmten, geschichtsträchtigen Zimmern. Im Hotelrestaurant speisen während des Filmfestivals gerne internationale Leinwandstars.

GRANDHOTEL PUPP HOTEL €€€

(☑353 109 631; www.pupp.cz; Mírové náměstí 2; Zi. 4000–7000 Kč; ℗⊜✳@☎☰) Keine Aufzählung der Karlsbader Hotels wäre vollständig ohne den „Großvater", dem Pupp, dessen Geschichte ins 18. Jh. zurückreicht. Man sollte sich ein paar Zimmer zeigen lassen, weil Grundriss und Ausstattung von Flügel zu Flügel unterschiedlich sind. Aber auch wer nicht hier nächtigt, sollte einen Blick hineinwerfen: Das Restaurant ist sehr gut und die historische Atmosphäre perfekt.

HOTEL ROMANIA HOTEL €€

(☑353 222 822; www.romania.cz; Zahradni 49; EZ/DZ inkl. Frühstück 1200/1950 Kč; ☎) Die Aussicht aus diesem günstigen, von Lesern empfohlenen Hotel wird leider dominiert von dem hässlichen, monolithischen Hotel

Thermal – aber das sollte nicht abschrecken. Die geräumigen Gästezimmer sind blitzsauber und die Englisch sprechenden Mitarbeiter sehr hilfsbereit.

HOTEL KAVALERIE HOTEL €
(☎353 229 613; www.kavalerie.cz; TG Masaryka 43; EZ/DZ inkl. Frühstück ab 850/1300 Kč; 🛜) In dem behaglichen Hotel über einem Café wird man sehr zuvorkommend bedient. Es liegt nahe an Zug- und Busbahnhof und in den Restaurants der Gegend ist das Essen günstiger als im Kurviertel. Die Zimmer wirken langsam ein bisschen abgewohnt, sind aber noch immer okay für den Preis.

HOTEL BOSTON HOTEL €
(☎353 362 711; www.boston.cz; Luční vrch 9; EZ/DZ inkl. Frühstück 1390/1570 Kč; 😋🛜) Das familiengeführte Hotel in einer ruhigen Gasse bietet recht große Zimmer in hellen Farben sowie modernisierte Bäder. Die edlen Cafés an der Stará Louka liegen gleich um die Ecke.

HOTEL ONTARIO HOTEL €€
(☎353 222 091; www.hotelontario.cz; Zámecký vrch 20; EZ/DZ inkl. Frühstück 1875/2125 Kč; @🛜) Im Ontario kann man sich auf eine tolle Aussicht und Karlovy Varys wohl freundlichstes Rezeptionsteam freuen. Die stilvoll eingerichteten Wohneinheiten nennen sie „Zimmer", tatsächlich sind es aber kleine Apartments. Zum Hotel gelangt man in fünf – allerdings anstrengenden – Gehminuten den Hügel hoch.

☆ UNTERHALTUNG

STADTTHEATER THEATER
(Městské divadlo v Karlových Varech; ☎353 225 537; www.karlovarske-divadlo.cz; Divadelní náměstí 21) Hier werden Dramen, Komödien und Musicals aufgeführt. Eintrittskarten gibt es im Theater und im Infocentrum.

KARLOVY VARY SYMPHONIE-ORCHESTER KLASSISCHE MUSIK
(☎353 228 707; www.kso.cz; IP Pavlova 14) Das hoch angesehene Orchester der Stadt gibt regelmäßig Konzerte. Auf der Website kann man das Programm nachlesen. Eintrittskarten verkaufen die Infocentrum-Büros.

ČAS KINO KINO
(☎353 223 272; www.kinocaskv.cz; TG Masaryka 3) Hier laufen hauptsächlich Hollywood-Produktionen.

KINO PANASONIC KINO
(☎353 233 933; www.kinopanasonic.cz; Vítězná 50; 🛜) Kleines Arthouse-Kino mit gutem Café und kostenlosem WLAN-Anschluss.

SPORT & AKTIVITÄTEN

SCHLOSSBAD KURBAD
(Zámecké Lázně; ☎353 225 502; www.schloss-bad.de; Zámecký vrch 1; Preise variieren je nach Anwendung; ⊙Mo–Fr 7.30–19.30, Sa & So ab

---

WANDERUNGEN BEI KARLOVY VARY (KARLSBAD)

Wer genug davon hat, durch die Stadt zu schlendern und Wasser zu trinken, auf den wartet ein landschaftlich reizvolles Wanderwegenetz in den Hügeln. Eine der beliebtesten Wanderungen führt vom Grandhotel Pupp aus 1,5 km auf den Gipfel des Hügels zum **Aussichtsturm Diana** (☎353 222 872; www.karlovy-vary.cz/de/aussichtsturm-diana; ⊙Juni–Sept. 9–19 Uhr, April, Mai & Okt. 9–18 Uhr, Feb., März, Nov. & Dez. 9–17 Uhr). Unterwegs kommt man im Wald an mehreren Denkmälern vorbei, darunter eines für den mürrischen alten Burgeois Karl Marx, der zwischen 1874 und 1876 dreimal in Karlsbad weilte.

Alternativ kann man vom Grandhotel Pupp aus mit der **Seilbahn** (www.karlovy-vary. cz/de/aussichtsturm-diana; einfach/hin & zurück 40/70 Kč; ⊙wie Aussichtsturm Diana) in fünf Minuten zum Aussichtsturm hochschweben. An einer Zwischenstation der Seilbahn, 500 m nordöstlich des Diana-Turms, befindet sich der **Hirschsprung** (Jelení skok), ein Felsvorsprung, wo Karl IV. bzw. seine Hunde Karlsbads Heilquellen entdeckten. Ein weiterer Aussichtsturm steht auf dem **Vyhlídka Karla IV** südlich des Grandhotels Pupp.

Für Sportliche empfiehlt sich die 17 km lange, blau markierte Wanderung, die am Diana-Turm vorbei und an der Ohře entlang zur romantischen Burg und ins Dorf **Loket nad Ohří** (s. Kasten S. 244) führt.

8.30 Uhr) In den meisten Hotels der Stadt sind Kuranwendungen gegen Gebühr zu bekommen. Als Tagesausflügler sucht man dafür z. B. das Schlossbad auf, ein modernisiertes Kurzentrum mit unterirdischem Thermalbecken. Alle Anwendungen und Preise findet man auf der Website.

SCHWIMMBAD SCHWIMMEN
(☑359 001 111; www.thermal.cz; IP Pavlova 11; Erw./Kind 100/80 Kč; ☺8.30–20 Uhr) Das 50-m-Becken des Hotels Thermal ist ganzjährig zugänglich. Das Wasser wird von Thermalquellen beheizt. Um den Pool zu finden, folgt man den „Bazén"-Schildern den Hügel hinter dem Hotel hoch.

Mariánské Lázně (Marienbad)

Erkunden

Mariánské Lázně, weltweit als Marienbad bekannt, ist kleiner, weniger urban und wohl auch schöner als Karlovy Vary (Karlsbad), und es strahlt stärker die Atmosphäre eines klassischen Kurorts aus (das heißt auch, dass abends noch weniger los ist). In seinen Glanzzeiten lockte Mariánské Lázně Berühmtheiten wie Goethe, Thomas Edison, den englischen König Edward VII. und sogar den amerikanischen Schriftsteller Mark Twain an. Heute kommen viele Busgruppen aus Deutschland hierher. Sie wandeln durch die Gärten und Kolonnaden, ehe sie sich in ein Kaffeehaus begeben, den unvermeidlichen Apfelstrudel bestellen und sich dann wieder heimkutschieren lassen. In den dichten Wäldern rund um die Stadt gibt es herrliche Wandermöglichkeiten.

Highlights

➜ **Sehenswertes** Kurkolonnade (S. 248)
➜ **Restaurant** Medité (S. 251)
➜ **Bar** Maui Lounge (S. 251)

Top-Tipp

Wer eigens nach Mariánské Lázně reist, um sich eine Kuranwendung zu gönnen, sollte im Voraus buchen, denn auf Spontanbesucher ist die Stadt kaum eingestellt. Unter www.marienbad.cz findet man im Internet nützliche Listen von Kurbädern mit Anwendungen und Preisen.

An- & Weiterreise

Auto Von Prag aus dauert die Autofahrt ca. zwei Stunden nach Mariánské Lázně. Auf der D5 fährt man im Südwesten aus der Stadt hinaus, vorbei an Plzeň (Pilsen); in Bor (Haid) auf die Autobahn 21 gen Norden abbiegen.

Bus Busse von Prag (190 Kč, 3 Std.) und Plzeň (Pilsen); (120 Kč, 1¼ Std.) fahren weniger häufig (bis zu 5-mal tgl.), brauchen aber genauso lange wie der Zug.

Zug Von Prag aus fahren ein halbes Dutzend Schnellzüge am Tag über Plzeň nach Mariánské Lázně (250 Kč, 3 Std.). Regelmäßige (langsame) Züge verbinden Mariánské Lázně mit Karlovy Vary (Karlsbad); (63 Kč, 1¾ Std.).

Gut zu wissen

➜ **Lage** 173 km westlich von Prag.
➜ **Infocentrum** (☑ 354 622 474; www. marianskelazne.cz; Hlavní třída 47; ☺ 9–18 Uhr) Das Informationszentrum verkauft Theatertickets und Straßenkarten und organisiert die Buchung von Unterkünften.
➜ **Internetzugang** Das Infocentrum hat einen Computer, der Internetzugang ermöglicht und an dem man seine E-Mails checken kann (1 Kč pro Min.).

◉ SEHENSWERTES

GRATIS **KURKOLONNADE** HISTORISCHES BAUWERK
(Lázeňská kolonáda;; Lázeňská kolonáda; ☺Kreuzquelle 6–18 Uhr) Die restaurierte gusseiserne Kolonnade östlich des Stadtparks ist der optische Mittelpunkt des Kurorts, in der die Kurgäste bereits seit dem Ende des 19. Jhs. wandeln. In der Hochsaison werden hier zwei- bis dreimal täglich klassische oder Blasmusikkonzerte gegeben. In einem separaten, weiß getünchten Pavillon sprudelt die **Kreuzquelle** (Křížový pramen), Marienbads älteste Quelle. Fürs Wässerchen kann man hier unter unzähligen Porzellantassen wählen – oder

Mariánské Lázně (Marienbad)

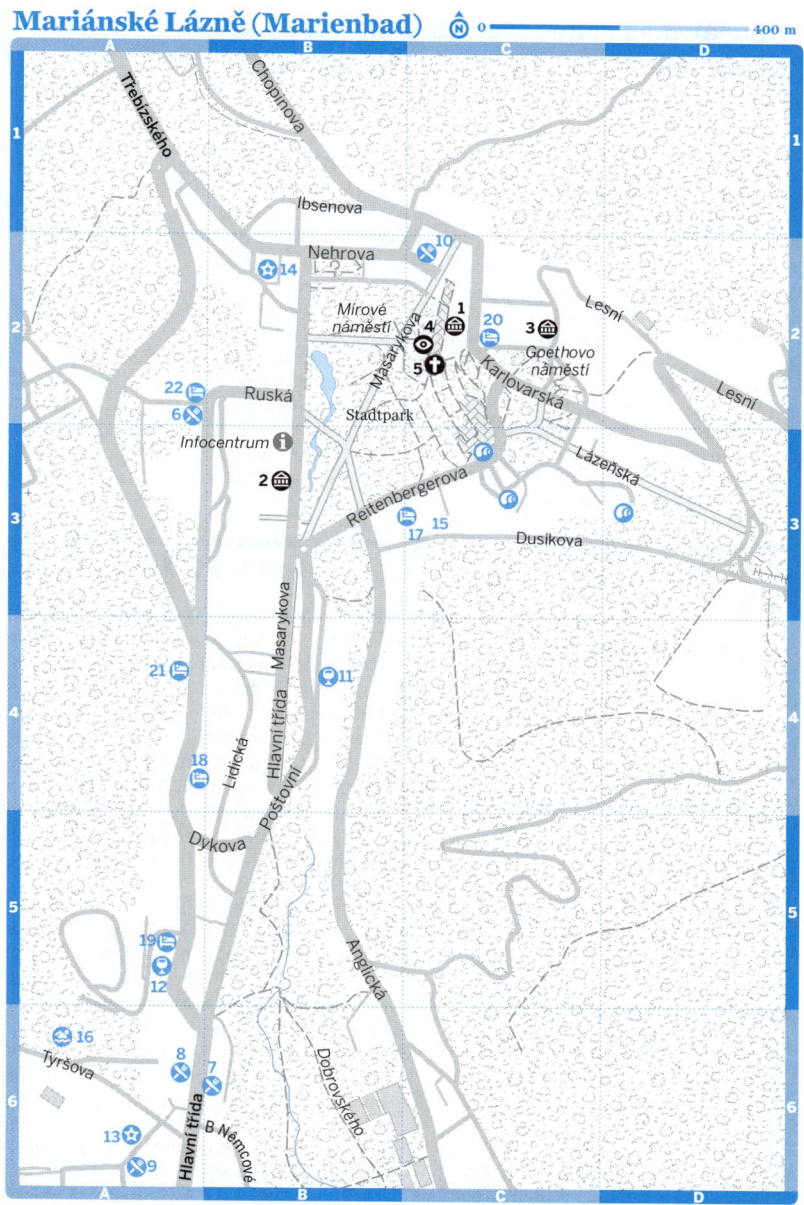

sich einfach eine schnöde Plastikflasche
mitbringen.

GRATIS **SINGENDE FONTÄNE**
Brunnen

(Zpívající fontána; www.marienbad.cz/en;
Lázeňská kolonáda; ⏱30. April–31. Okt.)
Auf dem Vorplatz der Kolonnade tänzelt
von April bis Oktober alle zwei Stunden
eine Brunnenfontäne zu klassischer Musik (vom Band). Auf einer Infotafel stehen
die Zeiten und die Musikstücke. Am eindrucksvollsten ist das Spektakel am Abend,
wenn die Fontäne mit Lichteffekten in Szene gesetzt wird.

Mariánské Lázně (Marienbad)

◉ Sehenswertes

✪ Essen

◔ Ausgehen

✪ Unterhaltung

Sport & Aktivitäten

🛏 Schlafen

◉ Goethovo Náměstí & Umgebung

Dieser gepflegte **Platz**, gesäumt von extravaganten prachtvollen Gebäuden aus dem späten 19. und frühen 20. Jh., sieht wohl noch nahezu unverändert so aus wie in der Zeit, als König Edward VII. und andere hochwohlgeborene Stammgäste in den Kurhäusern und Hotels der Gegend Quatier bezogen, durch die Kolonnaden wandelten und das Heilwasser schlürften. Die Highlights hier sind das Stadtmuseum und die Kirche Mariä Himmelfahrt, die 1848 im neobyzantinischen Stil errichtet wurde

STADTMUSEUM   MUSEUM

(Městské muzeum; ☎354 622 740; www.muzeum-ml.cz; Goethovo náměstí 11; Erw./erm. 60/30 Kč; ◔Di–So 9.30–17.30 Uhr) Das Stadtmuseum befindet sich im ältesten Haus der Stadt, das 1818 errichtet wurde und in dem auch Goethe bei seinem letzten Besuch in Mariánské Lázně übernachtete. Die Ausstellungen geben einen guten Überblick über die Geschichte der Stadt (die Beschreibungen sind jedoch nur auf Tschechisch). Es gibt aber ein englischsprachiges Video, das über die Geschichte und Geologie der Umgebung informiert. Die **Kirche Mariä Himmelfahrt** (kostel Nanebevzetí Panny Marie) steht gegenüber dem Museum.

◉ Hlavní Třída & Umgebung

Hlavní třída ist, wie der Name schon sagt (*hlavní* bedeutet „Haupt-"), die **zentrale Straße** der Kurstadt. Auf der einen Seite wird sie gesäumt von großen Hotels, Cafés und Kurhäusern, auf der anderen erstreckt sich ein langgezogener, abschüssiger Park. Die Hauptattraktion an der Straße ist – neben den Cafés und dem Infocentrum – ein kleines Museum über den polnisch-französischen Komponisten Frédéric Chopin, der 1836 Marienbad einen Besuch abstattete.

CHOPIN-GEDENKSTÄTTE   MUSEUM

(☎354 622 617; www.chopinfestival.cz; Hlavní třída 47; Erw./erm. 20/10 Kč; ◔Mitte April–Mitte Okt. Di, Do & So 14–17 Uhr, während des Chopin-Festivals im Aug. tgl.) Das kleine Museum in der Hauptstraße der Stadt präsentiert persönliches Hab und Gut sowie interessante und aufschlussreiche Informationen zu Chopins Leben und zu seinem Besuch in der Stadt im Jahr 1836. Im Hintergrund ist seine Musik zu hören.

ST.-VLADIMIR-KIRCHE   KIRCHE

(kostel Sv Vladimíra; Ruská 347–349; 20 Kč; ◔Mai–Okt. 9–12 & 13–17 Uhr, Nov.–April 9.30–11.30 & 14–16 Uhr) Die 1901 erbaute rot-gelbe orthodoxe St.-Vladimir-Kirche ist eine pompöse Kreation im byzantinischen Stil mit einer erstaunlichen Porzellan-Ikonostase.

WELLNESS MIT BIER

Das Dorf **Planá** (Plan) erreicht man von Mariánské Lázně aus in 20 Minuten mit dem Bus (25 Kč). Das hiesige Bier-Kurbad der **Brauerei Chodovar** (☏374 617 100; www.chodovar.cz; Pivovarská 107; Anwendungen ab 660 Kč) ist der perfekte Ort, um beide berühmten Besonderheiten Westböhmens gleichzeitig kennenzulernen: Weltklasse-Kurbäder und Weltklasse-Biere.

Zu den „Bierbehandlungen" in Chodovars selbst ernanntem „Bier-Wellness-Land" gehören freilich ein paar Gläser des flüssigen Goldes zur „inneren Anwendung", aber auch Massagen, heiße Steine und sogar ein „Bierbad für zwei". Für Paare gibt's spezielle Valentinstag-Arrangements.

Ein Aufenthalt im Bierbad sieht etwa so aus: Ausziehen und Eintauchen in ein warmes Bierbad. Konfettigroße Hopfen- und Hefeteilchen schwimmen auf dem Wasser, und man riecht das grasige, pikante Aroma des weltberühmten Hopfens aus dem nahe gelegenen Žatec (Saatz). Das Bad wird auf gemütliche 34 °C erwärmt, und es ist in der Wanne sogar erlaubt, an einem Glas feinen goldenen Lagerbiers aus der Chodovar-Brauerei zu nippen.

Nach dem ca. 20-minütigen, entspannenden Bad bringt eine Mitarbeiterin die Kleidung und führt den Gast zu ein paar Granittunneln (in denen schon im 12. Jh. Bier gelagert wurde), wo noch mehr Ruhe und Entspannung angesagt sind. Laut Marketing-Anpreisungen der Brauerei hat die Anwendung „heilsame Wirkung auf Haut und Haar, entspannt die Muskeln, wärmt die Gelenke und unterstützt das Immunsystem des Organismus".

Der dazugehörige Souvenirladen führt Bierseife, -shampoo und -kosmetika. All die hopfigen Wohltaten können schließlich bei einer herzhaften Mahlzeit – und weiteren Bieren – im Restaurant mit Bierschänke im Untergeschoss ausklingen. Ein weiteres, oberirdisches Restaurant hat offizielle Bier-Sommeliers, die den Gästen zehn verschiedene Biersorten erklären.

🍴 ESSEN & AUSGEHEN

MEDITÉ
SPANISCH €€

(☏354 422 018; www.medite.cz; Hlavní třída 7/229; Tapas 70–130 Kč, Hauptgerichte 270–310 Kč; 🖥🍴) Im modernen, lebhaften Medité mit hellen Holzböden werden relativ authentische Tapas und gute Paella mit deutschen und spanischen offenen Weinen kombiniert. Eine temperamentvolle Abwechslung zum eher faden Kurstadtflair vor der Tür.

MAUI LOUNGE
INTERNATIONAL €€

(☏607 879 813; www.maui.cz; Ruská 72; Hauptgerichte 225–428 Kč; 🕐11–1 Uhr; 🖥) Das elegante populäre Restaurant mit Cocktailbar bietet eine einfallsreiche Speisekarte mit Salaten, Pasta, Steaks und Seafood. Es gibt auch eine nette Auswahl an Tapas und – für die völlig Ausgehungerten – ein spezielles, leckeres Fünf-Gänge-Menü.

U ZLATÉ KOULE
TSCHECHISCH €€€

(☏354 624 455; www.uzlatekoule.com; Nehrova 26; Hauptgerichte 250–580 Kč; 🕐12–23 Uhr) Das todschicke Lokal mit knarzenden Holzbalken und funkelnden Gläsern überall ist ein fantastischer Cocktail aus 5-Sterne-Klasse und legerer Behaglichkeit. Die Karte mit viel Wild schafft es mühelos, die Gäste zu begeistern. Gänsebraten mit Apfelfüllung, Blau- und Weißkraut und die verschiedenen böhmischen Knödel muss man einen Tag im Voraus bestellen.

NEW YORK BARCAFFE
INTERNATIONAL €

(☏776 007 921; www.newyorkml.cz; Hlavní třída 233; Hauptgerichte 60–160 Kč; 🕐9–2 Uhr; 🖥) Das New York, eine jener kleinen, einem Taubenschlag ähnelnden Lokalitäten, ist tagsüber ein beliebtes Café und abends eine lebhafte Bar. Schön ist, dass hier tagsüber internationale Klassiker wie Salate und Nudelgerichte serviert werden – die Art guter (und schneller) Kost, die man in Mariánské Lázně sonst nur schwer findet.

PICCOLO
ITALIENISCH €

(☏354 626 099; Nerudova 291; Hauptgerichte 90–140 Kč; 🍴) Die besten Pizzas und Pastagerichte der Stadt bietet dieses rustikale Restaurant außerhalb des Kurviertels: gutes Essen zu guten Preisen. Danach

WANDERN IN MARIÁNSKÉ LÁZNĚ (MARIENBAD)

Mariánské Lázně ist von dichtem Wald umgeben, durch den sich über ein Dutzend Wege winden, vorbei an Pavillons und Quellen. Auf Kartentafeln am südlichen Ende der Kolonnade sind die Routen verzeichnet.

Eine beliebte Wanderung führt hinauf zum Hotel Panoráma, zu einem alten steinernen **Wachturm** (100 Stufen) und zur Ruine des Cafés Červená karkulka. Hier kann man hinuntergehen und einen Bus nach Hlavní nehmen (insgesamt knapp 4 km) oder weiterwandern und die 7 km-Rundwanderung abschließen.

Eine leichtere Rundwanderung führt gen Norden zur Waldquelle (Lesní pramen) und zu Lunapark, einem schönen Café und Kurhotel mitten im Wald.

Das Infocentrum informiert auch über Details zu anderen Wanderwegen.

kann man sich gegenüber im **Kino Slavia** (S. 254) einen Film anschauen.

IRISH PUB IRISH PUB
(☏608 303 838; www.irish-pub.cz; Poštovní 96; ⏱ab 17 Uhr) Alte Schreibmaschinen und ebensolche grüne Fahrräder sorgen für authentisches Flair im besten irischen Pub der Stadt. Den Gästen werden vielerlei irische Whiskys, leichte Gerichte und Pizzas kredenzt. Einfach den Schildern mit der Aufschrift „Irish Pub" folgen.

SCOTTISH PUB THEMENBAR
(☏354 620 804; www.pensionedinburgh.com; Ruská 56; ⏱ab 16 Uhr) Schottland-Fans sollten unbedingt die Irische See überqueren, um das keltische Sammelsurium und das Denkmal für den schottischen Freiheitskämpfer William Wallace in diesem Single-Malt-Paradies zu bestaunen.

🛏 SCHLAFEN

Es ist zwar möglich, nur eine Nacht zu bleiben, die meisten großen Hotels der Stadt sind jedoch auf längere Aufenthalte (eine bis zwei Wochen), inklusive Kurpakete, eingestellt. In der Praxis bedeutet das, dass man an den Rezeptionen nicht immer gewillt ist, spontane Buchungsanfragen nach einer oder zwei Übernachtungen anzunehmen. Besseren Service (und bessere Preise) bekommt, wer im Voraus gebucht hat.

FALKENSTEINER
HOTEL GRAND SPA HOTEL €€€
(☏354 929 396; www.falkensteiner.com; Ruská 123; Zi. 3600–4800 Kč; ▣🕳✳@🛜🏊) Die vor wenigen Jahren eröffneten Hochhäuser erheben sich nicht nur optisch über den Rest des Kurzentrums. Das Hotel in einem sorgfältig renovierten Kurpalast aus dem 19. Jh. bietet alle erdenklichen Annehmlichkeiten. Das Personal organisiert Kuranwendungen; Sonderangebote und Wochenendpauschalen sind auf der Website zu finden.

DANUBIUS HEALTH SPA
RESORT NOVÉ LÁZNĚ HOTEL €€€
(☏354 644 300; www.marienbad.cz; Reitenbergerova 53; DZ 3560–4560 Kč, Suite ab 4700 Kč; 🕳✳🛜🏊) Es wird als 5-Sterne-Haus angepriesen, angemessener wären aber bei diesem Hotel, einem der besten in Mariánské Lázně, sehr gute vier Sterne. Auf jeden Fall ist in dem Zuckerbäckerbau aus dem 19. Jh. oberhalb der „neuen Bäder" für einen eleganten Aufenthalt gesorgt. Wird der Gast in die vergoldete Lobby geleitet, sind die 1A-Kuranwendungen praktisch schon zu spüren. Auf der Website gibt's Kurpakete.

PENSION EDINBURGH PENSION €
(☏354 620 804; www.pensionedinburgh.com; Ruská 56; EZ/DZ ab 800/1000 Kč, Apt. 1500 Kč; @🛜) Die freundliche, zentral gelegene Pension über dem Scottish Pub (S. 252) bietet fünf renovierte Zimmer und ein Apartment. Passend zum keltischen Thema gibt's in jedem Zimmer eine gut sortierte Minibar – und Bademäntel. Die Besitzer fahren die Gäste gern durch die Stadt oder auch in die Umgebung.

PENSION ELBRS PENSION €
(☏354 623 619; www.pensionelbrs.sweb.cz; Palackého 316; pro Pers. inkl. Frühstück 450 Kč; 🕳3) Die Gästezimmer der Pension Elbrs haben riesige Betten, kleine Sitzecken und kompakte Küchenzeilen. Das Frühstück wird im Wintergarten voller Topfpflanzen serviert. Die Pension liegt ca. 15 Gehminuten vom Zentrum entfernt in einem ruhi-

gen Wohnviertel. Der Bus 3 fährt von der Innenstadt hierher, Haltestelle ist Lékárna.

HOSTEL MILANO
HOSTEL €

(☏774 417 065; www.ubytovani.newyorkml.cz; Ruská 309; pro Pers. 250 Kč; ☏) Das Hostel bietet Schlafsäle mit Ikea-Möbeln und moderner Kunst. Wer aufs Geld achten muss, kann sich in der gut ausgestatteten Küche etwas kochen.

HOTEL PARIS
HOTEL €€

(☏354 628 897; www.hotelparis.cz; Goethovo náměstí 15/3; EZ/DZ inkl. Frühstück 1450/2400 Kč; ☏) Dieses Hotel, das sich hoch auf dem Hügel befindet, und einen Blick auf den Goethovo náměstí gewährt, ist die Gelegenheit, in derselben pompösen Gegend wie einst König Edward VII. – zum Glück allerdings zu etwas weniger königlichen Preisen – zu nächtigen.

DAS „DRITTE HEILBAD": FRANTIŠKOVY LÁZNĚ (FRANZENSBAD)

Wer über Westböhmens Kurorte spricht, meint normalerweise die beiden großen: Karlovy Vary (Karlsbad) und Mariánské Lázně (Marienbad). Doch es gibt tatsächlich eine dritte Kurstadt, nämlich Františkovy Lázně (Franzensbad). Der Ort lohnt die relativ kurze Anfahrt von Mariánské Lázně.

In der Tat entspricht Františkovy Lázně sogar eher dem, was man von einem Kurort eigentlich erwartet: buttrig hellgelb gestrichene Fassaden, sehr gepflegte, Grünanlagen mit Statuen und Brunnen und Kurgäste wie Touristen, die schier unerträglich l...a...n...g...s...a...m dahinflanieren.

Beethoven und Goethe waren Františkovy Lázněs berühmteste Gäste, aber da der Kurort vor allem für die Behandlung weiblicher Unfruchtbarkeit bekannt ist, genossen die beiden hier wohl eher die lebhafte Kaffeehausgesellschaft. Heute wirken schon tagsüber die Straßencafés relaxt bis verschlafen, und nachts herrscht hier absolute Stille. Am besten ist es, nur einen beschaulichen und geruhsamen Tag in Franzensbad einzuplanen.

Das Städtische Informationszentrum (Městské Informační Centrum; ☏354 543 162; www.frantiskolazensko.cz; Americká 2; ⊘Mo–Fr 8–18, Sa & So 8–14 Uhr) ist eine gute Ausgangsbasis: Hier erhält man eine kostenlose Straßenkarte und kann sich orientieren. Wer im Ort übernachten möchte, bekommt hier auch Tipps zu Unterkünften (und Kuranwendungen).

Wie seine beiden großen Schwester-Kurstädte ist Františkovy Lázně nicht eben reich an Sensationen. Die größte Attraktion ist ein Bummel über die Hauptstraße, Národní, um die unglaublich reizende Kurarchitektur zu bewundern und alle paar Stunden auf Kaffee und Kuchen einzukehren. Die wichtigsten Sehenswürdigkeiten sind die **Kirche der Erhebung des Hl. Kreuzes** (kostel Povýšení sv Kříže) an der Ruská sowie die Hauptquelle der Stadt, **Františkův pramen**, am Südende der Národní. Die Geschichte des Heilbads erläutert das **Stadtmuseum** (Městské muzeum; ☏354 544 307; www.frantiskolazensko.cz; Dlouhá 4; Erw./Kind 30/10 Kč; ⊘Di–So 10–17 Uhr). Und am Teich **Rybník Amerika**, ca. 2 km vom Zentrum entfernt, gibt es einen Bootsverleih.

Gut essen kann man im **Restaurant Goethe** (☏354 500 146; www.franzensbad-casino.com; Národní 1; Hauptgerichte 150–300 Kč; ⊘11.30–14.30 & 18–23 Uhr, Café 9–19 Uhr). Hier servieren historisch gekleidete Kellner gut zubereitete internationale Gerichte.

Die Stadt verfügt über zahlreiche Hotels. Sehr beliebt ist das **Hotel Kammený Dům** (☏354 541 037; www.kamennydum.cz; Ruská 6; EZ/DZ inkl. Frühstück 1200/1500 Kč). In einer Stadt, in der die Kavalkade aus hellgelben altehrwürdigen Fassaden fast schon in den Augen schmerzt, bietet das Hotel mit seiner moderneren Optik eine willkommene Abwechslung. Es bietet geräumige, moderne Zimmer in zentraler Lage. Golf- und Kurpakete werden arrangiert.

Nach Františkovy Lázně fahren von Plzeň (Pilsen) und Mariánské Lázně (Marienbad) aus Züge und Busse. Von Mariánské Lázně dauert die Fahrt etwa eine Stunde. Die recht große Stadt Cheb (Eger) liegt nur 30 Busminuten entfernt. Von dort aus verkehren regelmäßig Züge nach Prag.

PENSION VILLA MARION · PENSION €

(☎606 463 789; www.hotel-villa-marion-marianske-lazne.az-ubytovani.net; Palackého 360; EZ/DZ inkl. Frühstück 600/900 Kč, Apt. 1200–1800 Kč) Dieses von Efeu überwucherte Haus, nur ein paar Türen von der Pension Elbrs entfernt, hat gemütliche Zimmer und Apartments, ein Gartenrestaurant und eine ganz gute Bar, in der sich die Nachbarschaft gerne trifft.

OLYMPIA HOTEL · HOTEL €€

(☎354 931 810; www.olympiamarienbad.cz; Ruská 88/861; DZ inkl. Frühstück ab 2000 Kč; ☻❇🛜♒) Das moderne, routinierte und doch freundliche Olympia bietet anständige Mittelklasse mit komfortablen Zimmern, jungem Personal und einem beliebten Bar-Restaurant in der Lobby. Auf der Website stehen die umfangreichen Kurangebote.

HOTEL RICHARD · HOTEL €€

(☎354 696 111; www.hotelrichard.com; Ruská 487/28; EZ/DZ inkl. Frühstück 1850/2890 Kč; 🅿❇🛜♒) Es ist zwar nach dem Komponisten Richard Wagner benannt, aber die stilvollen Zimmer und die Einrichtung des Hotels sind zum Glück weniger pompös als seine Musik. Dank der Lage auf einem Hügel genießt man hier eine tolle Aussicht.

☆ UNTERHALTUNG

MĚSTSKÉ DIVADLO · THEATER

(Stadttheater; ☎354 622 036; www.marianskelazne.cz; Třebízského 106) Das Konzert- und Theaterprogramm des Stadttheaters ist online nachzulesen.

KINO SLAVIA · KINO

(☎354 622 347; www.kinoslavia.cz; Nerudova 437) Hier laufen hauptsächlich die üblichen Hollywood-Streifen.

 ## SPORT & AKTIVITÄTEN

DANUBIUS HEALTH SPA RESORT NOVÉ LÁZNĚ · KURHOTEL

(☎354 644 111; www.marienbad.cz; Reitenbergerova 53; ⊙7–19 Uhr, je nach Anwendung) Dutzende von Hotels bieten Spa-Anwendungen für ihre Hausgäste und zuweilen auch für Spontanbesucher. Dieses Hotel hat römische Bäder, Saunen und Whirlpools, in denen man wunderbar entspannen kann. Auf der Website findet man das Angebot an Anwendungen auch anderer Hotels.

ROYAL GOLF CLUB MARIÁNSKÉ LÁZNĚ · GOLF

(☎354 624 300; www.golfml.cz; Mariánské Lázně 582; Green-Fee 1500–1700 Kč; ⊙Mai–Sept. 7–21 Uhr) Mariánské Lázně ist im ganzen Land für diesen schwierigen, schönen, 5610 m langen Par-72-Golfplatz bekannt, dessen Geschichte über 100 Jahre zurückreicht. Im Pro-Club kann man sich Schläger ausleihen. Reservierung erforderlich.

ÖFFENTLICHES HALLENBAD · SCHWIMMEN

(Plavecký Stadión; ☎354 623 579; www.marianskelazne.cz; Tyršova 617; pro 2 Std. Erw./erm. 100/40 Kč; ⊙Mo–Sa 11–21 Uhr) Das öffentliche Schwimmbad liegt südwestlich des Stadtzentrums.

Brno (Brünn)

⊙ Sehenswertes

Mähren

Brno (Brünn) S. 258
Die Hauptstadt Mährens beeindruckt mit einer gespenstischen Burg auf einem Berg, Mumien im Keller und einem Meisterwerk der modernen Architektur.

Telč (Trebitsch) S. 266
Wie aus dem Bilderbuch wirkt der von Renaissance und Barock geprägte Hauptplatz; er zählt zum Weltkulturerbe der Unesco.

Třebíč (Trebitsch) S. 269
Das winzige ehemalige Jüdische Viertel am Fluss in dieser Kleinstadt ist in Tschechien einzigartig.

Mikulov (Nikolsburg) S. 271
Hier fühlt man sich von Südmähren nach Italien versetzt – samt edlem Wein und funkelnder Renaissancearchitektur.

Valtice-Lednice (Feldsberg-Eisgrub) S. 275
Die Landschaft wurde von der Unesco zum Weltnaturerbe erklärt und beeindruckt mit historischer Architektur inmitten der sanften Hügel.

Znojmo (Znaim) S. 278
Das hübsche Grenzstädtchen mit seinen Gassen bietet einen Blick über das Flusstal der Dyje.

Olomouc (Olmütz) S. 280
Dieses Schmuckstück besticht mit einem Hauptplatz, der dem von Prag Konkurrenz macht, einer Studentenschaft und kleinen Brauereien.

Kroměříž (Kremsier) S. 288
Hier wartet eine weitere Sehenswürdigkeit, die von der Unesco ins Weltkulturerbe aufgenommen wurde: ein Schloss aus dem 19. Jh.

MÄHREN ERKUNDEN

Mähren, die östlichste Provinz der Republik Tschechien, ist das Yin zum böhmischen Yang. Während die Böhmen gern ihr Bier trinken, bevorzugen die Mähren den Wein. Und während Böhmen aus Städten und Dörfern besteht, beeindruckt Mähren vor allem mit sanften Hügeln und reizvollen Landschaften. Wer schon die Top-Attraktionen von Böhmen besichtigt hat, sollte deshalb ruhig noch nach Osten fahren, um eine ganz andere Seite Tschechiens kennenzulernen.

Die Hauptstadt Brno (Brünn) kann mit zahlreichen Museen aufwarten, während Olomouc (Olmütz) im Norden mit seiner Architektur überzeugt. Im Süden bestimmen Weingärten das Bild der Landschaft– und auch Leute, die tiefer ins Glas schauen.

Mähren in einer Woche

Am besten verbringt man zwei Tage in Brno (Brünn), um die Kultur, die moderne Architektur und das Nachtleben kennenzulernen. Von hier fährt man dann zwei Tage gen Norden nach Olomouc (Olmütz) und unternimmt von dort einen Tagesausflug nach Štramberk (Stramberg) oder gen Süden nach Mikulov (Nikolsburg), um Wein und Natur zu genießen.

Mähren in zwei Wochen

In zwei Wochen lässt sich mühelos alles erkunden. Nach vier Tagen in Brno (Brünn) und ein paar weiteren in Olomouc (Olmütz), geht es gen Süden nach Znojmo (Znaim) und Mikulov (Nikolsburg). Spaß macht es, ein Fahrrad zu mieten und die Tage auf Tour und die Nächte in Unterkünften in der Nähe von Weinkellern zu verbringen.

MÄHREN

Mähren

Brno (Brünn)

Erkunden

Bei den Tschechen steht die Hauptstadt Mährens im Ruf, relativ dröge zu sein – eine nette Stadt, in der allerdings nicht gerade viel los ist. Vor ein paar Jahren gab es sogar einen Filmhit mit dem Titel *Nuda v Brně* („Langeweile in Brünn". Die Realität sieht jedoch ganz anders aus. Zehntausende Studenten sorgen für eine lebhafte Café- und Clubszene, die der von Prag locker Konkurrenz macht. Die Museen sind ebenfalls toll. Und wenn man dann noch zwei hervorragende Kleinbrauereien und die besten Restaurants des Landes bedenkt, dann steht fest, dass sich ein Aufenthalt von zwei Tagen hier wirklich lohnt. Brno (Brünn) machte im frühen 20. Jh. als eines der führenden Zentren der experimentellen Architektur von sich reden; die von der Unesco zum Weltkulturerbe erklärte Villa Tugendhat (S. 261) gilt als Meisterwerk des Funktionalismus. Die Touristeninformation verfügt über Unmengen von Material zum reichen architektonischen Erbe der Stadt, darunter auch Material zu ausgewiesenen Stadtspaziergängen.

Highlights

➜ **Sehenswertes** Burg Spielberg (S. 259)
➜ **Restaurant** Koishi (S. 262)
➜ **Kneipe** U Richarda (S. 263)

Top-Tipp

Brno (Brünn) ist ein beliebter Standort für Handelsmessen. Bei größeren Events klettern die Hotelpreise dann aber um bis zu 50 %. Die genauen Termine verrät die Website www.bvv.cz; wer sich vorab informiert, kann seinen Besuch in einer Woche planen, in der gerade nichts los ist.

Brno (Brünn)

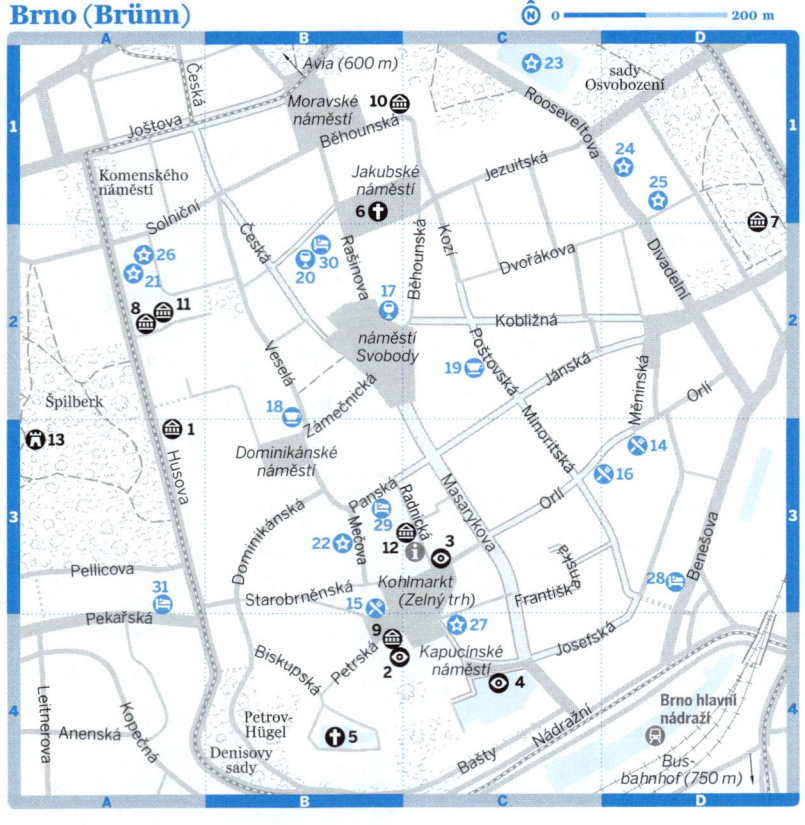

An- & Weiterreise

Auto Brno (Brünn) lässt sich von Prag aus gut in zwei Stunden mit dem Auto erreichen und zwar über die Autobahn D1. Bratislava liegt eine weitere Fahrtstunde in Richtung Osten. Die Fahrt nach Wien dauert zwei Stunden.

Bus Busse verkehren vom Prager Busbahnhof Florenc im Stundentakt nach Brno (150 Kč, 2½ Std.). In Brno fahren sie an einer kleinen Bushaltestelle gegenüber vom Grandhotel (S. 264) nach Prag.

Zug Expresszüge nach Brno fahren im Prager Hauptbahnhof Hlavní nádraží tagsüber alle paar Stunden ab (210 Kč, 2½ Std.). Brno bietet sich auch als praktischer Verkehrsknotenpunkt an, um nach Wien (220 Kč, 2 Std.) und Bratislava (218 Kč, 1½ Std.) zu gelangen.

Gut zu wissen

➡ **Lage** 200 km südöstlich von Prag.

➡ **Touristeninformationsbüro** (☏542 211 090; www.ticbrno.cz; Radnická 8, Altes Rathaus; ☺April–Sept. Mo–Fr 8–18 Uhr, Apr.–Sept. Sa & So 9–17.30 Uhr, Okt.–März Sa bis 17, So bis 15 Uhr) Erhältlich sind Unmengen von Informationen auf Englisch und Deutsch, darunter auch kostenlose Stadtpläne.

➡ **Cyber Café** (www.facebook.com/cyber cafebrno; Mečova 2, Velký Spaliček Einkaufszentrum; 60 Kč pro Std.; ☺Mo–Sa 10–22 Uhr; ☎) Im Einkaufszentrum Velký Spaliček gibt es auch kostenloses WLAN.

◉ SEHENSWERTES

BURG SPIELBERG BURG
(Hrad Špilberk; ☏542 123 611; www.spilberk.cz; Kombiticket Erw./erm. 250/150 Kč; ☺Juli–Sept. Di–So 10–18 Uhr, Mai & Juni Di–So 9–17 Uhr, April & Okt. Mi–So 10–17 Uhr) Brnos Burg thront dramatisch oben auf einem Berg. Sie ist das bedeutendste Wahrzeichen der Stadt und beherbergt das **Brünner Stadtmuseum** (muzeum města Brna; ☏542 123 611; www.spilberk.cz; Burg Spielberg; Erw./erm. 100/50 Kč; ☺Mai–Sept. Di–So 9–18 Uhr, Okt. & April bis 17 Uhr, Nov. & März Mi–So 10–17 Uhr). Es besteht die Möglichkeit, die **Kasematten** (kleine Zimmer innerhalb der Burgmauern) zu besichtigen und den **Aussichtsturm** zu erklimmen. Am besten kauft man sich gleich ein Kombiticket für alle Sehenswürdigkeiten der Burg; die Website verrät aber auch, welche Einzeleintrittskarten erhältlich sind.

Die beiden beliebtesten Ausstellungen des Museums sind **„Von der Burg zur Festung"**, die sich mit der Geschichte der Burg beschäftigt, sowie **„Gefängnis der Nationen"**; hier geht es um die Rolle, die Spielberg im 18. und 19. Jh. innehatte. Weitere Ausstellungen widmen sich der Geschichte, Kunstgeschichte und Architektur

DER ZEIT VORAUS

Die Glocken des Doms St. Peter & Paul (siehe unten) läuten in Brno die Mittagszeit bereits eine Stunde früher ein, nämlich bereits um 11 Uhr. Eine Legende nennt dafür folgenden Grund: Als die Schweden 1645 die Stadt belagerten, beschloss General Torstenson, der wegen des über einwöchigen Widerstands der Stadt schon völlig frustriert war, einen letzten Angriff zu starten, und zwar unter einem Vorbehalt: Wenn sich seine Truppen bis 12 Uhr Mittag nicht durchsetzten, würde er sein Unterfangen endgültig aufgeben.

Gegen 11 Uhr machten die Schweden gute Fortschritte, doch dann kam der Turmwächter des Doms auf die glorreiche Idee, die Mittagsglocken einfach eine Stunde früher erklingen zu lassen. Die Glocken verkündeten also 12 Uhr Mittag – und die Schweden traten den Rückzug an. Die Stadt war gerettet.

Brnos. Mit einem Kombiticket (Erw./Kind 120/60 Kč) lassen sich alle Ausstellungen besichtigen.

DOM ST. PETER & PAUL   Kirche, Turm

Karte S. 258 (katedrála sv Petra a Pavla; www.katedrala-petrov.cz; Petrov Hill; Turm Erw./erm. 40/30 Kč, Krypten 20/10 Kč; ☺Mo–Sa 11–18 Uhr, So ab 11.45 Uhr) Der Dom aus dem 14. Jh., der auf dem Petrov-Berg aufragt, wurde häufig umgebaut. Ursprünglich entstand er an der Stelle, an der zuvor ein heidnischer Venustempel gestanden hatte. Der prachtvolle 11 m hohe Hochaltar mit Figuren der beiden Heiligen Peter und Paul wurde 1891 von dem Wiener Bildhauer Josef Leimer geschaffen. Wer den **Turm** erklimmt, genießt eine tolle Aussicht über die ganze Stadt. Lohnend ist jedoch auch der Besuch der **Krypten**.

Der **Bischofspalast** (nicht öffentlich zugänglich) aus der Renaissance steht direkt neben dem Dom. Links davon liegt der hübsche **Denisovy-Park** (Denisovy sady), der sich rund um den Petrov-Berg erstreckt.

GRATIS ALTES RATHAUS   HISTORISCHES GEBÄUDE

Karte S. 258 (Stará radnice; Radnická 8; Turm Erw./erm. 30/15 Kč; ☺9–17 Uhr) Brnos malerisches Altes Rauthaus stammt aus dem frühen 13. Jh. Es beherbergt auch die Touristeninformation. Hier gibt es gleich zwei recht skurrile Sehenswürdigkeiten zu bestaunen: ein Krokodil, das von der Decke baumelt und von den Einheimischen liebevoll der „Brünner Drachen" genannt wird, sowie ein Holzrad, um das sich eine ganz besondere Geschichte (s. Kasten S. 251) rankt. Auf den **Turm** kann man auch hinaufsteigen. Er soll nach Beendigung der Renovierungsarbeiten im Jahr 2012 wieder geöffnet sein.

MÄHRISCHE GALERIE   MUSEUM

Karte S. 258 (Místodržitelský palác; ☎532 169 111; www.moravska-galerie.cz; Erw./erm. 60/30 Kč; ☺Mi & Fr–So 10–18 Uhr, Do bis 19 Uhr) Die umfassende Kunstsammlung dieser Galerie ist in drei Ausstellungsorten zu bewundern; die Öffnungszeiten und Eintrittspreise sind bei allen gleich. Neben der St. Thomaskirche zeigt das **Museum für Kunst von der Gotik bis zum 19. Jahrhundert** (Karte S. 258; ☎532 169 130; Moravské náměstí 1A, Místodržitelský Palác) europäische Kunst aus sechs Jahrhunderten. Das **Museum für angewandte Kunst** (Uměleckoprůmyslové muzeum; Karte S. 258; ☎532 169 130; Husova 14) widmet sich der Kunst und dem Kunsthandwerk vom Mittelalter bis zum Jugendstil. Die dritte Zweigstelle, das **Museum für moderne & zeitgenössische Kunst** (Karte S. 258; ☎532 169 111; Husova 18, Pražákův Palác), konzentriert sich auf tschechische Kunst des Modernismus und des 20. Jhs.

HAUS DER KUNST   GALERIE

Karte S. 258 (Dům umění; ☎515 917 553; www.dum-umeni.cz; Malinovského náměstí 2; Erw./erm. 80/40 Kč ☺Mi–So 10–18 Uhr) Hier werden Wechselausstellungen zeitgenössischer Kunst gezeigt; das Gebäude ist ausschließlich während der Präsentationen geöffnet.

◉ Kohlmarkt & Umgebung

Der **Kohlmarkt** (Zelný trh) bildet das Herz der Altstadt. Heute ist er überwiegend ein Obst- und Gemüsemarkt mit dem barocken **Parnass-Brunnen** (1695) in der Mitte. Dargestellt ist Herkules, der den dreiköpfigen Cerberus bändigt, den Wachhund der Unterwelt. Die drei weiblichen Figuren repräsentieren die alten Reiche Babylon (Krone), Persien (Füllhorn) und Griechenland (Pfeilköcher). Die triumphierende Frau oben symbolisiert Europa.

KAPUZINERKLOSTER FRIEDHOF

Karte S. 258 (Kapucínský klášter; www.kapucini.cz; Erw./erm. 60/30 Kč; ☺Mai–Sept. 9–12 & 13–16.30 Uhr, Mitte Feb.–April & Okt.–Mitte Dez. Mo geschl., Mitte Dez.–Mitte Feb. geschl.) Eine der bedeutendsten Sehenswürdigkeiten Brnos (Brünns) ist diese schaurige **Krypta** im Keller des Gebäudes, die die mumifizierten Überreste mehrerer Adeliger der Stadt aus dem 18. Jh. birgt. Offensichtlich besitzt die trockene, gut belüftete Krypta die Fähigkeit, Tote auf ganz natürliche Weise zu mumifizieren. Bis zu 150 Leichname wurden hier jedenfalls bis 1784 zu ihrer letzten Ruhe gelegt, darunter Mönche, Äbte und bekannte Persönlichkeiten der Stadt.

BRNO (BRÜNN) UNTERIRDISCH UNTERIRDISCHES AREAI

Karte S. 258 (Brněnské podzemí; www.ticbrno.cz; Zelný trh 21; Erw./erm. 150/75 Kč; ☺Di–So 9–18 Uhr) Im Jahr 2011 bot die Stadt erstmals die Möglichkeit, einen Teil der unterirdischen Gänge der mittelalterlichen Stadt zu erkunden. Weitere Touren sind in Planung. Diese Exkursion führt 40 Minuten lang durch die verschiedenen Keller, die sich in 6 bis 8 m Tiefe unter dem Kohlmarkt befinden. Erbaut wurden sie aus zwei Gründen: als Warenlager und als Versteck in Kriegszeiten.

MÄHRISCHES LANDESMUSEUM MUSEUM

Karte S. 258 (Moravské zemské muzeum; ☎533 435 280; www.mzm.cz; Zelný trh 8; Erw./erm. 50/25 Kč; ☺Di–Sa 9–17 Uhr) Die Exponate überwinden die Kluft zwischen der neueren Geschichte und dem mittelalterlichen Dorf. In einem Hof rechts des Museums befindet sich das **Biskupský-Hofmuseum** (Karte S. 258; ☎542 321 205; Muzejní 1; Erw./erm. 50/25 Kč; ☺Di–Sa 9–17 Uhr) mit dem größten Süßwasseraquarium des Landes. Es bietet eine Fülle von Informationen zur Tierwelt Mährens.

⊙ Svobody-Platz & Umgebung

Der weitläufige **náměstí Svobody** ist der lebhafte Dreh- und Angelpunkt der Stadt. Er stammt aus dem frühen 13. Jh., als er noch Unterer Markt (Dolní trh) hieß. Die **Pestsäule** geht zurück auf das Jahr 1680. Mit der Hausnummer 17 beeindruckt das **Haus der Herren von Lipá** (Dům Pánů z Lipé), ein Renaissance-Palais (1589–1596) mit einer Kratzputzfassade aus dem 19.Jh. und einem Hof mit Arkaden. An der Ostseite des Platzes ist bei der Hausnummer 10 das **Haus der vier Mamlasen** (Dům U

MÄHREN BRNO (BRÜNN)

BRNOS ALTES RATHAUS – EINE KURIOSITÄT

Ein Besuch Brnos (Brünns) ist erst komplett, nachdem man auch einen Blick in das mittelalterliche Alte Rathaus (S. 260) der Stadt geworfen hat, das teilweise aus dem 13. Jh. stammt. Mit den Kuriositäten geht es gleich am Eingang in der Radnická los. Interessant ist das gotische Portal, das Anton Pilgram 1510 schuf – mit einem schiefen Mauerturm in der Mitte. Einer Legende zufolge war dies sogar volle Absicht: Der Stadtrat bezahlte Pilgram nicht den vereinbarten Lohn – wofür er sich dann mit dem leicht schiefen Turm rächte.

Bei einem Streifzug durch die Räumlichkeiten bekommt man dann den „Leichnam" des legendären Brünner Drachens zu sehen, der angeblich einst die Wasserwege unsicher machte. Bei dem Tier handelt sich sich in Wirklichkeit jedoch um ein Krokodil aus dem Amazonas, das Erzherzog Matyáš 1608 stiftete. Gleich in der Nähe des Drachens will an der Wand ein Holzrad bewundert werden. Es stammt von einem gewitzten Wagenbauer aus Lednice. Im Jahr 1636 wettete der Mann mit einem Kumpel, dass er einen Baum fällen, aus dem Holz ein Rad zimmern und es 50 km nach Brno rollen könne – alles vor Sonnenuntergang. Sein Vorhaben war von Erfolg gekrönt und seitdem ist das in aller Eile gefertigte und angerollte Rad hier zu bewundern. Leider brachte jemand das böse Gerücht in Umlauf, dass der Wagenbauer diese Leistung nur mit Hilfe des Satans schaffte. Er starb schließlich mittellos, weil seine Kundschaft abwanderte.

čtyř mamlasů) zu bestaunen. Die Fassade wird von vier muskulösen, aber irgendwie dämlich dreinschauenen Atlasfiguren getragen, die sich abmühen, das Gebäude zu stützen und gleichzeitig ihren Lendenschurz festzuhalten.

ST. JAKOBSKIRCHE
KIRCHE

Karte S. 258 (kostel sv Jakuba; ☑542 212 039; www.svatyjakubbrno.wz.cz; Jakubská 11; ☺8–18 Uhr) Die düstere Kirche aus dem 15. Jh. beherbergt eine Barockkanzel mit Reliefs (1525), die Christus darstellen. Die eigentliche Attraktion ist jedoch eine kleine Steinfigur, „Nehaňba" (der Schamlose): Über dem Fenster im 1. Stock an der Südseite des Uhrturms am westlichen Ende der Kirche ist die Figur eines Mannes zu sehen, der sein Gesäß dem Dom entgegen streckt. Einer einheimischen Legende zufolge handelt es sich dabei um den letzten Racheakt eines verärgerten Steinmetzes, der sich gegen seine Rivalen richtete, die auf dem Petrov-Berg arbeiteten.

Während der Recherchen zu diesem Reiseführer im Jahr 2012 wurde die Kirche gerade restauriert, um auch die Kellergewölbe für Besucher zugänglich zu machen. Auskünfte über den aktuellen Stand der Dinge erteilt die Touristeninformation.

⦿ Außerhalb des Stadtzentrums

OVILLA TUGENDHAT
ARCHITEKTUR

(Vila Tugendhat; ☑515 511 015; www.tugendhat. eu; Černopolni 45; Erw./erm. 300/180 Kč; ☺Di–So 10–18 Uhr; ☐3, 5, 11) Brno steht im Ruf, in den 1920er-Jahren ein Zentrum moderner Architektur gewesen zu sein, genau gesagt für Funktionalismus und Bauhaus-Stil. Eines der schönsten Beispiele ist zweifelsohne diese Villa, ein Entwurf des Meisters der Moderne Mies van der Rohe aus dem Jahr 1930. Das Gebäude ist nur im Rahmen einer Führung zu besichtigen, die sich telefonisch oder über das Internet buchen lässt.

Auch wer nicht an einer Führung teilnehmen möchte, sollte sich zumindest die Fassade der Villa ansehen, denn sie steht in starkem Kontrast zu den vielen anderen zeitgenössischen Gebäuden in dieser Gegend. Die Villa ist mit den Trambahnen 3, 5 und 11 zu erreichen. Sie fahren vom Moravské-Platz über die Milady

Horákové nach Černopolní; von dort sind es noch 300 m zu Fuß in Richtung Norden.

MENDEL-MUSEUM
MUSEUM

(Mendelianum; ☑543 424 043; www.mendel-museum.com; Mendlovo náměstí 1; Erw./erm. 60/30 Kč; ☺April–Okt. Di–So 10–18 Uhr, Nov.–März bis 17 Uhr) Gregor Mendel (1822–1884), der Augustinermönch, der mit seinen Studien von Erbsen und Bienen in der Brünner Abtei St. Thomas die moderne Genetik begründete, wird mit diesem Museum gewürdigt. Im Garten befinden sich die Fundamente seines ursprünglichen Treibhauses.

MUSEUM DER ROMA-KULTUR
MUSEUM

(muzeum romské kultury; ☑545 571 798; www. rommuz.cz; Bratislavská 67; Erw./erm. 40/20 Kč; ☺Mo–Fr 10–18 Uhr, So bis 17 Uhr, Sa geschl.) Das hervorragende Museum vermittelt eine positive Darstellung der Roma-Kultur, die eigentlich schon längst überfällig war. Zu den Highlights gehören diverse Videos mit viel Musik, zeitgenössische Fotos aus ganz Europa sowie Sonderausstellungen, die regelmäßig gezeigt werden.

 **ESSEN**

KOISHI
ASIATISCH €€€

(☑777 564 744; www.koishi.cz; Údolní 11; Hauptgerichte 395–490 Kč; ☺Mo–Fr 11–23 Uhr, Sa & So 9–23 Uhr; 🕿) Sushi-Meister Tadayoshi Ebina und Petr Fučík, ein Küchenchef für Meeresfrüchtegerichte vom Feinsten, haben sich zusammengetan, um ihre mittlerweile prämierte Cuisine nach Brünn zu bringen. Koishi hat sich mit hervorragendem Sushi einen Namen gemacht, beschloss jedoch, seine Kochkünste zu erweitern, und hat nun traditionellere europäische und tschechische Gerichte mit asiatischem Touch im Repertoire. Die Weinkarte ist ebenfalls exzellent. Unbedingt vorher einen Tisch reservieren.

SPOLEK
TSCHECHISCH €

Karte S. 258 (☑774 814 230; www.spolek.net; Orli 22; Hauptgerichte 60–140 Kč; ☺Mo–Fr 9–22 Uhr, So 10–22 Uhr; 🕿) In diesem coolen, böhmischen Lokal in Mähren erwartet die Gäste ein netter, unaufdringlicher Service. Auf den Tisch kommen interessante Salate und Suppen; die Weinkarte ist kurz und bündig, aber dennoch abwechslungsreich. An den Wänden hängen Dokumentarfotos

BRNO (BRÜNN) FÜR KINDER

Brno ist für die Kids eine harte Nuss. Nachdem der Reiz des Brünner Drachens und des Wagenrads im Alten Rathaus verpufft sind, müssen sich die Eltern etwas Spannendes einfallen lassen. Eine Möglichkeit ist das **Planetarium** (☎541 321 287; www.hvezdarna.cz; Kraví hora 2; Erw./erm. 80/40 Kč; 👶♿). Die meisten Vorführungen sind allerdings auf Tschechisch. Wer sich rechtzeitig mit dem Personal in Verbindung setzt, kann jedoch eine Präsentation auf Deutsch oder Englisch organisieren. Der **Städtische Tierpark** (Zoologická zahrada; ☎546 432 311; www.zoobrno.cz; Bystrc-Mniší hora; Erw./erm. 100/70 Kč; ◷9–18 Uhr; 🚌1,3, 11) ist hübsch am Stadtrand gelegen und kann mit einer enormen Fülle von Tieren aufwarten. Brnos **Technisches Museum** (Technické muzeum vs Brně; ☎541 421 411; www.technicalmuseum.cz; Purkyňova 105; Erw./erm. 80/40 Kč; ◷Di–So 9–17 Uhr; 🚌13) ist einen halbtägigen Besuch wert. Keinesfalls versäumen sollte man das Panoptikum im 1. Stock; ein riesiges Holzstereoskop ermöglicht es bis zu 20 Besuchern, 3D-Bilder von antiken Glasdias anzusehen, die regelmäßig ausgetauscht werden.

und im Zwischengeschoss befindet sich eine Buchhandlung. Der Kaffee schmeckt hier auch super.

SABAIDY
ASIATISCH €

(☎545 428 310; www.sabaidy.cz; trída kpt Jaroše 29; Hauptgerichte 150–230 Kč; ◷Mo-Fr 17–23 Uhr; ♿) In dem asiatischen, mit buddhistischen Statuen dekorierten Lokal zaubert Sabaidy, ein talentierter Koch aus Laos, authentische Gerichte, die den Gästen ein „mmh" wie auch ein „Om" entlocken. Nach jeder Menge ähnlichem tschechischen Essen ist das Lokal wirklich eine tolle Abwechslung. Am einfachsten kommt man über das Hotel Amphone in der trída kpt Jaroše 29 dorthin.

ŠPALÍČEK
TSCHECHISCH €€

Karte S. 258 (☎542 215 526; Zelný trh 12; Hauptgerichte 160–310 Kč) Das älteste – und vielleicht auch verführerischste – Restaurant Brnos (Brünns) liegt am Rand des Kohlmarkts. Den Kohl kann man allerdings getrost vergessen und sich stattdessen gewaltige mährische Mahlzeiten schmecken lassen. Dazu passt ein einheimisches Starobrno-Bier oder ein Wein von der ordentlichen Weinkarte mit zahlreichen einheimischen Sorten.

REBIO
VEGETARISCH €

Karte S. 258 (☎542 211 110; www.rebio.cz; Orli 26; Hauptgerichte 80–100 Kč; ◷Mo–Fr 8–19 Uhr, Sa 10–15 Uhr; ♿) Die gesunden Risottos und Gemüsepasteten sind in diesem Lokal mit Selbstbedienung, das jeden Tag seine Speisekarte wechselt, echt lecker. Auch Biobier und Biowein sind hier erhältlich. Im

Einkaufszentrum Velký Spaliček befindet sich im 1. Stock eine Filiale mit rein vegetarischen Speisen.

AUSGEHEN

U RICHARDA
Kneipe

(☎775 027 918; www.uricharda2.cz; Údolní 7) Diese Kleinbrauerei steht bei Studenten hoch im Kurs, die sich die hier vor Ort gebrauten, leckeren naturreinen Hefebiere schmecken lassen, darunter ein seltenes Helles mit Kirscharoma. Dazu mundet die gute traditionelle Küche (Hauptgerichte 109–149 Kč). Unbedingt reservieren.

PIVNICE PEGAS
Kneipe

Karte S. 258 (☎542 210 104; www.hotelpegas.cz; Jakubská 4) *Pivo* (Bier) lässt die mährische Reserviertheit nur so dahinschmelzen – die Einheimischen hauen dann lautstark auf den Putz. Unbedingt probieren sollte man hier das Weizenbier mit 12 % Stammwürze und einer Scheibe Zitrone. Am besten reserviert man einen Tisch oder man nimmt einfach an einer der längsten Bars der Stadt Platz. Das Essen schmeckt hier auch lecker, aber in der Gaststube wird es bei den Gästen oft rauchig.

AVIA
CAFÉ

(☎739 822 215; www.aviacafe.cz; Botanická 1; ◷11–22 Uhr; 📶) Das bei Studenten beliebte Café-Restaurant befindet sich im Erdgeschoss der Jan Hus-Kongresskirche, einem Wahrzeichen des Funktionalismus aus dem Jahr 1929. Die Architektur und die

Lage unweit der Universität verleihen dem Ambiente einen intellektuellen Touch. Wer genug über Proust schwadroniert hat, kann sich im Billardzimmer nebenan noch eine Runde amüsieren.

KAVÁRNA VLADIMÍRA MENŠÍKA CAFÉ
Karte S. 258 (☑777 001 411; Veselá 3; Kaffeegetränke 30–50 Kč; ☺Mo–Sa 9–23 Uhr, So 11.30–22 Uhr; ☎) Besonders schön ist dieses Eck-Cafés, das dem unlängst verstorbenen tschechischen Filmstar Vladimír Menšík gewidmet ist, einem bedeutenden Schauspieler der tschechischen Nouvelle Vague. Das Ambiente ist lässig, der Kaffee gut, und an den Wänden hängen überall Bilder und Fotos, die Menšík in verschiedenen Filmszenen zeigen.

MINACH CAFÉ
Karte S. 258 (www.cokoladovna.com; Poštovská 6; pro Schokolade 13 Kč/; ☺Mo–Fr 9–21 Uhr, Sa 9–19 Uhr, So 14–19 Uhr) Mehr als 50 Sorten selbst gemachter Schokolade und kräftiger Kaffee machen dieses Café am Vormittag oder Nachmittag zu einem wirklich lohnenden Abstecher.

ČERNOHORSKÝ SKLEP KNEIPE
Karte S. 258 (☑542 210 987; náměstí Svobody 5; ☺So geschl.) In diesem Außenposten der Brünner Schwarzbergbrauerei munden ein Aperitif-Bier oder ein Gebräu mit Honig. Die Kellner sind unten manchmal ein bisschen mürrisch, an einem Tisch am Svobody-Platz sitzt man deshalb netter.

🛏 SCHLAFEN

OHOSTEL MITTE HOSTEL €
Karte S. 258 (☑734 622 340; www.hostelmitte. com; Panská 22; B inkl. Frühstück 490 Kč, EZ/DZ inkl. Frühstück 1000/1100 Kč; ☺@☎) Das 2011 eröffnete Hostel im Herzen der Altstadt ist sauber, schick und wirkt – und riecht! – noch immer nagelneu. Die Zimmer sind alle nach Berühmtheiten aus Mähren benannt (wie Milan Kundera) oder nach bedeutenden Ereignissen (wie Austerlitz) und dementsprechend gestaltet. Im Erdgeschoss befindet sich ein reizendes Café mit kostenlosem WLAN.

HOTEL EUROPA HOTEL €€
(☑545 421 400; www.hotel-europa-brno. cz; třída kpt Jaroše 27; EZ/DZ inkl. Frühstück

1375/1625 Kč; ℗☺☎) Das selbst ernannte „Kunst-Hotel" (vermutlich wegen der futuristsich anmutenden Möbel in der Lobby) in einem ruhigen Viertel, zehn Minuten zu Fuß vom Stadtzentrum entfernt, bietet saubere, geschmackvoll eingerichtete, moderne Zimmer in einem historischen Gebäude aus dem 19. Jh. In der Lobby ist kostenloses WLAN verfügbar, in den Zimmern gibt es Kabelverbindungen. Vor dem Haus sind Gratisparkplätze am Straßenrand zu finden.

HOTEL POD ŠPILBERKEM HOTEL €€
Karte S. 258 (☑543 235 003; www.hotel podspilberkem.cz; Pekařská 10; EZ/DZ/3BZ inkl. Frühstück 1400/1600/2500 Kč; ℗☺@☎) Die ruhigen Zimmer dieses Hotels unweit der Burg gruppieren sich um einen Hof in der Mitte. Wer mit dem eigenen Wagen unterwegs ist, wird den bewachten Parkplatz schätzen.

HOTEL & PIVNICE PEGAS HOTEL €€
Karte S. 258 (☑542 210 104; www.hotel pegas.cz; Jakubská 4; EZ/DZ 2000/2500 Kč; ☺☎) Das zentral gelegene Hotel wurde renoviert und bietet nun riesige Betten, TV mit Flachbildschirmen und modernisierte Bäder. Die Gäste werden an der Rezeption freundlich willkommen geheißen, im Untergeschoss warten die Kleinbrauerei Pegas und eine Kneipe. Die Zimmer befinden sich im 4. Stock. Lärm von der Bar stellt somit im Hotel kein Problem dar.

GRANDHOTEL HOTEL €€
Karte S. 258 (☑542 518 111; www.grand hotelbrno.cz; Benešova 18-20; Zi. ab 2500 Kč; ℗✳@☎) Das älteste Hotel Brnos (Brünns) unter österreichischer Leitung wurde renoviert und gilt nun als eine der komfortabelsten und stilvollsten Bleiben der Stadt. Das ehrwürdige Gebäude bietet jeglichen Schnickschnack, Fitnessraum und Sauna inklusive. Die Zimmer sind geräumig und ruhig trotz der Lage gegenüber des Bahnhofs. Die Website verrät, ob gerade ein Schnäppchen erhältlich ist.

PENZION NA STARÉM BRNĚ PENSION €
(☑543 247 872; www.pension-brno.com; Mendlovo náměstí 1a; EZ/DZ inkl. Frühstück 990/1330 Kč; ℗) In diesem malerischen Augustinerkloster befinden sich fünf kompakte Zimmer, die von Lonely-Planet-Lesern empfohlen werden. Nur ein paar Meter entfernt befindet sich eine mährische Weinbar.

HOSTEL FLÉDA HOSTEL €
(☑533 433 638; www.hostelfleda.com; Štefáni-kova 24; B/DZ ab 300/800 Kč; ✆📶; 🖥1, 6)
Eine kurze Tramfahrt vom Zentrum entfernt, erreicht man einen der besten Musikclubs der Stadt, der auch unkonventionelle, farbenfrohe Zimmer bietet. Ein Café für Nichtraucher und eine gute Bar sorgen für Geselligkeit. Anfahrt mit der Tram 1 oder 6 bis zur Haltestelle Hrnčirská.

HOTEL OMEGA HOTEL €
(☑543 213 876; www.hotelomega.eu; Křídloviská 19B; EZ/DZ inkl. Frühstück 1000/1500 Kč; ✆📶; 🖥1) In einem ruhigen Viertel, 1 km vom Zentrum entfernt (und von der Touristeninformation empfohlen),

befindet sich das Omega. Geboten werden geräumige Zimmer mit modernen Möbeln aus Kiefernholz. Für Familien gibt es ein paar Drei- und Vierbettzimmer, und das Frühstück schmeckt mit Blick auf die Burg besonders gut. Vom Bahnhof mit der Tram 1 zur Haltestelle Václavská fahren.

 UNTERHALTUNG

STARÁ PEKÁRNA CLUB, LIVEMUSIK
(☑541 210 040; www.starapekarna.cz; Štefánikova 8; ☺Mo–Sa 17 Uhr–open end; 🖥1, 6, 7) Hier sind alte und neue Rhythmen mit Blues, Rock, Weltmusik und DJs zu hören.

MÄHREN BRNO (BRÜNN)

ABSTECHER

HÖHLEN IN MÄHREN

Die Region unmittelbar nördlich von Brno (Brünn), der **Mährische Karst** (Moravský kras), ist das reinste Eldorado zum Höhlenwandern. Das Areal ist mit zahlreichen Schluchten und an die 400 Höhlen durchsetzt, doch die Gegend mit ihren vielen Hügeln und Wäldern ist auch sonst landschaftlich überaus reizvoll. Informationen zu den verschiedenen Höhlen in dieser Region bietet die hervorragende Website www.cavemk.cz.

Die Karstformationen entstanden aufgrund von durchsickerndem, leicht saurem Regenwasser, das im Lauf von Millionen von Jahren Ritzen und Aushöhlungen schuf. In den Höhlen selbst erzeugte das langsam herabtropfende Wasser außergewöhnliche Stalagmiten und Stalagtiten.

Das organisatorische Zentrum für sämtliche Höhlenwanderungen ist die Ortschaft **Blansko** (Blanz) mit ihrem guten **Touristeninformationsbüro** (Blanenská Informační Kancelář; ☑516 410 470; www.blansko.cz; Rožmitálova 6, Blansko; ☺Mo–Fr 9–18 Uhr, Sa bis 12 Uhr). Hier sind Landkarten und Eintrittskarten für die beiden bedeutendsten Höhlen erhältlich, die Punkva- und die Kateřinská-Höhle. Das Büro ist auch bei Transport und Quartiersuche behilflich. An den Wochenenden, und zwar vor allem im Juli und August, sind die Karten für die Höhlenwanderungen schnell vergriffen; aus diesem Grund macht es Sinn, möglichst frühzeitig beim Touristeninformationsbüro zu buchen.

Die beliebteste Tour führt durch die **Punkva-Höhle** (Punkevní jeskyně; ☑516 418 602; www.smk.cz; Erw./Kind 170/80 Kč; ☺Jan.–März Di–So 8.40–14 Uhr, April–Sept. Di–So 8.20–16 Uhr, Okt.–Dez. Di–So 8.40–14 Uhr). Es geht rund 1 km zu Fuß durch die Kalksteinhöhlen bis zum Grund der Macocha-Grotte, einem 140 m tiefem Krater. Kleine Elektroboote bringen die Besucher auf dem unterirdischen Fluss dann wieder zurück zum Eingang.

Eine weitere beliebte Tour ist die **Kateřinská-Höhle** (Kateřinská jeskyně; ☑516 413 161; www.moravskykras.net; Erw./Kind 80/60 Kč; ☺Mai–Aug. tgl. 8.20–16 Uhr, April & Sept. Di–So 9–16 Uhr, Okt. Di–So 9–14 Uhr, März & Nov. Di–Fr 10–14 Uhr, Dez.–Feb. geschl.); sie ist in der Regel nicht ganz so überfüllt wie die Punkva-Höhle. Im Rahmen einer halbstündigen Exkursion werden zwei gewaltige Kammern erkundet.

Am einfachsten gestaltet sich der Besuch dieser Region natürlich mit dem eigenen Auto, es ist jedoch auch möglich, die Höhlen im Rahmen eines Tagesausflugs ab Brno (Brünn) mit öffentlichen Verkehrsmitteln zu besuchen. Es verkehren fast täglich Züge nach Blansko (Blanz; 30 Min., 37 Kč, stdl.) Die Touristeninformation in Brno (Brünn) (S. 260) erteilt Auskunft.

Einfach mit der Tram zur Haltestelle Pionýrská fahren. Livemusik gibt es meist ab 20 Uhr.

FLÉDA
LIVEMUSIK

(☎533 433 559; www.fleda.cz; Štefánikova 24; ⏱bis 2 Uhr; 🚋1, 6) DJs, die besten Newcomer-Bands der Stadt und gelegentlich auch Konzerte von bekannteren Künstlern, die hier gastieren, heizen in Brnos (Brünns) Topmusikclub ein. Mit der Tram 1 oder 6 zur Haltestelle Hrnčirská fahren.

KLUB DESERT
LIVEMUSIK

Karte S. 258 (☎608 079 226; www.dodesertu. com; Rooseveltova 24; ⏱Mo–Sa 17–3 Uhr, So 18–1 Uhr) Der Club ist zum Teil eine coole Café-Bar, zum Teil eine intime Location für Livemusik und gilt unter den Einheimischen als Brnos (Brünns) erlesenstes Nachtlokal. Zigeunerkapellen, Neofolk – hier wird dem Gast wirklich eine ganze Menge geboten.

BRÜNNER STAATLICHES PHILHAR-
MONIE-ORCHESTER
KLASSISCHE MUSIK

Karte S. 258 (☎539 092 811; www.filharmonie-brno.cz; Komenského náměstí 8) Die bedeutendste Location für klassische Musik der Stadt. Konzertkarten sind am **Kartenschalter des Philharmonie-Orchesters** (Karte S. 258; Besedni ul; ⏱Mo & Mi 9–14 Uhr, Di, Do & Fr 13–18 Uhr) erhältlich.

JANÁČEK- THEATER
OPER, BALLETt

Karte S. 258 (Janáčkovo divadlo; Rooseveltova 1-7, sady Osvobození) Auf dem Programm stehen hochkarätige Opern- und Ballettvorstellungen. Karten sind am **Kartenschalter des Nationaltheaters** (Národní Divadlo v Brně Prodej Vstupnek; Karte S. 258; ☎542 158 120; www.ndbrno.cz; Dvořákova 11; ⏱Mo–Fr 8–17.30 Uhr, Sa bis 12 Uhr) zu bekommen.

REDUTA- THEATER
KLASSISCHE MUSIK, OPER

Karte S. 258 (Reduta divadlo; www.ndbrno.cz; Zelný trh 4) Oper und klassische Musik mit dem Hauptakzent auf Mozart (der hier 1767 spielte) stehen auf dem Programm. Karten werden am Kartenschalter des Nationaltheaters (S. 256) verkauft.

KINO ART
KINO

(☎541 213 542; www.kinoartbrno.cz; Cihlářská 19) Hier flimmert Filmkunst über die Kinoleinwand.

CINEMA CITY
KINO

Karte S. 258 (☎255 742 021; www.cinemacity. cz; Mečova 2) In diesem Kino im Einkaufszentrum Velký Spaliček laufen die aktuellen Hollywood-Streifen.

Telč (Teltsch)

Erkunden

Die von der Unesco ins Weltkulturerbe aufgenommene Stadt an der Grenze von Böhmen und Mähren besitzt einen der schönsten und besterhaltenen historischen Plätze des ganzen Landes. An ihn reicht eigentlich kein anderer heran! Er ist von Bürgerhäusern aus der Zeit der Renaissance und des Barock gesäumt mit leuchtend gelben, rosa und grünen Fassaden – ein zauberhaftes Ensemble. Es macht Spaß, hier einfach herumzubummeln und dabei auch das klassische Renaissance-Schloss an der Nordwestseite des Platzes sowie die Parks und Teiche zu betrachten, die den Platz an allen Seiten umgeben. Sobald die Ausflugsbusse abgefahren sind, wird es in Telč schnell leer. Wer Ruhe und Beschaulichkeit schätzt, sollte deshalb eine Übernachtung einplanen.

Highlights

➡ **Sehenswertes** Schloss Teltsch (S. 267)
➡ **Restaurant** U Marušky (S. 268)
➡ **Kneipe** Kavarná Antoniana (S. 268)

Top-Tipp

Der beste Zeitpunkt für einen Besuch in Telč (Teltsch) ist Ende Juli/Anfang August, denn dann findet in der Stadt das Prázdniny v Telči-Musikfestival (www. prazdninyvtelci.ji.cz) statt.

An- & Weiterreise

Auto Von Prag aus lässt sich Telč (Teltsch) gut in zwei Stunden erreichen. Auf der Autobahn D1 gen Süden in Richtung Brno (Brünn) fahren und bei Jihlava (Iglau) die D1 verlassen.

Bus Etwa ein halbes Dutzend Busse fahren täglich vom Prager Busbahnhof Florenc (170 Kč, 2½ Std.) nach Telč (Teltsch); bei manchen Verbindungen muss man in Jihlava (Iglau) umsteigen.

Telč (Teltsch)

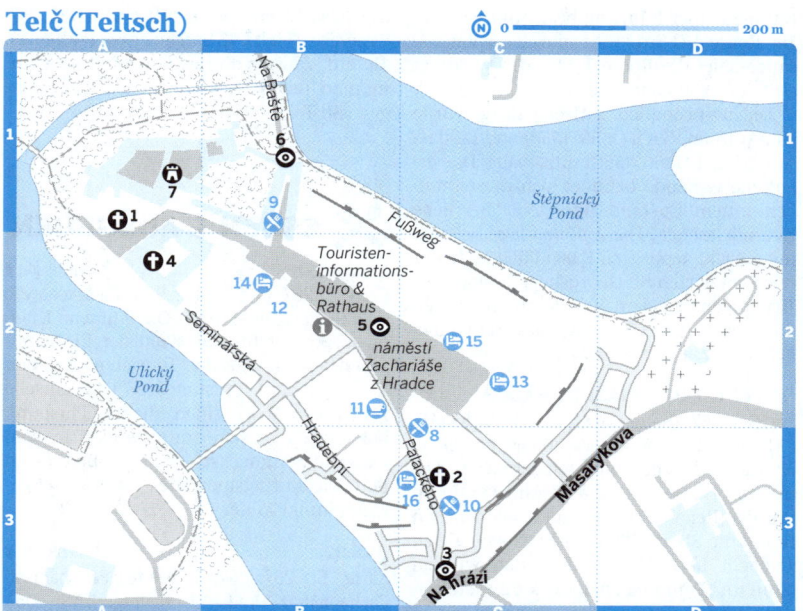

Telč (Teltsch)

⊙ Sehenswertes

⊗ Essen

⊙ Ausgehen

Sport & Aktivitäten

⊙ Schlafen

Auch der Regionalverkehr funktioniert gut. Es verkehren von und nach Brno (Brünn; 100 Kč, 2 Std.) etwa fünf Busse pro Tag. Die aktuellen Zeiten und Preise finden sich unter www.bus-vlak.cz.

Zug Der Zugverkehr wurde drastisch eingeschränkt und ist somit nicht empfehlenswert.

Gut zu wissen

➡ **Lage** 160 km südöstlich von Prag.

➡ **Touristeninformationsbüro** (Informační Středisko; ☎567 112 407; www.telc.eu; náměstí Zachariáše z Hradce 10; ⊙Mai–Okt. Mo–Fr 8–17 Uhr, Sa & So 10–16 Uhr, Nov.–April Mo–Fr 8–17 Uhr) Im Rathaus. Hier werden Unterkünfte gebucht, Internetzugang ist auch vorhanden (2 Kč pro Min.).

➡ **Miluše Spázalová** (Karte S. 267; ☎567 243 562; náměstí Zachariáše z Hradce 8; ab etwa 150 Kč pro Tag; ⊙Mo–Fr 8–17 Uhr, Sa 9–12 Uhr) Fahrradverleih.

⊙ SEHENSWERTES

SCHLOSS TELTSCH   SCHLOSS
Karte S. 267 (Zámek; www.zamek-telc.cz; náměstí Zachariáše z Hradce; Route A Erw./erm. 110/70 Kč, Route B 90/60 Kč; ⊙April–Okt. Di–So 9–11.45 & 13–18 Uhr) Das prächtige Renaissance-Schloss, das zum Teil als Wasserschloss von sich reden macht, bewacht den Norden der Halbinsel Telč. Es kann nur im

Rahmen einer Führung besichtigt werden. Die Route A (1 Std.) führt durch die Renaissance-Säle; die Route B (45 Min.) widmet sich den Wohngemächern.

Die ursprünglich gotische Burg wurde von Antonio Vlach (1553–1556) und Baldassare Maggi (1566–1568) umgebaut. Das erhaltene Gebäude befindet sich in erstaunlich gutem Zustand und zeigt herrliche Räumlichkeiten. Die Außenanlage besticht mit perfekt gepflegten Rasenflächen. In der reich verzierten St. Georgskapelle (kaple sv Jiří) gegenüber dem Kartenschalter ruhen die sterblichen Überreste des Schlossbegründers Zachariáš z Hradce.

NÁMĚSTÍ ZACHARIÁŠE Z HRADCE   PLATZ

Karte S. 267 (Hauptplatz; náměstí Zachariáše z Hradce) Telčs wunderschöner Stadtplatz ist wahrlich eine Touristenattraktion. Die meisten Häuser hier wurden im 16. Jh. im Stil der Renaissance erbaut, nachdem ein Brand die Stadt 1530 dem Erdboden gleich gemacht hatte. Einige Fassaden wurden dann im 17. und 18. Jh. barock umgestaltet, doch der Gesamteindruck entspricht einem harmonischen Renaissance-Ensemble.

Zu den berühmtesten Gebäuden am Platz gehören das Haus **Nr. 15** mit typischem Renaissance-Kratzputz. Das Gebäude **Nr. 48** wurde im 18. Jh. mit einer Barockfassade versehen. **Nr. 61** beeindruckt mit einer aufwendig gestalteten Renaissance-Fassade samt Kratzputz. Die **Mariensäule** in der Mitte des Platzes stammt aus dem Jahr 1717 und stellt somit eine relativ späte barocke Ergänzung dar.

HISTORISCHE KIRCHEN   KIRCHEN

Das Stadtzentrum wird dominiert von den gotischen Türmen der Kirche **St. Jakob der Ältere** (kostel sv Jakuba Staršího; Karte S. 267; Erw./erm. 20/15 Kč; ⊙Juni–Aug. Di–So 10–11.30 & 13–18 Uhr, Mai & Sept. Sa & So 13–17 Uhr). Auch eine Barockkirche wacht über den Platz, die **Name-Jesu-Kirche** (kostel Jména Ježíšova; Karte S. 267; náměstí Zachariáše z Hradce 3; ⊙tgl. 8–18 Uhr); sie wurde 1667 vollendet und gehörte zum Jesuitenkolleg.

Im Norden des Platzes führt eine schmale Gasse zum **Kleinen Tor** (Malá brána; Karte S. 267) in der Altstadt, hinter dem sich ein englischer Landschaftspark mit **Ententeichen** (einst der Burggraben zur Verteidigung) erstreckt. Im Süden ragt in der Palackého in Richtung **Großes Tor** (Velká brána; Karte S. 267) die imposante romanische **Hei-**

lig-Geist-Kirche (kostel sv Ducha; Karte S. 267; Palackého; ⊙tgl. 7–18 Uhr) aus dem frühen 13. Jh. auf. Außerhalb des Großen Tors kann man an Teilen der verbliebenen Wehranlagen von Telč entlangspazieren.

ESSEN & AUSGEHEN

U MARUŠKY   TSCHECHISCH €

Karte S. 267 (☑602 432 904; Palackého 28; Hauptgerichte 90–170 Kč) Die einfache Kneipe sorgt eher für das Wohl der Einheimischen als für das der Touristen. Auf den Tisch kommt anständige tschechische Hausmannskost. Einen dicken Pluspunkt bekommt das sehr gute Ježek-Bier vom Fass. Im Sommer ist der kleine Biergarten nett. Das Mittagsmenü des Tages kostet gerade einmal 75 Kč.

ŠVEJK   TSCHECHISCH €

Karte S. 267 (www.svejk-telc.cz; náměstí Zachariáše z Hradce 1; Hauptgerichte 105–165 Kč; ☎) Klassische tschechische Gerichte gibt es in dieser Kneipe gleich beim Schloss. Die Namen der Gerichte auf der Speisekarte stammen – wen wunderts? – aus dem berühmten Antikriegsroman des Ersten Weltkriegs *Die Abenteuer des braven Soldaten Schwejk* von Jaroslav Hašek. Das Kadett-Biegler-Huhn entpuppt sich dann beispielsweise als Cordon bleu. Bei schönem Wetter können die Gäste auf der Terrasse sitzen.

PIZZERIE   ITALIENISCH €

Karte S. 267 (☑567 223 246; náměstí Zachariáše z Hradce 32; Pizza 80–130 Kč) Direkt am Hauptplatz wird hier weit überdurchschnittlich gute Pizza serviert, die nicht nur den Gaumen, sondern auch den Geldbeutel erfreut.

KAVARNÁ ANTONIANA   CAFÉ

Karte S. 267 (☑603 519 903; náměstí Zachariáše z Hradce 23; Kaffee 24–30 Kč, Kuchen 35 Kč; ⊙8–2 Uhr) In diesem Café mit Unmengen inspirierender Schwarz-Weiß-Fotos von Telč an der Wand wird nicht nur der beste Kaffee am Platz serviert, sondern es gibt auch das Bier und andere alkoholische Getränke. Die Auswahl an Speisen hält sich eher in Grenzen, aber dafür zählt das Café zu den wenigen Lokalen im Zentrum von Telč, die ewig lang geöffnet haben und sich somit für eine feucht-fröhliche Nacht anbieten.

SCHLAFEN

PENSION STEIDLER
PENSION €

Karte S. 267 (☎721 316 390; www.telc-accommodation.eu; náměstí Zachariáše z Hradce 52; EZ/DZ 500/800 Kč, ohne Frühstück) Die Zimmer mit Oberlichtern und Parkettboden und dazu die absolut zentrale Lage direkt am Stadtplatz verhelfen dieser Pension zum ziemlich besten Preis-Leistungs-Verhältnis bei Übernachtungen in Telč. Einige Zimmer haben Blick auf den See. Das Frühstück kostet pro Person 50 Kč. Im Sommer (Juni–Aug.) wird bei einem Aufenthalt von weniger als zwei Nächten pro Zimmer ein Aufschlag von 100 Kč erhoben.

HOTEL CELERIN
HOTEL €€

Karte S. 267 (☎567 243 477; www.hotelcelerin.cz; náměstí Zachariáše z Hradce 43; EZ/DZ 980/1530 Kč; ☺❋☎) In den zwölf komfortablen Zimmern ist Abwechslung angesagt – das Dekor reicht von gemütlichem Holz bis hin zu weißem Hochzeits-Chintz (am besten zuerst mal einen Blick reinwerfen). Die Zimmer 4, 5, 9 und 10 gehen auf den Platz hinaus. Im Winter hat das Hotel manchmal geschlossen.

PENZIN KAMENNÉ SLUNCE
PENSION €

Karte S. 267 (☎732 193 510; www.kamenne-slunce.cz; Palackého 2; EZ/DZ 450/900 Kč; ℗☺☎) Ziegelwände, Holzbalken und Parkettböden lassen diese Pension unweit des Hauptplatzes so einladend wirken. Und die hippen, bunt gefliesten Bäder bestätigen die Behauptung, dass dies die coolste Unterkunft in ganz Telč ist. Das Frühstück kostet 70 Kč.

PENZIÓN PETRA
PENSION €

(☎567 213 059; www.penzionpetra.cz; Srázná 572; EZ 300–500 Kč, DZ 600–1000 Kč; ℗☎▨) Das moderne Haus gleich jenseits der Brücke zum Stadtplatz bietet freundliche, farbenfrohe Zimmer, makellose Bäder und einen seichten Pool im Garten zum Wassertreten. Im separaten „Gartenhaus" (300–500 Kč pro Pers.) können bis zu fünf Personen übernachten und es verfügt über eine eigene Küche.

HOTEL ČERNÝ OREL
HOTEL €€

Karte S. 267 (☎567 243 222; www.cernyorel.cz; náměstí Zachariáše z Hradce 7; EZ/DZ 1200/1800 Kč; ℗☺☎) Der „Schwarze Adler" direkt am Hauptplatz ist die richtige Adresse für Leute mit einem Faible für etwas verblichenen Charme. Die Zimmer sind zwar gemütlich, können mit dem noblen Gebäude jedoch nicht mithalten. Das Restaurant im Erdgeschoss zählt zu den beliebtesten Lokalen der Stadt, um in guter Atmosphäre lecker zu Mittag zu essen.

Třebíč (Trebitsch)

Erkunden

Bis vor ein paar Jahren stand diese lebhafte, mittelgroße mährische Stadt kaum einmal auf dem Programm von Touristen. Das sollte sich 2003 ändern, als die Unesco das ziemlich perfekt erhaltene Jüdische Viertel zum Weltkulturerbe erklärte. Das Viertel ist zwar nur klein, jedoch einzigartig in Tschechien und wirklich einen Besuch wert, wenn jemand in dieser Region unterwegs ist. Außerdem beeindruckt die St. Prokop-Basilika, die ebenfalls zum Weltkulturerbe zählt. Am besten lässt sich Třebíč (Trebitsch) im Rahmen eines Tagesausflugs von Brno (Brünn) oder Telč (Teltsch) aus erkunden; es gibt hier jedoch auch ein paar anständige Quartiere zum Übernachten. Keinesfalls sollte man das Restaurant mit dem kuriosen Namen Coqpit verpassen; es gehört zu den feinsten Adressen in diesem Teil des Landes.

Highlights

➡ **Sehenswertes** Jüdisches Viertel (S. 270)

➡ **Restaurant** Coqpit (S. 270)

➡ **Kneipe** Kavárna Vrátka (S. 271)

Top-Tipp

Wer sich für jüdische Geschichte interessiert, sollte im Jüdischen Viertel in der Touristeninformation für die Hintere (Neue) Synagoge (S. 270) eine Führung buchen.

An- & Weiterreise

Auto Třebíč (Trebitsch) lässt sich von Prag aus locker in zwei Stunden mit dem Auto erreichen. Auf der Autobahn D1 in Richtung Brno (Brünn), bei Velké Meziříčí (Groß Meseritsch) nach Süden abbiegen und der Beschilderung folgen. Von Brno fährt man auf der D1 eine Stunde nordwestlich in Richtung Prag und biegt bei Velké Meziříčí gen Süden ab.

Bus Von und nach Brno (Brünn; 70 Kč, 1¼ Std.) und Telč (Teltsch; 35 Kč, 40 Min.) verkehren regelmäßig Busse. Von Prag gibt es etwa fünf Direktbusse pro Tag (165 Kč, 2½ Std.).

Zug Von Brno (Brünn) fahren etwa stündlich Züge nach Třebíč (Trebitsch; 100 Kč, 1¼ Std.). Von Prag (270 Kč, 3¼ Std.) gestaltet sich die Anreise nicht so günstig; hier muss man meist zweimal umsteigen.

Gut zu wissen

➡ **Lage** 165 km südöstlich von Prag.

➡ **Touristeninformation** (informační a turistické centrum; ☏568 847 070; www.mkstrebic.cz; Karlovo náměstí 53; ☉April–Okt. Mo–Fr 9–18 Uhr, Juli & Aug. Sa & So 9–17 Uhr, April–Juni & Sept.–Okt. Sa & So 9–13 Uhr, Nov.–März eingeschränkte Öffnungszeiten)

➡ **Bucht** Unterkünfte und bietet Internetzugang (15 Min. kostenlos).

Jüdisches Viertel - Touristeninformation (☏568 610 023; www.mkstrebic.cz; Subakova 1/44; ☉9–17 Uhr) Die kleinere Zweigstelle der Haupttouristeninformation verfügt über bessere Informationen zum Jüdischen Viertel und organisiert auch Führungen

⊙ SEHENSWERTES

JÜDISCHES VIERTEL   STADTVIERTEL
(ul Leopolda Pokorneho) Dokumente belegen, dass die jüdische Gemeinde von Třebíč (Trebitsch) bis ins 14. Jh. zurückreicht. Das Jüdische Viertel der Stadt ist Highlightsrhaltene Ghetto ganz Tschechiens. Die meisten Juden von Třebíč kamen im Zweiten Weltkrieg ums Leben. Die Gebäude hier, darunter zwei Synagogen, blieben erhalten und wurden mittlerweile nach und nach restauriert. Hauptsehenswürdigkeit

ist die **Hintere (Neue) Synagoge** (Zadní (Nová) synagóga; ☏568 823 005; Subakova 1/44; Erw./erm. 60/30 Kč; ☉10–12 & 13–17 Uhr) mit herrlich restaurierten Fresken und einem wunderschönen historischen Modell des Ghettos.

JÜDISCHER FRIEDHOF   FRIEDHOF
(Židovský hřbitov; www.mkstrebic.cz; Hrádek; ☉Mai–Sept. So–Fr 8–20 Uhr, März, April & Okt. 8–18 Uhr, Nov.–Feb. 9–16 Uhr) Der Friedhof aus dem 17. Jh. auf dem Hrádek, rund 600 m nördlich des Jüdischen Viertels, ist mit über 11 000 Gräbern der größte des Landes. Das älteste Grab stammt aus dem Jahr 1641.

ST.-PROKOP-BASILIKA   KIRCHE
(Bazilika sv Prokopa; ☏568 610 022; www.mkstrebic.cz; Erw./erm. 60/30 Kč; ☉Juni–Sept. Mo–Fr 9–17 Uhr, Sa & So 12.30–18 Uhr, Okt.–Mai reduzierte Öffnungszeiten) Die von der Unesco zum Weltkulturerbe erklärte St.-Prokop-Basilika beeindruckt mit ihrer herrlichen Kanzel und ihrem verzierten Nordportal (Portal Paradisi). Die Basilika gehört mit zur Třebíčer Schlossanlage, die aus dem ausgehenden 17. Jh. stammt. Während der Recherchen zu diesem Reiseführer war das Schloss wegen umfassender Renovierungsarbeiten, die mehrere Jahre andauern sollen, geschlossen; nähere Aussagen waren bei Redaktionsschluss nicht möglich.

✕ ESSEN & AUSGEHEN

OCOQPIT   TSCHECHISCH €€
(☏607 160 027; www.facebook.com/restaurant coqpit; Havlíčkovo nábř 146/39; Hauptgerichte 125–245 Kč; ☉Mo–Sa 11–22 Uhr, So bis 16 Uhr; ☎) Eines der besten Restaurants in dieser Region Mährens liegt am Rand des Jüdischen Viertels. Die karge Gaststube lässt nicht erahnen, wie exquisit die Küche hier ist. Empfehlenswert sind beispielsweise Schweinelendenschmorbraten mit karamellisierten Zwiebeln in Rotweinsoße oder auch die Kürbissuppe als Vorspeise. Der hausgemachte Käsekuchen zum Nachtisch ist ein Gedicht.

RESTAURANT ČERNÝ DŮM   TSCHECHISCH €
(☏566 844 455; Karlovo náměstí 22/16; Hauptgerichte 90–170 Kč) Hier können die Gäste

auf der luftigen Terrasse Platz nehmen oder auch in der gemütlichen Gaststube. Auf den Tisch kommen – mit perfektem Service – Grillspezialitäten und Pasta zu einem guten Preis-Leistungs-Verhältnis. Dazu schmeckt ein Bier aus der mährischen Brauerei Černá Hora (Schwarzberg).

KAVÁRNA VRÁTKA CAFÉ
(☎737 565 011; www.kavarna-vratka.unas.cz; L Pokorného 29/42; Kaffee 30–50 Kč; ☺Mo–Do 10–18 Uhr, Fr & Sa bis 20 Uhr, So 12–18 Uhr; ☎) Das familienfreundliche Nichtraucher-Café bietet köstliche Kaffeespezialitäten und allerlei hausgemachte Kuchen. Es befindet sich nur ein paar Schritte von der Hinteren (Neuen) Synagoge entfernt.

🛏 SCHLAFEN

GRAND HOTEL HOTEL €€
(☎568 848 560;; www.grand-hotel.cz; Karlovo náměstí 5; EZ/DZ inkl. Frühstück 1380/ 1780 Kč; P☎) Das hübscheste Hotel der Stadt hat vier Sterne, ist modern und liegt auch noch am Hauptplatz nur fünf Minuten zu Fuß vom Jüdischen Viertel entfernt. Mit dazu gehört ein gutes Restaurant; angenehme Extras wie z. B. ein Musikclub und eine Kegelbahn sind vorhanden.

TRAVELLERS HOSTEL Hostel €
(☎568 422 594; www.travellers.cz; Žerotínovo náměstí 17; B 280–370 Kč, EZ/DZ 600/800 Kč, alle inkl. Frühstück; ☎) Die liebevoll renovierten Privatzimmer und Schlafsäle am Rand des Jüdischen Viertels gehen auf einen privaten Hof hinaus.

PENZIÓN U SYNAGOGY Pension €
(☎775 707 506; www.mkstrebic.cz; Subakova 3; EZ/DZ inkl. Frühstück 470/720 Kč) Die einfachen Zimmer liegen malerisch in der Nähe der Hinteren (Neuen) Synagoge.

MÄHREN TŘEBÍČ (TREBITSCH)

WEIN AUS MÄHREN

Verglichen mit Weinregionen in Frankreich, Italien und Spanien, aber auch in Kalifornien, Australien und Neuseeland hält sich der Weintourismus in Mähren noch in bescheidenen Grenzen. Hier verlocken keine protzigen Boutiquehotels und Restaurants mit Michelin-Sternen, sondern eher ausgelassene Erntefeste und Radtouren durch die Weingüter, die sich meist in Familienbesitz befinden.

Südlich von Brno (Brünn) in Richtung Grenze nach Österreich und zur Slowakei werden in dieser Weinregion Mährens 96 % des tschechischen Weins gekeltert. Traditionell gehörte zu einem ländlichen Schmaus in Mähren auch ein guter Rotwein. In den letzten Jahren haben ihm allerdings spät gereifte Weißweine den Rang abgelaufen. Der Hauptakzent liegt nun auf langsam gereiften Weißweinen mit vollem, aromatischem Bouquet und oft auch würziger Note.

Die Weinregion Mikulov (Nikolsburg) wird geprägt von seiner Nähe zu den Pavlovské-Hügeln, einem Gebiet, das reich ist an Kalkstein und Sand. Zu den Weinen, die bei einem Besuch hier interessant sind, gehören die mineralreichen Weißweinsorten Rulandské šedé, Ryzlink vlašský (besser bekannt als Welschriesling) und Veltlínské zelené (Grüner Veltliner). Müller-Thurgau und Chardonnay sind ebenfalls gut.

Weiter westlich liegt das Weinbaugebiet Znojmo (Znaim) im Schatten des böhmischen und mährischen Hochlands. Die Erde hier weist mehr Kiesel und Steine auf. An aromatischen Weißweinen munden Sauvignon, Pálava und Ryzling rýnský (Riesling) von hervorragender Qualität, aber auch Rotweine – allen voran der Frankovka (Blaufränkischer) – sollten probiert werden.

Am besten hält man nach der folgenden hervorragenden Broschüre des tschechischen Tourismusamtes Ausschau; *Durch das Weinland* heißt sie. Informationen zu den Weinrouten und zu Mähren, das auch immer mehr mit internationalen Weinwettbewerben in Erscheinung tritt, finden sich auch unter www.wineofczechrepublic.cz. Zu den besten Adressen, um Weine aus Mähren zu verkosten, gehören das Vinařské Centrum (S. 274) in Mikulov (Nikolsburg) sowie der Weinsalon der Tschechischen Republik (S. 277) in Valtice (Feldsberg).

Mikulov (Nikolsburg)

Erkunden

Der tschechische Dichter des 20. Jhs., Jan Skácel (1922–1989), hinterließ Mikulov für alle Ewigkeiten einen Werbeslogan für den Tourismus, als er sagte, die Stadt sei „ein Stück Italien, das von Gottes Hand nach Mähren gebracht wurde". Und tatsächlich zählt Mikulov zu den attraktivsten Weinorten Südmährens. Es liegt inmitten von weißen Kalkbergen und ist mit einem sagenhaften Renaissance-Schloss auf einem Berg gesegnet, das kilometerweit zu sehen ist. Mikulov war einst auch ein blühendes Zentrum der jüdischen Gemeinde Mährens. Nach und nach wird nun das Jüdische Viertel wieder aufgebaut. Wer sich genügend mit der Geschichte beschäftigt hat, sollte zu Fuß oder mit dem Fahrrad einen Ausflug in die Umgebung unternehmen oder bei einem Glas einheimischem Weins entspannen.

Highlights

➡ **Sehenswertes** Schloss Mikulov (S. 250)
➡ **Restaurant** Restaurace Templ (S. 274)
➡ **Kneipe** Petit Café (S. 274)

Top-Tipp

Die Landschaft lässt sich am schönsten mit dem Fahrrad erkunden. Die Touristeninformation, aber auch Pensionen und Hotels halten dazu Landkarten und die Broschüre *Weinbau und Weinrouten* bereit. In vielen Pensionen kann man sich auch ein Fahrrad ausleihen.

An- & Weiterreise

Auto Mikulov (Nikolsburg) liegt zwischen Prag und Wien. Von Prag dauert die Autofahrt drei Stunden, von Brno (Brünn) etwa eine Stunde.

Bus Mikulov (Nikolsburg) lässt sich von Brno (Brünn; 65 Kč, 1½ Std.) aus problemlos erreichen; die Busse verkehren im Stundentakt. Von Prag fahren weniger Direktbusse; am besten nimmt man einen Bus nach Brno (Brünn) und steigt dann dort um. Der regionale Busverkehr funktioniert gut. Es fahren viele Busse von und nach Znojmo (Znaim), Valtice (Feldsberg) und Lednice (Eisgrub).

Zug Von Milolov (Nikolsburg) verkehren täglich Züge nach Znojmo (Znaim; 66 Kč, 1 Std.) und Břeclav (Lundenburg; 39 Kč, 30 Min.), einem wichtigen Verkehrsknotenpunkt für Verbindungen nach Brno (Brünn), Bratislava und Wien. Der jeweils aktuelle Fahrplan findet sich unter www.vlak-bus.cz.

Gut zu wissen

➡ **Lage** 250 km südöstlich von Prag.
➡ **Touristeninformationsbüro** (☑519 510 855; www.mikulov.cz; náměstí 1; ☉Juni–Sept. Mo–Fr 8–18 Uhr, Sa & So 9–18 Uhr, April, Mai & Okt. Mo–Fr 8–12 & 12.30–17 Uhr, Sa & So 9–16 Uhr, Nov.–März eingeschränkte Öffnungszeiten))Organisiert Ausflüge (darunter auch Touren für Weinfreunde) und bucht Unterkünfte.
➡ **Fahrradverleih** RentBike (S. 274) vermietet gute Mountainbikes.

⊙ SEHENSWERTES

SCHLOSS MIKULOV · SCHLOSS

Karte S. 273 (Zámek; ☑519 309 019; www.rmm. cz; Zámek 1; Erw./erm. 100/50 Kč; ☉Mai–Sept. Di–So 9–17 Uhr, April & Okt. bis 16 Uhr) Das Schloss, von 1575 bis 1945 der Sitz der Familie Dietrichstein, spielte im 19. Jh. eine wichtige Rolle: Hier logierten zu verschiedenen Gelegenheiten der französische Kaiser Napoleon, der russische Zar Alexander und König Friedrich von Preussen. Ein Großteil des Schlosses wurde im Februar 1945 von den deutschen Streitkräften zerstört. Die prächtigen Räumlichkeiten, wie sie sich heute präsentieren, sind das Ergebnis akribischster Rekonstruktion.

Das Schloss lässt sich nur im Rahmen einer Führung besichtigen. Die komplette geschichtlich ausgerichtete Tour dauert zwei Stunden; dabei werden wichtige Räume und die Ausstellungen zu Weinbau und Archäologie besucht. Außerdem stehen noch drei kürzere Führungen mit Spezialthemen auf dem Programm.

JÜDISCHES VIERTEL · STADTVIERTEL

Karte S. 273 (Husova) Mikulov war bis zum Zweiten Weltkrieg mehrere Jahrhunderte lang ein bedeutendes Zentrum der jüdischen Kultur in Mähren. Die ehemalige **Synagoge** (Synagóga; Karte S. 273; ☎519 510 255; Husova 11; ⊘15. Mai–30. Sept. Di–So 13–17 Uhr) präsentiert eine kleine Ausstellung über die Juden von Nikolsburg. Das Gebäude wurde 2012 restauriert und soll 2013 seine Tore wieder öffnen. Der erinnerungsträchtige **Jüdische Friedhof** (Židovský hřbitov; Karte S. 273; Vinohrady; Erw./erm. 20/10 Kč; ⊘Juli–Aug. Mo–Fr 9–17 Uhr) liegt zehn Minuten zu Fuß von der Touristeninformation entfernt.

Und so gelangt man dorthin: In der Brněnská nach einem Schild Ausschau halten, das nach rechts weist. Außerdem verläuft durch das Jüdische Viertel auch noch eine Art „Lehrpfad" mit informativen Plaketten auf Englisch. Er beginnt am Ende der Husova an der Alfonse Muchy.

ZIEGENBERG
BERG, AUSSICHTSPUNKT

Karte S. 273 (Kozí hrádek; Ziegenberg; Turm 20 Kč; ⊘Turm Mai–Sept. 9–18 Uhr) Den Ziegenberg krönt ein alter aufgelassener **Aussichtsturm** aus dem 15. Jh., von dem sich ein sagenhafter Blick über die Altstadt bietet. Vom Jüdischen Friedhof führt ein rot markierter Weg dorthin. Aber Achtung: Die Öffnungszeiten gestalten sich arg unregelmäßig. Geöffnet ist, wenn die Flagge

weht. Aber selbst wenn der Turm geschlossen ist, bietet sich vom Gipfel des Berges ein toller Ausblick.

HEILIGER BERG
BERG, KIRCHE

(Svatý kopeček; Gernerála Svobody) Ein zweiter Abstecher führt 1 km über einen Pfad auf diesen 363 m hohen Berg hinauf. Er verläuft durch ein Naturschutzgebiet vorbei an Grotten mit den Stationen des Kreuzwegs und führt zur recht kompakten **St. Sebastianskirche**. Der blau markierte Pfad beginnt unten am Hauptplatz in der Svobody. Die weiß getünchte Kirche und der Kalkstein auf dem Berg verströmen ein mediterranes Flair.

DIETRICHSTEIN-GRUFT
MAUSOLEUM

Karte S. 273 (Dietrichštejnská hrobka; náměstí 5; Erw./erm. 50/25 Kč; ⊘Juni–Aug. tgl. 10–18 Uhr, April, Mai, Sept. & Okt. Di–So 9–17 Uhr) Die Gruft der Familie Dietrichstein füllt die ehemalige St. Annakirche aus. Die Vorderseite der Kirche lässt eine bemerkenswerte

MÄHREN MIKULOV (NIKOLSBURG)

Mikulov

◎ Sehenswertes

✖ Essen

☕ Ausgehen

Sport & Aktivitäten

🛏 Schlafen

Mikulov

Barockfassade aus dem 18. Jh. sehen – das Werk des österreichischen Baumeisters Johann Bernhard Fischer von Erlach. In den Gräbern aus den Jahren 1617 bis 1852 ruhen die sterblichen Überreste von 45 Familienmitgliedern.

HAUPTPLATZ PLATZ
Karte S. 273 (náměstí) Mikulov strotzt nur so vor wunderschönen Gebäuden; viele weisen beeindruckende Renaissance- und Barockfassaden auf. Am Hauptplatz mit dem schlichten Namen „náměstí" (Platz) stehen diverse interessante Bauwerke, darunter auch das **Rathaus** mit der Hausnummer. 1 sowie das mit typischen Kratzputz geschmückte Restaurace Alfa (S. 274) mit der Hausnummer 27.

MIKULOV-WEINROUTE WANDERN, RADFAHREN
Eine schöne Möglichkeit, den kleineren Weingütern in der sanft hügeligen Landschaft einen Besuch abzustatten, eröffnet ein Fahrradausflug auf der Mikulov-Weinroute. Die Touristeninformation hält einen Vorschlag für eine eintägige Strecke bereit, an der auch das Schloss von Valtice (Feldsberg) sowie Lednice (Eisgrub) liegen. Fahrräder und weitere Infos zu Radtouren gibt es bei **RentBike** (Karte S. 273; 737 750 105; www.rentbike.cz; Kostelní náměstí 1; Leihgebühr pro Std./Tag 110/330 Kč).

 **ESSEN**

RESTAURACE TEMPL TSCHECHISCH €€
Karte S. 273 (519 323 095; www.templ.cz; Husova 50; Hauptgerichte 165–280 Kč;) Highlights Restaurant der Stadt kann auch mit einer imposanten Weinkarte aufwarten, die sich auf edle Tropfen aus der Region spezialisiert hat. Auf der Speisekarte steht eine appetitanregende Mischung aus Enten-, Schweinefleisch- und Hühnchengerichten. Die Gäste können im recht förmlichen Restaurant Platz nehmen oder es sich im legeren Weingarten gemütlich machen. An lauen Abenden besteht zudem die Möglichkeit, auf der Terrasse hinter dem Haus im Freien zu essen.

HOSPŮDKA POD ZÁMKEM TSCHECHISCH €
Karte S. 273 (519 512 731; www.hospudkapod zamkem.cz; Husova 49; Spezialität des Tages 69 Kč;) Diese hippe Mischung aus alt-

modischer Kneipe und Cafébar serviert einfache, aber überaus leckere tschechische Mahlzeiten, die sich in der Regel im Angebot auf ein paar Spezialitäten des Tages beschränken, also beispielsweise eine Suppe plus Schweinebraten oder Hühnchenkeule. Hier kommt auch der beste Kaffee von ganz Mikulov auf den Tisch und obendrein Gambrinus-Bier mit 11 % Stammwürze. Das Lokal befindet sich gegenüber dem Hotel Templ.

RESTAURACE ALFA TSCHECHISCH €
Karte S. 273 (519 510 877; náměstí 27; Hauptgerichte 130–200 Kč) Das wunderschöne mit Kratzputz geschmückte Gebäude gegenüber der Touristeninformation direkt am Platz beherbergt ein im Grunde ganz normales tschechisches Lokal. Aus der Küche kommt lecker zubereitetes einheimisches Essen und sogar Wild steht hier auf der Speisekarte.

LAHŮDKY V & V TSCHECHISCH €
Karte S. 273 (www.vyhodovy-lahudky.cz; náměstí 20; Mahlzeiten 60 Kč; Mo–Fr 5.30–17.30 Uhr, Sa 7–12 Uhr) In dieser Cafeteria mit Selbstbedienung fühlt man sich atmosphärisch in kommunistische Zeiten zurückversetzt, dennoch spricht so einiges für das Lahůdky V & V: Es wird außergewöhnlich früh geöffnet – schier lebensrettend, wenn alle anderen Lokale noch nicht geöffnet haben – und die niedrigen Preise für tschechische Klassiker wie Gulasch und gebackener Käse. Außerdem gibt es hier auch Sandwiches zum Mitnehmen.

 AUSGEHEN

PETIT CAFÉ CAFÉ
Karte S. 273 (733 378 264; náměstí 27; Crêpes 40–70 Kč;) Köstliche Crêpes und Kaffee werden in einem versteckten Hof mit Kräutergarten serviert. Später am Abend mundet hier auch ein Bier oder ein Glas Wein.

VINAŘSKÉ CENTRUM WEINBAR
Karte S. 273 (519 510 368; www.vinarske centrum.com; náměstí 11; Mo–Sa 9–21 Uhr, So 10–21 Uhr) Diese Kneipe bietet eine tolle Auswahl an einheimischen Weinen, die allesamt in kleinen Probiergläschen (15–50 Kč) serviert werden. Aber es gibt natürlich auch ganze Flaschen, wenn die Entschei-

dung für einen bestimmten edlen Tropfen gefallen ist.

DOBRÝ ROČNÍK WEINBAR

Karte S. 273 (☑602 534 554; www.dobry rocnik.eu; náměstí 27; ◷9–21 Uhr; ☎) Eine nette kleine Wein- und Cafébar, in der Weine der Region pro Glas oder Flasche erhältlich sind.

U OBŘÍHO SOUDKU CAFÉ

Karte S. 273 (☑519 510 004; náměstí 24; Kuchen 30–50 Kč; ◷So–So 10–18 Uhr, Fr & Sa 10–21 Uhr; ☎) Das gemütliche, zentral gelegene Café serviert anständigen Kaffee, Gebäck und Eis. Das tschechische Essen schmeckt auch sehr lecker.

🛏 SCHLAFEN

Mikulov (Nikolsburg) kann mit mehreren hübschen kleinen Hotels und Pensionen aufwarten und bietet sich somit zum Übernachten an. Die meisten besseren Quartiere befinden sich in der Husova, im ehemaligen Jüdischen Viertel. Viele Unterkünfte organisieren auch Besichtigungstouren und Weinverkostungen und vermieten Fahrräder; am besten gleich bei der Buchung nach solchen Serviceleistungen anfragen.

OHOTEL TEMPL HOTEL €€

Karte S. 273 (☑519 323 095; www.templ.cz; Husova 50; EZ/DZ inkl. Frühstück ab 1390/ 1650 Kč; P⊖☎) Das wunderschön rekonstruierte familiengeführte Hotel besteht aus einem Hauptgebäude und einer Dependance, die nur zwei Türen weiter gelegen ist. Die modernisierten Zimmer wirken dank farbenfroher Fliesen und Buntglas sehr freundlich. Die Bäder sind ebenso schick wie die Zimmer. Manche – beispielsweise Nr. 11 in der Dependance – gehen auf einen abgeschiedenen Patio mit Tischen hinaus, an denen die Gäste abends in aller Ruhe Platz nehmen und alle Viere von sich strecken können.

PENSION BALTAZAR Pension €€

Karte S. 273 (☑519 324 327; www.pensionbalta zar.cz; Husova 44; DZ inkl. Frühstück 1200–1800 Kč; P⊖☎) Diese Pension befindet sich ein paar Türen oberhalb des Hotels Templ. Die wunderschön restaurierten Zimmer kombinieren moderne Möbel mit unverputzten

Ziegelwänden und Holzböden zu einem harmonischen Ganzen.

PENZIÓN HUSA PENSION €€

Karte S. 273 (☑731 103 283; www.penzion husa.cz; Husova 30; DZ inkl. Frühstück 1590 Kč; P⊖☎) Die Pension „Gans" befindet sich ebenfalls in der Husova. Es zeichnet sich aus durch Möbel mit antikem Touch wie Himmelbetten sowie große Orientbrücken auf Hartholzböden. Da dieses Quartier überaus beliebt ist, empfiehlt es sich, möglichst frühzeitig zu buchen.

FAJKÁ PENZION PENSION €

Karte S. 273 (☑732 833 147; www.fajka-mikulov.cz; Alfonse Muchy 18; EZ/DZ 400/ 800 Kč; P⊖) Die hellen, frisch renovierten Zimmer befinden sich über einer gemütlichen Weinbar. Hinter dem Haus ist ein Gartenlokal – ideal für Leute, die den einheimischen Wein wirklich sehr zu schätzen wissen.

PENZION FONTÁNA MIKULOV PENSION €

Karte S. 273 (☑519 510 241; www.fontana. euweb.cz; Piaristů 6; EZ/DZ/3BZ 500/650/ 950 Kč) Tagsüber betreibt das nette Besitzerpaar den hiesigen Schreibwarenladen, anschließend widmet es sich den sauberen, farbenfrohen Zimmern in ihrem Haus. Am besten kauft man eine Flasche Wein und schmeißt den Grill im Garten an, um das Abendessen zu brutzeln.

PENSION MORAVIA PENSION €

Karte S. 273 (☑777 634 560; www.mora via.penzion.com; Poštovní 1; DZ/3BZ/4BZ 900/1200/1500 Kč) Die Lage ist ja eher dröge, aber die tadellosen Zimmer in diesem freundlichen Gebäude garantieren süßen Schlummer. Einzelreisende werden in der Regel nicht aufgenommen.

Valtice-Ledni-ce (Feldsberg-Eisgrub)

Erkunden

Die historische Landschaft Valtice-Lednice (Feldsberg-Eisgrub) wurde von der Unesco ins Weltnaturerbe aufgenommen und ist ein beliebtes Wochenendreiseziel der Tschechen, die sich hier die schöne alte Architektur anschauen, Wanderungen und Radtouren unternehmen und sich den Wein der Region schmecken lassen. Die beiden Städtchen liegen nur etwa 10 km voneinander entfernt, verbunden durch regelmäßig verkehrende Busse. Weder Valtice (Feldsberg) noch Lednice (Eisgrub) kann mit einem nennenswertem Nachtleben aufwarten. Am besten unternimmt man also einen Tagesausflug von Brno (Brünn) oder Mikulov (Nikolsburg) aus, um die beiden Orte zu besichtigen.

Für Leute, die mehr Zeit haben, empfehlen sich beide Orte als Ausgangspunkt, um die sanften Hügel des südmährischen Weinlands zu erkunden: Hunderte Kilometer Wander- und Radwege schlängeln sich durch die unberührte Landschaft. Die Touristeninformationen in beiden Städtchen verfügen über Landkarten; Cykloráj in Valtice verleiht Fahrräder.

Highlights:

➡ **Sehenswertes** Schloss Lednice (S. 277)

➡ **Restaurant** Grand Moravia (S. 277)

➡ **Kneipe** Vinotéka V Zámecké Bráně (S. 277)

Top-Tipp

Anstatt den Bus zu nehmen, macht es Spaß, die 10 km von Valtice (Feldsberg) nach Lednice (Eisgrub) auf einem Wanderweg zurückzulegen. Er führt durch hübsche Hügel. Bei gemütlichem Tempo ist man rund zwei Stunden unterwegs.

An- & Weiterreise

Auto Die Fahrt von Brno (Brünn) nach Valtice (Feldsberg) dauert etwa eine Stunde. Man nimmt die Europastraße E65 und biegt bei Podivín (Kostel) ab; die verbleibende Strecke ist dann gut ausgeschildert.

Bus Lednice (Eisgrub) und Valtice (Feldsberg) lassen sich von Brno (Brünn) oder Mikulov (Nikolsburg) aus problemlos mit dem Bus erreichen. Auf der kurzen Strecke Lednice–Valtice (20 Kč, 15 Min.) verkehrt ein Shuttlebus.

Zug Von Valtice (Feldsberg) verkehren tagsüber regelmäßig Züge von und nach Mikulov (Nikolsburg; 23 Kč, 12 Min.) und Břeclav (Lundenburg; 25 Kč, 15 Min.). Von

dort besteht hervorragender Anschluss nach Brno (Brünn), Bratislava und Wien. Von Mikulov fahren manche Züge bis Znojmo (Znaim) weiter.

Gut zu wissen

➡ **Lage** 263 km südöstlich von Prag.

➡ **Touristeninformationsbüros Valtice** (Turistické Informační Centrum; ☎519 352 978; www.valtice.eu; náměstí Svobody 4, Valtice; ◷April–Sept. tgl.9–17 Uhr, Okt.–März Mo–Fr 7–15.30 Uhr); **Lednice** (Lednice Informační Centrum; ☎519 340 986; www.lednice.cz; Zámecké náměstí 68, Lednice; ◷April–Okt. Mo–Fr 9–11 & 12–15 Uhr, Sa & So 10–15 Uhr)

➡ **Fahrradverleih Cykloráj** (☎605 983 978; www.cykloraj.com; Malá strana 781, Valtice; Leihgebühr 250 Kč pro Tag; ◷Mo–Fr 9–17 Uhr, Sa 9–12 Uhr) Hier kann man sich ein hochwertiges Mountainbike oder Tourenrad leihen, außerdem gibt es Landkarten und Tipps zu den schönsten Routen.

◉ SEHENSWERTES

◉ Valtice (Feldsberg)

SCHLOSS VALTICE   SCHLOSS

(Zámek; ☎519 352 423; www.zamek-valtice. cz; Zámek 1, Valtice; Standardtour Erw./erm. 100/80 Kč; ◷Mai–Aug. Di–So 9–12 & 13–18 Uhr, Sept. bis 17 Uhr, April & Okt. bis 16 Uhr) Das Schloss Valtice aus dem 12. Jh. zählt zu den schönsten Barockgebäuden des Landes. Das Werk der beiden Baumeister, des Österreichers Johann Bernhard Fischer von Erlach und des Italieners Domenico Martinelli, kann nur im Rahmen einer Führung besichtigt werden. Zur Auswahl stehen zwei Touren (auf Tschechisch, Englisch und Französisch). Das Schlossareal und die Gärten können während der Öffnungszeiten kostenlos besuchtigt werden.

Auf der Standardtour (45 Min.), der „Prinzentour" (Knížecí okruh; Erw./erm. 100/80 Kč) bekommen die Besucher 15 Räume zu sehen. Die einstündige „Kaisertour" (Císařský okruh; Erw./erm. 150/100 Kč) umfasst 20 Räume (plus eine Weinverkostung 50 Kč). Zu den Highlights zählt das Hab und Gut, das die Liechtensteins zurücklassen mussten, als sie 1945 vor den vorrückenden Russen flohen. Auch die Wände selbst sind imposant: Dort glänzt kiloweise Gold.

MARIÄ HIMMELFAHRT-KIRCHE   KIRCHE

(kostel Nanebevzetí Panny Marie; náměstí Svobody, Valtice; ☉8–17 Uhr) Die markanteste Kirche Valtices (Feldsbergs) aus der Mitte des 17. Jhs. erstrahlt im Stil des Frühbarock. Innen beeindruckt eine seltene Barockorgel aus dem 18. Jh. Hinter dem Altar hängen zwei bedeutende Gemälde: Das größere ist die Kopie eines Rubensgemäldes, das kleinere darüber zeigt die heilige Dreifaltigkeit und stammt wirklich vom großen Meister höchstpersönlich.

WEINSALON DER
TSCHECHISCHEN REPUBLIK WEINVERKOSTUNG

(☏519 352 072; www.salonvin.cz; Zámek 1, Valtice; Verkostung 100–250 Kč; ☉Juni–Sept. Di–Do 9.30–17 Uhr, Fr 10.30–18 Uhr, Sa & So 10.30–17 Uhr) Der Weinsalon im Schlosskeller kommt gerade nach einer Besichtigung recht, um die Weine der Region zu verkosten und vielleicht auch gleich noch die eine oder andere Flasche zu kaufen.

◉ Lednice (Eisgrub)

LP TIPP SCHLOSS LEDNICE   Schloss

(Zámek; ☏519 340 128; www.zamek-lednice. com; Zámek, Lednice; Standardtour (Tour 1) Erw./Kind 150/100 Kč; Tour 2, 150/100 Kč; ☉Mai–Aug. Di–So 9–18 Uhr, Sept. Di–So bis 17 Uhr, April & Okt. Sa & So bis 16 Uhr) Das wuchtige neugotische Schloss Lednice befand sich von 1582 bis 1945 in Besitz der Familie Liechtenstein und gilt als eines der beliebtesten Ziele im ganzen Land für einen Wochenendausflug. Die Besuchermassen strömen wegen der prachtvollen Räumlichkeiten und weitläufigen Gärten herbei, in denen auch noch ein **Treibhaus** mit exotischen Pflanzen, **Seen** mit Ausflugsbooten und ein pseudotürkisches **Minarett** stehen – eine architektonische Spinnerei des Adels im 19. Jh.

Das Schloss kann nur im Rahmen einer Führung besichtigt werden. Zwei Touren von jeweils 45 Minuten stehen zur Auswahl: Die Tour 1 umfasst die wichtigsten Räume des Schlosses, darunter auch die berühmte Wendeltreppe aus Holz. Die Tour 2 konzentriert sich auf die Gemächer der Familie Liechtenstein. Die Hauptattraktion

der Führung ist der reizende chinesische Salon aus dem 19. Jh.

 ## ESSEN & AUSGEHEN

GRAND MORAVIA   TSCHECHISCH €€

(☏519 340 130; www.grandmoravia.cz; ul 21. dubna 657, Lednice; Hauptgerichte 130–240 Kč; ☏) Das Restaurant gehört mit zu einem Hotelkomplex und gilt als die feinste Adresse in Lednice (Eisgrub) – wobei die Gastronomie hier allerdings generell eher mager ausfällt. Serviert werden lecker zubereitete Spezialitäten der Region, darunter auch ein paar Vorspeisen mit Fisch wie Forelle oder Hecht. Viele Speisen haben eine besondere Note, beispielsweise der Lammbraten mit einem Tick Rosmarin und Blattspinat. Am Wochenende sollte man telefonisch einen Tisch reservieren.

RESTAURANT &
ČAJOVNA AVALON   TSCHECHISCH €€

(☏739 368 595; www.avalonvaltice.cz; Příční 46, Valtice; Hauptgerichte 130–320 Kč; ☏) Die Auswahl an Gerichten in diesem netten New-Age-Lokal am Hauptplatz von Valtice (Feldsberg) ist wirklich interessant. Manche Gerichte haben einen vegetarischen Touch.

VINOTÉKA V ZÁMECKÉ BRÁNĚ   WEINBAR

(☏606 712 128; Zámek 1, Valtice; ☉Fr 16–18 Uhr, Sa & So 10–18 Uhr, Mo 10–15 Uhr) Die kleine Weinhandlung mit Bar befindet sich rechts vom Schloss und bietet sich an, um einen guten Tropfen aus der Region zu kosten und eventuell auch zu erwerben.

SCHLAFEN

LP TIPP HOTEL MARIO   HOTEL €€

(☏731 607 210; www.hotelmario.cz; ul21. dubna 55, Lednice; r inkl. Frühstück 1400–1800 Kč; P☺@☏) Das komplett renovierte Hotel Mario ist erheblich besser als die vielen anderen kleineren Hotels und Pensionen in der Region Valtice-Lednice (Feldsberg-Eisgrub). Die makellosen Zimmer sind dezent modern möbliert, die Bettwäsche besteht aus guter fester Baumwolle und die Bäder wurden geschmackvoll modernisiert. Im Keller befindet sich eine kleine Weinbar, die nach einem anstrengenden Tag einen guten Tropfen bietet. Im Garten hinter dem Haus stehen ein paar Stühle und Tische, die zum Entspannen einladen.

HOTEL HUBERTUS HOTEL €€

(☎519 352 537; www.hotelhubertus.cz; Zámek 1, Valtice; EZ/DZ inkl. Frühstück 1300/1600 Kč; P@) Die außergewöhnlichste Unterkunft in Valtice (Feldsberg) ist wohl das örtliche Schloss selbst. Die Ausstattung ist ja vielleicht nicht ganz so prickelnd, wie es die Website glauben macht, und irgendwie wirkt auch alles einen Tick ungepflegt, aber die Lage ist einfach toll und der Übernachtungspreis auch erschwinglich. Die Zimmer sind schlicht möbliert, was natürlich in starkem Kontrast zu diesem ansonsten so prachtvollen Schloss steht.

PENSION KLARET PENSION €

(☎733 348 305; www.pensionklaret.cz; Střelecká 106, Valtice; EZ/DZ inkl. Frühstück 1040/1480 Kč; P☺☎) Diese tadellose moderne Pension, umgeben von einer Rasenfläche, bietet zwölf Zimmer und zwei größere Apartments. Der gemütliche Weinkeller aus Ziegel wirkt ein bisschen weniger modern: Kein Wunder, er stammt aus dem Jahr 1890.

Znojmo (Znaim)

Erkunden

Die pulsierende Grenzstadt Znojmo (Znaim) ist ein überaus beliebtes Ziel für einen Tagesausflug in Südmähren und zwar vor allem bei Leuten, die gerade im benachbarten Österreich Urlaub machen. Die Besucher kommen, um durch die dörflichen Gassen zu bummeln, die die verschwiegenen Plätze mit den lebhaften Hauptplätzen verbinden – und natürlich, um Wein aus der lokalen Weinregion zu trinken. Znojmo liegt auf halbem Weg zwischen Prag und Wien und lässt sich problemlos in ein paar Stunden bei einem Zwischenstopp besichtigen.

Es gibt jedoch auch einige sehr hübsche kleine Hotels und Pensionen, au-ßerdem bietet sich Znojmo als Ausgangspunkt an, um ganz Südmähren zu erkunden. Die Touristeninformation bietet eine Fülle von Broschüren mit Wander- und Radtouren, aber auch Übersichten zu schönen Kneipen. Wer seinen Besuch in den September legt, kann sich ins ausgelassene Znojmer Weinfestival stürzen, das alljärlich stattfindet.

Highlights

→ **Sehenswertes** Znojmo unterirdisch (siehe rechts)

→ **Restaurant** Veselá 13 (S. 278)

→ **Kneipe** Na Věčnosti (S. 278)

Top-Tipp

Den atemberaubenden Ausblicke über das landschaftlich schöne Flusstal der Dyje, der sich hinter der St. Nikolauskirche (S. 279) bietet, sollte sich niemand entgehen lassen.

An- & Weiterreise

Auto Von Prag aus lässt sich Znojmo (Znaim) locker mit dem Auto in 2½ Stunden erreichen. Man fährt auf der Autobahn D1 in Richtung Süden, dann auf die Europastraße E59 in Richung Jihlava (Iglau) und folgt dort der Beschilderung. Von Brno (Brünn) gelangt man in einer Stunde über die Europastraße E461 nach Znojmo (Znaim).

Bus Znojmo (Znaim) liegt in der Nähe der Nord-Süd-Europastraße E59. Busse verkehren von Brno (Brünn; 75 Kč, 1¼ Std.) an fast allen Tagen im Stundentakt, außerdem fahren von Prag (200 Kč, 3 Std.) auch ein paar Direktbusse.

Zug Von Prag oder Brno (Brünn) aus lässt sich Znojmo (Znaim) besser mit dem Bus erreichen, es verkehren jedoch auch regelmäßig Züge nach Mikulov (Nikolsburg; 66 Kč, 1 Std.).

Gut zu wissen

→ **Lage** 210 km südöstlich von Prag.

→ **Znojmo Touristeninformationsbüro** (☎515 222 552; www.znojmocity.cz; Obroková 10; ☺Mo–Fr 8–18 Uhr, Sa 9–17 Uhr, Okt.–April Sa nachmittags geschl.)

→ **Internetzugang** In der Touristeninformation steht ein PC für Besucher, die hier ihre E-Mails checken können.

⊙ SEHENSWERTES

ZNOJMO UNTERIRDISCH UNTERIRDISCHES AREAL
(Znojemské podzemí; ☏515 221 342; Slepičí trh 2; Erw./erm. 95/55 Kč; ☺Juli–Aug. 9–18 Uhr, Mai, Juni & Sept. bis 16 Uhr, April Mo–Sa 10–16 Uhr, Okt. Sa 10–16 Uhr) Znojmos (Znaims) Topattraktion ist diese Tour durch das Labyrinth von Tunnels und Kellern aus dem 14. Jh., das sich unter der Altstadt befindet. Am besten zieht man sich warm an und lässt sich dann von den vielen animierten Kobolden und Skeletten so richtig schön erschrecken.

ROTUNDE DER HL. KATHARINA KIRCHE
(Rotunda Panny Marie a sv Kateřiny; ☏515 222 311; www.znojmuz.cz; Rotunda; 90Kč; ☺Mai–Sept. Di–So 9–16 Uhr, April nur Sa & So) Diese Kirche aus dem 11. Jh. zählt zu den ältesten romanischen Bauwerken des Landes und besitzt einen wunderschönen Freskenzyklus aus dem 12. Jh, der das Leben Christi darstellt. Aufgrund der besonderen Empfindlichkeit dieser Werke dürfen Besucher nur stündlich (Beginn ist jeweils 15 Minuten nach der vollen Stunde) in Kleingruppen von maximal zehn Personen eintreten und auch nur eine Viertelstunde bleiben, um den Augenblick zu genießen.

BURG ZNOJMO BURG
(Znojemský hrad; ☏515 222 311; www.znojmuz. cz; Hrad; Erw./erm. 40/20 Kč; ☺Mai–Sept. Di–So 9–17 Uhr, April nur Sa & So) Znojmo (Znaim) nimmt seit jeher eine strategisch wichtige Position an der mährisch-österreichischen Grenze ein. Kein Wunder also, dass hier seit dem 11. Jh. eine Festung steht. Die Burg diente als Domizil des mährischen Adels, als Kaserne und im 18. Jh. sogar als Brauerei. Im Jahr 1335 richtete König Johann von Luxemburg hier die Hochzeitsfeier für seine Tochter Anna aus. Die Burg wurde 2012 umfassend restauriert und soll 2013 wieder ihre Tore öffnen.

ST. NIKOLAUSKIRCHE KIRCHE
(kostel sv Mikuláše; www.farnostznojmo. cz; náměstí Mikulášské; ☺während der Messen) Diese Kirche war früher romanisch,

wurde jedoch im Stil der Gotik umgebaut. In einer Seitenkapelle befindet sich die sogenannte Brot-Madonna. Einer Legende zufolge soll während des Dreißigjährigen Krieges eine Schatulle unter ihrem Bildnis immer mit Essen gefüllt gewesen sein, egal wie viel herausgenommen wurde. Neben der Kirche steht die sehenswerte orthodoxe **St. Wenzelskapelle** (kaple sv Václava).

RATHAUSTURM TURM, ARCHITEKTUr
(Radniční věž; Obroková; Erw./erm. 40/20 Kč; ☺9–17 Uhr) Der prächtige, 66 m hohe Turm (von ca. 1448) lässt sich erklimmen. Er zählt zu den schönsten Beispielen gotischer Architektur in ganz Mähren.

✗ ESSEN & AUSGEHEN

VESELÁ 13 TSCHECHISCH €€
(☏515 220 323; www.lahofer.cz; Veselá 13; Hauptgerichte 185–400 Kč; ☏) Das Restaurant im Hotel Lahofer ist wirklich ein Glücksfall. Der talentierte Küchenchef zaubert leckere Gerichte der Region mit internationalem Touch. Zu den Speisen passen die Weine aus der Weinkellerei Lahofer. Es empfiehlt sich, im Voraus einen Tisch zu reservieren.

NA VĚČNOSTI TSCHECHISCH, KNEIPE €
(☏776 856 650; www.navecnosti.cz; Velká Mikulášská 11; Hauptgerichte 70–120 Kč; ☺Restaurant 10.30–22 Uhr, Kneipe 18–1 Uhr; ☏) Im Obergeschoss befindet sich ein leckeres vegetarisches Restaurant, unten eine Kneipe mit Club, wo hin und wieder Bands auftreten. In beiden Fällen ein Gewinn.

KAFÉ OÁZA CAFÉ
(☏775 243 888; www.kafeoaza.cz; Kovářská 307; Snacks 50–80 Kč; ☺Mo–Sa 9–22 Uhr; ☏) Rattanmöbel und ein wahrer Wald an Topfpflanzen bestimmen das Ambiente, in dem die süßen oder pikanten Crêpes, regionalen Weine, Kaffee und Kuchen serviert werden. Im Sommer unbedingt in dem hübschen, beschaulichen Hof Platz nehmen.

🛏 SCHLAFEN

HOTEL LAHOFER HOTEL €€

(📞515 220 323; www.lahofer.cz; Veselá 13; DZ/Suite 1400/2100 Kč; 🅿️😊@📶) Das Hotel Lahofer ist ein relativer Neuzugang in der Hotelszene von Znojmo (Znaim) und ganz eindeutig eines der nettesten kleinen Hotels in dieser Region Tschechiens. Es befindet sich in einem Haus aus dem 13. Jh. am Hauptplatz. Die Zimmer wurden behutsam modernisiert und hübsch und zeitgemäß ausgestattet. Das zugehörige Restaurant gilt als die feinste Adresse der Stadt.

TRAVELLERS HOSTEL HOSTEL €

(📞515 221 489; www.travellers.cz; Staré Město 22; B 300–330 Kč, EZ/DZ 380/760 Kč; 😊@📶)

Ist dieses Hostel das mit der besten Lage in Tschechien? Während die Gäste über diese Frage nachsinnen – und die Aussicht auf sich wirken lassen – können sie es sich in den sonnigen Schlafsälen und Zimmern gemütlich machen. Das Hostel liegt im Flusstal unterhalb der St. Wenzelskapelle.

PENSION KAPLANKA PENSION €

(📞775 552 212; www.kaplanka.cz; U branky 6; EZ/DZ ohne Bad 400/600 Kč, DZ/3BZ mit Bad 900/1000 Kč; 😊@📶) Diese alteingesessene weiß getünchte Pension bietet unterschiedliche Zimmer – von so lala bis hin zu anständiger Mittelklasse (wobei bessere Ausstattung und Bäder die Preise in die Höhe treiben). Ein Glas Wein im Garten mit Blick über das Flusstal der

---

ABSTECHER

ZLÍNS (ZLINS) FUNKTIONALISMUS

Anfang des 20. Jhs. war Mähren die Hochburg bahnbrechender, moderner Architektur. Als dessen Zentrum gilt gemeinhin Brno (Brünn), doch auch das kleine Industriestädtchen Zlín (Zlin) kann mit einigen radikalen, faszinierenden Experimenten in Sachen funktionalistischer Stadtplanung aufwarten – eine steingewordene Vision des millionenschweren Philanthropen und Schuhfabrikanten Tomáš Baťa ('bah-tya').

Baťas Plan zufolge sollten alle Fabriken, Büros, Einkaufszentren und Wohnhäuser durch die Verwendung von roten Ziegelsteinen und schablonenhaftem Funktionalismus gleich aussehen, um auf diese Weise ein „Gesamtambiente" zu schaffen, in dem dann die Arbeiter seiner riesigen Schuhfabrik wohnten, aber auch verpflegt und unterhalten wurden. Die breiten Boulevards und Gartenanlagen verleihen Zlín ein Flair von Weitläufigkeit und Modernität, die in starkem Gegensatz zu den historischen Zentren anderer Städte steht.

Das **Touristeninformationsbüro Zlín** (Městské Informačni a Turistické Středsiko; 📞577 630 270; www.zlin.eu; Náměstí Míru 12; 🕐Mo–Fr 8–17.30 Uhr, Sa bis 12 Uhr) bietet eine Fülle von Broschüren über das architektonische Erbe der Stadt, darunter auch Stadtpläne und Stadtspaziergänge (auch auf Englisch) zu den bedeutendsten Bauwerken. Eine der Topsehenswürdigkeiten ist das erstaunlich interessante **Schuhmuseum** (Obuvnické muzeum; www.muzeum-zlin.cz; třída Tomaše Bati 1970; Erw./erm. mit englischem Text 50/30 Kč; 🕐April–Okt. Di–So 10–12 & 13–17 Uhr, Nov.–Dez. & Febr.–März nur Sa & So. Jan. geschl.).

Das faszinierendste Gebäude ist aber sicher das Verwaltungsgebäude Nr. 21 der Firma Baťa, das auch als **Baťa-Wolkenkratzer** bekannt ist. Das 16-stöckige Gebäude beherbergt die Kommunalregierung, im 8. Etage befindet sich jedoch eine interessante Ausstellung zur Geschichte von Baťa und Zlín. Keinesfalls verpassen sollte man die kuriosen **Paternoster–Aufzüge** für zwei Personen, die nonstop in Bewegung sind. Man springt einfach auf und ab und wieder auf und ab und immer so weiter (ein schönes Spiel, das zu zig Runden verführt!). Die Lifts befinden sich am Seiteneingang zu den Amtsstuben der Kommunalregierung. In derselben Ecke des Gebäudes liegt auch das sehenswerte Büro von Tomáš Baťa: eingebaut in einen Spezialaufzug von 6 x 6 m Größe, der das Gebäude hinauf- und hinunterfuhr.

Am besten lässt sich Zlín mit dem Bus erreichen: Es gibt regelmäßige Verbindungen nach Brno (Brünn; 100 Kč, 2 Std.) und Olomouc (Olmütz; 80 Kč, 1¾ Std.).

Dyje genossen lässt fast ein Toskana-Feeling aufkommen.

REZIDENCE ZVON   PENSION €
(☎775 611 128; www.rezidence-zvon.cz; Klácelova 61/11; EZ/DZ inkl. Frühstück ab 1100/1400 Kč; @🛜) In einer Residenz aus dem 18. Jh. unweit der Burg verstecken sich sechs überaus gemütliche Zimmer mit Holzböden, TV mit Flachbildschirm und modernen Möbeln.

Olomouc (Olmütz)

Erkunden

Olomouc (Olmütz) blüht im Verborgenen. Die Stadt ist außerhalb Tschechiens praktisch unbekannt und erfährt selbst zu Hause wenig Würdigung – obwohl die Stadt erstaunlich nobel wirkt.

Der Hauptplatz, einer der schönsten des Landes, ist von prächtigen historischen Gebäuden gesäumt und mit einer Dreifaltigkeitssäule gesegnet, die von der Unesco zum Weltkulturerbe erklärt wurde. Die reizvollen Straßen in der Innenstadt sind gesprenkelt von wunderschönen Kirchen, die von der langen Geschichte der Stadt als Bollwerk des Katholizismus zeugen. Es macht Spaß, die Fundamente der alten Burg Olomouc im Erzbischöflichen Palais (S. 282) zu bestaunen, das sich wirklich niemand entgehen lassen sollte, und anschließend eine der vielen Kneipen oder Kleinbrauereien zu besuchen. Dort will dann der lokale Käse probiert werden: *Olomoucký sýr* (Olmützer Quargel) heißt er, ein Handkäse, der stinkt wie kein anderer im Land. Und natürlich schmeckt er auch hervorragend.

Highlights

➜ **Sehenswertes** Dreifaltigkeitssäule (siehe rechts))
➜ **Restaurant** Moritz (S.283)
➜ **Kneipe** Cafe 87 (S. 285)

Top-Tipp

In dieser Stadt sollte man unbedingt eine Übernachtung einplanen. Tagsüber warten jede Menge Sehenswürdigkeiten und abends laden tolle Restaurants und Kleinbrauereien ein.

An- & Weiterreise

Auto Von Prag aus ist Olomouc (Olmütz) bequem in drei Stunden mit dem Auto über die Autobahn D1 über Brno (Brünn) zu erreichen. Man biegt dann auf die Europastraße E462 ab und folgt der Beschilderung. Von Brno aus dauert die Fahrt auf der gleichen Strecke eine Stunde.

Bus Von und nach Brno (Brünn; 92 Kč, 1¼ Std.) fahren täglich rund 15 Busse; Infos unter www.jizdnirady.idnes.cz.

Zug Olomouc (Olmütz) liegt an der Hauptbahnlinie mit regelmäßigen Verbindungen nach Prag (240 Kč, 3 Std.) und Brno (Brünn; 100 Kč, 1½ Std.).

Gut zu wissen

➜ **Lage** 280 km südöstlich von Prag.
➜ **Touristeninformationsbüro** (Olomoucká Informační Služba; ☎585 513 385; www.tourism.olomouc.eu; Horní náměstí; ⊙9–19 Uhr) Hier werden Landkarten verkauft und Unterkünfte gebucht.
➜ **Slam** (www.slam.cz; Slovenská 12; pro Min. 1 Kč; ⊙Mo–Fr 9–21 Uhr, Sa & So ab 10 Uhr 🛜) Internetzugang mit WLAN.

◉ SEHENSWERTES

◉ Horní-Platz & Umgebung

Der wunderschöne Hauptplatz von Olomouc (Olmütz), der Horní náměstí (Oberer Platz), ist die erste Anlaufstelle für Besucher der Stadt. Hier befindet sich die Touristeninformation und zugleich die bedeutendste Sehenswürdigkeit: die gewaltige **Dreifaltigkeitssäule**. Auf dem Platz beeindrucken auch zwei der insgesamt sechs Barockbrunnen von Olomouc. Der **Herkulesbrunnen** (Herkulova kašna) stammt aus dem Jahr 1688 und lässt den muskulösen griechischen Helden sehen, der breitbeinig über einer Schlangengrube steht. Der **Caesarbrunnen** (Caeserova kašna), östlich des Rathauses, wurde 1724 erbaut und ist der größte der Stadt.

DREIFALTIGKEITSSÄULE MONUMENT

Karte S. 284 (Sousoší Nejsvětější trojice; Horní náměstí) Der ganze Stolz der Stadt ist diese 35 m hohe Barockskulptur. Sie dominiert nicht nur den Platz, sondern fungiert auch als beliebter Treffpunkt der Einheimischen. Die Dreifaltigkeitssäule wurde von 1716 bis 1754 errichtet und soll angeblich die größte alleinstehende Barockskulptur Mitteleuropas sein. Im Jahr 2000 wurde die Säule ins Weltkulturerbe der Unesco aufgenommen.

Die einzelnen Statuen zeigen eine schier schwindelerregende Fülle von katholischen Motiven: die heilige Dreifaltigkeit, die zwölf Apostel, Mariä Himmelfahrt und zahlreiche bekannte Heilige. Am Fuß der Säule befindet sich eine kleine Kapelle; sie ist tagsüber meist geöffnet, sodass man reinschauen kann.

GRATIS RATHAUS TURM

Karte S. 284 (Radnice; Horní náměstí; Turm 15 Kč) Das Rathaus von Olomouc (Olmütz) aus dem 14. Jh. beherbergt eine der kurioseren Sehenswürdigkeiten der Stadt: eine astronomische Uhr aus den 1950er-Jahren mit einem Zifferblatt im Stil des Sozialistischen Realismus. Das Original wurde im Zweiten Weltkrieg beschädigt. Um 12 Uhr mittags bieten die Figuren immer ein kleines Spektakel. Der Turm kann zweimal am Tag erklommen werden, nämlich um 11 Uhr und um 15 Uhr.

ST. MAURITIUS KIRCHE

Karte S. 284 (Chrám sv Mořice; www.moricolomouc.cz; Opletalova 10; ☉Turm Mo–Sa 9–17 Uhr, So 12–17 Uhr) Die gewaltige gotische Pfarrkirche von Olomouc (Olmütz) wurde von 1412 bis 1540 errichtet. Der westliche Turm ist ein Relikt des Vorgängerbaus aus dem 13. Jh. Das Gotteshaus verströmt eine unglaubliche Ruhe, die allerdings im September erschüttert wird, wenn hier das alljährliche **Internationale Orgelfestival** stattfindet; die Orgel von St. Mauritius ist die gewaltigste in ganz Mähren! Vom **Turm** bietet sich der schönste Blick über die ganze Stadt.

⊙ Dolní-Platz & Umgebung

Der Dolní náměstí oder Untere Platz erstreckt sich südlich vom Horní náměstí und ist von zahlreichen Geschäften und Restaurants gesäumt. Hier befinden sich die **Marienpestsäule** (Mariánský morový sloup) sowie zwei **Barockbrunnen,** die Neptun und Jupiter ehren. Außerdem ragt hier die **Mariä-Verkündigungskirche** auf; sie beeindruckt mit ihrem herrlich schlichten Kirchenraum.

ST. MICHAELSKIRCHE KIRCHE

Karte S. 284 (kostel sv Michala; www.svatymichal.cz; Žerotínovo náměstí 1; ☉8–18 Uhr) Diese wunderschöne Kirche am Žerotínovo náměstí beeindruckt mit ihrer grünen Kuppel und ihrem rustikalen barocken Kirchenraum, in dem ein seltenes Gemälde hängt: Es zeigt die schwangere Jungfrau Maria. Der ganze Block wird von einem Dominikanerkloster (Dominikánský klášter) eingenommen.

KAPELLE DES HL. JAN SARKANDER KIRCHE

Karte S. 284 (kaple sv Jana Sarkandra; Žerotínovo náměstí; ☉10–12 & 13–17 Uhr) Diese winzige runde Kapelle ist nach einem einheimischen Pfarrer benannt, der 1620 zu Tode gefoltert wurde, weil er sich weigerte, das Beichtgeheimnis zu verletzen. Sie steht an der Stelle, wo sich das Gefängnis befand, in dem Jan Sarkander verstarb; ein Teil davon ist im Keller erhalten. Im Untergeschoss befindet sich eine Ausstellung über das Leben des frommen Mannes.

⊙ Platz der Republik & Umgebung

OLOMOUC KUNSTMUSEUM MUSEUM

Karte S. 284 (Olomoucký muzeum umění; ☎585 514 111; www.olmuart.cz; Denisova 47; Erw./Kind 50/25 Kč, Mi & So Eintritt frei; ☉Di–So 10–18 Uhr) Das beliebte Museum präsentiert eine hervorragende Sammlung von Gemälden und Skulpturen tschechischer Künstler aus dem 20. Jh. Im Eintrittspreis ist der Besuch des Erzdiözesemuseums (S. 283) inbegriffen.

MUSEUM FÜR REGIONALGESCHICHTE MUSEUM

Karte S. 284 (Vlastivědné muzeum; www.vmo.cz; náměstí Republiky 5; Erw./Kind 40/20 Kč;

⊙April–Sept. Di–So 9–18 Uhr, Okt.–März Mi–So 10–17 Uhr) Das Museum für Regionalgeschichte in einem früheren Konvent zeigt Ausstellungen zu Geschichte, Geografie und Zoologie.

ERZBISCHÖFLICHES PALAIS   MUSEUM

(Arcibiskupský palác; ☎587 405 421; www.arcibiskupskypalac.ado.cz; Wurmova 9; Erw./erm. 60/30 Kč; ⊙Mai–Sept. Di–So 10–17 Uhr, April & Okt. Sa & So 10–17 Uhr) Die weitläufige ehemalige Residenz des Erzbischofs wurde 1685 erbaut. Die prächtigen Räumlichkeiten können nur im Rahmen einer Führung besichtigt werden (mit kostenlosem Audioguide auf Englisch). Hier wurde Franz-Josef I. 1848 im zarten Alter von 18 Jahren zum Kaiser von Österreich gekrönt.

⊙ Wenzelsplatz & Umgebung

Es ist kaum zu glauben, aber an diesem winzigen Platz, dem Wenzelsplatz oder Václavské Náměstí, nordöstlich des Zentrums nahm Olomouc (Olmütz) einst seinen Anfang. Vor tausend Jahren stand hier die Burg Olomouc. Ihre Fundamente sind unten im Erzdiözesemuseum noch zu bestaunen. In dieser Gegend stehen natürlich auch die ältesten Gebäude der Stadt – und sie birgt die düstersten Geheimnisse. Der tschechische König Wenzel III. wurde hier 1306 unter bis heute ungeklärten Umständen ermordet.

ERZDIÖZESEMUSEUM   MUSEUM

Karte S. 284 (Arcidiecézni muzeum; ☎585 514 111; www.olmuart.cz; Václavské náměstí 3; Erw./erm. 50/25 Kč, So & Mi frei; ⊙Di–So 10–18 Uhr) Die imposanten Exponate in diesem Museum zeichnen der Geschichte von Olomouc (Olmütz) über einen Zeitraum von 1000 Jahren nach. Die gut konzipierte Ausstellung mit hilfreichen Erklärungen auf Englisch führt die Besucher zurück zu den original romanischen Fundamenten der Burg Olomouc und präsentiert die kulturelle und künstlerische Entwicklung der Stadt in Gotik und Barock.

Einen Blick lohnt auch die wunderschöne Kutsche von Kardinal Troyer, eine Art Stretch-Limousine des 18. Jhs. Die 20 Kč für einen Audioguide auf Englisch sind gut investiert – so hat man wirklich mehr von dem Besuch. Im Eintrittspreis inbegriffen ist der Eintritt in das Kunstmuseum von Olomouc (S. 282).

WENZELSDOM   KIRCHE

Karte S. 284 (dóm sv Václava; Václavské náměstí; ⊙8–18 Uhr) Neben dem Museum ragt der Dom auf. Der Sitz des Erzbischofs von Olomouc (Olmütz) war ursprünglich eine romanische Basilika, die bereits 1131 geweiht wurde. Sie wurde dann mehrmals umgebaut, bis sie schließlich in den 1880er-Jahren ihr heutiges neugotisches Aussehen erhielt. Die **Krypta** kann auch besichtigt werden.

 **ESSEN**

MORITZ   TSCHECHISCH €€

Karte S. 284 (☎585 205 560; www.hostinecmoritz.cz; Nešverova 2; Hauptgerichte 1200–260 Kč; 🕸) Diese Kleinbrauerei mit Restaurant ist der Hit bei den Einheimischen, was vermutlich an der Kombination aus tollem Bier, leckerem Essen zu einem guten Preis-Leistungs-Verhältnis sowie der Strategie, das Rauchen zu verbieten, liegt. Im Sommer sitzt man im Biergarten goldrichtig. Ohne vorherige Reservierung kann man Pech haben.

NEPAL   NEPALESISCH €

Karte S. 284 (☎585 208 428; www.nepalska.cz; Mlýnská 4; Hauptgerichte 110–150 Kč; 🕸🍴) Das nepalesisch-indische Speiselokal befindet sich in einem irischen Pub. Wenn die Geschmacksknospen nach etwas Besonderem lechzen, sollte man jedenfalls hier vorbeikommen. Das Mittagsbüffet für 100 Kč ist das reinste Schnäppchen, treue Stammgäste finden allerdings, dass das Essen abends qualitätiv besser ist.

DRÁPAL   TSCHECHISCH €

Karte S. 284 (☎585 225 818; www.restauracedrapal.cz; Havlíčkova 1; Hauptgerichte 110–150 Kč; 🕸) Mit dieser großen historischen Kneipe an einer belebten Ecke nicht weit vom Stadtzentrum liegt man eigentlich immer richtig. Das ungefilterte Pilsner Urquell mit 12 Grad Stammwürze ist ganz eindeutig das Highlight unter den Bieren in Olomouc (Olmütz). Auf der kleinen Speisekarte stehen einige klassische tschechische Gerichte wie der Dauerbrenner *Španělský*

Olomouc (Olmütz)

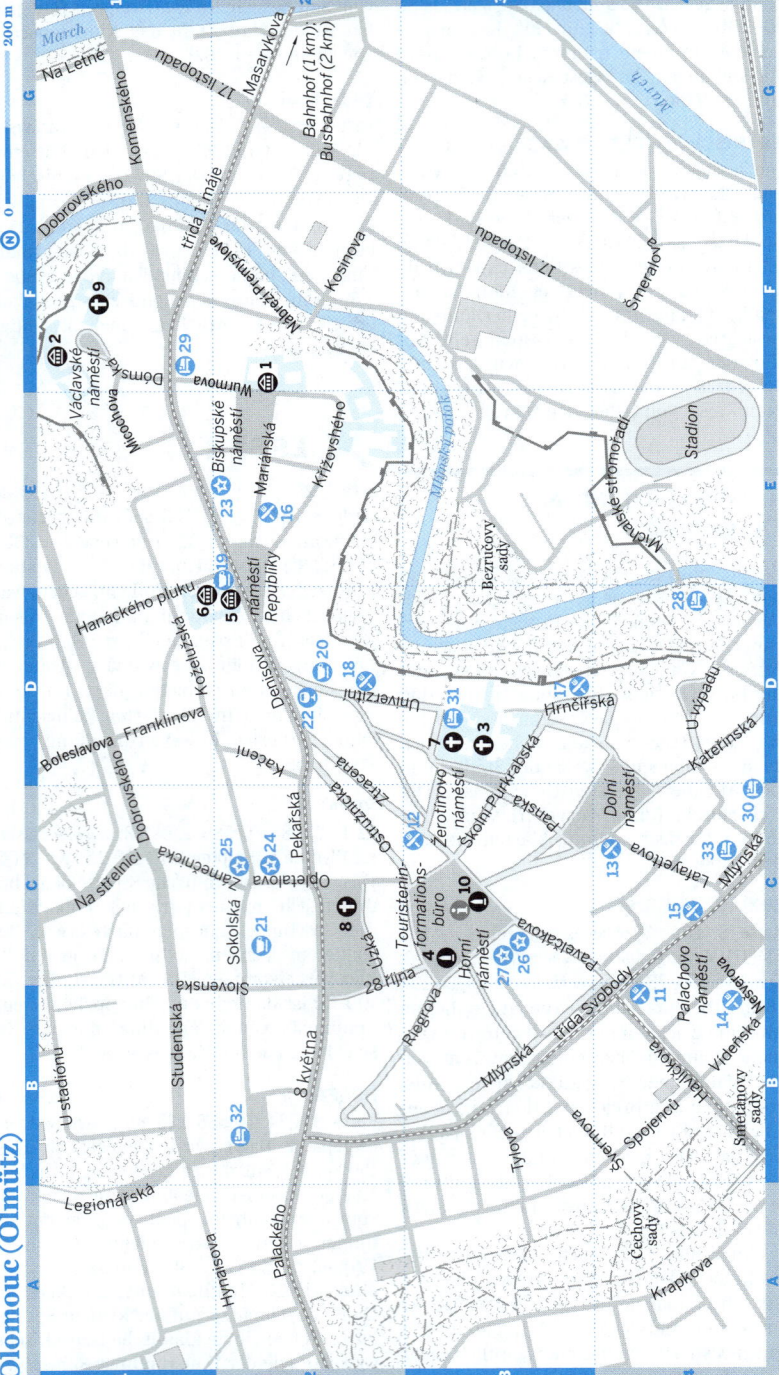

March

200 m

0

Na Letné

Komenského

17. listopadu

Masarykova

Bahnhof (1 km)
Busbahnhof (2 km)

17. listopadu

Šmeralova

March

Dobrovského

třída 1 máje

Nábřeží Přemyslovo

kosinova

Stadion

9

2

Václavské náměstí

Dómská

Mlýnská

Wurmova

29

1

Biskupské náměstí

Mariánská

Křížkovského

Michalské stromořadí

23

16

Hanáckého pluku

Koželuhská

Denisova

náměstí Republiky

20

6 5

18

Univerzitní

31

Bezručovy sady

28

Mlýnský potok

Boleslavova Franklinova

Kateřinská

Kačení

Ztracená

Ostružnická

Pekařská

22

Žerotínovo náměstí

7 3

Hrnčířská

17

U výpadu

Školní Purkrabská Panská

Dolní náměstí

30

Na střelnici

Dobrovského

Zámečnická

Opletalova

Sokolská

25

24

21

Lafayettova

Mlýnská

13

33

Slovenská

8

Uhelná

Touristen-informations-büro

Horní náměstí

10

Pavelčákova

15

Studentská

8. května

28. října

Riegrova

4

27 26

třída Svobody

Palachovo náměstí

11

14

Nešverova

Vídeňská

32

Mlýnská

Havlíčkova

Spojenců

Švermova

Sokoly

Smetanovy sady

Legionářská

Hynaisova

Palackého

Čechovy sady

Krapkova

Olomouc (Olmütz)

◉ Sehenswertes

⊗ Essen

☕ Ausgehen

◉ Unterhaltung

◉ Schlafen

ptáček (wörtlich übersetzt: „Spanischer Vogel"): Rindsroulade, gut gefüllt mit Räucherwurst, Petersilie und hartgekochten Eiern.

SVATOVÁCLAVSKÝ PIVOVAR   TSCHECHISCH €€

Karte S. 284 (☎585 207 517; www.svato vaclavsk-pivovar.cz; Mariánská 4; Hauptgerichte 170–290 Kč) Dies ist eine weitere Kleinbrauerei (was hat es nur mit dem Wasser von Olomouc auf sich?), die allerdings einen Tick größer ist als das Moritz und somit bessere Chancen bietet, einen freien Tisch zu ergattern. Aus dieser Kleinbrauerei kommen diverse hervorragende naturreine Hefebiere. Auf der Speisekarte stehen überwiegend gut zubereitete tschechische Klassiker, aber auch ein paar Speisen, die mit dem berühmten Olmützer Quargel experimentieren, dem allseits bekannten Stinkekäse.

HANÁCACKÁ HOSPODA   TSCHECHISCH €

Karte S. 284 (Dolní náměstí 38; Hauptgerichte 100–180 Kč) In dieser beliebten Kneipe mit Restaurant sind sämtliche Gerichte auf der Speisekarte im lokalen Haná-Dialekt angegeben. Der Besuch lohnt sich, denn die gigantischen Portionen mährischer Gerichte sind lecker und von bester Qualität. Und keine Sorge: Wer mit Haná absolut nicht klarkommt, erhält auch eine Speisekarte auf Englisch.

U ANDĚLA   TSCHECHISCH €€

Karte S. 284 (☎585 228 755; www.uandela.cz; Hrnčířská 10; Hauptgerichte 170–400 Kč) Nach der Bestellung sollte man eine Runde drehen, um sich die sagenhaften Erinnerungsstücke anzusehen, die hier in jeder Ecke bewundert werden wollen. Zu viel Zeit sollte man allerdings dann doch nicht damit verbringen, denn der Service ist flott und das mährische Essen echt lecker. Die Weinkarte mit edlen Tropfen aus dem In- und Ausland ist auch gut, allerdings sind die Preise hoch.

VILA PRIMAVESI   INTERNATIONAL €€€

Karte S. 284 (☎777 749 288; Univerztiní 7; Hauptgerichte 300–450 Kč; ◷Mo-Sa 11-23 Uhr, So 11–16 Uhr) In dieser Jugendstil-Villa, in der Anfang des 20. Jhs. der österreichische Maler Gustav Klimt zu Gast war, befindet sich das Vila Primavesi, eines der exklusivsten Restaurants von Olomouc (Olmütz). An lauen Sommerabenden mundet hier ein Thunfischsteak oder Risotto im reizenden Garten. Die Tagesgerichte zum Mittagessen bieten generell mehr fürs Geld als die Mahlzeiten am Abend.

GREEN BAR   VEGETARISCH €

Karte S. 284 (☎777 749 274; www.greenbar.cz; Ztracená 3; Mahlzeiten 100 Kč; ◷Mo-Fr 10-

ABSTECHER

DER WEISSE BERG BEI ŠTRAMBERK (STRAMBERG) – EIN PARADIES

Das Dorf Štramberk (Stramberg) liegt an den Hängen des Weißen Bergs (Bílá hora) im unberührten Nordmähren, eine Gegend, die sich von Olomouc (Olmütz) aus über das hübsche Städtchen Nový Jičín (Neutitschein) problemlos mit dem Bus oder dem Auto erreichen lässt.

Der eigentliche Reiz besteht in dem ländlichen Ambiente sowie der Burgruine auf einem Berg. Es macht Spaß, sie zu erklimmen, um dann den Blick weit über die umliegenden Täler schweifen zu lassen. Und dann wäre da noch eine tolle Kleinbrauerei – zur Entspannung und Stärkung nach der Wanderung.

Der Weg auf den Weißen Berg (Bílá hora) beginnt nördlich des Hauptplatzes und führt durch ein Steintor, auf dem „Cuius Regio – Eius Religio – 1111" (Wessen Gebiet – Dessen Religion – 1111) geschrieben steht. An den Hängen liegen die Überreste der gotischen Burgmauern; 166 Stufen führen zum Turm hinauf.

Wer das Pech hat, an einem Regentag unterwegs zu sein, kann sich über zwei Museen am Platz freuen. Das **Štramberk Museum** (☑556 852 284; www.muzeum. novy-jicin.cz; náměstí 31; Erw./erm. 50/20 Kč; ☺Di–So 9–12 & 13–17 Uhr) stellt Exponate zur Archäologie der Region, volkstümliche Möbel und Kunstwerke aus. Das **Museum Zdeňka Buriana** (☑556 852 240; www.stramberk.cz; náměstí 31; Erw./erm. 50/20 Kč; ☺Di–So 9–12 & 13–17 Uhr) präsentiert die Werke eines Malers aus Stramberg, der Steinzeitmenschen als Gegenstand seiner Arbeiten wählte.

Die **Städtische Brauerei Štramberk** (Městský Pivovar; %556 813 710; www.relaxv podhuri.cz; náměstí 5; Hauptgerichte 100–200 Kč; ☺Mo–Sa 11–22 Uhr, So bis 20 Uhr; ☎) steht im Zentrum der Aktivitäten. Hier gibt es helles und dunkles Bier in zahlreichen Sorten sowie Snacks an der Bar sowie komplette Mahlzeiten. Unbedingt probieren sollte man Štramberské uši (Stramberger Ohren): ein Ingwergebäck mit Honig und Gewürzen, das mit Sahne serviert wird. Einer Legende zufolge gehörten die „Ohren" armen Kriegsgefangenen aus der Mongolei.

Das **Städtische Informationszentrum Štramberk** (Městské informační centrum; ☑558 840 617; www.stramberk.cz; Zauličí 456) befindet sich nicht weit vom Platz entfernt. Dort hilft man gern bei der Suche nach einem passenden Quartier weiter.

Von Nový Jičín (Neutischein); ein Halt auf der Strecke Olomouc (Olmütz)–Ostrava (Ostrau), fahren an fast allen Tagen im Stundentakt Busse nach Štramberk (Stramberg). Die Fahrt dauert rund 20 Minuten und kostet etwa 25 Kč.

---

17 Uhr, Sa 10–14 Uhr; ☑) Für rund 100 Kč gibt es in diesem vegetarischen Café mit Selbstbedienung eine Fülle von Salaten, vegetarische Lasagne und Couscous. Die Green Bar ist bei Studenten aus aller Welt beliebt.

 AUSGEHEN

ⓂⓅ CAFE 87   CAFÉ
Karte S. 284 (☑585 202 593; Denisova 47; Schokoladenkuchen 35 Kč, Kaffee 40 Kč; ☺Mo–Fr 7.30–21 Uhr, Sa & So 8–21 Uhr; ☎) Die Einheimischen strömen in Scharen in dieses fetzige Café neben dem Kunstmuseum, um sich einen Kaffee und die berühmte Schokoladenkuchen zu genehmigen. So mancher zieht dabei die dunkle Schokolade der weißen vor. Ob sie es je lernen? Jedenfalls

ist das Café der Renner für ein Frühstück, aber auch die getoasteten Sandwiches sind sehr lecker.

KRATOCHVÍLE   TEEHAUS
Karte S. 284 (☑603 564 120; www.kratoch vile.com; Sokolská 36; ☺Mo–Fr 11–23 Uhr, Sa & So ab 15 Uhr) Tees aus aller Welt, aber auch interessante Biere und Weine plus ein entspanntes Zen-Ambiente laden ein, die leeren Batterien wieder aufzutanken. Am besten schaut man einfach mal vorbei, um herauszufinden, ob vielleicht gerade eine Veranstaltung geplant ist – einmal trat sogar Peter Gabriel hier auf. Der Name des Lokals bedeutet übrigens „Freizeit".

KONVIKT   CAFÉ
Karte S. 284 (☑585 631 190; www.konvikt-olomouc.webnode.cz; Univerzitní 5; ☎♿)

Das familienfreundliche Café mit Restaurant liegt in einer ruhigen Straße in der Nähe der Universität. Für die Kinder ist eine kleine Spielecke vorhanden. Ansonsten sieht man jede Menge Mütter mit Kinderwagen, die sich einen Kaffee, Kuchen und das anständige tschechische Essen schmecken lassen.

VERTIGO BAR

Karte S. 284 (www.klubvertigo.cz; Univerzitní 6; ☉Mo–Do 13–24 Uhr, Fr–So 16–2 Uhr) Eine dunkle, feuchte Studentenbar, die nach verschüttetem Bier und abgestandenem Rauch stinkt. Oder anders ausgedrückt: eine total beliebte Kneipe in einer Universitätsstadt wie Olomouc (Olmütz).

🛏 SCHLAFEN

PENZIÓN NA HRADĚ PENSION €€

Karte S. 284 (☎585 203 231; www.penzion nahrade.cz; Michalská 4; EZ/DZ 1390/1890 Kč; ⊜🛜) Im Schatten der mächtigen St. Michaelskirche versteckt liegt diese schicke Designer-Pension mit modernen, fetzigen Zimmern und professionellem Service – ein modernes Ambiente zum Wohlfülen mitten in der Altstadt.

POET'S CORNER HOSTEL €

Karte S. 284 (☎777 570 730; www.hostelolomouc.com; Sokolská 1, 3. Stock; B/2BZ/3BZ/4BZ 350/900/1200/1600 Kč; ⊜🛜) Das australisch-österreichische Betreiberpaar, das dieses nette Hostel ganz außergewöhnlich gut führt, kann mit einer Fülle von interessanten Informationen aufwarten. Fahrräder werden hier auch noch vermietet (100–200 Kč pro Tag). Im Sommer beträgt die Mindestaufenthaltsdauer zwei Nächte, aber die ist Olmütz auch wirklich wert. Unmengen von Informationen für Tagesausflüge bekommen die Gäste noch dazu.

PENSION ANGELUS PENSION €€

Karte S. 284 (☎776 206 936; www.pension angelus.cz; Wurmova 1; EZ/DZ 1250/1850 Kč; 🅿⊜🛜; 🚌2, 4, 6) Antike Möbel, Daunenbetten und echte Orientbrücken auf dem schönen Parkettboden – das Angelus ist ein geräumiges, romantisches Refugium, das ein paar Scheine mehr wert ist. Mit dem Bus 2 oder 6 vom Bahnhof oder mit dem Bus 4 vom Busbahnhof gelangt man hierher; die Haltestelle heißt U Domú.

PENSION KŘIVÁ PENSION €€

Karte S. 284 (☎585 209 204; www.pensionkriva.cz; Křivá 8; EZ/DZ/Apt. 1490/1950/2300 Kč; 🛜) Diese moderne Pension hat den Dreh in vieler Hinsicht raus: Die Zimmer sind recht geräumig und mit Kirschholzmöbeln eingerichtet, in den Bädern warten tolle Toilettenartikel und ein gemütliches Café im Untergeschoss ist auch noch vorhanden. Und die Lage in einer ruhigen Gasse ist auch nicht übel.

HOTEL ALLEY HOTEL €€€

Karte S. 284 (☎585 502 999; www.hotelalley.com; Michalské stromořadí 1061; EZ/DZ 2600/3000 Kč; 🅿⊜❉🛜) Das Hotel Alley kombiniert solide 4-Sterne-Qualität mit einem Wellness- und Massagecenter im Haus. Viel Flair hat das Hotel ja nicht gerade, aber es zählt dennoch zu den besten Adressen der Stadt. Von Freitag bis Sonntag wird ein erheblicher Preisnachlass von 30 % gewährt; welche Schnäppchen gerade im Angebot sind, verrät die Website.

UBYTOVNA MARIE GÄSTEHAUS €

Karte S. 284 (☎585 220 220; www.ubytovna marie.cz; třída Svobody 41 5; pro Pers. 500 Kč; ⊜🛜) Die Zwei- und Dreibettzimmer sind spartanisch, aber tiptop; sie teilen sich ein Bad und eine Küche – und sind bei Studenten aus Übersee für Langzeitaufenthalte beliebt. Ab zwei Übernachtungen purzeln die Preise erheblich.

PENSION MORAVIA PENSION €

(☎603 748 188; www.pension-moravia.com; Dvořákova 37; EZ/DZ/3BZ 700/900/1400 Kč; 🅿⊜🛜; 🚌19) Diese Pension, nur zehn Minuten zu Fuß vom Stadtzentrum entfernt in einer ruhigen Wohnstraße, bietet viel fürs Geld – und Parkplatzprobleme gibt es hier auch keine. Wer mit öffentlichen Verkehrsmitteln unterwegs ist, nimmt am Bahnhof den Bus 19 und steigt an der Haltestelle Dvořákova aus.

☆ UNTERHALTUNG

JAZZ TIBET CLUB LIVEMUSIK

Karte S. 284 (☎585 230 399; www.jazzclub. olomouc.com; Sokolská 48; Eintritt frei–

250 Kč) Blues, Jazz und Weltmusik, dazu hin und wieder Stars aus dem In- und Ausland stehen in diesem beliebten Lokal auf dem Programm. Mit dazu gehören ein gutes Restaurant und eine Weinbar.

HOSPODA U MUSEA CLUB, LIVEMUSIK

Karte S. 284 (Ponorka; www.ponorka.com; třída 1 maje 8; ☺Mo–Fr 10–24 Uhr, Sa 12–24 Uhr, So 16–24 Uhr) Der Club ist eigentlich eher unter seinem Spitznamen „Ponorka" (U-Boot) bekannt und ist wohl der lauteste, verräuchertste und überfüllteste Rockclub mit Kneipe in ganz Tschechien – und das will etwas heißen! Die Szene prägen vor allem ältliche Rocker und Punks, die noch in den guten alten Zeiten leben, aber manchmal finden hier auch legendäre Konzerte statt.

KINO METROPOLE KINO

Karte S. 284 (☑585 222 466; www.kinometropol.cz; Sokolská 25) Hier flimmern Hollywood-Streifen und gelegentlich als Überraschung auch große Filmkunst über die Kinoleinwand.

MORAVSKÉ DIVADLO OPER, BALLETT

Karte S. 284 (☑585 500 500; www.moravskedivadlo.cz; Horní náměstí 22) Aufführungen von der Oper bis zum Ballett und zwar zu erschwinglichen Preisen.

MORAVSKÁ FILHARMONIE KLASSISCHE MUSIK

Karte S. 284 (☑585 206 520; www.mfo.cz; Horní náměstí 23) Das einheimische Philharmonie-Orchester gibt regelmäßig Konzerte und richtet auch das Interntionale Orgelfestival aus.

Kroměříž (Kremsier)

Erkunden

Das verschlafene Kroměříž (Kremsier) ist einen Abstecher wert, wenn jemand gerade in diesem Teil des Landes unterwegs ist. Hauptanziehungspunkt ist das prächtige frühbarocke Erzbischöfliche Schloss mit seinem markanten Turm, Rokoko-Räumlichkeiten und sogar einem echten Meisterwerk: Tizians *Apollo und Marsyas*. Das Schloss wurde von der Unesco ins Weltkulturerbe aufgenommen und bietet sich an, um ein paar schöne Stunden zu verbringen. In der Kleinstadt selbst liegen diverse attraktive Renaissance- und Barockgebäude verstreut. Hübsch ist auch ein manieristischer Garten. Selbst wenn die Sehenswürdigkeiten in ein paar Stunden bestaunt sind, gibt es einen überzeugenden Grund, hier zu übernachten: In Kroměříž befindet sich eine hervorragende Kleinbrauerei, die nach der Besichtungstour zu einem Bier verlockt. Und wie praktisch: Ein sehr nettes kleines Hotel befindet sich gleich direkt im Haus.

Highlights

➡ **Sehenswertes** Erzbischöfliches Schloss (siehe rechts)
➡ **Restaurant** Černý Orel (S. 289)
➡ **Kneipe** Černý Orel (S. 289)

Top-Tipp

Die Adressen in Kroměříž (Kremsier) sind irgendwie verwirrend. Jedes Haus hat nämlich zwei Nummern: Die Hausnummer in der jeweiligen Straße sowie die Gebäudenummer des Registrierungsamts der Stadt. In diesem Kapitel wurden die normalen Hausnummern angegeben, wobei allerdings gelegentlich auf der Verwendung der Gebäudenummer bestanden wurde.

An- & Weiterreise

Auto Von Brno (Brünn) dauert die Fahrt über die Autobahn D1 etwa 45 Minuten.

Bus Von und nach Brno (Brünn; 88 Kč, 1¼ Std.) und Olomouc (Olmütz; 60 Kč, 1¾ Std.) verkehren regelmäßig Busse.

Zug Wer mit dem Zug von Brno (Brünn; 110 Kč, 1½ Std.) anreist, muss meist in Kojetín (Kojetein) umsteigen. Von Olomouc (Olmütz; 70 Kč, 1 Std.) aus muss man oft in Kojetín (Kojetein) oder Hulín (Hullein) umsteigen. Aktuelle Infos siehe unter www.vlak-bus.cz

Gut zu wissen

➡ **Lage** 271 km südöstlich von Prag.

➡ **Touristeninformationszentrum**
(Informační Centrum; 📞573 221 473; www.
mesto-kromeriz.cz; Velké náměstí 50; 🕐Mo–Fr
8.30–17 Uhr, Sa & So 9–13 Uhr) Ist bei der
Quartiersuche behilflich und vermietet
Fahrräder (200 Kč pro Tag).

➡ **Internetzugang** In der
Touristeninformation stehen PCs zum
Checken der E-Mails.

👁 SEHENSWERTES

ERZBISCHÖFLICHES SCHLOSS   SCHLOSS
(Arcibiskupský zámek; 📞573 502 011; www.
zamek-kromeriz.cz; Zámek; Erw./erm. 200/
120 Kč, Kunstgalerie 90/80 Kč, Turm 50/40 Kč;
🕐Juli & Aug. Di–So 9–18 Uhr, Mai, Juni & Sept.
Di–So bis 9–17 Uhr, April & Okt. Sa & So 9–16 Uhr)
Das Erzbischöfliche Schloss datiert aus dem
späten 17. Jh. und gilt als die Topsehens-
würdigkeit von Kroměříž (Kremsier). Der
84 m hohe **Barockturm** ist kilometerweit
zu sehen.

Weitere Attraktionen sind die beeindruckenden Räumlichkeiten mit Wandmalereien aus Barock und Rokoko, die
schönen **Gärten** sowie eine interessante
Kunstgalerie mit Werken des venezianischen Meisters Tizian und anderer Berühmtheiten der Malerei.

Das Schloss wurde von Karl II. von
Liechtenstein-Kastlekorn, einem Bischof,
an der Stelle erbaut, wo einst eine Burg im
Stil der Gotik und Renaissance stand, die
jedoch im Dreißigjährigen Krieg von den
Schweden dem Erdboden gleich gemacht
wurde. Das Schloss kann nur im Rahmen
einer Führung besichtigt werden. Die
Kunstgalerie und der Turm lassen sich auch
auf eigene Faust erkunden.

👁 Velké-Platz & Umgebung

Nach dem Besuch des Erzbischöflichen
Schlosses ist es nur ein kurzer Spaziergang
bis zum Hauptplatz, dem **Velké náměstí**.
An der Ecke zur Kovářská steht das **Re-
naissance-Rathaus** aus dem 16. Jh. In der
Hausnummer 30 befindet sich die älteste
Apotheke der Stadt, U Zlatého lva aus dem
Jahr 1675. Der Kopfsteinpflaster-Platz be-
herbergt auch einen dekorativen **Brunnen**
und die **Pestsäule**.

BLUMENGARTEN   GÄRTEN
(Květná zahrada; www.zamek-kromeriz.cz; ulice
Gen Svobody; Erw./erm. 40/30 Kč; 🕐Mai–Sept.
7–19 Uhr, Okt.–April bis 16 Uhr) Der schöne
Barockgarten aus dem 17. Jh. kann mit
einer **Rotunde** von Lucchese aufwarten –
ein beliebtes Fotomotiv – sowie einer **Ko-
lonade** von Tencalla. Der Eingang befindet
sich in der Gen Svobody, westlich des
Stadtzentrums.

KROMĚŘÍŽ MUSEUM   MUSEUM
(muzeum Kroměřížska; 📞573 338 388; www.
muzeum-km.cz; Velké náměstí 38; alle Ausstellungen Erw./erm. 60/30 Kč, Max Švabinský-
Ausstellung 40/20 Kč; 🕐Di–So 9–12 & 13–
17 Uhr) Das führende Museum der
Stadt präsentiert eine Dauerausstellung
mit Werken von Max Švabinský (1873 in
Kroměříž geboren), der viele Briefmarken
für die Tschechoslowakei entwarf. Einen Blick lohnen auch die Lünetten
(halbkreisförmige Wandbilder) von
Švabinský; sie befinden sich im Franziskanerkloster, dem heutigen Hotel Octárna. (siehe rechts unten) Die
Bilder waren eigentlich für das Prager
Nationaltheater vorgesehen.

ESSEN & AUSGEHEN

ČERNÝ OREL   TSCHECHISCH €€
(www.pivovar-kromeriz.cz; Velké náměstí 24;
Hauptgerichte 159–259 Kč; 📶) So ziemlich
Highlights Essen in dieser Region Mährens
kommt in dieser schicken Kleinbrauerei
am Hauptplatz auf den Tisch. Als Vorspeisen verlocken Entenkruste und Leber, an
Hauptgerichten die ganze Palette an Gerichten mit Ente, Schweinefleisch und Wild.
Dazu schmeckt ein vor Ort gebrautes Bier,
beispielsweise das starke Dunkle mit 17 %
Stammwürze und einem Touch Karamell-
und Kaffeearoma.

RADNIČNÍ SKLÍPEK   TSCHECHISCH €
(Kovářská 20/2; Hauptgerichte 80–120 Kč;
🕐Mo–Fr 8–22 Uhr, Sa 9–24 Uhr, So 9–18 Uhr)
Das reizende, gemütliche Kellerlokal das
direkt am Velké-Platz zu finden ist, bietet
ein gutes Preis-Leistungs-Verhältnis. Es
werden tschechische Gerichte wie z. B. Pu-
tenschnitzel mit Kartoffelsalat serviert. Die
hausgemachten Suppen kommen in riesi-

gen Terrinen gleich für die ganze Familie auf den Tisch.

VEGETARIÁNSKÁ
RESTAURACE
VEGETARISCH

€

(Bio; 573 342 711; www.vegjid.kvalitne.cz; Velké náměstí 40; Hauptgerichte 50–80 Kč; Mo–Fr 7–14.30 Uhr;) Das relativ sterile, aber praktische Café, dassich in einem Hof beim Hauptplatz befindet, bietet leckere Tagesspezialitäten. Der Apfelkuchen mit Streuseln (21 Kč) ist der beste in ganz Mähren.

GREEN BAR
VEGETARISCH €

(724 176 926; www.greenbar.717.cz; Ztracená 68; Hauptgerichte 50–70 Kč; Mo–Do 11.30–16 Uhr, Fr bis 14.30 Uhr;) Frisch zubereitet Salate und vegetarische Hauptgerichte, ein Bereich für Nichtraucher und eine Spielecke für Kinder machen die Green Bar zum großen Hit bei Familien. Vegetarische Vorspeisen sind ebenfalls erhältlich.

🛏 SCHLAFEN

LP TIPP ▷ **HOTEL ČERNÝ OREL**　　　HOTEL €€

(573 332 769; www.cerny-orel.eu; Velké náměstí 24; EZ 1200–1400 Kč, DZ 1500–2000 Kč; @) Das schönste Hotel der Stadt befindet sich in einem herrschaftlichen Anwesen am Hauptplatz direkt über der empfehlenswerten Kleinbrauerei mit zugehörigem Restaurant. Die sauberen, modernen Zimmer sind mit hochwertigem Schnickschnack wie TV mit Flachbildschirm und DVD-Player ausgestattet und haben ein schickes Bad.

HOTEL OCTÁRNA
HOTEL €€

(573 505 655; www.octarna.cz; Tovačovského 318; EZ 1150–1400 Kč, DZ 1500–2050 Kč; @) In diesem restaurierten Franziskanerkloster befindet sich nun ein kleines stilvolles Hotel mit einem ruhigen Hof, in dem Marktschirme Schatten spenden. Im Untergeschoss lockt ein Weinkeller mit Kerzenlicht.

PENZIÓN EXCELLENT
PENSION €

(573 333 023; www.excellent.tunker.com; Riegrovo náměstí 163/7; EZ/DZ 1090/1420 Kč; @) „Europäischer Standard" steht auf dem Schild und den bekommen die Gäste hier: ein riesiges Frühstücksbüffet und hell möblierte Zimmer an einem ruhigen Platz.

PENZIÓN DOMOV
PENSION €

(573 344 744; www.penziondomov.cz; Riegrovo náměstí 157; Zi. 1000–1300 Kč; @) Noch ein Barockgebäude und noch eine gemütliche Pension, diesmal allerdings mit relativ frisch renovierten Zimmern. Das Dekor reicht von bonbonfarbenem Kitsch bis hin zu schickem, modernen Holz. Am besten lässt man sich also das Zimmer vor dem Bezug zuerst einmal zeigen.

PENZIÓN MENŠÍK
PENSION €

(602 569 863; www.penzionmensik.cz; Velké náměstí 107; Zi. 750 Kč) Diese Budgetbleibe am Hauptplatz mit Preisen, wie sie sonst nur abgelegene Quartiere bieten, kann mit einfachen, aber etwas beengten Zimmern aufwarten.

HOTEL OSKOL
HOTEL €

(573 341 240; www.hoteloskol.wz.cz; Oskol 3203; EZ/DZ 700/900 Kč) Eine Billigbleibe in einem mehrstöckigen Gebäude, das noch aus der Tschechoslowakei aus der Zeit vor 1989 erhalten geblieben ist.

Prag & die Tschechische Republik verstehen

Prag & die Tschechische Republik aktuell

Prag ist und bleibt eines der führenden Städtereiseziele in Europa. Pro Jahr strömen über 4 Mio. ausländische Besucher in die Hauptstadt, und die meisten Einheimischen haben sich längst an den regen Betrieb gewöhnt. Bei diesem Andrang kann ein Spaziergang über die Karlsbrücke an einem warmen Sommertag schon einmal recht mühsam werden, doch insgesamt profitiert Prag von seinen Besuchern: Sie wirken belebend auf die boomende Gastronomie- und Kulturszene. Reist man hinaus aufs Land, geht es dann schon sehr viel geruhsamer zu.

Die besten Filme

Amadeus (1985) Ein großartiger Film über Mozart, der verliebt war in die Stadt Prag.

Kolya (1996) Nie schien das Prag zur Zeit der Samtenen Revolution schöner.

Liebe einer Blondine (1965) Ein Klassiker von Miloš Forman.

Mission: Impossible (1996) Der erste Teil des Blockbusters mit Tom Cruise wurde in Prag gedreht.

Alois Nebel (2011) Verfilmung einer Graphic Novel, die in Mähren zur Zeit des Zweiten Weltkriegs spielt.

Die besten Bücher

Die unerträgliche Leichtigkeit des Seins (Milan Kundera; 1984) Prag vor dem Einmarsch der Truppen des Warschauer Pakts im Jahr 1968.

Ich habe den englischen König bedient (Bohumil Hrabal; 1990) Der humorvolle Klassiker spielt im Hotel Paříž.

Das Schloss (Franz Kafka; 1926) An welches geheimnisvolle Schloss mag Kafka da wohl gedacht haben?

Die Abenteuer des braven Soldaten Schwejk (Jaroslav Hašek; 1923) Hašeks grotesk-komische Erzählung spielt an vielen Orten des Landes.

Stunde der Stille (Ivan Klíma; 1986) Ein Schlüsselroman über das Leben in der Tschechoslowakei, der in den 1960er-Jahren rasch der Zensur zum Opfer fiel.

Ikone der Samtenen Revolution

2011 starb Václav Havel, erster Präsident des Landes in nachkommunistischer Zeit und unbestrittene moralische Autorität der Samtenen Revolution von 1989. Havel starb im Alter von 75 Jahren nach einer Krebserkrankung – nicht unerwartet, und doch schien das ganze Land schockiert. Überall spürte man Trauer über diesen Verlust, ungewöhnlich für die ansonsten eher reservierten Tschechen. Kaum war die Todesnachricht in der Welt, versammelten sich Zehntausende auf dem Wenzelsplatz, um am Standbild des hl. Wenzel Kerzen aufzustellen. Und noch mehr Menschen standen Tage später in der Schlange an Havels Sarg, um dem Verstorbenen die letzte Ehre zu erweisen.

Havel genoss im Ausland höchstes Ansehen; Tschechen sehen sein Erbe kritischer. Viele waren ihm dankbar für seine Haltung im Jahr 1989, mit der er zum Sturz des Kommunismus beitrug. Als Präsident (zunächst der Tschechoslowakei, dann der Tschechischen Republik) war er weniger unumstritten. Einige warfen ihm vor, mit den Vertretern des alten Regimes zu sanft umzugehen. Havels Tod scheint diesen alten Zwist aber nun beendet zu haben, und im Herzen der tschechischen Gesellschaft tut sich ein Vakuum auf, das schwer zu füllen sein dürfte. Havels tschechischer Schriftstellerkollege Milan Kundera hat es treffend ausgedrückt: „Havels größtes Werk war sein eigenes Leben."

Wie man „nicht regiert"

Politikwissenschaftler werden Tschechien noch dankbar sein – wenn sie strukturell funktionsunfähige Systeme analysieren wollen. Beinahe jährlich scheint die Regierung von einer schweren Krise in die nächste zu stolpern: mit drohenden Misstrauensanträgen, die über Nacht zum Sturz führen könnten. Einer instabilen, von Skandalen heimgesuchten rechtsgerichteten

Koalition unter Premierminister Petr Nečas von der Demokratischen Bürgerpartei (ODS) stehen als Opposition die Sozialdemokraten (CSSD) gegenüber.

Instabile Regierungen sind hier allerdings die Regel. 2009 unterlag die Regierung bei einem Misstrauensvotum, doch bis zu den Neuwahlen blieb sie noch mehr als ein Jahr kommissarisch im Amt.

Derzeit sieht sich der bis 2013 gewählte Präsident Václav Klaus diesem Wirrwarr gegenüber. Laut Verfassung spielt der tschechische Präsident keine große politische Rolle, doch der umstrittene Klaus (ein Gegner der EU) profitiert von der Zerrissenheit der Parteien. Das könnte sich 2013 ändern, wenn der Präsident direkt vom Volk – und nicht mehr vom Parlament – gewählt wird.

Wirtschaftskrise gebannt?

Nach dem Abflauen der weltweiten Rezession scheinen Prag und Tschechien allmählich wieder den Aufschwung zu spüren. Noch 2011 ging es mit der tschechischen Wirtschaft bergab; 2012 betrug das Wachstum vermutlich gerade einmal 0,2 %, für 2013 werden aber schon 1,6 % prognostiziert. Viel wird von der Entwicklung in Deutschland abhängen, dem wichtigsten Handelspartner des Landes.

Prag-Besucher werden von wirtschaftlichen Schwierigkeiten vermutlich gar nichts spüren, denn dank der hohen Besucherzahlen bleibt die Hauptstadt von Konjunkturschwankungen einigermaßen unberührt. Im Gegenteil: Der seit 20 Jahren ungebrochene Tourismus-Boom hat die tschechische Hauptstadt zur siebtreichsten Region innerhalb der Europäischen Union gemacht. Die Krise hat eher den Rest des Landes getroffen, vor allem den Westen von Böhmen und den Norden von Mähren, wo besonders viel Industrie angesiedelt ist.

Baumaßnahmen & Korruption

Unterhält man sich länger mit einem Tschechen, wird er höchstwahrscheinlich auf Korruption am Bau zu sprechen kommen. Die Hauptstadt Prag kann nämlich mit etlichen unfertigen Bauprojekten aufwarten; ein Beispiel ist die milliardenteure Blanka-Ringstraße mit ihren Tunneln nördlich des Zentrums, die inzwischen in einem Sumpf aus Betrügereien und fehlender Finanzierung feststeckt.

Der Blanka-Tunnel gehört zu einem ehrgeizigen Gesamtkonzept, das den kompletten städtischen Verkehr in neue Bahnen lenken will. Vielleicht wird es irgendwann möglich sein, die unselige Stadtautobahn aufzugeben, die direkt oberhalb des Wenzels-platzes mitten durchs Zentrum führt (und den Boulevard vom Nationalmuseum und der Staatsoper trennt). Glaubt man den Hochglanzprospekten, wird ein Teil dieser Schnellstraße unterirdisch verlaufen, sodass der Wenzelsplatz wieder mit dem Wohnviertel Vinohrady verbunden ist..

Wenn in Prag 100 Menschen lebten, wären …

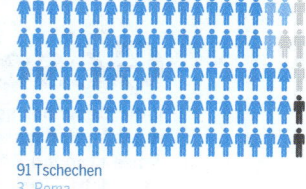

91 Tschechen
3 Roma
2 Slowaken
4 Sonstige

Religion
(% der Bevölkerung)

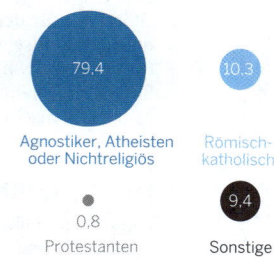

79,4
Agnostiker, Atheisten oder Nichtreligiös

10,3
Römisch-katholisch

0,8
Protestanten

9,4
Sonstige

Einwohner pro km²

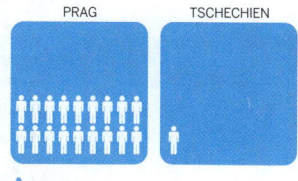

PRAG   TSCHECHIEN

≈ 135 Personen

Geschichte

Viele Besucher sehen Tschechien heute immer noch als Teil „Osteuropas" oder als ehemaligen Ostblockstaat, doch mehr als tausend Jahre standen Böhmen und Mähren im Mittelpunkt der europäischen Geschichte. Unter Kaiser Karl IV. war Prag im 14. Jh. lange Zeit Hauptstadt des Heiligen Römischen Reiches, also beinahe so etwas wie eine Kapitale Europas. Rudolf II. machte Prag im 16. Jh. zur Residenz des Habsburgerreiches, zu dem u.a. auch Teile von Ungarn, Kroatien, Italien und Polen gehörten.

DIE KELTISCHE FRÜHZEIT

Auf dem Gebiet des heutigen Tschechien lebten bereits vor ungefähr 600000 Jahren Menschen, aber dauerhafte Siedlungen sind seit etwa 4000 v. Chr. nachgewiesen. Doch erst mit der Ankunft der Kelten um 500 v. Chr. wird die vorgeschichtliche Zeit fassbarer. Die Bezeichnung „Böhmen" für den westlichen Teil Tschechiens geht auf einen der bedeutendsten keltischen Stämme, die Boier, zurück. Die Spuren boischer Kultur reichen bis nach Süddeutschland. Es ist bekannt, dass das keltische Siedlungsgebiet sich westwärts über Frankreich und Spanien bis auf die britischen Inseln erstreckte.

DIE SLAWEN KOMMEN

Es ist noch nicht geklärt, welche Faktoren die sogenannte Völkerwanderung im 6. und 7. Jh. auslösten, aber zu dieser Zeit wurden viele Völker, die im Osten Europas lebenden germanischen und slawischen Stämme, von einer Unrast erfasst und drangen nach Mitteleuropa vor. Während die Germanen weiter west- bzw. südwärts zogen, gründeten die slawischen Neuankömmlinge Siedlungen an der Moldau (Vltava), u. a. unweit der heutigen Prager Burg und eine andere flussaufwärts bei Vyšehrad.

Es waren sehr unruhige Zeiten, in denen auch die Einwanderer von nachfolgenden Stämmen, z. B. den Awaren, bedroht waren. Unter dem Einfluss eines fränkischen Kaufmanns namens Samo schlossen sich die

ZEITACHSE	500 v. Chr.–400 n. Chr.	ab 500 n. Chr.	Anfang des 7. Jhs.
	Keltische Stämme lassen sich im Gebiet der heutigen Tschechischen Republik nieder und errichten Siedlungen, deren Überreste später in und um Prag entdeckt wurden.	Während der Völkerwanderung dringen slawische Stämme in Mitteleuropa ein und errichten an der Moldau Siedlungen. Die größte Siedlung lag nahe Roztoky, nordwestlich von Prag.	Prinzessin Libussa (Libuše), die sagenumwobene Begründerin der Přemysliden-Dynastie, blickt über das Tal der Moldau und sagt voraus, dass hier eines Tages eine große Stadt entstehen wird.

Slawen für kurze Zeit zusammen und drängten die Awaren zurück, aber schon bald gerieten sie wieder in Konflikt miteinander.

DER MYTHOS VON LIBUŠE & DIE GRÜNDUNG PRAGS

Wie es sich für eine so geschichtsträchtige Stadt gehört, werden die Ursprünge Prags auf eine Legende zurückgeführt. Libuše (Libussa), die Tochter des einstigen Herrschers Krok, soll im 7. Jh. auf einem Hügel nicht weit von der Burg Vyšehrad eines Tages die Existenz einer wunderschönen Stadt vorausgesehen haben, die einmal Prag heißen wird. Der Legende nach sollte Libuše einen Freier finden, der in der Lage sein würde, viele kräftige Nachkommen als Erben für den Thron zu zeugen.

LESETIPPS ZUR TSCHECHISCHEN GESCHICHTE

Zur Geschichte von Prag und Tschechien gibt es eine ganze Reihe guter Berichte und Darstellungen, u. a diese:

➡ *Prague: A Cultural History* (Richard Burton). Die ausgezeichnete Kulturgeschichte stammt von einem englischen Professor, der offenbar fasziniert ist von Prag und seinen Mythen. Das erste Kapitel „How to Read Prague" ist besonders hilfreich für Besucher. Es geht um Geschichten und Menschen, wahre oder erfundene, die für die Stadt wichtig waren (in Englisch).

➡ *Eine Jüdin in Prag,* Unter dem Schatten von Hitler und Stalin (Heda Margolius Kovály). Eines der wenigen Bücher, die eine Verbindung herstellen zwischen der Zeit des Nationalsozialismus und des Kommunismus. Zwei Schicksalsschläge bestimmten das Leben der Autorin, einer in Prag geborenen Jüdin. Sie wurde während des Zweiten Weltkriegs nach Theresienstadt und Auschwitz deportiert. Zwar überlebte sie den Krieg, aber ihr Mann, ein engagierter Kommunist, wurde nach einem der berüchtigten Schauprozesse der 1950er-Jahre hingerichtet.

➡ *Prag in Schwarz und Gold* (Peter Demetz). Das Buch ist eine klassische historische Darstellung und gleichzeitig eine bewegende Familienchronik. Demetz' Mutter war Jüdin und starb in Theresienstadt. Seine persönlichen Erinnerungen vermitteln eine unmittelbare Vorstellung vom Leben in Prag während der nationalsozialistischen Besetzung.

➡ *Kleine Geschichte Prags* (Tobias Weger). Das Buch ist eine knappe, übersichtliche Darstellung der 1000-jährigen Geschichte der Stadt.

➡ *Ein Jahrhundert wird abgewählt* (Timothy Garton Ash). Der Professor aus Oxford hat fachlich und sprachlich die besten Voraussetzungen, die Ereignisse nach 1989 zu erläutern und er war außerdem so klug, alles aufzuschreiben.

870er-Jahre	26. August 1278	4. August 1306	26. August 1346
Fürst Bořivoj beginnt mit dem Bau der Prager Burg auf dem Hradschin. Die Residenz der Přemysliden-Dynastie wird vielen Herrschern als Amtssitz dienen.	König Ottokar II. wird bei der Schlacht auf dem Marsfeld (Moravské Pole) auf dem Höhepunkt der Macht der Přemysliden-Dynastie von den Habsburgern geschlagen.	Wenzel III., der letzte König aus der Dynastie der Přemysliden, wird ermordet. Er hinterlässt keinen männlichen Erben. Die Krone geht an Johann von Luxemburg über, dem Vater Karls IV.	Karl IV. wird nach dem Tod seines Vaters König von Böhmen; im Jahr 1355 wird er zum Kaiser des Heiligen Römischen Reiches gekrönt.

Prager Denkmäler der Hussiten

Jan-Hus-Denkmal (Altstadt/Staré Město)

Bethlehemskapelle (Altstadt/Staré Město)

Teynkirche (Altstadt/Staré Město)

Nach dem Tod Kaiser Sigismunds herrschte Georg von Podiebrad (Jiří z Poděbrad) von 1458 bis 1471 als erster und einziger Hussitenkönig. Er wurde von den gemäßigten Hussiten, den Utraquisten, unterstützt. Doch die Hussiten mussten sich letztlich geschlagen geben und das einst blühende Böhmen lag in Trümmern.

Nachdem sie an einer großen Schar von Bewerbern entlang geschritten war, darunter einige schwächlich aussehende Fürsten, wählte sie einen einfachen Bauern, Přemysl. Sie traf offenbar eine gute Wahl, denn die Dynastie der Přemysliden sollte 400 Jahre lang herrschen.

Im 9. Jh. wählte der Přemysliden-Fürst Bořivoy einen Felssporn in Hradčany (Hradschin), um dort die Prager Burg, den Sitz des Herrschergeschlechts zu errichten. Es ist erstaunlich, dass die Burg als offizieller Sitz des tschechischen Präsidenten bis heute das Zentrum der Macht geblieben ist.

Unter der Herrschaft des frommen Fürsten Wenzel (Václav auf Tschechisch) von Böhmen (regierte ca. 925–929), dem wichtigsten tschechischen Schutzheiligen (sein Reiterdenkmal steht am oberen Ende des Wenzelsplatzes), wurde das Christentum zur Staatsreligion. Übrigens ist dies der König Wenzel, der in dem bekannten englischen Weihnachtslied „Good King Wenceslas" gepriesen wird, das 1853 von dem Geistlichen John Mason Neale verfasst wurde. Seine Bekehrung zum Christentum soll seine Mutter und vor allem seinen Bruder Boleslav sehr erzürnt haben, sodass dieser schließlich aus Eifersucht den jungen Herzog tötete.

Trotz dieser unglückseligen Familienverhältnisse erwiesen sich die Přemysliden als sehr fähige Herrscher. Im 13. Jh. erstreckte sich das Herrschaftsgebiet der Přemysliden vom heutigen Schlesien (heute überwiegend polnisch) bis zum Mittelmeer.

PRAG ALS ZENTRUM DES REICHES UNTER KARL IV.

Es ist schwer vorstellbar, dass Prag und Tschechien jemals wieder eine so bedeutende Rolle spielen werden wie im 14. Jh. unter dem deutschen Kaiser Karl IV. (regierte 1346–1378), als Prag zum Zentrum des Heiligen Römischen Reiches wurde.

Es überrascht nicht allzu sehr, dass der Aufstieg zum Machtzentrum damit begann, dass 1306 ein Přemysliden-Herrscher, Wenzel III., ermordet wurde. Es gab keinen männlichen Thronfolger und so übernahm schließlich Johann von Luxemburg (Jan Lucemburský für die Tschechen) die Herrschaft, nachdem er 1310 die Tochter Wenzels III., Elyška, geheiratet hatte.

Johanns Sohn, Karl IV., wollte etwas Neues und Großartiges schaffen und machte Prag so zur damals glanzvollsten Stadt in Europa. Karl ließ die Brücke bauen, die heute seinen Namen trägt, und auch der Veitsdom war eines seiner Bauvorhaben. Er gründete zudem die Karls-Universität als erste Universität in Mitteleuropa.

6. Juli 1415	Anfang des 15. Jhs.	1583	21. Juni 1621
Der Reformator Jan Hus wird in Konstanz auf dem Scheiterhaufen verbrannt, nachdem er sich geweigert hatte, seine Kritik an der Katholischen Kirche zu widerrufen.	Die Hussitenkriege – erst kämpfen radikale Reformisten gegen Katholiken, dann verschiedene Hussitengruppen untereinander – verwüsten ganz Böhmen.	Kaiser Rudolf II. verlegt die Residenz von Wien nach Prag. Nach seinem Tod 1612 eskalieren die Spannungen zwischen Protestanten und Katholiken.	27 böhmische Adlige werden auf dem Altstädter Ring wegen Anstiftung zu einem Aufstand gegen die Habsburger hingerichtet. Ihre Köpfe werden am Altstadtturm zur Schau gestellt.

DIE HUSSITENKRIEGE & DER RELIGIONSSTREIT

Im Gegensatz zum 14. Jh. brachte das 15. Jh. für die Tschechen überwiegend Krieg und Elend mit sich. Vieles, was in den Jahren zuvor geschaffen worden war, wurde in einem religiös motivierten Rausch der Gewalt und der Intoleranz zunichtegemacht. In diese Zeit fällt der Aufstieg der von Jan Hus (s. Kasten unten) angeführten Bewegung, die leidenschaftlich für Kirchenreformen eintrat. Hus' Ziel, die Korruption der päpstlichen Verwaltung zu bekämpfen, war bewundernswert, doch seine Bewegung spaltete schließlich das Land. 1419 stürmten Anhänger des Hussitenpredigers Jan Želivský das Neustädter Rathaus und warfen mehrere Ratsherren aus dem Fenster, um Glaubensgenossen zu befreien. Auf dieses Ereignis geht der Begriff „Defenestration" zurück, d. h. jemand wird in gewalttätiger Absicht aus dem Fenster gestürzt.

Die Hussiten (wie man die Anhänger von Jan Hus nannte) übernahmen 1419 nach dem Tod Wenzels IV. die Macht in Prag. Daraufhin rief Kaiser Sigismund 1420 zum Kreuzzug gegen die Hussiten auf, der von vielen katholischen Herrschern Europas unterstützt wurde. Der Befehlshaber der Hussiten, Jan Žižka, konnte Prag in der Schlacht am Veitsberg erfolgreich verteidigen, aber der Religionskrieg erfasste auch die Landbevölkerung. Die Hussiten selbst waren gespalten. Ein Flügel neigte dazu, Frieden mit dem Kaiser zu schließen, während der andere

Die besten Bücher von Václav Havel

....

Fassen Sie sich bitte kurz (2007)

....

Am Anfang war das Wort (1990)

....

Fernverhör: Ein Gespräch mit Karel Hvízd'ala (1990)

....

Briefe an Olga. Betrachtungen aus dem Gefängnis

DER RELIGIÖSE REFORMER JAN HUS

Jan Hus war der bedeutendste christliche Reformator in Tschechien (einer der ersten in Europa), der mehr als ein Jahrhundert vor Martin Luther und der Reformation Kritik an der Katholischen Kirche übte.

Hus wurde 1372 in Südböhmen als Sohn armer Eltern geboren. Er studierte am Karolinum (Karls-Universität) und wurde später Dekan der philosophischen Fakultät.

Wie viele seiner Kollegen war er beeinflusst von den Ideen des englischen Philosophen und radikalen theologischen Reformers John Wyclif. Wyclifs Reformideen passten zur wachsenden Verbitterung der Tschechen über den Wohlstand und die Korruptheit der Geistlichen.

1391 gründeten Kirchenreformer in Prag die Bethlehemskapelle, wo die Predigten in Tschechisch statt in Latein gehalten wurden. Hier predigte Hus 10 Jahre lang, während er gleichzeitig seinen Pflichten an der Universität nachging.

Hus' Kritik an der katholischen Kirche, v. a. an der Praxis des Ablasshandels, fand viele Anhänger, führte aber auch dazu, dass er beim Papst in Ungnade fiel. 1410 ließ der Papst ihn dann exkommunizieren, doch Hus predigte weiter. 1415 wurde er zum Konstanzer Konzil gerufen, wo er seine Ansichten widerrufen sollte. Als er sich weigerte, wurde er am 6. Juli 1415 auf dem Scheiterhaufen verbrannt.

29. Oktober 1787

Wolfgang Amadeus Mozart, der in Prag eine hohe Popularität genießt, dirigiert im Ständetheater nahe des Altstädter Rings die Uraufführung seiner Oper *Don Giovanni*.

3. Juli 1883

Der bedeutende, deutsch-jüdische Schriftsteller Franz Kafka wird in unmittelbarer Nähe des Altstädter Rings geboren.

JONATHAN SMITH / LONELY PLANET IMAGES ©

Ständetheater (S. 112)

den Kampf zu Ende führen wollte. Die radikalen Hussiten, die Taboriten, wurden schließlich im Jahr 1434 bei Lipany östlich von Prag endgültig geschlagen.

DIE HABSBURGER ÜBERNEHMEN DIE HERRSCHAFT

Böhmen war in der Folge geschwächt und so hatten ausländische Mächte dort leichtes Spiel. Die in Wien herrschenden österreichischen Habsburger nutzten die Chance und hatten am Ende in Böhmen und Mähren das Sagen. Auch der tschechische Adel war geschwächt, weil ständig Krieg geführt wurde, und hatte die Habsburger Mitte des 16. Jh. um Hilfe gebeten. Jahrzehnte später gelang es den Österreichern im Jahr 1620, nach einer entscheidenden Schlacht über die Tschechen in Bílá Hora bei Prag ihre Macht zu festigen. Die Österreicher herrschten danach 300 Jahre über die Tschechen bis zur Gründung der unabhängigen Tschechoslowakei am Ende des Ersten Weltkriegs.

Auch wenn die Österreicher in tschechischen Geschichtsbüchern meist schlecht wegkommen, schafften sie es zugegebenermaßen, dass die politische Situation wieder stabiler wurde. Tatsächlich gilt der letzte Abschnitt des 16. Jh. unter der Herrschaft Kaiser Rudolfs II. (regierte 1576–1612) als zweites „Goldenes Zeitalter" in der tschechischen Geschichte, durchaus vergleichbar mit der Regierungszeit Karls IV. im 14. Jh. Der exzentrische Rudolf bevorzugte Prag anstelle von Wien und verlegte das Zentrum des Habsburgerreiches während seiner Herrschaftszeit nach Prag.

Historiker halten Rudolf im Allgemeinen für einen Fantasten. Er hatte eine Schwäche für esoterische Themen, z. B. Wahrsagerei und Alchemie – wie so viele andere Menschen in der damaligen Zeit – und deshalb lebten an seinem Hof Blender und Magier aus ganz Europa. Der englische Mathematiker und Okkultist John Dee und sein weniger geschätzter Landsmann Edward Kelly waren nur zwei der Mystiker, die sich im Schloss aufhielten, um Rudolf bei seiner ständigen Suche nach der Umwandlung von unedlen Metallen zu Gold zu unterstützen. Es ist allerdings auch richtig, dass durch Rudolfs Förderung auch echte wissenschaftliche Fortschritte erzielt werden konnten, besonders in der Astronomie.

Die Verhältnisse waren zwar stabiler, aber es gelang Rudolf nicht, die alte Kluft zwischen Protestanten und Katholiken zu schließen. Am Ende seiner Herrschaft 1612 wurden die Spannungen zwischen beiden Gruppen wieder deutlich größer. Der Tiefpunkt kam 1618 mit dem „Zweiten Prager Fenstersturz", als eine Gruppe von Protestanten

Im 17. und 18. Jh. wurde Prag grundlegend im barocken Stil umgestaltet. Zu den Baumaßnahmen gehörten auch die Statuen auf der Karlsbrücke und die Nikolauskirche an der Kleinseite. Auftraggeber waren meist Österreicher und Jesuiten.

Auch in Prag kam es, wie fast überall in Europa, 1848 zum Ausbruch einer bürgerlichdemokratischen Revolution. Prag war die erste Stadt im Habsburgischen Reich, in der Reformen gefordert wurden. Doch wie auch in anderen Ländern wurde die Revolution relativ schnell niedergeschlagen.

28. Oktober 1918	30. September 1938	15. März 1939	27. Mai 1942
In den letzten Tagen des Ersten Weltkriegs wird am Repräsentationshaus (Obecní dům) eine neue unabhängige Tschechoslowakei ausgerufen.	Die europäischen Großmächte akzeptieren in München Hitlers Forderung, das in der Tschechoslowakei gelegene Sudetenland dem Deutschen Reich einzuverleiben.	Deutsche Soldaten überqueren die tschechoslowakische Grenze und besetzen Böhmen und Mähren. Die tschechoslowakischen Soldaten leisten auf Geheiß keinen Widerstand.	Freiheitskämpfern verüben ein Attentat auf den deutschen Reichsprotektor Reinhard Heydrich. Die Männer werden gefasst. Sie wurden erschossen, einige begingen Selbstmord.

DIE PRAGER JUDEN

Prag war jahrhundertelang ein Zentrum jüdischen Lebens und jüdischer Gelehrsamkeit. Die jüdische Gemeinde der Stadt wurde im 13. Jh. in ein ummauertes Ghetto nördlich des Altstädter Rings eingezwängt. Damit reagierte man auf die Anweisung des 3. Laterankonzils in Rom, wonach Juden und Christen getrennt voneinander leben sollten. Die Pogrome und offiziellen Repressalien der folgenden Jahrhunderte gipfelten in der Drohung des Habsburger-Kaisers Ferdinands I. (regierte 1526–1564), alle Juden aus Böhmen auszuweisen.

Unter der Herrschaft von Rudolf II. änderte sich am Ende des 16. Jhs. die offizielle Einstellung gegenüber den Juden. Unter seiner Regentschaft gelangten die Prager Juden zu Ehren, das intellektuelle jüdische Leben erblühte. Mordechai Maisel, der damalige Bürgermeister des Ghettos, wurde als Rudolfs Finanzminister der reichste Bürger Prags. Als weitere bedeutende Gestalt tat sich Judah Löw ben Bezalel (Rabbi Löw) hervor, ein herausragender Theologe, Oberrabbiner, Schüler der mystischen Kabbala-Lehren und heute besser bekannt als Schöpfer des mythischen Golems – einer Art Proto-Roboter, geformt aus dem Lehm der Moldau.

Als die Prager Juden 1648 auf der Karlsbrücke dabei halfen, die Schweden zurückzudrängen, errangen sie die Gunst Ferdinands III., der daraufhin das Ghetto vergrößern ließ. Doch schon ein Jahrhundert später wurden sie unter Maria Theresia aus der Stadt vertrieben – und man hieß sie nur deshalb später wieder willkommen, um mit ihnen Geschäfte zu machen.

Erst in den 1780er-Jahren verbot der Habsburger Kaiser Joseph II. (regierte 1765–1790), der Sohn Maria Theresias, viele Arten der Diskriminierung. Im 19. Jh. schließlich erlangten die Juden das Recht, ihren Wohnort frei zu wählen. Viele kehrten dem Ghetto den Rücken und zogen in schönere Viertel um. Ende des 19. Jhs. beschloss die Stadtverwaltung, das inzwischen zu einem Elendsviertel heruntergekommene Ghetto zu räumen. Anstelle der alten Gebäude entstanden die wunderschönen Jugendstilhäuser, die man noch heute dort vorfindet.

Das Ghetto, das zu Josephs Ehren in Josefstadt (Josefov) umbenannt worden war, blieb aber das spirituelle Herz der jüdischen Gemeinde Prags, die während der deutschen Besatzung im Zweiten Weltkrieg ein grausames Ende fand. Heute leben in Prag etwa 5000 Juden – nur ein Bruchteil der einst so großen Gemeinde.

in einen Saal der Prager Burg stürmten und zwei katholische königliche Beamte und ihren Sekretär aus dem Fenster warfen. Die Männer überlebten, angeblich sollen sie auf einen Misthaufen gefallen sein, aber das Unheil war geschehen. Dieses berühmte Ereignis löste den Dreißigjährigen Krieg aus, der wie später der Erste und Zweite Weltkrieg auf ganz Europa übergriff und dazu führte, dass das Deutsche Reich, und damit auch Böhmen, weitgehend zerstört wurde.

5. Mai 1945	9. Mai 1945	25. Februar 1948	20. November 1952
Prager Bürger erheben sich zum bewaffneten Widerstand gegen die Deutschen und befreien die Stadt nach dreitägigem Kampf. Den deutschen Truppen wird freies Geleit gewährt.	Die sowjetische Armee befreit die Stadt, obwohl die meisten deutschen Soldaten schon abgezogen waren. Unter den Kommunisten galt der 9. Mai als offizieller Tag der Befreiung.	Die Kommunisten führen einen Putsch durch. Parteichef Klement Gottwald verkündet den Machtwechsel. Der Staatsstreich zieht Jahrzehnte der Unterdrückung nach sich.	Bei Säuberungsaktionen nach stalinistischem Vorbild macht das KSČ-Regime einigen ihrer eigenen Funktionäre den Prozess, darunter Generalsekretär Rudolf Slánský.

WIEDERGEBURT DER TSCHECHISCHEN NATION

Erstaunlicherweise überlebte die tschechische Sprache und Kultur die österreichische Ära. Als die Macht der Habsburger im 19. Jh. allmählich erodierte, wurde Prag zum Zentrum der nationalen Wiedergeburt der Tschechen. Diese manifestierte sich zunächst nicht in der Politik, sondern vor allem in der tschechischen Literatur und Sprache. Wichtige Persönlichkeiten dieser Bewegung waren die Linguisten Josef Jungmann, Josef Dobrovský und František Palacký, Verfasser von *Dějiny národu českého* (Geschichte von Böhmen).

Viele Länder im postnapoleonischen Europa wurden von einer Welle nationalistischer Begeisterung und Stimmung erfasst. Der tschechischen Bewegung verliehen allerdings soziale und wirtschaftliche Faktoren eine besondere Stärke. Die Bildungsreformen von Kaiserin Maria Theresia (regierte 1740–1780) hatten die Schulen selbst für die ärmsten Bevölkerungsschichten geöffnet. Und im Zuge der Industriellen Revolution bildete sich eine starke Mittelschicht, die sich Gehör zu verschaffen wusste.

Präsident Masyryk ist auch heute noch bei den Tschechen sehr angesehen und gilt als Landesvater. Historiker sehen sein Vermächtnis aber auch kritisch. Sein Engagement für die Gründung unabhängiger, schwacher Staaten in Mitteleuropa machte diese Region zu einem Machtvakuum für die Deutschen und die Russen.

ENDLICH UNABHÄNGIG

Für die Tschechen hatte die Tragödie des Ersten Weltkriegs auch eine positive Folge. Die Niederlage der Mittelmächte hatte den Vielvölkerstaat Österreich-Ungarn so geschwächt, dass das Reich zerbrach. Damit war 1918 der Weg frei zur Gründung der Tschechoslowakei. Die tschechischen Patrioten Tomáš Masaryk und Edvard Beneš setzten sich während des Krieges im Exil mit Hilfe tschechischer und slowakischer Exilgruppen vehement in Europa und den USA für die Gründung eines tschechisch-slowakischen Staates ein.

Ihre Argumentation beeindruckte insbesondere den idealistischen amerikanischen Präsidenten, Woodrow Wilson, dessen wichtigster Grundsatz das Selbstbestimmungsrecht der Völker war. Die vernünftigste Lösung schien die Gründung eines gemeinsamen, föderativen Staates, der aus zwei gleichberechtigten Ländern bestehen sollte. Dies war bereits im Jahr 1915 in einem Vertrag in Cleveland, Ohio, und 1918 in Pittsburgh, Pennsylvania festgelegt worden (in beiden Städten lebten viele Tschechen und Slowaken).

Als der Erste Weltkrieg sich langsam dem Ende zuneigte, erklärte die Tschechoslowakei am 28. Oktober 1918 mit Billigung der Alliierten ihre staatliche Unabhängigkeit. Der populäre, tschechische Philosoph, Schriftsteller und Politiker Tomáš Garrigue Masaryk (1850–1937) wurde der erste Staatspräsident der jungen Tschechoslowakischen Republik.

20./21. August 1968	16. Januar 1969		1977
Streitkräfte des Warschauer Paktes marschieren in der Tschechoslowakei ein, um den Prager Frühling zu beenden. Der Reformer Alexander Dubček wird abgesetzt.	Der Student Jan Palach verbrennt sich am oberen Ende des Wenzelsplatzes, um gegen die Invasion durch die Truppen des Warschauer Paktes zu demonstrieren.		Der politische und kulturelle Tiefpunkt ist erreicht. Václav Havel und andere unterzeichnen die Charta 77, die für die Achtung der internationalen Menschenrechte plädiert.

KRZYSZTOF DYDYNSKI / LPI ®

Denkmal für Jan Palach (S. 111)

EINE KURZE PHASE DER FREIHEIT

In den zwei Jahrzehnten zwischen der Unabhängigkeitserklärung und dem Münchner Abkommen 1938 (das den Weg ebnete für den Einmarsch der deutschen Nationalsozialisten) war die Tschechoslowakei erstaunlich erfolgreich. Noch heute sehen die Tschechen die „Erste Republik" als eine weitere Blütezeit, in der kulturell und wirtschaftlich viel erreicht wurde.

Die unmittelbare Nähe zu Deutschland und die große deutsche Minderheit im Sudetenland machten das Land zu einem verlockenden Ziel für Adolf Hitler. Hitler ging zu Recht davon aus, dass weder die Briten noch die Franzosen an einem Krieg interessiert waren. Deshalb forderte er auf der Münchner Konferenz 1938 die Angliederung des Sudetenlandes an Deutschland. Der britische Premierminister Neville Chamberlain gab nach und beschrieb die deutschen Pläne bezüglich der Tschechoslowakei bekanntlich als „Streit in einem fernen Land zwischen Menschen, über die wir nichts wissen."

Am 15. März 1939 besetzte Deutschland ganz Böhmen und Mähren und machte das Land zu einem „Protektorat", während die Slowakei verschont blieb, solange das Land sich wie ein Marionettenstaat der Nazis verhielt. Obwohl die Deutschen den tschechischen Widerstand mit aller Härte bekämpften, blieb Prag während des Krieges weitgehend unzerstört. Während des Zweiten Weltkriegs wurden etwa zwei Drittel der 120 000 Juden aus Böhmen und Mähren getötet.

Am 5. Mai 1945, als der Krieg fast vorbei war, erhoben sich die Prager Bürger gegen die Deutschen. Die Rote Armee rückte von Osten heran und die amerikanischen Truppen waren bis Pilsen im Westen vorgedrungen, verzichteten aber darauf, die Stadt zu befreien aus Rücksichtnahme auf die sowjetischen Verbündeten. Während des Aufstands kamen viele Menschen ums Leben, bis die Deutschen am 8. Mai 1945 abzogen. Man hatte ihnen freies Geleit versprochen, wenn sie keine weiteren Gebäude zerstören würden.

1945 wurde die Tschechoslowakei als unabhängiger Staat neu gegründet. Eine der ersten Aktionen war die gewaltsame Vertreibung der verbliebenen Sudetendeutschen aus den Grenzgebieten. Bis 1947 mussten etwa 2,5 Mio. deutschstämmige Einwohner ihre tschechische Heimat verlassen und sich in Deutschland oder Österreich ansiedeln.

VON HITLERS IN STALINS FÄNGE

Die Euphorie der Tschechen am Ende des Krieges dauerte nicht lange. Die Kommunisten übernahmen 1948, nur drei Jahre nach Kriegsende, die Macht. Heute wird dies meist verurteilt als rücksichtsloser Griff

GESCHICHTE EINE KURZE PHASE DER FREIHEIT

Prag war das Hauptziel für den Einmarsch der Warschauer-Pakt-Staaten 1968. Sowjetische Spezialeinheiten sicherten mit Hilfe der tschechischen Geheimpolizei den Prager Flughafen für die Landung der sowjetischen Transportflugzeuge. Schon am ersten Tag des Einmarschs gab es 58 Todesopfer.

Prag hätte bereits am 6. Mai 1945 von amerikanischen Soldaten unter General George S. Patton befreit werden können, die in Pilsen stationiert waren. Trotz Pattons Appell wurden die US-Kommandeure angewiesen, nicht weiter vorzurücken und den Russen, die „Ehre" zu überlassen, die Hauptstadt zu erobern.

17. November 1989	1. Januar 1993	22. Februar 1998	12. März 1999
Die Polizei löst eine Demonstration gewaltsam auf. Tagelange Proteste waren die Folge, die zum Sturz des Regimes führen – und der als Samtene Revolution bekannt wird.	Die Tschechoslowakei löst sich auf friedlichem Wege auf, Tschechen und Slowaken gehen staatlich getrennte Wege. Die Teilung wird später auch die „Samtene Scheidung" genannt.	Die tschechische Eishockey-Nationalmannschaft gewinnt gegen Russland mit 1:0 bei den Olympischen Winterspielen in Nagano.	Die Tschechische Republik tritt gemeinsam mit Polen und Ungarn der Nato bei. Trotz der Versicherung, es handle sich um eine reine Verteidigungsmaßnahme, reagiert Russland verärgert.

Václav Havel richtete 1990 eine offizielle Entschuldigung an die Sudetendeutschen wegen der Massenvertreibung nach dem Zweiten Weltkrieg. Dies war eine seiner umstrittensten Entscheidungen als Präsident.

nach der Macht durch Stalins Genossen, aber tatsächlich war alles etwas komplizierter. Für viele Tschechen war das Ansehen der westlichen Demokratien im Zweiten Weltkrieg schwer beschädigt worden, während sie die stalinistische Sowjetunion durchaus respektierten.

Doch schon zu Beginn der 1950er-Jahre ebbte die anfängliche Begeisterung ab, weil die kommunistische Wirtschaftspolitik das Land ruinierte und nach einer Welle der Unterdrückung Tausende von Menschen in Arbeitslager kamen. Im Zuge stalinistischer Säuberungen durch die KSČ (Kommunistischen Partei der Tschechoslowakei) in den frühen 1950er-Jahren wurden viele Menschen, auch führende Parteimitglieder, hingerichtet.

In den 1960er-Jahren gab es in der Tschechoslowakei eine Phase der Erneuerung, und unter der Führung des Reformkommunisten Alexander Dubček wurde das Land ein Ort für Idealisten, die einen „Dritten Weg" zwischen Kommunismus und Kapitalismus suchten. Die Reformbewegung strebte einen „Sozialismus mit menschlichem Antlitz" an, der demokratische Elemente mit einer staatlich gelenkten Wirtschaft verband. Es war ein gemäßigter sozialistischer Kurs, der bald überall als „Prager Frühling" bekannt wurde.

Doch am Ende war es gerade der Erfolg der Bewegung, sprich die große Beliebtheit dieser Idee in der Bevölkerung, der diese zum Scheitern brachte. Die sowjetischen Machthaber waren beunruhigt über die Vorstellung einer partiell demokratischen Gesellschaft im Ostblock, die sich möglicherweise auch in Polen und Ungarn durchsetzen könnte. Der Prager Frühling wurde schließlich durch den Einmarsch der Ostblockstaaten unter Führung der Sowjetunion in der Nacht vom 20. zum 21. August beendet. Die Kämpfe fanden überwiegend am Wenzelsplatz statt, wo heute noch die Einschläge der Kugeln im Nationalmuseum zu sehen sind.

Wirtschaftlich gesehen hat Prag nach der Samtenen Revolution große Fortschritte gemacht und ist zu einem Hauptanziehungspunkt für Touristen in Europa geworden. Die Arbeitslosigkeit ist niedrig, die Läden sind gut gefüllt und die Fassaden, die vor 20 Jahren heruntergekommen waren, sehen wieder gut aus.

Dubček wurde durch den Hardliner Gustáv Husák ersetzt und auf einen Posten in der slowakischen Forstverwaltung abgeschoben. Viele verließen das Land, während andere als Fabrikarbeiter und Straßenkehrer arbeiten mussten. Die zwei Jahrzehnte der Stagnation danach bis 1989 werden als Periode der „Normalisierung" bezeichnet.

SAMTENE REVOLUTION & TRENNUNG

1989 war ein Jahr der Entscheidungen in ganz Osteuropa, in dem die kommunistischen Systeme in Ungarn, Polen, der DDR, Bulgarien und Rumänien wie Dominosteine zusammenfielen. Doch die Revolution in der Tschechoslowakei war vielleicht die eindrucksvollste überhaupt, sozusagen ein Vorbild des friedlichen Protests gegen eine Regierung.

14. August 2002	1. Mai 2004	15. Februar 2008	1. Januar 2009
Mehrere Stadtbezirke und Metro-Tunnel werden von der Moldau überflutet. Das schlimmste Hochwasser der jüngeren Vergangenheit kostet mehrere Milliarden Euro.	Die Tschechische Republik erreicht das wichtigste Ziel ihrer Außenpolitik seit der Samtenen Revolution: Sie tritt der EU bei	Der konservative Wirtschaftswissenschaftler Václav Klaus wird mit knapper Mehrheit wiedergewählt und tritt seine zweite Amtszeit als Präsident der Tschechischen Republik an.	Tschechien übernimmt turnusgemäß für sechs Monate die EU-Ratspräsidentschaft. Überschattet wird die Amtszeit von innenpolitischen Konflikten sowie von Fehlern und Pannen.

VÁCLAV HAVEL, EIN SCHRIFTSTELLER ALS PRÄSIDENT

Viele Europäer beklagen den Mangel an bedeutenden Männern und Frauen heutzutage. Doch einer, der für jeden ein Vorbild sein könnte, ist der ehemalige tschechische Präsident und frühere Dissident Václav Havel. Der 2011 im Alter von 75 Jahren verstorbene Havel war die unantastbare moralische Autorität, die hinter der Samtenen Revolution stand und der erste Präsident nach dem Ende des Kommunismus. Er war bereits lange vorher ein bekannter Bühnenschriftsteller und Regimekritiker. In seinen Schriften und Essays aus dem Untergrund verurteilte er die vielen Mitläufer und entwickelte auf der Basis allgemeingültiger Vorstellungen von der Würde und den Rechten des Menschen eine moralische Alternative zu den verhassten kommunistischen Leerformeln.

Havel wurde am 5. Oktober 1936 geboren und stammte aus wohlhabenden Verhältnissen. Wären der Zweite Weltkrieg und der Kommunismus nicht dazwischen gekommen, hätte er sich erfolgreich um die diversen Geschäfte seiner Familie kümmern können. Aber diese Richtung war nach der kommunistischen Machtübernahme 1948 unmöglich geworden. Seine Familie wurde enteignet und Havel durfte keine höhere Schule besuchen.

Aufgrund seiner Begeisterung für die liberalen Reformen des „Prager Frühlings" in den 1960er-Jahren und seiner erklärten Gegnerschaft gegenüber dem kommunistischen System in den 1970er-Jahren wurde er zum Staatsfeind erklärt. Seine Theaterstücke, die sich meist mit der Absurdität und Entmenschlichung des totalitären Systems beschäftigten, wurden verboten und sein Pass wurde eingezogen.

Mit den riesigen Demonstrationen im November 1989 geriet Havel ins Rampenlicht als wichtigster Organisator des nicht-kommunistischen Bürgerforums, das schließlich einen friedlichen politischen Umbruch aushandelte. Kurz darauf wurde Havel Präsident des Landes, getragen von einer Welle begeisterter Demonstranten, die u. a. Plakate trugen, auf denen stand „Havel na hrad!" (Havel auf die Burg!).

Nach zwei Amtszeiten als Präsident trat Premierminister Václav Klaus 2003 an seine Stelle. Havel veröffentlichte nach seinem Abschied aus der Politik zwei Bände seiner Erinnerungen und kehrte sogar als Autor auf die Bühne zurück mit dem hochgelobten Stück *Odcházení* (*Abschied*). Er starb am 18. Dezember 2011 im Alter von 75 Jahren nach einer langjährigen Krebserkrankung.

Tatsächlich begann die Samtene Revolution mit einem Gewaltausbruch in der Nacht des 17. November, als die tschechische Polizei eine Gruppe von friedlich demonstrierenden Studenten angriff. Die Protestierenden hatten eine offiziell genehmigte Demonstration organisiert, um der Studenten zu gedenken, die 1939 von Nazis hingerichtet worden waren. Doch die Teilnehmer wollten dies von Anfang an auch als Protestaktion gegen das kommunistische Regime nutzen. Sie waren nicht

März 2009	5. April 2009	28./29. Mai 2010	18. Dezember 2011
Obwohl die Tschechen die Präsidentschaft in der EU inne haben, muss die Regierung nach einem Misstrauensvotum zurücktreten. Diese unerwartete Entwicklung führt zur Verwirrung in der EU.	Der amerikanische Präsident Barack Obama hält vor Tausenden von begeisterten Zuhörern eine Rede nahe der Prager Burg, in der er für die Vision einer Welt ohne Atomwaffen eintritt.	In einer richtungsweisenden Parlamentswahl entscheiden sich die Tschechen für eine neue Mitte-Rechts-Koalition und beenden damit ein Jahr ohne gewählte Regierung.	Der ehemalige Präsident und Anführer der Samtenen Revolution Václav Havel stirbt nach einer langjährigen Krebserkrankung. Im Land herrscht große, anhaltende Trauer.

auf den erbitterten Widerstand der Polizei vorbereitet, die sich der Menge von 50 000 Menschen entgegenstellte und in der Straße Národní třída in Prag Hunderte von Demonstranten angriff und verhaftete.

Die Tschechen waren empört über die willkürliche Gewalttätigkeit der Polizei. In den folgenden Tagen gab es permanent Demonstrationen, an denen erst Studenten und Künstler und schließlich die Mehrheit des Volkes teilnahm. Höhepunkt war eine Kundgebung auf dem Prager Hügel Letná mit 750 000 Teilnehmern. Führende Dissidenten, an erster Stelle Václav Havel, bildeten ein antikommunistisches Bündnis, das den Rücktritt der Regierung am 3. Dezember durchsetzte. Es wurde eine „Regierung der Nationalen Verständigung" gebildet, der die Kommunisten als Minderheit angehörten. Havel wurde von der Föderalversammlung am 29. Dezember zum Präsidenten gewählt.

Unmittelbar nach der Revolution kam es zu Konflikten zwischen den Tschechen und den Slowaken. Schon lange hegten die Slowaken einen Groll gegen die tonangebenden Tschechen und viele wünschten sich einen eigenen Staat. Nach langem Händeringen auf beiden Seiten, vor allem bei Václav Havel, trennten sich Tschechen und Slowaken friedlich voneinander als zwei unabhängige Staaten (Samtene Trennung).

TSCHECHIEN ALS TEIL EUROPAS

Es ist unmöglich, in wenigen Abschnitten all die Veränderungen zusammenzufassen, die in den 20 Jahren nach der Samtenen Revolution stattgefunden haben. Insgesamt gesehen ist die Bilanz positiv. Tschechien hat die beiden wichtigsten, langfristigen außenpolitischen Ziele erreicht, den Beitritt zur NATO 1999 und in die EU 2004.

In der Innenpolitik bewegt sich das Land weiterhin auf einem schmalen Grad. Keine der großen Parteien der demokratischen Mitte, die konservative Demokratische Bürgerpartei (ODS) oder die eher linksgerichtete Sozialdemokratische Partei (ČSSD), hat es bisher geschafft, einen dauerhaften Konsens herzustellen. So schwankt das Land nach jeder Wahl in die eine oder andere Richtung.

Eines der wohl wichtigsten Ereignisse seit 1989 war der Tod Václav Havels am 18. Dezember 2011. Der frühere Präsident und *die* Persönlichkeit der Samtenen Revolution wurde zum Symbol für die Ausrichtung Tschechiens an den westlichen Idealen der Demokratie und Menschenrechte. Er war auch moralisches Leitbild für eine Gesellschaft, die immer noch erheblich deformiert war durch das kommunistische Unrechtsregime. Die Lücke, die er hinterließ muss erst noch gefüllt werden, was vielleicht auf Jahre hinaus nicht möglich sein wird.

So lebt man in Tschechien

Mehr als 20 Jahre nach dem Ende des Kommunismus hat sich in der Tschechischen Republik eine willkommene Normalität eingestellt. Welchen Maßstab man auch anlegt – Wertesystem, Arbeit, bevorzugte Studiengänge oder Freizeitverhalten –, die Tschechen liegen gut im europäischen Schnitt. Und das will etwas heißen. Nach 50 Jahren Krieg und Kommunismus war es 1989 das wichtigste Ziel der Nation, im Herzen Europas eine voll funktionsfähige Demokratie in Wohlstand zu errichten – bzw. wieder in Gang zu bringen. Und dieses Unterfangen war zum Glück von Erfolg gekrönt.

Ausländische Arbeitskräfte nach Herkunftsländern

Ukraine (ca. 118 000)

Slowakei (84 000)

Vietnam (60 000)

Russland (38 000)

EINE NATION VON TSCHECHEN ... & VIETNAMESEN?

Im Vergleich zu anderen westeuropäischen Ländern wie Deutschland, Frankreich oder den Niederlanden wirkt Tschechien relativ homogen. Einer Volkszählung im Jahr 2011 zufolge fühlen sich fast 95 % der hier lebenden Menschen als Tschechen oder Mährer. (Diese Zahlen verschleiern allerdings die hier lebenden Roma, die auf 200 000 bis 300 000 Personen

WO DIE TOLERANZ ENDET: TSCHECHEN & ROMA

Im Allgemeinen sind die Tschechen erstaunlich tolerant und offen, wenn es um Fragen wie ethnische Herkunft, Religion oder sexuelle Orientierung geht. Mit dieser Toleranz ist es jedoch schnell vorbei, sobald eine bestimmte ethnische Minderheit zur Sprache kommt: die Roma.

Die Roma, Nachfahren eines Volksstamms, der im 10. Jh. von Indien nach Europa gelangte, konnten sich hier nie besonders willkommen fühlen. Obwohl sie nicht einmal 3 % der Bevölkerung stellen, werden die Roma immer wieder zum Objekt von Vorurteilen, Schikanen und gelegentlich auch gewalttätigen Zwischenfällen – was leider auch zahlreiche Anschläge mit Molotowcocktails im ganzen Land in den Jahren 2011 und 2012 belegen.

Das Problem beruht teilweise auf der Wohnungspolitik zur Zeit des Kommunismus, als die Roma gezwungen wurden, in verkommenen Ghettos in den Stadtzentren zusammenzuleben. Tschechen, die in der Nähe dieser Roma-Siedlungen leben, klagen nun über die unansehnlichen, lauten und auch gefährlichen Viertel.

Die Problemlösung gestaltet sich nicht einfach. Unter zunehmendem internationalem Druck bemühen sich die tschechischen Behörden seit einiger Zeit darum, die Roma in ihre Gesellschaft einzugliedern. Bislang lassen diese Versuche jedoch bestenfalls Teilerfolge erkennen.

Das in Budapest stationierte Europäische Zentrum für die Rechte der Roma, ein Kontrollgremium, hat ein wachsames Auge auf die tschechischen Behörden, die mit der zunehmenden Gewalt gegen Roma zu kämpfen haben. Das Zentrum unterhält eine informative Website (www.errc.org).

DEN KIRCHEN, WAS DEN KIRCHEN GEHÖRT

In den letzten 20 Jahren waren tschechische Gerichte damit beschäftigt, Rechtsstreitigkeiten zwischen ehemaligen Eigentümern, deren Besitz von den Kommunisten Ende der 1940er- und in den 1950er-Jahren beschlagnahmt worden war, und den derzeitigen Eigentümern – oft der Staat – zu schlichten.

Das entsprechende Gesetz ist zwar undurchsichtig, aber dennoch standen die Chancen, durch Beschlagnahmung verlorenen Besitz zurückzubekommen, generell gar nicht so schlecht. Ein Faktum, das allerdings nur zutrifft, wenn es sich nicht um die Kirche handelt. Seit Jahren drängen katholische und protestantische Gruppierungen die Regierung, ihnen ihre verstaatlichten Ländereien, Kirchenbauten und andere Gebäude zurückzugeben. Die Bemühungen zeigten Anfang 2012 endlich Erfolg, als die Regierung entschied, den Kirchen eine Entschädigung zu zahlen, und ihnen in vielen Fällen auch die Rückgabe ihres Landes und ihrer Gebäude in Aussicht stellte.

Die Einzelheiten müssen noch ausgearbeitet werden, die Entschädigung – die sich auf etliche Milliarden Euro belaufen kann – wird allerdings nur im Laufe von 30 Jahren gezahlt werden können. Die Zahlungen werden jedenfalls den in Bedrängnis geratenen kirchlichen Gruppierungen nützen und ihre Position verbessern.

geschätzt werden.) Es verbleiben noch etwa 2 % Slowaken sowie eine verschwindende Minderheit von Deutschen, Polen und Ungarn.

Doch das war nicht immer so. Bis zum Beginn des Zweiten Weltkriegs lebten auf tschechischem Territorium an die drei Millionen Deutsche – die damals etwa 30 % der Gesamtbevölkerung ausmachten. Viele von ihnen kamen im Krieg ums Leben oder wurden gegen Kriegsende vertrieben.

Einer Tatsache tragen die Zahlen der jüngsten Volkszählung nun aber sicher nicht Rechnung: dem Umstand nämlich, dass eine zunehmend bunte Mischung von Menschen nach Tschechien kommt, um sich dort eine Arbeit zu suchen, sei es auf Dauer oder auch nur vorübergehend. Zu ihnen zählen eine relativ große Gruppe von Ukrainern und Russen sowie – eine Kuriosität – Vietnamesen. Vermutlich aufgrund der starken Verbindungen zwischen dem alten kommunistischen Regime und der vietnamesischen Regierung hat sich Tschechien zu dem Land entwickelt, das die meisten Vietnamesen anzieht, die nach Europa kommen.

Exakte Daten lassen sich nicht leicht ermitteln, doch man geht davon aus, dass sich die Anzahl an Gastarbeitern aus Vietnam auf etwa 60 000 Personen beläuft. Der vietnamesische Familienname Nguyen liegt mittlerweile an neunter Stelle der häufigsten Namen in Tschechien, wie eine von der tschechischen Website www.kdejsme.cz durchgeführte Studie belegt. Die meisten Vietnamesen leben in Prag oder in der westböhmischen Stadt Cheb (Eger). Viele bestreiten ihren Lebensunterhalt mit kleinen Gemischtwarenläden, auf Tschechisch *večerka*.

> Unter der Herrschaft der Kommunistischen Partei waren Priester und Kirchen enorm reglementiert. Geistliche wurden von der Staatssicherheit (StB) bespitzelt, und Gläubige, die den Gottesdienst besuchten, wurden ebenfalls verfolgt. Aus diesem Grund wurden viele Priester heimlich ordiniert und feierten ihre Gottesdienste hinter verschlossenen Türen.

MODERNE ZEITEN – MANGELNDER GLAUBE

Ihrer langen und von Kämpfen geprägten Religionsgeschichte zum Trotz geben sich die Tschechen heute überaus desinteressiert, wenn es um die Religion geht. Konkrete Zahlen lassen sich nur schwer ermitteln, doch belegen Umfragen, dass über die Hälfte der Tschechen entweder Atheisten oder Agnostiker sind. Nur rund 40 % der Bevölkerung erklärt, noch an Gott zu glauben.

Unter den Gläubigen stellen die Katholiken die größte Gemeinschaft dar; ein Drittel der Bevölkerung soll der römisch-katholischen Kirche

TENNIS

Neben Eishockey haben die Tschechen im Laufe der Jahr sportlich auch im internationalen Tennis Furore gemacht – Anlass für einen keineswegs geringen Nationalstolz und der Grund, weshalb zu fast jedem Park und jeder Grünfläche des Landes auch ein Tennisplatz gehört. Zwei der weltbesten Tennisspieler, Ivan Lendl (geb. 1960) und Martina Navrátilová (geb. 1956), perfektionierten ihre Künste auch wirklich hier, bevor sie die internationale Tennisbühne betraten. Lendl dominierte das Männertennis in den 1980er-Jahren; er gewann insgesamt elf Grand-Slam-Turniere (davon acht im Einzel) und stand 19-mal im Finale – ein Rekord, den in den letzten Jahren nur Roger Federer überboten hat.

Die Erfolgsgeschichte von Martina Navrátilová ist sogar noch beeindruckender. Ende der 1970er-Jahre und in den 1980er-Jahren gewann sie 18 Grand-Slam-Turniere im Dameneinzel, darunter neun sagenhafte Siege im Wimbledon, zuletzt 1990. Und es gelang ihr sogar, sechs Grand-Slam-Titel in Folge zu holen.

Die Tschechen machen in der internationalen Tennisszene weiterhin von sich reden. Liebling der Nation ist momentan Petra Kvitová (geb. 1990), die 2011 Wimbledon gewann und bei Redaktionsschluss dieser Auflage auf Platz acht der Weltrangliste stand.

angehören – wobei Umfragen von erheblich niedrigeren Zahlen ausgehen. Interessant fällt der Vergleich mit dem Nachbarland Polen aus, in dem 90 % der Bevölkerung sich zum Katholizismus bekennen, und mit der Slowakei, wo der Anteil bei rund 70 % liegt. Protestanten und andere Konfessionen kommen in Tschechien auf etwa 5 %.

Schwer zu sagen, weshalb die Tschechen alles in allem die Religion eher scheuen. Wer zu Jan Hus im 15. Jh. zurückgeht, entdeckt allerdings schon damals eine Art nationaler Skepsis gegenüber organisiertem Glauben. Und schließlich war es auch Jan Hus, der seinerzeit gegen die Exzesse der katholischen Kirchen wetterte.

Zudem blieb der Katholizismus in gewisser Weise immer mit der Eroberung durch die Habsburger verbunden sowie mit dem missionarischen Eifer der Jesuiten im 16. und 17. Jh., die die Bevölkerung unbedingt zum katholischen Glauben bekehren wollten. In der jüngeren Geschichte tat die kommunistische Regierung alles, um jedwede organisierte Religion zu unterbinden, und schreckte auch nicht davor zurück, Priester einzusperren und Kirchen zu schließen.

Mittlerweile gibt es einige Anzeichen für ein bescheidenes Aufglimmen des Glaubens. Immer mehr Paare heiraten kirchlich, und Eltern entscheiden sich auch immer häufiger dafür, ihre Kinder taufen zu lassen. Das allgemeine Interesse scheint allerdings eher in Richtung Esoterik und freier Spiritualität zu tendieren.

DIE WELTBESTEN IM EISHOCKEY

Die Tschechen glänzen in vielen internationalen Sportarten, darunter Tennis und Eisschnelllauf, die wahren Weltmeister sind sie jedoch im Eishockey. Seit den ersten Eishockey-Weltmeisterschaften 1920 gewannen die tschechischen bzw. die tschechoslowakischen Nationalmannschaften sage und schreibe zwölfmal Gold und konnten insgesamt 45 Medaillen mit nach Hause nehmen.

Eishockey spielt im Bewusstsein der Menschen eine derart bedeutende Rolle, dass man, wenn man einen Tschechen nach dem wichtigsten Jahr in der jüngsten Geschichte fragt, nicht 1989 oder 1968 zu hören bekommt, sondern 1998. In diesem Jahr besiegten die Tschechen Russland mit 1:0 bei den Olympischen Winterspielen in Nagano und

Top-Nachrichten-Websites

Prague Post (www.prague post.com)

Aktuálně.cz (http://aktualne. centrum.cz /czechnews)

Czech Happenings (www.ceskeno viny.cz/news)

Prague Daily Monitor (www. praguemonitor. com)

gewannen die Goldmedaille. Ganz Tschechien verfiel damals in einen nationalen Freudentaumel.

Weshalb die Tschechen so hockeybesessen sind, weiß eigentlich kein Mensch. Klar, schon die Kinder spielen im ganzen Land auf zugefrorenen Teichen, doch das erklärt noch lange nicht, wie die Tschechen es zu einer derartigen Meisterschaft bringen konnten. Die Antwort liegt wohl zum Teil in den vielen ehrgeizigen Junior-Ligen bis hinauf zur Landesliga, der Extraliga, in der Größen wie HC Sparta Praha (www.hcsparta.cz) und HC Slavia Praha (www.hc-slavia.cz) um den ersten Platz kämpfen.

Tschechische Spieler sind zudem in vielen Mannschaften der US-amerikanischen Eishockey-Liga vertreten und den Leuten hier wie dort ein Begriff – beispielsweise Jaromír Jágr (geb. 1972), der mit den Pittsburgh Penguins 1991 und 1992 den Stanley Cup gewann und seit Juni 2012 bei den Dallas Stars spielt. Dominik Hašek (geb. 1965), der „Dominator", galt als der beste Torwart der Welt, nachdem er mit den Detroit Red Wings 2001 den Stanley Cup geholt hatte.

Kunst & Kultur

Tschechen haben schon immer einen großen Beitrag zur Kunst und Musik geleistet, und eine Reise nach Prag wäre nicht komplett ohne einen Besuch in den Museen und Galerien der Stadt, wo man die Werke der einheimischen Maler, Fotografen und Bildhauer bewundert. Abends fällt die Wahl dann schwer zwischen den vielen Angeboten an klassischer Musik, Jazz und Rock. Zwei Tschechen, Antonín Dvořák und Bedřich Smetana, haben als Komponisten Weltruhm erlangt. In den bildenden Künsten gibt es weniger international geläufige Namen, aber dennoch beachtliche Leistungen.

MUSIK

Klassisch

Klassische Musik hat in Tschechien eine lange, reiche Tradition, und seit Jahrhunderten stehen die Tschechen im Ruf, gute Musik sofort beim ersten Hören zu erkennen. Es war immerhin das Prager Publikum, das das Genie von Mozart erkannte – lange bevor die Zuhörer in seinem Heimatland Österreich sich für den Komponisten erwärmten.

Die klassische Musik wurde anfangs stark von den deutschen und österreichischen Komponisten beherrscht, entwickelte aber Mitte des 19. Jhs. mit der Nationalen Wiedergeburt der Tschechen deutlich tschechische Züge. Dazu gehörte auch, dass die tschechischen Komponisten ganz bewusst tschechische Volksmusik und Legenden in ihren Kompositionen verwendeten. Der bekannteste Komponist dieser Zeit war Bedřich Smetana (1824–1884). Er schrieb mehrere Opern und Symphonien, sein bekanntestes Werk ist aber *Die Moldau*.

Antonín Dvořák (1841–1904) ist außerhalb Tschechiens der wohl bekannteste tschechische Komponist. Auch er wurde durch die tschechische Nationalbewegung beeinflusst und komponierte in diesem Sinne die beiden *Slawischen Tänze* (1878 und 1881), die Opern *Rusalka* und *Čert a Káča* (Die Teufelskäthe), sowie sein religiöses Meisterwerk *Stabat Mater*. Dvořák verbrachte vier Jahre in den USA und komponierte dort seine berühmte Symphonie *Nr. 9, Aus der neuen Welt*.

Die tschechische Tradition in der klassischen Musik wurde durch die Werke des aus Mähren stammenden Leoš Janáček (1854–1928) bis ins 20. Jh. fortgeführt. Janáčeks Musik ist gewöhnungsbedürftig, aber wer einmal Gefallen an den schwermütigen Violinklängen gefunden hat, wird sie lieben. Zu Janáčeks bekanntesten Kompositionen gehören die Opern *Das schlaue Füchslein* und *Káťa Kabanová* sowie *Glagolská mše* (Glagolitische Messe).

Jazz

Der aus den USA importierte Jazz kam in den 1930er-Jahren ins Land und ist seitdem ein fester Bestandteil der heutigen Prager Musikszene (auch wenn er von den Kommunisten gegen Ende der 1940er- und noch in den 1950er-Jahren als dekadente westliche – weil amerikanisch – Musik verachtet wurde).

Top-Festivals mit klassischer Musik

Prager Frühling (www.festival.cz)

Prague Proms (www.prague proms.cz)

Dvořák Festival (www.dvorakova praha.cz)

Internationales Musikfestival Český Krumlov (www.ckrumlov. info)

Janáčkovy Hukvaldy (www. janackovy hukvaldy.cz)

Smetanas *Moldau* (*Vltava*) ist wohl das beliebteste klassische Musikstück in Tschechien, und mit ihm wird traditionellerweise das Musikfestival Prager Frühling eröffnet.

Mozart hatte das tschechische Publikum ins Herz geschlossen. 1787, nach der Premiere seiner Oper *Don Giovanni* im Prager Ständetheater, erklärte er: „Meine Prager verstehen mich."

Ein eigener tschechischer Jazz entwickelte sich dann in den 1960er-Jahren. Eine der wichtigsten Bands war damals das SH Quartet, das drei Jahre lang im Reduta Jazz Club (S. 140) auftrat, dem ersten professionellen Jazzclub der Stadt. Der Club ist immer noch gut im Geschäft (auch wenn er heute nicht mehr den Mittelpunkt der Jazzszene darstellt). Eine weitere wichtige Band der damaligen Zeit war das Junior Trio mit Jan Hamr und den Brüdern Miroslav und Allan Vitouš, die alle nach 1968 in die USA emigrierten. Hamr wurde in der amerikanischen Jazz- und Popmusikszene in den 1970er- und 1980er-Jahren als Jan Hammer bekannt.

Bis heute hat die Szene keineswegs an Bedeutung verloren, und man kann in Prag jeden Abend mehr als einen guten Auftritt erleben. Einer der außergewöhnlichsten Musiker ist Jiří Stivín (geb. 1942), der in den 1970er-Jahren zwei ausgezeichnete Alben mit der Band System Tandem produzierte und als einer der innovativsten Jazzmusiker Europas gilt. Zwei andere Jazzer, die man im Auge behalten sollte, sind Emil Viklický (geb. 1948) und Milan Svoboda (geb. 1951).

Rock & Pop

Rockmusik hat in der jüngeren Geschichte Tschechiens eine außerordentlich große Rolle gespielt, die wahrscheinlich in Europa einzigar-

---

ZEHN TSCHECHISCHE SONGS

Die Tschechen neigen zum Patriotismus, wenn es ihre Musik betrifft. Schlager aus den 1960er- und 1970er-Jahren liebt man, weil sie emotional sind und die Erinnerung ans einfache Leben wachrufen. Lieder aus den 1990er- und 2000er-Jahren sind authentischer, aber nüchterner. Eine Mischung aus beidem ist eine perfekte Hintergrundmusik aus dem iPod oder MP3-Player für den Bummel durch Prag. Das hier ist eine sehr subjektive Liste:

➡ **Želva** (Schildkröte; 1967) von Olympic – die damaligen tschechischen „Beatles" hatten die passenden Bewegungen, die Musik und die Frisur.

➡ **Stín Katedrál** (1968) von Helena Vondráčková – einer der schönsten Pop-Songs der 1960er-Jahre.

➡ **Modlitba pro Martu** (Gebet für Marta; 1969) von Marta Kubišová – ein trauriges Lied, das bei Tschechen sofort die Erinnerung an den Einmarsch der Warschauer-Pakt-Staaten 1968 wachruft.

➡ **Bratříčku, Zavírej Vrátka** (Oh Bruder, schließ' die Tür; 1969) von Karel Kryl – das Stück „Schließ' die Tür" spiegelt die Hoffnungslosigkeit wider, die viele nach der Invasion empfanden.

➡ **Je jaká je** (Sie ist, was sie ist; 1974) von Karel Gott – der tschechische Schnulzensänger der Extraklasse ist immer noch im Geschäft, dabei ist er schon weit über 70.

➡ **Černí Andele** (Schwarze Engel; 1991) von Lucie – erhielt den Preis der Kritiker als beste Rockband der 1990er-Jahre.

➡ **Láska je láska** (Liebe ist Liebe; 1995) von Lucie Bílá – die Ballade der 1990er-Jahre, gesungen von einer starken Frau mit einer Stimme, die man nicht so schnell vergisst.

➡ **Lolita** (2001) oder **Srdce** (Herz; 2004) von Kryštof – diese Pop-Gruppe hatte eine Reihe von Hits, die sofort ins Ohr gingen und süchtig machten.

➡ **Pohoda** (2005) von Kabát – aggressiver Song von einer Band, zu deren Fans hauptsächlich Bier trinkende Hardrocker gehören.

➡ **Proměny** (2006) von Čechomor – schöne Musik von einer Band, die fast ganz allein Folkmusik wieder salonfähig gemacht hat.

tig sein dürfte. Es war Rockmusik (oder genauer gesagt: die Musik der amerikanischen Band Velvet Underground und tschechischer Untergrund-Bands wie Plastic People of the Universe), die die antikommunistische Bewegung in den 1970er- und 1980er-Jahren voranbrachte und lebendig hielt. Der verstorbene frühere Präsident Václav Havel war ein großer Fan, und zu seinen engen Freunden zählten die Mitglieder der Rolling Stones, außerdem Lou Reed, der Frontmann von Velvet Underground und natürlich auch Frank Zappa, mit dem er sich auch auf politischer Ebene austauschte.

Die Rockmusik lebte Mitte der 1960er-Jahre während des politischen Tauwetters auf, und einheimische Rockbands entstanden, inspiriert von den Beatles, Beach Boys und Rolling Stones. Die Hit-Single „Želva" (Schildkröte) der Band Olympic von 1967 zeigt ganz deutlich den großen Einfluss der Beatles in jenen Jahren des vermeintlichen Aufbruchs. Einer der größten Stars der damaligen Zeit war die Popsängerin Marta Kubišová (geb. 1942). Ihre Lieder wurden nach der Invasion der Warschauer Pakt Staaten 1968 offiziell verboten, 1989 wurde sie rehabilitiert, und heute tritt sie noch gelegentlich auf. Ihre Stimme und ihre Lieder spiegeln immer noch den naiven Optimismus der 1960er-Jahre vor der Invasion wider.

Die Invasion des Warschauer Paktes ließ die Rockrevolution von heute auf morgen verstummen. Viele Bands durften nicht mehr öffentlich auftreten oder Platten aufnehmen. An ihre Stelle traten, von den Behörden ermutigt, politisch angepasste Sänger wie Helena Vondráčková (geb. 1947) und Karel Gott (geb. 1939). Viele beliebte Songs aus jenen Tagen, wie z. B. Gotts Klassiker *Je jaká je* (*Sie ist, was sie ist*) sind nur tschechische Coverversionen von damals aktueller, unverfänglicher Musik aus dem Westen.

Die Rockmusik wurde in den 1980er-Jahren im Vorfeld der Samtenen Revolution immer politischer. Experimentelle Hardcorebands wie die Plastic People of the Universe mussten in den Untergrund gehen und fanden immer mehr Anhänger. Ein anderer verbotener Künstler, Karel Kryl (1944–94), wurde der inoffizielle Sänger des Volkes und äußerte sich aus seinem westdeutschen Exil. Sein Album *Bratříčku, Zavírej Vrátka* (*Oh Bruder, schließ' die Tür*) wurde zum Symbol der Hoffnungslosigkeit nach der sowjetischen Invasion und in den Jahrzehnten, die darauf folgten.

Die Samtene Revolution öffnete die Tür für Einflüsse aus aller Welt. Tschechische Bands aus den frühen 1990er-Jahren wie die Lucie und Žlutý pes ebneten den Weg für eine Vielzahl von Musikrichtungen, vom Nina-Hagen–ähnlichen Kreischen von Lucie Bílá bis zum avantgardistischen Zwitschern von Iva Bittová; dazu kommt jede Menge tschechischer Mainstream. Zu den Besten gehören Psí Vojáci, Buty, Laura a její tygři, Už jsme doma und Support Lesbiens. Zurzeit sind die Hardrocker von Kabát besonders angesagt, außerdem der Popsänger Kryštof und die sanfte Folkband Čechomor.

BILDENDE KÜNSTE

Wer nach tschechischer bildender Kunst fragt, wird bei den meisten Touristen wahrscheinlich nur ein fragendes Gesicht zu sehen bekommen. Manchen werden vielleicht noch die Jugendstilgemälde von Alfons Mucha einfallen, aber das ist es meist auch schon. Das Land hat jedoch viel mehr zu bieten als Muchas sinnliche Mädchen. Prag verfügt über eine lange Tradition der avantgardistischen Fotografie und ein reiches Erbe im Bereich der Bildhauerei – angefangen vom Barock bis zur Moderne.

Jan Hammers Titelmusik für die beliebte Fernsehserie Miami Vice aus den 1980er-Jahren führt immer noch die Liste der meistverkauften Jazzplatten an; allein in den USA wurden 4 Mio. Stück verkauft.

Die Sänger Helena Vondráčková und Karel Gott aus der Zeit des Kommunismus sind immer noch im Geschäft. Vondráčková wurde 2012 65 Jahre alt, und Karel Gott ist in den Siebzigern.

Top-Museen für Gemälde

Agneskloster (Altstadt/Staré Město)

Georgskloster (Hradschin/ Hradčany)

Veletržní Palác (Holešovice)

Palais Šternberg (Hradschin/ Hradčany)

KUNST & KULTUR BILDENDE KÜNSTE

Malerei

Tschechien kann auf mindestens sieben Jahrhunderte der Malerei zurückblicken, angefangen mit den wunderbar realistischen Werken des Magister Theodoricus (Meister Theodoricus) aus dem 14. Jh. Seine Bilder, die in der Hl.-Kreuz-Kapelle auf Burg Karlstein und in der Wenzelskapelle im Veitsdom hängen, beeinflussten die Malerei in ganz Mitteleuropa. Ein anderes Meisterwerk tschechischer Kunst der Gotik ist das vom Ende des 14. Jhs. stammende Altarbild eines Künstlers, der nur als Meister des Altars von Wittingau (Třeboň) bekannt ist; Teile des ursprünglichen Altars befinden sich heute im Agneskloster in der Prager Altstadt.

Mit der Nationalen Wiedergeburt Tschechiens im 19. Jh. wurde auch der tschechische Realismus neu belebt; hervorzuheben sind hier Mikuláš Aleš sowie Vater und Sohn Antonín und Josef Mánes. Dieser Bewegung war es wichtig, die natürliche Schönheit der tschechischen Landschaft darzustellen. Die Landschaftsbilder der damaligen Zeit sind tatsächlich außerordentlich schön. Im Georgskloster in der Prager Burg sind einige dieser Bilder zu sehen.

Zu Beginn des 20. Jhs. wurde Prag zum Zentrum avantgardistischer Kunst, die damals von der Gruppierung Osma (Die Acht) dominiert wurde. Prag war auch ein Sammelbecken für Maler des Kubismus, unter ihnen Josef Čapek (1887–1945) und Bohumil Kubišta (1884–1918). Zwischen dem Ersten und dem Zweiten Weltkrieg blühte die funktionalistische Kunst in der Künstlergruppe Devětsíl, die von dem vielseitigen Karel Teige (1900–1951) angeführt wurde. Darauf folgte der Surrealismus; bekannte Vertreter sind Zdeněk Rykr (1900–1940) und Josef Šima (1891–1971). Viele Meisterwerke aus dieser Periode hängen in der Nationalgalerie im Palais Veletržní in der Abteilung für Moderne und Zeitgenössische Kunst.

Die Bildenden Künste mussten während der Okkupation durch Hitlerdeutschland in den Untergrund gehen, und in den frühen Jahren des Kommunismus mussten Künstler im offiziellen sozialistisch-realistischen Stil malen, hauptsächlich Arbeiter und Bauern beim Aufbau des Arbeiterstaates. Zu den Malern im Untergrund gehörte Mikuláš Medek (1926–1974), dessen abstrakte, surrealistische Kunst in abgelegenen Galerien ausgestellt wurde, und Jiří Kolář (1914–2002), ein außergewöhnlicher Grafiker und Dichter, dessen Name lautmalerisch wie „Collage" klingt – eine seiner beliebtesten Ausdrucksformen.

Jahrzehntelang konnte man Muchas *Slawisches Epos* in der Stadt Moravský Krumlov, 200 km südöstlich von Prag, bewundern. 2011 zogen die Tafeln nach Prag um, seit dem Frühjahr 2012 werden sie – voraussichtlich für zwei Jahre – im Prager Messepalast ausgestellt. Über den endgültigen Verbleib wurde noch nicht entschieden.

Fotografie

Tschechische Fotografen zählten international immer schon zu den hervorragenden Vertretern ihrer Zunft. Die ersten Fotografen arbeiteten Ende des 19. und Anfang des 20. Jhs. hauptsächlich im bildhaften Stil, das heißt, sie behandelten die Fotografie quasi als die Weiterentwicklung der Malerei.

Erst nach der staatlichen Unabhängigkeit 1918 und in den 1920er- und 1930er-Jahren fand die tschechische Fotokunst Anschluss an die junge Moderne. Einheimische Fotografen griffen Stilrichtungen wie Kubismus, Funktionalismus, Dadaismus und Surrealismus auf und veröffentlichten abstrakte Werke, die auch heute noch sehenswert sind. Zu den sicherlich besten Fotografen der damaligen Zeit gehören František Drtikol (1883–1961) und Jaroslav Rössler (1902–90). Drtikol war ein Gesellschaftsfotograf, der hauptsächlich Aktbilder arrangierte, alle vor einem dramatischen und kräftigen Hintergrund. Rössler verbrachte mehrere Jahre in Paris und entwickelte in der französischen Hauptstadt seine kraftvolle und abstrakte Bildersprache, die auf konstruktivistische Stilrichtungen zurückgriff.

Im Kommunismus diente die Fotografie vornehmlich dazu, dem sozialistischen Arbeiter- und Bauernstaat zu huldigen. Bildbände aus der damaligen Zeit sind auf heute erheiternde Weise angefüllt mit Fotos von Traktoren, Fabriken und Sozialwohnungen. Anspruchsvolle Fotografen zogen sich zurück und wählten mit Absicht Motive wie Landschaften und Stillleben, die zumindest auf den ersten Blick frei von den staatlich vorgegebenen politischen Inhalten waren. Der wohl beste tschechische Fotograf jener Zeit war Josef Sudek (1896–1976). Während seiner fünf Jahrzehnte währenden Karriere fotografierte Sudek Prag aus absolut umwerfenden Perspektiven.

Zurzeit erfreut das tschechische Enfant terrible der Fotoszene Jan Saudek (geb. 1935) seine Fans (und entsetzt seine Kritiker) mit traumähnlichen, handkolorierten Drucken, die an Utopien oder Dystopien erinnern – meistens gehört dazu eine nackte oder halbnackte Frau oder ein Kind.

Bildhauerei

Skulpturen haben im öffentlichen Raum Prags schon immer eine wichtige Rolle gespielt. Man denke nur an die barocken Heiligen, die das Geländer der Karlsbrücke säumen, oder die monumentale Stalinfigur, die einst von der Letnáhöhe auf die Altstadt blickte. Nicht selten hatten sie eine politische Aussage.

Während des Barocks schossen religiöse Skulpturen überall auf öffentlichen Plätzen aus dem Boden. Mariensäulen wurden zu Ehren der Heiligen Jungfrau errichtet, die die Stadt vor der Pest oder Glaubensfeinden schützen sollte – eine dieser Mariensäulen stand von 1650 bis 1918 auf dem Altstädter Ring. Als man 1683 die Statue des Heiligen Johannes von Nepomuk auf der Karlsbrücke aufstellte, war das ein Akt gezielter politischer Propaganda aus dem Hause Habsburg: Es sollte ein neuer – und vor allem katholischer – tschechischer Nationalheld etabliert werden, um den beliebten protestantischen Reformer Jan Hus aus dem öffentlichen Bewusstsein zu verdrängen. Die Aktion war so erfolgreich, dass Johannes von Nepomuk 1729 heilig gesprochen wurde und sich die von den Jesuiten erfundene Nepomuklegende bald ins kollektive Gedächtnis einbrannte.

Während der Nationalen Wiedergeburt der Tschechen hatten die Prager Skulpturen dann eine andere Aufgabe: Sie sollten ein öffentliches Bewusstsein für die tschechische Tradition und Kultur wecken. Einer der produktivsten Bildhauer dieser Zeit war Josef Václav Myslbek, dessen berühmtes Standbild vom hl. Wenzel, dem Patron Tschechiens, den oberen Teil des Wenzelsplatzes dominiert.

Der Jugendstilkünstler Ladislav Šaloun ist für eine der symbolträchtigsten Skulpturengruppen verantwortlich: das Denkmal für Jan Hus, das 1915 anlässlich seines 500. Todestags auf dem Altstädter Ring enthüllt wurde.

Die vielleicht beeindruckendste und auffälligste Skulptur in Prag, das riesige Reiterstandbild des hussitischen Helden Jan Žižka, soll angeblich das größte Reiterstandbild der Welt sein. Es ist jedenfalls groß genug, um die Skyline von Žižkov zu beherrschen (der Stadtteil wurde nach ihm benannt). Erschaffen wurde es im Jahr 1950 nach einem Entwurf von Bohumil Kafka (der mit dem berühmten Schriftsteller Franz Kafka weder verwandt noch verschwägert war). Eigentlich als Teil des tschechischen Nationaldenkmals geplant, sollte es an die tschechischen Soldaten im Zweiten Weltkrieg erinnern, bis dann die kommunistische Regierung das Standbild für andere Zwecke in Beschlag nahm und es zu einem politischen Symbol für die tschechische Bauern- und Arbeiterschaft ummünzte.

KUNST & KULTUR BILDENDE KÜNSTE

Marionettentheater ist schon seit dem 16. Jh. beliebt, Puppenspiele sogar noch länger. Den Höhepunkt seiner Beliebtheit erreichte das Marionettentheater im 17. und frühen 18. Jh. Eine legendäre Persönlichkeit unter den Puppenspielern war Matěj Kopecký (1775–1847).

Die lange Tradition der Stadt, Skulpturen politisch zu instrumentalisieren, hält bis heute an. Die kontrovers-ironischen Arbeiten von Krištof Kintera und David Černý (geb. 1973) sind ein gutes Beispiel dafür.

THEATER

Axl Rose, der Sänger der Band Guns N' Roses, eröffnete im Mai 1992 ein Konzert im Prager Strahov Stadion mit den legendären Worten: „Okay, ihr ex-kommunistischen Dreckskerle, es ist Zeit für Rock 'n' Roll!"

Das Theater bleibt eine beliebte und lebendige Kunstform – trotz wachsender Konkurrenz durch Internet, Film und Fernsehen. Premieren von bedeutenden Stücken wie Tom Stoppards fesselndem *Rock 'n' Roll* im Nationaltheater (S. 141) im Jahr 2007 oder Václav Havels gefeiertes *Odcházení* (Abgang) im Archa-Theater (S. 141) von 2008 sind oft schon Monate vorher ausverkauft und werden nach der Premiere wochenlang in allen Zeitungen und in der Öffentlichkeit diskutiert.

Leider entgeht den Zuschauern, die des Tschechischen nicht mächtig sind, ein großer Teil der Handlung. Manchmal bekommen große Theateraufführungen englische Untertitel, aber die Mehrzahl der Stücke wird auf Tschechisch gespielt. Die beiden Theater Archa und Švandovo Divadlo Na Smíchově (S. 187) haben sich englischsprachige Aufführungen zur Aufgabe gemacht und bieten gelegentlich englische Stücke in der Originalfassung an.

Das Theater hat im Nationalbewusstsein der Tschechen immer eine wichtige Rolle gespielt, sowohl als eine Möglichkeit, die eigene Sprache zu fördern, als auch, um die junge Kultur gegen die Einflüsse der herrschenden Habsburger, Deutschen und später gegen die Kommunisten zu verteidigen. Im 19. Jh. boomten historische Stücke mit einer nationalistischen Botschaft als ein Bestandteil der Nationalen Wiedergeburt.

Der Jahrzehnte dauernde Bau des Nationaltheaters und seine Eröffnung 1881 galten als markanter Punkt in der tschechischen Geschichte. Tragischerweise brannte das Theater kurz nach der Eröffnung ab, es wurde aber nur zwei Jahre später unter massivem Druck der Öffentlichkeit wieder aufgebaut.

Das Drama erlebte seine Blütezeit in den frühen Jahren der tschechoslowakischen Unabhängigkeit, erlitt aber einen herben Rückschlag,

DER UNTERSCHÄTZTE ALFONS MUCHA

Alfons Mucha (1860–1939) ist wahrscheinlich der bekannteste bildende Künstler aus Tschechien, aber da er seinen Ruhm hauptsächlich in Paris erworben hat und nicht in Prag, ist sein Ansehen außerhalb der Heimat größer als zu Hause.

Das bekannteste Werk Muchas ist sein Veranstaltungsplakat für die französische Schauspielerin Sarah Bernhardt, das ihren Auftritt in Giselda ankündigte. Das lange, schmalformatige Poster in gedämpften Farben mit reichem Dekor und voll sinnlicher Schönheit war damals eine Sensation. Die Original-Lithografie kann man im Mucha-Museum bewundern.

Auch wenn Mucha immer dem Jugendstil zugeordnet wird, behauptete er stets, dass er keiner bestimmten Kunstrichtung angehöre, und sah sein Werk als Teil der natürlichen Entwicklung tschechischer Kunst. Sein Engagement für die Kultur und Tradition seines Heimatlandes zeigte sich in der zweiten Hälfte seines Schaffens, als er die Ausgestaltung des Primatorensaals im Prager Repräsentationshaus übernahm, Briefmarken entwarf und ein wunderbares Glasfenster für den Veitsdom schuf.

Mucha widmete 18 Jahre seines Lebens (1910–1928) der Erschaffung seines *Slovanské epopej* (*Slawisches Epos*), das er später dem tschechischen Volk widmete. Die 20 monumentalen Gemälde bedecken eine Fläche von ungefähr 0,5 km² und stellen Szenen aus der slawischen Geschichte und Mythologie dar. Das riesige Werk wird zurzeit in Prag gezeigt, wartet aber noch auf einen dauerhaften Standort.

DIE SKURRILE KUNST DES DAVID ČERNÝ

David Černýs Skulpturen sind oft umstritten, manchmal schockierend und immer amüsant. Die folgenden sechs bekannten Werke von ihm sind dauerhaft in Prag zu bestaunen:

➡ *Quo Vadis* (S. 92; Wohin gehst du; 1991) – im Garten der Deutschen Botschaft in Malá Strana. Ein Trabi auf vier menschlichen Beinen erinnert an die Tausenden von Ostdeutschen, die im Jahr 1989 vor dem Fall der Mauer aus der DDR flohen und zu Tausenden auf dem Botschaftsgelände kampierten, wo sie auf ihre Ausreisemöglichkeit hofften.

➡ *Viselec* (Abhängen; 1997) – über der Husova-Straße in der Altstadt (Staré Město). Ein bärtiger Kerl mit Brille und einer gewissen Ähnlichkeit mit Sigmund Freud hängt lässig mit einer Hand an einer Stange hoch oben über der Straße.

➡ *Kun* (S. 131; Pferd; 1999) – in der Lucerna-Passage, Neustadt (Nové Město). Eine amüsante Parodie auf das berühmte Standbild des hl. Wenzel auf dem Wenzelsplatz, allerdings ist das Pferd tot und steht auf dem Kopf.

➡ *Miminka* (S. 159; Babys) – am Fernsehturm in Žižkov. Riesige, gesichtslose Babys kriechen den ganzen Fernsehturm hinauf – das hat etwas mit Konsumdenken und Medien zu tun. Vermutlich jedenfalls.

➡ *Brownnosers* (S. 183; 2003) – in der Futura Galerie, Smíchov. Wer möchte, kann seinen Kopf in die Rückseite der Statue stecken und ein Video sehen, auf dem sich der tschechische Präsident und der Direktor der Nationalgalerie gegenseitig mit Babynahrung füttern.

➡ *Proudy* (S. 90; Ströme; 2004) – im Hof von Hergetova Cíhelná, Kleinseite (Malá Strana). Zwei nackte Männer pinkeln in eine Pfütze (wer genau hinsieht, erkennt in ihr die Umrisse Tschechiens). Die Figuren schreiben mit ihrem Wasserstrahl Zitate aus der tschechischen Literatur. (Ja, die Skulptur bewegt sich! Sie wird von einem Computer gesteuert.)

als die Deutschen das Land besetzten und viele tschechische Theater geschlossen oder in deutsche Theater umgewandelt wurden. Im Kommunismus gab es ausgezeichnete klassische Aufführungen, moderne Autoren und Stücke hatten es allerdings schwer. Während dieser Zeit wurden viele gute Stücke, darunter auch die von Havel, im eigenen Land wegen ihres regierungsfeindlichen Tons nicht aufgeführt, sie erschienen aber im Westen

Die Schlüsselstellung des Theaters im Leben der Tschechen zeigte sich deutlich im Jahr 1989 während der Samtenen Revolution. Havel und sein Bürgerforum beschlossen damals, ihren Sitz in der Laterna Magika (S. 142) zu verlegen und dort die zähen Verhandlungen zu führen, die das Ende der Kommunisten besiegelten.

Prag im Buch & auf der Leinwand

Mit dem Lesen eines Buches oder dem Betrachten eines Films kann man sich einem Reiseziel oft am besten nähern und ein tieferes Verständnis für einen Ort entwickeln. Für Tschechien gilt dies in besonderem Maße, denn hier sind besonders viele Meisterwerke entstanden. Bedeutende Schriftsteller wie Franz Kafka, Franz Werfel oder Milan Kundera haben in Prag gelebt. Und *Die Abenteuer des braven Soldaten Schwejk* zählen zu den Klassikern der komischen Antikriegs-Literatur. Auf der Leinwand hat vor allem die „neue Welle" der 1960er-Jahre die Welt im Sturm erobert.

Das Tschechische ist reich an Flexionsformen; Schriftstellern gelingt es deshalb, nur durch das Spiel mit Zeiten und Endungen unterschiedliche Bedeutungsebenen herzustellen. Meister in dieser Kunst war Karel Čapek, der mehrere Romane und Dramen verfasst hat, darunter das Science-Fiction-Stück *R.U.R.*, in dem erstmals das Wort „Roboter" auftaucht.

TSCHECHISCHE LITERATUR

Unter kommunistischer Herrschaft brachten es immerhin zwei tschechische Autoren zu Weltruhm; beide stammten ursprünglich aus Brno (Brünn): Milan Kundera (geb. 1929) und Bohumil Hrabal (1914–97). Ausländische Gäste kennen vor allem Kundera. In seinen bekannten Erzählungen sind Humor, Erotik, Musiktheorie, Dichtung und Philosophie eng miteinander verwoben – sie befriedigen also die unterschiedlichsten Bedürfnisse der Leserinnen und Leser. Sein bekanntester Roman, *Die unerträgliche Leichtigkeit des Seins* (der 1988 auch mit großem Erfolg verfilmt wurde), spielt im Prag vor dem Einmarsch der Truppen des Warschauer Paktes. Lesenswert sind aber auch andere Bücher von Kundera, zum Beispiel *Das Buch vom Lachen und Vergessen*.

Fragt man Tschechen nach ihrem Lieblingsschriftsteller, nennen viele Hrabal. Der Grund ist offensichtlich: In Hrabals Werken finden die Tschechen sich selbst wieder – ihren Witz, ihren Sinn fürs Absurde und ihre Liebe zum Bier. Hrabal ist aber auch ein großer Erzähler, und Romane wie *Ich habe den englischen König bedient* und *Das Städtchen, in dem die Zeit stehenblieb* sind ebenso geistreich wie unterhaltsam. Hrabal starb im Jahr 1997 auf eine für Prag geradezu klassische und tragische Weise: Er stürzte aus dem Fenster.

Prag, der Erfolgsroman des Jahres 2002 aus der Feder des amerikanischen Autors Arthur Phillips, spielt eigentlich gar nicht in Prag, sondern im Budapest der 1990er-Jahre. Im Roman ist Prag eher die Stadt des entspannten Lebens, an das die Hauptfiguren sehnsüchtig zurückdenken.

Zu den talentierten Autoren, die zwischen dem Ende des Prager Frühlings 1968 und der Samtenen Revolution 1989 ihr Handwerk erlernten, zählen Ivan Klíma (geb. 1931) und Josef Škvorecký (1924–2012). Als Kind überlebte Klíma das Konzentrationslager Theresienstadt; er wohnt heute noch in Prag. Bekannt ist er vor allem für seine melancholischen Kurzgeschichten über das Leben in den 1970er- und 1980er-Jahren und für seine Romane, darunter *Meine ersten Lieben* und *Liebende für eine Nacht*.

Ohnehin mangelt es dem Land nicht an literarischen Talenten. Unter die führenden Autoren des Landes rechnet man Jáchym Topol (geb. 1962), Petra Hůlová (geb. 1979), Michal Viewegh (geb. 1962), Michal Ajvaz (geb. 1949), Emil Hakl (geb. 1958), Miloš Urban (geb. 1967) und Petra Soukupová (geb. 1982). Inzwischen haben sie die Vertreter der älteren Generation wie Kundera und Klíma verdrängt, die heute eher als Chronisten einer längst vergangenen Epoche gelten. Viele Werke dieser jungen Autorengeneration sind mittlerweile auch in deutschen Übersetzungen erhältlich.

Franz Kafka und die deutschen Autoren aus Prag

Eine Prager Literaturgeschichte wäre unvollständig ohne die deutschsprachigen Prager Schriftsteller, allen voran Franz Kafka (1883–1924). Kafka, der in Prag geboren wurde, dort studierte und arbeitete, war als Autor zu Lebzeiten nur Eingeweihten bekannt; erst nach seinem Tod wurden seine Erzählungen und die großen Romane, *Der Prozess* und *Das Schloss,* zu Klassikern der modernen Literatur; der verstorbene Kafka brachte es zu Weltruhm. Sein Geburtshaus lag nahe beim Altstädter Markt, und die meiste Zeit seines kurzen Lebens verbrachte er hier, im Zentrum seiner Heimatstadt Stadt Prag.

Zum deutschsprachigen Prager Freundes- und Literatenkreis um Franz Kafka gehörten auch der zunächst erfolgreichere Franz Werfel (1890–1945) und Max Brod (1884–1968), der Kafkas Nachlass rettete und veröffentlichte, sowie der spätberufene Johannes Urzidil (1896–1970), der in seinen autobiografisch gefärbten Erzählungen die verlorene Heimatstadt Prag und das alte Böhmen zum Leben erweckt. Zum Kreis der Deutsch-Prager zählten aber auch der berühmte Schriftsteller und Journalist Egon Erwin Kisch (1885–1948), der Dichter Rainer Maria Rilke (1875–1926), beide wie die vorgenannten gebürtige Prager, und der Schriftsteller Gustav Meyrink aus Wien, der immerhin viele Jahre in Prag lebte.

Ein tschechischer Zeitgenosse Kafkas, dessen Werk freilich ganz anders geartet ist, war Jaroslav Hašek (1883–1923). Seine *Abenteuer des braven Soldaten Schwejk,* also die Geschichte des kleinen Mannes, der sich während des Ersten Weltkriegs vor dem Militärdienst drücken will, gelten vielen als komödiantisches Meisterwerk.

Der tschechische Dichter Jaroslav Seifert (1901–1986) gewann im Jahr 1984 den Nobelpreis für Literatur. Viele Kritiker halten Seifert allerdings gar nicht für den besten Dichter des Landes; oft wird stattdessen der Dichter und Wissenschaftler Miroslav Holub (1923–1998) genannt.

TSCHECHISCHE FILME

Filme wurden in Böhmen zwar schon Anfang des 20. Jhs., in der Frühzeit des Kinos, gedreht; internationale Beachtung fand der tschechische Film aber erst in den 1960er-Jahren.

In den 1960er-Jahren herrschte in der Tschechoslowakei in künstlerischer Hinsicht eine relativ große Freiheit. Junge und talentierte Regisseure wie Miloš Forman und Jiří Menzel schufen kluge und melancholische Filme und sparten darin nicht mit spöttischer Kritik an den kommunistischen Machthabern. Während dieser Dekade gewannen tschechoslowakische Filme zwei Oscars als Beste ausländische Filme: 1965 *Das Geschäft in der Hauptstraße,* 1967 *Liebe nach Fahrplan.*

Der tschechische Filmemacher Jan Švankmajer ist für seine bizarren, surrealistischen Trickfilme bekannt. Dazu zählen seine Version von Alice im Wunderland *(Něco z Alenky) von 1988 und sein Klassiker* Faust *(Lekce Faust; 1994).*

LITERATUR NACH 1989

Immer mehr Bücher junger tschechischer Autoren werden heute auch in andere Sprachen übersetzt. Hier einige gute Beispiele:

➡ **Mord in der Josefstadt. Ein Kriminalroman aus dem alten Prag** (Miloš Urban, 1997) Eine düstere Geschichte um einen Serienmörder, der Prag in Atem hält. Kritiker sprachen sogar von einer tschechischen Antwort auf Umberto Eco.

➡ **Kurzer Abriss meines Lebens in der mongolischen Steppe** (Petra Hůlová, 2009) In Hůlovás Debütroman wird das Leben von Frauen aus drei Generationen in der Mongolei beschrieben. Eine Sensation, als es in Tschechien 2002 erschien.

➡ **Erziehung von Mädchen in Böhmen** (Michal Viewegh, 1996) Ein unterhaltsamer Blick auf die ersten Jahre des neuen Kapitalismus in Prag.

➡ **Die Schwester** (Jáchym Topol, 1994) Die Geschichte eines jungen Mannes, der im ersten Chaos der postkommunistischen Zeit nach Orientierung sucht.

DIE SCHÖNSTEN FILME DER 1960ER-JAHRE

Viele der großartigen tschechischen Filme aus den 1960ern sind heute auf DVD oder über Download-Anbieter wie Netflix erhältlich. Hier einige der besten:

➡ **Closely Watched Trains** (1966) Jiří Menzels Verfilmung des komischen Weltkriegs-Klassikers von Bohumil Hrabal spielt in einer Kleinstadt mit Bahnhof; der Film gewann 1967 einen Oscar und lenkte den Blick des internationalen Publikums auf den neuen tschechischen Film. Köstlich die Szene, in der der junge Miloš einer älteren Frau vom Problem der vorzeitigen Ejakulation berichtet, während sie liebevoll den Hals einer Gans streichelt ...

➡ **Liebe einer Blondine** (1965) Miloš Formans Liebesgeschichte handelt von einem naiven Mädchen aus einer kleinen Industriestadt und ihrem erfahrenen Liebhaber aus Prag. Es ist vermutlich Formans schönster Film; mühelos gelingt ihm eine Geschichte von Unschuld und Hoffnungslosigkeit hinter dem Eisernen Vorhang Mitte der 1960er-Jahre.

➡ **Der Schwarze Peter** (1963) Dieser frühe Forman-Film hat damals die New Yorker Kritiker begeistert – wegen der großen Nähe zur Nouvelle Vague im französischen Film und der ruhig, aber fesselnd erzählten Geschichte eines Jungen, der langsam erwachsen wird.

Hollywood-Filme mit Prager Locations

Amadeus (1980)

Mission: Impossible (1996)

Hostel (2005)

Casino Royale (2006)

Chroniken von Narnia: Prinz Kaspian von Narnia (2008)

Forman ging schließlich ins Exil und gewann mit *Einer flog über das Kuckucksnest* und *Amadeus* noch weitere Oscars.

Seit der Samtenen Revolution geben sich tschechische Regisseure alle Mühe, an jene fruchtbare Schaffenszeit anzuknüpfen. Allerdings sind ihre Budgets vergleichsweise winzig; gleichzeitig werden die Kinos mit Hollywood-Blockbustern überschwemmt. Ungeachtet dieser schwierigen Bedingungen ziehen Filmkritiker gern den etwas unfairen Vergleich mit den hohen Qualitätsstandards der „neuen Welle" aus den 1960er-Jahren.

Trotz aller Widrigkeiten sind viele jüngere tschechische Regisseure den hohen Erwartungen durchaus gerecht geworden. Sie produzieren aber jetzt kleinere, von Ensembles entwickelte Filme, die von den Härten und moralischen Skrupeln in einer schnelllebigen Gesellschaft handeln, die sehr rasch den Übergang vom Kommunismus zum Kapitalismus bewältigen musste. Ging es den Filmemachern in den 1960er-Jahren darum, die damals harten und entbehrungsreichen Zeiten leichter zu nehmen, versucht man heute eher, hinter den relativ angenehmen Lebensumständen noch eine düstere Seite aufzudecken.

Filme wie *Einzelgänger* (2000) von David Ondříček, Jan Hřebejks *Up and Down* (2004), *Sasha Gedeons Rückkehr des Idioten* (1999), Bohdan Slámas *Die Jahreszeiten des Glücks* (2005) und Petr Zelenkas *Geschichte des alltäglichen Wahnsinns* (2005) unterscheiden sich in vielerlei Hinsicht; gemeinsam ist ihnen aber die Suche nach den Schattenseiten in einem anderen Gesellschaftssystem – nach Geld, Eheproblemen und dem Wandel moralischer Werte.

In jüngster Zeit erleben Filme über die Geschichte ein Comeback, vor allem Filme über den Zweiten Weltkrieg und die deutsche Besatzungszeit. Zu nennen wären da Adam Dvořáks *Lidice* (2011), Hřebejks *Kawasaki's Rose* (2009) und Tomáš Lunáks *Alois Nebel* (2010). Der letztgenannte Film ist die sehenswerte Interpretation einer Graphic Novel über einen Mord in den letzten Kriegstagen und über die Vertreibung der Deutschen aus ihrer böhmischen Heimat.

Jan Svěrák widersetzt sich dem aktuellen Trend; er produziert weiterhin Filme mit großem Budget, die auch international Beachtung finden. Im Jahr 1997 gewann er mit *Kolya* (1996) den Oscar für den bester fremdsprachigen Film – der erste Oscar für den tschechischen Film seit den 1960er-Jahren.

Hollywood in Prag

Tschechien produziert nicht nur eigene Filme, das Land hat sich auch als preisgünstiger Drehort für Hollywoodproduktionen einen Namen gemacht. Dazu tragen auch die exzellenten Arbeits- und kostengünstigen Produktionsbedingungen in den Barrandov-Studios bei, die südlich des Zentrums in Smíchov angesiedelt sind. Der Einsatz hat sich offenbar gelohnt, denn mittlerweile wurden hier Dutzende erfolgreicher internationaler Filme gedreht, darunter der erste Teil von *Mission: Impossible* (1996).

Eine Nation von Biertrinkern

Gleichgültig, wie oft man sich einen alkoholfreien Tag vornimmt, das tschechische Bier (*pivo*) ist einfach zu verlockend. Es ist hell, klar, erfrischend und billiger als Wasser, und es gehört auch noch zu den besten Bieren der Welt. Die Tschechen behaupten sogar, ihr Bier sei so rein, dass man unmöglich davon einen Kater bekommen könne. (Wissenschaftliche Experimente der Lonely Planet Autoren haben diese These allerdings nicht untermauern können.) Die Tradition des Bierbrauens besteht schon seit fast 1000 Jahren, und das Bier wurde seither immer besser.

Einer 2003 veröffentlichten britischen Untersuchung zufolge führt Biertrinken nicht zu einem Bierbauch.

BIERSORTEN

Fast alle tschechischen Biere sind helle, untergärige Biere, die mit Gerstenmalz aus Mähren und handgepflücktem Hopfen aus Žatec in Nordwestböhmen gebraut werden. Für das Brauen und die Fermentierung werden nur natürliche Zutaten verwendet – Wasser, Hopfen, Hefe und Gerste. Allerdings gibt es inzwischen auch Brauereien, die chemisch veränderten Hopfenextrakt verwenden, was sicherlich nicht dem deutschen Reinheitsgebot entspricht.

Sowohl das helle – *světlé* – als auch das dunkle – *tmavé* oder *černé* – Bier ist überall erhältlich. Absoluter Favorit bei den tschechischen Biertrinkern ist aber immer noch das klassische helle Pilsner, das Mitte des 19. Jhs. in der Stadt Pilsen (Plzeň) entwickelt wurde. Diese hellen Biere zeichnen sich durch einen herben, erfrischenden Geschmack aus.

Dunkle Biersorten gewinnen zunehmend an Beliebtheit, werden aber in den meisten Kneipen immer noch relativ selten verlangt, und bei Biertrinkern vom alten Schlag stehen sie immer noch im Ruf, eigentlich kein Getränk für Männer zu sein. Es ist überhaupt kein Problem (und kommt sogar recht häufig vor), in einer Kneipe „halb und halb" zu bestellen – ein „dunkles Blondes", das in Prag als *řezané pivo* (verschnittenes Bier) bekannt ist. Das ist in der Tat ein guter Kompromiss, um die Herbheit des Pilsners abzumildern, ohne dass das Bier zu schwer wird.

Der Argentinier Max Bahnson hat sich in Prag als lokaler Bierexperte etabliert, und sein Blog Pivní Filosof (der Bierphilosoph) ist eine gute Quelle, um etwas über lokale Trends zu erfahren und sich Wissen rund ums Bier anzueignen. Er ist unter www.pivnifilosof.com oder in der Prague Post (www.praguepost.com) zu finden.

Tschechische Biertrinker sind konservativ, und so exotische Sorten wie Weizenbier *(pšeničné pivo)* und Hefeweizen *(kvasnicové pivo)* werden erst seit kurzem verlangt. Man findet sie nur selten in traditionellen Kneipen, dafür aber in den immer zahlreicheren Braugaststätten und in den modernen Lokalen, die eine große Bandbreite ganz unterschiedlicher Biere ihren Gästen anbieten.

TRINKEN NACH MASS

Traditionell wird tschechisches Bier entweder als *dvanáctka* (12°) oder *desítka* (10°) klassifiziert, eine Unterteilung, die Besucher zunächst verwirren dürfte. Diese Gradeinteilung bezeichnet nicht direkt den Alkoholgehalt des Bieres, sondern die Stammwürze des Bieres.

Technisch gesprochen bezeichnet die Gradzahl den Anteil der im Wasser gelösten flüchtigen Stoffe vor der Gärung. In der Praxis bedeutet dies, dass ein 12°-Bier, wie Pilsner Urquell, geschmacklich intensiver (und etwas alkoholhaltiger) ist als ein 10°-Bier, z. B. Gambrinus, das etwas süßer und weniger herb schmeckt. Tschechische Biere werden auch nach ihrem Alkoholgehalt (ABV) unterteilt. Die folgenden Kategorien kommen vor: *výčepní pivo* (weniger als 4,5 %), *ležák* (4,5–5,5 %) und „spezial" (über 5,5 %).

LAND DER GIGANTEN

Obwohl es im Land mehr als hundert Brauereien gibt, wird der Markt von einer Handvoll Giganten beherrscht. Die größte und wichtigste Brauerei ist die Pilsner-Urquell-Brauerei in Pilsen (Plzeň), die heute eine Tochtergesellschaft der Brauereikonzerns SABMiller ist. Pilsner Urquell stellt nicht nur seine Hauptmarke mit 12° her, sondern auch das 10°-Gambrinus (oft zu Gambáč abgekürzt) sowie Velkopopovický Kozel. Die von Pilsner Urquell belieferten Kneipen führen normalerweise die beiden erstgenannten Biere und meistens auch ein dunkles Kozel. Die Nummer Zwei in Tschechien ist Staropramen aus Prag, die sich im Besitz der Brauerei Starbev befindet, welche wiederum dem amerikanischen Riesen Molson Coors gehört. Zu den Marken der Gesellschaft gehören das Aushängeschild Staropramen und Velvet Bitter, aber auch internationale Namen wie Stella Artois und Hoegaarden, die in Lizenz hergestellt werden. Die Kneipen von Staropramen schenken normalerweise die hellen Biere aus (dazu gehört auch ein immer beliebteres ungefiltertes Bier), aber auch Stella, Hoegaarden und manchmal Leffe. Während es früher fast als Blasphemie galt, in einer tschechischen Kneipe ein Stella zu bestellen, kann man inzwischen sogar Tschechen dabei beobachten. Biere von Budvar (Budweiser) aus České Budějovice (Südböhmen), der drittgrößten Brauerei des Landes, sind in Prag etwas schwieriger zu bekommen. Es lohnt sich, nach dem 12°-Premium-Bier der Brauerei zu suchen, ebenso nach dem angesehenen Premium Dunkel, das 2004 zum ersten Mal auf dem einheimischen Markt erschien. Die Budvar-Brauerei ist zum Teil in Staatsbesitz und trotz einer langwierigen Auseinandersetzung mit dem viel größeren Budweiser-Konzern in den USA (siehe Kasten), der zur InBev-Gruppe gehört, und trotz ständiger Gerüchte über eine bevorstehende Privatisierung die einzige große Brauerei im Land, die sich noch zu 100 % in tschechischem Besitz befindet.

KLEINBRAUEREIEN & KNEIPEN MIT „VIERTEM ZAPFHAHN"

Parallel zur Übernahme der tschechischen Brauereien durch multinationale Konzerne entwickelten sich ein Interesse an traditioneller Braukunst und eine wachsende Wertschätzung kleiner Brauereien. Der Trend zu Kleinbrauereien zeigt sich am deutlichsten in Prag – hier gibt es ein gutes Dutzend Brauhäuser mit Kneipen, in denen kleine Brauer ihr eigenes Bier anbieten, meistens begleitet von traditioneller tschechischer Küche. Die Ansprüche der kritischen einheimischen Biertrinker sind sehr hoch. Außerdem können solche Kneipen viel einfacher experimentieren, manchmal mit für Tschechien exotischen Varianten wie Bier auf Weizen- und Hefebasis oder mit Fruchtsäften; eine Möglichkeit, die die großen Brauereien kaum nutzen.

Brauerei-besichtigungen

Pilsner-Urquell-Brauerei (www.prazdrojvisit.cz).

Budweiser-Budvar-Brauerei (www.visitbudvar.cz).

Velké-Popovice-Brauerei (www.kozel.cz).

EINE NATION VON BIERTRINKERN · LAND DER GIGANTEN

Die Tschechen konsumieren pro Kopf mehr Bier als irgendein anderes Volk auf der Welt (mit etwa 160 l pro Kopf und Jahr schlagen sie sogar Deutschland und Australien), und die kleine *hospoda* oder *pivnice* (Kneipe) ist immer ein Treffpunkt des ganzen Viertels.

Die besten Kleinbrauereien

Primátor (www.primator.cz)

Kláster (www.pivovarklaster.cz)

Svijany (www.pivovarsvijany.cz)

Bernard (www.bernard.cz)

DER KÖNIG DES BIERES GEGEN DAS BIER DES KÖNIGS

Wer hätte sich vorstellen können, dass in dieser großen weiten Welt zwei große Brauereien, die Tausende von Kilometern voneinander entfernt liegen, beide ihr Bier unter dem Namen „Budweiser" anbieten wollen? Das ist bemerkenswert, aber eben doch seit über 100 Jahren der Fall. Die US-amerikanische Brauerei Anheuser-Busch, im Besitz von InBev, und die tschechische Budvar-Budweiser-Brauerei kämpfen beide um die Rechte an dem Namen und um ihre Vertriebsländer.

Der Streit begann schon in den 1870er-Jahren, nachdem der Mitbegründer der amerikanischen Brauerei, Adolphus Busch, von einer Reise durch Böhmen nach Hause zurückkehrte. Busch wollte nach seinen Erfahrungen im Ausland ein leichtes, helles Bier entwickeln und nannte seine neue Kreation „Budweiser", um ihr einen Hauch von Authentizität zu verleihen. Eigenartigerweise wurde der Name in Amerika schon vor der ersten Nennung in Tschechien eingeführt. Obwohl in der Stadt České Budějovice bereits seit mehr als 800 Jahren Bier gebraut wurde, ließ man den Namen „Budweiser" in Tschechien erst in den 1890er-Jahren registrieren.

Anfang des 20. Jhs. waren beide Brauereien bereits zerstritten, denn es ging um ausländische Marktanteile. 1907 einigten sich die Konkurrenten auf einen Kompromiss, wonach die amerikanische Brauerei den Namen in Nordamerika benutzen durfte, für Europa hatten dagegen die Tschechen Anrecht auf den Namen Budweiser. Diese Einigung hat überraschenderweise seit Jahrzehnten bemerkenswert gut funktioniert, auch wenn es jetzt manchmal so scheint, als würde der Kompromiss wieder in Frage gestellt.

InBev verkauft seine (wie viele meinen) schlechteren Budweiser-Biere in Europa unter dem Namen „Bud". In einigen Märkten, und dazu gehört auch Großbritannien, haben Gerichte allerdings entschieden, dass keine Brauerei den Namen für sich allein beanspruchen kann, sodass beide Budweiser-Bier dorthin liefern dürfen. Das amerikanische Budweiser wird aber in Tschechien nicht angeboten. In den USA wird das tschechische Budweiser unter dem etwas seltsamen Namen „Czechvar" verkauft.

In der Zwischenzeit mehren sich die Gerüchte in Tschechien, dass die staatlich kontrollierte Brauerei möglicherweise privatisiert und dann vielleicht eines Tages an die viel größere InBev-Gruppe verkauft wird. Diese Entwicklung würde nicht allzu viele schockieren, aber echten, traditionsverbundenen Bierliebhabern würde wohl eine Träne ins Bierglas tropfen.

Neben diesem Trend zu kleinen Brauhäusern gibt es immer mehr Kneipen, die Bier von kleineren, aber hochwertigen regionalen Brauereien anbieten. Das bewirkt eine Änderung im Geschäftsverhalten der Kneipen. Traditionellerweise schließen die großen nationalen Brauereien exklusive Verträge mit den Lokalen, die dann nur das Bier dieser einen Brauerei verkaufen dürfen. Dafür bekommen die Gaststätten Werbematerial, Rabatte und Ausstattung in Form von Aschenbechern und Untersetzern. Immer mehr Kneipen jedoch schaffen sich einen „vierten Zapfhahn" – *čtvrtá pípa* auf Tschechisch – an, aus dem sie Bier von kleinen, unabhängigen Brauereien mit ausgezeichneter Qualität ausschenken.

Die großen Brauereien reagieren auf diesen Trend. Um mit den kleinen Brauhäusern mitzuhalten und der wachsenden Nachfrage nach hochwertig gebrauten Bieren nachzukommen, kommen die Brauereiriesen nun mit jeder Menge Innovationen – dazu gehören ungefiltertes *(nefiltrované)* Bier (trüber und geschmacksechter als das gefilterte Bier) oder die Belieferung der Kneipen mit speziellen riesengroßen Tanks (das nennt sich, wie nicht anders zu erwarten, *tankové pivo*). Bier aus dem Tank soll frischer sein als normales Bier aus dem Fass. Darüber lässt sich sicherlich vortrefflich streiten.

Im Tschechischen gibt es jede Menge Sprichworte, die von Bier handeln. Unser Favorit: „Kde se pivo vaří, tam se dobře daří", das heißt ungefähr: „Das Leben ist überall dort gut, wo Bier gebraut wird".

Praktische Informationen

Verkehrsmittel & -wege

ANREISE

Prag liegt im Herzen Europas und ist mit dem Auto, auf dem Luftweg und mit der Bahn gut zu erreichen. Die Stadt hat ein hervorragendes Nahverkehrssystem mit regelmäßig fahrenden Straßenbahnen, Metros und Bussen. Und dazu ist die historische Altstadt so klein und kompakt, dass man sie problemlos zu Fuß besichtigen kann.

Auto & Motorrad

Über Prag verlaufen mehrere vierspurige Autobahnen, von daher kann man bequem mit dem Auto in die tschechische Hauptstadt reisen.

Straßenverkehrsordnung

Das Mindestalter zum Fahren eines Autos liegt bei 18 Jahren; gefahren wird rechts. Es besteht eine allgemeine Gurtpflicht für alle Fahrzeuginsassen.

➡ Kinder unter 12 Jahren bzw. alle, die kleiner als 1,50 m sind, müssen hinten in einem Kindersitz sitzen.

➡ Die Scheinwerfer müssen auch bei hellem Tageslicht eingeschaltet sein.

➡ Gefahren werden darf nur völlig nüchtern (0 Promille) –

KLIMAWANDEL & REISEN

Der Klimawandel stellt eine ernste Bedrohung für unsere Ökosysteme dar. Zu diesem Problem tragen Flugreisen immer stärker bei. Lonely Planet sieht im Reisen grundsätzlich einen Gewinn, ist sich aber der tatsache bewusst, dass jeder seinen Teil dazu beitragen muss, um die gobale Erwärmung zu verringern.

Fliegen & Klimawandel

Fast jede Art der motorisierten Fortbewegung erzeugt CO_2 (die Hauptursache für die globale Erwärmung), doch Flugzeuge sind mit Abstand die schlimmsten Klimakiller – nicht nur wegen der großen Entfernungen und der entsprechend großen CO_2-Mengen, sondern auch weil sie diese Treibhausgase direkt in hohen Schichten der Atmosphäre freisetzen. Die Zahlen sind erschreckend: Zwei Personen, die von Europa in die USA und wieder zurück fliegen, erhöhen den Treibhauseffekt in demselben Maße wie ein durchschnittlicher Haushalt in einem ganzen Jahr.

Emissionsausgleich

Die englische Website www.climatecare.org und die deutsche Internetseite www.atmos fair.de bieten sogenannte CO_2-Rechner. Damit kann jeder ermitteln, wie viel Treibhausgase seine Reise produziert. Das Programm errechnet den zum Ausgleich erforderlichen Betrag, mit dem der Reisende nachhaltige Projekte zur Reduzierung der globalen Erwärmung unterstützen kann, beispielsweise Projekte in Indien, Honduras, Kasachstan und Uganda.

Lonely Planet unterstützt gemeinsam mit Rough Guides und anderen Partnern aus der Reisebranche das CO_2-Ausgleichs-Programm von climatecare.org. Alle Reisen von Mitarbeitern und Autoren von Lonely Planet werden ausgeglichen.

Weitere Informationen gibt's auf www.lonelyplanet.com.

FAHRZEITEN

* **Berlin** 4 Std.
* **Bratislava** 3 Std.
* **Köln** 7 Std.
* **München** 4 Std.
* **Nürnberg** 3 Std.
* **Wien** 4 Std.
* **Zürich** 7 Std.

wenn die Polizei jemanden aus welchem Grund auch immer aus dem Verkehr zieht, ist sie angehalten, einen Alkoholtest durchzuführen.

➡ Für Fahrten auf Autobahnen müssen Fahrer vorab eine Vignette (*dálniční známka*) an die Windschutzscheibe kleben, die man an der Grenze oder an Tankstellen kaufen kann. Die Maut-Aufkleber kosten für 10 Tage 310 Kč, für 30 Tage 440 Kč und für ein Jahr 1500 Kč.

➡ Straßenbahnen haben immer Vorfahrt, wenn sie sich akustisch bemerkbar machen. Autofahrer dürfen Straßenbahnen nur rechts überholen und nur dann, wenn sie gerade fahren. Straßenbahnen, die an Haltestellen Fahrgäste ein- bzw. aussteigen lassen, dürfen nicht überholt werden, es sei denn, es gibt eine Verkehrsinsel für die Fahrgäste.

➡ Im Fall eines Unfalls sollte man umgehend die Polizei anrufen, auf jeden Fall, wenn der Schaden über 20 000 Kč beträgt oder eine Person verletzt wurde. Selbst wenn der Sachschaden gering ist, hilft ein polizeilicher Unfallbericht, um mögliche Schadensersatzforderungen bei der Versicherung geltend machen zu können.

➡ Bei Pannen hilft der tschechische Automobilclub **ÚAMK** (ÚAMK; ☏1230) landesweit und 24 Stunden am Tag.

PARKEN
Parken ist ein großes Problem in Prag, in vielen Bezirken, u. a. im Stadtzentrum,

sind die Parkplätze den Anwohnern vorbehalten. Überall dort, wo ausschließlich Anwohner parken dürfen, sind die Parkplätze blau markiert. Eine weiße Linie bedeutet, dass auch Nichtanwohner hier 1 Stunde für 20 bis 40 Kč (je nach Viertel) parken dürfen. Generell ist das Parken auf maximal 6 Stunden – in vielen Straßen aber nur auf 2 Stunden – beschränkt. In den Außenbezirken darf überall geparkt werden, entsprechend rar sind freie Plätze.

Sowohl das InterContinental Hotel als auch das Kaufhaus **Kotva** (Karte S. 364; www.od-kotva.cz; Revoluční 1; ⊙Mo–Fr 9–20, Sa 9–18, So 10–18 Uhr; ▯Náměstí Republiky) haben zentral gelegen

Autogaragen, in denen man parken darf, beide verlangen 100 Kč pro Stunde. Am besten versucht man schon vor der Ankunft das Parkproblem über das Hotel zu lösen; viele Unterkünfte bieten Parkmöglichkeiten für eine Zusatzgebühr (Nacht 200–300 Kč) an.

Deutlich günstiger sind die Park&Ride-Parkplätze in der Nähe der Metrostationen in den Prager Vororten. Zu den am günstigsten gelegenen zählen Skalka (Linie A); Zličín, Nové Butovice, Palmovka, Rajská Zahrada und Černý Most (alle Linie B) sowie Nádraží Holešovice, Ladví und Opatov an der Linie C.

Wer es darauf ankommen lässt und falsch parkt, wird

FAHRT VOM FLUGHAFEN IN DIE STADT

Wer vom Flughafen aus in die Stadt will, kauft sich in der Ankunftshalle am Schalter der **Prager Verkehrsbetriebe** einen Fahrschein für das Nahverkehrsnetz (32 Kč) und nimmt dann die Buslinie 119 (20 Min.; alle 10 Min., 4–24 Uhr). Mit dem Bus fährt man bis zur Endstation der Metrolinie A (Dejvická) und steigt dort in die Metro um. In 10 bis 15 Minuten ist man dann im Stadtzentrum. Für die Metro braucht man keinen gesonderten Fahrschein. Für das Gepäck muss pro Stück ein Fahrschein (halber Preis, 16 Kč) gelöst werden, und zwar für alle Gepäckstücke, die größer als ‚25 x 45 x 70 cm sind.

Wer in den Südwesten der Stadt muss, nimmt Buslinie 100, die zur Metrostation Zličín (Linie B) fährt. Es gibt außerdem den **Flughafen-Expressbus** (50 Kč, 35 Min., alle 30 Min., 5–22 Uhr), der zum Hauptbahnhof Praha hlavní fährt. Dort hat man Anschluss an die Metrolinie C (Fahrkarte beim Fahrer kaufen, Gepäck wird kostenlos transportiert).

Die Alternative ist der Minibus von **Cedaz** (☏220 116 758; www.cedaz.cz; ⊙7.30–19 Uhr), der von außerhalb der Ankunftshalle zum Büro von Czech Airlines in der Nähe des Platz der Republik fährt (130 Kč, 20 Min., alle 30 Min., 7.30–19 Uhr); den Fahrschein kauft man beim Busfahrer. Der Bus fährt auch in Gegenrichtung zum Flughafen.

AAA Radio Taxi (✆222 333 222, 14014; www.aaataxi.cz) betreibt einen 24-Stunden-Service und verlangt vom Flughafen ins Stadtzentrum 500 bis 650 Kč. Taxistände finden sich außerhalb der Ankunftshallen. Die Fahrer sprechen in der Regel etwas Englisch und akzeptieren die Bezahlung mit Kreditkarte..

VERKEHRSMITTEL & -WEGE ANREISE

seinen Wagen mit einer Kralle oder – noch schlimmer – gar nicht mehr vorfinden, weil er auf einen Polizei-Parkplatz abgeschleppt wurde. Die Abholung wird dann nicht nur teuer (1500 Kč), sondern ist auch mit ein paar Stunden Papierkram verbunden.

Bus

Langstreckenbusse haben durch die Billigflüge stark an Bedeutung verloren. Dennoch bieten eine Reihe von Busgesellschaften Fahrten von Prag in zahlreiche europäische Städte. Fast alle internationalen Reisebusse (und die meisten innerhalb Tschechiens fahrenden Busse) starten bzw. enden im renovierten und benutzerfreundlichen **Busbahnhof Florenc** (ÚAN Praha Florenc; ☎900 144 444; www.florenc. cz; Křižíkova 4; ☺4–24 Uhr, Info-Schalter 6–21.30 Uhr; MFlorenc).

Neben dem Hauptbusbahnhof gibt es viele kleine Busbahnhöfe, von denen aus Busse ins Umland fahren; sie liegen jedoch meist an weit draußen gelegenen Metrostationen. Busse, die in den Nordosten des Landes (inkl. Mělník) fahren, starten am **Busbahnhof Holešovice** (ÚAN Praha Holešovice; Vrbenského, Holešovice; MNádraží Holešovice). Andere Busse fahren von einem kleinen Busbahnhof an der Metrostation Černý Most (gelbe Linie B) bzw. an der Metrostation Roztyly (rote Linie C) ab. Die Busfahrpläne lassen sich online auf der Website www.vlak-bus.cz studieren, dort findet man auch die Angabe zum richtigen Busbahnhof. Auf den genannten Strecken zahlt man seine Fahrkarte an Bord beim Busfahrer.

Zu den international agierenden Busunternehmen gehören **Eurolines** (☎245 005 245; www.elines.cz) und die hervorragende Firma **Student Agency** (☎800 100 300; www.studentagency. cz). Beide Unternehmen haben Büros am Busbahnhof Florenc, alternativ bekommt man die Fahrkarten aber auch online.

Flugzeug

Flughafen Prag (Letiště Praha; ☎220 111 888; www. prg.aero) Der Flughafen liegt 17 km westlich des Stadtzentrums und ist das wichtigste Luftverkehrskreuz Tschechiens und Drehscheibe der Staatslinie **Czech Airlines** (ČSA; ☎239 007 007; www.csa.cz; V Celnici 5). Die Staatslinie fliegt von Prag aus auf direktem Weg in viele europäische Städte, aber auch nach Übersee. Der Flughafen wurde im Oktober 2012 offiziell in Václav Havel Airport Prague umbenannt – zum Gedenken an den ersten Staatspräsidenten nach Ende des Kommunismus.

Der Flughafen besitzt zwei Terminals: Terminal 1 ist für Flüge in die und aus den Nicht-Schengen-Staaten reserviert (u. a. Großbritannien, Irland, außereuropäische Länder), Terminal 2 für alle Flüge in und aus Schengenländern (neben den EU-Staaten auch noch die Schweiz, Island und Norwegen).

In beiden Terminals liegen die An- und Abflughallen nebeneinander auf derselben Etage. In der Ankunftshalle gibt es Wechselschalter, Geldautomaten, Vermittlung von Unterkünften und Autovermieter, außerdem kann man sich hier über den öffentlichen Nahverkehr informieren. Es gibt draußen Taxistände und außerdem eine rund um die Uhr geöffnete **Gepäckaufbewahrung** (pro Stück und Tag 120 Kč). In der Abflughalle befinden sich Restaurants und Bars, ein Infobüro und Schalter der Fluglinien, Geldwechselschalter und Reisebüros. Sobald man die Sicherheitskontrollen passiert hat, hat man Zugang zu Läden, Restaurants, Bars, Internet und WLAN.

Im Gang, der die Terminals 1 und 2 verbindet, liegt ein Postamt.

Zug

Prag ist gut an das europäische Bahnnetz angeschlossen, von daher lohnt sich die Anreise mit der Bahn. Die Fahrpläne der tschechischen Bahngesellschaft **České dráhy** (☎840 112 113; www. cd.cz) lassen sich online unter www.cd-bus.cz abrufen. Viele Züge kommen am Hauptbahnhof Praha hlavní nádraží an. Einige Züge, vor allem diejenigen aus Berlin, Wien und Budapest, halten zusätzlich am Bahnhof **Praha-Holešovice** (☎840 112 113; www.cd.cz; Vrbenského, Holešovice; M Nádraží Holešovice), der nördlich des Stadtzentrums liegt. Beide Bahnhöfe haben eigene Metrostationen auf der (roten) Linie C.

Hauptbahnhof

Prags Hauptbahnhof **Praha hlavní nádraží** (☎840 112 113; www.cd.cz; Wilsonova 8, Nové Město) ist derzeit ein schrecklich lauter Ort, da er sich gerade mitten in einer langjährigen Renovierungsphase befindet. Bei der Ankunft nimmt man am besten die Unterführung von den Gleisen zur Haupthalle. Dort findet man Läden, Restaurants, Geldautomaten, eine Filiale der Touristeninformation **Prague Welcome** (☎221 714 444; www.praguewelcome.cz; Wilsonova 8, Nové Město; ☉Mo–Sa 10–18 Uhr; M Hlavní Nádraží), eine rund um die Uhr geöffnete **Gepäckaufbewahrung** (úschovna; pro Gepäckstück und Tag 15–300 Kč) und **Schließfächer** (60 Kč), in die man Münzen im Wert von 5, 10 und 20 Kč einwerfen kann.

Der Wenzelsplatz liegt zehn Gehminuten südlich vom Bahnhof. Wer nicht zu Fuß gehen will, kann mit der Linie C (Richtung Háje) bis zur Station Muzeum fahren. Die Fahrkarten für die Metro können am Fahrkartenautomaten (nur Münzen) oder am Zeitungskiosk im Bahnhof gekauft werden. An beiden Enden der Bahnhofshalle liegen Taxistände. Um zur nächstgelegenen Straßenbahnhaltestelle (Linien 5, 9 und 26) zu gelangen, muss man die Bahnhofshalle verlassen und nach rechts abbiegen: Die Haltestelle liegt am Ende des Parks.

Und unbedingt eine Ankunft mitten in der Nacht vermeiden: Der Bahnhof schließt von 0.40 bis 3.40 Uhr, die Gegend rund um das Bahnhofsgebäude zieht Diebe und Betrunkene geradezu magisch an.

Abreise mit dem Zug

Fahrscheine für Zugfahrten ins Ausland sollte man im Voraus beim Reisebüro **ČD Travel** (☎972 241 861; www.cdtravel.cz; Wilsonova 8) kaufen; es betreibt einen eigenen großen Fahrkartenschalter im Untergeschoss des Hauptbahnhofs und ein weiteres **Büro** (☎972 233 930; V Celnici 6) im Stadtzentrum unweit des náměstí Republiky. Es gibt getrennte Schalter für Inlandsfahrten (*vnitrostátní jízdenky*) und Auslandsfahrten (*mezinárodní jízdenky*) – unbedingt schauen, dass man sich in die richtige Schlange stellt! Am Schalter bekommt man auch Sitzplatzreservierungen, Kreditkarte werden akzeptiert.

Zusätzlich zu den Fahrkartenschaltern gibt es noch zwei Info-Schalter und ein kleines Büro auf der linken Seite, das für komplizierte Bahnverbindungen ins Ausland zuständig ist. Fahrkarten können online über die Website der Bahngesellschaft České dráhy (www.cd.cz) gekauft werden. Am Bahnhof gibt es interaktive elektronische Fahrpläne, diese kann man online unter www.vlak.cz abrufen.

Die riesige elektronische Anzeigentafel in der Haupthalle zeigt die Abfahrtszeiten der Züge; hier die Übersetzung der wichtigsten Spalten: *vlak* (Zugtyp – EC für internationale, IC für Inlandszüge etc.), *č islo* (Zugnummer), *doprav* (Waggon), *cilová stanice* (Zielbahnhof), *smer jízdy* (via), *odjezd* (Abfahrtszeit), *našt* (Gleis-Nummer) und *zpoz'vdení* (Verspätung).

UNTERWEGS VOR ORT

Das Stadtzentrum ist kompakt und lässt sich gut zu Fuß erkunden. Für größere Entfernungen empfehlen sich Metro, Straßenbahn und Busse. Die Fahrzeiten der Verkehrsmittel sind aufeinander abgestimmt, außerdem braucht man für alle drei Nahverkehrsmittel nur einen Fahrschein. Nachts fahren Straßenbahnen bis nach Mitternacht, alternativ ruft man sich ein Taxi.

Öffentliche Verkehrsmittel

Prags hervorragendes Nahverkehrssystem besteht aus Tram- bzw. Straßenbahn-, U-Bahn- bzw. Metro- und Buslinien, die alle unter der Regie der **Prager Verkehrsbetriebe** (DPP; ☎800 191 817; www.dpp.cz) fahren. DPP betreibt Info-Schalter am Flughafen (7–22 Uhr) und in mehreren Metrostationen, u. a. Muzeum, Můstek, Anděl und Nádraží Holešovice. Die Metro fährt täglich von 5 bis 24 Uhr.

Es gibt drei Metrolinien: Die Line A (auf den Netzplänen grün eingezeichnet) fährt vom Nordwesten der Stadt von der Endhaltestelle Dejvická nach Westen bis zur Haltestelle Depo Hostivař. Die (gelbe) Linie B fährt vom Südwesten – Haltestelle Zličín – in den Nordosten Prags nach Černý Most. Die (rote) Linie C fährt von der Endhaltestelle Letňany im Norden in den Südosten nach Háje. Zu den touristisch interessanten Haltestellen zählen Staroměstská (in der Nähe des Altstädter Rings),

BITTE NICHT SCHIMPFEN ...

... wenn sich in Prags Straßen- und Busplänen wieder einmal alles geändert hat! Zuletzt haben die **Prager Verkehrsbetriebe** eine Reihe von Änderungen angekündigt, die auch die hier genannten Informationen betreffen. Am einschneidendsten ist die Ankündigung, das die Metrostation Národní třída (Linie B) für zwei Jahre geschlossen wird (mindestens bis Mitte 2014). Nach wie vor wird in der Nähe der Metrostation Hradčanská in Prag 6 am Blanka-Autotunnel gearbeitet, sodass sich die Routen und Zeiten der Straßenbahn/Tram in diesem Viertel immer wieder ändern können. Im Buch stehen zwar die zur Zeit der Recherche aktuellsten Informationen, wenn aber die Straßenbahn (oder die Metro) dennoch nach links statt nach rechts abbiegt, dann sollte man sich nicht ärgern, sondern einfach nur die Fahrt genießen.

Malostranská (Malá Strana, Kleinseite), Mŭstek (Wenzelsplatz), Muzeum (Nationalmuseum) und Hlavní nádraží (Hauptbahnhof).

Wenn die Metro selbst nicht mehr fährt, kann die Nacht-Straßenbahnlinien (51 bis 58) die restliche Nacht im 40-Min.-Takt quer durch die Stadt (unbedingt eine Netzkarte für 32 Kč kaufen). Wer eine lange Nacht plant, sollte sich vorab über den Streckenverlauf informieren.

Fahrkarten

Vor dem Einsteigen in die Straßenbahn, den Bus bzw. die Metro muss man eine Fahrkarte lösen. Diese bekommt man an den Fahrkartenautomaten der Metrostationen sowie an einigen Straßenbahnhaltestellen (nur Münzen), außerdem in den DPP-Informationsbüros und an vielen Zeitungsständen und Zeitungskiosken. Die Fahrkarten gelten für alle Verkehrssysteme sowie für die Standseilbahn **Petřín funicular** (Lanová draha na Petřín; Karte S. 360; ☑800 19 18 17; www.dpp.cz; Újezd; Erw./ Kind 24/12 Kč; ☺April–Okt. 9–23.30 Uhr, Nov.–März 9–23.20 Uhr; 🚃12, 20, 22).

Fahrkarten gibt es als Einzelfahrschein oder als ermäßigte Tagestickets, die

dann 1 oder 3 Tage gültig sind. Eine Einzelfahrkarte kostet pro Erw./Kind (6–15 Jahre)/Sen. (65–70 Jahre) 32/16/16 Kč, Kinder unter 6 Jahre fahren gratis. Die Fahrkarte erlaubt 90 Minuten unbegrenztes Fahren mit den drei Verkehrsmitteln (inklusive Umsteigzeiten). Für Kurzstrecken gibt es einen Kurzstreckenfahrschein, mit dem man maximal 30 Minuten unbegrenzt fahren darf. Ein solcher Kurzstreckenfahrschein kostet pro Erw./ Kind/Sen. 24/12/12 Kč. Für jedes in den öffentlichen Transportmitteln mitgenommenes großes Gepäckstück (auch einen Rucksack) braucht man einen eigenen Fahrschein für 16 Kč. Für Räder und Kinderwagen wird nichts verlangt.

Wer länger als ein paar Stunden in der Stadt ist, fährt günstiger mit dem 1- bzw. 3-Tages-Pass. Dieser ist nicht nur billiger, sondern auch bequemer. Ein 1-Tages-Pass kostet pro Erw./Kind/ Sen. 110/55/55 Kč, ein 3-Tages-Pass 310 Kč (auch für Kinder und Senioren). Darüber hinaus gibt es noch kostengünstige Pässe für 30 Tage, 3 Monate oder ein Jahr – dieses Angebot richtet sich naturgemäß vor allem an die Prager Bevölkerung. Detail-

lierte Informationen erhält man in den DPP-Infocentern.

Auch hier gilt, dass die Fahrscheine/Pässe vor dem Betreten des Fahrzeugs entwertet werden müssen, der Tages-Pass vor der ersten Fahrt. In der Metro gibt es Entwerter am oberen Ende der Rolltreppe. In den Straßenbahnen und Bussen befinden sich die Entwerter am Türeingang. Es sind viele Kontrolleure unterwegs – wer ohne gültigen Fahrschein erwischt wird, muss viel Geld zahlen: 800 Kč, wenn man sofort bezahlt, oder 1000 Kč, wenn man erst auf der Polizeiwache bezahlen kann. Die Kontrolleure sind dazu verpflichtet, sich mit einem roten und goldenen Amtszeichen auszuweisen. Es gibt leider ein paar schwarze Schafe, die von Ausländern einen höheren Betrag fordern und die Differenz in die eigene Tasche stecken. In diesem Fall sollte man auf einer Quittung (*doklad*) vor dem Zahlen bestehen.

Auto & Motorrad

Wer mit dem eigenen Wagen anreist, sollte bloß nicht auf die Idee verfallen, mit dem Fahrzeug auch in der Stadt herumfahren zu wollen. Zum einen ist das Fahren im Stadtzentrum generell eingeschränkt, zum anderen hat Prag ein so kompliziertes Einbahnstraßensystem, dass es Jahre bedarf, um es zu verinnerlichen. Der eigene Wagen ist höchstens dann sinnvoll, wenn man einmal quer durch die Stadt fahren muss oder zu Zielen außerhalb der Innenstadt gelangen will. Aber selbst in diesen Fällen kostet das hohe Verkehrsaufkommen mehr Nerven, als man an Komfort gewinnt. Am besten also einen guten Abstellplatz für die Zeit des Pragbesuchs organisieren und dann auf die Nahverkehrsmittel umsteigen.

Fahrrad

Radfahren wird in Prag immer beliebter, in einigen Stadtteilen gibt es inzwischen eigene markierte Fahrradspuren (ausgezeichnet mit einem gelben Fahrradsymbol). Allerdings ist Prag durch die vielen Straßenbahnschienen, das Kopfsteinpflaster und die unzähligen Fußgänger noch weit davon entfernt, eine fahrradfreundliche Stadt wie Amsterdam, Wien oder Münster zu sein.

Weitere Infos zum Radfahren finden sich auf S. 28.

➜ So gut wie jeder Radfahrer fährt hier mit Helm, man sollte es den guten Vorbildern gleichtun.

➜ Es gibt einen florierenden Schwarzmarkt für gestohlene Räder: Auf keinen Fall also Räder unbeaufsichtigt lassen und immer das härteste und widerstandfähigste Radschloss kaufen bzw. mitbringen.

➜ In ausgewiesenen Fußgängerzonen wie der Karlsbrücke ist Radfahren verboten, die Strafe für Radfahrer, die erwischt werden, liegt bei bis zu 1000 Kč. Hat man Glück, wird man von der Polizei nur verwarnt.

➜ Räder dürfen in der Metro gratis transportiert werden, allerdings sollten sich die Besitzer an gewisse Regeln halten: Räder dürfen nur an der letzten Tür des hintersten Wagens geparkt werden, außerdem sind nur zwei Räder pro Zug erlaubt. Die Mitnahme ist außerdem verboten, wenn der Waggon schon voll ist oder schon ein Kinderwagen darin abgestellt ist.

Es gibt verschiedene Firmen, die Räder verleihen, zwei zentral gelegene sind:

City Bike (☎776 180 284; www.citybike-prague.com; Králodvorská 5, Staré Město; Ausleihe pro Tag 500 Kč, geführte Touren pro Pers. 550–800 Kč; ⊙April–Okt. 9–19 Uhr; Ⓜ Náměstí Republiky) Zusammen mit den Rädern erhält man einen Helm, ein Radschloss und eine Radkarte. Qualitativ gute Trekkingräder kosten für 24 Stunden 750 Kč.

Praha Bike (☎732 388 880; www.prahabike.cz; Dlouhá 24; Ausleihe Tag 500 Kč, geführte Tour pro Pers. 490 Kč; ⊙9–18 Uhr; Ⓜ Náměstí Republiky) Verleiht gute, neue Räder mit Schloss, Helm und Karte, außerdem kann man bei ihnen Gepäck aufbewahren. Praha Bike gewährt eine Studenerermäßigung und bietet Gruppenfahrten an.

Taxi

Taxis sind im Stadtbild allgegenwärtig, aber relativ teuer. Der offizielle Tarif für ein lizensiertes Taxi liegt bei 40 Kč beim Losfahren, pro gefahrenem Kilometer werden weitere 28 Kč und pro Warteminute 6 Kč fällig. Ausgehend von diesen Zahlen kostet jede Fahrt innerhalb des Stadtzentrums (z. B. vom Wenzelsplatz zur Kleinseite) um die 170 Kč. Eine Taxifahrt in die Vororte kann – je nach Strecke – zwischen 200 und 400 Kč kosten, die Fahrt zum Flughafen beläuft sich auf 500 bis 700 Kč.

Auch wenn die Zahl der unehrenhaften Taxifahrer in den letzten Jahren kleiner geworden ist, sind Betrugsfälle nach wie vor ein nicht zu leugnendes Problem, vor allem bei Fahrern, die Fahrgäste in den touristisch beliebtesten Ecken der Stadt (Wenzelsplatz, Karlsbrücke) aufnehmen. Der übliche Trick besteht darin, im Voraus eine inflationär hohe Summe zu fordern und sich dann zu weigern, von dieser abzuweichen. Wer sich solche Situationen ersparen will, sollte stattdessen nur mit Taxis von offiziellen Taxiunternehmen mit gutem Ruf fahren.

Statt Taxis vom Straßenrand herbeizuwinken, empfiehlt es sich, ein Funktaxi anzurufen. Diese werden besser kontrolliert, die Fahrer sind verantwortungsvoller. Nach eigener Erfahrung sind die Fahrer der folgenden Taxiunternehmen am ehrlichsten; die Firmen bieten einen 24-Stunden-Dienst und eine englischsprachige Vermittlung:

AAA Radio Taxi (☎222 333 222, 14014; www.aaataxi.cz)

City Taxi (☎257 257 257; www.citytaxi.cz)

ProfiTaxi (☎14015; www.profitaxi.cz)

Allgemeine Informationen

Botschaften & Konsulate

Deutschland (☎257 113 111; www.deutschland.cz; Vlašská 19, Malá Strana); 🚋12, 20, 22)

Österreich (☎257 09 0511; www.aussenministerium. at/prag; Viktora Huga 10, Smíchov; 🚋 6, 9, 12, 20, 58, 59, Ⓜ Anděl)

Schweiz (☎220 400 611; www.eda.admin.ch/prag; Pevnostni 7, Dejvice; 🚋1, 2, 8, 15, 18, 25, 65, 57)

Slowakische Republik (☎233 113 051; www.mzv.sk/ praha; Pelléova 12, Bubeneč; Ⓜ Hradčanská)

Ermäßigungen

Wer vorhat, mehrere Prager Museen zu besuchen, für den lohnt sich die **Prague Card**, mit der man einen ermäßigten Eintritt bei rund 50 Sehenswürdigkeiten erhält, u. a. in der Burg, im Altstädter Rathaus, in den Museen der Nationalgalerie, auf dem Petřín-Aussichtsturm (Prager Eiffelturm) und in Vyšehrad. Nicht im Pass enthalten ist das Prager Jüdische Museum.

Der Pass ist zwei oder vier Tage gültig und kostet für zwei Tage pro Erw./Kind 880/580 Kč. Die Karten gibt es in den Büros von **Prague Welcome** (☎221 714 444; www.praguewelcome.cz; Altstädter Rathaus,

Staroměstské náměstí 5; ☻9–19 Uhr; Ⓜ Staroměstská) sowie in einigen Hotels. Die Karten können aber auch bequem online unter www. praguecitycard.com erworben werden. Wer sich für den Onlinekauf entscheidet, kann zusätzlich noch den Pass für die unbegrenzte Nutzung der Nahverkehrsmittel kaufen. Das lohnt sich aber nicht wirklich, da man nichts gegenüber dem Kauf vor Ort spart.

Feiertage

Banken, Behörden, Kaufhäuser und einige Läden haben an den offiziellen Feiertagen geschlossen. Restaurants, Museen und die touristischen Sehenswürdigkeiten haben meist geöffnet, schließen dafür aber am ersten Arbeitstag nach dem Feiertag.

Neujahr 1. Januar

Ostermontag März/April

Tag der Arbeit 1. Mai

Tag der Befreiung vom Faschismus 8.Mai

Tag der slawischen Glaubensboten Kyrill & Method 5. Juli

Jan-Hus-Tag 6. Juli

Tag der tschechischen Staatlichkeit 28. September

Nationalfeiertag 28. Oktober

Tag des Kampfes für Freiheit und Demokratie (1989) 17. November

Heiligabend 24. Dezember

1. Weihnachtsfeiertag 25. Dezember

2. Weihnachtsfeiertag 26. Dezember

Frauen unterwegs

Alleinreisende Frauen werden nur selten Probleme in Prag und im Rest des Landes haben. Dennoch gelten die üblichen Vorsichtsmaßnahmen für europäische Großstädte.

In Prag sollte man als alleinreisende Frau den Park vor dem Hauptbahnhof meiden, wo sich häufig zwielichte Typen herumtreiben, sowie den oberen Teil des Wenzelsplatzes, der so etwas wie ein Rotlichtbezirk der Stadt geworden ist

Geld

Die tschechische Krone (*Koruna česká* oder Kč) teilt sich in 100 Heller oder *haléřů*. Banknoten gibt es in der Stückelung 100, 200, 500, 1000, 2000 und 5000 Kč; Münzen im Wert von 1, 2, 5, 10, 20 und 50 Kč. Heller sind kaum im Umlauf, aber die Preise sind teilweise als Bruchteil einer Krone angegeben. In diesen Fällen wird meist zur nächsten ganzen Krone auf- oder abgerundet.

Für öffentliche Toiletten und die Fahrkartenautomaten sollte man immer Kleingeld sammeln, mit Scheinen zahlt man in Läden, Cafés und Bars. Banknoten im

Wert von über 2000 Kč, die oft von den Geldautomaten ausgespuckt werden, werden im Alltag ungern angenommen.

Geldautomaten

Geldautomaten findet man überall in Prag, u. a. im Eingangsbereich des Prager Hauptbahnhofs, aber auch in den beiden Ankunftshallen des Prager Flughafens. Die Geldautomaten nehmen sowohl EC-Karten als auch Kreditkarten (an die PINs denken).

Schwarzmarkt

Das Wechseln von Devisen auf dem Schwarzmarkt ist illegal und gefährlich! Den besten Kurs bekommt man in der Bank oder an den Geldautomaten, die Gefahr, auf der Straße betrogen zu werden, ist sehr groß. Auf die Frage „change money?" sollte man gar nicht erst reagieren. Wer wahnsinnig genug ist, dennoch auf der Straße Geld zu tauschen, sollte zumindest sicherstellen, dass er auch echte tschechische Geldscheine erhält: Der Schwarzmarkt ist überflutet mit aus dem Verkehr gezogenen polnischen Zlotys und anderen wertlosen Scheinen.

Geldwechsel

Die wichtigsten Banken der Republik – dazu zählen Komerční banka, Česká spořitelna und UniCredit Bank – sind die besten Adressen zum Geldwechseln, sie verlangen meist 2 % Kommission bei einer Mindestumtauschsumme von 50 Kč (unbedingt prüfen, die Kommissionsgebühren sind nicht einheitlich). Banken zahlen bei Vorlage einer Visa- oder MasterCard Bargeld ohne Kommissionsgebühr aus.

Den einfachsten und günstigsten Weg, an Bargeld zu kommen, bietet die Kreditkarte, mit der man an allen Geldautomaten

und Bankschaltern Bargeld erhält. Wer einen Geldautomaten nutzt, zahlt bei seiner Heimatbank eine Gebühr (in der Regel 1,5–2,5 %). Dafür bekommt man einen guten Umtauschkurs und zahlt – vorausgesetzt, man hebt ein paar Tausend Kronen ab – geringere Kommissionsgebühren als beim Umtausch beispielsweise von Reiseschecks. Sinnvollerweise fragt man vor der Abreise bei der Heimatbank nach der Höhe der anfallenden Gebühren und informiert sich über die maximale Abhebesumme pro Tag.

In touristischen Gebieten sollte man die privaten Geldwechselschalter (*směnárna*) unbedingt meiden. Sie locken die Leute mit guten Kursen, wobei es sich meist um den Wechselkurse für den Verkauf (*prodej*) von Kronen handelt. Wer dann allerdings ausländische Währung in tschechische Kronen umtauschen will, zahlt die möglicherweise schlechteren Kauf-Kurse (*nákup*). Ganz davon abgesehen bekommt man die besten Kurse meist ohnehin nur für große Beträge über 500 €. Generell sollte man die Kurse immer sorgfältig prüfen und genau nachfragen, wie viele Kronen man für einen bestimmten Betrag erhält. Auch an einigen Hotelrezeptionen ist es möglich, Geld zu wechseln, aber auch hier selten zu einem wirklich guten Kurs.

Kreditkarten

Visa und MasterCard werden für die Bezahlung von Waren und Dienstleistungen akzeptiert, Probleme bekommt man möglicherweise bei kleineren Unterkünften und Läden sowie bei Einkäufen unter 250 Kč.

Reiseschecks

Reiseschecks sind ein Auslaufmodell, sie können nur in Banken und an Wechselschaltern eingelöst werden.

Internetzugang

Prag wie auch das ganze Land sind gut vernetzt. WLAN oder Wi-fi ist allgegenwärtig. Viele Hotels, aber auch einige Gästehäuser und Jugendherbergen bieten ihren Gästen einen freien Zugang ins Internet, eher teure Unterkünfte verlangen einen kleine Gebühr (oder bieten WLAN ausschließlich in der Lobby an). Eine steigende Zahl an Bars, Cafés und Restaurants haben ebenfalls WLAN, was sie in der Regel an der Eingangstür mit dem international bekannten WLAN-Zeichen signalisieren.

➡ Oft die praktischsten und am besten erreichbaren WLAN-Orte sind McDonald's und die Filialen der KFC-Restaurantkette, die im ganzen Land WLAN-Zonen eingerichtet haben.

➡ Viele Hotels (fast muss man sagen: leider) stellen inzwischen keine kostenlosen Terminals mehr für ihre Gäste bereit, anders dagegen die Hostels. Größere Hotels stellen ihren Gästen aber separate Räume für Geschäftsbesprechungen und Arbeitszimmer zur Verfügung, für deren Nutzung sie aber meist etwas verlangen.

➡ Im Buch werden alle Hotels, Restaurants, Cafés und Bars, die ihren Gästen und Kunden eine WLAN-Zone eingerichtet haben, mit dem 📶 versehen. Das Zeichen @ weist darauf hin, dass Unterkünfte ihren Gästen einen Computer zur Verfügung stellen.

➡ Wer ohne Laptop unterwegs ist, findet in Prag ausreichend Internetcafés. Gut gelegen sind die Folgenden:

Bohemia Bagel (☎224 812 560; www.bohemiabagel.cz; Masná 2; Min. 1,50 Kč; ⏰8–21 Uhr; 📶; Ⓜ Náměstí Republiky)

Globe Bookstore & Café (☎224 934 203; www.globe bookstore.cz; Pštrossova 6; Min. 1 Kč; ⏰9.30–24 Uhr; 📶;

Ⓜ Karlovo Náměstí) Verlangt keine Minimum-Nutzungsdauer. Hat auch Ethernet-Anschlüsse, sodass man seinen eigenen Laptop (gleicher Preis, Kabel wird gestellt, 50 Kč Kaution) nutzen kann. Kostenloses WLAN.

Relax Café-Bar (☎224 211 521; www.relaxcafebar. cz; Dlážděná 4; 15 Min. 20 Kč; ☉Mo–Fr 8–22, Sa 14–22 Uhr; 🛜; ⓂNáměstí Republiky) Gut gelegenes Internetcafè mit kostenloser WLAN-Zone.

Medizinische Versorgung

Die Qualität der medizinischen Versorgung ist im ganzen Land und besonders in der Hauptstadt sehr hoch; wer ernsthaft erkrankt, wird gut behandelt. EU-Bürger und Schweizer haben mit der Europäischen Krankenversicherungskarte (European Health Insurance Card – EHIC) ein Anrecht auf eine vom Staat bereitgestellte medizinische Versorgung.

Alle anderen Besucher müssen für ihre Behandlung selbst aufkommen, ein Teil davon muss in der Regel sofort bezahlt werden – entweder in bar oder mit Kreditkarte.

Im medizinischen Notfall sollte man auf jeden Fall seinen Personalausweis und alle verfügbaren (Kranken-)Versicherungsunterlagen mitbringen. Für eine nachträgliche Erstattung empfiehlt es sich, alle Rechnungen und Rezepte aufzuheben.

Krankenhäuser

American Dental Associates (☎733 737 337; www. americandental.cz; Hvězdova 33, Pankrác; ☉Mo–Fr 9–19 Uhr; ⓂPankrác) Standardqualität, die Ärzte sprechen Englisch.

Canadian Medical Care (☎724 300 301, 235 360 133;

PRAKTISCH & KONKRET

➜ **Aktuelle Veranstaltungen** Die englischsprachige Wochenzeitschrift *The Prague Post* (www.prague-post.com) ist die beste Quelle für lokale Neuigkeiten. Man findet sie an Zeitungsständen, häufig aber auch gratis ausliegend bei Flügen oder an den Rezeptionen besserer Hotels. Wer kein Blatt bekommt, kann alles online nachlesen. Ausländische Zeitungen findet man in größeren Zeitungsläden, Buchläden und Zeitungskiosken

➜ **Radio** BBC World Service sendet einige Stunden täglich auf Englisch (FM 101,1). Der staatliche Radiosender Czech Radio (www.rozhlas.cz) ist der wichtigste Radiosender, der auf UKW im ganzen Land zu empfangen ist; alle Sendungen werden aber ausschließlich auf Tschechisch ausgestrahlt.

➜ **Rauchen** In allen öffentlichen Räumen – dazu zählen Schulen, Behörden, Krankenhäuser, Bibliotheken, Bahnhöfe und Haltestellen des öffentlichen Nahverkehrs – ist das Rauchen verboten. In einigen Restaurants und Bars ist Rauchen erlaubt, vorausgesetzt, der Raum für Raucher liegt komplett vom Nichtraucherbereich getrennt. Inzwischen sind alle besseren Lokale Nicht-Raucher-Restaurants, in vielen Bars und Pubs ist es aber nach wie vor gestattet, zu rauchen. Die meisten Hotels haben sich inzwischen ebenfalls zu rauchfreien Zonen erklärt.

➜ **Fernsehen** In den meisten Hotels kann man einige englischsprachige Fernsehkanäle empfangen, meist CNN International, Eurosport und BBC World. Czech Television (www.ceskatelevize.cz) betreibt zwei staatlich kontrollierte Sender, neben denen es noch mehrere Privatsender gibt. Alle senden ausschließlich in tschechischer Sprache.

➜ **Trinkgeld** In Restaurants belohnt man einen guten Service mit einem Trinkgeld in Höhe von 10 % der Rechnungssumme. Den Betrag lässt man in der Mappe mit der Rechnung oder gibt es direkt dem Servicepersonal. Taxifahrer erwarten kein Trinkgeld, es ist aber gute Sitte, den Betrag auf den nächsten Zehner aufzurunden.

➜ **Maße und Gewichte** Es gilt das metrische System.

www.cmcpraha.cz; Veleslavínská 1, Veleslavín; ☉Mo–Fr 8–18, Di & Do 8–20 Uhr; 🚇20, 26) Eine teure, aber professionell arbeitende Privatklinik mit englisch sprechenden Ärzten. Eine Erstuntersuchung kostet 1500 bis 2500 Kč.

Poliklinik in Národní (Poliklinika na Národní; ☎222 075 120, 24-Std.-Notfallnummer 777 942 270; www.poliklinika.

narodni.cz; Národní třída 9, Nové Město; ☉Mo–Fr 8.30–17 Uhr; ⓂNárodní Třída) Eine zentral gelegene Klinik, deren Mitarbeiter u. a. Englisch und Deutsch sprechen. Für eine Erstuntersuchung werden 800 bis 1500 Kč verlangt.

Notaufnahme

Na Homolce Hospital (☎257 271 111; www.homolka.

cz; 5. Stock, Foreign Pavilion, Roentgenova 2, Motol; 🖵167, Ⓜ Anděl) Das beste Krankenhaus der Stadt ist nach westlichen Standards eingerichtet und personell besetzt, die Mitarbeiter sprechen u. a. Englisch und Deutsch.

Apotheken

Unterwegs in der Stadt und in ganz Tschechien sieht man unzählige Apotheken (*lékárna oder apteka*), die am großen grünen Kreuz vor der Tür zu erkennen sind.

Neben verschreibungspflichtigen Medikamenten dürfen die Apotheker auch einige nichtverschreibungspflichtige Präparate wie Aspirin, Hustensaft, Grippemittel u. ä. verkaufen.

Viele Apotheken öffnen zu den üblichen Geschäftszeiten, in jedem Stadtviertel hat außerdem immer mindestens eine Apotheke Nachtdienst, die Adressen sind an allen umliegenden Apotheken angeschlagen.

Notfall

Krankenwagen (📞155)
Pannenhilfe (ÚAMK; 📞1230)
EU-weite Notfallnummer (📞112) Es gibt Deutsch sprechende Mitarbeiter.**Feuerwehr** (📞150)
Kommunale Polizei (obecní policie, městská policie) (📞156)
Polizei der Tschechischen Republik (Policie České republikye) (📞158)

Öffnungszeiten

Die Mehrzahl der unten genannten Einrichtungen halten sich an die hier aufgeführten Öffnungszeiten. Einkaufszentren haben länger geöffnet und sind täglich zumindest von 10 bis 20 Uhr offen. Viele Museen schlie-

ßen montags und verkürzen ihre Einlasszeiten in der Nebensaison. Im Buch werden nur dann Zeiten genannt, wenn sie signifikant von den hier genannten abweichen.
Bars und Clubs Di–Sa 11–1 Uhr, am So und Mo kürzere Öffnungszeiten.
Banken Mo–Fr 9–16 Uhr, einige Banken öffnen zusätzlich samstags von 9 bis 13 Uhr.
Behörden Mo–Fr 8–17, Sa 9–13 Uhr (variiert).
Museen Di–So 9–17 Uhr, einige Sehenswürdigkeiten haben von Oktober bis April entweder ganz geschlossen oder öffnen verkürzt.
Postämter Mo–Fr 7–18, Sa 8–13 Uhr (Städte).
Restaurants täglich 11–23 Uhr, viele Küchen schließen um 22 Uhr.
Läden Mo–Fr 9–18, Sa 9–13 Uhr (variiert). Auf touristische Kundschaft ausgerichtete Läden im Stadtzentrum haben längere Öffnungszeiten und meist auch an den Wochenenden geöffnet.

Post

Das tschechische Postunternehmen Česká Pošta (www.cpost.cz) arbeitet effizient, allerdings hat man als Ausländer oft ein Problem, weil alles nur in tschechischer Sprache beschriftet ist. Wer Briefe bzw. Postkarten verschicken will, muss sich in die Schlange vor dem Schalter *listovní zásilky* (Korrespondenz) einordnen. Alles, was nicht verlorengehen soll, wird als Einschreiben (*doporučený dopis*) oder per Kurierdienst (EMS) verschickt.

Eine Standard-Postkarte oder ein Brief (bis zu 20 g) innerhalb Europas kostet 20 Kč, 21 Kč werden für den Versand ins außereuropäische Ausland verlangt. Um sicherzugehen, dass alles

ausreichend frankiert ist, sollte man, wenn man keine eigene Briefwaage dabei hat, die Briefe im Postamt aufgeben.

Prags Hauptpostamt in der Neustadt (Nové Město) arbeitet mit einem Nummernsystem. Neuankömmlinge müssen an einem Automaten im Eingang eine Nummer ziehen – Knopf 1 für Briefmarken, Briefe und Pakete oder Knopf 4 für Kurierdienst. Auf einem Bildschirm werden dann die Nummern aufgerufen und der freie Schalter angezeigt.
Hauptpostamt (📞221 131 111; www.cpost.cz; Jindřišská 14, Nové Město; 🕐2–24 Uhr; Ⓜ Můstek) Prags Hauptpostamt liegt zentral unweit des Wenzelsplatzes und hat längere Öffnungszeiten als alle anderen Postämter. Dort findet man auch einen Kopierer und einen Faxdienst, außerdem zahlreiche Telefonkabinen für Auslandsgespräche.

Rechtsfragen

Ausländer unterliegen der Rechtssprechung des Gastgeberlandes. Auch wenn die Botschaft bzw. die Konsulate im Notfall die ersten Ansprechpartner sind, sollte man sich immer dessen bewusst sein, dass sie in vielen Fällen nichts tun können, beispielsweise bei Verstößen gegen die Gesetze des Landes. Sie können auch keine Verbrechen aufklären, keinen Anwalt stellen, niemanden aus dem Gefängnis holen und kein Geld verleihen.

Das Konsulat kann aber im Notfall ein Reisedokument ausstellen, Verwandte oder Freunde kontaktieren, beraten, wie man Geld überweist, es kann eine Liste vertrauenswürdiger Ärzte, Anwälte und Übersetzer aushändigen und jemanden im Gefängnis besuchen.

Reisen mit Behinderung

Prag und die Tschechische Republik ganz allgemein sind noch recht rückständig hinsichtlich einer guten Infrastruktur für Behinderte. Überall gibt es Kopfsteinpflaster und hohe Bordsteinkanten, dazu viele historische Gebäude (inklusive vieler Hotels und Museen), die bis heute keinen Zugang für Rollstuhlfahrer haben.

Etwas besser ist die Situation in neueren Gebäuden, da es bei deren Bau gesetzlich vorgeschrieben ist, dass die Türen und Toiletten für Rollstuhlfahrer zugänglich sein müssen. Viele McDonald's und KFC-Restaurants sind mit Rollstühlen erreichbar.

Beim öffentlichen Nahverkehr macht Prag nur langsam Fortschritte. Einige Busse und Straßenbahnen sind mit Niederflurwagen unterwegs, in die man mit dem Rollstuhl einfahren kann, die entsprechenden Busse bzw. Straßenbahnen sind in den Fahrplänen mit einem Rollstuhl-Symbol gekennzeichnet. Eine Handvoll Metrostationen, unter anderem die neueren, haben inzwischen einen Lift zu den Gleisen eingebaut.

Einige hilfreiche Organisationen vor Ort:

Vereinigung der Prager Rollstuhlfahrer (Pražská organizace vozíčkářů; ☎224 827 210; www.pov.cz; Benediktská 6, Staré Město) Die Organisation kümmert sich um die Belange der Behinderten, in erster Linie für die Einheimischen vor Ort. Sie kann aber dennoch bei der Vermittlung eines Stadtführers und behindertengerechter Fahrzeuge helfen (die nur halb so viel wie ein Taxi kosten). Außerdem bietet das Büro in Deutsch verfasste Broschüren, die alle barrierefreien Orte in Prag auflisten.

Tschechische Blindenvereinigung (Sjednocená Organizace Nevidomých a Slabozrakých v ČR; ☎221 462 146; www.braillnet.cz; Krakovská 21) Vertritt die Belange von Sehbehinderten. Die Vereinigung informiert, bietet aber keine eigenen Dienstleistungen an!

Schwule & Lesben

Prag und das Land ganz allgemein stehen schwulen und lesbischen Reisenden offen gegenüber. 2006 wurde Homosexualität legalisiert, schwule Paare können sich ihre Partnerschaft nun offiziell eintragen lassen.

➡ Prag hat eine lebendige Schwulenszene; 2011 fand hier die erste Schwulenparade statt. Außerhalb der Hauptstadt ist Homosexualität deutlich weniger akzeptiert, dennoch braucht man keine Diskriminierung zu befürchten.

➡ Viele Schwulenbars und -clubs konzentrieren sich in Vinohrady.

➡ Hilfreiche Websites sind Gay Guide Prague (prague.gayguide.net) und Prague Saints (www.prague saints.cz).

Steuern & Erstattungen

Alle tschechischen Preise – in Läden, Restaurants und Hotels – beinhalten schon die Mehrwertsteuer. Wenn diese nicht im ausgeschriebenen Preis enthalten ist, wird explizit darauf verwiesen.

Nicht-EU-Bürger können sich die Mehrwertsteuer zurückerstatten lassen, wenn der Einkaufswert über 2000 Kč liegt, allerdings nur unter gewissen Voraussetzungen: Die Waren müssen in Läden eingekauft werden, die den Aufkleber „Tax Free Shopping" an ihrer Tür kleben haben. Der Verkäufer muss ausdrücklich darauf hingewiesen werden, dass man eine Rückerstattung wünscht. Unbedingt die Quittung aufheben und die Ware unbenutzt lassen. Bei der Abreise am Flughafen wird die Mehrwertsteuer entweder bar ausgezahlt oder auf ein Konto überwiesen. Weitere Details finden sich unter www.global-blue.com.

Strom

Die Netzspannung liegt bei 230 V, 50 Hz, die Steckdo-

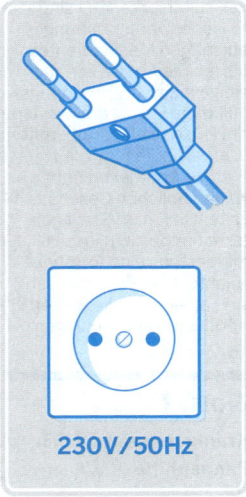

230V/50Hz

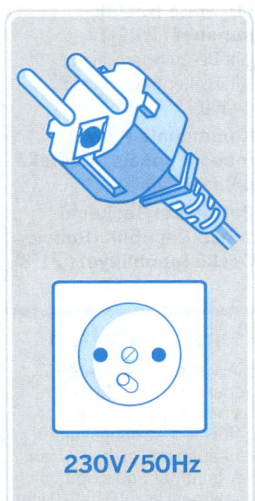

230V/50Hz

sen sind die gleichen wie in Deutschland und Österreich. Schweizer sollten sich einen Adapter für ihre Geräte mitnehmen.

Telefon

Alle tschechischen Festnetz- und Handynummern sind neunstellig, in Tschechien gibt es keine Ortsvorwahl. Von Deutschland wählt man die internationale Vorwahl 0049, nach Österreich die 0043 und in die Schweiz die 0041, anschließend bei allen drei Ländern die Ortsvorwahl (ohne 0) und die eigentliche Teilnehmernummer. Umgekehrt nach Tschechien wählt man die 00420 und dann die neunstellige Telefonnummer.

Handys

In Tschechien wird das GSM 900/1800-System verwendet. Wer ein GSM-Telefon hat, sollte mit seinem Provider klären, ob es in Tschechien funktioniert, und sich über die anfallenden Roaminggebühren informieren.

➥ Wenn das eigene Gerät entsperrt ist, ist es günstiger, eine tschechische Prepaid-SIM-Karte zu kaufen, die rund 450 Kč (meist inkl. Gesprächseinheiten im Wert von 300 Kč) kostet und in allen Telefonläden erhältlich ist. Mit dieser SIM-Karte kann man günstig vor Ort telefonieren.

➥ Komplizierter ist die Nutzung von Smartphones wie iPhone, Android-Telefonen oder Blackberry; diese lassen sich in der Regel nur schwer entsperren. In diesem Fall sollte man sich beim Provider erkundigen, welche Möglichkeiten und Angebote seitens der Telefongesellschaft für einen kurzen Aufenthalt in Tschechien bestehen.

➥ Mit Smartphones kann man natürlich in WLAN-Zonen ins Internet gehen. Unbedingt darauf achten, dass man bei der Ankunft das Telefon auf den „Flugzeug"-Modus umstellt; auf diese Weise werden eingehende Anrufe und Textmeldungen blockiert, der Internetzugang über WLAN ist aber trotzdem möglich. Ebenso sollte man darauf achten, dass beim Telefon die Funktion „data roaming" ausgeschaltet ist – nur so kann man sich vor ungewollten Roaminggebühren schützen.

Telefonkarten

An Telefonkarten stehen beispielsweise die Smartcall (www.smartcall.cz) und die Karta X Plus zur Auswahl – sie sind mit Guthaben von 300 bis 1000 Kč in Hotels, an Kiosken und bei Touristeninformationen erhältlich. Beim Gebrauch sollte man die Anleitung auf der Karte befolgen – erst die Zugangsnummer wählen, dann den freigerubbelten PIN-Code und schließlich die Telefonnummer (einschließlich Landesvorwahl). Der Preis für ein Gespräch nach Deutschland, Österreich und in die Schweiz kostet von einem Festanschluss aus mit der Smartcall-Karte 6,60 bis 8,90 Kč pro Minute – je teurer die Karte, desto günstiger der Minutenpreis.

Toiletten

Öffentliche Toiletten in staatlichen Museen, Galerien und Konzertsälen können kostenlos benutzt werden. Bei allen anderen staatlichen Einrichtungen (z. B. Bahnhöfen, Busbahnhöfen und Metrostationen) kassieren Angestellte zwischen 5 und 10 Kč. Ach ja: Herren gehen durch die Tür mit der Aufschrift *muži* oder *páni*, Damen achten auf *ženy* oder *dámy*. In Touristengebieten gibt es öffentliche Toiletten u. a. auf der Prager Burg, gegenüber der Straßenbahnhaltestelle am Kleinseitner Ring, neben dem Palais Goltz-Kinsky am Altstädter Ring, in der Celetná in der Nähe des Pulverturms und am Uhelný trh in der Altstadt. Ein weiteres stilles Örtchen steht neben der Laterna Magica an der Národní třída.

Touristeninformation

Prague Welcome in Prag ist die offizielle Touristeninformation der Stadt. Die Mitarbeiter haben gute Stadtpläne und detaillierte Broschüren über die Hauptstadt vorrätig – vieles wird kostenlos abgegeben. Über das Stadtgebiet verteilt gibt es viele Büros, u. a. an folgenden Standorten:

Prague Welcome (☎221 714 444; www.prague welcome.cz; Altstädter Rathaus, Staroměstské náměstí 5; ☺9–19 Uhr; Ⓜ Staroměstská) Hat Stadtpläne und Gratisbroschüren (inkl. Unterkunftsverzeichnis und eine Übersicht über die historischen Gebäude). Darüber hinaus kann man auch Fahrkarten für die Nahverkehrsmittel kaufen und sich über Stadtführungen informieren.

Prague Welcome (☎221 714 444; www.praguewelcome.cz; Karlsbrücke, Mostecká; ☺April–Okt. 10–18 Uhr; 🚋 12, 20, 22)

Prague Welcome (☎221 714 444; www.prague welcome.cz; Rytířská 31, Staré Město; ☺Mo–Sa 10–19 Uhr; Ⓜ Můstek)

Fremdenverkehrsämter im Ausland

Das Staatliche Fremdenverkehrsamt ist die **Tschechische Zentrale für Tourismus – CzechTourism** (www.czechtourism.com).

Tschechische Zentrale für Tourismus - CzechTourism (Herrengasse 17, 1010 Wien, austria.czechtourism.com)

Tschechische Zentrale für Tourismus –Czech-Tourism
(Große Friedberger Straße 6, 60313 Frankfurt am Main, germany.czechtourism.com) Zuständig für Baden-Württemberg, Bayern, Hessen, Nordrhein-Westfalen, Rheinland-Pfalz und Saarland.

Tschechische Zentrale für Tourismus –Czech-Tourism
(Wilhelmstraße 44, 10117 Berlin, germany.czechtourism.com) Zuständig für Berlin, Bremen, Hamburg, Mecklenburg-Vorpommern, Niedersachsen, Schleswig-Holstein, Thüringen, Sachsen, Brandenburg, Magdeburg, Sachsen-Anhalt.

Tschechische Zentrale für Tourismus –Czech-Tourism
(Michelstrasse 5, 8049 Zürich)

Visum

EU-Bürger und Schweizer benötigen kein Visum für die Einreise in die Tschechische Republik; Personalausweis oder Reisepass genügen.

Tschechien gehört zur Schengen-Zone.

Zeit

In Tschechien gilt die MEZ, am letzten Sonntag im März wird auf die Europäische Sommerzeit umgestellt, die wie überall in Europa am letzten Sonntag im Oktober endet.

Zoll

Die Einreise mit dem Flugzeug gestaltet sich für EU-Bürger und Schweizer problemlos. Wer nichts zu verzollen hat, geht einfach durch den grünen Ausgang (zollfrei). Das Gepäck wird nur selten kontrolliert. Folgende Zollregeln gelten:

➡ EU-Bürger dürfen 800 Zigaretten, 400 Zigarrillos, 200 Zigarren, 1 kg Rauchtabak, 10 l Spirituosen, 20 l Likörwein, 90 l Wein und 110 l Bier einführen – vorausgesetzt, die Waren sind für den persönlichen Gebrauch gedacht (jedes Land setzt andere Höchstgrenzen fest).

➡ Schweizer und alle Nicht-EU-Bürger (über 18 Jahren) dürfen maximal wahlweise 200 Zigaretten, 100 Zigarillos, 50 Zigarren oder 250 g Rauchtabak, 2 l Tafelwein oder wahlweise 1 l, 2 l Likörwein, Sekt oder Spirituosen, 60 ml Parfüm, 250 ml Eau de toilette sowie Waren im Wert von max. 175 € (inklusive Geschenke und Souvenirs) zollfrei einführen.

Sprache

Tschechisch (*Čeština*) zählt zum westlichen Zweig der slawischen Sprachfamilie und ist eng mit dem Slowakischen und Polnischen verwandt. Ungefähr 12 Millionen Menschen sprechen diese Sprache.

Die meisten tschechischen Laute findet man in vergleichbarer Form auch im Deutschen. Wer die farbigen Aussprachehilfen in diesem Sprachführer so liest, als seien sie Deutsch, wird auf jeden Fall einigermaßen verstanden. Es gilt jedoch zu beachten, dass das oh in der Lautschrift als offenes o und das ou wie im englischen Wort *show* gesprochen wird. Ein Akzent über einem Vokal im geschriebenen Tschechisch bedeutet, dass dieser Laut lang ausgesprochen wird (in der Lautschrift als Doppellaut oder durch ein angefügtes h gekennzeichnet).

Bei den Konsonanten gilt, dass das ch wie das ch in *Loch* ausgesprochen wird; das r wird gerollt und das sch in der Lautkombination rsch ist immer ein stimmhaftes sch wie in „Gage" oder „Journal". Das stimmhafte „sch" ohne vorangehendes „r" wird ebenfalls wie in „Gage" ausgesprochen (was sich in der Lautschrift aber nicht darstellen lässt). Der Apostroph (ˇ) weist auf einen leichten j-Laut hin. Die Laute r, s und l können auch als eine Art Vokal benutzt werden – das führt dazu, dass es im geschriebenen Tschechischen Wörter oder Silben gibt, die scheinbar keine Vokale enthalten, wie z.B. in *krk* krk (Nacken,Hals), *osm* o sm (acht), *vlk* vlk (Wolf). Wer diese Konsonantenhäufungen

schwierig findet, sollte einfach ein winziges ah dazwischen setzen. Betont wird immer die erste Silbe eines Wortes – in der Aussprachehilfe kursiv gesetzt. Wo nötig sind männliche und weibliche Formen mit (m/f) gekennzeichnet.

GRUNDLEGENDES

Hallo.	*Ahoj.*	a ·hoi
Auf Wiedersehen.	*Na shledanou.*	nas·chle·da·nou
Entschuldigen Sie.	*Promiňte.*	pro ·min'·te
Entschuldigung.	*Promiňte.*	pro ·min'·te
Bitte.	*Prosím.*	pro ·sihm
Danke.	*Děkuji.*	dje ·ku·ji
Keine Ursache	*Prosím.*	pro ·sihm
Ja./Nein.	*Ano./Ne.*	a·no/ne

Wie geht es Ihnen?	*Jak se máte?*	jak se maa ·te
Gut. Und Ihnen?	*Dobře. A vy?*	dob ·rsche a vi
Wie heißen Sie?	*Jak se jmenujete?*	jak se jme ·nu·je·te
Ich heiße ...	*Jmenuji se ...*	jme ·nu·ji se ...

Sprechen Sie Deutsch/Englisch?
Mluvíte němčina/anglicky? mlu ·vih·te njem tschina/an ·glits·ki

Ich verstehe nicht. *Nerozumím.* ne ·ro·su·mihm

Einen Moment, bitte. *Počkejte chvíli.* potsch ·kej·te chvih ·li

ESSEN & TRINKEN

Was würden Sie empfehlen?
Co byste doporučil/ tso bis ·te do· po·ru·tschil/
doporučila? (m/f) do· po·ru·tschi·la

Was ist die hiesige Spezialität?
Co je místní tso je mihst ·njih
specialita? spe ·tsi·a·li·ta

NOCH MEHR TSCHECHISCH

Wer sich weiter in die Sprache vertiefen und auch einige praktische Wendungen erlernen möchte, besorgt sich das *Czech Phrasebook* von Lonely Planet. Man bekommt es unter **http://shop.lonelyplanet.com** oder als Ausgabe fürs iPhone im Apple App Store.

Haben Sie ein vegetarisches Gericht?
Máte vegetariánská maa ·te ve ge·ta·ri·aans·ka
jídla? jihd ·la

Das war lecker! *To bylo lahodné!*
to bi ·lo la ·hod·näh

Ich hätte gerne ... *Dám si ...* daam si ...

Prost! *Na zdraví!* na sdra ·vih

Ich möchte bitte (die)
Chtěl/Chtělabych ...
chtihl/chtje ·la bich ...
prosím. (m/f) pro ·sihm

Rechnung *účet* uh ·tschet

Speisekarte *jídelníček* jih· del· njih·tschek

Wichtige Wörter

Abendessen	*večeře*	ve ·tsche·rsche
Bar	*bar*	bar
Café	*kavárna*	ka ·vaar·na
Delikatessen	*lahůdky*	la ·huhd·ki
Essen	*jídlo*	jihd ·lo
Flasche	*láhev*	laa ·hef
Frühstück	*snídaně*	snih ·da·nje
Gabel	*vidlička*	vid ·litsch·ka
Gericht	*pokrm*	po ·krm
Getränkekarte	*nápojový*	naa· po·jo·vih
	lístek	lihs ·tek
Glas	*sklenička*	skle ·njitsch·ka
heiß	*teplý*	tep ·lih
Hochstuhl	*dětská*	djet ·skaa
	stolička	sto ·litsch·ka
kalt	*chladný*	chlad ·nih
Kindergericht	*dětský*	djets ·kih
	jídelníček	jih ·del·njih·tschek
Lebensmittelladen	*konzum*	kon ·sum
Löffel	*lžíce*	lschih ·tse
Markt	*trh*	trh
Messer	*nůž*	nuhsch
mit	*s*	S
Mittagessen	*oběd*	o ·bjed
ohne	*bez*	bes
Restaurant	*restaurace*	res ·tau·ra·tse
Schüssel	*miska*	mis ·ka
Teller	*talíř*	

Fleisch & Fisch

Auster	*ústřice*	uhst ·rschi·tse
Ente	*kachna*	kach ·na

VERSTÄNDIGUNG

Um im Tschechischen zurechtzukommen, mischt man einfach diese einfachen Wendungen mit Wörtern eigener Wahl.

Wann fährt (der nächste Bus)?
V kolik jede f ko·lik ye·de
(příští autobus)? (przhee·shtyee ow·to·bus)

Wo ist (der Bahnhof)?
Kde je (nádraží)? gde ye (na·dra·zhe)

Wo kann ich (ein Ticket kaufen)?
Kde (koupím gde (koh·peem
jízdenku)? yeez·den·ku)

Wie teuer ist (ein Zimmer)?
Kolik stojí (pokoj)? ko·lik sto·yee (po·koy)

Gibt es dort (eine Toilette)?
Je tam (toaleta)? ye tuhm (to·uh·le·tuh)

Haben Sie (einen Stadtplan)?
Máte (mapu)? ma·te (muh·pu)

Ich möchte gerne (ein Auto mieten).
Chtěl/Chtěla bych khtyel/khtye·luh bikh
(si půjčit auto). (m/f) (si pooy·chit ow·to)

ch brauche (einen Dosenöffner).
Potřebuji (otvírák po·trzhe·bu·yi (ot·vee·rak
na konzervy). nuh kon·zer·vi)

Darf ich (hier campen)?
Mohu (zde stanovat)? mo·hu (zde stuh·no·vuht)

Könnten Sie mir bitte (helfen)?
Můžete prosím moo·zhe·te pro·seem
(pomoci)? (po·mo·tsi)

Fisch	*ryba*	ri ·ba
Fleisch	*maso*	ma ·so
Garnele	*kreveta*	kre ·ve·ta
gekochter	*šunka*	
Schinken		schun ·ka
Hering	*sleď*	sled'
Hühnchen	*kuře*	ku ·rsche
Kalbfleisch	*telecí*	te ·le·tsih
Lachs	*losos*	lo ·sos
Lamm	*jehněčí*	jeh ·nje·tschih
Muschel	*slávka jedlá*	slaaf ·ka jed ·laa
Pute	*krůta*	kruh ·ta
Rindfleisch	*hovězí*	ho ·vje·sih
Salami	*salám*	sa ·laam
Schinken	*slanina*	sla ·nji·na
Schweinefleisch	*vepřové*	vep ·rscho·väh
Steak (Rinder-)	*biftek*	bif ·tek

| Thunfisch | tuňák | tu ·njaak |
| Würstchen (vom Schwein) | vuřt | vurscht |

SPRACHE

Obst & Gemüse

Ananas	ananas	a ·na·nas
Apfel	jablko	ja ·bl·ko
Aprikose	meruňka	me ·run'·ka
Aubergine	lilek	li ·lek
Banane	banán	ba ·naan
Birne	hruška	hrusch ·ka
Blumenkohl	květák	kvje ·taak
Bohne	fazole	fa ·so·le
Brokkoli	brokolice	bro ·ko·li·tse
Dattel	datle	dat ·le
Erbse	hrách	hrach
Erdbeere	jahoda	ja ·ho·da
Frühlingszwiebel	čočka	tschotsch ·ka
Gurke	okurka	o ·kur·ka
Himbeere	malina	ma ·li·na
Hülsenfrucht	luštěnina	lusch ·tje·ni·na
Karotte	mrkev	mr ·kef
Kartoffel	brambor	bram ·bor
Kirsche	třešeň	trsche ·schen'
Knoblauch	česnek	tsches ·nek
Kohl	kapusta	ka ·pus·ta
Kürbis	dýně	dih ·nje
Mais	kukuřice	ku ·ku·rschi·tse
Nuss	ořech	o ·rschech
Olive	oliva	o ·li·va
Orange	pomeranč	po ·me·rantsch
Paprika(schote)	paprika	pa ·pri·ka
Pfirsich	broskev	bros ·kef
Pflaume	švestka	schvest ·ka
Pilz	houba	hou ·ba
Radieschen	ředkvička	rsched kvitsch·ka
Rosine	hrozinka	hro ·sin·ka
Salat	hlávkový salát	hlaaf ·ko·vih sa ·laat
Spinat	špenát	schpe ·naat
Tomate	rajské jablko	rais ·käh ja ·bl·ko
Weintrauben	hrozny	hros ·ni
Zitrone	citron	tsi ·tron
Zucchini	cuketa	tsu ·ke·ta
Zwiebel	cibule	tsi ·bu·le

Andere Nahrungsmittel

Brot	chléb	chlähb
Butter	máslo	maas ·lo
Chilli	feferon	pfe· fe·ron
Ei	vajíčko	va ·jihtsch·ko
Eiscreme	zmrzlina	smrs ·li·na
Essig	ocet	o ·tset
Honig	med	med
Käse	sýr	sihr
Mamelade	džem	dschem
Nudeln	nudle	nud ·le
Pasta	těstovina	tjes ·to·vi·na
Pfeffer	pepř	pe ·prsch
Reis	rýže	rih ·sche
Salat	salát	sa ·laat
Salz	sůl	suhl
Soße	omáčka	o ·maatsch·ka
Suppe	polévka	po ·lähf·ka
Zucker	cukr	tsu ·kr

Getränke

(Mineral) wasser	(minerální) voda	(mi ·ne·raal·njih) vo ·da
Bier	pivo	pi ·vo
Kaffee	káva	kaa ·va
Limonade	limonáda	li ·mo·naa·da
Milch	mléko	mläh ·ko
Orangensaft	pomerančový džus	po ·me·ran· tscho·vih dschus
Rotwein	červeného víno	tscher ·ve·näh·ho vih ·no
Softdrink	nealkoholický nápoj	ne ·al·ko·ho· lits·kih na ·poi
Tee	čaj	tschai
Weißwein	bílého víno	bih ·läh·ho vih ·no

Schilder

Vjezd	Eingang
Východ	Ausgang
Otevřeno	Offen
Zavřeno	Geschlossen
Zákazáno	Verboten
Toalety/WC	Toiletten
Páni/Muži	Herren
Dámy/Ženy	Damen

SPRACHE

NOTFÄLLE

| Hilfe! | *Pomoc!* | *po ·mots* |
| Verschwinden Sie! | *Běžte pryč!* | *bjesch ·te pritsch* |

Rufen Sie ...!	*Zavolejte ...!*	*sah ·vo·lej·te ...*
einen Arzt	*lékaře*	*läh· ka·rsche*
die Polizei	*policii*	*po ·li·tsi·ji*

| Ich habe mich verirrt. | *Zabloudil/* | *sa ·blou·djil/* |
| *Zabloudila jsem. (m/f)* | | *sa ·blou·dji·la jsem* |

| Ich bin krank. | *Jsem nemocný/* | *jsem ne ·mots·nih/* |
| *nemocná. (m/f)* | | *ne ·mots·na* |

| Wo sind die Toiletten? | *Kde jsou toalety?* | |
| | *gde jsou to ·a·le·ti* | |

SHOPPEN & SERVICE

Ich möchte gerne ... kaufen		
Chtěl/Chtěla bych	*chtjel/chtje ·la bich*	
koupit ... (m/f)	*kou ·pit ...*	

| Ich schaue nur. | | |
| *Jenom se dívám.* | *je ·nom se djih ·vaam* | |

| Haben Sie noch andere? | *Máte ještě jiné?* | |
| | *maa ·te jesch ·tje ji ·näh* | |

Darf ich mir das mal ansehen?		
Mohu se na to	*mo ·hu se na to*	
podívat?	*po ·djih·vat*	

| Wie viel kostet das? | *Kolik to stojí?* | |
| | *ko ·lik to sto ·jih* | |

| Das ist zu teuer. | *To je moc drahé.* | |
| | *to je mots dra ·häh* | |

Können Sie den Preis etwas reduzieren?		
Můžete mi snížit	*muh ·sche·te mi snjih ·schit*	
cenu?	*tse ·nu*	

Geldautomat	*bankomat*	*ban ·ko·mat*
Handy	*mobil*	*mo ·bil*
Internetcafé	*internetová*	*in ·ter·ne·to·vaa*
	kavárna	*ka ·vaar·na*
Postamt	*pošta*	*posch ·ta*
Touristeninformation	*turistická*	*tu ·ris·tits·ka*
	informační	*in ·for·matsch·njih kan*
	kancelář	*·tse·larsch*

Fragewörter		
Wie?	*Jak?*	yuhk
Was?	*Co?*	tso
Wann?	*Kdy?*	gdi
Wo?	*Kde?*	gde
Wer?	*Kdo?*	gdo
Warum?	*Proč?*	proch

UHRZEIT & DATUM

Wie spät ist es?	*Kolik je hodin?*	*ko ·lik je ho ·djin*
Es ist (10) Uhr.	*Je (deset) hodin.*	*je (de ·set) ho ·dji*
Halb elf.	*Půl jedenácté.*	*puhl je ·de·naats·täh*
nachts *ráno*		*raa ·no*
vormittags *dopoledne*		*do ·po·led·ne*
nachmittags *odpoledne*		*ot ·po·led·ne*
abends *večer*		*ve ·tscher*

gestern	*včera*	*ftsche ·ra*
heute	*dnes*	*dnes*
morgen	*zítra*	*zih ·tra*
Montag	*pondělí*	*pon ·dje·lih*
Dienstag	*úterý*	*uh ·te·rih*
Mittwoch	*středa*	*strsche ·da*
Donnerstag	*čtvrtek*	*tschtvr ·tek*
Freitag	*pátek*	*paa ·tek*
Samstag	*sobota*	*so ·bo·ta*
Sonntag	*neděle*	*ne ·dje·le*

Januar	*leden*	*le ·den*
Februar	*únor*	*uh ·nor*
März	*březen*	*brsche ·sen*
April	*duben*	*du ·ben*
Mai	*květen*	*kvje ·ten*
Juni	*červen*	*tscher ·ven*
Juli	*červenec*	*tscher ·ve·nets*
August	*srpen*	*sr ·pen*
September	*září*	*sa ·rschih*
Oktober	*říjen*	*rschih ·jen*
November	*listopad*	*li ·sto·pat*
Dezember	*prosinec*	*pro ·si·nets*

UNTERKUNFT

Haben Sie ein Doppelzimmer?		
Máte pokoj s	*maa ·te po ·koi s*	
manželskou postelí?	*man ·schels·kou pos ·te·lih*	

Haben Sie ein Einzel-/		
Zweibettzimmer?		
Máte jednolůžkový/	*maa te jed ·*	
no·luhsch·ko·vih/		
voulůžkový pokoj?	*dvou ·luhsch·ko·vih po ·koi*	

Wie viel kostet es pro ...?		
Kolik to	*ko ·lik to*	
stojí ...?	*sto ·jih ...*	
Nacht *na noc*	*na nots*	
Person *za osobu*	*sa o ·so·bu*	
Woche *na týden*	*na tih ·den*	

| Campingplatz | *tábořiště* | *ta ·bo·rschisch·tih* |

Zahlen

1	jeden	ye·den
2	dva	dvuh
3	tři	trzhi
4	čtyři	chti·rzhi
5	pět	pyet
6	šest	shest
7	sedm	se·dm
8	osm	o·sm
9	devět	de·vyet
10	deset	de·set
20	dvacet	dvuh·tset
30	třicet	trzhi·tset
40	čtyřicet	chti·rzhi·tset
50	padesát	puh·de·sat
60	šedesát	she·de·sat
70	sedmdesát	se·dm·de·sat
80	osmdesát	o·sm·de·sat
90	devadesát	de·vuh·de·sat
100	sto	sto
1000	tisíc	tyi·seets

Hotel	hotel	ho·tel
Jugend herberge	mládežnická ubytovna	mlaa·desch·njits·ka u·bi·tov·na
Pension	penzion	pen·si·on

VERKEHRSMITTEL & -WEGE

Wann fährt der Zug/Bus?
V kolik hodin odjíždí f ko·lik ho·djin od·jihsch·djih
autobus/vlak? au·to·bus/vlak

Bitte sagen Sie mir, wenn wir nach … kommen
Prosím vás řekněte pro·sihm vaas rschek·nje·te
mi kdy budeme v … mi kdi bu·de·me f …

Hält er in …? *Staví v …?* sta·vih f …

Welches ist die nächste Haltestelle?
Která je příští kte·raa je prschihsch·tjih
zastávka? sas·taf·ka

Bitte halten Sie hier. *Prosím vás zastavte.*
pro·sihm vaas zas·taf·te

Bitte bringen Sie mich zu (dieser Adresse).
Prosím odvezte mě pro·sihm od·ves·te mje
na (tuto adresu). na (tu·to a·dre·su)

Ein … Ticket nach (Telč) bitte.	*jízdenku do (Telče) prosim.*	jihs den·ku do (tel·tsche) pro·sihm
einfache Fahrt	*Jedno-*	jed·no·směrnou smjer·nou
Rückfahrt	*Zpáteční*	spa·tetsch·njih

erste(r) letzte(r) ...

erste(r)	*první*	prv·njih
letzte(r)	*poslední*	po·sled·njih
nächste(r)	*příští*	prschih·schtjih
Bus	*autobus*	au·to·bus
Flugzeug	*letadlo*	le·tad·lo
Straßenbahn	*tramvaj*	tram·vai
Zug	*vlak*	vlak

Ich möchte gerne mieten
Chtěl/Chtěla chtjel/chtje·la
ein … bych si půjčit … (m/f) bich si puhj·tschit …

	Auto *auto*	au·to
	Fahrrad *kolo*	ko·lo
	Motorrad *motorku*	mo·tor·ku

Ist dies die Straße nach …?
Vede tato silnice ve·de ta·to sil·ni·tse
do …? do …

Kann ich hier parken?
Mohu zde parkovat? mo·hu sde par·ko·vat

Wo ist eine Tankstelle?
Kde je benzinová gde je ben·si·no·vaa
pumpa? pum·pa

Ich brauche einen Mechaniker.
Potřebuji pot·rsche·bu·ji
mechanika. me·cha·ni·ka

Brauche ich einen Helm?
Potřebuji helmu? pot·rsche·bu·ji hel·mu

Das Auto/Motorrad springt nicht an.
Auto/Motorka nechce au·to/mo·tor·ka nech·tse
nastartovat. nas·tar·to·vat

Ich habe eine Panne. *Mám defekt.* maam de·fekt

WEGWEISER

Wo ist der (Markt)? *Kde je (trh)?* gde je (trh)

Wie lautet die Adresse?
Jaká je adresa? ja·kaa je a·dre·sa

Können Sie mir das zeigen (auf der Karte)?
Můžete mi to muh·sche·te mi to
ukázat (na mapě)? u·kaa·sat (na ma·pje)

Er/Es ist … *Je to …* je to …

an der Ecke	*na rohu*	na ro·hu
gegenüber …	*naproti …*	na·pro·tji …
geradeaus	*přímo*	prschih·mo
hinter …	*za …*	sa …
nahe bei	*blízko*	blihs·ko
neben …	*vedle …*	ved·le …
vor …	*před …*	prsched …

Biegen Sie ab … *Odbočte …* od·botsch·te …

an der Ampel	*u semaforu*	u se·ma·fo·ru
an der Ecke	*za roh*	za roh
inks	*do leva*	do le·va
rechts	*do prava*	do pra·va

GLOSSAR

Diesen Wörtern und Abkürzungen begegnet man bei einem Pragbesuch vermutlich häufiger.

Becherovka – starker Kräuterlikör

čajovná – Teehaus

ČD – Tschechische Eisenbahn

chrám/dóm – Kathedrale/ Dom

ČSSD – Sozialdemokratische Partei

cukrárna – Konditorei

dámy – Schild an der Damentoilette

divadlo – Theater

doklad – Quittung oder Dokument

dům – Haus oder Gebäude

dům umění – Haus der Kunst, für Ausstellungen und Workshops

galérie – Galerie, Arkade

hlavní nádraží (hl nád) – Hauptbahnhof

hora – Hügel, Berg

hospoda oder **hostinec** – Kneipe

hrad – Burg

hřbitov (Tschechisch) – Friedhof

kaple – Kapelle

katedralá – Kathedrale

kavárna – Café

Kč – koruna česká; Tschechische Krone

kino – Kino

kostel – Kirche

lékárna – Apotheke

město – Stadt

most – Brücke

muzeum – Museum

muži – Schild an der Herrentoilette

nábřeží – Ufer

nádraží – Bahnhof

náměstí (nám) – Platz

národní – national

ostrov – Insel

palác – Palast/Palais

páni – Schild an der Herrentoilette

pasáž – Einkaufspassage

pekárna – Bäckerei

penzión – Pension

pivnice – kleine Bierstube

pivo – Bier

pivovar – Brauerei

potok – Bach, Fluss

Praha – Prag

radnice – Rathaus

restaurace – Restaurant

Roma – Volksstamm, der im 10. Jahrhundert von Indien nach Europa eingewandert ist

rybník – Fischteich

sady – Garten, Park, Obstgarten

Samtene Scheidung – Die Aufspaltung der Tschechoslowakei im Jahre 1993 in die zwei vollständig unabhängige Republiken, Tschechien und Slowakei

Samtene Revolution – die friedliche Revolution von 1989, bei der das kommunistische Regime der Tschechoslowakei abgelöst wurde

sgraffito – Sgrafitto; Kratz- und Putztechnik an Häuserwänden, die den Eindruck eines Freskos erweckt

stanice – Bahnhof oder Haltestelle

svatý – Sankt (St.) bzw. heiliger (hl.)

tramvaj – Straßenbahn

třída – Prachtstraße, Avenue

ubytovna – Schlafsaal-Übernachtung

ulice (ul) – Straße

ulička (ul) – Weg, Gasse

vinárna – Weinbar/Restaurant

vlak – Zug

záchod – Toilette

zahrada – Gartenanlage, Park

zámek – Schloss

ženy – Schild an der Damentoilette

Zimmer frei – Zimmer frei

Hinter den Kulissen

WIR FREUEN UNS ÜBER EIN FEEDBACK

Post von Travellern zu bekommen ist für uns ungemein hilfreich – Kritik und Anregungen halten uns auf dem Laufenden und helfen, unsere Bücher zu verbessern. Unser reiseerfahrenes Team liest alle Zuschriften genau durch, um zu erfahren, was an unseren Reiseführern gut und was schlecht ist. Wir können solche Post zwar nicht individuell beantworten, aber jedes Feedback wird garantiert schnurstracks an die jeweiligen Autoren weitergeleitet, rechtzeitig vor der nächsten Nachauflage.

Wer uns schreiben will, erreicht uns über **lonelyplanet.com/contact**

Hinweis: Da wir Beiträge möglicherweise in Lonely Planet Produkten (Reiseführer, Websites, digitale Medien) veröffentlichen, ggf. auch in gekürzter Form, bitten wir um Mitteilung, falls ein Kommentar nicht veröffentlicht oder ein Name nicht genannt werden soll. Wer Näheres über unsere Datenschutzpolitik wissen will, erfährt das unter www.lonelyplanet.com/privacy.

DANK VON LONELY PLANET

Wir bedanken uns bei den Reisenden, die mit der letzten Ausgabe unterwegs waren und uns wertvolle Hinweise, nützliche Tipps und interessante Begebenheiten mitgeteilt haben:

R Hemingway, Anita Martin, Mauricio Matsumoto, John, Diane & Natalia Quick, Clare Staines, Stan Vicich

DANK DER AUTOREN
Neil Wilson

Ein Dankeschön an die ganze Truppe, speziell an Carol Downie und Brendan Bolland, und an all die Barkeeper, Buchhändler, Baristas und Hotelpagen, die ich mit endlosen Fragen nach dem besten Restaurant, der besten Kneipe etc. gelöchert habe. Ein großer Dank geht an meinen Mitautor Mark, mit dem gemeinsam die Recherchen wirklich sehr vergnüglich waren, und an Joe und Angela von Lonely Planet, die hinter den Kulissen eifrig mitgeholfen haben.

Mark Baker

Danken möchte ich meinen guten Freunden in der Tschechischen Republik, darunter Tschechen und Ausländer, die mir das Land nahegebracht haben und mir den Aufenthalt so angenehm machten. Danke auch an meinen Mitautor Neil Wilson, mit dem die Zusammenarbeit wieder einmal ein großes Vergnügen war.

QUELLENNACHWEISS

Abbildung auf dem Umschlag: Prager Burg, Prague Christer Fredriksson/Lonely Planet Images

ÜBER DIESES BUCH

Dies ist die 4. deutsche Auflage von *Prag & Tschechische Republik*, basierend auf der mittlerweile 10. englischen Auflage. Geschrieben haben dieses Buch Neil Wilson und Mark Baker. Die beiden Autoren waren auch für die letzte und vorletzte englische Ausgabe verantwortlich. Der Band wurde vom Lonely Planet Büro in London in Auftrag gegeben und betreut von:

Verantwortlicher Redakteur Joe Bindloss
Leitende Redakteurin Luna Soo
Leitung der Kartografie Andrew Smith

Layout-Leitung Yvonne Bischofberger
Redaktion Angela Tinson
Kartografie Alison Lyall, Amanda Sierp
Layout Jane Hart
Redaktionsassistenz Carolyn Boicos, Kate Evans, Carly Hall, Pat Kinsella, Charles Rawlings-Way, Saralinda Turner
Assistenz der Kartografie Valentina Kremenchutskaya, Alex Leung
Layout-Assistenz Adrian Blackburn, Nicholas Colicchia, Carol Jackson
Bildredaktion für den Umschlag Naomi Parker
Bildredaktion für den Innenteil Aude Vauconsant

Sprache Branislava Vladisavljevic
Dank an Dan Austin, Anita Banh, Imogen Bannister, David Carroll, Laura Crawford, Ryan Evans, Tobias Gattineau, Chris Girdler, Mark Griffiths, Jouve India, Asha Ioculari, Andrea McGinniss, Annelies Mertens, Anna Metcalfe, Trent Paton, Anthony Phelan, Martine Power, Averil Robertson, Wibowo Rusli, Fiona Siseman, Carlos Solarte, Gerard Walker, Amanda Williamson

Register

AUSGEHEN & NACHTLEBEN

 ## ESSEN

SCHLAFEN

NOTIZEN

Cityatlas

Kartenlegende

Sehenswertes
- Strand
- buddhistisch
- Burg, Festung
- christlich
- hinduistisch
- islamisch
- jüdisch
- Denkmal
- Museum/Galerie
- Ruine
- Weingut, Weinberg
- Zoo
- andere Sehenswürd.

Essen
- Essen

Ausgehen & Nachtleben
- Ausgehen & Nachtleben
- Café

Unterhaltung
- Theater, Kino etc.

Shoppen
- Shoppen

Schlafen
- Schlafen
- Camping

Sport & Aktivitäten
- Tauchen/Schnorcheln
- Kanu/Kajak
- Ski fahren
- Surfen
- Schwimmbad/Pool
- Spaziergang
- Windsurfen
- andere Sportarten & Aktivitäten

Praktisches
- Post
- Touristeninformation

Verkehsmittel &-wege
- Flughafen
- Grenzübergang
- Bus
- Seilbahn
- Fahrradfahren
- Fähre
- Metro/U-Bahn
- Eisenbahn
- Parkplatz
- S-Bahn
- Taxi
- Zug
- Tram
- U-Bahn
- U-Bahn
- andere

Verkehrswege
- Mautstraße
- Autobahn
- Hauptstraße
- Nebenstraße
- Verbindungsstraße
- sonstige Straße
- unbefestigte Straße
- Plaza/Fußgängerzone
- Treppen
- Tunnel
- Fußgänger-brücke
- Wanderung
- Wanderung mit Abstecher
- Pfad

Grenzen
- Internationale
- Staat/Provinz
- umstrittene
- Regionale/Vorort
- Gewässergrenze
- Klippen
- Mauer

Landschaft
- Hütte
- Leuchtturm
- Aussichtspunkt
- Berg/Vulkan
- Oase
- Park
- Pass
- Picknik
- Wasserfall

Gewässer
- Fluss/Bach
- periodischer Fluss
- Sumpf/Mangrove
- Riff
- Kanal
- Wasser
- Trocken-, Salz-, periodischer See
- Gletscher

Gebietsformen
- Strand/Wüste
- Friedhof (christlich)
- Friedhof (anderer)
- Park/Wald
- Sportplatz
- Sehensw.(Gebäude)
- Highlight (Gebäude)

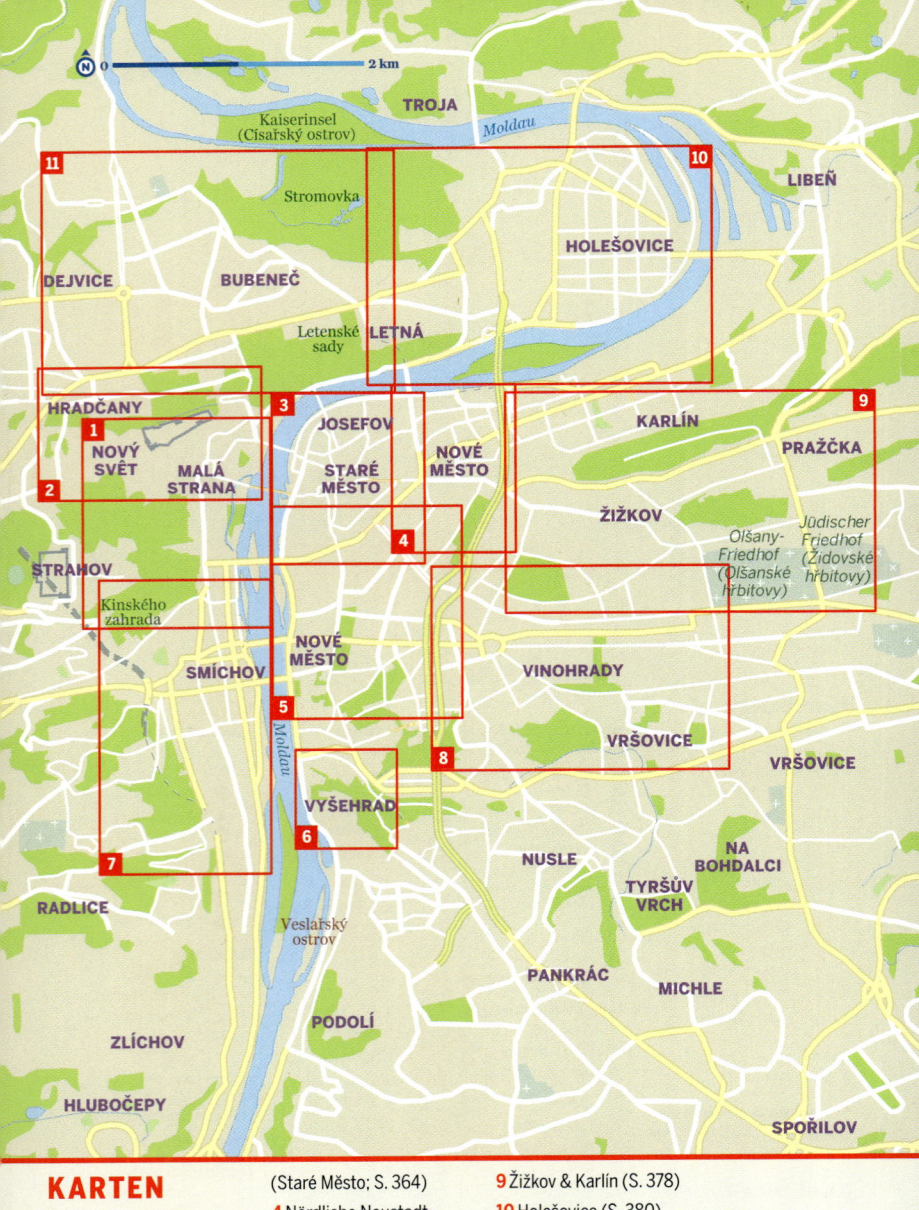

KLEINSEITE (MALÁ STRANA) *Karte auf S. 360*

KLEINSEITE (MALÁ STRANA)

Legende auf S. 359

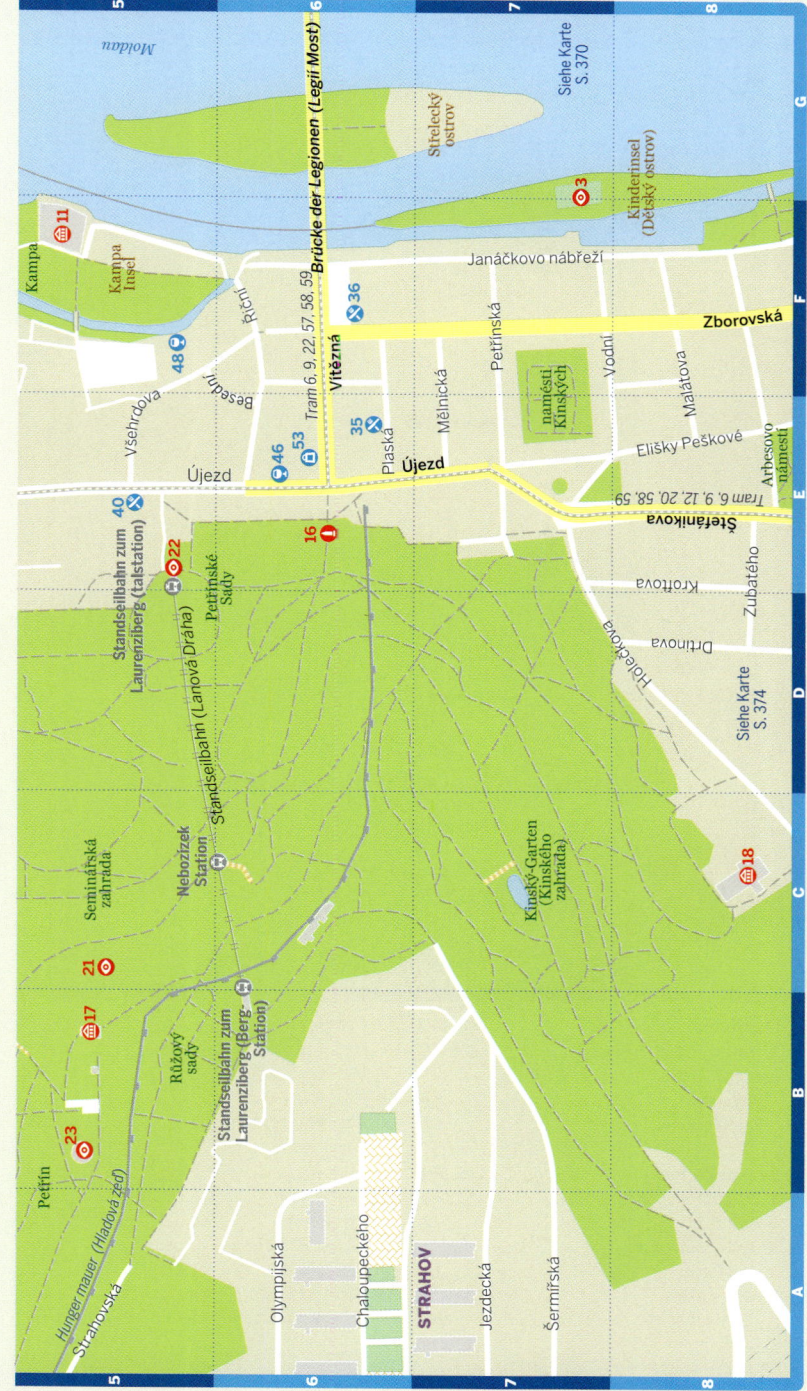

Moldau

Brücke der Legionen (Legií Most)

Tram 6, 9, 22, 57, 58, 59

Siehe Karte S. 370

Střelecký ostrov

Kinderinsel (Dětský ostrov)

3

11

Kampa

Kampa Insel

Říční

Všehrdova

Besední

48

Vítězná

Janáčkovo nábřeží

Zborovská

36

Petřínská

Vodní

Malátova

náměstí Kinských

46 53

35

Plaská

Mělnická

Elišky Peškové

Arbesovo náměstí

Újezd

Újezd

Tram 6, 9, 12, 20, 58, 59

Štefánikova

40

16

Krottova

Drtinova

Zubatého

Petřínské Sady

Hálkova

22

Standseilbahn zum Laurenziberg (Talstation)

Standseilbahn (Lanová Dráha)

Siehe Karte S. 3/4

18

Seminářská zahrada

Nebozízek Station

Kinský-Garten (Kinského zahrada)

21

Standseilbahn zum Laurenziberg (Berg Station)

Růžový sady

17

23

Petřín

Hunger mauer (Hladová zeď)

Strahovská

Olympijská

Chaloupeckého

STRAHOV

Jezdecká

Šermířská

HRADSCHIN (HRADČANY)

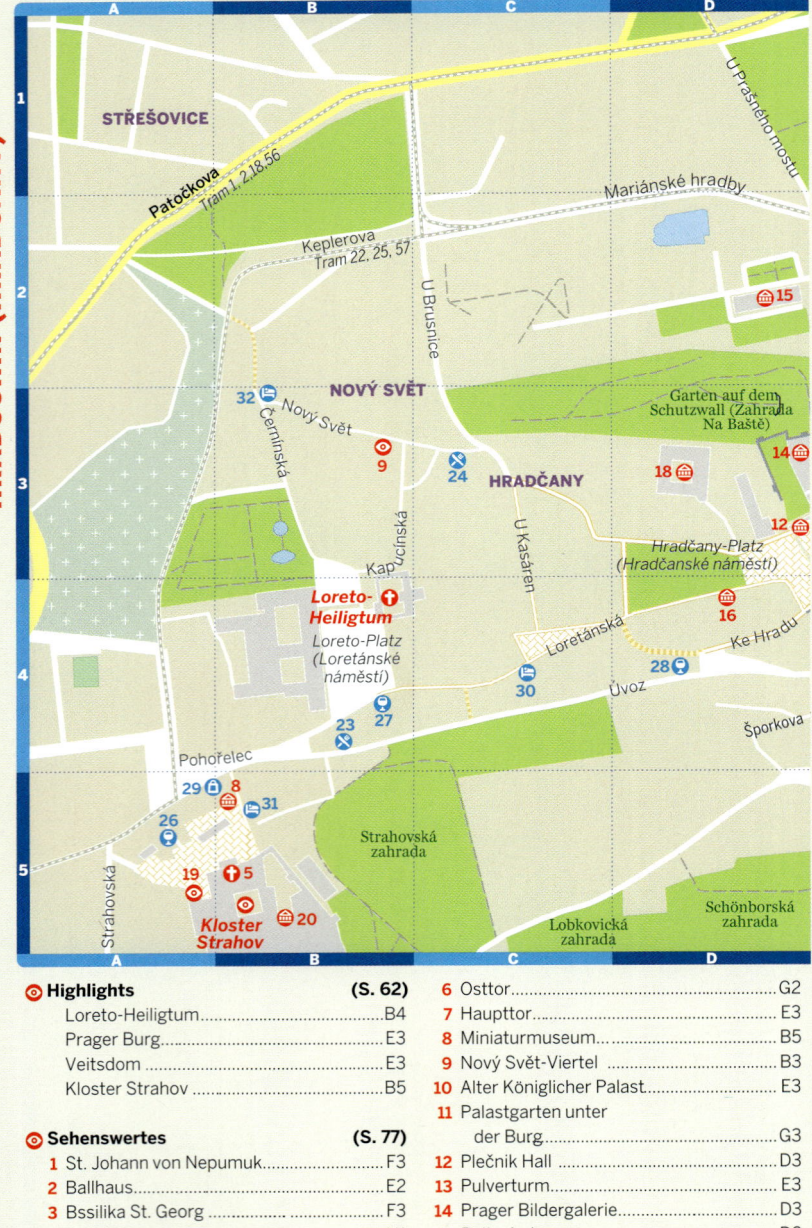

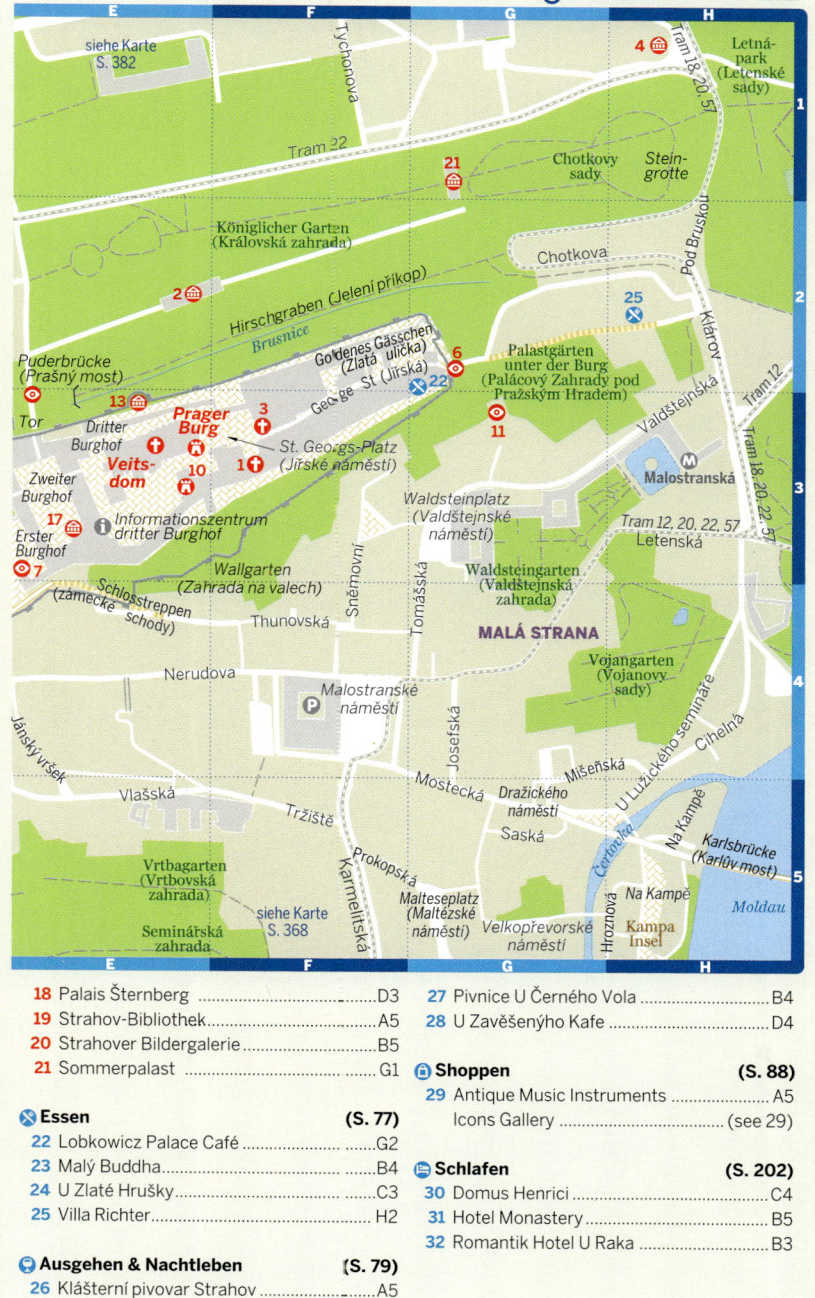

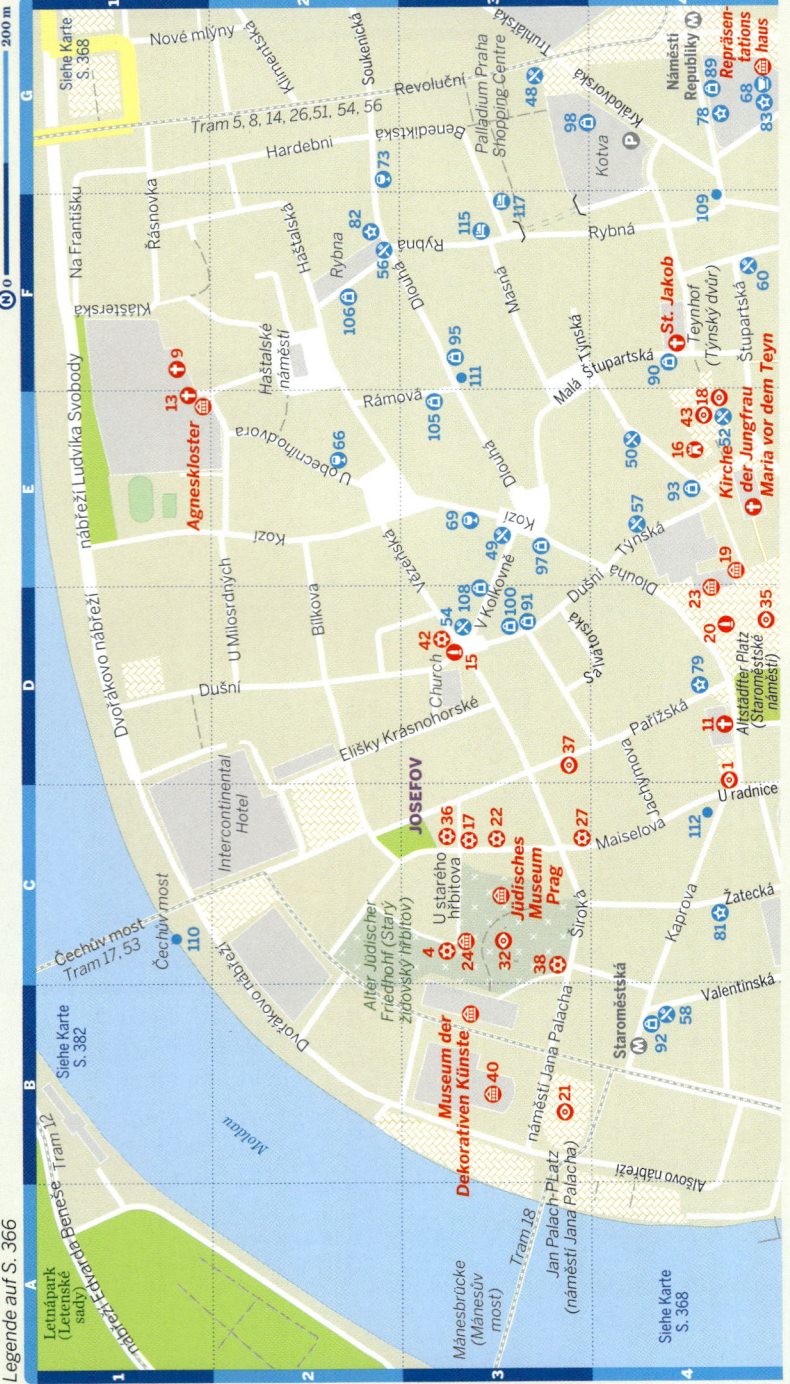

ALTSTADT (STARÉ MĚSTO)

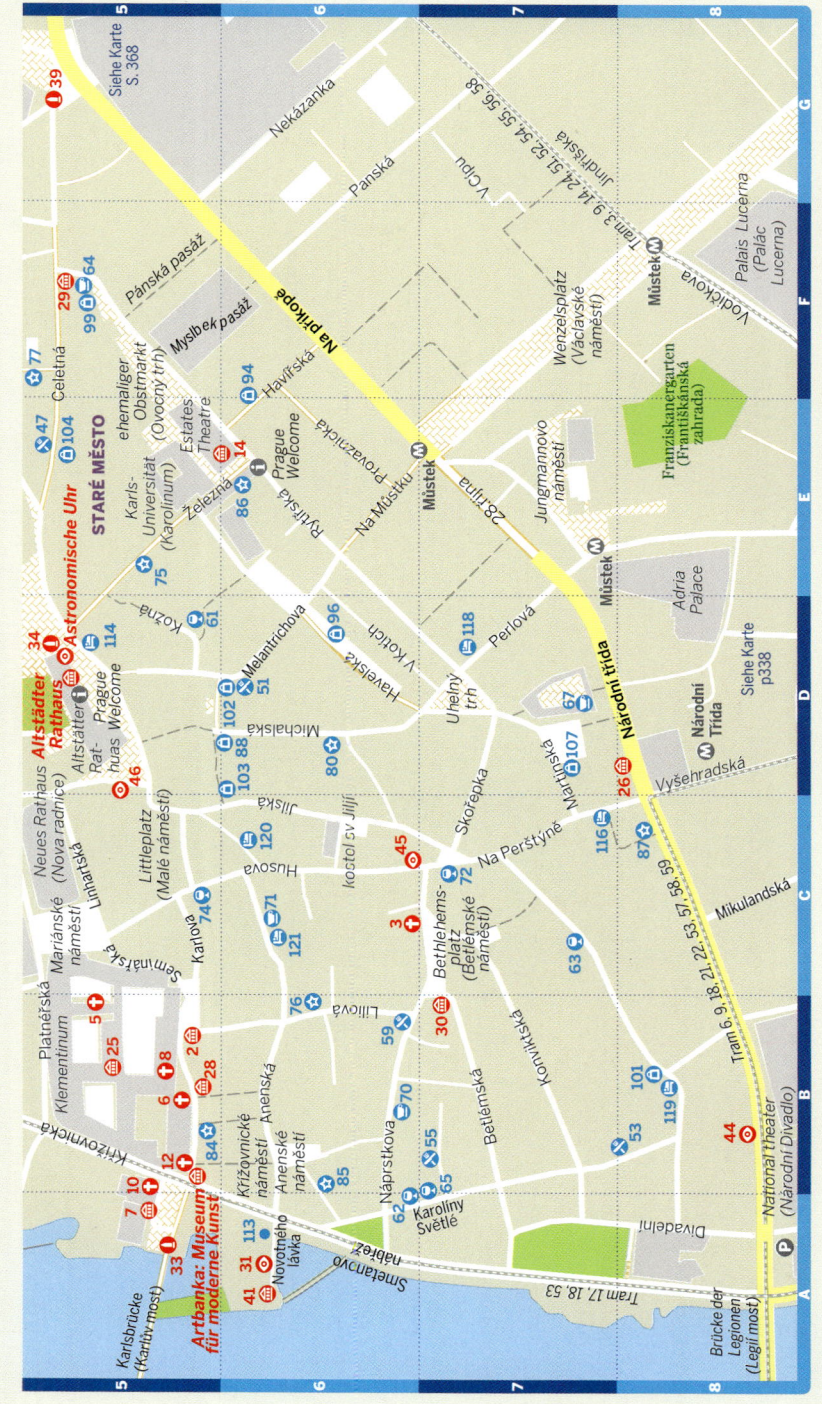

ALTSTADT (STARÉ MĚSTO) *Karte auf S. 364*

Siehe Karte
p348

Moldau

nabřeží Ludvíka Svobody

Na Františku

Holbova

Rásnovka

Nové mlýny

Klimentská

Klimentská

Tešnov

Hašťalská

Barvířská

Samcova

Mlynářská

Petrské
náměstí

Lodecká

Petrská

Siehe Karte
p332

Hardební

Soukenická

⊗ 4

Dlouhá

Truhlářská

Biskupská

Rybná

Zlatnická

Sokolovská

Revoluční

Benediktská

Havlíkova Tram 3, 5, 14, 26, 51, 54, 56

⊗ 5

Na poříčí

⊙ 6

☆ 7

**NOVÉ
MĚSTO**

Kotva

Tram 5, 8, 14, 26, 51, 54, 56

🔒 10

Platz der Re-
publik (náměstí
Republiky)

Rybná

Jakubská

Temlova

Královdvorská

V Celnici

**Náměstí
Republiky**
Ⓜ

Na Florenci

Ⓟ

Havlíčkova Tram 3, 5, 14, 24, 26, 51, 52, 54, 56

Náměstí
Republiky

Reprásentationshaus
(Obecní Dům)

**Masarykovo
nádraží**

Hybernská

**STARÉ
MĚSTO**

Senovážná

Dlážděná

Na Příkopě

Senovážné
náměstí

Čedok

⊗ 3

Tram 5, 9, 26, 55, 58

🔒 9

Nekázanka

Jeruzalémská

❶❗

Wilsonova

Panská

Jindřišská

Tram 3, 9, 14, 24, 51, 52, 54, 55, 56, 58

**Mucha-
museum**
Ⓜ

Růžová

Upújčovny

Vrchlického
sady

V Cípu

11

Politických věznů

Hlavní
Nádraží
Ⓜ
ⓘ

❷

Ⓟ

*Prague
Welcome*

Můstek
Ⓜ

Opletalova

Sie Karte
p338

*Wenzelsplatz
(Václavské náměstí)*

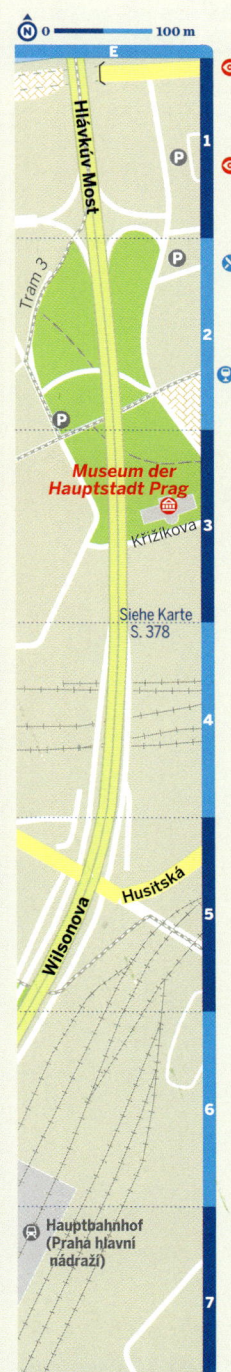

NÖRDLICHE NEUSTADT (NOVÉ MĚSTO)

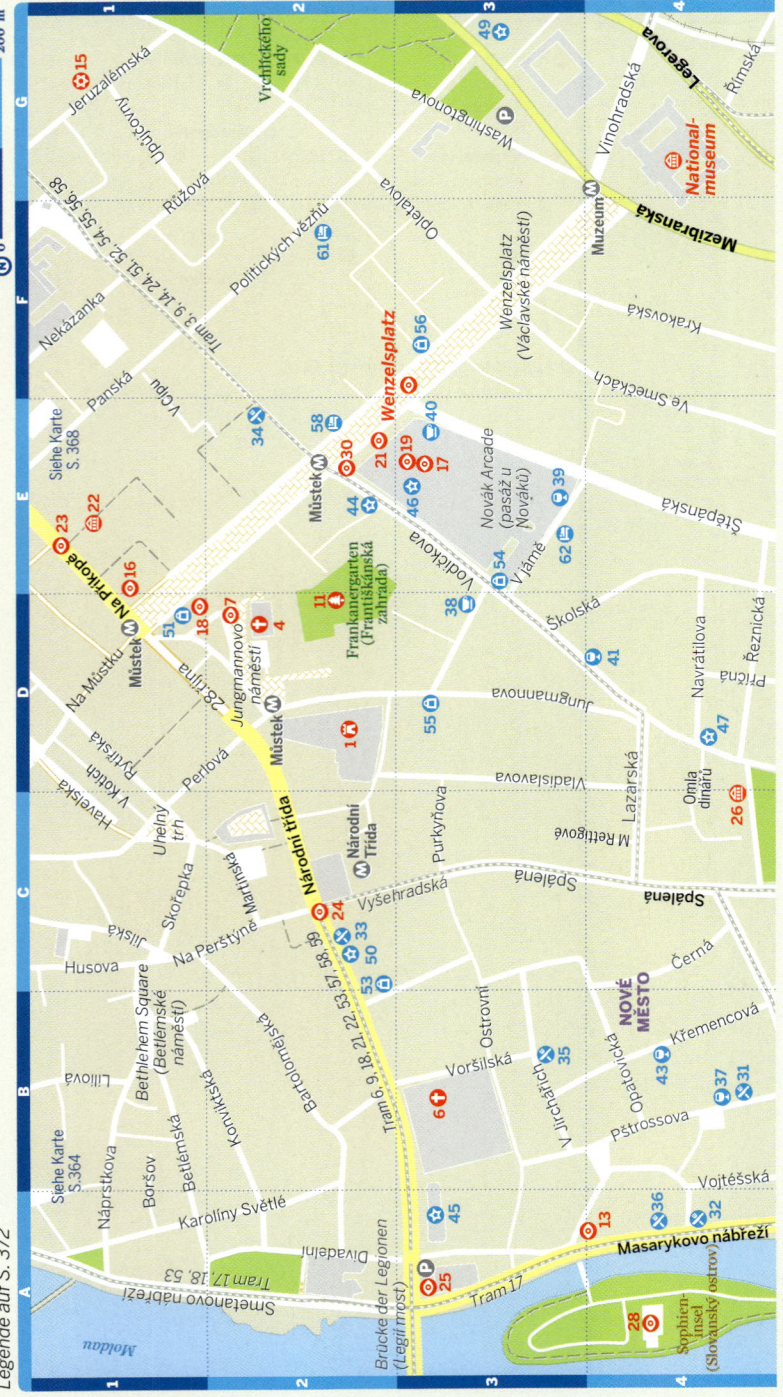

SÜDLICHE NEUSTADT (NOVÉ MĚSTO)

200 m

National-museum

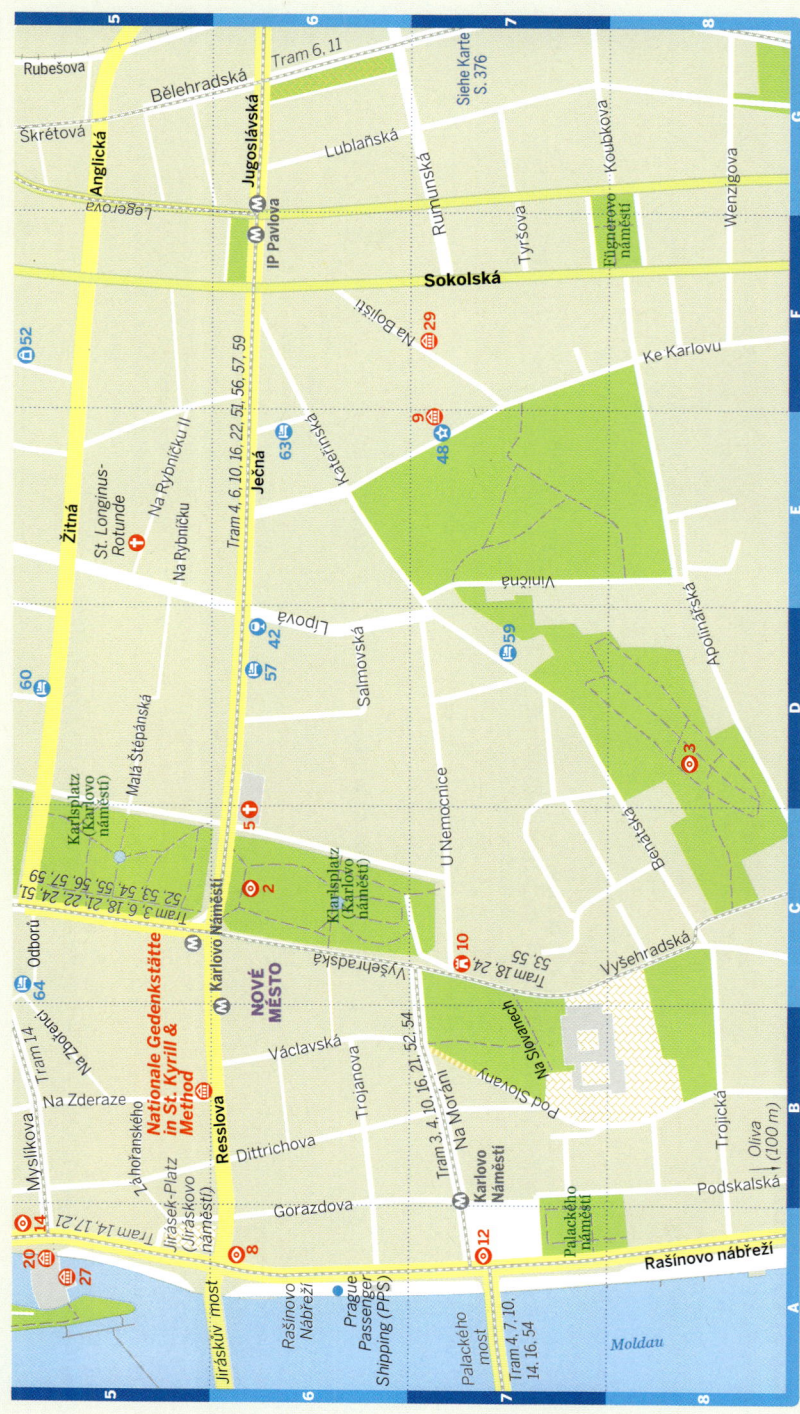

Rubešova

Bělehradská

Tram 6, 11

Škrétová

Anglická

Legerova

Jugoslávská

Ⓜ IP Pavlova

Siehe Karte S. 376

Lublaňská

Rumunská

Tyršová

Koubkova

Wenzigova

Fügnerovo náměstí

Sokolská

🔲52

Na Bojišti

🔴29

Ke Karlovu

Žitná

St. Longinus-Rotunde ✝

Na Rybníčku II

Na Rybníčku

Tram 4, 6, 10, 16, 22, 51, 56, 57, 59

Ječná

Katerinská

63🔲

9🔴🏛

48🔵

Vinična

Apolinářská

Lípová

Salmovská

57🔵 42🔵

59🔲

60🔵🏛

Malá Štěpánská

Karlsplatz (Karlovo náměstí)

5✝

U Nemocnice

Bělehatská

3🔴

Tram 3, 6, 18, 21, 22, 24, 51, 52, 53, 54, 55, 56, 57, 59

Odborů

Ⓜ Karlovo Náměstí

2🔴

Klarksplatz (Karlovo náměstí)

Vyšehradská

10🔴

Tram 18, 24, 53, 55

Vyšehradská

64🔵

NOVÉ MĚSTO

Na Zbořenci

Tram 14

Myslíkova

Nationale Gedenkstätte in St. Kyrill & Method

🏛 Resslova

Na Zderaze

Zahořanského

Dittrichova

Václavská

Trojanova

Tram 3, 4, 10, 16, 21, 52, 54

Na Moráni

Pod Slovany

Na Slovanech

Vyšehradská

Trojická

Oliva (100 m)

Podskalská

🔴14 🎯

20🔴

27🏛

Jirásek-Platz (Jiráskovo náměstí)

Tram 14, 17, 21

Gorazdova

8🔴

🎯12

Ⓜ Karlovo Náměstí

Palackého náměstí

Rašínovo nábřeží

Jiráskův most

Rašínovo Nábřeží

Prague Passenger Shipping (PPS)

Palackého most

Tram 4, 7, 10, 14, 16, 54

Moldau

SÜDLICHE NEUSTADT (NOVÉ MĚSTO)

NEUSTADT SÜDEN (NOVÉ MĚSTO) *Karte auf S. 370*

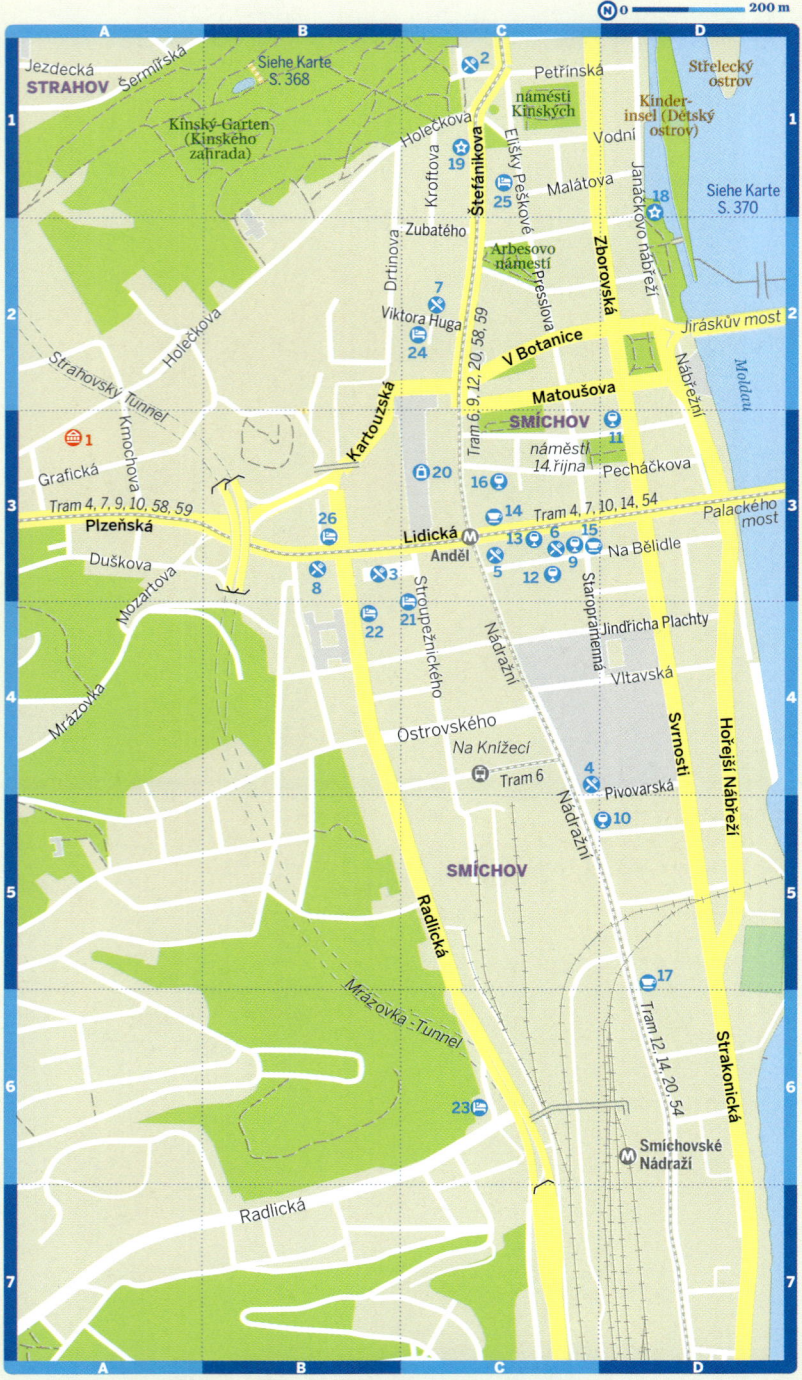

SMÍCHOV

SMÍCHOV

VINOHRADY & VRŠOVICE

400 m

Olšany Friedhof
(Olšanské hřbitovy)

Flora Tram 10, 16

Jičínská Tram 5, 58

Sudoměřská

Baranova

Radhošťská

Libická

Kolínská

Mexická
13

Žižkovo náměstí

Křišťanova

Bořivojova

Orlická

Přemyslovská

Chorvatská

Slezská
33
30

Velehradská

Perunova
4
58

Řípská

Ripská

Na Šafránce

Ruská

Kodaňská

Jagellonská

Lucemburská

Dykova

Hradešínská

Mahlerovy sady

Fibichova

Opletalova

náměstí Jiřího z Poděbrad
50
Nitranská
12
6
19

U Vodárny

Škroupovo náměstí

Slavíkova

Na Švihance

Siehe Karte S. 378

Krkonošská

Jiřího z
Poděbrad

15
35

Slovenská

VINOHRADY

Chodská

Donská
53
10

Krymská

5

The Tavern (50 m)

34

Na Švihance

Mánesova

Vinohradská

Nitranská

Lužická

Moravská

Šumavská

Voroněžská

Kozácká

24
45

17

Slezská

Tram 10, 16, 51, 56, 57

28

48

Budečská

21

22
60

Riegrovy sady

VINOHRADY

Polská

44

37
11

Korunní

55

Sázavská

Francouzská
Tram 4, 22

Varšavská

7

2

Blanická

14
49

26
42
23

Anny Letenské

Máchova

Americká
18
25
31
59

Platz des Friedens
(náměstí Míru)

náměstí
Míru
16

Rumunská

Belgická
54

Koperníkova

Jana Masaryka

Záhřebská
51

U Havlíčkových sadů

Šmilovského

Helénská

27

9

Italská

Balbínova

36

29
40
8

Londýnská
38

57

Španělská

41

Vinohradská
Tram 11

52

20

Římská

Anglická

Jugoslávská

46
56

32
8

U Zvonařky

Škrétova

43

IP Pavlova

47

Legerova

Tram 11

Legerova

Siehe Karte S. 370

Koubkova

Tram 6, 11, 56

Fügnerovo náměstí

Wenzigova

Parkplatz
P

Anglická

Ječná

Rybalkova

Havlíčkovy sady

Perucká

VRŠOVICE

Stadion des
FC Bohemians

Vršovická

Tram 4, 22, 57, 59
Tram 6, 7, 24, 55, 57, 59
Tram 6, 7, 24
Tram 11, 18, 53, 56
Bělehradská
Sarajevská
Fričova

Sehenswertes (S. 146)
1 Herz-Jesu-Kirche E2
2 Riegrovy sady C1

Essen (S. 146)
3 Aromi D2
Café FX ..... (siehe 43)
4 Ha Noi F2
5 Hamtam D4
6 Kofein E2
7 Las Adelitas C4
8 Loving Hut A3
9 Masala B1
10 Massimo D4
11 Mirellie C2
12 Mozaika E2
13 Osteria Da Clara F4
14 Pastička C1
15 Pho Vietnam D2
16 Pizzeria Grosseto B3
17 Restaurace Chudoba C2
18 Ristorante Sapori B3
19 The Pind E2
20 U Bílé Krávy A2
21 U Dědka C4
22 Zelená Zahrada C4

Ausgehen & Nachtleben (S. 150)
23 Al Cafetero C2
24 Bar & Books Mánesova D2
25 Blatouch B3
26 Café Celebrity C2
27 Café Kaaba B1
28 Dobrá Trafika D3
29 Galerie Kavárna Róza K B4
30 Hospůdka Obyčejný Svět F3
31 Kavárna Zanzibar C1
32 Mama Coffee D2
33 Motor Cafe B3
34 Riegrovy Sady-Biergarten C2
35 Ryba Na Ruby D2
36 Sahara Café B2
37 Sokolovna C2
38 Vinárna Vinečko B3
39 Viniční Altán C5
40 Žlutá Pumpa B4

Unterhaltung (S. 152)
41 Le Clan B1
42 ON Club C2
43 Radost FX A2
44 Techtle Mechtle C2
45 Termix D2

Shoppen (S. 153)
46 Dům Porcelánu B3
47 Karel Vávra A3
48 Obchod S Uměním C3
49 Stockist C2
50 Vinohrader Bauernmatkt E2

Schlafen (S. 206)
51 Ametyst B4
52 Arkada A2
53 Czech Inn D4
54 Holiday Home B3
55 Hotel Anna C3
56 Hotel Luník B3
57 Le Palais Hotel B4
58 Louren Hotel E2
59 Orion B4
60 Pension Královský Vinohrad C4

ŽIŽKOV & KARLÍN

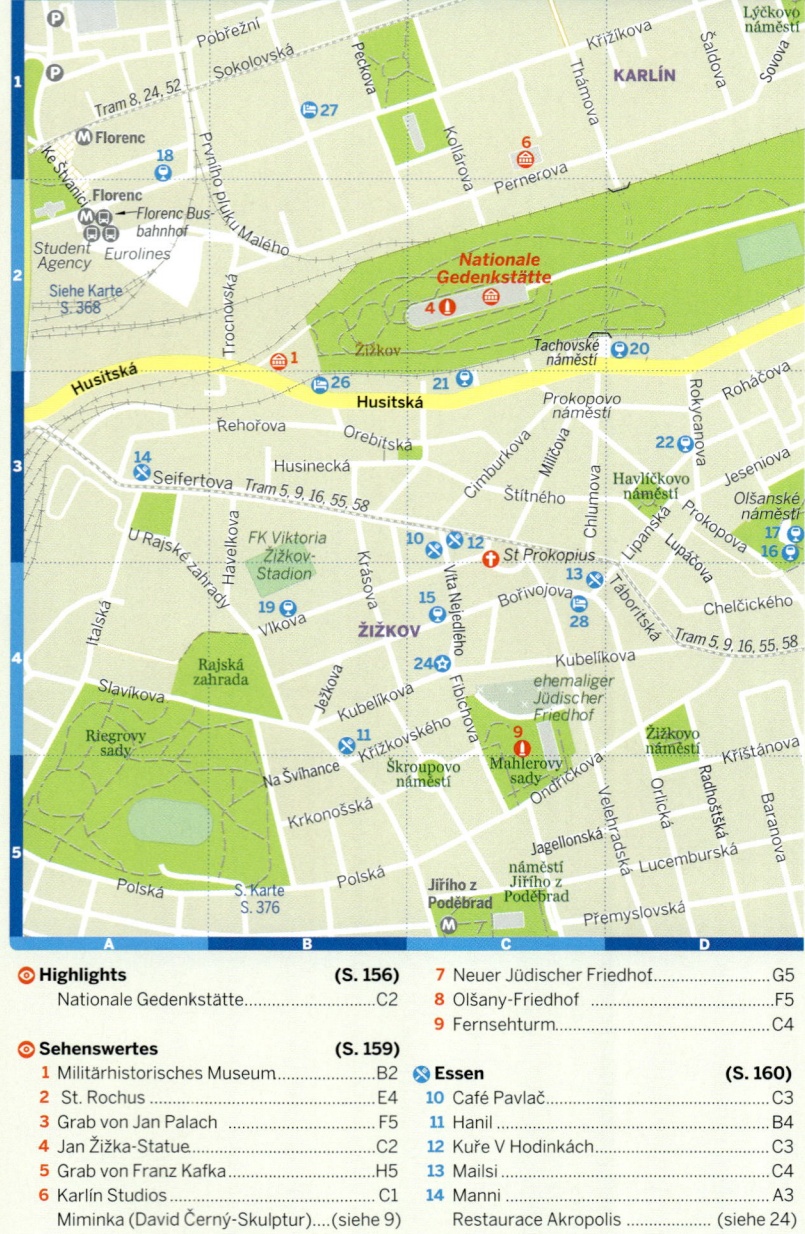

N 0 ▬▬▬▬▬ 400 m

☺ **Ausgehen & Nachtleben**	**(S. 161)**
15 Bukowski's....................................C4
16 Bunkr Parukářka..........................D3
17 Parukářka.....................................D3
18 Pivovarský Klub........................... A1
19 Sedm Vlků....................................B4
20 U Slovanské Lípy.........................D2
21 U Vystřeleného oka C3
22 XT3...D3

☆ **Unterhaltung**	**(S. 162)**
23 Kino Aero.....................................G2
24 Palác Akropolis C4

🔒 **Shoppen**	**(S. 153)**
25 Atrium Flóra E5

🛏 **Schlafen**	**(S. 208)**
26 Hostel Elf B3
27 Hotel Alwyn B1
28 Hotel Theatrino...........................C4

HOLEŠOVICE

400 m

BUBENEČ & DEJVICE

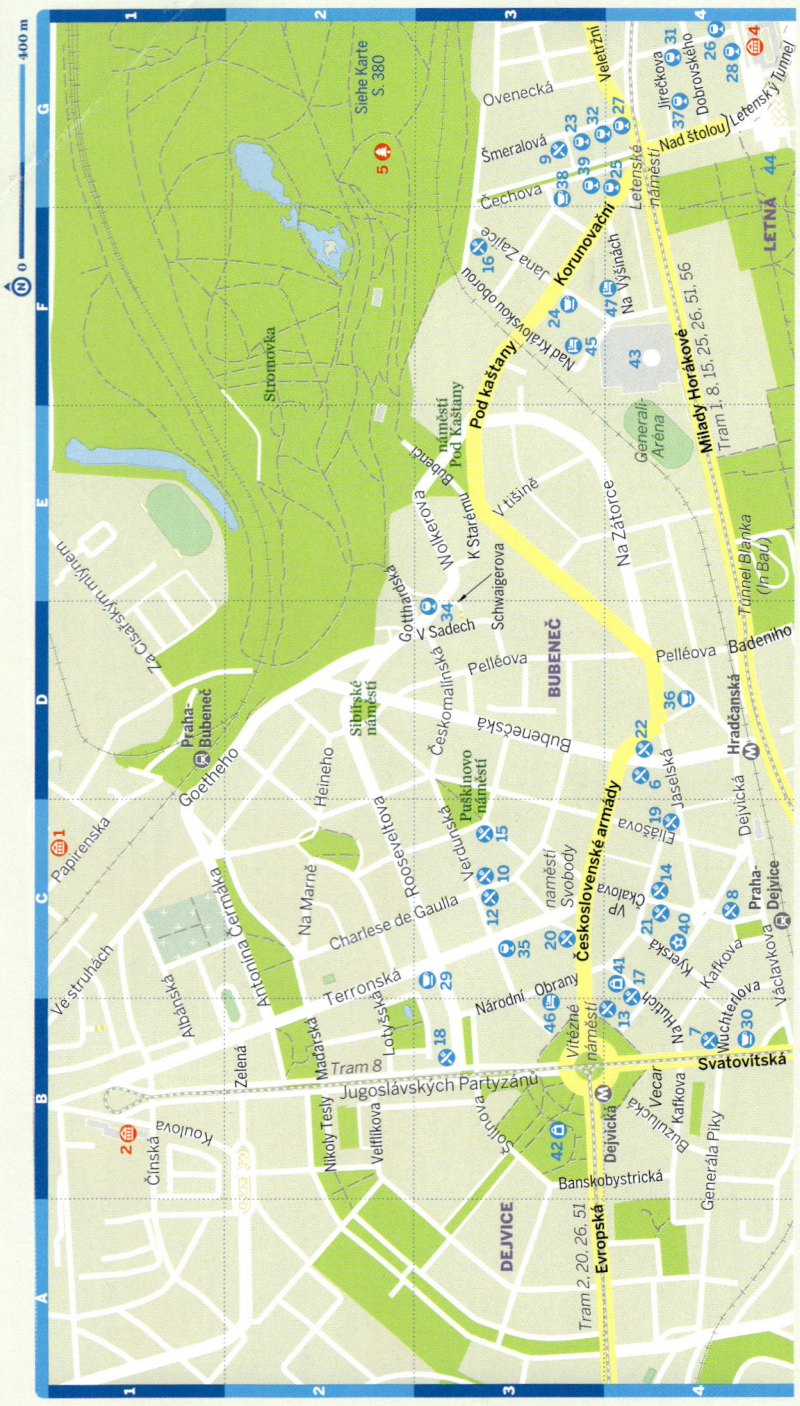

400 m

N

Siehe Karte
S. 380

Stromovka

Za císařským mlýnem

Praha-
Bubeneč

Goetheho

Papírenská

Čínská

Koulová

Nikoly Tesly

Velfikova

Madárská

Lotyšská

Terronská

Zelená

Tram 8

Jugoslávských Partyzánů

Antonína Čermáka

Na Marně

Charlese de Gaulle

Heineho

Roosveltova

Sibiřské
náměstí

Verdunská

Českomalínská

Gotthardská

Wolkerova

K Staréml

Bubenská

Schwaigerova

V Sadech

Pelléova

BUBENEČ

Buběnská

V tišině

Na Zátorce

Pelléova

Badeniho

Hradčanská

Tunnel Blanka
(In Bau)

Dejvická

Jaselská

Eliášova

VP
Chalova

Kafkova

Václavkova

Dejvická

Praha-
Dejvice

Kyjská

Generála Píky

Banskobystrická

Evropská

Svatovitská

Národní
Obrany

náměstí
Svobody

Puškinovo
náměstí

náměstí
Svobody

Vítězné
náměstí

Dejvická

Vecar

Buzulucká

Kafkova

Wuchterlova

Na Vyšínách

Korunovační

Nad Královskou oborou

Pod Kaštany

náměstí
Pod Kaštany

Bubeneč

Ovenecká

Šmeralová

Čechova

Jana Zajíce

Jírečkova

Dobrovského

Nad Štolou

Veletržní

Letenské
náměstí

Letenský Tunnel

LETNÁ

Generali
Aréna

Milady Horákové
Tram 1, 8, 15, 25, 26, 51, 56

Na Výšinách

Terronská

Nikoly Tesly

Tram 2, 20, 26, 51

DEJVICE

Svatovitská

Československé armády

Siehe Karte S. 380

5

1

2

4

26

28

31

37

44

9

23

32

27

38

25

16

24

45

47

43

34

36

22

6

19

21

14

40

12

10

15

35

20

29

18

46

13

17

41

7

30

42

8